510일

1권

510일: 2007~2008년 이랜드홈에버 여성노동자들의 저항과 연대 1권

발행일 초판2쇄 2021년 2월 25일 | **지은이** 유경순
펴낸곳 봄날의박씨 | **펴낸이** 김현경 | **주소** 서울시 종로구 사직로8길 24 1221호(내수동, 경희궁의아침 2단지) |
전화 02-739-9918 | **팩스** 070-4850-8883 | **이메일** bookdramang@gmail.com

ISBN 979-11-90351-36-2 04330 979-11-90351-35-5(세트) | 이 도서의 국립중앙도서관 출판예정도서목록(CIP)은 서지정보유통지원시스템 홈페이지(http://seoji.nl.go.kr)와 국가자료종합목록 구축시스템(http://kolis-net.nl.go.kr)에서 이용하실 수 있습니다.(CIP제어번호: CIP2020046130)

인문 교양이 싹트는 출판사, 봄날의박씨는 북드라망의 자매브랜드입니다.

2007~
2008년
이랜드홈에버
여성노동자들의
저항과
연대

510일 1권

홈플러스일반노조 기획
유경순 지음

봄날의박씨

1권
목차

2권
목차

발간사

우리들의 510일 파업투쟁, 진정 아름다웠다

'510일'은 2007년과 2008년에 걸쳐 파업투쟁을 한 이랜드일반노동조합(이랜드홈에버) 여성노동자들의 뇌리에 오래도록 각인된 숫자다. 1박 2일 외박투쟁으로 결행한 홈에버 월드컵점의 점거농성이 20일로, 그리고 생각지도 못한 510일 장기투쟁으로 이어지면서 파업기간 내내 매일 온갖 일을 겪으면서, 때로는 어떻게 헤쳐 나왔는지도 모르게 지나온 시간이었다. 주체들 각자가 일생에서 가장 먼저 떠올리는 일이 된 510일. 그 파란만장한 파업투쟁을 어떻게 잊을 수가 있겠는가. 돌이켜보면 이 기록이 나오게 된 과정 자체도 510일 파업투쟁의 흐름과 흡사했다.

"우리는 상징이 아니다."

우리는 상징이 되려고 투쟁하지 않았다. 나와 가족의 생존과 노동자의 자존심을 지키기 위해 싸웠다. 힘겨울수록 서로에게 등을 기대며 버텼고, 때마다 달려온 수많은 이름 모를 동지들의 연대에 힘입어 하루하루 투쟁을 감당할 수 있었다.

장기투쟁 과정은 단결과 연대의 기록이기도 하지만 아픈 상처와 갈등의 기록이기도 하다. 가족끼리 더 많이 싸우듯이, 오랜 시간 강대한 자본과 권력에 맞서 싸우며 가족처럼 살갑게 된 동지들 사이에도 불편하고 감정이 상하는 일이 많았다. 여성으로, 노동자로, 사람으로 살아가며 투쟁하는 것이 참 버거운 일이었다. 파업투쟁을 마무리한 그 바탕에는 미소짓게 하는 일보다 가슴 쓰리고 먹먹한 일이 더 많았다. 그러나 다사다난한 시간이 우리가 투쟁을 지속할 수 있었던 힘의 원천이자 희망의 근거였음을 이제는 안다. 사실 확인과 엄정한 평가과정을 거쳐서 그런 일들을 가감 없이 기록했다.

바로 남겼어야 할 기록을 햇수로 12년 만에 출간한다. 여러 제약과 한계로 파업에 참여했던 조합원 모두가 기억하고 떠올리는 510일 파업투쟁의 전모를 다 담을 수 없었다는 점, 이 투쟁의 곳곳에 함께했지만 미처 기록하지 못한 연대 동지들이 있다는 점을 인정하며 그분들께 죄송한 마음을 전한다. 하지만 기록해야 할 고갱이는 애써 정리했다고 자부한다. 파업투쟁 당사자들의 흐릿한 기억 다발과 너무나 부실하고 찾기 힘든 자료 더미 속에서도 고생을 무릅쓰고 집필을 맡아 헌신적인 노력으로 마무리해 주신 유경순 선생님께 가장 깊은 동지애를 담아 감사드린다. 어려운 조건에도 공식회의를 거쳐 역사쓰기 발간을 결정하고 지원해 준 홈플러스일반노동조합 이종성 위원장을 비롯한 집행부에도 감사드린다. 그리고 늦었지만 함께한 모든 연대 동지들에게도 감사드린다.

기록이 기억을 지배한다고 했다. 이제라도 기록으로 남길 수 있어서 정말 다행이다. 투쟁 주체들의 육성을 담은 이 역사쓰기가 510일 파업투쟁에 함께한 모든 이들에게 의미 있는 기록으로 자리매김 되기를 바란다. 특히 510일 파업투쟁 주인공인 조합원들과 현재 홈플러스일반노조 조합원 모두가 자신의 기록으로 읽으며 간직하길 소망한다. 지금도 노동인권 사각지대에서 자신의 권익을 지키고 신장하기 위해 투쟁하고 있는 많은 노동자가 찾아 읽는 책이 되길 바란다. 나아가 이 책이 자신의 삶을 더 나은 방향으로 이끌고 싶은 노동자들에게 희망을 길어 올리는 옹달샘이 되길 바란다. 편찬위원들에게도 고단한 작업이었던 역사쓰기가 단지 지나간 기록에 머물지 않고 평생 자신을 성찰하는 거울이 될 거라고 믿는다.

오랜 기다림의 산물인 510일 파업투쟁 역사책이 세상의 빛을 보게 돼 감개무량하다. 우리는 언제 어디에서라도 이 책을 들고 자랑스럽게 얘기할 것이다. "우리들의 510일 파업투쟁, 진정 아름다웠다"고.

2020년 9월

편찬위원 일동

머리말

홈플러스일반노동조합은 올해로 24년을 맞이했습니다. 노동조합의 긴 역사만큼 다사다난한 과정이었습니다. 그 가운데 2007년과 2008년에 걸친 '510일투쟁'의 역사는 지금의 노동조합을 만들어 낸 소중한 자산이었습니다.

한국까르푸노동조합으로 출발한 선배들은 노동조합을 지키기 위해, 비정규직 노동자들에게 가해진 차별을 없애고 노동자들의 고용안정을 확보하기 위해 노력해 왔습니다. 특히 '510일투쟁'에서는 정규직과 비정규직이 하나가 되어 같이했습니다. 투쟁의 기간이 길었던 만큼 여러 문제와 성과가 조합원들과 노동조합에 남았습니다.

그동안 홈플러스일반노동조합 조합원들은 선배들의 활동과 투쟁에 대해 가끔 '전설'처럼, 무용담처럼 전해 들었습니다. 그 때문에 선배들이 노동조합을 지키기 위해 오래도록 온갖 어려움을 딛고 헌신적으로 투쟁해 온 역사에 대해, 그리고 노동자들의 삶에 노동조합이 얼마나 큰 자리를 차지하고 있었는지에 대해, 우리 조합원들이 알 수 있도록 기록해 기억하고 싶었습니다.

"우리가 누구인가?" 묻는 조합원들에게 이제 홈플러스일반노동조합은 한국까르푸노동조합, 이랜드일반노동조합의 역사를 이어 왔고, 그 중심에 '510일투쟁'이 있었다는 것을 제대로 말할 수 있게 됐습니다. 역사의 흐름 속에 현재 노동조합의 정체성을 만들어 나가려고 합니다.

나아가 여성노동자들이 투쟁으로 지켜 온 노동조합의 역사, 비정규직 차별을 없애기 위해 투쟁해 온 역사가, 현재를 살아가는 노동자들이 같이 공유할 수 있는 참고서가 되었으면 했습니다.

그동안 산만하게 쌓여 있던 노동조합의 자료를 꺼내어 역사로 정리했습니다. 투쟁했던 많은 여성노동자들이 기억을 모았습니다. 수많은 투쟁의 시간을 기록으로 담아 한 페이지, 한 페이지, 우리의 활동과 삶에서 함께하고, 현재 조합원들이 또 다른 한 페이지를 장식하는 노동조합으로 살아 숨쉴 수 있도록 하겠습니다.

잊힐 수 있었던 '510일투쟁'을, 당시 주체였던 선배노동자들이 편찬위원회를 구성하여, 그 역사를 정리하게 됐습니다. '510일투쟁'에 함께해 주신 연대 동지들과 편찬에 도움을 주신 분들께도 감사드립니다.

홈플러스일반노동조합
위원장 이종성

| **추천사** |

"비정규직 철폐 직접고용 정규직 쟁취! 비정규 여성노동자여, 이 시대 희망으로 우뚝 서자!" 87노동자대투쟁 20주년이었던 2007년 8월이 생각납니다. 이랜드, 뉴코아, ktx 여승무원, 기륭전자 여성비정규직 노동자들이 공동투쟁선포를 했던 때입니다. 이랜드 홈에버 노동자들의 투쟁은 '노동자는 하나'라는 것을 가장 열악한 곳에서 가장 치열하게 '투쟁 속 단결과 연대'로 입증한 과정이었습니다. 이랜드홈에버 여성노동자들의 투쟁과 연대 이야기가 생생하게 담긴 『510일』의 출간은 우리의 눈물과 땀과 희망이 어떻게 자라고 익어 우리의 삶을 바꾸는지를 확인하는 또 하나의 역사적 증거입니다. 힘겨웠지만 빛나는 우리의 투쟁의 시간은 과거의 유물이 아니라, 비정규직 없는 일터, 노동자가 현장에서 주인 주체가 되는 시간을 누리는 힘찬 응원입니다. 2020년 코로나19 재난 상황으로 힘겨운 1,100만 비정규 노동자들에게 보내는 힘찬 길양식입니다.

_ 김소연(비정규 노동자의 집 '꿀잠' 운영위원장, 전 기륭전자 분회장)

마트에 물건이 아니라 사람이 있음을 보여 준 510일.
태어나 가장 길었던 시간.
가장 많이 울었던 510일.
가장 많이 웃고 가장 사람다운 사람들과 함께했던 510일.
찬 바닥에 박스를 깔고 자고 반찬 없는 식은 밥을 먹으면서 가장 당당하게 가장 인간답게 살았던 510일.
투쟁은 끝났어도 역사는 아직 끝나지 않았습니다.
우리가 노동자라는 이름으로 살아가는 한은.

_ 김진숙(민주노총 부산본부 지도위원)

영화 〈카트〉에서 마트의 노동자들이 처음 파업을 단행했을 때, 회사의 관리자는 별일 아니라는 듯 이렇게 대답합니다. "아줌마들이 해봤자지, 뭐."
별일 아닐 것 같았던 그 싸움은 전무후무한 싸움이 되었습니다. 정규직과 비정규직이 함께한 비정규직 철폐 투쟁이었고, 대부분 여성이었던 노동자들이 20일간 마트를 점거하고 싸웠고, 지역의 사회단체·노동단체·정당까지 연대했던 투쟁이었고, '아줌마들이라 빨리 끝날 줄 알았는데' 510일 동안 이어진 긴 싸움이었습니다.

여성노동자들 몇 분께 "이런 싸움을 다시 할 수 있겠어요?"라고 물었을 때, 어떤 분도 선뜻 대답하지 못하셨습니다. 회사와 공권력의 압박과 회유와 폭력으로 인한 상처가 너무 컸기 때문일 거라고 짐작했습니다. 하지만 이 책을 읽으며 깨달았습니다. 생애 처음으로 부당함에 저항하여 내 목소리를 냈던 싸움이었습니다. 오롯이 내 삶의 주인이었던 시간이었기에 상처만큼이나 자부심도 컸던 싸움이었습니다. 인생이 투쟁 전과 투쟁 후로 나뉘어 다시는 투쟁 전의 나로 돌아갈 수 없는 싸움이었습니다. 그 싸움의 주인공들에게 그 질문은 바보 같은 질문이었습니다. 510일의 시간 동안, 절망과 허탈과 무력감 속에서도 당당하던 노동자의 자존심과 빛나던 연대의 진면목을 확인하며 자주 코끝이 찡하고 관자놀이가 뻐근했습니다.

_ 부지영(영화감독, 〈카트〉 연출)

민주노동당 시절이던 2007년 7월, 뉴코아 강남점에서 우리 이랜드홈에버 조합원들과 함께 '딸들아 일어나라'를 부르며 밤샘농성을 벌였던 기억이 아직 생생한데 벌써 까마득한 시간이 흘렀습니다. 돌아보니 어느덧, 그때의 지난하고 고통스러웠던 '510일'이 노동의 역사가 되고, 대한민국 비정규직 노동자 투쟁의 길을 밝히는 횃불이 되어 있습니다.

510일은 세월 속에 흩어져 버린 것이 아니라, 우리 여성노동자들의 마음속에 무한한 긍지로 새겨져 있다는 사실을 책장을 넘기며 확인했습니다. 관리자의 부당한 지시에도 그저 "네"라고 답하고, 이름이 아닌 '무슨 아줌마'로 불리며 사측의 억압에 쉽게 움츠러들던 '점원'은 사라졌습니다. 그 자리에 "우리는 아주 당당해!", "이건 아니지 않느냐?"라고 말하며, 함께 싸우지 않은 비정규직 노동자도 "우리 대신 고생해 준 동료들"이라고 품을 수 있는 존엄과 연대의 마음을 갖춘 '노동자'가 생겨났습니다.

"아이들의 미래를 바로잡겠다, 아이들에게 희망을 물려주겠다."

길 위에서 새우잠을 자면서도 이구동성으로 되뇌이던 말입니다. 비정규직의 고통을 다음 세대까지 떠넘기지 않으려 혼신의 힘을 다 쏟았던 우리 여성노동자들의 숭고한 의지를 되새깁니다. 아름다운 연대를 통해, 비정규직 노동운동의 자랑스러운 이정표를 세워 준 모든 동지들과 그 역사를 아로새겨 준 유경순 선생님께 다시 한번 깊은 경의를 표합니다.

_ 심상정(정의당 국회의원)

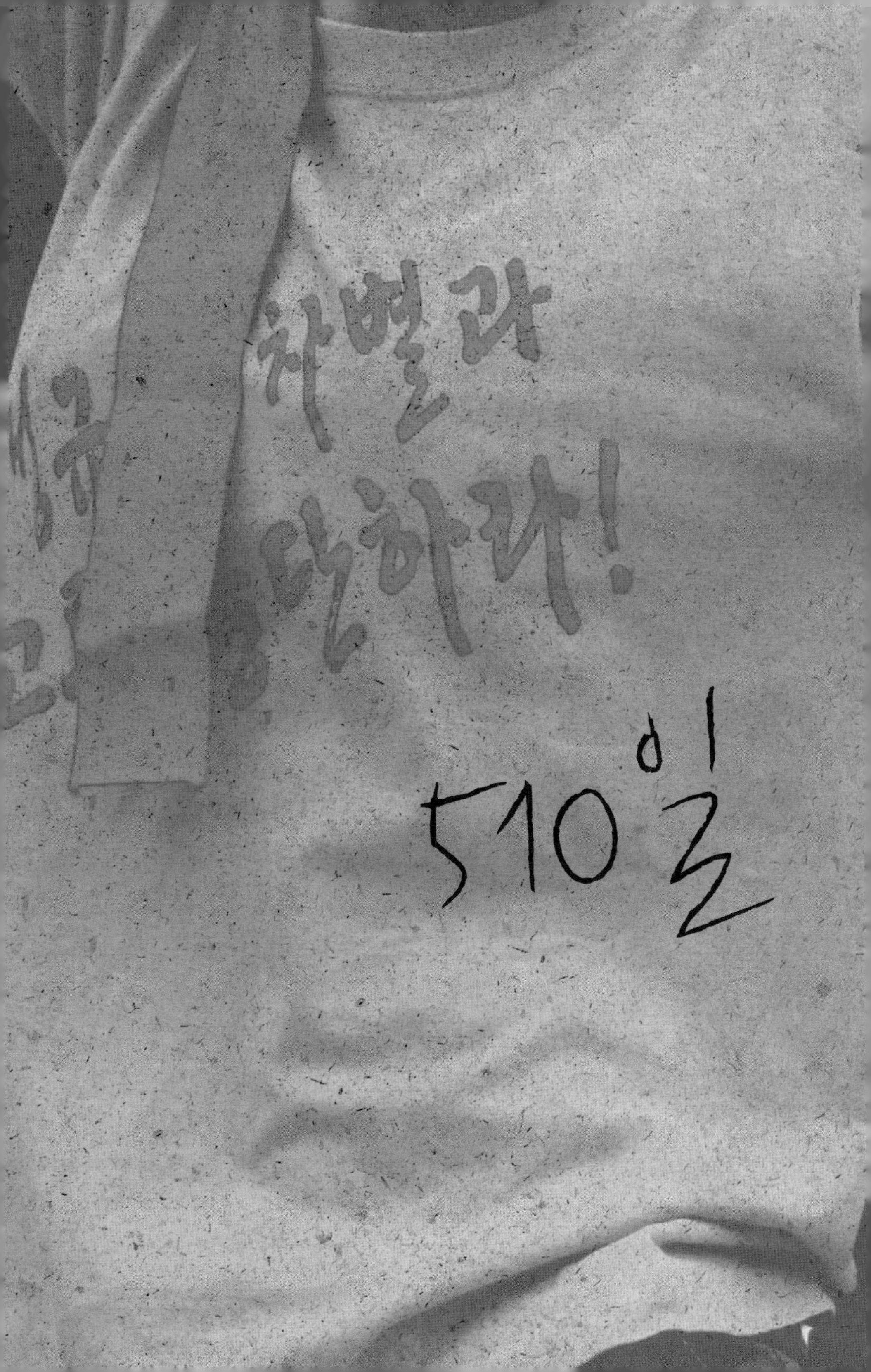

510일

들어가는 글

510일, 여성노동자들의 월드컵점 공동체와 연대의 역사

2007년 7월 1일은 비정규직을 양산할 뿐이라고 비판받던 비정규직법안이 시행되는 날이었다. 6월 30일 이랜드홈에버 비정규직과 정규직 여성노동자 600여 명은 '비정규직의 정규직화'의 고용안정을 요구하며 월드컵점에서 점거농성을 시작해 7월 1일을 농성장에서 맞았다. 이들은 경찰에 의해 농성장에서 강제로 끌려 나온 7월 20일까지 20일 동안 점거농성을 했다. 그 뒤 그녀들은 490일을 거리에서 보냈다. 그녀들은 서울, 울산, 순천의 천막농성을 중심으로 다양한 저항을 했다. 이 투쟁에는 전국에서 노동자, 농민, 지식인, 시민, 학생, 청소년, 여성 등 각계각층의 지지와 연대가 줄을 이었다. 연대에 힘입어 여성노동자들은 점거농성, 매출제로투쟁, 홍콩원정투쟁, 천막농성, 비정규직을 고용하려는 신규매장 오픈저지투쟁, 선전전, 촛불시위, 1인시위 등 모든 방법으로 저항했다. 심지어 이 기간에 맞이한 세 차례 명절에는 추석집중투쟁, 설집중투쟁, 다시 추석집중투쟁을 벌이며 거리에 서 있었다. 조합원들이 같이할 수 있는 투쟁방식이었다.

이처럼 2007년 6월 30일 월드컵점 점거농성을 시작으로 이랜드홈에버 여성노동자들은 2008년 11월 13일까지 510일 동안 투쟁을 했다. 투쟁의 결과, 남아 있던 180여 명의 조합원이 현장에 복귀할 수 있었다. 또, 모든 비정규직 노동자가 정규직으로 전환되지는 못했지만 16개월 이상 근무한 비정규직 노동자들이 무기계약직으로 전환하는 등 일부 비정규직 노동자들의 고용안정을 확보했다. 그러나 그 대가로 19명의 노조간부가 해고를 받아들였다. 그 때문에 이 투쟁에 대해 노조 안팎에서는 "절반의 성공, 절반의 패배"로 평가했다.

이렇게 2007년 하반기 내내 한국사회를 뒤흔들었던 소위 "아줌마부대"에 대한 사회의 관심은 사그라졌다. 투쟁 이후 주체들은 현장에 복귀해서 현재까지 역사를 이어 가고 있다.

이 투쟁의 역사를 정리하면서 가졌던 가장 큰 질문은 이랜드홈에버 여성노동자들이 510일투쟁을 할 수 있었던 힘은 무엇인가였다. 이는 이 투쟁의 특징과 의미를 통해 확인할 수 있을 것이다. 이에 대해 다음에서 살펴보겠다.

기혼 여성노동자들과 월드컵점 공동체

우선 '510일투쟁' 주체는 다수가 당시 '아줌마', '주부사원'으로 불리던 40대 전후의 기혼 여성노동자들이었다. 그동안 민주노조운동은 생산직 노동자 중심에서 사무전문직, 공공부문, 공무원, 교사 등으로 그 주체가 확장되어 왔다. 또, 2000년대 들어 비정규직 문제가 가시화되면서 비정규직 노동자들의 투쟁이 점차 늘어났는데, 그 다수가 여성노동자들이었다. 그러나 서비스업종은 사업장이 전국에 분산되어 있고, 더욱이 기혼 여성노동자들이 다수이기 때문에 조직화가 어렵다는 생각들이 퍼져 있었다. 실제 이랜드홈에버 노동자들도 노조를 만들고 조합원을 늘리는 과정에서 지부가 해산당하거나 해고자가 생기는 등 여러 어려움을 겪어야 했다.

그 때문에 그 누구도 이 여성노동자들이 무언가를 할 수 있다고 기대하지 않았다. 심지어 이랜드일반노조 지도부조차 계획한 2007년 6월 30일의 1박 2일 점거투쟁이 가능할지 조바심쳐야 했다. 그러나 자신의 일자리를 지키기 위해 여성노동자들은 지도부의 1박 2일 점거농성 지침을 뒤엎고 20일 동안 월드컵점의 '주인'이 되었다.

여성노동자들은 아이들을 챙기고 가사노동을 하면서 또 나이 든 부모의 병간호를 맡아 하면서도 510일을 견디고 저항했다. 남편과 갈등하거나 시부모의 비난을 받으면서도 '노동자'인 자신의 위치를 지키기 위해 투쟁의 현장으로 나왔다. 더욱이 가장으로서 가정의 경제를 책임져야 했기에 투쟁이 길어지자, 밤에는 아르바이트를 하고 낮에는 투쟁의 자리를 지켰다. 이들은 자신의 일자리를 지키기 위한 것만이 아니라, 자식의 세대, 다음 세대까지 비정규직을 물려줄 수 없다는 생각을 하기도 했다.

이러한 현실을 감당했던 여성노동자들은 510일 동안 투쟁할 수 있었던 힘에 대해 사회적 시선과 달리 '아줌마'라서, 또 '엄마'라서 가능했다고 한다.

이들 대부분은 510일투쟁 이전에는 노조활동의 경험이 없었고, 작업장 안에서도 일에 쫓겨 몇몇 자신의 주변 동료 이외의 사람들과는 서로 얼굴만 아는 정도였다. 또 일자리를 지키기 위해 관리자들이 시키면 시키는 대로 일해 왔다. 그런데 월드컵점 점거농성장에서 이들은 자신들의 요구와 결의로 지도부의 1박 2일 계획을 전복시켜서 진행한 20일 투쟁과정에서 새로운 경험을 하였다. 매장의 주인이 자신들이라는 것을 확인한 것이다. 거대한 매장이 여성노동자들이 손을 놓는 순간 멈춰 섰고, 스스로가 꾸려 나가는 공간이 된 것이다.

그 과정에서 이들은 다양한 연대세력들을 만났고 이들의 발언과 여러 강의를 통해 노동자의 권리를 이해했다. 무엇보다도 중요한 것은 이들이 같이 일했던 동료인 여성노동자들을 알아갔다는 것이다. 교대해서 집에 가면 냉장고를 털어 농성하는 동료를 위해 음식을 만들어 바리바리 싸왔다. 농성장에서는 자발적으로 나선 이들이 매끼 수백 명의 밥과 국을 하면서도, 그것이 동료들을 위한 투쟁이라며 기꺼이 했다. 그렇게 만들어진 음식으로 수십 끼를 같이 먹으며 이들은 '식구'가 되어 갔다. 무엇보다 이들에게는 서로 이야기를 나눈 밤이 있었다. 20일 밤을 계산대 사이사이에 모여 서로 살아온 이야기와 현실 문제, 현장 문제와 위축되어 대응하지 못했던 자신들의 모습 등… 수년을 같이 일해도 나누지 못했던 삶과 현장의 이야기를 쏟아냈다. 그 과정에서 여성노동자들은 서로에게 '또 다른 나'를 발견했고, 진한 동료애로 서로를 껴안을 수 있었다. 이들은 '여성'으로, 그리고 '노동자'로 일과 가사노동·돌봄노동을 병행해야 하는 조건에 있는 동료들의 상황을 누구보다도 잘 이해할 수 있었다.

이러한 경험이 510일을 버티게 한 중요한 힘이었다. 여성노동자들은 월드컵점 점거농성에서 쌓인 '동료애'를 바탕으로 서로 의지하기도 하고, 동료에게 의리를 지키기 위해 긴 투쟁을 이어 나갔다. 이들은 노동자로서 안정된 조건에서 일하고 싶다는 기본적인 요구를 하던 동료들을 끌고 간 이랜드자본과 정부의 탄압에 분노했다. 즉, 동료애와 분노는 동전의 양면처럼 여성노동자들이 강하고 질기게 510일을 거리에서 저항하게 했던 힘이었다.(1장과 4장 참조)

정규직과 비정규직 노동자가 같이 참여하는 노동조합

다음으로 여성노동자들에게는 정규직과 비정규직 노동자들이 연대해 온 노조의 활동방식 역시 중요한 영향을 주었다. 많은 이들이 '510일투쟁'을 주목하고 기억하지만, 이 투쟁은 이전의 노조활동에서 시작되었다. IMF 이후 자본의 구조조정과 노동유연화로 인해 사회 전반에 고용문제가 심각해졌다. 그러나 1996·1997년 노동법개정투쟁에서 절반의 승리·절반의 패배 이후 노동자들은 개별화되어 사업장마다 힘겨운 투쟁을 벌여야 했다. 같은 사업장에서도 정규직 노동자와 비정규직 노동자들은 노조를 따로 만들어 활동하기도 했다.

이런 민주노조운동의 분위기 속에서도 이랜드홈에버 여성노동자들은 한국까르푸 시기부터 정규직 노동자들의 노조가 비정규직이 차별받는 노동조건을 개선하기 위해 투쟁했고, 마침내 2005년에는 비정규직 노동자의 노조가입 자격을 확보해 냈다. 비정규직 노동자 문제에 대한 노조의 고민은, 2003년 중동지부에서 정규직 조합원들이 파업을 할 때 이를 무력화시키려는 대체근무자 문제가 불거지면서 시작되었다. 거기에 비정규직 노동자들의 노조 참가 요구가 있었다. 그 때문에 노조 초기부터 소수의 비정규직 노동자들이 비공개로 노조에 가입했으며, 2006년 까르푸의 매각 문제로 고용불안을 느낀 비정규직 노동자들이 공개적으로 노조에 가입했다. 더욱이 2006년 국회를 통과한 비정규직법으로 기업주들은 구조조정을 여러 방식으로 진행했고, 노동자들은 심각한 고용불안에 내몰렸다. 그 때문에 노조도 비정규직 노동자들의 노조가입을 촉구했고, 많은 비정규직 노동자가 노조에 가입했다.

까르푸노조는 회사가 이랜드그룹으로 매각되는 것을 계기로 연대의 폭을 확대했다. 이랜드그룹의 뉴코아노조, 이랜드노조와 같이 이랜드자본을 상대로 공동투쟁을 결의하고 3사 공동투쟁본부를 꾸렸다. 공동투쟁과정에서 3사 조직통합은 이루지 못했지만, 이랜드노조와 까르푸노조가 통합하여 2006년 12월 이랜드일반노조를 결성했다. 이랜드노조 역시 정규직 조합원들이 비정규직 노동자들과 같이 노조활동을 하면서 투쟁해 왔다. 이랜드일반노조는 명칭에서 알 수 있듯이 이랜드그룹 사업장의 노동자라면 누구나 가입할 수 있도록 노조의 문을 열어 놓은 것이다. 이 역시 자본에 의해 분리된 노동자들이 연대하기 위한 것이었다. 이후 이랜드일반노조와 뉴코아노조의 공동투쟁이 2007년 상반기 내내 진행되었다.

이처럼 이랜드홈에버 노동자들은 까르푸노조 때부터 비정규직과 정규직 노동자들이 함께하는 조직이었다. 그 때문에 비정규직 노동자들의 고용문제는 바로 정규직 노동자들의 고용문제이며, 노동자 공동의 문제라는 인식이 싹트게 된 것이다. 이런 노조활동의 특징이 '510일 투쟁'을 벌일 수 있는 또 다른 힘이었다.(2장과 3장 참조)

노동자의 연대와 각계각층의 지원연대

510일투쟁이 가능했던 또 다른 힘은 사회 각계각층의 지지와 연대였다. 6월 30일 월드컵점 점거투쟁으로 이랜드홈에버 여성노동자들의 투쟁은 전국 노동자들의 관심을 집중시켰다. 민주노총은 1,000인 선봉대를 조직해서 15일간의 집중투쟁을 벌였고, 6차례의 전국 이랜드그룹 매장의 매출제로투쟁 등으로 지원하였다. 민주노총의 전남본부와 울산본부는 이랜드일반노조의 순천분회와 울산분회의 투쟁에 결합하여 노동조합이 무언지 제대로 알지도 못했던 조합원들에게 노래, 율동, 교육 등을 통해 의식변화에 도움을 주었고, 투쟁기간 내내 연대투쟁을 벌였다. 서울본부 역시 1일 간부파업으로 호응했고, 특히 전북본부에서는 지역총파업을 벌였으며, 경북본부는 홈에버 포항점 매장오픈저지투쟁에 앞장섰다. 이들 지역에서는 이랜드일반노조의 분회가 조직되어 있지 않았음에도, 지역의 노동자들이 헌신적으로 투쟁을 벌여 이랜드홈에버 여성노동자들에게 큰 힘을 주었다.

이런 연대가 어떻게 가능했을까? 2000년대 들어 비정규직 노동자들의 문제가 사회적으로 드러나기 시작했지만, 2006년 민주노총은 국회에서 비정규직 법안이 통과되는 것을 막지 못했다. 그 때문에 학교 비정규직, 식당 비정규직, 청소 비정규직 노동자 등 전국 곳곳에서 비정규직 노동자들이 이 법안을 둘러싸고 혼란을 겪거나 해고당하고 있었다.

그 과정에 아무도 기대하지 않았던 이랜드홈에버 여성노동자들의 저항이 솟아올랐다. 2007년 6월 30일 월드컵점 점거농성을 시작하자, 이 투쟁에 사회의 관심이 집중되었다. 갑자기 언론이 이 투쟁을 조명하기 시작했고, 노동자들의 연대와 사회 각계각층의 지지가 쏟아졌다. 이들의 저항이 이랜드자본에 대한 고용안정의 요구이자 동시에 비정규직을 양산하는 비정규직법의 허구성을 폭로하고 나섰기 때문이었다. 비정규직 법안의 통과로 혼란과 불안, 그리고 민주노조운동의 실력에 낙담하고 있던 노동자들이 여성노동자들의 돌출된(?) 행동에 놀랐고, 또 희망을 실어 달려왔다. 움츠려 있던 노동자들이 여성노동자들의 저항에 용기를 내어 같이 투쟁에 참여한 것이었다.

이 투쟁에 대한 지지 및 연대에는 노동자들만이 아니라 전국의 농민, 지식인, 의료인, 시민단체, 대학생, 청소년, 여성들이 나섰다. 네티즌의 지지활동 역시 넓게 퍼져나갔다. 농민들은 자신이 농사 지은 수확물인 쌀로, 지식인들은 이랜드홈에버의 노동실태에 관한 연구로, 의료인들은 의료진료로. 그리고 청소년과 대학생들은 비정규직 일자리가 자신들의 미래로 오는 것을 막기 위해 투쟁을 지지했다. 또, 여성 개인들의 네트워크와 전국 곳곳의 여성단체들은 같은 여성의 고용안정을 위해 이 투쟁에 다양한 방식으로 연대를 했다. 이러한 연대는 여성노동자들이 투쟁을 지속할 수 있게 한 중요한 힘이었다.(5장, 7장, 8장, 9장 참조)

끝나지 않은 '510일투쟁'

이랜드홈에버 여성노동자들은 대부분 노조에 가입하자마자 510일투쟁을 벌였다. 처음 이 책을 기획할 때는 자료를 정리해서 여성노동자들의 저항과 현실을 여성의 관점에서 접근하려 했다. 그러나 투쟁과정이 제대로 정리된 글이 전혀 없었고, 노조의 투쟁 관련 자료만 파편적으로 있는 상태에서 처음부터 이 투쟁 전반을 여성의 관점으로 정리하는 것은 무리라고 판단했다. 또 긴 투쟁이어서 주요 사건을 중심으로 정리하려 했으나, 510일투쟁을 압축하는 것도 문제가 있었다. 더욱이 1997년 노조결성에서부터 2007년 상반기까지의 노조 전사 역시 가볍게 접근하기에는 중요한 의미를 담고 있었다.

이 과정에서 또 다른 문제에 부딪혔다. 자료수집을 하고 대략의 흐름을 정리한 뒤에 진행한 투쟁 주체들의 구술작업 과정에서 마주한 문제였다. 투쟁을 직접 겪은 주체들조차 510일에 대한 기억이 파편화되어 있었고, 상처와 갈등 그리고 투쟁과정에서 생긴 일부의 오해를 오롯이 개인들이 감당하고 있었다. 어떤 이는 이랜드자본에 대한 분노가 화병이 되어 심리상담을 받거나 스스로 마음치유를 해야 했다. 다른 이는 노조 분열과정에서 사실로 확인되지 않은 소문에 근거한 오해 때문에 공격받고 상처받기도 했다. 아무 경험 없이 시작된 투쟁으로 노조의 각 분회나 지부에서 책임을 맡고 있던 이들은 510일 동안 책임감에 시달렸고 그에 따른 후유증으로 여전히 힘겨워하고 있었다. 또 510일투쟁을 끝까지 했던 이들은 투쟁에 참여하지 않거나 먼저 복귀한 이들에 대해, 한편으로는 그들의 상황을 이해하지만 다른 한편으로는 사람에 대한 신뢰에 금이 가 있기도 했다. 이들은 현장에 복귀해서 10여 년 동안 노조를 매개로 510일투쟁의 경험을 같이 돌아보고 공유하지 못했던 것이다.

또, 2008년 11월 13일 노사 조인식과 14일과 15일 서울, 순천, 울산에서의 파업마무리집회 이후 이랜드홈에버 여성노동자들은 사회의 관심에서도 멀어졌다. 다큐멘터리 〈외박〉, 영화 〈카트〉가 만들어졌을 때, 잠시 투쟁의 기억을 소환할 수 있었을 뿐이다.

그 때문에 다시 이 역사쓰기를 어떻게 접근해야 할지 고민했다. 이러한 몇 차례 기획에 대한 고민과 수정을 거쳐 노조의 전사(前史)를 포함해 510일투쟁을 최대한 기록하기로 했다. 초고가 정리되기까지 몇몇 부분, 특히 투쟁의 마지막 시기인 교섭과정을 정리하는 데 어려움이 있었다. 자료가 거의 없어 일부 구술자료에 의존하면서 상황이 정리가 안 되는 문제 때문이기도 했지만, 노조가 삼성테스코와 교섭하기 위해 조합원들의 힘이 아닌 개인 인맥을 통해 회사 측과 교섭을 시도하거나 민주노총 탈퇴를 교섭카드로 제기한 것, 더욱이 교섭 중에 일어난 교섭위원의 구속에 대해 대응하지 않고 타결한 점 등에 대해 비판의 날이 서 있었다. 실제 투쟁의 주체들은 510일투쟁 이후 10여 년에 걸쳐 침묵으로 그 대가를 치렀고, 투쟁 이후 10년이 지나서야 이들의 투쟁경험이 노조의 역사로 되살아나기 시작했다. 그 결과 2019년에 조합원들은 510일 파업의 피해의식과 피로감을 딛고 다시 '파업투쟁'을 통해 "비정규직의 정규직화"를 이뤄 냈다. 510일의 한계를 딛고 일어선 것이다. 10여 년 동안 510일투쟁의 경험이 개별화되고 그나마 각 지부 차원에서 소통되고 있던 힘이 노동조합 전체의 힘으로 전환된 것이다. 510일 '절반의 승리'의 힘이었다.

그 때문에 2007~2008년 여성노동자들의 510일투쟁은 현재 진행 중이다. 조합원들은 '절반의 패배'인 비정규직의 정규직화를 파업투쟁으로 확보하면서 '미완의 투쟁'을 다시 시작한 것이다. 또 다른 '절반의 패배'인 노조지도부 19인의 해고문제는 여전히 투쟁 주체들이, 그리고 홈플러스일반노조 조합원들이 역사에 지고 있는 빚이다. 그래서 510일투쟁은 여전히 진행형이다.(11장 참조)

이 책은 까르푸노조의 역사와 이랜드일반노조의 형성과정을 바탕으로 510일투쟁의 과정을 가능한 한 사실에 기초해 기록했다. 역사쓰기 작업에는 선전물과 회의자료 등의 노조자료, 민주노총, 서울본부, 울산본부, 전남본부의 당시 자료를 찾아보아야 했다. 개인 기록물(수첩, 개인의 삶 글, 인터넷 블로그의 기록 등), 신문기사 등의 자료를 같이 모았다. 이런 문헌자료를 모아 연표를 세밀하게 재작성하여 510일투쟁과 전사의 흐름을 개괄할 수 있었다.

이를 바탕으로 주체들의 구술작업을 진행했다. 구술작업은 39명 140여 시간이 넘게 진행됐다. 노조의 분회(지부)마다 인원을 배정했고, 성별·연령별 안배와 투쟁참여기간의 차이 등을 고려해서 가능한 다양한 구성원의 목소리를 들으려 했다. 구술작업은 서울, 순천, 울산에서 진행되었다. 대부분의 구술자는 510일투쟁에서 특정 시점들을 기억할 뿐이었다. 날짜도 장소도 많이 혼재되어 있었다. 당연했다. 어떻게 510일을 낱낱이 기억할 수 있겠는가. 그런데도 구술자들은 월드컵점 점거투쟁 당시를 떠올리며 신나했고, 투쟁과정에서 받았던 상처가 살아나 감정을 드러낸 이들도 있었다. 어떤 이는 투쟁의 후유증으로 기억 자체를 제대로 못하기도 했다. 어쩌면 길고 지난한 투쟁과정 자체가 이들에게는 상처였을 것이다. 왜 우리의 목소리가 들리지 않는가 하는 분노와 함께…. 그 때문에 현장에 복귀했을 때, 이들은 다시 일할 수 있다는 안도감, 510일투쟁을 했다는 당당함, 풀어내지 못한 분노 등 여러 감정이 섞여 있었다.

이처럼 구술과정은 문헌자료에서 전혀 알 수 없었던 장기간 투쟁 속에서 조합원 개인의 상황, 지도부의 고민과 갈등, 노조 내부의 갈등, 투쟁 경험에 대한 생각, 투쟁 마무리 이후의 노조상황 등의 여러 상황을 확인할 수 있었다.

초고를 놓고 진행된 편찬위원회에서는 '사실' 여부를 중심으로 검토하면서, 당시 사건을 둘러싼 긴 시간의 논의를 거쳤다. 회의 이후에는 단체 카카오톡을 통해 일부 논의를 지속하기도 했다. 투쟁과정에서 드러난 내부 갈등과 허물이 드러나는 것을 불편해하기도 했다. 그러나 그 역시 역사에서는 소중한 자양분이라는 점 때문에 있는 그대로 담기로 했다.

이 책은 투쟁 주체 개인의 기억을 기록으로, 그 경험을 다시 노조와 사회집단의 기억으로 전환하기 위한 시도이다. 이랜드홈에버 여성노동자들이 긴 투쟁 이후 개별화되어 노조 차원에서의 돌아보기, 치유하기, 공유의 과정을 갖지 못했다. 이 책은 10년 넘게 개인의 기억으로만 존재하는 '역사'를 집단의 역사로 만들기 위한 기초작업이다. 제한된 구술인원으로 더 많은 주체의 목소리를 담지 못한 한계가 있다. 그 때문에 이 책은 '510일투쟁' 주체들의 자기 역사쓰기의 시작일 뿐이다. 이 역사쓰기를 바탕으로 더 많은 주체의 기억이 모여 보다 풍부한 이랜드홈에버 여성노동자의 역사쓰기로 나아갈 수 있기를 바란다. 나아가 미완의 '510일투쟁'의 역사는 2019년에 이어 2020년, 그리고 이후에도 계속될 것이다.

이 책이 나오기까지 시간을 내어 구술작업에 참여해 준 주체들에게, 그리고 초고를 검토하고 사진을 모으는 과정에 헌신적으로 참여해 준 편찬위원들에게 감사의 말씀을 드린다. 울산본부와 전남본부 민주노총 자료담당자에게도 감사드리며, 사진 제공을 해주신 고 이정원 기자, 여정민 님, 한경은 님, 강창광 기자, 김광수 기자 등 여러분에게도 감사드린다. 예정된 날짜를 훌쩍 넘겨 많은 부담을 드린 출판사 분들에게도 미안한 마음과 감사를 같이 전한다.

2020년 9월 27일

유경순

1장

까르푸 자본의 특징과 노동조건

1. 까르푸자본의 특징

까르푸(Carrefour)는 프랑스계 유통브랜드로 1996년부터 2006년까지 한국에서도 대형마트 사업을 했다. 1958년 프랑스 외곽에 처음으로 매장을 열면서 시작된 까르푸는 이후 1963년에는 기존 슈퍼마켓을 능가하는 규모의 '하이퍼마켓' 개념의 매장을 창업했다. 식료품부터 의류, 잡화, 생활필수품에 이르기까지 거의 모든 소매품을 취급했고, 창고형 대형매장의 장점을 살려 저렴한 가격의 제품을 판매했다. 대형마트가 본격화된 것이다.

까르푸는 유럽 각국은 물론 북미 및 남미 그리고 아시아까지 사업을 확장했는데, 한국 역시 그 가운데 하나였다. 한국은 1990년대 들어 외국인투자 개방정책을 펼치고 있어서, 까르푸 외에 코스트코와 월마트 등 미국계 대형마트 체인들이 한국시장에 진출하였다.

까르푸의 지사인 한국까르푸는 1996년에 경기도 부천에 첫번째 매장인 중동점을 열면서 사업을 시작했다. 까르푸는 한국시장에 많은 기대를 걸고 큰 금액을 투자했는데, 산업자원부가 1999년에 발표한 외국인 투자기업 현황에는 한국까르푸의 투자액이 9억 2,500만 달러(약 1조 462억 원)라고 기록되어 있다. 이는 당시 한국에 진출한 해외기업 중 1위 규모였다.

이후 까르푸는 서울에 5곳, 경기도와 인천에 8곳의 매장을 개점하는 등 2002년까지 전국 총 22곳에 대형매장을 열었다. 전체 노동자

〈표 1〉 매출액과 증감률

	1999년	2000년	2001년	2002년
매출액	7,858억	1조 391억	1조 1,490억	1조 3,745억
전년대비증감률		32.2%	10.5%	19.6%

〈표 2〉 당기순이익

	1999년	2000년	2001년	2002년
당기순이익	-88억	239억	255억	60억
영업이익	167억	84억	186억	553억
영업 외 이익	150억	229억	236억	41억

수는 5,500명에 달했으며, 경쟁업체 대비 최저가판매를 강조하면서 명성을 얻었다. 이후 2006년에는 32개의 매장으로 늘어났다.

한국까르푸의 경영상태와 재무구조를 보면 위의 표와 같다. 우선 〈표 2〉를 보면 2002년 당기순이익은 60억 원으로, 2001년 255억 원에 비해 4분의 1 수준으로 떨어진 것으로 보인다. 그러나 이것은 지점을 개설하기 위해서 토지, 건물, 개업비용 등 영업 외 활동비용이 지출됐기 때문이다. 회사의 재무구조로 보면 사정이 어려워진 것은 아니다. 이는 영업이익이 2001년 186억 원이었던 데 비해서 2002년에는 553억으로 3배가량 늘어난 것에서도 확인된다.

1999년에는 약 88억 원의 손실을 기록했으나, 영업활동이 위축된 결과가 아니라 전임직원의 토지관리 횡령금액과 관련된 소득세 부과 취소청구소송에서 패소하는 등 각종 소송사건으로 인해 약 273억 원을 비용으로 처리했기 때문이다. 이 비용을 빼지 않는다면 당기순이익은 약 184억이다.

〈표 3〉 까르푸의 재무구조(단위 백만 원)

과목 \ 연도	1999년	2000년	2001년
자산(부채+자본)	912,852	994,093	1,269,390
부채	204,305	190,979	233,392
자본	708,546	803,114	1,035,998
부채비율	28.8%	23.8%	21.6%

또, 〈표 3〉에서 매년 20%대의 부채비율에서 알 수 있듯이 까르푸는 부채가 거의 없는 안정적인 재무구조를 갖추고 있어 수익구조에도 좋은 영향을 미치고 있었다. 2001년에는 현금 및 현금등가물이 약 382억 원에 이르는 등 현금 유동성이 매우 높고, 이자비용으로 지출되는 비용(약 7억 7천만 원)보다 이자수익(약 8억 6천만 원)이 더 많다는 것을 알 수 있다.

그러나 이러한 매출도 프랑스 본사의 목표에는 미치지 못하는 수준이었다. 한국까르푸가 설립된 1990년 중반에는 까르푸 외에 코스트코·월마트를 비롯한 해외 대형마트는 물론, 이마트·롯데마트와 같은 한국기업의 대형마트 브랜드가 운영을 본격화하면서 여러 대형마트가 경쟁하기 시작했기 때문이다.

또 다른 이유는 1997년 말 한국경제를 뒤흔든 IMF 외환위기가 시작되면서 소비심리가 심각하게 위축되었다는 것이다. 그 때문에 한국까르푸를 비롯한 유통업체들은 소비자들을 매장으로 끌어들이기 위해 저가제품 위주의 출혈경쟁을 했는데, 이 역시 매출에 악영향을 끼쳤다. 더욱이 1998년 한국까르푸가 340억 원에 달하는 부동산 매입자금을 해외로 밀반출했다는 혐의로 검찰에 고발되는 사건까지 일어났다. 이는 불매운동으로 이어지기도 했다.

또, 최저가를 강조하기 위해 납품업체에 지나친 단가 인하를 강요하거나 고압적인 태도로 인해서, 일부 납품업체가 한국까르푸에 납품을 거부하는 사태가 벌어지기도 했다.

무엇보다도 중요한 이유는 인건비를 낮추고 고용 부담을 덜기 위해 점차 노동자의 상당수를 파견직으로 채웠고, 이에 대한 노조의 저항을 탄압하면서 문제를 일으켰던 것이다.

결국, 2006년 4월에 한국까르푸는 이랜드그룹에 매각되어 한국에서 철수했다. 한국까르푸는 철수가 예상되는 상황에서도 매장을 추가 개장하는 등 몸집을 키웠고, 10여 년간 부동산 가격이 크게 상승하면서 이랜드와의 매각협상에서 몸값을 올렸다. 그 결과, 까르푸는 10여 년 동안 1조 462억 원을 한국에 투자하여 1조 7,500억 원 정도에 한국지사를 매각했다. 결과적으로 상당한 시세차익을 남겼다.

2. 매장의 구조와 노동과정

전국 까르푸 매장의 관리체계는 주로 점장 → 부점장 또는 부장 → 과장 → 대리 → 주임으로 되어 있다. 대리는 직책이 주임인데 대외적으로 대리로 직급이 주어진 경우였다. 주임은 현장에서 고객을 대면하는 역할을 했고, 현장직원이 진급할 수 있는 최고 위치였다. 즉, 주임은 최하위 현장관리직이다.

관리자들은 과장까지는 대부분 남성이었고, 수납 파트에는 여성들이 주임을 맡고 있었다. 즉, 관리자에 해당하는 직원은 거의 남성이었고, 현장에서 일하는 이들은 다수가 여성이었다. 특히, 수납 파트는 100% 여성이었다.

매장의 구성은 다음 쪽의 〈표 4〉에서 알 수 있듯이 물품을 판매하는 영업부서로는 가공식품류를 판매하는 그로서리(Grocery), 신선부서인 프레쉬(Fresh: 샐러드바, 수산, 야채청과, 베이커리, 정육), 생활용품 코너인 바자(Bazaar), 가전과 주얼리를 판매하는 어플라이언스(Appliance), 의류 잡화를 판매하는 텍스타일(Textile)이 있다.

영업부의 가공식품 코너에서는 주로 상자를 뜯어서 상품을 매대에 진열하는 일을 한다. 이들은 소위 '까대기'라고 불리기도 했다. 신선부는 수산 코너에서 생선을 손질해서 진열하고, 축산 코너는 고깃덩어리가 들어오면 부위별로 기계로 썬다거나 포장을 해서 진열하여 판매한다. 샐러드바는 음식물을 만들어 직접 판매하는데 로스트 치킨, 김

〈표 4〉 매장 구성표

부문(division)	부서(department)		비고
그로서리(Grocery)	10	음료	가공식품 매장 진열 판매
	11	세제	
	12	화장품	
	14	가공	
	15	신선가공	
프레쉬(Fresh)	20	샐러드바	식품조리 및 매장 진열 판매
	21	수산	수산물 손질 및 매장 진열 판매
	22	야채청과	야채청과 매장 진열 판매
	23	베이커리	베이커리 생산 및 매장 진열 판매
	24	정육	축산물 손질 및 매장 진열 판매
바자(Bazaar)	30	DIY	생활용품 매장 진열 판매
	31	가정용품	
	32	문화용품	
	33	레저용품	
	34	정원	
	35	자동차용품	
어플라이언스 (Appliance)	40	대형가전	가전/주얼리 매장 진열 판매
	41	소형가전	
	42	카메라	
	43	사운드	
	44	TV	
	45	컴퓨터	
	47	주얼리	
텍스타일(textile)	60	신발	의류/잡화 매장 진열 판매
	61	잡화	
	62	시즌의류	
	64	침구류	
	65	엑세서리	
파이낸스(Finance)	재무팀		재무/급여
캐셔(Cashier)	수납팀		CS/고객만족센터
시큐리티(Security)	안전팀		안전팀 안에 보안팀은 외주화였음
메인터넌스 (maintenance)	시설팀		점포 시설 유지 보수
리시빙(Receiving)	검수팀		입고 상품 검수 및 매입/창고관리
아이티(IT)	전산팀		점포 전산관리 업무
오더풀(Order Pool)	발주팀		발주 및 재고 관리
세크러테리(Secretary)	비서		점장비서

밥, 샌드위치 등 그 종류가 다양하다. 그 때문에 이 일은 마트 안에서 '3D업종'이라고 불린다. 까르푸 초창기에는 재료를 받아서 직접 다듬고 데쳐서 만들어 팔았으며, 여러 부서 중에 매장 내의 매출을 높이는 역할을 했다.

다음으로 물품을 계산하는 수납부서인 계산원(cashier)은 계산대(CS)와 고객센터로 나뉘어 있고, 계산원은 매장 전체에서 가장 인원이 많았다. 마지막으로 매장시설 전체를 관리하는 시설관리부가 있고, 그 밖에 재무팀, 검수팀, 안전팀 등으로 구성되어 있었다.

그밖에 청소·주차를 담당하는 용역업체에서 파견 나온 직원들이 있었다. 이들 이외에도 매장 안에는 업체에서 파견 나온 업체직원들이나 단시간 아르바이트들이 다수 있었다. 직원들은 입사할 때 자신들이 원하는 부서를 선택해서 배치되어 일했다. 각 부서의 특징과 상황은 다음의 구술을 통해 살펴본다.

[가공식품, 공산품판매] '까대기'는 매장 안쪽에서 일하는 사람인데, 물건 상자 까서 진열하는 일인데, 만만하게 보고 들어왔다가 못 견디는 사람들은 금방 그만둬요. (황옥미, 면목)

'롤러'는 상품에 바코드가 없거나 아니면 그걸 대신 찾아 주는 일을 하는데, 주로 알바하는 남학생들이 많이 했고, 롤러스케이트를 잘 타야 하니까. 롤러스케이트를 타고 매장을 돌아다니면서 코드를 찾아주는 거예요, 가격표를 붙여 준다든가. (마수경, 면목)

[가전] 야탑점 가전 쪽에 (……) 정규직 시켜 주겠다 해서 들어가서, 한 달도 안 돼서 정규직이 됐거든요. 가전은 가전제품 파는 건데, 벽걸이

TV 한참 나오고 막 이럴 때. 그런 거는 다 세일즈맨이라고 그래요. 거의 다 남자직원이거든요. 여자는 전기에 약하잖아요. (강혜정, 야탑)

[신선부] 신선부는 초기에 인원이 엄청 많았어요. 축산만 해도 23명, 수산이 15, 16명인가? 중동점에 하이퍼마켓이라는 게 처음 들어오면서 호기심을 갖고 사람들이 많이 오니까 직원들이 엄청 바쁜 거예요. 매출이 예상했던 것보다 1.5배 정도로 나오니까, 회사도 "와~" 놀란 거죠. 그러니까 처음에는 한 15명 하다가 그 뒤에 인원을 확 늘린 거예요. 보통 근무시간이 기니까 오전·오후 타임, 그중에서도 휴무자가 나와야 하니까, 우리도 23명이면 휴무자가 보통 6~7명 나오고, 오전에 8명, 오후에 8명, 이런 식으로 하니까.
그중에 기능자는 8명, 남자들은 오전에 3, 오후에 3, 주부사원들은 거의 보조형태라서 포장해서 랩을 씌운다든지 판매한다든지 그런 일을 해요. (손명섭, 부산)

'샐러드바' 코너가 중계에는 한 20명이 되면, 정규직은 4명밖에 안 됐어요. 그다음에 과장 1명, 주임 1명, 대리 하나, 나머지는 다 비정규직이고. 그리고 전·튀김 이런 데는 4명, 김밥도 4명 정도, 서로 돌아가면서 쉬어야 하니까, 우리가 2교대제예요. 아침에 7시에서 3시, 그리고 오후조는 2시인가 3시 출근해서 12시, 식사시간에 겹치는 시간이 있죠. 샐러드바는 우리가 직접 다듬어서 만드는 데라 딴 데보다 사람이 더 많았어요. (이경옥, 부위원장)

제가 중동점에 1998년 6월에 입사해서 **샐러드바에서** 일했는데, 손님들이 말도 못했어요, 하루에 생닭을 오륙백 마리씩 팔 정도로. 그때 가격이 3천 얼마인가 4천 얼마인데, 그렇게 싼 가격이 아니었는데, 그래도 손님이 밀렸어요. 처음에는 샐러드바에 열댓 명이 근무를 했고, 2교대를 했었지요. 초창기는 10명 이상이 정규직이었는데, 나중에는 비정규직으로 파트타임이 들어오니 정규직은 몇 명 안 됐고요.
200도가 되는 오븐을 처음에는 남자들이 다했고, 여자들은 잔일이나 했는데, 닭을 꽂은 건 아마 제가 제일 많이 했을 거예요. 오죽하면 피부과를 갔더니 "얼굴이 탔다"고, 코하고, 눈 밑에 이만큼. 그 일이 아니고는 탈 일이 없는데…. 처음에는 제가 멋모르고 닭도 깨끗이 씻고, 양념을 제대로 해서 재웠어요. 그런데 나중에는 그럴 시간이 없으니까 생닭을 그냥 양념통에다가 넣고 물을 그냥 들이부었어요. 거기서 그냥 건져서 걸어도 맛있다고 잘 사갔어. 엄청나게 잘 팔렸어요. 일이 너무 힘드니까 아르바이트들이 들어오면 하루이틀을 못 견디고 나갔어요. 샐러드바 옆에 창고가 있고 거기 연결된 계단이 있는데, 가다 보면 여자가 거기서 울고 있어요. 힘들어서. 그러면 그다음 날 그 사람은 안 나오는 거예요. (조은옥, 중동)

'축산'은 기능경력직으로 분류가 되는데, 일반인들이 보면 고기는 다 그냥 고기로 보이잖아요? 근데 축산에서는 고기들이 덩어리로 들어오면, 분해하고 요리별로 나누고 다 코팅해서 판매하니까. 주부들이 사가서 그걸 씻든지 볶든지 바로 쓸 수 있는 거고. (……)
특수부위 같은 경우는 일하는 사람들이 부위가 뭔지 다 아니까, 이거를 어떻게 잘라야 하고 어떤 용도로 써야 하는 것들을 아니까, 그걸 경력으로 치고, 기능 있는 사람들은 경력직으로 해서 정규직으로 바로 뽑은 거죠. (손명섭, 부산)

'축산'에서 일했는데 인원은 11~12명. 남자·여자 비율이 반반 정도였고, 힘쓰는 일 하니까 남자직원들이 많았어요. 축산이 특이한 점이, 사람들이 기술을 배우면 자기가 (정육점을) 오픈하고 싶어해요. 남자들은 과장까지 하다 나가서 개업하기도 하고 부장으로도 가기도 해요. 남자들이 거의 뼈작업하고, 저희는 고기 같은 거 다 포장해서 내놓는 일을 했었죠. 뼈작업이라는 게 골절기, 톱니 막 돌아가는 데다가 뼈를 자르는 거야. 진짜 위험한 거죠. 지금도 갈비만 자를 때는 그렇게 하는데, 손 갈비. 그땐 뼈를 다 그렇게 했어, 그러다가 한번 튕겨 나가면 막 이런 데 맞고, 위험한 거였는데. 저는 수입 쪽이어서 LA갈비를 가늘게 써는 작업을 온종일 했어요. (김용임, 중동)

'수산' 쪽은 힘쓰는 일은 남자들이 더 하기는 하지만, 대신 잡다한 일은 다 여자들이 하잖아요? 그런데 남자들은 월급을 조금 주면 안 붙어 있다고, 남자들을 붙들려고 남자를 먼저 진급시키기도 하고. 그리고 우리 사회적인 분위기도 남자 우선이니까, 더 그랬죠. 수산이나 정육은 남자들이 좀 많고. (김영순, 시흥)

'수산'에서 일했죠. 2000년 8월에 입사해서 수산 가니까 처음에 하라는 것은 자반고등어 팔라고. (웃음) 당시 수산에 경력직 남자직원만 해도 한 10명이 넘었고 전체 인원은 15명 이상은 됐어요. 규모가 큰 데다가 처음 된 거였고.
수산은 매장 내에서 셀프 판매도 했고, 초밥도 판매했고, 그다음에 건어물도 소분 포장을 해서 판매를 했었거든요. 소분 판매는 1차 상품을 들여다가 봉지 작업을 해서 매장에 소량 판매하는 거죠. 수산 코너에는 아르바이트로 들어온 남자들이 2~3명 있었던 거 같고, 주부사원들은 모르겠는데… 절반 이상은 경력직인데, 오픈 당시엔 매장 끌고 나갈 사람이 비중이 컸던 것 같아요. 유통 쪽이 다들 '3D'라고 싫어하고, 그 안에서도 '3D'라서 사람들이 안 하려고 그러잖아요. (백종근, 순천)

우리가 오픈하면서 **'수산'** 코너에선 초밥을 세일해서 200원에 파는데, 밥을 하루에 80킬로, 한 가마니를 했어요. 깜짝 놀랐어요. 없어서 못 팔았어요, 1년을. 촌에서 회를 떠서 판다거나 초밥을 만들어서 판다는 게, 2000년도엔 전혀 없었죠. 완전히 히트상품이죠. 출근하면 너무 바빠서 다른 쪽을 볼 수가 없을 정도예요. 처음에는 남자직원만 열댓 명 있었고, 여자분들도 열 명 있어서, 우리 코너에 20여 명 있었죠. 근데 첫 봉급을 타면 총각들이 대거 빠지더라고요. 한 6명 남겨 놓고. 힘들고 봉급이 적으니까. 그때 한 58만 원 받았던 것 같애.
수산 코너에서 여자들은 살 종류, 조갯살이나 관자나 그런 거 있죠. 꼬막이나 바지락 이런 거 배분해서 트레이에 담아서 포장해서 판매하는 거. 또, 당시에 자반고등어도 엄청나게 팔았거든요. 이게 귀한 생선이라고 생각했지요. 갈치도 하루에 한 빠레트 이상? 두 빠레트가 들어오면 다 소화할 정도로. 남자들은 생선 손질하고. (박영숙, 순천)

[수납] '캐셔'만 80~90명 됐던 것 같아요. 캐셔 업무는 일렬 코스였던 것 같아요. 라인이 주임을 중심으로 형성되어 움직였어요. 포스가 1번부터 28번 일렬로 진짜 벽까지 쫙 되어 있는데, 그게 하나의 라인이에요. 벽 보고 일한 적도 있어요. 주임이 그날의 스케줄, 배치 같은 인력관리를 해요. (마수경, 면목)

수납은 기본멘트가 있어요. "안녕하세요. 고객님", "어서 오세요. 봉투 필요하세요?”, “얼마 나왔습니다. 얼마 계산해 주세요. 몇 개월 할부하시겠어요?”, “안녕히 가세요.” 한 고객 오면 열 마디 정도는 해요. (진현미, 방학)

저희가 직접 돈 정산을 했거든요. 돈통이 내 거로 되어 있어요. 내 이름으로. 돈가방을 항상 준비금으로 20만 원을 맞춰 놓고, 나머지 돈을 정산해요. 항상 계산대에 들어가면 내 돈통, 돈가방을 들고 가야 하는 거예요. 그래서 내가 퇴근할 때 준비금 20만 원 빼고 정산을 하는 거죠. (이선호, 방학)

그때는 카드를 안 받았고, 무조건 다 현금을 받았어요. 그럼 현금이 엄청 쌓이는 거예요, 그걸 거기서 일일이 못 세니까, 막~ 그냥 비닐에 넣어 와서 세기도 하고. 시간이 좀 나면 캡슐이 있거든요. 100만 원 다발로 이렇게 딱딱 넣으면 한 5개 정도가 들어가요. 500만 원 들어가면 그 캡슐에 딱~ 담아서, 거기서 바로 뽕 떨어지면 삥~ 타고, (위로 손짓하며) 돈통에 톡~ 떨어지는 시설이 있었어요. (유영예, 울산)

장 보고 나와 계산하는 데 이외에 의류 쪽에 계산대도 있고, 먹거리 코너에 계산대도 있고, 다 따로따로 있어요. 내가 만약에 10시에 출근해서 1번 계산대 들어갔다가 한 3시간 하고 나와서 밥 먹는다고 휴식 잠깐 하고. 다시 2층에 20몇 번 계산대 들어갔다 나오면. 또 의류판매 계산대 몇 번 들어갔다가 나오고. 식품 코너 안쪽에 또는 식당 코너에서도 계산하고. 뭐 이런 식으로 했거든요. (황선영, 월드컵)

[시설] ‘시설’은 노조에서 제가 아마 유일할 겁니다. 매장의 모든 건물,

장비, 영업을 제외하고는 거의 모두 다 시설팀에서 관리·감독을 한다고 보면 되고요. 예를 들어 매장에서 뭐가 고장났다고 하면 바로 선조치를 하고 후결제를 하든지. 매장에 네다섯 명 되는데 거의 모든 걸 다 해요. 뭐 안 되면 무조건 시설에서 처리하는, 예를 들어 베이커리 신선장비, 초밥 기계, 조명, 냉난방 뭐…. 그다음에 화장실에 영선(營繕), 변기 막힌 것, 하수구 막힌 것, 더 나아가서 IT 직종까지도, 그러니까 영업 외에 건물에 관련된 걸 다 관리·감독을 했죠.

(이 분들의 위치는?) 프랑스는 기술직들, 영업에서는 신선부서 프로페셔널이라는 일반 평직원보다 더 높은 연봉 직급이 있었고요. 저희들은 테크니션이라는, 매장으로 따지면 주임하고 거의 매니저, 그니까 준 매니저 단계 되는 연봉, 기술자격수당이 없기 때문에, 그런 직급으로, 직무급으로 맞춰 주었던 것 같습니다. 기술자 대접을 받았죠. (박영광, 순천)

3. 노동자의 고용방식: 불안정한 고용형태

1) 적정 인원을 채용하지 않는 방식

까르푸의 매장들은 그 규모의 차이는 있지만, 대부분 초기에는 직영 직원이 300~500여 명에 이르렀다. 그러나 까르푸는 점차 퇴사자가 생겨도 인원 충원을 하지 않았고, 심지어 힘든 부서로 이동시켜 퇴사를 유도하는 등 매장운영에 필요한 적정 인원을 고용하지 않았다. 예를 들어 1996년 10월경 대구 동천점은 대구 동구청과 지역주민 고용할당제 협정을 맺고 500여 명의 신규인력을 채용하고, 이후 "매장 1곳당 450여 명의 신규인력을 채용하겠다는 계획"을 신문에 발표하였다. 이를 기준으로 계산하면 2001년에는 22개 점포의 채용인력이 8,000~11,000명이어야 한다.

그런데 〈표 5〉에서 알 수 있듯이 2000년 말에는 15개 점포 3,797명으로 매장당 평균 인원은 약 253명이다. 이어 2001년 말에는 점포가 24개로 늘어나고 직원도 5,016명으로 늘었으나, 매장당 인원은 209명으로 점포당 인원수가 오히려 더 줄어들었다. 2003년에는 점포가 26개이니 매장당 450명으로 계산하면 11,700명을 고용하고 있어야 한다. 그러나 실제는 절반도 안 되는 5,100명으로 점포당 인원수는 196명으로 줄었다. 이는 까르푸가 이윤을 남기는 방식이 매장 노동자들의

〈표 5〉 점포당 직원 수

	2000년 말	2001년 말	2003년 3월
직원 수	3,797명	5,016명	5,100명
점포 수	15곳	24곳	26곳
1개 점포당 직원 수	253명	209명	196명

노동강도를 강화하는 것임을 보여 준다.

그런데도 회사는 매년 적자라는 논리로 계속 인원을 축소하였다. 그러나 앞에서 살펴본 것처럼 회사는 적자인 적이 없었다. 인원 축소 때문에 직원들은 과다한 업무, 피로 누적으로 안전사고의 위험 속에 노출되어 있었다. 갈수록 회사는 아르바이트의 채용비율을 높였으며, 정규직을 아르바이트로 전환해 물의를 일으키기도 했다. 노조는 회사에 적정 인력 확보를 요구했으나, 회사는 점포별로 알아서 할 일이라며 무책임한 태도로 일관하였다.

까르푸 매장에서 일하는 이들은 직고용으로 계약조건에 따라 정규직 노동자, 비정규직 노동자로 분리되어 있었다. 거기에 외부업체에 고용되어 파견된 프로모터가 있었다.

까르푸가 한국에서 매장을 시작했던 초기에는 일하는 노동자들이 대부분 정규직이었다. 보통 입사해서 3개월 수습기간을 지나면 대부분 정규직이 되었고, 비정규직으로 입사해도 일정 기간이 지나면 정규직으로 전환되었다. 그런데 2003년부터 비정규직이 정규직으로 전환되지 않으면서, 전체 노동자 구성에서 비정규직의 비율이 점차 높아졌다.

정규직들도 내부에 정규직-1, 정규직-2, 정규직-3, 정규직-4로 등급이 나뉘어서 보통 1년마다 승급을 했다. 등급이 달라도 같은 일을 하지만, 임금에서 약간의 차이가 있을 뿐이다. 그럼에도 등급제도를 통해 노동자들의 경쟁을 부추겨서 노동강도를 높이려는 것이었다. 승급도 보통 근무기간이나 고과평가가 기준이 아니라 관리자들이 자의적으로 했다. 이 역시 관리자들이 노동자들을 통제하기 위한 것이었다.

(1998년 입사 때는?) 저는 정규직으로 들어갔어요. 처음에는 다 정규직으로 뽑았어요. 그런데 어느 순간부터 비정규직도 뽑고, 무슨 타임, 무슨 타임 해가지고~, 레귤러라든가 그 다음엔 레귤러 투, 레귤러 쓰리 이런 식으로 했었어요. (조은옥, 중동)

(정규직은 진급하면?) 그때는 정규직이 원, 투, 쓰리, 파이브, 이렇게까지 갔어요. 그래서 월급이 차이 나요. 우리는 몰라도 과장님들이 다 평가했어요. 예를 들면 근무실태 이런 거, 그게 올라가면 부장님이나 점장한테 올리면 "이 사람 진급시켜 줘라" 이렇게 되고. 진급은 1년에 한 번씩은 하니까. 그런데 "아, 이 사람은 일을 잘해, 늦게 왔어도 이 사람 올려야 되겠다" 그러면 올리면 되고. 그건 관리자들 마음이에요. (박복희, 안양)

저는 1년 안 돼서 2003년 초인가 정규직이 됐는데, 그 상황이 파워카드 시상이 있었어요. 일을 잘하면 시상으로 상품권도 줬는데, 제가 계산대에서 고객 응대나 계산도 찍으면서 했는데, 굉장히 잘한 거예요. 점장이 왔다갔다하면서 저를 보니 고객한테 친절하고 설명을 잘하니까 "당장 정규직 시켜라" 해서, 제가 10개월 만에 정규직이 됐어요. (임재윤, 시흥)

2) 2003년 비정규직 등급제

비정규직 노동자들도 초기에는 모두 같은 조건으로 일했는데, 2003년 회사가 '비정규직 등급제'라는 인사제도를 만들면서 차이가 났다. 이는 〈표 6〉과 같이 비정규직의 직급을 4등급으로 나누어 급여를 등급별로 다르게 책정하는 것이다. 그리고 '평가서'를 이용해 공정하게 평가한 후 승급에 반영하며 계약기간도 4단계로 나누어 달리 적용한다는 것이었다.

이에 2003년 4월 인사부 황보용 상무의 명의로 각 지점 점장급에게는 '비정규직 관리지침'이 전달되었는데, 거기에는 "고용, 유지, 교육 등의 어려움을 고려해서 회사는 2003년부터 새로운 계약기간을 적용한다"면서 기존의 3개월 계약기간을 '3개월 – 6개월 – 12개월(또는 6개월) – 12개월'로 단계별로 연장하도록 하였다. 또, 이 공문에서는 "네번째 기간부터 여러분은 계약 갱신을 거부할 수 없다"고 주의를 주면서 다음의 내용을 강조하였다.

① 모든 근로계약 갱신은 평가 결과를 근거로 해야만 한다

② 반복적으로 말하면, 파트타이머가 계약 갱신을 원한다면 여러분은 네번째 계약기간부터는 근로계약을 중단할 수 없다. (근로계약을 거부할

〈표 6〉 파트타이머 3차원 관리 기준

임금	1	2	3	4
계약기간	3개월	6개월	12개월	12개월
근무시간	A	B	C	D

정당한 이유가 있다면 여러분은 거부할 수 있다. 그러나 그렇게 하는 것은 매우 복잡하다.)

③ 만일 어떤 직원이 1년 이상 근무한다면, 그 직원은 퇴직금을 받을 자격이 주어진다.

또, 그는 점장들에게 비정규 직원들을 급여등급별로 인원을 제한하라며 다음과 같이 지시하였다. 전체 파트타이머 인원 중에서 파트타이머-1의 인원수는 50% 이상, 파트타이머 –2는 30% 이하, 파트타이머-3은 10% 이하, 파트타이머-4는 10% 이하로 유지하라는 것이다. 아무리 열심히 일해도 파트타이머-4로 승급할 확률은 10%에 불과한 것이다. 또, 문제는 공문 어디에도 정규직 승진에 대해서 언급하지 않았다는 것이다.

이는 결국 비정규 직원들에게 목표를 제시하고 승진의 기회를 주는 제도가 아니라, 비정규 직원들 사이에도 '등급'을 만들어 차별과 갈등을 부추기는 제도였다. 비정규직 등급제는 아무리 열심히 일해도 정규직이 될 수 없고, 고용보장을 받을 수 있는 1년 근속도 사실상 어렵게 만든 것이다.

(전체 직원 중에) 비정규직이 훨씬 많았고. 저는 2002년에 입사했고 10개월 정도 있다가 바로 정규직이 됐어요. 그니까 2003년 이후엔 정규직이 없었어요. 있었어도 관리자에게 조금 잘 보이거나 그런 사람들만 정규직 시켜 줬고, 영업 쪽에 남자들하고. 그 외 수납은 아예 없었어요. 제가 마지막 정규직이 된 거예요. (임재윤, 시흥)

처음에 7시간 일하는 비정규직이죠. 제가 2003년 입사할 때는 정규직

안 뽑았어요. 그전에는 정규직으로 있고. 우리 가니까 그 앞에 사람들은 몇 년 지나면 정규직 시켜 주는 게 있었는데, 우리부터는 그게 없어졌다고 그러더라고요. (이해욱, 울산)

이 제도의 도입 이후 까르푸 매장은 시간이 지날수록 비정규직 비율이 점차 높아졌다. 2004년 들어 비정규직 비율은 전체 직원대비 40%에 육박했으며, 과장급 이상 매니저를 제외하면 약 50% 가까이 되었다.

회사는 비정규직 노동자를 대부분 3개월의 초단기로 계약했다. 3개월짜리 비정규직들은 언제 잘릴지 불안했다. 더욱이 복잡한 관리기준에 대해 정확하게 이해하고 있는 노동자는 거의 없었다. 심지어 비정규직을 현장에서 채용하고 관리하는 과장, 팀장, 부장급 직원들조차 제대로 알지 못했다. 그러니 당사자인 비정규직 노동자들도 이런 내용을 제대로 전달받지 못했다.

그런데도 인사부는 계약기간과 등급을 결정하기 위해 인사고과라는 것을 만들었다. 부서별로 16~18개 항목으로 평가한 뒤 그 결과를 적용하겠다는 것이다. 평가기준은 다음의 〈표 7〉과 같다. 그러나 평가항목은 매니저의 주관적 판단에 따라 좌우되는 내용이다. 그러므로 인사고과는 요식행위일 뿐이다. 개인 면담도 제대로 하지 않기 때문에 객관적인 인사고과는 가능하지 않다.

그러므로 비정규직 노동자의 상당수는 몇 개월 열심히 일하면 정규직이 될 것이라는 '공허한 약속'을 믿고 '예정된 절망'을 눈치채지 못한 채 일해야 했다.

〈표 7〉 파트타이머 평가기준

등급	가중치	의미
Insufficient	-2	업무수행능력이 부적절함
Fair	1	보통
Good	2	업무수행능력이 우수함
Excellent	3	업무수행능력이 아주 우수함

(입사 때) 1년씩 계약직이었죠. 언제든지 자기네가 그만두게 하고 싶으면 그만두게 할 수 있는 게 있잖아요. 그러니까 계약을 안 하면 그만둬야 하는 파리목숨 같은. 그래서 불만 같은 게 있었던 것 같애요. (김경미, 월드컵)

임금 차별이 있었고. 그니까 내가 아는 언니는 비정규직인데, 1년 동안 진급을 못했어요. 그 분 월급이 60만 원이었어요. 상여금, 수당, 하나도 없고, 딱, 본봉만 있는 거야. 그런데 정규직은 상여금이 400%였고, 3개월에 한 번씩 100%가 나왔어요. 월급은 80, 90만 원 됐고. 차이가 많이 났었죠. (박복희, 안양)

3) 프로모터에 대한 차별

프로모터는 까르푸에 납품하는 업체에서 자사 상품의 판매촉진을 위해 매장에 파견되는 파견노동자, 또는 까르푸에 일정한 용역을 제공하는 하청업체에서 파견되어 일하는 용역노동자를 말한다. '비정규 용역 및 파견사원'이다. 이들은 2~3일 정도의 짧은 기간 동안 세일 행사를 전문으로 하는 '단기 프로모터' 노동자도 있고, 수개월에서 수년 동안 한곳에서 일하는 '장기 프로모터'도 있다. 까르푸의 일부 서비스팀을 제외한 영업부서에는 직원 수보다 이들 프로모터의 수가 훨씬 많다.

매니저들은 빨간색 넥타이를 매고 있고, 노동자들은 유니폼을 입고 일한다. 노동자들은 사진이 들어간 플라스틱 명찰을 목에 걸고 있지만, 프로모터들은'VISITOR'(방문객), 또는 'PROMORTER'(프로모터)라고 적힌 얇게 코팅된 종이 명찰을 가슴에 옷핀으로 꽂아 놓고 있다. 유니폼과 명찰만 보아도 직원인지 아닌지를 한눈에 알 수가 있다.

프로모터들은 이렇게 차별을 받아도 하소연할 곳이 없다. 대부분의 프로모터들은 계약서도 없기 때문에 언제 해고될지 모르는 불안한 상태에서 근무한다. 또, 조금이라도 실수하면 불호령이 떨어지거나 짜증 나는 잔소리가 길게 이어진다. 심한 욕설을 퍼붓는 매니저가 있는가 하면, 물건을 몸에 집어 던지는 매니저도 있다. 자식뻘 되는 매니저나 주임들에게 그런 수모를 당해도 한마디 항의할 수도 없다. '전화 한 통'이면 그날로 '해고'되기 때문이다. 까르푸나 납품업체는 오로지 '돈'만 생각했다.

프로모터는 근로기준법에 명시된 출산휴가나 육아휴직은 고사하고 주휴, 월차, 연차, 생리휴가 등이 전혀 보장되지 않고 있었다. 또 상여금이나 퇴직금은 꿈도 못 꾸고 초과근무수당을 받지 못하거나 임금이 상습적으로 체불되기도 했다.

거기다 프로모터는 자기회사 상품을 팔기 위해 파견되었는데도, 까르푸는 부족한 인력을 프로모터를 활용해 해결하기도 했다. 예를 들어 소시지를 팔러 왔는데 라면 진열을 시키기도 하는 식이었다. 일부 매니저는 프로모터의 임금 일부를 중간에서 착복하기도 했다. 그래도 한 번 실수하면 바로 해고됐다.

4) 일방적 승진승급제도

까르푸의 인사제도는 결코 투명하거나 공정하다고 말할 수 없다. 많은 노동자들이 승급, 승진의 기준이 무엇인지조차 모르고 있었다. 일방적이고 은밀한 승급, 승진은 노동자들 간에 갈등을 불러일으켰다. 까르푸는 인사제도를 노동자를 통제하는 강력한 수단으로 삼고 있었다.

(승진은?) 캐셔 원(one)-캐셔 투(two), 이런 식으로 올려 주는 승진 단계가 있어요. 그리고 주임도 원-투가 있고. 캐셔가 최대한 올라갈 수 있는 건 주임까지였던 것 같아요. 근데 특별히 저희 점포에서는 계산대에서 주임 이상, 대리까지 승진됐죠. (임혜숙, 면목)

저희 땐 승진은 없었죠. 정규직이 되는 게 승진이긴 하죠. 그때 파트타이머로 들어갔고. 비정규직이란 말도 나중에 들은 거지. 거기서 몇 명 뽑혀서 정규직이 되는 거고. 그땐 무슨 절차가 있는 것보단 과장들이 몇 년 근속이 어떻게 되고 이러면 주임으로 올려 주고, 이런 식이었죠. 그래서 그 당시에 주임 달고도 정규직이 안 된 사람도 있었어요. 먼저 주임을 달아 주고 나중에 정규직으로 올려 주는 거죠. (서은주, 월드컵)

비정규직에서 정규직으로 올라가는 거예요. 또 정규직에서 주임-대리 이렇게 올라가는데. 주임은 남자들만 있었어요. 처음에는 과장이 있었고, 주임이 있었고. 남자들은 비정규직도 있고 정규직도 있는데, 걔네들은 6개월마다 하나씩 올라가는 거예요. (김영순, 시흥)

당시에 수산에 경력직 남자직원만 해도 한 10명이 넘었고 전체 인원은 15명 이상은 됐어요. 오픈할 때는 대박이었거든요. 규모가 큰 데다가 처음 된 거였고. 제가 3개월 만에 정규직이 됐거든요. 다른 사람들보다 빨랐죠. 당시는 수습기간 아니어도 윗사람들이 어떻게 보느냐에 따라서, 진급이 빠르고 늦고 했거든요. (백종근, 순천)

이처럼 까르푸는 더 많은 이윤을 남기기 위해 정규직-비정규직-프로모터 등의 직군체계를 통해, 특히 비정규직의 등급제를 통해, 노동자들의 고용안정을 위협하면서 동시에 노동자들을 분리해서 통제했다. 더욱이 회사는 지속적으로 정규직의 비정규직화, 비정규직의 프로모터화, 프로모터의 해고 등 고용형태를 바꾸기 위해 온갖 방식을 동원했다. 예를 들어 2002년 7월 부임한 중동점장은 "인간 청소를 하겠다"는 포부를 밝히고, 실제로 정규직원의 대량해고 지시를 내렸다. 2003년 가양점 신선식품 부장은 여성노동자 5인 중에 2명을 제비뽑기를 시켜 샐러드바와 생선 부문으로 각각 인사발령을 했다. 그리고 비정규직 직원 3명을 새로 채용했다. 정규직 직원들을 다른 부서로 갑자기 발령내는 것은 퇴사하라는 압력이었고, 이런 방식으로 비정규직으로 대체하는 것이었다.

더욱이 해운대점에서는 관리자가 우수사원상까지 받은 노동자에게 "왜 이렇게 일 처리를 늦게 하냐? 다른 지점의 직원들은 그 시간이면 마무리까지 다 한다"고 면박을 주었다. 이는 직원에게 모욕감을 주어 스스로 퇴사하게 만들기 위한 것이었는데, 정규직을 퇴사시키는 까르푸의 일반적인 방식이기도 했다.

또, 본사의 상무는 "비정규직을 대폭 늘리겠다"고 말했다. 이는 비정규직을 늘리기 위해서 정규직을 해고하겠다는 것이었다. "어떠한 수단과 방법을 가리지 말고 내보내라"는 중동점장의 말처럼 전국의 매장에서 수단과 방법을 가리지 않고 정규직을 내쫓고 있었다.

이런 상황은 노조 사이트에 "12개월이 되기 전 '사직서'를 권하고 다시 계약을 하자는데 어떻게 하느냐"고 묻는 비정규직원의 문의가 이어진 상황으로도 확인된다.

또, 직영직원들만이 아니라 프로모터들까지도 일방적으로 쫓아내려 했다. 2003년 1월과 3월에 본사와 중동점장이 프로모터 대량해고 지시를 내렸고, 5월 본사의 올리비에 부장이 중동점의 야채청과 "프로모터를 전원 교체하라"는 지시를 내렸다. 또, 가양점에서는 과장이 프로모터들에게 "물갈이하겠다"고 한 뒤에 프로모터 2명이 회사를 떠났다. 시흥점에서는 부장이 직접 "물갈이하겠다"고 프로모터들에게 경고한 적도 있었다. 그리고 많은 매장에서 직접 혹은 간접적으로 프로모터들을 해고하고 있었다. 해고된 이들에게는 당연히 받아야 할 퇴직금과 해고수당이 지급되지 않았다. 그나마 중동점에서는 점장의 엄포에도 프로모터가 해고되지 않았는데, 프로모터들이 노조에 가입했기 때문이었다. 해고된 프로모터 1인도 노조의 투쟁으로 복직되었다.

이렇게 회사가 노동자들의 조건을 악화시켜 나가자, 노조는 2003일 2월 13일부터 15일까지 수도권 8개 점포당 각 30명씩 근로조건 설문조사를 실시했다. 조사결과는 정규직은 근속 연수가 1년~3년 미만이 35.9%로 가장 많았고, 파트타이머와 비정규직의 근속 연수는 1년 미만이 90%로 나타났다. 또 남성의 경우 76.3%가 정규직인 반면 여성은 35%만이 정규직이었다. 노동강도와 적정 인력에 대해서는 55%가 인원이 부족하다고 답변했고, 34.2%가 연장근로수당을 받지 못한다고 답변했다. 여성노동자의 23.1%는 까르푸에서의 근로로 인해 발병, 치료를 받았다고 했고, 이들의 66.1%는 근골격계 질환으로 인해 고통받고 있는 것으로 나타났다.

4. 임금과 노동조건

까르푸의 임금 등 노동조건에 관해서 노조가 2003년 수도권 8개 점포를 통해 실시한 근로조건 설문조사 자료를 바탕으로 살펴보면 다음과 같다.

우선 임금이 남녀별, 채용형태별로 차이가 컸다. 특히 남성의 경우 20대(74.6%) 미혼(83.6%)이 주축임에도 월평균 임금 90만 원 이상(47.1%)이 가장 많았다. 그러나 30~40대(61.2%) 주부사원(59.1%)이 주축인 여성의 경우 80~89만 원(31%)이 가장 많았다. 정규직과 파견직을 보면 90만 원 이상이 각각 42.3%와 41.7%로 가장 많고, 계약직과 파트타임직의 경우 60~69만 원이 각각 28.6%와 38.9%로 가장 많이 나왔다. 이런 차이와 별개로 전체 노동자의 매년 임금(실질임금, 생활임금)은 하락했다. 다음 〈표 8〉에서 알 수 있듯이 7년 동안 물가상승률은 총 58.2%인데 비해 임금인상률은 33.1%에 그쳤다.

〈표 8〉 까르푸의 임금인상률

	1997	1998	1999	2000	2001	2002	2003	총합
경제성장률+물가상승률	9.5%	0.8%	11.5%	11.3%	7.1%	8.9%	9.1%	58.2%
까르푸 인상률	7%	2%	3.5%	4.5%	6%	4.1%	6%	33.1%

〈표 9〉 업체별 1년 평균임금 및 상여금 비교

업체명	1인당 평균급여
메가마트	26,946,122원
롯데쇼핑	26,000,000원
2001아울렛	19,600,000원
한국까르푸	15,430,790원

업체명	1인당 상여금
롯데쇼핑	900%
2001아울렛	900%
이마트	800%
한국까르푸	400%

다른 업체와 비교해도 까르푸의 임금은 매우 낮았다. 〈표 9〉는 2002년 12월 금융감독원에 제출된 자료(사업보고서와 감사보고서)인데, 이 표를 보면 다른 업체와의 임금 차이가 크게 난다는 것을 알 수 있다. 롯데쇼핑 노동자의 1인당 1년 평균 임금총액이 2,600만 원인데 비해 까르푸 노동자는 1,543만 790원으로 5분의 3 정도밖에 안 된다. 이는 기본급 차이도 있지만, 상여금에서의 차이가 컸기 때문인데, 롯데쇼핑이 1년 900%인 데 비해 까르푸는 400%였다.

이처럼 물가상승률도 따라가지 못하는 임금인상에, 다른 업체보다도 낮은 임금을 주면서도 회사는 마감계산에서 전표와 수납총액이 맞지 않을 경우에는 그 부족액을 담당 캐셔가 부담하게 했다.

저희가 직접 돈 정산을 했거든요. 돈통이 내 걸로 되어 있어요. 내 이름으로. 돈가방을 항상 준비금으로 20만 원 맞춰 놓고, 나머지 돈을 정산해요. 항상 계산대에 들어가면 내 돈통, 돈가방을 들고 가야 되는 거예요. 그래서 내가 퇴근할 때 준비금 20만 원 빼고 정산을 하는데, 돈이 모자르면 저희가 채워 넣어야 했어요. (이선호) 맞아, 나 그래서 10만 원 채워 넣었어요. 월급 60만 원 받아 가지고 10만 원 채워 넣었잖아요. 수표를 받고 거스름돈 주면서 동시에 수표도 같이 준 거지. 그럴 경우에 내가 토해내야 되는 거예요. (진현미) 우리가 계산하다가 그런 경우가 간혹 있어요. 특히 수표 같은 게 그래요. 수표를 받아서 넣고 거스름돈을 줘야 되는데, 쥐고 있다가 이거를 같이 넣을 경우가 있어요. (이선호, 방학)

노동시간은 하루 10시간 근무가 36%, 11시간 이상이 8.3%로 상당수가 초과근로를 하고 있었다. 식사시간 포함 9시간 근로가 비교적 지켜졌으나, 노조 지부가 있는 일산점은 75.8%, 계산점이 72.8%였고, 지부가 없는 원천점은 36%, 시흥점은 45.5%로 매우 낮게 나타났다.

채용형태별로는 파트타이머와 계약직의 경우는 각각 75%, 63.3%로 비교적 9시간 근로의 비율이 높았으나, 정규직과 파견직의 경우는 10시간 이상 근로가 각각 54.3%, 42.8%로 법정 근로시간을 초과하는 비율이 높았다.

우리는 진짜 "별 보고 집에 가고 별 보고 출근하고" 그랬어요. 시간도 없었어요. 왜냐면 사람이 미어져라 들어오니까 집에를 못 가는 거예요. 그런데 우리를 최저임금으로 책정을 했어요. 오버타임 수당도 없고. (조은옥, 중동)

10시에 오픈하고 폐점은 거의 밤늦게. 처음에는 밤 10시까지 있었던 적이 별로 없었던 것 같은데, 바로 얼마 안 있다가 밤 12시로 넘어갔던 것 같애요. 영업은 팔면 그냥 가잖아요? 수납은 자기가 한 것 다 계산해야 하고, 돈이 안 맞으면 새벽 2시, 3시까지도 찾아 놓고 가야 돼요. 어휴. 그래서 돈이 안 맞아서 처음에는 새벽 3시에 가고. (임재윤, 시흥)

노동법상 하루에 8시간을 근무할 경우 1시간의 휴게시간을 갖게 되어 있다. 그러나 까르푸는 휴게시간(식사시간) 1시간 이외에 오전 30분, 오후 30분씩 쉬는 시간이 더 있는 경우가 많은데, 이는 회사가 노동자들의 동의없이 의무적으로 쉬게 하는 것이다. 의무휴식시간을 강요함으로써, 퇴근시간을 늦추면서 무급으로 일을 더 많이 시키려는 것이다. 이에 중계점에서 노조가 결성된 후에 '의무휴식 반대' 연대서명으로 이 규정을 바꿨다.

그뿐만 아니라 캐셔의 경우에는 쉬는 시간이 없어 근무시간 내내 화장실조차 갈 수 없었다. 그나마 누군가 대체근무를 해줘야만 잠시 갈 수 있었기 때문에 캐셔들은 최대한 물조차 마시지 않으면서, 근무시간에 화장실을 안 가려고 노력해야 했다. 그 때문에 캐셔들은 방광염이 직업병으로 생기기도 했다.

고객들이 계산대에서 끝까지 줄이 서 있는 거예요. 화장실을 못 갔어요. 화장실 한 번 가려면 롤러보이가 "화장실 가면 안 돼요!", "안 돼요!" 소리 치고 다녔어요. "화장실 갈 사람 손 들라"고 하면, 손 들면 그 분이 와서 잠깐 찍어 주면 저는 뛰어가서 소변 보고 얼른 와서 다시 일했었어요. 그래서 소변을 너무 참고, 화장실 가고 싶을까봐 일부러 물을 안 먹어요. 지금도 좀 방광염 있어요. 화장실을 5시간 넘게 못 가고, 그 자리에서 찍었으니까. (임재윤, 시흥)

또, 캐셔는 8시간 노동이 끝나도 보통 2시간 연장을 기본으로 했다. 고객들이 줄 서 있는 상태에서 계산대를 나올 수가 없기 때문이다. 그러나 회사는 연장근로에 따른 수당을 지급하지 않을 뿐만 아니라, 오히려 연장노동을 무급으로 하였다.

그때는 2시간 연장은 기본이었거든요. 제가 만약 10시에 출근하면 7시에 퇴근을 해야 되는데, 보통 1~2시간 연장을 기본적으로 했고. 왜냐면 계산대에 고객이 계속 줄을 서고 있는데 제가 "퇴근시간입니다" 하고 딱 나오질 못하는 거야. 누가 교대를 오면 나오는데. 정말 어떤 때는 포스(계산대)에 한 번 투입되면, 막 5시간, 중간에 화장실 가고 싶어서 몸을 비비 꼬고 있다가 못 참겠으면 잠깐 누구 세워 놓고 다녀오거나…. 그런데 그때는 연장수당이 있는 줄도 몰랐는데, 챙겨 주지도 않았고. 나중에 파업을 하면서 알게 된 거죠. (황선영, 월드컵)

그뿐만 아니라 회사는 여성노동자들을 종종 다른 지역에 '헬퍼'로 보냈다. 헬퍼란 새로운 매장이 오픈할 때 인력이 많이 필요하기 때문에 다른 매장에서 지원인력으로 가는 것이다. 그런데 자신이 사는 지역이 아니라 먼 거리의 지역으로 헬퍼를 갈 때는 이동시간이 많이 걸림에도 회사는 이 시간을 노동시간으로 인정해 주지 않았다.

까르푸 때 헬퍼를 많이 갔어요. 다른 점이 오픈 하면, 오픈발이라고 고객이 엄청 많잖아요? 그니까 그쪽에 우리 계산대에서 몇 명씩 보내요. 울산인데 서울도 가고, 유성도 가고, 전국 어디나 오픈 하면 가요. 가서 이틀 밤도 자고 오고. 처음엔 이동시간을 일하는 시간으로 안 쳐 줬는데, 나중에 노조하면서 "이동시간도 근무시간에 쳐 달라" 한 거죠. (이해욱, 울산)

이처럼 회사는 계약된 노동시간 안에서 화장실을 갈 여유조차 없게 휴식시간을 별도로 주지 않으면서 연장근로와 이동시간 등에 대한 수당도 지급하지 않고 불법적으로 노동자들의 노동을 이용하였다.

거기에 연월차의 사용도 상황에 따라 달랐다. 2003년 노조의 근로실태 조사자료에 따르면 연·월차의 경우, 본인 의사에 따라 사용하지 못하는 경우가 47.7%로 나타났다. 그런데 지부가 결성된 점포인 계산점(63.6%), 일산점(56.3%)의 경우는 비교적 자유롭게 연·월차를 사용하고 있었는데, 지부가 없는 안산점(36.8%), 시흥점(40.9%)은 그렇지 못했다. 채용형태별로는 정규직(73.4%)은 비교적 자유롭게 연·월차를 사용하고 있었으나, 파트타이머(56.7%) → 계약직(58.3%) → 파견직(28%) 순으로 자유롭게 사용하지 못하고 있었다.

이런 노동조건 이외에도 까르푸는 여성노동자들에게 화장을 진하게 하지 못하게 했다. 캐셔들의 경우 고객이 지불한 돈을 계산하려면 미끄러지거나 손가락 마디가 아프기 때문에 일할 때 필수품인 장갑이나 그 대용품을 제공하지 않았을 뿐만 아니라 사용조차 못하게 했다. 그 때문에 캐셔들은 엄지, 검지 손가락이 한쪽으로 쓸리면서 통증이 생기거나 심지어 지문이 없어지기까지 했다.

화장도 진하게 하면 안 되고. 그럼 우리끼리 웃는 소리로 "고객보다 예쁘면 안 되지"(웃음) 그랬는데, 진짜 그 정도로, 립스틱을 너무 빨갛게 발라도 안 되고, 귀걸이나 뭐 이런 것도 너무 화려하게는 못하게 하고. (하남숙) 장갑도 못 끼게 했는데, 장갑은 손도 더러워질 뿐만 아니라 물건을 만지다 보면 막 손이 쓸리고 아프니까 껴야 하는 건데. (박희정, 울산)

계산원한테 장갑도 지급 안 하고, 장갑을 못 끼게 하니까, 돈을 세다가 (엄지, 검지) 여기가 지문이 없어졌어요. 돈 세려면 손이 미끄럽잖아요. 스탬프를 줘야 되는 데 지급을 안 해줘서, 개인적으로 사서 놓고 쓰는

사람이 있는 반면에 우리는 닦는 천에 물을 묻혀서 돈 세고. 또 침 묻히고 했어요. (이선호, 방학)

거기에 까르푸는 매장 내에 직원들을 위한 최소한의 복리후생 시설도 제대로 갖추지 않았다. 직원식당이 없어서 이들은 도시락을 싸와서 좁은 휴게실에서 먹어야 했다. 직원식당 문제는 당시 직원들의 가장 큰 불만사항이었다. 그나마 탈의실은 있으나 개인 옷 등을 보관하는 락커가 놓여 있고, 그 사이를 간신히 움직일 수 있는 정도의 좁은 공간이었다.

(식사는?) 그땐 직원식당이 없어서, 휴게실에서 밥을 먹었거든요. 거기 되게 좁은데, 도시락 싸가서 먹는데, 그냥 앉아서 먹거나, 뭐 둘러앉아서 먹고. 탈의실은 따로 있고. 거기는 락카 있고 다닐 수 있는 통로밖에 없을 정도로 너무 좁았어요. (황선영, 월드컵)

더욱이 회사는 여성노동자들을 인격적으로 모독하는 행위를 일삼았다. 예를 들어 2002년 중동점의 관리자들은 수시로 여성노동자들의 앞치마를 들추며 소지품 검사를 하기도 했다. 또, 직원들은 까르푸에서 쇼핑하는 걸 꺼렸는데, 쇼핑 한번 잘못했다가 '도둑놈'으로 몰리기도 했고, 쇼핑이라도 할라치면 보안직원이 따라다니거나 계산대에서도 감시당하는 일이 많기 때문이었다.

이처럼 까르푸는 임금과 근로조건, 복지가 열악하였고, 비인격적인 대우가 난무하였다. 더욱이 대다수가 기혼 여성노동자들이었기 때문에, 성차별과 성희롱 등의 문제가 더해져 있었다. 이에 대해서는 다음에서 살펴본다.

5. 여성노동자들에 대한 성차별·성희롱

까르푸는 기혼 여성노동자가 많은 회사이다. 그러나 앞에서 살펴본 것처럼 임금에서 여성직원들은 남성직원들에 비해 차별을 받았다. 거기에 고용형태에서 비정규직의 대다수가 여성이라는 점을 고려하면, 성별 임금격차는 더 컸다. 그 때문에 기혼여성들이 임금인상을 요구하면 남성관리자들은 "남편이 돈 벌어다 주는데 무슨 임금인상이냐"며 무시했다. 이는 기혼여성들에게는 낮은 임금에 부당한 대우를 계속하겠다는 뜻으로, 오히려 "그나마도 고맙게 생각하고 근무하라"라는 얘기를 던지기도 했다. 예컨대 2003년 11월 기혼 여성직원들과 급여 및 근무조건에 대한 이야기를 하던 C점의 신선식품부 부장은 "주부사원들은 부업으로 하는 일이니 월급을 안 올려 줘도 된다"는 막말을 하였다.

> "아줌마들은 남편이 또 벌어오지 않냐" 그런 말도 했어요. 그니까 "용돈 차원이 아니냐" 그런 얘기가 있었고. 그렇게 사람들이 많이 생각했어요. 그러니까 자기들은 남자들이니까 가정을 지켜야 해서 많이 벌어야 되고, 여자는 아니라는 거죠. (김용임, 중동)

IMF 이후 여성들은 부업이 아닌 가족의 생계를 위해 취업전선에 뛰어들었고, 남편의 실직과 임금삭감으로 가족을 부양하기 위해 일자리를 찾아나섰다. 대부분의 여성들이 그렇다. 그런데도 여성의 일은

'부업'이라며 정당한 대가를 주지 않고 낮은 임금으로 일을 시키는 것이었다.

유통업계가 아무래도 주부들이 입사하기 쉬워요. 갑자기 남편을 잃었다든가, 갑자기 돈이 필요하다든가, 그래서 일자리가 필요한 여성들이 쉽게 문을 두드리죠. 그만큼 일자리가 없고, 대학 나온 여성이라고 해도 전문직이 아니면 아이들 키워 놓고 재취업하기도 힘드니까 유통업으로 많이 오죠. 일은 힘들지만 유통이 급여는 제때 나오니까. (황옥미, 면목)

기혼 여성노동자들은 직장과 가정을 양립하느라 몸이 부서지도록 움직인다. 이들의 하루 시간을 보면 다음과 같다.

오후 4시부터 일이 시작돼서 정산까지 다 하면 새벽 1시 20분에 일이 끝나요. 집에 가면 2시가 넘어요. 씻고 나면 새벽 3~4시가 돼요. 애 학교 보내고 남편 내보내려면 아침 6~7시에는 일어나야 해요. 식구들 밥 해주고 나면 청소하고 빨래하고 시장보고…. 너무 힘들 때는 청소도 안 하고 그냥 잘 때도 있어요. 밤에 제대로 못 자니까 낮에 안 자면 저녁에 일을 할 수가 없어요. 밥이나 간신히 먹고 반찬 만들어 놓고. 만날 하루하루가 다람쥐 쳇바퀴 돌 듯이 가는 거예요. 토막잠을 자니까 피곤에 찌들어 있고. 그래서 몸이 항상 예민해져 있고. 게다가 서비스 직종이라 고객 불만이 많아서 항상 긴장돼 있어요. (조희숙, 월드컵)

그런데 회사는 승진에서도 남녀차별을 했다. 까르푸는 워낙 일이 힘들어서 남성직원들이 오래 일하지 못하고 회사를 떠났다. 여성직원들은 남성직원에 비하면 이직률이 낮은 편이었다. 이는 회사가 마음에 들어서가 아니라 근무조건이 좋은 회사를 찾기가 어렵기 때문이었다. 그럼에도 회사는 여성직원들의 이런 사회적 현실을 악용하여 남자직원들에게만 승진기회를 부여하고 임금인상을 시켜 주었다.

> 남자도 비정규직도 있고 정규직도 있는데, 걔네들은 6개월마다 하나씩 올라가는 거야. 승진은 무조건 정규직도 남자들 먼저 해주고, 여자들은 뒤로 빠지고, 남자들은 학력에 구분 없이 그랬어요. (김영순, 시흥)

> (진급은?) 과장이 이렇게 올리라고 하면 하는 거고, 거의 남자들은 빨리빨리 다 올라가고, 여자들은 거의 안 하고 그랬어요. 과장이 남자니까. (김용임, 중동)

> 여기도 구조가 매니저나 두세 사람 외에는 대부분이 비정규직이고. 그리고 주부사원 같은 경우는 대부분이 진급이나 이런 데서 배제가 많이 됐었어요. 남자 위주로 진급도 돌아가는 게 많아요. 여성이 일부 진급됐다는데, 그것도 남자 대용으로 하는 분위기지. 이게 일하는 능력을 보고 하는 것 같지는 않아요. 남자보다 더 뛰어난 여성직원도 많은데, 그런 게 많더라고요. 그러니 당연히 위로 올라갈수록 여자가 적고 없죠. 남자들은 일반직원으로 들어와도, 같이 입사를 해도 빠르거든요. (백종근, 순천)

이처럼 까르푸는 전체 직원 중의 80% 이상이 여성노동자들이었고, 그 대다수가 기혼여성들이었다. 그런데 대리급 이상 관리자들은 거의 남성들이었고, 여성관리자는 극소수에 불과했다. 즉, 남성관리자들이 여성노동자들을 관리하는 노동구조가 기본이었다. 같은 직원이라도 남성노동자들은 결혼유무를 떠나 임금을 더 높게 책정하고, 승진기회를 주는 성차별적 관리방식을 유지해 왔다. 이에 더해 정규직-비정규직이라는 고용형태에 따라 임금이 달랐고, 단기 비정규직를 늘려 갔는데, 이들 또한 여성들이었다.

그러므로 까르푸에서는 남성관리자 – 여성직원, 남성직원 – 여성직원, 또, 여성정규직 – 여성비정규직의 위계가 형성되어 있어, 성별·고용형태별 위계가 관철되고 있었다. 위계상 가장 말단인 여성 비정규직은 성차별, 직무차별을 이중삼중으로 받는 존재였다. 비정규직 노동자들은 전체 매장에서 비정규직화, 심지어 아웃소싱이 진행되면서 그조차 고용불안에 시달렸다. 한편, 남성관리자 – 여성노동자의 위계관계에서 여성노동자들에 대한 성차별은 남성관리자들이 이들을 대하는 일상에서도 나타났다. 여성노동자들은 주로 30~50대였고, 관리자들은 20~40대였다. 그런데 남성관리자들은 여성노동자들을 "아줌마"라고 불렀고, 간혹 "언니", "씨"로 부르기도 했다. 이에 여성노동자들이 호칭을 정정하라고 요구하여 이후 "여사님", "님"을 붙여 불렀다.

정수현 과장 있을 때, 같이 일하는데, 자기는 공채로 들어온 거라고, 뭐, 우리야 뭐 들어갔다 나갔다 하는 거지만, '아줌마'라고 무시하는 걸 느꼈죠. '아줌마'가 주로예요. 저보고도 '아줌마!', '아줌마!' 맨날 그랬어요. (이해욱, 울산)

일 자체는 힘들지 않았는데, 남자들이 약간 군림하려고 막 그러는 게 참 못마땅하다는 생각을 많이 했어요. 예를 들어서 '아줌마!' 이렇게 부른다든지, 대체로 '아줌마' 아니면 서형태 과장은 '언니'(웃음) 그렇게 불렀어요. '멸치 언니', '황태 언니' 뭐, 이런 식으로 불렀어요. 이름을 안 불렀다니까요. (김영순, 시흥)

문제는 호칭만이 아니었다. 여성노동자들보다 훨씬 젊은 남성관리자들은 여성노동자, 특히 비정규 여성노동자들에게 반말을 했다. 또, 관리자들은 마음에 들지 않으면 여성노동자들을 무시했고, 심지어 여성노동자의 몸에다가 물건을 던지기도 하였다.

제가 44살에 들어갔는데, 그리고 대리급 직원들이 20대. 대리급들은 우리 아들 나이인데, 우리한테 행태가 굉장히 심했어요. 우리가 비정규직이라고 반말은 예사인데… "이거 했어?", "그게 뭐야? 이걸 일이라고 했어?" 집어 던지고. 하물며 사람들 많은 매장에서 매니저가 노란 파일을 직원 뒤통수에다 집어 던지는 걸 보고, 화가 나서 내가 그 매니저를 따로 불렀어요. "어떻게 직원한테 그럴 수가 있냐?"고 했더니, 그분이 내 옆구리 찔러 가면서 "내가 자기한테 그런 게 아니잖아", 내가 탁~ 쳤어요. "자기라니? 내가 직급은 낮지만, 나이로 봐도 이건 아닌 것 같다" 그랬더니, 그 사람이 나를 너무 한심하게 보는 거야. "내가 내 직원한테 하는데 니가 뭔데 나한테…" 이런 식이야. 너무 화가 났었어요. (김영순, 시흥)

힘든 작업을 마치고 나면 관리자들과 여성노동자들이 회식을 하기도 하는데, 식사 이후 주로 노래방 등에 같이 갔다. 작업과정에서 쌓인 스트레스를 서로 위로하며 푸는 자리인 회식자리에서 관리자들은 자신의 마음에 들게 행동한 여성노동자들에게는 이후 진급을 빠르게 해주기도 했다. 더 심각한 문제는 술을 마시거나 노래방 등에 가면 남성관리자들이 여성노동자들을 성희롱하는 일이 자주 일어났다.

> 관리자들이 우리 아줌마들을, 성추행도 참 많았어요. 레스토랑 과장 같은 경우는 이 여자 저 여자 찝적거려서, 그 남편이 레스토랑 앞에 와서 소리소리 지른 일도 있었고요. 지금 보면 성추행이죠. (조은옥, 중동)

> 회식을 자주 했는데 남자관리자들이 노래방도 가면 막 노래 부르면 옆에 와서 춤도 추고, 나이트 갔더니 부르스 추자고 그러는 거예요. 쪽팔려서. 딸만 셋이다 보니까 아빠라는 존재 말고는 남자라는 존재가 좀 어색해요. 근데 관리자들이라고 다짜고짜, 막, 무조건 끌어안고 부르스 추고 이러는 거예요. 하여튼 그런 것도 싫었고. (김선영, 시흥)

> 우리가 수납 과장하고 회식할 기회가 몇 번 있었어요. 그런데 그런 와중에 술 먹는 자리에서 그 수납 과장이 "너가 처녀라 냉이 나오면 안 돼서 방석도 사 줬는데, 왜 그러냐?"는 얘기도 하고. 그리고 옆에서 술 먹고 얘기하다 보면 무릎도 꼬집고, 여기도 이렇게 막 치고. 자기는 친하다고 하는 건데 기분 나쁜 거죠. (황옥미, 면목)

남성노동자들도 여성노동자들에게 폭언·폭력 등을 일상적으로 하였다. 예를 들어 2004년 2월 8일 해운대점에서 정육 코너의 남성직원이 여성직원에게 폭언·폭력을 하는 일이 일어났다. 이 사건은 남성과장과 남성직원들의 여성노동자들에 대한 일상적인 여성차별이 폭력사태로 나타난 것이다. 평상시 남성직원은 여성노동자에게 "당신 남편은 당신 같은 독한 여자를 만났으니 결혼한 것을 후회하겠다", "당신 딸은 당신 안 닮았냐"는 등의 인격 모독과 성차별적인 폭언을 했었다.

6. 높은 이직률

여성노동자들은 고용불안, 관리자의 자의적인 승진방식, 열악한 노동조건, 낮은 임금 등에 불만이 많았다. 이를 해결하는 방식은 참고 있거나 용기를 내어 항의하는 것이다. 그러나 이런 부당한 대우에 노동자들이 항의라도 하면, 관리자들은 "일하기 싫으면 나가라. 내일부터 나오지 마"라며 오히려 일을 하게 해준 것에 감사하라는 태도로 나오기 일쑤였다. 항의에 따른 불이익이 돌아오기 때문에, 마지막으로 할 수 있는 방식은 이직하는 것이다. 다음은 2002년 11개월 동안 중계점에서 일한 비정규 노동자들의 이직률 상황이다.

> (전략) 중계점은 정규직 165명, 비정규직 85명이 재직 중에 있으나 2002년 1월 1일부터 같은 해 11월 30일까지 입·퇴사한 비정규직은 총 230명으로 3개월 이전 퇴직자가 199명, 6개월 이전 퇴직자가 25명, 9개월 이전 퇴직자가 6명이다. (후략)

이 내용은 2003년 3월 서울지방노동위원회에 까르푸 인사담당자가 제출한 자료에 기록되어 있었다. 이 자료에는 "최근 11개월 동안에 입·퇴사자의 수가 230명이나 되고, 이 가운데 1명만이 정규직으로 전환"되었다고 기록되어 있다. 이는 까르푸에서 비정규 노동자가 정규직으로의 승진하는 것은 '하늘에서 별 따기'만큼 어렵다는 것을 확인시켜 준다.

비정규직의 퇴직 이유는 계약기간 종료 및 자발적 이직 등으로 기록되어 있었다. 230명 중 1명만 정규직이 되고, 3개월 안에 입사자 중 87%, 6개월 이전에 97%가 회사를 그만두는 것처럼 이직률이 높은 이유는 비정규직원의 계약기간이 3개월로 지나치게 단기간이고 시간당 급여가 너무 낮기 때문이다. 3개월짜리 계약서를 작성한 노동자가 하루에 3만 원도 안 되는 급여를 받으며 회사에 애착을 갖기란 어렵다. 그나마 언제 정규직이 될 것이라는 목표라도 있으면 다행이지만 이 역시 불가능한 것이다. 그 때문에 일하다가 다른 직장을 구하면 옮긴다는 생각으로 일하는 직원들이 많았다. 더욱이 까르푸는 비정규직원들을 4가지 직급으로 분류하여 차별과 갈등을 부추기는 방식으로 운영을 하면서 더 불안해진 고용조건에서 이직률은 더 높을 수밖에 없었다.

2장

한국까르푸 노조의 결성과 노조인정투쟁

1. 1997년 일산점·둔산점의 노조결성

1) 일산점의 노조결성(1997년 4월 2일)

한국까르푸 노조의 역사는 일산점에서 시작되었다. 일산점이 개점했던 1995년에는 500여 명이었던 인원이 1년여가 지난 1997년에는 300여 명으로 줄었다. 회사는 퇴사자가 생겨도 매출실적이 좋지 않다는 이유로 직원을 충원하지 않았고, 오히려 노동자들을 힘든 부서로 이동시켜 퇴사를 강요하기도 했다. 그 때문에 노동자들은 교대 인원이 없어 쉴 짬도 없이 일해야 했다. 이에 불만을 가진 노동자들이 1997년 4월 2일 노조를 결성했다. 집행부로는 박현삼 위원장, 한민호 부위원장, 이재상 사무장을 뽑았다.

결성 초기에 노조는 회사에 협조했다. 그러나 회사는 조합원과 비조합원의 임금을 차별하거나 조합원들에게 승진을 미끼로 노조를 탈퇴하라고 회유하였다. 특히 몇몇 관리자는 노동자들을 불러 "노조에 가입하지 마라", "노조에 가입하면 봉급이 안 오른다", "승진이 안 된다"는 협박을 일삼았다. 이에 노조는 교섭요청, 공문 등 여러 경로를 통해 "노조가입과 활동을 방해하는 것을 중단할 것"을 수차례 촉구하였다. 그러나 회사가 받은 노조탈퇴서는 효력이 없는데도, 관리자들은 조합원에게 노조탈퇴서를 받아냈다.

결국, 노조는 7월에 부당노동행위 구제신청서를 노동부에 냈다.

그럼에도 회사는 부서별로 관리자들에게 노조를 탈퇴시킬 인원을 정해 주면서 노조와해 시도를 계속했다. 회사의 온갖 노조탄압에도 새로 노조에 가입하는 사람들이 늘어나자, 회사는 당황해서 다시 관리자들을 압박했다. 특히 조합원이 있는 부서에서는 관리자들이 "어디는 노조원이 없는데 왜 우리 부서만 노조원이 많냐"는 등 부서별로 비교하면서 조합원들을 괴롭혔고, 직원들과의 면담 또는 각종 모임에서 "노조를 어떻게 생각하느냐?", "조합비가 비싸다"라며 노조를 흔들어 댔다. 더욱이 노조가 상급단체를 정하여 활동에 지원을 받는 것이 법으로 보장되어 있는데도, 회사는 "노조가 외부세력과 연계되어 있다"는 등 배후세력 운운하며 노조를 음해했다.

2) 둔산지부의 결성(1997년 9월 6일)

일산점의 노조간부들이 회사의 노조와해 공작에 대응해 노조를 지켜가던 과정인 9월 초에 대전 둔산점에서 지부가 결성되었다. 당시 둔산점에는 수납직원이 20여 명이었다. 이들은 점심시간을 빼고 오전 4시간, 오후 4시간을 내내 서서 일하면서 잠깐 화장실 갈 시간조차 내기 힘든 조건에서 일하고 있었다. 다른 부서도 마찬가지였다. 일하던 사람이 빠져도 보충이 안 되어 항상 인원이 부족한 상황이었다. 특히 직원들을 위한 식당이 없었고, 휴게실을 비롯한 복지후생 시설은 형편없었다. 노동자들이 불만을 토로하면 회사는 "다니기 싫으면 그만둬라"라는 식이었다.

　이런 노동조건을 개선하기 위해 노동자들이 노조를 결성하자, 회사는 겉으로는 노조활동의 자유를 보장한다면서도 사규와 취업규칙이라는 명분을 내세워 홍보물, 벽보 등을 게시판에 붙이는 것조차 징계위원회에 회부한다고 협박하며 노조활동을 방해했다. 추석 직전에는 직원들의 편의를 들어주기 위해 노력하는 것처럼 대화를 통해 건의사항을 들어주겠다고 나왔다. 그러나 추석이 지나자 게시판에는 회사의 온갖 규제내용이 가득했다.

결국, 회사는 홍보물 배포를 이유로 조합원을 경고 처분하였고, 지부장을 중징계하려 했다. 이에 9월 18일 오후 7시 30분, 10여 명의 노조간부와 조합원들이 부당한 징계에 대해 항의하기 위해 회사에 단체면담을 요구하며 항의서한을 전달했다.

한편, 10월 1일에는 두 지부가 참여하는 첫 노조 대의원대회가 열렸다. 일산과 둔산의 대의원 총 14명 중 9명이 참가한 가운데 열린 대의원회의에서는 단체협약 체결에 대한 교섭권을 상급단체에 위임하는 건에 대해 참석 대의원 전원의 찬성으로 위임을 결정했다. 또, 대의원대회에서는 파트타이머들의 요구인 각종 휴가, 연월차 수당 등을 확보하기로 했다.

대의원대회 이후 노조는 유인물을 돌렸다는 이유로 7월 박현삼 위원장 등 노조간부를 징계한 것에 대해 항의하고 정당한 노조활동 보장, 노조사무실을 줄 것, 상여금 인상, 각종 수당설치 등 근로조건 개선을 담은 단체협약 체결을 위한 교섭을 추진했다. 그러나 회사는 내부에서 해결할 문제를 외부로(상업연맹) 교섭권을 위임한 것을 문제 삼으면서, 단체교섭에 들어갈 노조 대표자들에 대한 근무면제조차 해주지 않으려 하였다.

노조의 교섭단은 상업연맹의 김형근 연맹위원장, 박재수 수석부위원장, 김홍석 부위원장, 이용선 여성국장이었고, 까르푸 노조에서는 박현삼 위원장, 국재호 둔산지부장, 김태성 사무장, 우제근 둔산사무장이었다.

마침내 10월 23일 노사의 첫 교섭이 일산점에서 진행됐다. 회사 측의 교섭대표로는 디디에르 카스탱 노무담당 이사와 일산 총무부장이 참가했다. 교섭에서 연맹의 교섭단은 조합원 탈퇴 강요 등의 부당노동행위 중지, 노조사무실 제공과 홍보물 배포 같은 노조활동을 보장할 것 등을 요구했다. 또, 교섭위원의 근무면제조차 이루어지지 않는 것은 문제라고 지적했다.

이에 대해 회사 측은 법대로 하자며 답변을 피했다. 또 조합원 탈퇴작업에 대해서도 회사의 통제를 벗어난 일부 부서장의 문제라면서, 앞으로 탈퇴 강요를 하지 않겠다는 대답을 할 뿐이었다.

연맹은 노조활동을 위한 최소한의 조건들이 보장될 경우 다른 내용에 대해서는 회사와 까르푸 노조가 풀어 나갈 수 있도록 하겠다며 회사 측이 검토해 답변을 보낼 것을 요청했다.

첫번째 교섭에서 노조는 별 성과를 내지 못했지만, 일단 회사가 교섭에 응했다는 점에서 의의가 있었다. 이에 노조는 회사 측의 노조활동에 대한 태도 변화와 답변 여부를 지켜보면서 본격적인 단체협약 체결을 위한 준비를 했다.

두번째 교섭은 11월 12일 일산점에서 진행됐다. 노조는 상여금, 수당, 노동시간, 조합활동, 경조비, 복지후생 등의 단체협약안을 회사 측에 제출했다. 노조의 교섭단이 단체협약안을 본격적으로 다루기 위한 교섭 일을 정하자고 제안하자, 회사 측은 단체교섭을 하겠다면서도 일정 정하는 것을 회피하였고, 심지어 교섭위원의 시간 할애도 안 된다는 태도로 일관했다. 이 과정에서 회사 측이 노조의 홍보활동에 징계를 내리겠다고 하자, 분노한 노조 교섭위원들이 교섭 도중에 퇴장했다. 3차 교섭은 11월 26일에 진행하기로 했다.

그러나 회사는 2차 교섭 직후인 11월 15일에 국재호 둔산지부장에 대한 징계를 통보했다. 국재호 지부장이 2차 교섭이 끝난 뒤에 교섭 결과에 대한 홍보물을 배포한 것이 이유였다. 그런데 노조는 2차 교섭에서 "유인물 배포가 회사의 허가를 받아야 한다고 되어 있는 사규는 언론의 자유를 명시한 헌법 조항에 위배되어 무효"라는 취지와 대법원 판례를 회사에 전달했었다. 그런데도 회사는 둔산지부장을 징계하려 하였고, 이어 제빵기술을 인정받은 최고경력자(프로페셔널2)인 김영삼 지도위원도 수산 코너로 강제 부서이동을 시켰다. 이처럼 회사는 교섭 기간에도 대화와 협상을 하는 척하면서, 뒤로는 노조간부 징계 등 노조활동을 방해하였다.

이에 노조는 11월 16~18일 회사의 부당노동행위에 대한 침묵 피켓시위를 시작했고, 11월 18일 12시부터 상업연맹은 본사 정문 앞에서 항의집회를 진행했다. 회사는 항의시위에 참여했던 간부 개개인에게 징계를 하겠다는 경고장을 발부했다.

이어 둔산점 노동자들은 1997년 12월 23일부터 1998년 1월 23일까지 한 달간 근무조건 개선을 요구하며 파업투쟁을 전개했다. 회사가 성실교섭을 약속하자 이들은 현장에 복귀했다. 그러나 회사는 파업에 참여한 조합원과 노조간부들에 대해 부당해고, 부당전직 등 대대적인 탄압을 자행하였다.

회사가 노조를 인정하지 않은 상황에서 1998년 6월 19일에 국제조직 피에트(FIET)* 대표단이 한국까르푸를 방문해 노조인정과 성실교섭을 약속받았다. 그러나 회사는 이들이 돌아가자 곧바로 노조탄압을 자행하여 결국 둔산지부를 해산시켰다.

* 국제상업사무노련으로, 2000년이 되면 국제통신노련(CI), 국제미디어연예노련(MEI), 국제출판노조(IGF) 등과 함께 국제조직인 UNI(Union Network International)를 이룬다.

3) 1999년 일산점 검수과 노동자들의 파업

노조를 인정하지 않은 채, 노동자들의 노동조건 개선 요구를 무시하며 기존의 방식으로 매장을 운영하는 회사의 태도에 분노한 노동자들이 직접행동을 벌였다.

1999년 8월 말, 일산점의 검수과 노동자들은 팀장의 권위적인 행동을 계기로 누적된 불만이 폭발하여 하루 일손을 멈추는 '자발적인 파업'을 벌였다. 회사가 8월 30일 점장이 휴가를 마치고 돌아오면 대화를 해보자고 하자, 검수과 직원들은 일단 업무에 복귀하였다. 당시 검수과 노동자들의 노동 현실은 다음과 같이 열악했다.

> "30도를 웃도는 폭염 속, 에어컨은커녕 선풍기 바람도 제대로 불지 않는 작업장, 키보다 높이 쌓인 박스들 사이에서 흐르는 땀을 닦을 겨를도 없다. 상상을 초월하는 악조건인지라 그나마 인원 부족을 메꿔 주고 있는 아르바이트들은 채용된 지 얼마 안 되어 대부분 그만두고 만다. 시급 2,800원을 받는 아르바이트들은, 일은 엄청나게 힘들면서 한 달 50만원에 불과한 조건을 견디지 못한다. 자원봉사자도 아닌 그들에게 무작정 악조건을 강요하는 회사의 방침은 직원들을 더더욱 힘들게 한다. 아르바이트들이 도저히 견디지 못하고 하루가 멀다 하고 그만두는 탓에 인원은 항상 모자란다. 사정이 이러한데 정규직 채용은 엄두도 못 낸다. 회사가 아르바이트 채용만을 고집하고 있기 때문이다."(『까르푸노동조합』 1999년 8월 27일)

이처럼 부족한 인원 문제로 과중한 노동에 시달리는 등 근무환경이 열악한 것은 검수과만의 상황이 아니었다. 정도의 차이는 있지만,

일산점의 모든 노동자가 같은 상황에 놓여 있었다. 이에 노조는 검수과 노동자들의 요구를 해결하기 위해 노력했다. 노조는 8월 26일 조합원 모임을 갖고 검수과 사태가 검수과만의 일이 아닌 직원 전체의 문제라는 데 인식을 같이하고, 노조를 중심으로 합심하여 대처하기로 결의를 모았다.

4) 계산지부의 결성(2001년)

2001년 들어 한국까르푸의 점포는 21개로 늘었지만, 노조가 결성된 곳은 여전히 2곳밖에 없었다. 그나마 여러 점포에서 노조결성에 대한 상담이 늘어나고 있었고, 그 결과 2001년에 계산지부·중계지부·해운대지부에서 노조가 결성되었다.

노동자들은 노동조건에 대한 불만을 간혹 집단적인 업무거부를 통해 해결하려고도 했지만, 대부분은 회사를 그만두는 방식을 택했다. 그런 노동자들이 점차 노동조합에 관심을 갖기 시작한 것이다. 더욱이 그동안 회사가 점포를 확장하면서 그에 따른 빠른 승진만을 믿고 불만을 참아왔던 관리자들도 점포 확장이 정체되고 승진이 안 되자 불만을 표출하기 시작했다.

이런 상황에서도 회사는 다수 할인점의 등장으로 무리한 경쟁을 하다가 매출이 감소하자 정규직을 대폭 줄이고 비정규직(파트타이머, 계약직, 아르바이트)을 더 늘렸다.

인천 계산점에서도 이러한 관리방식이 관철되고 있었다. 2000년 10월 24일 계산점에서는 회사가 인원 감축의 일환으로 야채청과 매니저인 김종표를 해고했다. 이에 김종표가 법적 소송을 준비하자 회사는 그동안 밀린 급여를 지급하고 복직시켰다. 김종표는 복직 당시 회사와

"본인의 동의 없이 전직시키기 않는다"는 합의서까지 작성하였다.

그러나 매니저를 중심으로 노조를 결성하려는 움직임이 가시화되고, 김종표가 지부장으로 내정되자, 회사는 약속을 어기고 갑자기 김종표에게 "2월 5일자로 천안점으로 발령"하는 전직명령서를 전달했다. 노조 결성을 방해하려는 것이었다. 이어 회사는 계산지부 결성식이 있기 이틀 전인 1월 30일부터 과장들을 모아 놓고 '노조에 참여하지 않을 것을 약속하는 각서'를 작성하게 하였다. 그래도 효과가 없자 회사는 2월 1일 저녁 지부결성식과 같은 시간에 점장과 과장들의 회식을 정해 직원들의 결성식 참여를 막으려 했다. 이 자리에는 본사 노무담당 상무, 일산 총무부장, 계산점 점장과 총무부장이 참석했다.

2월 1일 저녁, 지부결성식은 예정대로 진행되었다. 결성식에는 노조위원장과 임원, 일산조합원들이 참여했고, 상업연맹 간부와 한울노동문제연구소 하종강 소장 등이 참석했다. 이 자리에서 지부장에 김종표(야채청과 매니저), 사무국장에 이조덕(신선식품부), 조직국장에 조희국(일반식품)을 선출했다. 이어 계산지부는 조직력 확대와 근무시간 준수, 임금인상, 근무조건 개선 등의 사업계획을 조합원들과 함께 논의하여 사업 방향을 결정했다. 계산지부는 일산점과 연대해 공동보조를 취하기로 했다.

지부결성 이후 회사는 노조에 가입한 노동자들에게 탈퇴서를 받으면서 "노조에 가입하지 않겠다"는 각서나 확인서를 강요하였다.

5) 일산점 이선옥 조합원의 해고와 100일 릴레이시위

일산점에서도 여전히 노조를 탈퇴시키기 위한 여러 부당노동행위가 계속되었다. 예를 들어 캐셔 팀장은 노조 몰래 조합원을 탈퇴시키기 위해 승진이나 임금인상, 부서전환 등을 미끼로 활용했다. 또, 신선식품부 정육 파트의 과장은 "노조원 신분이 급여 인상에 걸림돌로 작용한다"며 임금인상에서 조합원들에게는 불이익을 준다는 것을 공공연하게 드러냈다. 그후 신선식품부 정육 파트의 조합원 3인이 노조를 탈퇴하였고, 탈퇴한 이들은 임금이 인상되었다. 회사는 이렇게 탈퇴한 조합원들의 탈퇴서를 모아 보관했고, 조합비 일괄공제 때에도 노조와는 한마디 상의도 없이 일방적으로 제외했다.

이런 와중에 2001년 2월 6일과 7일 이틀에 걸쳐 회사는 노조활동에 적극적인 이선옥에게 해고통보를 했다. 이유는 "반품으로 들어온 만 원짜리 조기를 싸게 구입했다"는 것으로 제대로 된 절차나 해명기회도 없이 일방적으로 해고한 것이다.

노조는 이를 노조탄압으로 보고 2월 10일부터 19일까지 회사 앞에 집회신고를 냈다. 2월 9일 회사는 일산경찰서로부터 이 소식을 접하고, 부랴부랴 노조에 면담을 요구했다. 면담 자리에서 회사 측은 이선옥의 해고를 부인하며 "10일부터 출근할 것과 오픈 멤버에 대해 매월 5명 정도 단계적 임금인상을 실시하겠다"고 밝혔으나, 문서합의는 거절했다. 문서합의 문제로 노조가 예정대로 집회를 개최하려 하자, 회사는 집회가 개최되기 직전에 이선옥에게 다시 해고통보를 보냈다.

예정대로 노조는 2월 10일 일산점 앞에서 '한국까르푸노조탄압규탄집회'를 개최하고 "이선옥 부당해고 철회·노조탄압 중지 및 노조탄압 관련자 징계·불이익당한 조합원의 임금인상 실시" 등의 문서합의를 요구하였다. 회사는 보안직원들을 동원해 집회참가자들을 사진촬영하게 했고, 점장은 직접 플래카드를 떼어내면서 "Fuck you!"라는 욕설을 했다. 이어 그는 상업연맹 간부의 멱살을 잡는 등 폭력을 행사했다. 집회를 알리는 선전물을 수거하여 직원들이 보지 못하게 했으며 방송시설을 훼손하려 하였다. 또 회사는 노조가 항의집회를 하지 못하도록 경찰서에 먼저 집회신고서를 접수하고, 노조가 비조합원들과 간담회를 하려 하자, 간담회 장소에 노무관리 담당자들을 상주시켜서 감시했다.

노조는 그동안 빈번하게 발생했던 부당해고와 노조탄압, 그리고 조합원에게 불이익을 주는 행동 등을 못하게 만들어야 한다며 투쟁을 결정하였다. 노조는 조합원 릴레이집회를 진행하면서 지역시민사회단체와 연대해 불매운동도 전개하였다. 이어 2월 14일에 노조는 이선옥 조합원과 같이 상업연맹에 의뢰해 '부당해고 및 부당노동행위 구제신청서'를 제출했다.

2월 19일에는 노조가 집회를 하는 일산점에 스위스 제네바에 있는 국제조직인 UNI(Union Network International)*의 상업담당 책임자인 엔폴스튼 버그가 방문해서 노조간부들에게 한국까르푸의 노사관계에 관한 이야기를 들었다. 또, 노조가 투쟁하는 이유에 대해서도 들었다. UNI 책임자의 방문은 프랑스 본사에 한국까르푸의 소식을 알리는 기회가 됐고, 또 국제사회에 다국적 기업의 노동문제를 알릴 수 있는 계기가 되었다.

이후 교섭에서도 회사 측은 해고자복직·노조탄압 관련자 징계·오픈멤버 임금인상을 약속했으나, 계속 합의서 작성을 거부했다. 일산점의 여성조합원들은 쉬는 시간을 이용해 서너 명씩 겨울부터 여름까지 100일 넘게 릴레이집회를 진행했다. 끈질긴 투쟁의 결과, 2001년 5

* 2000년 1월 1일 국제상업사무노련(FIET), 국제통신노련(CI), 국제미디어연예노련(MEI), 국제출판노조(IGF)가 하나로 통합해 출범한 국제산별노조. UNI의 주요 목적 중 하나는 전세계적 기업들과 노조 간의 노동협의를 촉진하는 것이다. UNI 사무국은 현재 스위스 니옹에 있다.

월 9일에 부당해고된 이선옥 조합원은 원직복직을 하였다. 이는 노조가 조합원들과 같이 처음으로 투쟁해서 확보한 성과였다.

2001년 5월 일산지부의 해고자 복직투쟁의 승리로 조합원들의 분위기는 고무되었다. 뒤이어 5월 24일 중계지부가 결성되고, 또 6월 26일 해운대지부가 결성되면서 노조활동이 일부 확산되었다.

6) 중계지부의 결성(2001년 5월 24일)

2001년 5월 24일 중계지부가 결성식을 하고, 6월 4일 조합원 총회를 진행했다. 당시 입사 1년 차였던 샐러드바의 조장 이경옥은 노사협의회에 위원으로 참석했다가 회사의 입장이 일방적으로 관철되는 노사협의회 모습에 실망했다. 그뒤 그녀는 노조결성 얘기를 듣고 노조창립식에 참여했다.

> 2001년 5월에 위생교육을 받는데, 한 직원이 "중계에 노조를 만들려는데 관심이 있으면 참석하라"고 비밀스럽게 시간과 장소를 알려 줬죠. 나는 노조에 관심 있는 여자직원들과 매장 인근의 서울온천에 갔는데, 노조창립식 자리였어요. 이미 간부들은 모두 남성들로 꾸려졌고 직책 소개와 함께 인사를 하더라고요. 저도 그 자리에서 노조에 가입했어요. 노사협의회에서 활동했던 직원들이 일부 간부로 나섰고, 그래서 저도 여성부장 제안을 받았고…. (이경옥, 부위원장)

이후 중계지부는 회사에게 "노조활동 보장, 정당한 OT(over time의 약자. 시간 외 수당) 지급, 공정한 진급, 처우 개선" 등을 내용으로 3회에 걸쳐 단체교섭을 요청했으나, 회사는 "노사협의회가 있는데 무슨 노조냐"는 식의 태도를 보였다. 그래도 회사는 노조가 만들어지자 직원들의 불만을 잠재우고 노조가 확산되는 것을 막기 위해 잘못된 점들을 개선해 나갔다. 예를 들어 1년 이상 근무했는데도 진급시키지 않았던 조합원들을 진급시키고, OT 수당을 지급하겠다고 나섰다. 또, 점장을 비롯한 관리자들이 직원들을 대하는 태도가 공손해졌다.

이에 중계지부는 당장 요구되는 현장 문제를 개선하기 위해 움직였다. 우선 신선식품부의 30분 의무휴식 문제가 심각했다. 회사는 신선식품부 노동자들에게 의무적으로 30분을 더 쉬도록 하고, 대신 30분씩 퇴근시간을 늦추면서 이를 무급으로 처리하려 했다. 지부는 민주노총 등에 문의한 결과 이런 방식이 근로기준법을 위반한 것임을 확인하였다.

중계지부는 이 문제를 해결하기 위해 홈페이지와 소식지를 통해 30분 의무휴식제의 부당성을 알리고, 반대서명운동과 간담회 등을 진행했다. 신선식품부 조합원 간담회는 7월 23일 오후 4시 30분에 까르푸 후문에 있는 추어탕 전문점에서 열렸다. 이 간담회에는 그동안 서명운동에 적극적으로 참여한 신선식품부 50명의 조합원과 다른 부서의 조합원들이 참여했다. 간담회는 "공인노무사와 근무조건 무료상담(근로기준법교육) – 30분의 무효 대처방안"의 내용으로 진행되었고, 이후 신선식품부 조합원들의 친목과 단결을 도모하는 회식으로 진행됐다. 결국 이 문제는 노조의 거센 항의로 백지화되었다.

중계지부가 활동성과를 만들어 가는 과정에서 회사의 협박과 회유로 노조간부들이 노조를 탈퇴하는 일이 생겼다. 2001년 8월 5일 중계지부의 간부회의에서 사무국장과 부지부장이 개인 사정으로 사퇴하고, 지부장 역시 노조활동이 미흡한 것에 따른 책임을 지고 사의를 표명하였다. 중계지부는 노조활동을 제대로 추진하기 위해 새 지부장에 중계지부 노사협의회 의장인 최명원(검수)을, 사무국장에는 여성부장으로 활동하던 이경옥(샐러드)을 선출하였다.

> 조합원들의 명단은 공개하지 않았는데, 관리자들이 노조탈퇴를 시키면 가장 높은 인사고과를 받았기 때문에 앞장서서 직원들을 못살게 굴었죠. 특히 남자직원들을 면담해서 승진을 가지고 협박을 하고. 그러면서 노조탈퇴자가 생기고. 그때 90명 정도가 조합에 가입해 있었는데, 제가 일하던 샐러드바에서 정규직들은 모두 노조에 가입했고. 여튼 새로운 남성지부장을 세우면서 자의반 타의반으로 제가 사무국장을 맡았죠. (이경옥, 부위원장)

새로운 집행부가 구성되어 조합비 공제 때문에 조합원의 명단을 공개하자, 중계점의 부장과 과장이 전 직원들을 개별적으로 면담하여 회유하면서 노조를 탈퇴하는 조합원들이 늘어났다. 사무국장이 속한 샐러드바와 지부장의 부서에 있던 소수의 조합원만이 남았다. 규모가 축소되었으나 중계지부는 지역연대를 받으며 회사의 부당노동행위에 대한 법적 대응, 규탄대회 등의 활동을 꾸준히 벌여 나갔다.

7) 해운대지부의 결성(2001년 6월 26일)

해운대점은 2000년 8월 5일 개점했고, 2001년 6월 26일 해운대지부가 결성되었다. 본조는 해운대지부 주변에 사상점, 장림점, 서면점, 울산점이 있었기 때문에 많은 신경을 썼다. 회사도 해운대지부가 활성화되면 주변에 노조가 확산될 것을 우려하여 노조간부를 은밀하게 회유하고 협박했다. 이에 대한 지부장의 불투명한 태도로 간부들 사이에 불신이 번지기 시작했다. 결국, 지부장이 노조를 탈퇴하였고, 노조간부들도 뒤이어 하나둘씩 회사를 퇴사하였다. 남은 노조간부는 사무국장과 총무부장·조직부장이었다. 지부의 간부가 줄어들면서 노조가 활동을 하지 못하자, 조합원들은 문제가 생기면 개인으로 회사 측에 대응해야 했다.

예를 들어 조합원이 같은 부서의 남자직원에게 폭행을 당한 사건이 있었다. 회사는 사건의 진상을 밝히기보다는 빠르게 사건을 해결하려고만 했다. 징계위원회는 형식적 절차로서 개인의 책임으로 전가하기 위해 피해자인 조합원에게도 징계를 내렸다. 그러나 피해를 당한 조합원이 이에 항의하여 가해자에게 공식 사과를 받아냈고, 또 징계위원회 결정의 부당함에 항의하여 치료비를 받아냈다.

다른 예로 1월경 정육에서 일하던 조합원이 두번째 손가락이 반 이상 잘려 나가 산재 처리를 했다. 근로복지공단에서 장애 3등급을 받았고, 치료와 등급에 따른 소액의 금액을 지불받았다. 하지만 회사는 이에 책임지려 하지 않았다. 이 조합원이 회사에 책임을 추궁하자 경리부장은 서류 제출을 요구하더니 4개월이 넘어가도록 처리하지 않았다. 5개월이 지나 점장과 경리부장이 전출되면서 이 조합원 문제는 방치됐다. 노조도 아무런 도움을 주지 못했다.

이처럼 해운대점에서도 노조가 결성됐지만, 회사 측의 회유와 협박으로 많은 탈퇴자가 생겼고, 그나마 남아 있던 소수의 노조간부들이 노조를 지키고만 있었다.

이즈음 본조에서는 집행부 교체가 있었다. 2000년 9월 25일 총회에서 2대 장순덕 위원장, 이영숙 부위원장 등이 선출되어 일산점의 100일 조합원 릴레이 시위를 주도하면서 해고자 원직복직, 조합원 임금인상, 노조활동을 보장받는 등의 성과를 냈었다. 그러나 2001년 8월 초에 2대 장순덕 위원장이 개인 문제로 사임하였다.

이에 8월부터 이영숙 부위원장이 위원장 직무대행을 맡았고, 9월 노조 3대 임원선거를 4개 지부에서 동시에 진행하였다. 선거방식은 우편투표를 통해 조합원이 직접 선출하는 것으로 임원의 임기는 1년이었다. 10월 12일 선거결과, 투표자의 99.1%의 찬성으로 3대 집행부에 이영숙(일산) 위원장, 문충현(해운대)·조희국(계산)·최명원(중계) 부위원장, 한상미(일산) 사무국장, 박길자(일산) 회계감사, 이선옥(일산) 조직부장이 선출되었다.

집행부 교체 중에도 노조는 8월 10일 회사에 단체교섭을 요청했고, 2001년 1차 단체교섭을 8월 16일 오후 3시 일산점 회의실에서 진행하기로 약속을 받았다. 그동안 회사는 노조와의 면담에서 "7월부터는 교섭을 성실히 진행하겠다"고 밝혔으나, 여러 이유를 들어 계속 교섭을 회피해 왔었다. 노조는 교섭위원으로 이혜정(연맹 사무차장), 김재호(연맹 교육선전부장), 이영숙(위원장), 조희국(계산지부 사무국장), 최명원(중계지부장), 문충현(해운대지부장), 한상미(사무국장)로 결정했다.

그러나 회사는 여전히 노조활동을 방해했다. 예를 들어 9월 5일에 임단협 본교섭을 위한 상견례 및 실무협의에서 회사는 노조 홍보물을 문제 삼아 교섭을 중단했고, 이어 이날 교섭과정을 게시했다는 이유로 노사합의로 설치한 게시판을 철거했다. 또, 9월 7일 중계점 지부 창립을 기념하기 위해 노조가 목걸이볼펜 기념품을 조합원에게 지급했는데, 목걸이에 노조 이름과 홈페이지 주소가 있다는 이유로 회사 안에서의 소지를 금지하고 반입하지도 못하게 했다.

이에 노조는 10월 14일에 회사의 대표이사 마크 욱생 등 간부 13인을 부당노동행위로 강남노동사무소에 고소하였다. 노조가 이들을 고소한 이유는 이들이 노조가 요구한 단체교섭에 성실히 임해야 할 의무가 있는데, 단체교섭을 거부·해태하기 때문이었다(노조 및 노동관계조정법 제81조 제3호를 위반). 거기에 회사간부들이 조합원들에게 노조 탈퇴 강요, 노조게시판 강제철거, 일상적 조합활동에 대한 지배·개입 등을 하면서 정당한 노조활동을 방해해 왔으며, 또 노조간부들에게 정당한 노조활동을 이유로 경고장 발송이나 승진누락 등 불이익을 주는 처우를 계속해 온 것이 고소의 이유였다.

2. 2002년 임금인상투쟁과 단체협약확보투쟁(321일 간부파업)

노조는 2002년 임금인상과 단체협약을 위해 2001년 가을부터 회사에 교섭공문을 보냈다. 회사는 교섭을 피했다. 노조는 2002년 들어 2월 19일 회사에 다시 교섭을 요청했고, 이어 3월 11일에도 교섭을 요청하였으나 회사는 역시 회피하였다. 교섭요청 35일 만인 3월 26일 노사가 1차 교섭을 가졌으나, 회사 측의 준비가 부족해서 노조의 요구안을 설명하는 데 그쳤다. 회사 측은 4월 1일에 회사 안을 주겠다고 하였다. 그러나 회사는 1차 교섭 이틀 후인 3월 28일에 갑자기 노사협의회를 열어 일방적으로 임금인상안을 통보하였다. 회사가 약속한 4월 1일에 답을 주지 않자, 노조는 여러 차례 회사에 연락했으나 여전히 답을 듣지 못했다.

이에 노조는 4월 9일 오후 3시 역삼동 한국까르푸 본사 앞에서 회사의 불성실한 교섭태도에 항의하는 피켓시위 등의 선전전을 진행했다. 노조간부들은 회사가 노조결성 이후 현재까지 노조를 인정하지 않는 것에 분노했다. 또 노조의 교섭권을 위임받은 서비스연맹도 피켓시위를 시작으로 조정신청을 거쳐 점차 투쟁수위를 높이기로 했다.

노조의 교섭을 거부하던 회사는 20일 만인 4월 16일 3차 교섭에 나왔다. 노조는 임금기본급 15% 인상, 상여금 인상, 노조활동 보장 등을 요구했다. 또 노조는 회사가 흑자인데도 동종업체의 다른 회사보다 까르푸의 임금이 낮다고 문제 제기했다. 이에 회사는 동종업계와 비교해서 임금이 낮은 것은 사실이지만 노조가 무리한 요구를 하고 있어 교섭하기 어렵다고 주장했다.

한국까르푸 경영분석

— 부채는 거의 없고, 2년 연속, 200억 원 이상 흑자 기록!

까르푸의 경영상황은 매우 좋다. 아래 표에 보듯 2000년을 기점으로 손익분기점을 지나 안정적인 성장가도에 들어섰다. 영업이익도 1999년 168억 흑자에서 2000년 84억, 2001년 다시 186억 흑자를 기록했다.

그런데 동종업계인 각 회사의 감사보고서와 사업보고서를 통해 직원 1인당 연평균임금을 비교해 보면, 다음 표와 같이 한국까르푸의 임금수준이 현저히 낮은 것을 알 수 있다.

한국까르푸	15,804,900원
신세계(이마트)	18,310,815원
롯데(마그넷)	21,874,000원
현대백화점	25,120,000원

출처: 투쟁소식지 『단결』 2002년 4월 23일자

이에 회사 측은 노조가 제시한 임금인상안을 수용하기 어려우니 노조에서 회사 안을 수용해 달라고 요구했다. 노조는 노사협의를 위해 절충안을 제시할 수 있다고 밝히고, 공문을 통해 다음 교섭일자와 노조의 절충안을 제시하기로 했다.

4월 23일의 4차 임금교섭에서 노조는 수정안을 제시하고 의견접근을 하려고 노력했으나 회사는 계속 같은 주장을 되풀이하였다. 5

월 7일에 진행된 5차 임금교섭에서 노조는 기본급 12% 인상의 양보안까지 내며 협상을 진전시키기 위해 노력했다. 그러나 회사는 기본급 4.1% 인상과 상품권 20만 원밖에 줄 수 없다는 입장을 견지했다. 교섭은 더 이상 진전되지 못했다.

〈회사 입장〉

-임금기본급 4.1%인상, 상품권 20만 원 지급

-회사는 노조활동 보장하고 있다.

부당노동행위는 노사간 이견이므로, 구제신청결과를 보고 판단

- 적정 인력확보는 점별로 노사협의 사항

- 점별로 검토 지시

- 주5일 근무제는 법개정결과에 따르겠다.

〈노조 임금인상 원안→절충안〉

: 기본급 15% 인상→12% 인상

: 수당(교통비, 식대) 인상→수당 동결

: 상여금 200% 인상→200% 인상

- 노조활동 보장(사무실, 전임자 등) 및 부당노동행위 금지

- 적정 인력 확보

- 주5일 근무제 실시

5회에 걸친 교섭에서 회사는 임금이 낮은 것은 시인하면서도 다른 회사보다 정규직 비율이 높다는 논리로 일관하였다. 또 교섭시기에 노사협의회에서 일방적으로 임금인상안을 발표하고 인상된 임금을 지급하였다. 이는 노조를 완전히 무시하는 행위였다. 이에 노조는 회사와

의 대화가 어렵다고 판단하고, 5월 7일 교섭에서 교섭결렬을 선언했다.

교섭을 회피하고 지연시키면서 회사는 조합원에 대한 탄압을 계속했다. 중계점 검수과는 팀장을 제외한 직원 6인 중에 5인이 조합원이었다. 중계점장은 최명원 부위원장을 제외하고 5월 3일 박희진 조합원을 발주팀으로 부당발령을 했고, 5월 7일 나머지 3인의 조합원을 일반식품부와 의류부로 옮기라고 일방적으로 통보하였다. 당사자들은 모두 회사가 본인의 동의는 물론 아무런 상의도 없이 업무 연관성이 없는 부서로 발령낸 것은 부당전직이며, 노조의 쟁의가 예상되자 조합원을 빼돌리려는 부당노동행위라며 회사의 명령에 따르지 않겠다는 의지를 밝혔다. 특히 신지호·유성은 조합원은 까르푸의 부당조치에 항의해 검수과로 출근투쟁을 하였다. 점장은 이들에게 "Shut the out!"(X발! 입 닥쳐!)라는 욕설을 연거푸 퍼부었고, 5월 12일자로 해고통보를 했다. 해고장을 받은 두 조합원은 회사의 부당한 행위에 물러설 수 없다며, 5월 13일부터 중계점 앞에서 항의 피켓시위를 시작했다.

1) 2002년 5월 22일 파업투쟁

노조는 쟁의행위를 준비하면서 5월 10일 중앙노동위원회에 조정신청을 냈다. 노조는 중재안으로도 타결이 되지 않을 것을 대비해 본격적인 쟁의행위에 들어갈 준비를 했다. 이어 5월 11일 노조는 2002년 임금협상 결렬에 따른 쟁의행위 찬반투표 실시를 위한 공고문을 발송했고, 5월 13일에서 18일까지 조합원을 대상으로 쟁의행위 찬반투표를 실시했다.

노조가 힘은 없지만 살기 위해 선택해야 했어요. 일산, 중계, 계산, 해운대지부에서 쟁의행위 조합원 찬반투표를 진행해서 압도적인 찬성으로 쟁의행위를 하기로 한 거죠. 그래 일산과 중계지부 간부들은 근무 끝나고 새벽 1시경 일산에 모여 연맹위원장과 함께 간부파업결의를 해요. 조합원들은 현장에서 '조끼투쟁'을 하기로 하고. 근무시간도 제각각이라 교육도 못해요. 기껏 음식점에 모여 밥 먹으면서 의지를 확인하는 거죠. 과장은 조끼투쟁 계획을 알고는 회식 자리를 만들어서 고기 사 주고 술 사 주면서 회유하기도 하고. (이경옥, 부위원장)

마침내 중앙노동위원회에 신청한 조정신청 절차가 끝나자 노조는 "임금인상, 근로조건 개선, 노조활동 보장" 등을 요구하며 5월 22일 새벽 6시부터 조끼투쟁(사복근무)을 벌였다. 이날 중계점과 일산점에서 조합원들이 사복에 투쟁조끼 차림으로 근무에 나서자, 안전팀·보안팀이 동원되어 이를 저지하고 몸싸움이 벌어졌다. 회사는 조합원들에게 "매장에서 나가라", "영업에 방해를 줄 수 있다"는 내용의 경고장을 배포하고 사진을 찍었다. 그 과정에 최명원 부위원장이 손목인대가 늘어나는 부상을 당했다. 몸싸움은 경찰이 회사 측에게 노조의 투쟁이 적법한 쟁의행위라는 것을 통보하면서 중단됐다.

이어 이날 오후, 노조는 전면파업에 돌입한 열 명의 노조간부들을 중심으로 서비스연맹, 지역의 노동조합, 민주노동당 등이 참여한 가운데 중계점과 일산점 앞에서 집회를 개최했다.

노조 역사에서 처음으로 지부들이 합법적인 단체행동을 한 거예요. 가슴이 쿵쾅쿵쾅~거려서. 중계도 난리가 났어요. 조끼를 입고 작업장에 들어가는 조합원들을 지키기 위해 지부장하고 저는 파업을 하고… 처음이라 작업장에서 조합원들은 떨고 있어서, 조합원들을 안심시켜야 했거든요. 안전팀장이 지부장의 목덜미를 잡고 폭력을 쓰고, 막 난리가 났죠. 저는 여성이라서 건드리지는 않더라고요.
그렇게 오전 근무조가 투쟁해서 오후조는 자연스럽게 투쟁에 참여하고. 근데 회사가 작업장에서 조끼를 입는 게 불법행동이라고 협박을 해대니까, 우리 중계지부 말고 다른 지부들은 조끼투쟁도 못했고, 일산 본조만 1시간 조끼를 입었다가 접었어요. (이경옥, 부위원장)

이후 노조는 매장 앞, 월드컵경기장 앞, 프랑스 대사관 앞에서 집회와 1인시위 등을 벌였다. 회사는 투쟁 중인 노조간부들에게 "근무시간표와 휴무표를 따르지 않았다", "내부규칙을 잘 따르라", "영업활동에 방해를 주고 있다"는 등 말도 안 되는 경고장을 남발하다가, 5월 29일에는 일산점장이 노조의 피켓을 훔쳐 갔다. 노조간부들이 이에 항의하자, 프랑스인 점장은 쓰러진 척하며 119구급대와 112경찰을 부르더니 병원에 입원했다. 그러나 다음날 노조가 확인해 보니 점장은 사건 당일 밤부터 병원에 없었다.

중계는 샐러드바와 검수팀 조합원들이 일주일 정도 투쟁했는데, 간부들이 연대투쟁하고 밖의 활동에 치중하는 바람에 샐러드바 조합원들이 과장에게 회유당했어요. 다른 부서가 모두 탈퇴해서 조합원들이 힘들어했는데, 그 틈을 비집고 과장이 탈퇴하는 조건으로 한 단계씩 승급시켜 준다고 해서. 단돈 3만 원에 조끼를 벗은 거죠. 조합원이 적으니까 현장투쟁을 하기 어려웠죠. 여튼 간부들은 프랑스 대사관하고 까르푸 본사 앞에서 1인시위 했고, 서울본부 투쟁사업장들과 모여 연대투쟁을 하면서 까르푸투쟁을 알려요. (이경옥, 부위원장)

투쟁과정에서 노조는 1차 전국순회투쟁을 진행했다. 순회투쟁의 목적은 전국 매장의 노동자들에게 노조의 투쟁에 대해 알리기 위한 것이었다. 노조의 요구와 회사 측의 횡포를 각 점포가 있는 지역 시민에게도 알리기 위해 대시민 선전전도 병행하기도 했다.

노조는 7월 10일 야탑점을 시작으로 분당점, 수원 원천점, 천안점을 순회하고, 7월 11일에는 대전 둔산점, 전남 순천점을 순회하였다. 7월 12일에는 부산 서면점을 시작으로 장림점·사상점을 순회하고, 마지막 날인 7월 13일에는 해운대점, 울산점에 이어 대구 동촌점을 끝으로 순회투쟁을 마쳤다.

순회투쟁 중에 10여 명의 노조간부들은 매장 안에서의 선전은 자유롭게 진행할 수 있었는데, 일부 점포에서는 보안직원이나 안전팀이 휴게실에 들어가는 것조차 제지하여 몸싸움을 한 뒤에야 직원들을 만날 수 있었다. 또, 각 매장의 관리자들이 감시를 해서 직원들과의 자유로운 만남을 방해하는 부당노동행위도 있었다. 직원들의 호응은 뜨거웠으며, 가는 곳마다 좀 더 일찍 좀 더 많은 직원이 있을 때 오지 않은 점에 대해 아쉬워했다. 노조의 선전물에도 관심을 보였고, 많은 노동자들이 노조가입원서를 내기도 했다.

노조가 순회투쟁을 마치자마자, 회사는 바로 노조간부에 대한 탄압을 가했다. 7월 14일 회사는 최명원 부위원장(중계점)에게 "7월 20일부로 해고한다"고 통보했다. 점장에 대한 폭행, 명예훼손, 업무방해, 회사비난 등이 그 이유였다. 노조의 합법적인 선전물 게시행위를 회사시설물을 훼손한 것이라 왜곡하고, 자해행위로 다친 프랑스 점장의 행위를 폭행에 의한 상해로 조작했으며, 회사의 노동착취·노조탄압·불공정거래 등을 홍보한 것을 명예훼손이라 주장하였다.

그러나 최명원 부위원장은 구속과 해고를 각오했기에 부당해고에 대항해 끝까지 싸우겠다고 했다. 특히, 폭행문제에 대해 노조는 사건 당일 현장에 있었던 고객 세 명의 진술서를 통해, 회사 측이 사실왜곡을 해 노조를 와해하려던 공작인 것을 확인하고 더욱 분노했다.

결국, 7월 20일에 회사는 최명원 부위원장을 부당해고하였고, 노조는 서울지방노동위원회에 부당해고 및 부당노동행위 구제신청을 냈다. 9월에 최명원 부위원장 해고의 정당성 여부를 가리는 심판회의가 열렸다. 점장의 자해행위는 시민들의 진술로 허위가 드러났고, 관련 법률과 판례도 징계의 부당성을 입증하였다. 그 결과 최명원 부위원장은 복직을 판결받았다.

2) 계산지부의 재결성(2002년 7월 15일)

노조가 투쟁을 벌이는 상황에서, 계산지부는 2001년 김종표 지부장의 부당전직 등 회사의 노조결성 방해와 탄압으로 활동이 잠시 주춤했다. 그러나 7월 들어 여러 노동자들이 노조에 가입하기 시작하였다. 특히 과장급 매니저들이 스스로 노조간부를 맡아 까르푸의 횡포에 맞서겠다고 결의하였다.

그 결과, 7월 15일 저녁 8시에 계산지부가 재결성되었다. 간부로는 그동안 계산지부를 지켜 왔던 조희국 사무국장이 새로운 지부장으로, 남기소 과장이 부지부장, 사무국장으로 홍영만 대리가 선출되었다.

참석자들은 회사가 노조간부에 대한 부당한 전직과 해고 등의 행위를 하면 바로 본조와 함께 집단행동에 돌입하기로 결의하였다. 2001년 김종표 지부장이 부당전직 되었을 때 함께 싸우지 못했던 것을 반성하면서 매니저는 물론 정규직원, 비정규직이 함께 싸워 나갈 것을 결의한 것이다. 이어 참석자들은 우선 회사의 장시간근무 강요와 법정

수당 미지급 문제를 해결하기로 결의했다.

계산지부 투쟁 결의문

까르푸에 근무하는 매니저와 직원들은 열악한 근무조건 속에서도 묵묵히 일해 왔다. 최소한의 인력운용으로 최대의 이윤을 뽑아내고자 하는 까르푸의 장시간노동 강요, 동종업계와 20% 이상 차이나는 저임금노동 강요, "일하기 싫으면 나가"라는 비인간적인 대우 속에서 맡은 바 책임을 다해 왔다.

그러나 이제는 그동안 참았던 불만들이 활화산처럼 터져 나오고 있다. 이제는 매니저와 직원 전체는 한국노동자를 돈벌이 수단으로만 취급하는 프랑스 다국적 기업의 속성을 뼈저리게 느꼈고, 노조로 뭉쳐 인간답게 대우받기 위한 투쟁에 나설 것을 결의하였다.

하나, 우리는 적정 인력 확보와 법정 근무시간 준수, 체불임금 지급 등 우리의 정당한 권리를 되찾기 위해 투쟁할 것을 결의한다.

하나, 까르푸의 척박한 노동조건에서 노조를 통한 노동기본법을 확보하기 위해 노력하며, 까르푸가 노동조합을 인정하고 노조활동을 보장할 때까지 투쟁할 것을 결의한다.

하나, 우리는 계산지부 결성 후 회사 측이 노조탄압, 부당전직, 회유, 협박 등으로 정당한 노조활동을 방해한다면 법적인 대응은 물론 전체 조합원들의 합법적인 파업을 통해 회사의 탄압을 막아낼 것을 결의한다.

* 조합원 행동지침

1. 전 조합원은 노조의 지침에 따라 일사불란하게 움직인다.

2. 우리는 더 이상 종업원 신분이 아니라 법적인 보호를 받는 조합원 신분으로 당당히 생활한다.
3. 회사 측의 회유, 탈퇴강요, 심리적·물리적 압박에 대해 강력히 맞서며 곧바로 노조에 알린다.
4. 회사 측의 노조탄압이 중단되지 않을 시, 노조의 지침에 따라 단계별 집단행동에 돌입한다.
5. 노조간부 전체는 노조와의 공식면담이 이루어질 때까지 회사 측과의 개별면담을 전면 거부하고, 한 치의 흔들림 없이 투쟁한다.

한편 노조의 투쟁에 시민단체들이 적극적으로 나섰다. 7월 초에 '한국까르푸노조 문제 해결을 위한 공동대책위' 결성을 위한 1차 준비모임이 일산, 중계, 해운대점에서 각각 열렸다. 공동대책위에는 민주노동당, 고양청년회, 고양시민회, 여성민우회, 다국적 기업의 횡포에 대한 연대모임인 '아시아의 친구들', 노원자치시민연대 등이 참가하였다. 공대위는 두 차례의 준비모임을 가진 후 9월 중순에 정식 출범하여 까르푸 상품불매운동, 까르푸노조투쟁 영·불어판 비디오 제작 등의 활동을 하기로 했다.

또, 8월 24일 중계점 정문 앞에서 지역의 노동조합과 시민단체, 학생대표들은 까르푸의 노동3권 유린, 노동착취, 노원주민소비자주권 무시 규탄을 위한 '노원지역 노동시민사회단체 공동대책위원회'(공대위)를 결성했다.

공대위는 결성선언문을 통해 노원지역 주민과 단체들이 힘을 모아 까르푸 노동자들의 투쟁에 함께하기로 하였다. 또 공대위는 까르푸 노동자들의 투쟁을 한국노동자들의 노동기본권과 소비자들의 주권을 지키기 위한 싸움으로 인식하고, 지역에서부터 한국까르푸 불매운동 등 다양한 수단과 방법으로 투쟁할 것을 밝혔다.

이처럼 노조는 5월 22일부터 파상파업, 선전전, 월드컵경기장 및 프랑스 대사관 앞 집회, 노조간부 전면파업, 각 매장 앞 공동집회 등을 진행하며 80일 넘게 투쟁을 벌였다. 이어 투쟁의 힘을 더 확산시키기 위해 8월 10일부터 22개 매장의 2차 전국순회투쟁을 기획했다. 8월 9일 오전 11시, 삼성역삼빌딩 까르푸 본사 앞에서 '다국적 기업 까르푸의 노동착취, 노조탄압 규탄과 단체협약 체결 촉구를 위한 서비스 노동자 결의대회 및 전국순회투쟁단 발족식'을 진행했다. 건물주인 삼성이 시설보호 요청을 하여 많은 경찰병력이 건물 입구를 막고 있었다. 민주노총, 서비스연맹, 서울온천, 한진관광, 캡스노조와 천지태광 공동투쟁본부, 학생들이 참가하였다. 집회가 끝나고 서비스연맹과 노조 대표단이 까르푸 본사에 공개항의서한을 전달하려 하자 전경들이 막았다. 여성간부들이 맨 앞에 서서 들어가려 하자, 전경들이 방패를 들이대며 막았다. 여성들의 비명을 듣고 연대하러 온 보안업체 캡스노조 노동자들이 전경을 막아섰다. 집회 중간에 합류한 계산지부 조합원들도 전경들과 몸싸움을 벌였다. 소식을 들은 지역의 노동자들이 달려와 집회규모가 커졌다. 구급차에 부상자들이 실려 갔고, 조합원들과 간부들도 얼굴과 손발에 상처를 입었다. 결국, 노조는 회사에 항의서한을 전달했다.

다음날인 8월 10일부터 12일까지 노조는 전국 매장에서 선전전을 펼치는 순회활동을 했다.

> 집회에서 3박 4일 지방순회를 한다고 선포하고, 선전물과 피켓을 준비해요. (……) 회사는 민감해져서 매장마다 직원 휴게실에 들어가려고 하면, 우리를 엄청 막았어요. 우리도 필사적으로 투쟁을 알리면서 선전물과 노조가입서를 돌렸거든요. 그때, 경기도, 충청도, 전라도, 경

상도의 매장을 돌면서, 여튼 순회는 성공적으로 마쳤어요. 그래서 그 때 순천점에서는 많이 노조가입을 했고, 지방 순회를 할 때 우리는 지역본부 사무실이나 지역의 농성장에서 잤어요. 부산에서는 부산지역 일반노조의 천막 농성장에서 잠잤고, 해운대에서는 해고동지의 함바 식당 옆에 친 간이천막에서 잠자고 밥도 얻어먹고. 문전걸식했어요. (이경옥, 부위원장)

이어 8월 30일에 의정부지청에서는 노조의 고소에 따라 한국까르푸와 일산점 점장 기욤 부베를 노동조합 및 노동관계조정법 위반 혐의로 기소하였다. 기욤 부베 일산점장은 2000년 12월 관리자가 노조가입 직원 2명에 대한 승급을 건의하자 "앞으로 노조원들은 승급 건의를 하지 않았으면 좋겠다"고 반려하고, 조합원을 부당하게 차별하였다. 또 2001년 2월 조합원들이 일산점 앞에서 집회를 준비하자 이를 제지하며 'Fuck you'라고 욕을 하고 "극소수 인원이 비합법적인 무질서행위로 조직을 파괴한다"는 취지의 글을 정문과 휴게실에 게시해 정당한 노조활동을 비방하였다. 프랑스에 있는 까르푸 본사에서는 직원들의 노조활동이 인정되고 있었다. 그런데도 프랑스인 일산점 점장이 한국까르푸의 노조를 탄압하는 행위는 노동조합에 대한 인식문제가 아니라 한국의 여성노동자들을 업신여기기 때문인 것으로 보였다. 노조는 노조활동 방해와 조합원 차별, 단체교섭 거부 등의 혐의로 크리스티앙 드날 중계점장, 박수홍 목동점장 등을 고소하였다.

그 결과 11월 29일에 기욤 부베 일산점장이 부당노동행위로 250만 원의 벌금형을 선고받고, (주)한국까르푸 법인은 500만 원의 벌금형을 선고받았다. 까르푸 노동자들이 회사에 당했던 그동안의 고통에 비하면 적은 형량이었다. 그러나 부당노동행위에 대한 검찰의 기소율이 2%에 불과한 상황에서 유죄판결을 받은 것은 이례적이었다.

3) 파업투쟁 100일 집회와 교섭 시작

노조는 파업투쟁 100일을 맞아 8월 29일 3시에 본사 앞에서 집회를 했다. 이 집회에는 계산지부 간부들과 조합원들도 동참하였다. 노조는 파업 100일이 되도록 불성실한 태도로 일관한 회사에 항의하기 위해 본사 사무실이 있는 삼성건물로 들어가려 하였다. 이때 경찰의 과잉대응으로 몸싸움이 벌어졌는데, 경찰은 조합원들을 방패로 찍고 발로 걷어 차는 등 폭력을 자행했다. 이 과정에서 많은 조합원들이 피부가 찢어지고 멍이 드는 등 부상을 입었다.

노조는 이 문제에 대해 경찰에 강력히 항의하였으며, 10명의 대표단을 구성해 사장이 있는 10층으로 올라가 요구사항과 9월 말까지 타결짓자는 내용을 전달하였다. 회사도 이에 동의하며 9월 말까지 합의하자고 공문을 보내왔다.

그러나 회사는 9월 4일 정향숙 중계지부 조직1부장에게 계약이 끝난다는 계약해지 통보를 보냈다. 정 조직부장은 원래 업체직원(프로모터)으로 일하던 중에 1년 뒤 정직원을 시켜 준다는 약속을 받고 계약직으로 들어왔다. 그러나 중계점 샐러드바 정승원 과장은 3개월의 계약기간이 끝나자 회사의 방침이 바뀌었다며 1개월짜리 아르바이트 계약서를 내밀었다. 이에 항의하자, 회사는 할 수 없이 다시 3개월 계약을 체결하였다. 정향숙은 까르푸의 횡포에 분노하여 투쟁에 참여했고, 중계지부의 조직부장이 되었다. 이처럼 정향숙 조직부장이 노조에서 활동하자, 회사는 기다렸다는 듯이 계약해지 통보를 했던 것이다.

한편 9월 5일 교섭이 재개됐지만, 마크 욱생 사장은 불참하였고,

노사는 각자의 주장을 하다가 교섭이 끝났다. 회사는 9월 7일 공문을 통해 9월 27일 전까지 교섭을 할 수 없고, 노조의 쟁의행위에 대해 엄격히 대처하겠다고 밝혔다.

노조는 회사 측의 약속 불이행에 항의하기 위해 투쟁수위를 올려야 할 필요가 있다고 판단했다. 이날 바로 노조는 중계점 앞에서 집중결의대회를 진행하고, "노조탄압 분쇄와 부당노동행위 중단, 부당해고 철회, 단체협약체결, 임금인상 쟁취, 적정 인력 충원"을 요구하며 천막농성에 돌입했다. 서울온천, 캡스, 현대백화점, 한진관광 면세점 지부, 서울일반노조, 노원시민자치연대 등이 참여한 가운데 진행된 집회에서 조합원들은 까르푸에 맞서 노조 5년의 획을 긋는 투쟁을 벌여 내기로 결의했다. '노원지역 노동시민사회단체 공동대책위원회'도 불매운동 등을 통해 투쟁을 끝까지 지원하겠다는 발언을 했다.

> 9월에 일산본조의 간부들은 생계도 어렵고 조합원을 지키겠다면서 위원장하고 같이 복귀를 해요. 결국, 해고자가 있는 우리 중계지부가 투쟁의 중심이 된 거죠. 100일 투쟁 지나면서… 9월 7일에 중계 정문에서 집회하다가 기습적으로 천막을 설치해요. (……) 거기서 매일 대자보를 써서 매장 입구에 도배질하고 음악을 틀어서 매장 입구를 시끄럽게 하고. 플래카드도 걸고, 여튼 매장 주위를 막 어지럽혀요. 지나가던 고객들도 물도 주고 모금함에 돈도 넣어 주고, 탈퇴한 중계직원들도 회사 몰래 돈을 쥐어 주고 가고. 근데 중계간부도 생계로 투쟁에 나오지 못하면서 본조 사무국장, 지부장, 조직부장, 저 이렇게 네 명이 남아요. (이경옥, 부위원장)

천막농성 7일째인 9월 13일 오후 3시, 노조는 중계점 앞에서 '까르푸 만행 규탄결의대회'를 열었다. 이날은 노조가 파업투쟁에 나선 지 115일이 되는 날이기도 했다. 그동안 회사는 단 2회의 교섭을 했을 뿐, 성실 교섭은 그야말로 말뿐이었다.

오후 3시 30분경에 중계점 옥상에서 대형 플래카드가 내려오기 시작했다. 이어 정향숙 조직국장이 밧줄에 몸을 묶어 고공시위를 시작하였다. 아래에서 집회를 진행하던 참가자들은 "여성노동자가 저 외벽에 매달려 위험하게 투쟁하지 않기 위해서는 시민 여러분의 까르푸 불매운동이 필요하다"고 호소했다.

오후 5시 30분경 정향숙 조직부장이 고공시위를 정리하고, 탈진된 상태로 조합원에게 업혀 내려왔다. 그 모습을 본 이영숙 위원장과 노조간부들이 눈물을 흘렸다. 정향숙 조직부장도 "사람이 매달려 죽겠다고 나서면 단체협약이 한 줄이라도 체결될 줄 알았다. 그런데 회사에서 누구 하나 나오지 않았다"며 눈물을 흘렸다. 조합원들과 집회참가자들은 "까르푸에 본때를 보여 주자"는 결의를 다졌다.

*** 고공농성을 하며 시민 여러분께 드린 글**

저희는 지금 까르푸 중계점에 매달려 고공농성을 벌이고 있습니다. 가느다란 외줄에 의지한 마음은 불안하지만, 부당한 해고로 인한 삶의 위태로움에 비교하면 아무것도 아닙니다. 저희는 그동안 우리의 요구를 들어 달라고 수십 차례 대화를 요청하였지만, 노조결성 5년이 넘도록 까르푸는 단 한 차례도 진지하고 성실한 자세로 대화하지 않았습니다. 우리는 더 이상 참을 수 없는 분노로 이 투쟁을 시작하였습니다. 이제는 우리의 요구가 받아들여질 때까지 절대 이 투쟁을 멈추지 않을 것입니다.

—우리의 요구

1. 부당해고 철회하라.
2. 노조사무실, 게시판을 지급하고 전임자를 인정하라.
3. 타 유통업체와 크게 차이나는 임금을 인상하라.
4. 부당노동행위자 일산점장 기용 부베를 징계하라.

정향숙

4) 순천지부 결성(2002년 9월 14일)

노조가 전국순회투쟁을 진행한 성과가 순천점에서 나타났다. 다수의 신선부 직원들이 노조가입원서를 낸 것이었다. 이때 노조에 가입한 이들은 30여 명 정도였는데, 서로 누가 노조에 가입했는지 잘 알지 못하였다. 가전에서 일하던 김유조도 노조에 가입했다.

(전국순회 때) 본조에서 내려와서 가입을 받았어요. 그때 매장을 돌아다니면서 노조에 가입하라고 해서 저도 가입을 했어요. 제가 가전 코너에서 근무할 때였는데, 누가 가입했는지 몰랐고 신경도 안 쓰고, 그냥 저는 가입했어요. (왜 노조가입을?) 원래 노조라는 게 뭔지는 알았는데, 자세히는 모르고. 그냥 평소에 노조는 당연히 해야 된다는 정도로 생각하곤 있었어요. 그리고 공개적으로 가입한 거죠. (김유조, 순천)

그 뒤 베이커리에서 일하던 한 조합원이 노조와 관계를 갖고 순천점의 상황을 알리는 연락책 역할을 하고 있었다. 그러나 기대했던 노조의 활동이 없자, 많은 조합원들이 노조를 탈퇴했다. 이에 베이커리의 조합원이 지부를 만들기 위해 앞장섰다. 그에게 김유조도 지부결성을 제안하기도 했다. 그러나 그 베이커리 조합원은 지부결성을 못하고 회사를 떠났다.

> 중간에 베이커리 쪽의 한 조합원이 주도적으로 움직였는데, 그 사람이 본조와 연락하면서 관계를 유지하고 있었고. 그때 신선부 쪽에 가입한 사람이 있어서, 2층에 빵 만드는 데, 샐러드바, 수산 코너, 그다음에 정육 코너에 있었죠. 그 당시에 인원이 많았으니까, 그쪽 직원들이 많이 가입했던 거죠. 아마 30명 정도 가입했는데, 다른 사람들은 조합 활동이 없으니까 노조를 탈퇴했고. 그러다가 베이커리 그 양반이 지부를 만들려고 노력했는데, 나도 "형님이 지부장 하고 지부를 만들지 그러냐" 했는데, 그 사람도 회사를 나가요. (김유조, 순천)

지부결성이 어려워지자, 김유조는 주위의 직원들에게 노조가입을 권해 7명이 노조에 가입했다. 그는 7명과 같이 지부결성에 앞장섰다. 그 결과, 노조가 투쟁수위를 높여 가던 2002년 9월 14일 저녁 8시에 순천지부 결성식이 진행되었다. 까르푸노조의 다섯번째 지부를 민주노총 광주전남본부 동부지구협의회에 모여서 결성하였다. 김유조 지부장(가전), 성동휘 부지부장(베이커리), 이두환 사무국장(가전)으로 간부진이 구성되었다. 결성식에는 노조에서 위원장, 일산 조직1부장·2부장이 참석했고, 서비스연맹에서는 김재호 교육선전부장이 참석했다. 그리고 민주노총 순천시협의회 대표, 민주노동당 순천지구당 부위원장과 당원들, 순천시의회 의원, 한고을 노동지회 회장과 회원들, 현대자동차서비스노조 순천지부장, 순천지역 민주단체연합 의장, 뉴코아 순천지부 강두태 지부장 등이 참석했다. 선출된 지부간부들은 "지금은 21세기인데 까르푸는 노조탄압을 하고 있다. 순천점에서 그런 일이 벌어진다면 끝까지 싸우겠다"고 결의하였다.

지부결성 후에 확인된 것은 초창기 노조에 가입했던 10명의 조합원이 있다는 것이다. 그러나 이들은 지부활동에 참여하지 않았고, 이후 지부가 파업에 참여하자 노조를 탈퇴했다.

2002년 지부 만들 때 7명을 가입시켰는데 농산 2명, 검수 쪽 1명, 제가 가전이니까 가전에 4명이 가입해서, 이 사람들이 저랑 같이 지부결성에 참여했죠. 지부를 결성하고 보니까, 탈퇴 안 하고 있던 사람들이 10명 정도 됐는데, 지부결성하고 파업을 하니까 이 사람들이 노조를 탈퇴했고, 결국은 내가 가입시킨 7명이 남아 있었어요. (김유조, 순천)

순천지부는 7명의 조합원과 같이 본조의 지침에 따라 조끼투쟁 등을 벌이며 회사의 탄압을 견뎌내야 했다. 노조결성 이후 본조의 교육이나 지원이 없었던 상황에서 지부장은 회사에 대항하기 위해서 노동조합과 노동법에 대해 제대로 알아야겠다는 생각으로 학습을 하거나 노무사를 통해 배우기 시작했다.

내가 지부장 할 때는 노조에 대한 지식도 없었어요. 그런데 회사가 갈구니까, 본조에서 조끼를 입는 투쟁을 해서 우리도 조끼를 입으니까, "조끼 입고는 출근을 하지 말라" 하고. 저를 갈구는 건 괜찮은데, 조끼 입은 **조합원들을 하루종일 회의실에 앉혀 놓고 갈궈요. 그런 걸 보면서 제가 노조에 대해 공부하기 시작한 거죠.** 책도 읽고 노무사 통해서 법적인 것도 알아 가고 했죠. (……) 근데 인원이 7명이라 결성 직후에 활동은 할 수가 없었고, 제가 아는 것도 없었고, 굉장히 회사의 탄압만

받는 상황이었죠. (김유조, 순천)

한편 서울 본조에서는 자해행위를 하여 최명원 부위원장을 부당해고시킨 크리스티앙 드날 점장이 9월 16일 오후 12시경 최명원 부위원장을 감금하고 폭행하는 일이 일어났다. 최 부위원장이 음식물을 씻으려 중계점 화장실에 들어가자 프랑스인 지점장 크리스티앙 드날이 10분쯤 최 부위원장을 화장실에 감금한 것이다. 또, 부위원장의 팔목을 잡고 비트는 등 폭력을 휘둘러 점장은 노원경찰서로 연행돼 조사를 받았다.

점장은 이전에도 심한 노조혐오 태도를 보이며 상식 이하의 행동을 해왔다. 투쟁이 시작되기 전에는 노조설립기념 목걸이볼펜을 사용하지 못하도록 막고, 일본에서 방문한 젠센동맹(ゼンセン同盟) 간부들에게 "물건을 팔 수 없다"며 매장에서 나가라고 내쫓았다. 또, 조합원을 부당전직시켰고 이에 항의하자 "Shut the fuck up"을 연발하며 욕설을 해댔다. 쟁의 중에는 스스로 머리를 바닥에 찧고 자해를 해놓고 최 부위원장이 폭행을 했다고 누명을 씌워 해고하고 형사고발까지 하였다. 또 아침선전전을 하는 노조간부에게 "냄새 난다"는 듯 코를 틀어쥐며 인상을 썼다. 주위에 사람이 있건 없건 노조간부에게 가운뎃손가락을 펴 보이며 욕을 하고, 노사협의회 위원인 이경옥 중계지부 사무국장이 참석하지 못하게 식당을 옮겨 다니면서 노사협의회를 열었다. 이에 노조는 한국노동자에 대한 비인격적 대우에 대해 점장을 국가인권위에 제소하는 등 모든 방법을 동원해 대응하기로 했다.

이처럼 투쟁이 길어지면서 연대의 폭도 넓어져 갔다. 9월 25일에 서울북부민중연대(준)는 중계점 농성장에서 회의를 열고, 까르푸투쟁에 적극 연대한다는 결정을 했다. 이들은 천막농성 지키기, 선전전, 재정부담 등을 같이하기로 했다.

이런 연대에 힘입어 노조는 9월 28일에 천막농성장을 반드시 지키겠다는 의지의 표현으로 '노조 현판식'을 진행했다. 노조결성 이후 5년이 넘도록 노조사무실이 없어 현판을 달지 못했던 것이다. 5년 동안 회사의 노조탄압으로 조합원은 결성 당시보다도 줄어든 상태였지만 9월 순천지부가 결성되었고, 또 파업 130일을 맞으면서 결의를 다진다는 의미가 있었다. 현판식에는 100여 명의 연대노동자들이 참석했고, 돼지머리와 시루떡을 앞에 두고 막걸리를 올리며 노동조합의 발전을 위해 모두 절을 하였다. 노조간부들은 최소한의 요구조차 들어주지 않는 회사에 대해 분노했고, 그동안 투쟁해 온 조합원들을 돌아보며 감격의 눈물을 흘리면서 천막에 현판을 걸었다.

당시 까르푸는 국제노동단체인 UNI와 '까르푸-UNI 국제협약'을 체결하고 있었다. 까르푸는 유럽에서는 국제협약을 지키면서 아시아에서는 협약을 무시했다. 한국UNI가 실시간으로 까르푸노조의 투쟁을 알리면서 프랑스의 까르푸 본사를 압박하였다. 그러나 한국까르푸는 노조를 '일본의 적군파'라고 칭하며 노조의 피켓구호와 투쟁을 까르푸 본사에 왜곡 보고하였다. 결국, 한국UNI의 개입으로 교섭이 이루어졌다.

파업투쟁 132일째인 9월 30일, 노조와 회사는 2002년 임금교섭을 원만히 마무리하기 위해서 최대한 1주 안에 서로 내부논의를 마무리하여 구체안을 가지고 협상하기로 했다. 회사는 10월 7일 이전에 답변을 주거나, 10월 7일 오후 4시에 교섭에서 답변을 주기로 했다.

파업 139일째인 10월 7일, 11번째 교섭이 열렸다. 회사 측은 협상안을 가져왔다. 그러나 그 내용은 전임자와 사무실을 주겠다는 것이지만, 전임자에게 임금을 지급하지 않겠다고 하여 실질적인 전임활동을 불가능하게 하는 것이었다. 또, 회사는 현재 조합원 수가 적은 것을 빌미로 일정 수 이상의 조합원이 확보되기 전에는 게시판을 줄 수 없다는 입장을 고수했다. 게시판에 게시하는 홍보물조차 회사와 직·간접적으로 관련된 내용은 지점장의 사전승인(사전검열)을 받아야 한다고 주장하였다. 게다가 게시판에 게시한 내용에 대해 회사에서 철거를 요청하면 바로 떼어야 하고, 게시판 이외의 장소에는 일체의 선전물(부착물, 현수막, 벽보 등)을 게재할 수 없으며, 소식지도 배포할 수 없다고 주장하였다. 이는 노조활동의 가장 기본인 선전활동의 자유조차 보장하지 않겠다는 것이었다.

더욱이 회사는 이번에 노사협상이 타결되면 임단협이 모두 타결된 것이기 때문에 앞으로 2년 동안은 어떠한 보충협약이나 추가교섭도 요구하지 말 것을 명시하고, 노조가 일체의 쟁의행위를 해서는 안된다고 주장하였다. 또, 쟁의기간 중에 억울하게 해고된 두 명의 노조간부 문제는 협의대상이 아니라는 주장만 반복하였다. 특히, 회사 측은 파업투쟁이 몇몇 간부들을 중심으로 진행되고 있으므로 "전체 직원 중 일부만의 요구 아니냐?"라며 노조의 요구를 무시하였다. 조합원이 적기 때문에 추가 임금인상을 할 수 없다고도 하였다.

노조는 회사 측의 이러한 안을 받아들일 수 없다고 주장했다. 노조와 회사는 최종결렬을 선언하기에 앞서 마지막으로 한 차례만 더 교섭을 진행하기로 하였다.

노조는 회사에 대한 항의표시로 다음 교섭일인 10월 11일에 교섭위원들이 삭발하기로 했고, 이후 "교섭결렬 시 프랑스 원정투쟁단을 구성해 프랑스 다국적기업 까르푸의 횡포와 만행을 프랑스 국민과 언론, 국제노동·사회단체에 적극적으로 알려 나갈 계획"이라고 했다. 노조는 이미 국제산별조직인 UNI, 프랑스노총, 민주노총 등과 함께 프랑스 원정투쟁에 대한 준비팀을 구성하고 실무 준비 및 재정 마련을 하고 있었다.

파업투쟁 165일, 천막농성 57일째, 회사와의 교섭은 여전히 지지부진했다. 이에 노조는 중계점에 국한한 투쟁보다는 서울 중심 또는 전국을 대상으로 하는 투쟁을 전개하기로 했다. 11월 1일을 시작으로 노조는 지하철 안에서의 대시민 선전전을 진행하여 까르푸가 거대한 자본으로 쉽게 점포를 확장하고 많은 이윤을 남긴 이유에 대해 알렸다.

한편, 노조는 투쟁기간이었지만 3기 임원의 임기가 만료되자, 4기 임원선거를 2002년 11월 8일부터 12월 4일까지 진행했다. 12월 7일 선거 결과, 단독 출마한 최명원 위원장(중계), 김유조 부위원장(순천), 이경옥 사무국장(중계)이 투표율 61.5%에 찬성율 100%로 당선되었다. 그 결과 본조가 중계지부로 바뀌었다. 4대 위원장으로 당선된 최명원 위원장은 노조사무실이나 강당이 아닌 역삼동 본사 앞에서 진행하는 '임단협 승리결의대회' 자리에서 취임식을 했다.

2003년 들어 노조는 전국순회투쟁을 진행했다. 노조는 전국순회투쟁에서 "성실교섭과 단체협약체결·위원장 지노위 승소판결 등 부당해고자 원직복직·비인간적인 소지품검사 중단·정규직을 비정규직으로, 비정규직을 시간제근무로 바꾸려는 음모 중단" 등을 촉구하였다. 1월 23일 대전을 시작으로 24일 순천과 부산 해운대, 25일 울산과 창원에서 순회투쟁을 벌였다. 또, 노조는 까르푸가 7년 동안 노조를 인정하지 않고 단체협약체결을 거부하는 등 한국법을 무시하는 노동탄압 기업이라는 것을 알리는 호소문을 시민들에게 배포했다.

뒤이어 설 명절을 앞두고 노조는 2차 전국순회투쟁도 진행했다.

그땐 마지막이라는 생각으로 순회투쟁을 조직해요. 2003년 2월 23일

에 설날을 앞둔 2차 전국순회투쟁인데, 학생들이 자발적으로 참가비 3만 원을 내고 같이하겠다고. 그래 간부와 학생 20여 명이 2박 3일 투쟁을 하러 연맹 방송차와 뉴코아노조 방송차로 내려가요. 매장에 들어가서 순회하면서 피케팅하고 선전물 배포하고, 막 스티커 붙이고, 공세적으로 노조투쟁을 알려요. 20명이 막 구호를 외치고 노동가를 부르면서 매장을 돈 거죠. (이경옥, 부위원장)

이처럼 노조는 2002년 임금인상 및 단체협약 체결, 노조활동 인정, 해고자 복직 등을 요구하며 5월 22일부터 파업에 들어갔다. 노조는 쟁의행위 찬반투표를 통해서 파업에 돌입하기로 결정했지만 간부 10여 명만이 파업에 돌입하였다. 파업투쟁 100여 일이 지나면서 노조간부들 사이에 투쟁방향을 둘러싸고 이견이 발생하기도 했고, 노조의 재정 문제, 개인 문제 등으로 현장에 복귀하는 간부들이 생겼다. 결국, 11월 이후에는 최명원 위원장, 이경옥 사무국장, 정향숙 조직부장만이 파업을 했다. 그 때문에 11월부터는 투쟁전술을 바꿨다. 노조간부 3인이 할 수 있고, 또 회사를 좀 더 적극적으로 압박할 수 있는 매장선전전을 진행했다. 매장선전전은 노조간부 3인이 파업투쟁에서 할 수 있는 최고의 투쟁수단이었다. 직원들과 조합원들을 직접 만나서 이야기할 수 있었고, 또 직원들과 까르푸를 이용하는 고객들에게 까르푸의 부당함과 노조탄압 등을 직접 알릴 수 있었다. 대체로 호의적인 분위기 속에서 진행된 4개월 동안의 매장선전전은 조합원이 있는 곳이라면 적어도 1회 이상은 진행하였다.

이러한 매장선전전이 회사를 압박하였다. 까르푸가 부당노동행위 사업장이라는 법원의 판결이 났고, 소비자들도 그렇게 인식하면서 매출이 줄어들 우려가 커졌기 때문이다. 그 과정에서 시간만 끌며 노조를 무시하던 회사 측이 단체협약안을 조금씩 변화시켜 갔다.

2002년 9월 30일에 본격적인 노사교섭을 시작한 후 11월 들어 회사 측의 양보안이 조금씩 나왔다. 2003년 1월 지방순회투쟁에 이어 2월 전국순회투쟁을 하자, 2월 12일 교섭에서 회사 측이 단체협약체결 의지를 보였다. 2월 19일 노조는 회사와 실무교섭을 진행해서 3월 4일에 4차 실무교섭을 마무리하였다. 4월 1일 노사는 "최명원 위원장 복직·파업참여자 인사상 불이익 금지·반전임자 인정 및 노조사무실 제공" 등을 내용으로 한 단체협약에 잠정합의했다. 잠정합의안이 나오면서 4월 3일과 4일 이틀에 걸쳐 전국의 조합원들에게 단체협약안을 설명하고 찬반투표를 했다. 전체 조합원 중에 64%가 투표에 참여해 참여자 중의 92% 찬성, 8% 반대로 잠정합의안이 통과되었다. 4월 7일 강남노동사무소에서 노조는 마크 욱생 대표이사와 단체협약 조인식을 가졌다. 파업투쟁 321일이 되는 날이었다.

노조결성 이후 7년 만에 확보한 첫 단체협약이었다. 눈에 보이는 성과는 크지 않았다. "반전임자 한 명, 조합사무실 제공, 그리고 회사 측이 노조를 공식적으로 인정한 것"이 성과였다. 문제는 과장과 비정규직의 노조가입 문제, 임금, 노동조건, 복지후생 등의 핵심 내용이 빠져 있었다는 점이다. "과장과 비정규직의 조합가입 범위 포함" 문제는 노조나 회사, 양자에게 핵심문제였다. 그러나 소수의 파업이다 보니 노조가 자신의 요구사항을 전부 관철시키지 못했다. 노조간부들은 그 현실을 인정하였고, 이를 바탕으로 이후를 기약하기로 결의했다.

〈2003년 합의된 단체협약안〉

제1조 – 회사는 조합이 전 조합원을 대표하여 임금, 노동조건, 조합활동 및 기타 사항에 관하여 교섭하는 노동단체임을 인정한다.

제3조 – 회사는 조합원의 정당하고 적법한 조합활동의 자유를 보장하며, 정당한 조합활동을 이유로 불이익한 취급을 하지 아니한다.

제4조 – 2. 회사는 조합원의 간부회의를 위하여 반기별 1회 4시간을 유급으로 부여한다.

제6조 – 1. 회사는 조합의 일상업무를 전담하는 전임자를 한국까르푸 노동조합 전체에 대하여 1명의 전임자를 둘 수 있다. 단 반전임을 원칙(근무시간 22시간)으로 한다.

제7조 – 1. 조합원 전임자가 발생하였을 경우, 조합 전임자가 사용할 한국까르푸 노조 전체에 대하여 중계점 내 또는 중계점 근처에 1개의 사무실을 대여한다.

2. 회사는 집기를 노조에 무상으로 대여하며 임대료와 정상적인 관리비는 회사가 부담하고 사무실 운영비로 월 20만 원을 지급한다.

제8조 – 2. 회사는 조합이 지정하는 2개 지부에 게시판을 설치하여 6개월 동안 시험운영을 하도록 하며, 시험운영기간 동안 운영이 원만하게 될 경우 3개 지부를 추가설치하여 운용토록 한다.

제10조 – 3. 회사는 조합원의 인사에 공정을 기하며, 조합원을 이유로 차별대우를 하지 아니한다.

제14조 – 1. 회사는 조합원에게 특정 성을 이유로 급여, 교육, 배치, 진급, 퇴직 등에 차별을 두지 아니한다.

제17조 – 단체교섭의 대상은 다음과 같다. 1. 임금 및 근로조건에 관

한 사항 2. 복리후생에 관한 사항 3. 조합활동에 관한 사항 4. 기타 노사협의한 사항

부속합의서

1. 노사화합을 위하여 최명원 위원장의 중노위 부당해고 및 부당노동행위구제 재심신청은 노사가 즉시 철회하며 지노위의 결정에 따른다.
2. 업무복귀 후 쟁의기간 중 발생한 민·형사상 손해배상을 요구하지 않는다.
3. 파업기간 중 연차 및 퇴직금을 인정한다.
4. 파업참가자들에게 파업 참가를 이유로 어떠한 인사상 불이익을 주지 않는다.
5. (전략)과장, 비정규직들 중 단협체결 이전에 가입되어 있는 4명에 대해서만 조합원자격을 인정한다.
6. 회사와 노조는 회사의 명예를 회복하기 위하여 노력하며 정당한 조합활동을 보장한다.

3. 중동지부의 결성과 임금인상투쟁 및 주5일 근무제투쟁

1) 중동점 1996년 신선부 1일파업과 2002년 노조결성 시도

한국까르푸의 1호점인 중동점은 1996년 7월 31일 오픈했다. 오픈 초기 노동자들은 대부분 정규직이었으나 다른 대형마트들보다 임금이 낮은 편이었고, 또 상여금은 근무경력 1년이 지나야 지급하였다. 외국인 기업이라 기대를 갖고 취업했던 신선부 남성직원들이 이에 분노해서 작업을 중단하고 휴게실에 모여 파업을 벌였다. 회사는 중동점이 첫 매장이었고 또 오픈한 지 얼마 지나지 않은 상황에서 벌어진 일이라 당황했다. 점장이 바로 노동자들의 요구를 수용하였다. 노조에 대해 알고 있던 이들이 노조결성에 관심을 기울이고 있었으나, 요구가 수용되자 노동자들은 모두 작업에 복귀하였다. 이후 회사는 노사협의회를 만들었다.

1996년에 연봉이 1,400만 원인가? 기능직 정규직일 때. 동종업계 다른 데에 비해서는 월급이 작은 편이거든요. 거기에 1년을 수습기간처럼 처리해서, 1년 뒤에 상여금이 한 번 나오는 거라. 그래서 이거는 문제 있다고 해서 신선부 직원들이 전체 출근 안 하는 것으로, 한마디로 파업인 거예요. "주부사원들은 다 집에 있으라" 하고 남자직원들만 다 휴게실에 모여서 "회사 대표가 나와라" 외쳤고. 그때 프랑스 애들이라, 우리 중에 영어를 좀 하는 사람이 영어로 우리의 불만을 얘기하고. 그러니까 회사가 얘기 듣고 자기네들끼리 조율하더니 "월급을 좀 올려줄 테니까 일단 업무에 복귀하라" 그래 놓으니까, 우린 좋지, 해결이 바로 됐으니까. 초창기에 그런 문제 터졌으니까 회사도 긴장했지요. 아마 그때 노조를 아는 사람이 있어서 노조를 만들 뻔하다가, 회사가 월급을 좀 올려 주면서 무마되고 노사협의회가 생긴 거죠. (손명섭, 부산)

노동자들은 외국계 기업이라 한국기업들보다 근로조건과 근무환경, 복지수준 등이 좋을 것이라는 기대 속에서 회사의 정책을 믿고 시키면 시키는 대로 열심히 일했다. 노동자들의 헌신적인 노동 덕분에 까르푸는 매년 평균 4개 점포를 개점하는 등 규모를 확장해 나갔다. 그러나 직원들의 근로조건은 향상되기는커녕 오히려 나빠졌는데, 비정규직 직원 비율을 늘리면서 직원들 간의 차별이 커지고 고용불안이 심해졌다. 더욱이 다른 경쟁사보다 절반도 안 되는 인원으로 일했기 때문에 노동강도는 시간이 갈수록 더 세졌다. 1호점인 중동점의 노동자들도 최저생계비 수준의 월급으로 고된 노동을 견디고 있었다.

그런데 2002년 들어 중동점에서 변화가 나타나기 시작했다. 가전의 홍영만 과장이 주도하고 신선식품부의 조은옥이 주위의 노동자들을 모아 4월경 한국노총에 가입했던 것이다. 이들은 한국노총에서 진행하는 4회 교육에 참여해 노동조합에 대해 배우기 시작했다. 회사는 노동자들의 움직임을 무산시키기 위해 회유하거나 협박했다. 결국, 노조결성을 주도하던 홍영만 과장이 회사의 회유에 넘어갔고, 여성노동자들은 활동을 중단해야 했다.

2002년 4월경[정확히 4월이었는지는 확실치 않음] 노조를 만들게 된 과정은 2층 가전에서 일하던 홍영만 씨가 한국노총에 얘기하고, 제가 나이도 많고 하니 신선식품부에서는 저를 택한 것 같아요. 같이하자면서 2층은 자기가 조합원들을 가입하게 할 거니 나보고 아래층을 가입시키라고. 그때는 월급도 낮고, 연장수당도 주지 않고 이런데, 그 양반이 "우리도 노조 만들자. 프랑스까르푸는 다 노조원들이다" 했죠. 취지는 참 좋았어요. 그래서 "그러자. 뭐 힘들겠냐. 한 사람이 말하고 싸우는 것보다는 여럿이 싸우면 낫지 않겠냐" 해서, 아래층은 제가 근무시간에 주머니 속에다 가입원서 넣고 다니면서 가입 권하고. 회사 눈치를 봐야 했고, 보안이 저를 따라다니다시피 한 적도 있어서, 무서웠죠. 그리고 사람들 반응이, 특히 수납 쪽에서 가입 안 한 사람들이랑 욕지거리하고 싸움도 했어요. 처음에는 비밀 조합원으로 해서 노조 결성 했죠. 그때 지부장은 홍영만 씨가 했고, 노조원이 10명도 안 됐어요. 한국노총 왔다갔다하고…. 그래서 한국노총의 부천지부에 지부장님인가 만난 적도 있었어요. 그런데 어느 순간에 이게 흐지부지가 됐어요. 홍영만 씨가 진급을 해서 가게 된 것 같애요. (회유?) 그런 말이 있었어요, 자기만 빠져나가 버리고. 우리 여자들만 낙동강 오리알이 된 거지요. 그러면서 한국노총도 탈퇴하는 걸로…. (조은옥, 중동)

2) 중동지부의 결성(2003년 4월 11일)

그 직후인 8월 까르푸노조 간부들이 중동점을 방문해 매장선전전을 했고, 노조의 필요성을 알고 있었던 몇몇 노동자가 노조에 가입했다. 이후 노조는 11월에서 2003년 2월까지 5차례의 정기간담회를 진행해 현장상황을 공유했고, 노동자들에 대한 교육이 필요하다는 판단으로

2003년 2월 25일부터 조합원교육을 했다.

2002년 중동점장 기수드릴은 중동점에 발령을 받자 “나는 중동점에 인간 청소하러 간다”라고 했다. 그는 중동점에 와서도 회의 시간에 수차례 “나의 목표는 인간 청소다”라고 말했다. 점장이 만드는 살벌한 분위기와 직원들을 멸시하는 태도에 수모를 참다 못해 많은 이들이 일터를 떠났다.

이 과정에 새로운 비공개 노조가입자가 있었다. 2002년에 중동점으로 발령을 받아 일하던 김경욱 과장이었다. 당시 과장은 노조에 가입할 수 없기 때문에 그는 비공개로 가입했다. 계기는 2002년 말 부장이 김경욱 과장에게 직원들을 해고시키라는 지시를 한 것이었다. 그는 상사의 명령을 거부하면서 많은 고민 속에서, 인터넷에서 까르푸노동조합을 찾아 노조에 가입했다. 노조가입 후 얼마 지나 최명원 위원장이 김경욱 과장을 찾아와서 같이 식당에 갔다. 식당에는 자신이 관리하던 과의 여성노동자 3명이 와 있었다.

여성분들이 깜짝 놀랐죠. 저도. 서로 노조가입한 줄 몰랐으니까, 과장이 가입했는 줄 몰랐고, 저도 제 밑에서 일하는 아주머니들이 노조원인지 몰랐지요. 게다가 그분들이 저를 싫어했거든요. 판매직 아주머니들 많이 챙기고 하니까, 그게 정말 싫었나 봐요. (김경욱, 위원장)

김경욱 농산 과장님이셨거든요. 노조하기 전에는 직원인 제 입장에서는 앙숙이어서 싸움도 많이 했어요. 농산에서 로스가 자꾸 나잖아요? 물건이 없어지니까, 샐러드바를 제일 먼저 의심을 하니까, 싫었죠. 그랬던 양반이 노조를 한다고 해서 처음에는 깜짝 놀랐죠. 이거 말아먹을 일 있나 싶어서.(웃음) “우리를 다 내쫓자고 자기가 행세를 하려나

보다"는 오해도 많이 했어요. (조은옥, 중동)

노조에 가입하면 직원들을 보호할 수 있다는 이야기를 듣고 무작정 노조에 가입한 김경욱은 사실 노조에 대해 알지 못했다. 그는 노조를 알고 노동자들에게 노조가입을 권하기 위해 혼자 공부하기 시작했다. 인터넷을 통해 노동운동을 배웠는데, 민주노총 홈페이지의 성명서나 보도자료 등도 찾아서 읽었다. 당장 시급한 건 지부를 만드는 일이었다. 그는 민주노총 경기지역본부 부천지구협의회에 연락해서 2003년 3월경 부천지구협의회 의장을 만나 도움을 요청했고, 이후 도움을 줄 담당자를 소개받았다. 담당자를 통해 교육도 시작했는데, 당시 노조에 가입한 사람과 가입하려는 사람들이 부천지구협의회 사무실에 모여 교육을 받았다.

주 1회 이상 계속된 교육을 통해 노동자의 권리를 배워 간 노동자들은 노조를 조직해야 한다는 사명감을 가지면서 중동지부를 결성하기로 결의했다. 이들은 지부결성을 위한 준비위원회를 구성하였고, 모이기 어려운 근무환경에도 매주 만나서 교육을 받고 현장문제를 토론하였다. 이들은 조합원이라는 것을 숨긴 채, 조심스럽게 주위의 동료들에게 노조에 가입하자고 권했다. 이들을 수상하게 여긴 관리자들이 직원들에게 "누구와 어울리지 말라"는 등의 인간적인 모욕을 주기도 했다. 그런데도 조합원들은 지부결성을 위해 노력하였다. 점차 노동자들의 노조 참여가 늘어나자, 관리자들의 탄압이 눈에 띄게 줄어들었다.

노조에 관심도 없었고, 있는지 몰랐고, 2003년도 제가 정규직 되자마자 갑자기 막 웅성웅성하는 분위기면서 "위에서 농산 쪽을 막 자르려 한다"는 얘기 나오고. 그러면서 "우리가 노동조합에 가입해야 된다"

면서 축산이 전부 가입했어요. 저도 따라서 같이.

김경욱 과장이 정의롭더라고. 그러니까 자기도 과장이고 부장으로 올라갈 건데, 일 잘하고 힘없는 아줌마들을 자르라니까, "부당하다" 해서 일어난 거지. 그리고 그분이, 영향력이 많았어요, 똑똑하고, 한마디를 해도 딱 부러지고. 너무 냉정하게 말을 할 때는 서운하기도 하고…. (과장이 노조를 이끄는 것에 대해?) 되게 생각이 많았죠. 그래서 더 대단하게 생각하고. "우리 입장에서 생각을 해서 노조까지 결성하는구나" 싶어서 더 믿고 다 좋아했어요, 뭐든지 따르고. 사심이 없게 느낀 거죠. (김용임, 중동)

준비위원회는 3월 29일의 투표에서 이학범 지부장과 김경욱 사무장을 선출하여 중동지부(준)의 틀을 갖췄다. 이학범 지부장은 3월 30일 조직부장에 조은옥, 여성부장에 이효순, 교육선전부장에 채영숙을 선임하여 임시집행부를 구성하였다. 집행부는 4월 4일 직원휴게실과 매장을 순회하며 노동자들에게 중동지부(준)가 결성되었다는 것을 알리고, 중동지부를 책임지고 노동자들을 위해 최선을 다하겠다는 인사를 통해 노동조합 활동을 시작하였다.

중동지부를 만들면서 지부장 선거를 했는데 제가 떨어지고 제 밑에 이학범 주임이 지부장이 돼 버린 거죠. 그러니까 웃기는 꼴이 돼 버린 거예요. 현장에서는 저한테 '과장님' 하고, 저는 '이 주임' 뭐 이렇게 하잖아요? 그래도 노조에서는 '지부장님', '사무장' 이렇게 된 거예요.(웃음) 저는 제가 당연히 지부장 될 줄 알았어요. (왜 안 됐어요?) 인기가 없었어요, 싫어하고.(웃음) 저는 온 지 얼마 안 된 듣보잡이에요. 그 사람들은 7년, 8년, 오래된 사람들이니까. 순간 쪽팔렸지만 저는 그대로 받

아들이고. (김경욱, 위원장)

이 과정에 4월 7일 노조와 회사가 단체협약을 체결했다. 이날은 7년 동안 노조를 인정하지 않았던 회사가 300일이 넘는 파업투쟁에 굴복하여 노조를 공식적으로 인정하고 노조활동을 보장하는 역사적인 날이었다. 그 덕분에 중동지부는 4월 8일부터 단체협약체결 후 첫 공식적인 활동으로 회사 안에서 구호와 투쟁가를 배우고, 노동자들에게 소식지를 배포하면서 노조가입을 권하는 선전전을 매일 진행하였다.

그 결과, 4월 11일 중동지부의 공식적인 결성식을 할 수 있었다. 결성식은 휴게실에 조합원과 직원 30여 명이 모여서 공개적인 방식으로 진행되었는데, 물론 중간관리자들과의 마찰은 있었다. 3월 초만 해도 조합원이 10명도 되지 않았지만, 이때는 30명이 넘었고 점차 늘어났다.

결성 직후인 4월 29일 중동지부는 '중동점 노동자들의 요구사항'을 전달하고 "회사발전 및 건전한 노사관계증진"을 위해 중동점장에게 공식면담을 요청하였다. 점장은 단체교섭은 본사와 하라며 거부하였다. 노조는 재차 면담을 요청하였다.

이어 중동지부는 조합원들의 의견을 수렴한 결과 고용불안과 차별대우에 가장 많은 불만을 갖고 있다는 것을 확인하고, 다음과 같이 요구할 것을 결의하였다.

- 노조활동 보장하고 중동지부 사무실 제공하라.
- 2년 이상 무승진 직원들의 순차적 승진 인사를 단행하라.
- 1년 이상 근속한 비정규직 직원들을 정규직으로 전환하라.
- 2층 식당 직원식 요금을 2,500원으로 인하하라.

- 야간근무자 교통비를 거리별 또는 지역별로 현실화하라.
- 고객 및 직원들을 위해 간호사를 채용하고 의무실을 운영하라.
- 매장 내 근무환경 개선하라.(에어컨, 식수, 소음)
- 유니폼 환복시간을 근무시간으로 인정하라.(일일 30분)
- 노사협의회는 법에 따라 위원 재선출하고 민주적으로 운영하라.
- 매장 내 불량시설 및 장비를 수리하고 교체하라.(사다리, 리프터, 저울 등)

3) 중동점 프로모터 문제의 부상

이 과정에서 5월 14일 본사 신선식품부 올리비에 탱 부장은 담당과장을 불러 "중동점 야채청과 프로모터(협력업체 파견사원) 전원을 교체하라"는 지시를 내렸다. 중동점 야채청과팀의 수수료 코너의 매출이 다른 매장에 비해 저조하기 때문이라는 것이다. 수수료 코너는 까르푸가 직접 운영하는 것이 아니라, (협력)업체에게 수수료를 받고 판매하게 하는 것이다. 이 지시는 곧바로 담당과장을 통해 협력업체에 전해졌다.

중동지부는 이 해고지시에 대해 바로 "단 1명의 프로모터라도 해고된다면 강력히 대응할 것이며 모든 책임은 까르푸 측에 있다"고 올리비에 부장에게 통보하였다. 5월 15일 지부간부들과 경기일반노조 및 민주노동당 관계자들이 사건경위를 조사하고 대응방안을 논의하였다. '프로모터 전원교체 지시'는 불법 해고지시였다. 프로모터 직원이 노조에 가입하려는 움직임을 보이자 회사가 이를 막으려는 것이었다. 프로모터는 경기일반노조에도 가입이 가능했고, 가입한 이들도 있었다. 지부는 프로모터 문제를 해결하려 노력했다. 이 과정에서 협력업체 (주)농진 소속 프로모터인 이명숙 경기일반노조 조합원이 고객과 다퉜다는 이유로 해고당하는 일이 발생했다. 지부는 이명숙의 복직투쟁을 같이 벌여 나갔다.

그동안 중동점에서는 비밀리에 불법적인 해고지시가 수차례에 걸쳐 조직적으로 진행되어 왔었다. 2002년 12월 신선식품부 부장은 야채청과 과장에게 "수산과 야채 코너 남자직원들을 극단적인 방법을 써서라도 다 내보내라"고 지시하였고, 또 2003년 1월에는 수산담당 과장에게 "프로모터 전부 교체하라"고 지시하였다. 2003년 3월 말에는 중동점장이 직접 본사에서 온 과장에게 "수산 프로모터를 전원 교체하라"는 지시를 내렸다.

지부는 회사와의 대화를 통해 문제를 풀려는 생각으로 수차례에 걸쳐 중동점장에게 면담을 요청하였다. 그러나 중동점장은 면담을 거절하면서 온갖 방식으로 노조활동을 방해하였다. 지부는 중동점장의 부당노동행위에 대해 지적하고 경고했다. 그러나 점장이 더 오만한 태도를 취하자, 지부는 까르푸 지사장 마크 욱생과 중동점장 기수 드릴, 신선부장 조은형을 부당노동행위로 고소했다. 그 결과 중동점 조은형 부장은 6월 4일 부천지방노동사무소에 출석하여 부당노동행위에 대한 조사를 받았고, 마크 욱생 지사장은 6월 15일 교체되어 한국을 떠났고, 기수 드릴 중동점장 등도 조사를 받았다.

*** 중동점의 부당노동행위 사례**

- 모 점장은 전 매니저들을 회의실에 불러 모아 놓고 "노조에 가입하려면 먼저 나와 면담한 후에 하라"고 지시함으로써 매니저들의 자유로운 노조가입을 방해하였다.
- 모 부장은 오전회의에 참석한 과장들에게 "노조에 가입해 있는 직원과 과장이 22번(야채청과팀)에 있다. 과장과 직원들이 미팅을 못하게 하라. 점장의 지시다"라며 업무상의 미팅조차도 하지 못하게 하는 불법지

시를 내렸다.

- 모 부장은 "나도 까르푸에 오기 전 해태유통에서 2년간 노조활동을 했다. 결국, 사표 내고 나왔다. 내가 직원 때는 노조에 가입할까 생각했고, 과장 때는 노조는 필요하다고 생각했고, 지금은 필요악이라고 생각한다"며 노조를 '필요악'이라고 비난하였다.

- 모 점장은 김모 조합원의 어깨를 감싸안으면서 "잘 생각해 봐라. 너는 가족을 돌보야 한다. 네가 직장을 잃게 되면 너의 가족들은 어떻게 되겠느냐"고 가족을 들먹이며 노조를 탈퇴하지 않으면 직장을 잃을 것이라는 파렴치한 협박을 자행하였다.

그 밖에도 약 30여 가지나 넘게 노조에 대해 비난하거나 노조활동을 감시하고 방해하면서 조합원들에게 불이익을 준 사례가 있었다.

4) 2003년 임금인상투쟁

회사는 2003년 4월 단체협약이 체결된 지 얼마 지나지 않아 "노사화합, 장기적 안목, 건전한 비판세력…" 운운하면서, 정작 단체협약에 명시되어 있는 일산지부의 노조게시판을 철거했다. 이에 노조가 항의하자 다시 원상복구하였는데, 게시판을 철거한 이유는 게시 내용이 기분 나쁘다는 것이었다. 또 노조 소식지 내용이 잘못되었다며 문제 삼았다. 거기에 회사는 중동지부의 대화 요구를 무조건 거절하였다.

중동점은 노동자들을 쫓아내려는 점장과 관리자들 때문에 고용보장문제가 심각했다. 이에 중동지부는 고용보장도 받고 관리자들을 몰아내자는 분위기를 형성해 갔다. 그러나 중동지부 차원에서의 투쟁은 불법이었다. 마침 본조에서 2003년 임금인상이 해결되지 않은 상태였기에, 중동지부는 본조의 임금인상투쟁을 명분으로 내걸고 투쟁하는 방식을 본조에 제안했다.

제가 중앙노조에게 파업을 요청했어요. 단협이 체결됐잖아요? 그런데 2003년 임금협약이 남았잖아요, 임금협상도 진행되고 있었어요. 당연히 중앙노조는 꽤 오랫동안 파업투쟁을 중계점에 소수 인원이 했기 때문에, 피로감도 컸고 희생도 너무 컸었거든요. 그러니까 다시 중동에서 파업을 하겠다고 하니까 노조위원장 입장에서는 경악할 만한 거지, 너무 힘든 거죠, 조합원이 2003년에 우리 중동지부 60명 포함해서 겨우 100명 정도인데….
그런데 제가 강하게 요구했거든요. (……) 중앙노조는 당시에 활동가들이 들어와 있고, 그 전에 '미래연대'* 사람들이 들어와 있었거든요. (……) 여튼 중앙노조는 반대했고, 중앙에서 안 하면 우리가 알아서 할 테니까 조합원 찬반투표 받아오라고 주장하고. 그래서 '미래연대'하고 중앙노조에서 격론을 벌여 "중동이 하겠다니 하자"고 결정이 난 거죠. (김경욱, 위원장)

이 과정에서 본조에 결합해 있던 '미래연대'의 대표가 갑자기 등장한 중동지부 지도부를 파악하기 위해 김경욱 사무장을 미래연대 사무실로 불렀다. 김경욱 사무장은 '미래연대'가 어떤 단체인지도 모른 상태에서 노동운동의 경험이 많은 전문가로 생각하고 대표를 만났다.

* 미래를 여는 노동자연대(미래연대)는 단결, 연대, 비타협적 투쟁, 노동자민주주의, 노동해방을 기치로 노동자들을 결집해 나가는 것을 표방하는 노동운동단체이다.

이 중동지부 지도부가 어떤 놈들인지 좀 파악하려고 했던 모양이에요. '미래연대' 대표가 저를 불렀어요. 그때는 부르면 갔어요. (……) '미래연대'가 뭔지도 몰랐지만, 노동운동에 대단히 경험 있는 분들이고 전문가들이고, 우리는 초짜고 하니까 도움이 필요하고. (……)
'미래연대' 가서 밤새 사상검증을 받았지요. (……) 경력 물어보고, 파업이 벌어졌을 때 어떤 일이 벌어질지도 물어보고, 구속이 될 수도 있다면서 겁주는 것도 포함돼 있고. 하여튼 파업 때 일어날 수 있는 일들, 그다음에 우리의 각오, 다짐, 그런 얘기들을 몇 번씩 반복해 물어봤어요. 다짐하고, 다짐하고. 그러고 나서 파업을 하기로 한 거예요.
(김경욱, 위원장)

결국, 노조는 2003년 임금인상투쟁을 하기로 결정했다. 우선 노조는 「2003년 임금인상안 마련을 위한 설문조사」를 실시하였다. 질문은 주로 임금과 생활상태에 대한 것으로 예를 들어 "현재 받는 한 달 월급으로 생활이 충분합니까?" 같은 것이었다. 이 질문에 노동자 중 87%가 "현재의 월급으로 생활하는 데 부족하다"고 응답했다. 이런 조사 내용을 바탕으로 노조는 다음과 같이 임금인상요구안을 작성했다.

임금인상 요구안

1. 기본급 인상 : 정규직 9.1%, 비정규직 14.6%, 과장 9.4% 인상
올해 임금인상은 당연하게 2003년 물가인상과 경제성장률을 반영하여야 하며, 한국은행에서 발표한 2003년 물가인상률+경제성장률인 9.1%를 기준으로 인상되어야 할 것이다. 다만 비정규직인 계약직과 아르바이트의 경우 정규직과의 임금 격차를 줄이기 위해

서 회사에서 공시한 차별인상액 5.5%를 따라 노조에서도 9.1%에 5.5%를 합한 14.6%를 요구한다.

2. 교통비와 식대인상 : 교통비와 식대 3만 원씩 인상 및 비정규직에게도 동일하게 지급. 교통비와 식대는 지난 6년 동안 한 번도 인상되지 않았기에, 현실적으로 인상하길 바란다.

3. 근속수당 신설 : 만 1년이 된 까르푸 노동자들에게 1만 원씩 지급. 노동자들의 실정을 무시한 채, 직급을 수십 등급으로 나누어 놓고 승급되지 않으면 임금이 올라가지 않게 하고 있다. 이는 기본적으로 임금이 노동자들의 생계비임을 무시하는 것으로 나이를 먹어 감에 따라서 지출해야 할 생계비가 늘어남을 무시하는 것이다. 이에 만 1년 된 노동자들에게는 월 1만 원, 2년 된 노동자들에게는 월 2만 원씩의 근속수당을 지급할 것을 요구한다.

4. 상여금 100% 인상 : "동종업계의 임금에 비해 어떻다고 생각합니까?"라는 질문에 노동자 86.5%는 "낮은 편이다, 매우 낮다"로 답하였다. 이것은 기본급, 교통비, 식대, 수당 등에서의 차이를 반영하는 것이지만, 상여금에서의 상대적 차이를 반영하기도 한다. 대부분의 할인 유통업체에서 800~900%의 상여금을 지급하는 반면 유독 까르푸만 400%를 지급하기 때문이다. 실정에 맞게 기존에 지급하던 것에 100%씩 추가로 지급할 것을 요구한다.

몇 차례 교섭을 진행했으나, 노조의 요구와 회사 측의 입장 차이가 컸다. 4월부터 진행된 임금협상에서 노조는 물가상승률과 경제성장률을 반영하여 9.1%(비정규직 14.6%) 인상과 6년 동안 오르지 않은 교통비와 식대 3만 원 인상, 근속수당 신설 및 상여금 100% 인상 등을 요구하였고, 회사 측은 기본급 6% 인상안만 고수했다. 결국, 노사의 임금협상은 결렬됐다.

중동지부는 지부결성부터 민주노총 부천지구협의회의 지원을 받았는데, 임금인상투쟁 과정에서 부천지구협의회의 상근자들이 조합원 교육 등을 지원했다. 그런데 본조인 중계점에 결합해 있던 '미래연대' 활동가들은 이들을 경계했다. 소속한 정파가 다르기 때문이었다.

> 중동지부에서는 민주노총 부천지구협의회의 이은영 동지하고, 박양희 동지, 이 두 사람이 조합원들하고 밀착됐었죠. 특히 이은영 동지가 탁 밀착됐어요. 두 분이 '노동자의 힘'이잖아요? 파업하면서 이은영 동지가 들어오니까 '미래연대'에서 너무 싫어하는 거야, 뭐 할 때마다 태클 걸고. 그러면서 저희가 파업하기로 결정하고 난 다음부터 그 사람들이 "부천 민주노총과 가까이 하지 말라"고 계속 그랬어요. 그 사람들이 조합원들을 교육하는 이은영 동지나 이 사람들이 어떤 사람인지 보러오기도 하고, 막 그랬어요. 근데 저는 무시하고 조직활동 했었는데, 이은영 동지하고 중동지부하고 지리적으로 가깝고, 또 이은영 동지가 워낙 헌신적으로 조합원들 챙겼기 때문에, 우린 그쪽을 믿고, 중앙노조는 '미래연대'와 같이 들어와 갖고 파업 쟁대위[쟁의대책위원회]를 진행하면서 파업을 했죠. (김경욱, 위원장)

5) 중동지부의 70일 간부파업(조합원 14일 파업)

노조는 파업을 준비하면서 쟁대위를 꾸렸다. 쟁대위에는 상황실장 이학범, 재정국장 이경옥, 쟁의투쟁국장 김경욱, 연대사업국장 정향숙, 교선국장 김진범 등과 노조의 교선국장을 포함한 3인의 미래연대 활동가들도 참여했다.

노조는 중앙간부, 중동간부, 분임대표 등 10여 명이 6월 27일 하루 간부파업을 시작했다. 간부들은 매장을 돌면서 노동자들에게 파업에 대해서 설명하고, 노조요구의 정당성에 대해서도 설명했다. 이 과정에서 새롭게 직원 5명이 노조에 가입했다.

이어 노조는 6월 28일 오후 5시에 중동점에서 '2003년 임금투쟁 승리와 민주노조 사수를 위한 투쟁결의대회'를 시작으로 릴레이 파업에 돌입하였다. 중동지부의 경우 쟁의행위찬반투표 결과 62명의 조합원 중에 47명이 파업에 찬성하였다. 파업에 대한 조합원들의 입장은 달랐지만, 전 조합원이 파업에 참여하여 행동은 통일했다. 중동지부 조합원들은 노동자의 민주주의가 무엇인지 파업 첫날부터 보여 줬다. 파업이 계속되자 노조에 가입하는 노동자들의 숫자도 점차 늘어났다.

파업 첫날부터 조합원들은 대체근로 저지투쟁을 벌였다. 다른 점포에서 파견 나온 매니저나 직원들에게 "우리 점포에 파견 온다면 우리가 당신들의 점포에 가서 파견 나오지 못하도록 투쟁할 것"을 경고하기도 했다.

처음에 뭔지 모르고 부당한 일들도 있고 사람을 나가라 뭐 이러니까, 우리는 "고생은 고생대로 다 하고 그렇게 짤려 나가기 싫다", 그럼 "우리는 파업을 하겠다", 그래서 우리가 파업을 했죠. (……) 노조 조끼를 처음 입었어요. 민주노총 사람들이 매장에 와서 영업도 못하게 갈이 훼방도 놓고 그랬던 것 같아요. 그니까 힘이 나서 우리가 막~ 했던 것 같애요. (조은옥, 중동)

그때 일시에 출근하면서 조합원들에게 조끼하고 머리띠 나눠 주고,

선전물 나눠 주고, 그러고 휴게실로 다 불러 모았죠. "다 내려가지 말라"고 하고, 조합원들 중에 내려가려고 하면 잡고, 그렇게 휴게실로 끌어모아서, 거기서 파업에 대해 교육하고…. 그런데 매장에 가 보니, 대체인력이 와서 매장 오픈이 잘 되고 있더라구요.(웃음) 우리는 그 생각을 못했어요, 초짜니까. "어떡해야 돼?", "내려가자! 대체인력 다 몰아내자!" 해서 일단 다 내려갔죠. 대체인력이 들어와서 일하는 거 보니까 조합원들 눈이 돌아가더라구. 그래서 현장에서 대체인력 몰아내는 투쟁을 몇 시간인가 해서 다 몰아냈죠. (김경욱, 위원장)

그런데 문제는 내부에서 일어났다. 대체인력을 몰아내고 다시 조합원 교육이 진행됐는데, 강사는 '미래연대' 활동가였다. 교육내용이 회의에서 사전논의된 노래 배우기, 구호 외치기 등의 수준이 아니라, 급진적인 선동교육이 진행되고 있었다. 당황한 지부간부들이 상황을 수습해서 처음 파업에 참여하는 조합원들의 눈높이에 맞춰 내용을 바꿔 다시 교육을 했다.

첫날, 전체 조합원들 모여 있으니까 선동교육을 해야 된다고 해서 하는데, 문제가 생겼어요. 저는 쟁대위 회의하는데, 누가 "교육이 이상하다"고, 그래서 가서 보니, '미래연대'의 선동교육하시는 여자 분이, 처음 교육받는 조합원들한테 "전 노동자 총단결로 자본권력 박살내자" 뭐라 그러더라고, 우리 아줌마들이 얼마나 무서웠겠어요? 교육이 역효과야. 내가 봐도 막 무섭더라구요. (……) 회의 때는 분명히 우리 선동교육이 노래 배우기, 가볍게 구호 외치는 거 알려 주기, 아주머니 조합원들에게 부담되지 않는 교육, 가벼운 교육, 이런 것들로 하기로 돼 있었는데…. 내가 쟁대위 회의장소로 가서 '미래연대'의 교선국장한테 강력하게 항의했죠. 그러니까 교선국장도 가 보더니 미안하다고 사과하고… '미래연대' 사무국장이 짜서 보냈던 것 같았죠. (김경욱, 위원장)

이른 아침부터 저녁까지 진행되는 파업 일정으로 조합원들은 피곤한 상태였지만, 새벽부터 진행될 오픈저지투쟁을 함께하겠다는 여성조합원들이 있는가 하면 남성조합원들로 구성된 '바리케이드'조는 여성조합원들을 염려하여 자신들이 오픈저지를 하겠다고 나섰다.

파업 3일째인 6월 30일, 조합원들은 그동안 매장에서 당했던 수모와 모욕을 토로하는 자리를 가졌다. 토로된 내용은 "어떤 놈은 술쳐 먹고 늦게 출근해서 오픈준비를 안 했다고 윽박지르지를 않나. 어떤 놈은 자신이 과도하게 발주해 놓고 판매되지 않은 탓을 노동자들에게 쏟아부으며 삼겹살을 던지지 않나. 5~7년 근무한 기혼 여성노동자들에게 각종 수모를 주며 내쫓으려 하지 않나. 노동조합을 무너뜨리기 위해 조합원에게 뇌물혐의를 씌우는가 하면, 일명 '기저귀'는 중동점에 청소하러 왔다는 말을 서슴없이 내뱉고 다니질 않나. 고객이 잘못한 부분까지 노동자들에게 책임을 전가하고 도둑으로 몰아가는 일도 있었다"는 것이다.

파업이 길어지면서 노동자들은 하루 일정이 끝나면 매일매일 평가를 하고 이후 투쟁을 어떻게 할 것인가를 결정했다. 지도부는 조합원들의 목소리를 중심으로 투쟁을 이끌어 갔다. 이런 토로는 바로 조합원들의 지혜를 모아 투쟁을 이끌어 가는 가장 중요한 방식이었다.

또, 부천지구협의회의 상근자인 이은영 등이 조합원들과 같이 파업프로그램을 진행했다. 그는 조합원들에게 노동조합에 대해, 노동자들의 권리에 대해, 그리고 파업은 당당하고 즐겁게 진행하는 것임을 알려주고 같이 실천했다.

> 지역에서 은영 씨 등이 와서, 노동조합을 전혀 모르는 저희 주부사원들한테 처음 노조를 가르쳐 줬어요. 주저앉아서 현장에서 전지를 놓고 문제를 써 보고, 포스터도 그리고. 그걸 들고 매장 순회하고. 그분들이 앞장서서 해주고. 부서에 들어가서 "왜 우리 일터에 와서 니들이 하냐?" 그러면서 들이밀고. 구석구석 돌아다니면서 일하는 거를 방해했어. 그렇게 14일을 한 거지. (……) 그때 은영 씨한테 "파업은 즐겁게 하는 거"라는 걸 배워 가면서 했어요. 즐기면서, 현장에 다 둘러서 앉아서 구호도 외치고 막 포스터도 그리고, 그거 들고 돌아다니고, 그때 처음 해본 거예요. 그래 흥분돼 있었고 자부심도 있었고, "노동자는 당당해야 되고, 우리가 정당한 권리를 찾아야 된다" 하니까 이렇게 해야 되는 건가 보다 해서. (김용임, 중동)

그러나 7월 1일 회사는 중동지부의 전 조합원이 참여하고, 비조합원들의 노조가입이 늘어나자 전 매장에 직장폐쇄를 했다가, 다시 7월 9일 중동점을 뺀 다른 매장의 직장폐쇄는 풀었다.

> 처음에 매장 점거까진 할 생각 없었는데, 대체인력이 들어오자 매장을 돌면서 매장에 주저앉았고. 매장 안에서 있다가 연대동지들이 오면 밖에서 집회하고, 매장선전전, 집회, 교육 이런 걸 하고. 폭력투쟁은 없었는데, 며칠 안 지났는데 회사가 직장폐쇄 공고문을 딱 붙이더라고. (……) 열 받아 가지고. 그때 박양희 동지인가 김재광 노무사인가? 누가 와서 직장폐쇄의 부당성을 교육하고 "이건 불법 직장폐쇄다. 이건 효력이 없다. 굴복하면 안 된다" 해서 "직장폐쇄 돌파하기 위

해서 우린 중동점에 머무르지 않고 원정투쟁을 하자"고. 그래서 다 매장에 들어가서 "우리는 직장폐쇄에 개의치 않는다"고 휘젓고 다녔죠. 다음 날부터 버스 대절해서 일산, 중계, 돌아다니면서 선전전하고. 이런 싸움을 계속했죠. (김경욱, 위원장)

이어 노조는 7월 5일 중동점 앞에서 '2003년 임금투쟁 승리와 민주노조 사수를 위한 투쟁결의대회'를 열었다. 조합원 150여 명이 모였다. 노조와 복직투쟁을 하는 프로모터 이명숙과 함께 천막농성을 하는 경기지역일반노조 부천시흥지부가 같이 집회를 진행했다. 4월 중동지부가 생길 즈음 경기지역일반노조 부천시흥지부에 프로모터지회가 생겼다. 까르푸에서 일하는 프로모터들은 정확한 수치를 알 수 없을 정도로 많은데, 중동점만 해도 500여 명의 직원 중에 200~300명의 프로모터가 일하고 있었다. 집회에서 이명숙은 프로모터의 현실을 폭로했다.

"단지 노조에 가입했다는 이유로 가벼운 징계에 그칠 수 있음에도 해고까지 됐습니다. 까르푸 프로모터들은 유급휴가나 4대보험 등의 혜택이 제대로 되어 있지 않을뿐더러 매니저나 과장들에게 밉보이면 바로 잘릴 수 있는 '파리목숨'과 다름없습니다."

참가자들은 집회가 끝난 이후 색다른 쟁의행위를 벌였다. 매장 앞에서 구호를 외치고 투쟁가를 부르는 것은 물론 쇼핑카트를 몰아 넓은 매장으로 흩어져 카트 가득 물건을 실은 채 계산대 앞이나 매장 아무 곳에 두고 나오는 방식의 집단행동이었다. 유통업체라는 점을 활용한 투쟁방식이었다.

이러한 노조의 중앙간부들과 중동지부 조합원들의 파업투쟁은 파업을 시작한 지 14일을 기점으로 변화가 생겼다. 파업에 참가한 조합원들이 경제적 어려움을 호소하였고, 2주에 걸친 파업투쟁에도 해결의 실마리가 보이지 않자 투쟁에 대한 부정적인 얘기들도 나왔다.

이에 투쟁전술의 전환을 놓고 중동지부와 노조 중앙 및 '미래연대'가 격론을 벌였다. 중동지부는 조합원들의 상황을 고려하여 조합원들은 현장복귀 및 현장투쟁을 하고 간부들이 파업을 하는 방식을 주장하였고, 노조 중앙과 미래연대 쪽은 이를 반대하면서 파업투쟁을 계속할 것을 주장하였다. 결론은 중동지부 지도부의 입장으로 정리되었다.

> 파업 시작하고 14일 정도 됐을 땐가? 아무 교섭도 이루어지지 않고, 조합원들이 지쳐 가고, "2주 동안 했는데 아무것도 못하면 이거 어떻게 하냐?" 불만이 나오기 시작하고. 그래서 조합원들은 현장투쟁으로 전환하는 것을 중동지부의 안으로 주장하고, 중앙노조는 '미래연대'와 같이 "말도 안 된다. 아직 싸우고자 하는 조합원들 남아 있다. 그 조합원과 함께 끝까지 강고하게 가야 된다"고 주장하고. 우리는 "무슨 소리냐? 그러면 조합원이 둘로 깨지고, 점점 숫자가 줄어들 텐데, 조직 자체가 깨진다. 일단 전환해서 조합원들은 조끼 입고 현장투쟁하고, 앞에 천막을 치면서 간부파업으로 하자"고 해서 싸웠죠. 결국, 조합원 찬반투표에 붙여서 현장투쟁으로 전환했죠. 그러니 현장이 좀 안정되잖아요. 조합원들은 조끼 입고 일하면서 싸우고, 그리고 간부들은 천막농성을 시작했죠. (김경욱, 위원장)

투쟁은 중동점 70여 명 조합원의 파업투쟁에서 간부들의 파업으로 전환됐다. 노조간부들은 중동점 앞에서 천막농성을 시작했다. 이는 투쟁이 장기전으로 돌입했다는 것을 의미했다.

천막농성을 하면서 플래카드도 만들고, 그림도 그려서 붙이고, 대자보를 해서 붙이고, 진짜 데모하는 것 같았어요. 중동파업 할 때 난리가 났고. 주로 연대를 오는 사람들은 금속노조였고. 우리 까르푸 다른 지부들이 왔죠. 그리고 부천지구협의회에서 많이 도와줬어요. 이은영 실장, 경기지역일반노조 사람들도, 권오광 위원장님, 그런 분들이 많이 연대를 해줬죠. (조은옥, 중동)

그 사이 노조위원장이 현실조건에 밀려 현장에 복귀하자, 중동지부 간부들이 불만을 터트리며 탄핵문제까지 거론했다. 결국, 8월 18일 쟁대위 회의에서 위원장은 자진사퇴하였고, 그와 연계된 '미래연대' 활동가들도 불참하였다. 노조는 새롭게 비상대책위원회를 구성해 파업을 이어 갔다.

위원장이 현장에 복귀해 버린 거예요. 제가 "간부파업하기로 결정했는데 쟁대위에서 위원장이 현장 복귀하면 어떻게 하냐?"고 강력하게 항의했죠. 쟁대위 회의에도 위원장이 안 나와, 그러니까 미래연대도 할 말 없잖아요? (……) 그때 나는 그 사람 사정을 다 알지 못했고, 가슴 아픈 일이긴 한데, 그래서 제가 최명원 위원장에 대해 다른 사람한테 심한 말도 했어요. "도대체 들어가서 버는 월급이 얼마냐? 그 돈 내가 줄 테니까 파업 지도해라"고. 사람이 극단적인 상황에 몰리니까 그렇게 되더라구요. 막말이었죠. (……) 그래서 위원장 사직하고, 그러면서 '미래연대'도 학생들하고 활동가들이 들어와 있었는데, 다 내보내요. 그렇게 처음 노조하면서 징한 경험을 해서. 그래 비대위 꾸려 우리 힘

으로 장기전에 돌입한 거죠. (김경욱, 위원장)

그동안 노조는 회사 측과 10여 차례가 넘은 교섭을 벌였다. 노조는 회사가 노조의 수정된 요구안을 일부라도 수용할 것을 촉구하였다. 그러나 회사는 노조의 요구안을 무시하면서 파업철회만을 요구하였다. 파업주도자에 대한 법적 책임을 끝까지 물을 것이라고 공고문을 통해 발표해서 대화 분위기에 찬물을 끼얹기도 했다. 또, 회사 측의 대표교섭위원은 교섭내용의 공개를 거부하는 등 비상식적인 태도를 보였다. 노조는 교섭이 큰 의미가 없다고 판단하였다. 이에 노조는 교섭권을 연맹에 위임하기로 결정했다. 이후 교섭에는 교섭대표로 연맹위원장이 참석했고, 회사 측은 불만을 토로했지만 인정할 수밖에 없었다.

비대위는 조합원들의 현장 조끼투쟁과 천막농성에 이어서 '까르푸 이미지 타격투쟁'을 벌여 나갔다. 프랑스 문화원과 대사관 앞에서 1인시위를 하면서 '프랑스의 인종차별' 문제를 거론하며 피케팅을 하였다. 그럼에도 회사가 제대로 협상에 임하지 않자, 마지막으로 총력투쟁을 벌이기 위한 선전전을 강행했다.

조합원들도 조끼 입고 버티고 있었고… 뭐, 프랑스 대사관에 가서 1인시위하고 프랑스 문화원도 가서도 하고, "이게 인종차별이다" 사진 갖다 붙이고. 프랑스 인들이 그런 얘기 들으면 막 경기하거든요. 걔네가 싫어하는 말인 "프랑스에서는 노조를 이렇게 하냐? 인종차별이다" 뭐 써서 붙이고… 계속, 이미지 타격을 한 거죠. 그러면서 막판 투쟁을 앞두고 "마지막 총파업 하겠다. 결사항전하겠다" 큰소리 빵빵 쳐놓고, 조합원에게 소식지 돌리고. 뻥카였죠.(웃음) (김경욱, 위원장)

마침 이즈음 프랑스 사장이 새로 부임해 왔다. 그는 갈수록 격화되고 장기화된 한국노동자들의 투쟁을 빠르게 정리하고 싶어했다. 결국 마지막 총파업을 앞두고, 회사 측은 태도를 바꿔 협상에 적극적으로 나섰다. 결국 14차 교섭인 9월 2일, 노사는 오후 5시부터 다음날 새벽 1시까지 교섭을 진행하여 잠정합의서를 만들었다.

> 프랑스인 사장이 새로 왔어요. 이 사람은 새로 왔으니까 해결하고 싶은 거지. 그러니까 총파업한다고 난리 치니까 "인사책임자한테 해결하라"고 그런 거였지. 그래서 극적으로 타결됐어요. 타결조건은 지부장도 아니고 "김경욱 사무장, 아웃. 중동점에 있으면 안 된다"고, 자를 수는 없으니. 그래서 나는 "사건의 발단인 점장, 부장, 둘을 아웃시켜라. 그럼 나도 딴 데로 발령하는 데로 가겠다"고 하고. 임금인상은 형식적이었으니까 3% 하고, 그렇게 해서 제가 인천 계산점에 있는 연수원으로 가고, 지부장은 남고, 대신에 점장은 김경욱이 먼저 간 다음에 한두 달 있다가 보내는 걸로 하고. (김경욱, 위원장)

잠정합의 내용은 임금인상 3%, 교통비와 식대 1만 원씩 인상, 그리고 김경욱 사무장의 타지역 발령과 점장 및 부장의 타지역 발령이었다. 결국, 중동지부 노동자들의 고용을 불안하게 만드는 점장과 부장을 몰아낸 것이다. 노조는 각 지부에서 조합원 찬반투표를 진행하고, 9월 8일에 임금협상 조인식을 하였다.

중동지부의 70일 파업투쟁은 조합원들이 지부장과 사무장에 대한 신뢰가 있었기 때문에 이탈자 없이 끝까지 할 수 있었다. 그러나, 투쟁과정에서 노조간부들은 처음하는 노조활동에서 이해되지 않는 중앙노조와 연계된 '미래연대'의 개입과 갈등으로 어려움을 겪었다. 이는 투쟁방향을 둘러싼 회의에서 중동지부 간부들과 중앙노조 간부들 간의 갈등으로, 또 '미래연대' 활동가들과 부천지구협의회 활동가들의 갈등으로, 그리고 미래연대와 중동지부 간부들의 갈등으로 드러났다.

그런 갈등들이, 계속, 다음 날 일정을 짜는데 밤을 샜다니까요. 전술 갖고 토론 아닌 토론을 하니까. (……) 저는 파업투쟁 끝난 다음에 "아, '미래연대'는 운동세력에서 몰아내야 될 적폐중의 적폐다"는 생각을 했었죠. 그런데 '미래연대'가 마지막 떠나면서 조합원들한테 쫙~ 유인물 뿌리고, 학생들까지 다 데리고 가 버리더라구요. 그러면서 "김경욱 사무국장은 관료다" 파업투쟁을 지도하고 있는 사람한테 관료라니…. 그리고 "이 사람은 언젠가 우리 노동자대중들을 배신할 거다." (왜요?) 제가 '미래연대' 다 몰아냈으니까. 그리고 관리자 출신이기에 관료라고 유인물을 써서 조합원들한테 돌리고. 하여튼 조합원들은 오히려 "지금 뭐하는 짓이냐?"고 그 사람들한테 뭐라 하면서 쫓아냈죠. (김경욱, 위원장)

4. 조직확대와 비정규직 노동자의 노조가입

1) 5대 김경욱 집행부의 등장과 조직활동

비대위 체계에서 9월 조인식을 마친 이후 노조는 새로운 위원장을 선출해서 일상활동을 준비해야 했다. 위원장 후보 등을 추천받아 10월 31일에 선거를 한 결과 5대 집행부의 위원장에는 김경욱(연수원)이 선출되었다. 이어 사무국장 이경옥(중계점), 조직국장 김상현(계산점), 교선국장 이학범(중동점) 등으로 집행부를 구성했다. 2003년 11월에 전체 매장 29개 중 중계점, 인천 계산점, 부천 중동점에 3개 지부가 있었다. 조합원 수는 100명을 넘었지만, 조직확대가 중요한 과제였다.

> 새로운 위원장을 보궐로 선출해야 했죠. 저는 비대위 회의에서 김경욱 사무장이 위원장이 돼야 한다고 제안했고. 김경욱이라는 인물을 경계하던 회사에 위원장 후보를 밝히지 않으면서 조인식과 더불어 선거를 빠르게 치렀어요. 중동투쟁을 치르면서 조합원의 숫자가 세 자리 수인 100명을 넘어섰는데, 그때는 정말 감개무량했어요. 이후는 투쟁보다는 '쪽수'를 늘리는 조직확대 활동이 노조의 숙제였어요. (이경옥, 부위원장)

> 위원장 선거에 출마할 사람 없었어요. 조합원 100명 중에 중동에 60

명 있었는데, 제가 단독출마해서 위원장이 된 거고. 사실 노조활동을 계속할 생각은 없었는데, 처음 파업하기 전에 만난 비정규직 3명에 대한 책임감이 있었고. 그다음에 미래연대와 싸움하는 과정에서 학생들이 보내 준 유인물을 보면서 결심한 게 있었죠. 답변을 "미래연대와 입장이 비슷한 학생동지들~ (……) 당신들이 말하는 그 실천으로 내가 보여 주겠다. (……) 그동안 고맙다." 이렇게 썼죠. (……) 그다음에, 70일 파업 진행하고 결말 내고 그 이후의 과정까지…. 그때 정파가 뭔지도 알았고, 교육·선전·선동, 그게 뭔지, 학습이 저절로 돼 버린 거죠. 군대 출신이라는 장점도 있었어요, 어디를 공격하고 어디를 치고 이런 것들 있잖아요? 비슷하니까. 당연히 오기도 있었고. 상황이 영향을 준 거죠. 어쨌든 위원장은 책임지는 입장에서 한 거예요. (김경욱, 위원장)

김경욱 위원장은 연수원의 인사팀 소속으로 발령을 받아 중동점을 떠났다. 노조는 사무실을 중동점으로 옮겼고, 중동점 노조사무실이 노조의 거점이 되었다. 이후 부천, 인천 등을 조직하기 시작했다. 당시 노조에는 김경욱 위원장과 이경옥 사무국장밖에 없었다. 위원장은 반전임이었지만 밤새 혼자 소식지를 만들었고, 중계점에서 근무하는 사무국장은 일이 끝나면 중동점 사무실까지 가서 피켓을 같이 만들었다.

현장 분위기도 달라졌다. 회사가 달라진 것이다. 이전에는 출근하면 직원들이 부장에게 인사를 했는데, 파업 후에는 부장들이 현장을 돌면서 직원들에게 인사를 하기 시작했다. 이를 본 조합원들은 노조와 투쟁의 힘을 확인할 수 있었고, 노조활동에 더 열심히 참여했다.

70일간 파업을 하면서 노조가 회사의 비인간적인 대우에 대해 지속해서 지적했었죠. 삼겹살을 직원에게 집어 던지는 일부터 다양하게 인격적 모욕을 당한 사례를 낱낱이 공개한 거지. 그러니까 회사에서는 "어이쿠~" 한 거죠. 우리가 그런 인격적 모독 때문에 노조를 한다고 생각한 거야. 그래서 거꾸로 인격적으로 대우를 해주면 노조를 안 하겠지 생각했던 거죠. 회사의 실수였죠. 노조원들은 파업 끝나고 복귀하니 "우리가 투쟁을 하니, 뭉쳐서 싸우니 부장이 거꾸로 우리에게 인사하는구나" 하고 받아들인 거야. 변화를 인지하니 그 뒤부턴 더욱 노조활동을 열심히 하죠. 분위기가 완전히 바뀌었죠. (김경욱, 위원장)

회사는 노조활동을 못하게 할 목적으로 김경욱 위원장을 연수원으로 발령을 냈으나, 그는 연수원 교육에 참여하는 직원들에게 유인물을 배포하는 활동을 했다. 회사는 다시 김경욱 위원장을 같은 건물의 3층 매장으로 인사발령을 냈다. 하지만 연수원 시절부터 알고 지내던 100여 명의 인천 계산점 직원들이 김경욱 위원장의 활동으로 노조에 가입했다. 계산점은 직원이 180여 명이었으니, 다수의 직원이 노조에 가입한 것이었다.

또, 위원장과 사무국장은 조직확대를 위해 지부가 있는 곳에는 간담회를 진행했고, 지부가 없는 곳은 직접 찾아가서 선전물을 돌리면서 노조가입을 권하는 활동을 끈질기게 이어 갔다.

우리가 UNI에서 지원을 받아서 같이 워크샵도 했는데, 논의했던 건 전국 매장들을 확인하면서 어떤 방식으로 조직할 건지 사업계획을 제출하는 거였죠. (……) 예로 목동점이면 그림을 그려 동선을 따져 보면서 매장을 어떤 식으로 조직화할 것인가 하는 조직화 워크샵인 거죠. (……) 그리고 중동파업 할 때 느꼈던 건, 파업했던 사람이 70명 정도인데, 우리가 전체를 다 조직하지 못했고. 여기는 계산원을 조직하지 못했어요. 그래서 "우리가 조직해야 될 부서는 계산대, 계산원이다. 돈줄을 막아야 된다"는 걸 알고, 계산원을 조직하고. 수도권에 매장이 제일 많아요. 그러니 "수도권을 조직하자"는 결정을 하는 거죠. 그리고 조직사업을 하고 다니는 거죠. 나는 전임이 아니어서 연차와 휴무를 조정하여 위원장과 조합활동 시간을 맞췄죠. 오후 4시에 퇴근하는 오전조 근무를 하고, 오후 근무일 경우에는 오전에 인근 면목이나 방학점에서 선전물을 돌렸어요. (이경옥, 부위원장)

그동안 추석, 설날을 제외하고는 하루도 쉰 적이 없었죠. 까르푸가 전국에 매장이 있으니, 소식지 하나 만들면 그걸 지방매장에 뿌리는 데에만 일주일이 넘게 걸리거든요. 그래도 다 못 돌렸지. (……) 수도권 매장은 거의 매일 2~3개씩 돌아다녔고. 출근 전 새벽이나 일이 끝난 저녁에. 그나마 저는 반전임이라 오전 근무하고 오후에 소식지 만들고, 저녁에 소식지 들고 매장 돌아다녔는데, 반전임도 아닌 이경옥 사무국장은 일과가 끝나고 혼자 중계점, 면목점 등을 돌아다녔으니, 나보다 2~3배 더 일했어요. 그때는 매장을 돌아다니는 게 참 어려웠던 게 수줍음이 많아서 생면부지 사람들에게 선전지 돌리고 "노조 가입해 달라"고 말하는 게 쉽지 않았죠. (……) **위원장이 된 이후 3년 동안 쉬지 않고 했죠.** (김경욱, 위원장)

2) 시흥지부의 결성(2003년 가을)

시흥점은 2001년 오픈했다. 당시 직원은 300여 명이었다. 시흥은 서민들이 다수인 지역이었는데, 대형마트로는 까르푸가 처음 생겼다. 그 때문에 매장 오픈 이후 1여 년 동안은 항상 붐빌 정도로 손님이 많았다.

이후 2003년에 홍경숙이 추진해서 오픈멤버 모임이 구성되었고, 신선에서 일하는 10여 명이 참여했다. 그런데 모임이 있던 어느 날, 김경욱 위원장이 왔다. 김경욱 위원장이 시흥점에서 농산 과장으로 일할 때, 홍경숙이 농산 직원으로 입사해 일하면서 서로 알게 되었다. 이 관계를 바탕으로 김경욱이 2003년 노조위원장이 되면서 조직확대 사업을 할 때, 홍경숙을 통해 시흥점의 지부결성을 독려했던 것이다. 그리고 홍경숙이 지부결성을 할 수 있는 조건을 만들기 위해 오픈멤버 모임을 만든 것이었다.

시흥점 오픈 때 입사한 김영순은 처음에는 수산 쪽의 협력업체 직원으로 일했으나, 이후 정규직 직원으로 입사한 창립멤버였다. 그 때문에 김영순은 오픈멤버 모임에 참여했다가 김경욱 위원장이 모임에 와서 노조가입을 제안하자, 노조에 가입했다. 당시 오픈멤버 모임 구성원들 모두 노조에 가입했다.

시흥이 2001년 오픈하고 이후 2003년에 신선 쪽에 오픈멤버 모임을 만드는데, 8~10명 정도였던 거 같고. 2003년 가을 즈음이었어요. 이전에 김경욱 위원장이 시흥에 있을 때 농산 과장으로 일했는데, 홍경숙이도 농산에서 같이 일하면서 위원장님 도움도 많이 받았나 봐요. 그런 관계라 홍경숙이 앞장서서 오픈멤버 모임을 결성해서 모임을 했어요. 그때 김경욱 위원장님이 계산에서 있을 때인데, 그니까 당시 모임을 할 때는 김경욱 위원장이 오는 줄은 몰랐어요. 아마 홍경숙이 김경욱 위원장한테 코치를 받았겠죠. 어떻든 간에 둘 사이에 어떤 얘기가 있었던 듯해요. 그렇게 갑자기 김경욱 위원장을 모임에 초대해서 그 자리에서 다들 바로 노조가입을 하고, 저도 가입을 했죠. 저는 노조가 필요하다고 느끼고 있었기 때문에.

(왜요?) 그니까 과장들이나 관리자들이 직원들 위에 군림하려고 했고, 호칭도 직원들을 "무슨 언니" 하면서 막 부르고, 저는 그런 게 아니라고 봤고. 그래 수산 주임에게 "이런 건 말도 안 된다"고 하니, 그 사람이 노사협의회 위원으로 나를 추천할 테니 하라고 했는데, 나는 그땐 별로라고 그건 안 하고. 근데 노조는 필요하다고 봤죠. (김영순, 시흥)

노조에 가입한 이들은 지부장에 홍경숙을 선출했지만, 사무장을 선출하지 못해 지부결성이 미뤄지고 있었다. 이에 김영순이 사무장을 자원하면서 지부를 결성할 수 있었고, 결성 때는 김경욱 위원장과 이경옥 사무국장이 참석했다. 그러나 시흥지부는 결성 이후 별다른 활동을 하지 못했고, 지부장 또는 지부장을 대신해서 사무장이 본조의 확대간부회의에 참석하거나 투쟁에 참여하는 정도의 활동을 유지했다.

지부결성을 해야 하는데, 홍경숙이 지부장하고, 사무장을 정해야 하는데 자기가 원하는 사람을 시키려고 했는데, 당사자가 안 하려고 하니까 지부결성이 미뤄지고 있었어요. 사무장이 없어서. 그래서 제가 답답해서 "할 사람이 없으면, 내가 사무장 해줄게. 지부결성 해라" 해서 제가 사무장을 한 거죠. (결성 방식은?) 결성은 그냥 김경욱 위원장, 이경옥 사무국장이 와서 노조설명하고 결성하는 걸로. 그 뒤에는 활동이 없이 지지부진하고, 지부장이 확대간부회의도 잘 참여 안 해서, 그래서 제가 회의도 참여하고, 노조사무실이 중동에 있을 때, 그래서 확대간부회의를 제가 많이 갔죠. 그다음에 구월점에 누가 해고되었을 때인데, 제가 연대를 많이 갔죠. 그러다가 2007년 투쟁부터 본격적으로 활동하기 시작한 거죠. (김영순, 시흥)

3) 2004년 임금인상투쟁

노조는 조직확대사업을 하는 동시에 주요사업인 2004년 임금인상과 주5일 근무제 도입 관련한 준비를 해서, 2003년 12월부터 회사에 교섭을 요청했다. 그러나 회사는 법적 효력이 없는 협의만을 고집했다. 그런데 2004년 1월 8일 저녁, 인사부에서 갑자기 교섭하자는 공문을 노조에 보내왔다. 1월 9일 오전 10시 노보호텔 비즈니스룸에서 노사가 마주 앉았다. 노사는 2월 말까지 임금인상과 주5일제 협약을 체결하도록 노력하자는 데 동의했다. 교섭을 원만히 진행하기 위해 교섭원칙도 정했다. 교섭내용 공개 여부에 대해 노조는 '공개'를, 인사부는 '비공개'를 고집했다. 결국, 원칙으로 정하지 않고 각자 알아서 하는 것으로 정리했다.

이후 4차례의 교섭을 진행한 뒤 2월 25일 5차 교섭에서 회사 측은 "기본급 2% 인상과 교통비·식비 각 1만 원씩 인상"이라는 안을 제시하면서 근속수당은 "까르푸의 임금체계상 올해에 수용하기는 힘들다"는 입장을 밝혔다. 이것이 "최대한 노력한 것"이라며 말이다. 3월 3일의 제6차 교섭에서도 회사 측은 여전히 회사의 경영상의 어려움을 호소하며 노조가 회사안을 수용할 것을 재차 요청하였다.

노조는 2% 인상안을 수용할 수 없다는 것을 거듭 밝히면서, 회사가 노조의 요구안을 수용해야 한다고 주장했다. 회사 측은 회사가 할 수 있는 범위 내에서 노조의 요구안을 반영할 수 있는 방법을 모색하겠다고 약속했으며, 노조는 노사 신뢰회복과 경쟁력 제고를 위해 임금인상과 주5일 근무제의 노사합의가 중요하다고 설명했다. 이어 노조는 회사의 부담을 덜고 조합원에게도 이익이 되는 '임금인상 제2안'을 제출하였다. 노조가 제시한 제2안은 고정연장근로시간 6시간을 폐지하여 실질적인 근로시간을 단축하는 대신 고정적으로 지급된 연장근로수당을 기본급과 근속수당 등에 포함시켜 현재의 임금총액을 보전하는 것이 중요 골자였다.

협상이 공전되면서 길어지자 노조는 주5일제 도입 문제는 임금협상 이후 바로 진행하기로 하고, 2004년 임금인상 관련 협상을 먼저 매듭짓기로 했다.

마침내 4월 2일의 교섭에서 노조와 회사는 3% 임금인상안을 뼈대로 한 임금교섭에 합의했다. 2% 인상안을 주장하는 회사와 물가인상률을 고려해 기본급 5만 원 이상 인상을 요구해 오던 노조는 "기본급 3% 인상, 교통비·식비 각각 1만 원 인상"에 합의했다. 이와 함께 노사는 2004년부터 장기근속자를 위한 포상제도를 도입하기로 해서, 10년 이상 근속자에 대해 특별휴가 3일과 50~250만 원 상당액의 상품권을 지급하기로 했다. 또, 3개월 이상 재직자들의 건강검진과 단체상해보험 가입에도 합의했다. 주5일 근무제 도입 문제에 대해서는 다시 교섭하기로 했다.

4) 주5일 근무제 문제

주5일 근무제 문제는 2003년 8월 "2004년 7월 1일부터 1,000명 이상 사업장에서는 주 40시간 근무를 의무적으로 시행"하는 것으로 근로기준법이 개정되면서 시작되었다. 구체적인 임금조건, 월차휴가, 생리휴가, 휴일휴가, 근로시간 등은 노사가 합의하여 결정해야 할 문제였다.

이에 노조는 한편에서는 2003년 10월부터 전국을 순회하며 주5일제의 문제점에 대해 노동자들에게 설명하고 토론하는 홍보활동을 벌였고, 다른 한편으로는 회사에 "임금 삭감 없고 노동조건 저하 없는

주5일제 시행방안"을 마련하라고 요구했다. 회사는 2004년 1월부터 3개 점포를 선정하여 시범 실시해 보고, 임금 삭감 없는 주5일제를 하겠다고 약속했다. 그러나 그 밖의 문제에 대해서는 아무런 언급을 하지 않았다.

2004년 1월 첫 노사교섭에서 노조는 '노동조건 저하 없는 주5일제'를 기본원칙으로 하면서 연장근로수당 1.5배, 유급생리휴가, 근무 중 휴게시간 15분 이상 등을 요구하였다. 회사 안은 "1월(다음 주 월요일)부터 일산점에서 직원들을 대상으로 설명회를 갖고 주5일제를 2월부터 3개 점포에서 시범 실시하고, 곧이어 전국 점포로 확대하여 실시하겠다. 직원들에게 설명하고 동의를 받겠지만 취업규칙변경 내용은 노동부에 신고하지 않겠다. 이는 변호사로부터 자문받은 것으로 법적으로 문제될 게 없다. 그러나 나중에 직원들이 월차휴가나 생리휴가 등에 대해 문제제기를 하면 돈으로 지급하겠다"는 것이다.

노조는 회사 안에 대해 입장을 설명하고 통상임금, 연장수당비율, 월차 및 생리휴가 등 핵심쟁점에 대해 교섭을 통해 결정하자고 제안했다. 그러나 황보용 교섭대표는 회사안을 바꿀 수 없는 최종 확정된 것이라고 일방적으로 선언하고 교섭을 결렬시켰다.

이후 진행된 교섭과정에서 주5일 근무제를 포함한 단체협약체결에서 나타난 노조와 회사의 핵심적인 입장 차이는 다음과 같다.

우선, 주5일제 근무를 단체협약이나 취업규칙 등에 확실히 명시할 것인가의 문제였다. 노조는 현재 주40시간제를 시행하는데, 개정 근로기준법의 취지대로 주5일제가 보장되지 않아 심한 노동강도 등에 시달리고 있기 때문에 문서로 합의해 달라고 주장했다. 하지만 회사는 이미 주40시간제를 시행하고 있기에 '주5일이냐, 주6일이냐'는 크게 중요하지 않다는 것이다.

또, 생리휴가에 대해 노조는 1년간 한시적으로 유급휴가로 보장하고, 휴가를 가지 못할 경우 수당으로 대체해 줄 것을 요구했다. 회사는 개정 근로기준법대로 무급원칙을 고수했다.

이와 함께 연장근로수당 할증률에 대해서도 회사는 법대로 초과 4시간 분에 대해 할증률 125%를 적용하겠다는 입장이고, 노조는 현재 재직 중인 직원은 물론 비정규직, 신규 입사자들에게도 할증률 150%를 현행대로 보장해야 한다고 요구하였다.

노조는 회사와의 교섭이 제대로 안 되자, 이미 주5일 근무제를 시범운영하고 있는 3개 점포를 대상으로 평가설문조사를 실시했다. 115명이 설문지에 다음과 같이 답했다.(남자41%, 여자 58%)

1. 주5일제 이후 삶의 질이 향상되었나?	향상되었다 23%	아니다 77%	
2. 주5일제 이후 인원충원은 되었나?	충원되었다 23%	아니다 77%	
3. 주5일제 이후 업무량과 노동강도는?	조금 감소 1%	변함없다 33%	증가했다 66%
4. 주5일제 이후 생리휴가를 사용한 적이 있나?	있다 1%	없다 99%	

설문결과는 주5일제 실시로 인원충원이 안 되어 노동강도가 증가했고, 삶의 질이 떨어졌다는 것이다. 특히, 여성이 80%가 넘는데 대부분이 생리휴가를 사용하지 못한 것으로 나타났다.

이에 노조는 5월부터 주5일 근무제 관련 교섭을 다시 진행했으나, 회사는 7월 1일부터 개정된 근로기준법에 따라 주5일제를 시행하면서 법에 명시된 이외의 내용을 수용할 수 없다는 입장이었다. 이에 노조는 6월 11일부터 15일까지 쟁의행위 찬반투표를 실시하여 재적인원의 84.2% 찬성으로 가결시켰다. 6월 18일 노조는 중앙노동위원회

조정안을 수용하겠다는 의사를 회사에 전했으나, 회사가 조정안을 받아들이지 않았다.

7월 24일 오후 12시, 노조는 인천 계산점 앞에서 조합원 130여 명이 참석한 속에서 '주5일제 쟁취를 위한 결의대회'를 진행했다. 조합원들은 "노조탄압을 즉각 중단하라"고 한목소리를 냈다. 김경욱 위원장은 "전국 10개 점포에서 부분파업을 시작으로 본격적인 투쟁에 돌입한다"고 밝혔다. 이어 노조는 쟁의행위를 본격화하면서 프랑스 대사관에 항의공문을 보내 프랑스 정부 차원에서 문제해결에 나서 줄 것을 촉구하고, 대사관 앞 무기한 시위를 시작했다.

그러나 회사는 노조와 협상을 하지 않은 채, 7월부터 개정 근로기준법에 따라 주5일제(주40시간) 근무를 전국 매장에서 실시하였다. 그런데, 회사는 비정규직 노동자들에게는 주6일 근무를 강요하였다. 해운대점 수납팀 비정규직 노동자들이 회사의 강요로 8월 초에 주6일씩 근무를 한 것이다. 회사는 비정규직들이 월급을 더 받기 위해 스스로 주6일 근무를 했다고 주장했다. 노조는 해운대점 수납팀장이 비정규직들에게 '업무효율'을 강조하며 주6일 근무 신청서에 강제로 서명하도록 했다는 것을 확인했다. 주24시간을 근무하는 파트타이머는 1일 4시간씩 6일 출근을, 주40시간 근무하는 계약직은 6일로 쪼개서 근무한 것이다. 이에 노조는 회사에게 항의하고 시정을 요구했다.

한편 투쟁이 길어지자, 노조는 9월 추석을 앞두고 회사를 압박하기 위해 다음의 요구조건을 내걸고 '전 조합원 사복투쟁'을 벌이기로 하였다.

강제로 빼앗긴 생리휴가를 되찾고

노조탄압에 대한 사장의 사과를 받아내기 위한 사복투쟁지침서

- 노조의 요구사항 -

▶노동조건 저하 없는 주5일제 5대 요구사항

1. 생리휴가 유급화 또는 모성보호 수당지급
2. 연장근무수당 할증률 150% 유지
3. 탄력적 근로시간제 및 선택적 보상휴가제 금지
4. 법정공휴일 축소 금지
5. 적정인원 충원

▶노동탄압 근절을 위한 5대 요구사항

1. 부당노동행위에 대한 사장의 공식사과
2. 노조활동지침서 폐기
3. 노조간부 출입 방해 중단
4. 승급승진 차별을 통한 노조탈퇴 공작 중단
5. 노조원 감시 및 미행 중단

▶노동착취 근절을 위한 5대 요구사항

1. 추석 및 설날 영업방침 철회
2. 자정 이후의 연장영업 중단
3. 추가연장근무 12분에 대한 수당삭감 철회
4. 프로모터에 대한 연장 및 야간근무 강요 금지
5. 고정연장근무 보장 및 임금삭감 금지

(2004. 9. 11.)

이에 9월 11일부터 조합원들은 "추석날 영업철회, 생리휴가 보장" 등을 요구하며 사복근무에 돌입하였다. 회사는 업무방해라며 인사 및 급여상의 불이익을 주겠다는 공문을 조합원들에게 발송하였다. 그럼에도 면목지부 조합원들이 사복 위에 투쟁조끼를 입고 근무에 들어가자, 안전팀과 보안팀 직원들이 조합원들의 근무를 가로막고 회사 밖으로 내쫓으려 하면서 조합원들과 마찰을 빚었다. 또, 9월 12일 오후에 김규택 면목점장은 사복근무에 돌입한 조합원들에게 "정상적인 근무를 위해 회사가 정한 복장규정 준수"를 요구하고 이를 따르지 않을 시 "근무에 투입될 수 없으며 회사의 규칙에 의거 인사 및 급여상의 불이익을 줄 것"이라는 공문을 발송했다. 이는 조합원들의 정당한 쟁의행위를 방해하는 것이었다.

2004년 임금협상 때는 주5일제가 화두였는데, 회사는 당연히 주5일제가 임금협상 대상이 아니라고 했지만 우리는 임금문제라며 협상을 요구했죠. 우리는 임금이 깎이지 않는 주5일제를 요구했고, 회사는 이를 거부했던 거고. 재미있는 게 그 뒤 무슨 바람이 불었는지 회사가 갑자기 임금을 그대로 두는 주5일제를 실시한 거예요. 노조가 요구했던 안을 받은 것인데, 그런데 노조와는 협의가 없이 결정된 사항이에요. 노조는 회사에 뒷통수를 맞은 격이었고. 그런데 알아보니 정규직만 임금이 그대로인 주5일제가 적용된 거예요. 비정규직은 아니고. 그래서 노조에서 바로 파업에 들어갔어요. (김경욱, 위원장)

이처럼 회사가 주5일제를 정규직만을 대상으로 실시하자, 노조는 비정규직에게도 주5일제를 실시할 것을 요구하며 파업을 벌였다. 위원장과 지부장들만이 참여하는 파업이었다. 집회를 하면 휴가 중인 몇 명의 지부장만 참여했다. 노조는 비정규직도 주5일제 적용을 받아야 하는 이유를 소식지에 지속적으로 실었다. 또, 노조는 상황이 될 때마다 회사 비리를 고발하고 회사의 문제를 집요하게 제기했다. 지난한 투쟁이 시작된 것이다. 노조는 "비정규직도 정규직처럼 주5일제를 적용하라"고 줄기차게 요구했다. 결국 6개월 만에 회사가 두손을 들고 비정규직도 정규직과 같은 대우를 받도록 합의했다.

이 기세를 딛고 노조는 그동안 비정규직이 정규직과 차별을 받은 여러 노동조건을 시정할 것을 요구했다. 예를 들어 단체보험에 차별이 있었다. 매장의 노동자 중에는 일반보험이 비싸서 가입하지 못하는 사람들이 많았다. 그 때문에 노조는 이들을 위해 회사가 단체보험을 들어주도록 요구해서 회사가 받아들였다. 그런데 이 단체보험이 비정규직에게는 적용되지 않았다. 노조의 요구와 투쟁으로 비정규직도 단체보험 가입이 가능하게 됐다.

비정규직 차별을 폐지하기 위한 김경욱 위원장의 노조활동에 대해 정규직 간부들은 불만을 표시했다. 조합원의 다수인 정규직을 위한 권리를 확보하기에도 버거운 노조의 상황인데, 비조합원인 비정규직의 권리를 확보하려는 활동이 버겁다는 것이다. 그러나 이들도 비정규직 노동자들이 차별적 대우를 받는 것을 알고 있기에, 또 관리자인 위원장이 직원인 노동자들을 위해 활동하는 것을 알기 때문에, 그 활동을 전면적으로 부정할 수는 없었다.

정규직 간부들이 회의 때마다 "위원장님, 계속 이렇게 할 거예요?"라고 질타해요. 언제까지 비정규직을 챙길 거냐는 거죠. 저로서는 할 말이 있었죠. "비정규직 조합원에게 약속한 게 있는데 어떻게 그럴 수 있나. 그리고 이 사람들 빼고, 다 탈퇴시키고 정규직만 갈 수 있냐. 그렇게 되면 반쪽짜리 노조에 불과하다. 그리고 이런 식으로 정규직이 라서 비정규직 위해 싸우지 못하겠다고 하면 나도 여러분을 위해 싸우지 못하겠다. 나는 관리자다. 관리자가 평직원들을 위해 왜 싸워야 하나. 나만 잘 먹고 잘 살면 된다. 여러분이 비정규직을 챙기지 않겠다고 하면 나도 노조 안 하겠다." 이렇게 해서 넘어가고, 넘어가고, 반복했죠. 틀린 말은 아니잖아요? 여튼 뒤에서는 뭐라고 할지언정, 앞에서는 아무 말 못했죠. (김경욱, 위원장)

5) 안양지부의 결성(2004년)

1999년에 오픈한 까르푸 안양점은 당시 안양에서 유일한 대형마트였기 때문에 찾는 사람이 많았다. 2004년에 노조는 조직확대를 위해 안양매장에 선전전을 하러 들렀다. 그 과정에 회사가 매장의 샐러드바를 수수료를 받고 업체에게 넘기려는 문제가 불거졌다. 일자리에 불안을 느낀 노동자들이 매장 로비에서 시위를 벌이다가 노조에 가입하면서 안양지부가 결성됐다.

그전에도 김경욱 위원장님이 왔다갔다하면서 "노조를 만들어야 한다"면서 선전물을 나눠 주는데…. 저도 노조라는 걸 모르니까 "저게 뭐야?" 그랬어요. (……) 주부들은 대개 노조라는 걸 모르잖아요. 그런데 우리한테 문제가 생긴 거예요. 2004년경인가? "샐러드바에 업체가 들어와서 맡는다", "샐러드바 사람들을 다른 부서로 보낸다" 그러고. (……) **우린 다른 부서로 가면 죽는 줄 알고** "안 간다. 우리 여기서 있겠다" 그러면서, 그때 다른 부서의 임희석 과장님이 우리랑 같이해서 1시인가 3시로 정해서 로비에서 "플래카드를 들자" 해서 들고 시위

했죠. (……) 그러면서 임희석 과장님이 "노조가입을 해야 된다" 그랬어요. 그분은 먼저 김경욱 위원장님하고 바깥에서 만나서 얘기한 거고. 그래 우리 샐러드바 몇 명이 노조를 가입해요. 과장님이 나서니까 안양점 직원분들이 많이 가입했어요. (……)
그러다가 "바깥에 식당 어디로 오세요" 해서, 거기 모여서 김경욱 위원장님이 노조는 어떻고 얘기하시고, 안양지부를 만들고, 임희석 과장님이 지부장이고 제가 대의원이 된 거죠. 처음에는 한 7, 8명의 샐러드바 사람들이 중심이었고, 그다음에 계속 늘어갔어요. (박복희, 안양)

6) 면목지부의 결성(2004년)

까르푸의 서울지역 첫 매장인 면목점은 1999년에 오픈했다. 직영 직원만 250~300여 명의 대규모였고, 까르푸의 아시아 매장 중에 1위를 할 정도로 매출실적이 매우 높았다.

면목점에는 2인의 비공개 조합원이 있었고, 지부가 결성된 것은 2004년이었다. 노사협의회가 있었지만, 노동자들의 요구는 무시되고 주로 회사의 입장을 전달하는 역할을 했다. 김경욱 위원장과 이경옥 사무국장이 면목점을 들러 계속 노조선전을 했다. 당시 회사가 주말에 1~2시간의 연장근로를 의무로 하게 해서 노동자들이 힘겨워하고 있었다. 이에 수납주임 6인이 노조에 가입하면서 자연스럽게 캐셔들도 가입했다. 노조가입자 수가 20명이 넘자, 바로 지부를 결성하여 황옥미 지부장, 황은영 사무국장으로 집행부를 구성했다.

제가 2000년도 입사해서, **수납팀 대표로 노사협의회 참가를 했는데, 노동자들의 요구는 관철되지 않아 한계를 느꼈어요.** 당시 노조에서 면목점에 와서 선전전을 했어요. 그때 2명이 먼저 노조에 가입해서 비공개 조합원으로 있었죠. 그 사람들이 가끔 한마디씩 하는 거에 귀를 기울였고. (……) 제가 인터넷으로 까르푸노동조합에 들어가 보고, 좀 관심을 갖고 있다가 (……) 그때 근무시간이 주6일 48시간인데, 유통 매장은 주말에 바쁘잖아요? 주말에 1, 2시간 연장을 의무적으로 하니까 몸이 너무 힘들더라고요. 그래서 노조에 가입하게 되었죠. (……) 제가 가입했을 때는 수납 주임 6명이 다 가입을 하고, 그러면서 자연스럽게 캐셔들도 가입했죠. 처음에는 스물몇 명인가, 대거 가입했으니까. 거기서 바로 지부가 설립이 된 거죠. 초대 지부장을 제가 했는데, 캐셔 중에서 주임이고, 나이도 제일 많아 그런 거죠. (황옥미, 면목)

예전에 삼성제약 다닐 때, 풍물패 하면서 노조를 알게 됐고. 여기 들어와서는 노조는 있어야 한다는 생각은 했는데, 어느 날 김경욱 위원장님이랑 이경옥 사무국장님이 면목점을 순회하면서, 굉장히 열심히, 꾸준히 선전전을 하셨어요. 두 분이 아주 공로가 컸던 것 같아요. (……) "주5일제 왜 필요한가"부터 "왜 노동조합이 있어야 하는가" 이런 거 굉장히 열성적으로. 우리가 밤 12시에 마감인데, 그 시간까지 끝까지 면목역 있는 데서 기다리다가 저희를 만나 보고, 거기서 설명하고. (……) 처음에는 선뜻 누가 가입을 안 했는데, 황옥미 님이 주임이었는데, 주임들 사이에서 가입 움직임이 있다 보니까 파급효과도 있었던 것 같고, 그만큼 힘을 더 받았던 것 같애요. 많이 가입했고 저도 가입하고. 면목지부가 만들어진 거죠. (마수경, 면목)

면목지부는 결성되자마자 노조가 벌이고 있던 단체협약체결투쟁에 참여해서 노조의 지침에 따라 처음으로 사복투쟁을 벌였다.

● 2005년 면목지부 성희롱 사건

면목지부의 활동이 점차 활발해지고 조합원들이 지부를 중심으로 모이자, 회사는 새로운 수납 과장을 통해 노조를 와해시키려 했다. 이 과장은 캐셔들의 진급을 마음대로 하는 등 조합원과 비조합원의 진급에 차별을 두었다.

> 남자 팀장이 옴으로써 노조를 깨려고 하고, 성문화를 가지고 우리를 흔들었다는 거를 느끼는 거지요. 이 팀장이 오면서 사건이 겹쳤던 거지. 그니까 일반 계산원들도 직원 달아 주고, 캐셔 원-투가 있을 때, 어떤 사람은 올려 주고 어떤 사람은 안 올려 주고, 일방적으로 된 거예요, 노조를 와해를 시키려고 점장하고 짜고 그랬어요. (황은영, 면목)

까르푸는 관리자들은 대부분 남성이고 직원 및 비정규직 노동자의 80% 이상이 여성, 그것도 대부분 기혼여성이었다. 남성관리자들은 여성노동자들을 임금인상과 승진 등으로 통제했으며, 심지어 남성(관리자)으로서 여성(노동자)을 성적으로 대상화하기도 했다. 그 방식은 성적 비하 발언, 성희롱, 성폭력의 양상으로 나타났다. 여성노동자들은 관리자의 성적 대상화에 대해 묵인하거나 개인적으로 대처했다. 그런데 2005년 들어 성희롱 사건이 일어났다.

> 저희가 부서 회식이라 저녁을 먹고 근처의 노래방에 갔는데, S대리가 있어요. 노래방에서 S가 쇼파에 누워 있는데, A 과장이 이 여자 얼굴을 만진 거예요. 제가 그 자리에 있었고, 얼굴 만지는 거를 본 거예요. 신체접촉이 있었어요. S는 자기가 성희롱을 당했다고 생각을 하지 않은 게, 수치심을 느끼지 않은 거예요. 근데 성희롱이라는 게, 옆

에서 보는 사람이 수치심을 느끼면 그것도 성희롱이라고 하더라고요. (……) 그래서 저희가 성희롱으로 건 거죠. 그러고 나서 바로 과장이 S를 한 등급 올려 줬어요. 저나 다른 사람들은 제외시키고. 그러니 그 피해자 S가 피해당한 게 아니라고 얘기하는 거예요. (임혜숙, 면목)

고객상담 실장님이 이 얘기를 듣고 먼저 "이거는 성희롱 사건으로 김경욱 위원장한테 얘기해야 된다" 막 이래서 시작이 됐는데, 나중에 실장은 빠져 버려요. 그래서 주임님들이랑 조합원들만 성희롱사건을 계속 진행을 했어요. (……) 저희가 피케팅 시작하고 법정싸움하고 위원장님 오셔서 마이크 잡고 선전전 하시고. 피해자들은 비조합원이었고, 그걸 목격한 사람들이 조합원이었는데, 조합원들이 소송제기하고 "이건 성희롱이다"면서 바로잡던 과정에서, 조합원들을 회유하고 탈퇴시키는 방해공작이 있었어요. (마수경, 면목)

노조는 면목점에서 일어난 성희롱 사건들을 모아 7월 25일 국가인권위원회(인권위)에 진정서를 내고 진상규명과 가해자 중징계를 요구했다. 노조가 접수한 사례는 언어를 통한 성희롱부터 물리적인 접촉을 통한 성추행까지 다양했다. 노조가 피해여성들의 제보와 자체 조사를 통해 수집한 사례는 다음과 같다.

- 사례 1 : 2005년 5월 서울 한 지점의 회식자리에서 여직원 B씨가 술을 못한다고 하자 직속 상사인 A씨는 B씨의 팔뚝을 때렸다. B씨가 아프다고 항의를 했지만 A씨는 한술 더 떠 팔뚝을 깨물기까지 했다. A씨는 또 여직원 C씨의 허벅지를 만지고 때리는 등 술자리에서 여직원들에 대한 폭력과 성추행을 일삼았다. 게다가 A씨는 여직원 D씨에게 몸을 밀착시

키며 "결혼은 했느냐, 이렇게 예쁜데 왜 안 하고 있느냐" 등의 말로 불쾌감을 줬다. A씨는 노래방에서도 잠든 여직원 E씨의 볼을 쓰다듬기도 했다.

- 사례 2: 2005년 4월 A씨는 같은 사무실에서 근무하는 여직원 F씨에게 방석을 사주면서 "네가 처녀라 냉이 나오면 안 되니까 사주는 것"이라고 말했다. 이에 F씨는 성적 수치심을 느꼈다. 또, A씨는 이 이야기를 저녁식사 자리에서 다른 여직원들에게도 그대로 반복했다. 여직원들은 "어떻게 그런 말을 스스럼없이 하는지 의아했고 너무 부끄러웠다"고 입을 모았다.

-사례 3: 2005년 3월 A씨는 회의에서 "고객만족을 위해서 '고객님, 저리로 가세요'라는 표현을 어떻게 바꿔 하겠냐"는 질문에 "고객님, 물침대 준비되었으니 먼저 가서 벗고 누으세요"라고 답했다. 같이 있던 여직원 4명은 "참을 수 없을 만큼 인격모독을 느꼈다"고 말했다.

이처럼 여직원들에 대한 성희롱과 폭언이 수시로 발생하고 있는데도 회사는 이를 무시해 왔다. 노조가 회사에게 노사공동조사를 계속 요구했지만, 회사는 이 역시 거부했다.

노조는 진정서 제출 이후 7월 27일 성희롱, 인권·노동탄압 등의 문제 해결을 위해 연맹과 같이 전국에 있는 프랑스 문화원 앞에서 프랑스 정부의 강력한 지도와 단속을 촉구하는 '무기한 1인시위'를 시작했다. 이어 노조는 프랑스 대사관 면담을 요청하였다.

7월 28일 노조는 조합원들이 진술하는 자리를 만들었다. 이 자리에서 여성조합원들은 "회식하기가 너무 싫었다", "옆에 와서 앉으면 소름끼친다"며 평상시 관리자와 함께한 회식 분위기를 증언했다. 한 여성조합원은 "노래방에서 일부러 떨어져 앉았는데 A씨가 다가와 앉아

허벅지를 때려 다음 날 보니 멍이 들어 있었다"며 당시 상황을 증언했다. 이날 증언을 한 여성조합원들은 관리자들의 성희롱 등에 대해 격앙된 감정을 토로하기도 했다.

그동안 노조는 성희롱 사건의 경우 민감한 문제라는 판단으로 신고부터 조사까지 비공개로 진행했는데, 상황이 심각하다는 것을 깨닫고 회사 쪽에게 공동조사를 요구했다. 그러나 회사는 자체조사만을 진행하면서, 조사과정 중에 피해자와 개별 면담을 진행하여 제2의 피해를 유발시켰을 뿐이다. 일방적인 자체조사로 사건을 덮으려는 의도였다.

이처럼 노조가 성희롱 문제에 대한 대책 마련에 발 벗고 나선 가운데, 8월 들어 성희롱 사건의 핵심 피해자 4명이 줄줄이 노조를 탈퇴하였다. 바로 며칠 전에 방송 인터뷰에 응하며 성희롱 실태를 증언했던 조합원들이었다. 특히 이들 중에 일부는 성희롱을 당했다는 기존의 입장을 번복하고 가해자에 대한 처벌을 원치 않는다는 입장을 밝혔다. 이 사건은 자칫하면 인권위의 조사결과에도 악영향을 미칠 수 있었다.

문제는 노조를 탈퇴한 4인 중에 박○○는 센트럴캐셔-1에서 센트럴캐셔-2로 승급, 김○○는 센트럴캐셔에서 팀리더로, 한○○도 다른 부서로 발령이 나는 등 인사변동이 진행된 것이다.

이런 정황을 보면 4인의 조합원은 문제를 덮으려는 회사에게 승진 등으로 회유된 것이다. 그럼에도 노조는 다른 조합원들이 성희롱 실태를 증언하고 있었기 때문에 직장 내 성희롱 문제를 꾸준히 조사하려고 노력했다.

그러나 10월에 황당한 사건이 일어났다. 면목점 성희롱 사건의 가해자인 A가 '명예훼손'을 이유로 김경욱 위원장을 고소한 것이다. A는 여직원에 대해 성적 발언이나 신체접촉을 한 사실이 없는데, 노조 홈페이지에 자신의 직책이 거명돼 명예가 훼손됐다는 것이다. 이에 대해 2006년 3월 인천지검은 '혐의없음'(증거 불충분)을 들어 수사를 종결시켰다. 노조가 홈페이지에 성희롱 관련 내용을 게재한 것은 개인에 대한 비방이 아닌 공익을 목적으로 한 행위이며, 게재 내용에 A의 실명을 거론하지 않아 명예훼손에 해당하지 않는다는 것이다.

문제는 인권위에서도 있었다. 12월 8일 인권위는 4개월여의 조사를 거쳐 "사회통념상 일상생활에서 허용되는 단순 혹은 호의적인 농담 수준으로 성희롱에 해당하는 언동으로 보기 어렵고, 참고인들의 진술 결과 진정인의 주장이 사실이라고 인정할 객관적 증거가 없다"며 최종 기각 판정을 내렸다. 회사는 노조와 연맹, 진정인들이 장기간에 걸쳐 회사에 대해 대내외적으로 대대적인 비난 공세를 펴서, 회사의 명예와 이미지에 심각한 손상을 끼친 점에 대해 민·형사상 책임을 묻는 것을 포함해 가능한 모든 후속 조치를 취하겠다고 했다.

노조와 연맹은 인권위가 참고인 진술 등을 이유로 정확한 판결을 회피했다고 주장했다. 실제 참고인으로 출석한 증인들은 노조탈퇴 후에 인사과장, 경리과장, 식품부장, 수납사무실 직원으로 승진한 사람들이었다. 노조는 인권위의 조사가 불충분했으며, 참고인들이 허위진술했다는 것을 밝히는 녹취자료 등을 제시하여 맞대응하겠다고 했다.

해가 바뀌어 2006년 3월 2일에 노조는 인권위의 기각결정을 인정하지 않고 서울행정법원에 소장을 접수했다. 인권위의 결정이 부당하기에 의결처분취소 청구를 낸 것이다. 성희롱 사건에 대한 인권위 결정사항에 반발해 소송이 제기된 것은 처음 있는 일이었다.

이에 앞서 2006년 1월에 성폭력상담소는 인권위에 공개질의서를 보내 "인권위가 진정인들이 문제제기하고자 했던 전반적인 직장 내 성희롱 문화개선에 대한 요구는 뒤로 한 채, 각각의 사건에 대해 개별적으로만 판단함으로써 사건을 축소시키는 결과만을 낳았다"고 지적하면서 이에 대한 답변을 요구하였다. 또 노조도 성희롱사건 조사과정에 대한 정보공개를 요청했다. 그러나 인권위는 답변하지 않았다. 여성계도 인권위의 '까르푸 성희롱 기각결정' 철회 요구에 동참하였다. 7개 여성단체로 구성된 여성노동연대회의는 까르푸노조 및 서비스연맹 등과 공동기자회견을 열고 "성희롱 사건에 대한 인권위의 공정조사"를 촉구하였다.

결국, 이 사건은 2008일 11월에야 일부 성희롱 판결을 받아냈다.

> 성희롱 사건에 대하여 우리가 인권위에도 제소를 했고, 거기에서 기각이 떨어졌고. 그다음에 성폭력상담소의 이미경 실장하고 얘기하고, 전문가인 조인섭 변호사님을 소개시켜 주고. 1심에서 일부 성희롱을 인정했는데, 회사가 항소했고. 2심도 그래서 계속 대법원까지 가서 2008년 11월경에 일부 성희롱 판결을 받았죠. 그 과장은 끝까지 회사에서 보호해 주다가, 성희롱 판결 나니까 다른 데로 옮겼죠. 우리가 510일 파업을 하면서도 성희롱 사건을 계속 진행을 했는데, 다들 지치고 해당자 중에 한 명의 동지는 해고당했고. 그래서 그냥 대법원 판결 받았으니 민사로 또 가야 되는데, 그냥 합의를 했죠. (황옥미, 면목)

● 택시비 요구 하루파업과 면목지부 율동패 '새벽'

이어 면목지부는 노조의 주5일제 투쟁기간에 택시비 확보투쟁을 지부 독자로 벌였다. 당시 까르푸의 캐셔들은 밤 12시 또는 새벽 1시가 되어 퇴근했다. 대중교통이 끊어져서 회사에서 택시비를 지급했는데, 적은 액수라서 장거리에서 출퇴근하는 이들에게 도움이 되지 않았다. 그뿐만 아니라 점포마다 지급액수가 다 달랐다. 그 액수도 회사가 노조를 인정하지 않으면서 노사협의회를 통해 일방적으로 정했다. 이에 대한 노동자들의 불만이 높았는데, 면목점에서 갑자기 택시비를 지급하지 않겠다고 나왔다. 이에 지부는 회사에 항의했으나 반응이 없었다. 지부는 수납팀을 중심으로 택시비 확보를 위해 하루파업을 벌였다. 그 결과, 택시비를 현실에 맞게 확보하였다.

> 저희가 주5일제 투쟁하면서, 택시비가 현실에 맞지 않았던 거예요. 어떤 데는 기본이 1,500원이면 지방이나 이런 데는 아예 안 주는 곳도 있고, 주먹구구식이었는데, "택시비를 현실화해야 된다" 해서, 황 지부장님이랑 제가 조합원들한테 "택시비 제대로 받고 싶으십니까?" 물었더니 받고 싶고 싸우자고 해요. 그래서 12월 31일에, 이날은 굉장히 매출이 좋아요. 지부장님이랑 포스 막고 막 나가서 파업하고, 복도에서 피케팅하고, 앉아서 연좌하고, 구호 외치고. 경호원들이 왔는데, 건장한 체격에, 와이셔츠 쫙~ 차려입고, 짝 서서 막고. (마수경, 면목)

이후 면목지부는 2006년 하반기 몇 차례 뉴코아와의 공동집회에 참여했다. 조합원들은 처음 보는 율동패의 공연에 마음이 흔들리고 부러움도 느꼈다. 이에 조합활동의 일환으로 면목지부 율동패를 만들기로 했다. 초기에는 머뭇거리던 이들도 율동에 대한 호기심으로 하나둘 참여하기 시작하여, 6~8인이 참여하였다. 노동자 전문 율동패인 '몸짓선언'의 정은진을 초청해 율동을 배우면서, 율동패 이름을 '새벽'으로 정했다. 이후 율동패 '새벽'은 노조의 집회가 있는 날에는 무대에 나서서 공연도 했다.

> 뉴코아 집회 갔을 때, 거기에 율동패가 있었어요. 그 모습이 너무 좋아 보여서 "면목점에서도 율동패를 만들자" 해서 (……) 6명인가 8명

인가, 꽤 많이 참여해서 (……) 이경옥 사무국장이 '몸짓 선언'의 정은 진 사부를 소개해 줘서 배웠어요. (……) 노래 하나 배우면, 거기에 담겨 있는 가사 하나하나의 의미를 풀어서 이해하게 해주고, 약간 학습도 같이 해주시고. 사실 '노동자'란 것도 잘 모를 때인데, 그런 거를 쉽게 부담되지 않게끔 우리들에게 잘 알려주었던 것 같아요. 너무 즐겁고 재미있게 했죠. 저는 '파도 앞에서'가 좋았는데 그것도 배웠고, '열사가 전사에게'를 '몸짓 선언'이 해준 게 있는데, 막, 울컥했거든요. 율동 하나하나에 혼신의 힘을 담아서 전달하는 게, 정말 그대로 전달이 됐던 것 같아요. (……) 연습은 면목점의 담벼락 옆에서 하고, 주차장에서 하고, 밤늦도록 했어요. (마수경, 면목)

7) 2005년 임금인상과 단체협약 투쟁

2005년 들어 노조는 임금인상과 단체협약 체결을 준비하면서 핵심 요구사항을 비정규·정규직 임금인상, 단체협약 갱신을 통해 비정규직과 매니저도 노조에 가입할 권리를 보장받는 것, 노조활동 보장, 정기승급 및 양도·폐업·도산 시 고용승계, 그리고 직장 내 폭력방지 등을 확보하는 것으로 결정했다.

노조는 2월 4일부터 회사 측과 임단협 첫 교섭을 시작해서, 여덟 차례의 교섭을 통해 2005년 임금인상에 대해서는 잠정합의를 했다. 내용은 정규직 임금총액 2% 인상, 고정연장근로(주5시간) 폐지, 그리고 비정규직은 임금총액의 약 10% 인상, 매니저 임금총액의 약 3.5% 인상이었다. 그리고 단체의료보험을 본인에서 배우자·자녀까지 확대 실시, 동호회 개인당 2만 원 지급 지원 등도 확보해 냈다.

그러나 단체협약안에 대해서는 한 조항도 협의를 진척시키지 못했다. 이에 노조는 4월 23일에서 30일까지 쟁의행위 찬반투표를 실시하였는데, 재적인원 71.2%의 찬성으로 가결되었다. 노조는 5월 1일 쟁의행위에 돌입할 것을 선언하고, 집행부는 지부 순회선전전을 시작하면서 동시에 노조간부들은 사복투쟁을 시작했다.

6월 10일 노조는 파업을 선언하고 시흥 본사 앞 광장에서 200여 명의 조합원들이 참여하여 집회를 진행했다. 오후 2시경, 순천 등 지역의 조합원들도 집회에 참여했다. 광장 앞에 자리 잡고 있던 각 지부 조합원들은 지역의 조합원들이 도착하자 박수와 함성으로 환영해 주었다. 시간이 지날수록 집회 열기는 고조되었다.

집회에 참여한 사회 각계의 인사들이 지지발언을 했다. 민주노동당 금천지역 위원장과 서울시당 노동위원장 등 정당인들이 참석해서 조합원들을 격려했다. 가장 멀리 광주전남 민주노총에서도 올라왔으며, 민주노총 서울본부 남부지구협의회 의장과 노조 대표자들이 조합원들과 자리를 같이했다. 서비스연맹에서는 위원장 등 다수가 참석했고, 경기비정규직연대회의, 학습지노조 등이 참여했다. 집회 마지막에 한 노조간부가 '투쟁결의문'을 낭독했다. 이어 전 조합원은 준법투쟁(사복 입기)으로 전환하기로 했다.

결의문

하나, 여성이라는 이유로, 비정규직이란 이유로 차별받는 모든 것을 거부하며, 정당한 권리를 요구하고 쟁취할 수 있는 당당한 노동자가 되기 위해 흔들림 없이 투쟁할 것을 결의한다.

하나, 직장 내 만연한 폭력, 일방적 전환배치, 수수료 전환, 용역파견, 노조탄압 등을 단호히 거부하며, 가해자 처벌, 고용안정 쟁취, 민주노조 사수를 위해 끝까지 투쟁할 것을 결의한다.

사복투쟁이 진행되면서 7월 2일과 3일에 부산지역의 해운대점과 장림점의 조합원들도 참여하려 하자, 회사는 이들의 출근을 저지하였다. 이에 조합원들은 격렬한 항의투쟁을 벌였다. 이 과정에 회사 측의 폭력행사로 지부장이 부상당했다.

노조는 7월 15일부터 간부의 사복투쟁은 지속하기로 하고, 조합원들의 사복투쟁은 중단하기로 했다. 대신 이날부터 프랑스 대사관 앞에서 1인시위를 시작하였다.

이어 7월 21일 해운대점의 조합원에 대한 차별 및 부당노동행위가 심해지자, 노조는 해운대지부를 지원하기 위해 시민과 직원을 대상으로 한 선전전과 피케팅을 진행했다. 그럼에도 7월 18일에 회사는 해운대 조합원 14명과 노조위원장을 업무방해로 고소했다. 이유는 7월 2일과 3일 사복투쟁 시 조합원들이 매장 입구에서 농성과 구호를 외치며 업무를 방해했다는 것이다. 수없이 부당노동행위와 불법으로 법적 처벌을 받아 온 까르푸가 또 무모한 행위를 한 것이다. 노조는 부당노동행위 구제신청을 냈다. 부산지역노동위원회는 "노조조끼 착용을 이유로 매장 출입을 저지한 행위는 노동조합 및 노동관계조정법 제81조 1항에 해당하는 부당노동행위임을 인정한다"며 "까르푸는 노조조끼 착용을 이유로 조합원들의 매장 출입을 저지하거나 경제적 불이익을 주어서는 안 된다"고 명령했다. 이는 유통업체 매장 내에서 노조 조끼를 착용하고 근무하는 것이 정당한 노조활동이라는 것을 인정한 첫 사례였다.

이뿐만 아니라 회사가 순천점에서 근무하던 장경근 과장(순천지부 조직부장)을 경쟁업체 개점을 이유로 서울 목동점에 전보발령하자, 노조는 전남지방노동위원회에 '부당전보 및 부당노동행위 구제신청'을 했다. 이에 대해 9월 20일 전남지노위는 "신청인이 노동조합 조직부장으로서 노조활동을 한 것을 이유로 그 근로자에게 불이익을 주는 행위에 해당하고 또한 노조활동을 위축시켜 조합의 조직과 활동에 악영향을 미치고자 하는 의도가 보여 (……) 부당노동행위에 해당된다"고 명시했다. 특히, 회사의 전보발령이 당시 조합원이 40여 명에서 70여 명으로 급증하던 상황에서 벌어진 것과 관련해서 "회사 측이 신청인의 활동에 의해서 순천점에 조합원이 급격히 늘어나는 것을 막으려고 신청인의 정당한 노조활동에 지배·개입하였다고 판정"했다.

회사의 노조활동에 대한 탄압은 이뿐만이 아니었다. 11월에 회사 측이 중노위에 참고자료로 제출한 「노조파업 보고서」에는 순천점의 안전팀이 매장 안에서뿐만 아니라 사외에서까지 조합원들을 미행·감시해 온 것이 기록되어 있었다. 이 보고서에는 조합원들이 단체로 탑승한 버스의 시간대별 이동경로가 구체적으로 기록되어 있으며, 버스에 탑승한 조합원들의 명단이 부서별로 파악돼 실명과 함께 기록되어 있다.

이는 회사가 그동안 조합원들을 일상적으로 감시·미행했음을 확인시켜 줬다. 안전팀 직원들의 노조감시 사례는 10월에 노조가 입수한 「까르푸노조 활동상황 보고서」에서도 드러나는데, 이 보고서에는 노조간부의 하루 행적이 꼼꼼하게 기록돼 있고, 노조 소식지를 안전팀 직원들이 전량 회수했다는 내용까지 적혀 있었다. 이에 대해 노조는 안전팀에 의한 노조사찰 사례를 고발하였다.

● 2005년 단체협약 체결—비정규직의 노조 참여 보장

8월 13일에 13차 교섭이 진행되었지만, 회사 측은 여전히 비정규직 및 매니저의 노조가입 권리에 대해 반대하였다. 노조는 회사를 압박하기 위해 다시 조합원들의 힘을 모으기로 했다. 우선 전 조합원의 리본달기를 시작했고, 9월 들어 전 지부 순회간담회를 진행하였다. 이에 9월

11~17일 전 조합원이 사복투쟁에 돌입하였고, 이 과정에 비정규직 조합원들도 적극적으로 동참하였다. 9월 14일에는 수도권 지부를 중심으로 총파업을 하고 일산점 앞에 모여 집회를 진행했고, 9월 15일에는 순천지부와 부산지부가 총파업을 벌여 해운대점 앞에서 집회를 진행했다. 이런 활동의 성과를 모아 노조는 추석 이후 장기투쟁에 돌입했다.

> 까르푸 본사가 있는 시흥점으로 부산, 순천에서 버스를 대절하고 서울 수도권 조합원이 모였어요. 대규모 집회와 행진을 하면서 조합원들이 힘을 받았죠. 그때 단협은 과장과 비정규직 노동자들을 가입 대상으로 해야 하는 것이 가장 큰 숙제였고, 비정규직 차별철폐를 요구하며 몸 벽보를 달았어요. 직원들은 임금이 낮다 보니 호봉제를 가장 원했는데, 까르푸는 호봉제에 반대였어요. 차선책으로 노조는 근속수당을 요구했고. '비밀' 조합원이라 공개적으로 투쟁에 나오지는 못했지만 비정규직들도 관심이 많았죠. 정규직들과 다르게 받았던 명절 상품권과 경조비, 경조휴가를 정규직과 차별 없이 지급하는 것을 내용으로 하였고. 이때는 조합원들은 지침만 내리면 집단적으로 휴무를 내어 투쟁에 참여하였지만 전면파업은 쉽지 않았죠. 그래서 면목점을 시작으로 지부별 릴레이투쟁을 이어 나갔고, 유통서비스투쟁은 작은 투쟁이라도 회사의 이미지가 있어 성과가 있죠. (이경옥, 부위원장)

노조의 지속적인 투쟁으로 마침내 12월 14일에 회사는 "비정규직(파트타이머)의 노조활동 보장을 골자로 한 UNI 국제협약을 준수하고, 발전적 노사관계를 위해 노력한다"는 내용의 양해각서에 서명하였다. 이는 국제관계자들이 노조정상화를 촉구하려고 10월 한국을 방문한 지 2개월여 만에 이뤄진 것이다. 이 합의내용 중에 주목할 점은 "파트타이머를 포함한 비정규직의 조합원 자격 인정, 직장 내 성희롱 사건에 대한 조사단 구성, 용역·파견노동자들에 대한 노동3권 보장" 등이다. 이 서명에 대해 노조는 회사 측이 국제협약과 양해각서에서 약속한 것을 실행하도록 촉구하고 견제하기로 했다. 양해각서의 내용은 다음과 같다.

- 회사는 국제협약이 한국에서도 적용됨을 선언한다.
- 회사는 노조가 비정규직(파트타이머)을 조직하는 것을 완전히 수용한다.
- 노사는 성희롱 사건조사 실무단을 만들고 성희롱에 관한 가이드라인을 작성한다.
- 노사는 단체협상을 즉각 재개한다.
- 노사는 건설적인 노사관계를 위해 사회적 대화를 발전시킨다.
- 아웃소싱 확대 문제와 매니저의 가입범위에 대한 실무적 문제는 추후 논의한다.

이처럼 비정규직 노동자도 노조가입 권리를 갖도록 하는 일은 쉬운 일이 아니었다. 이미 몇 명의 비정규직 노동자가 비공개 조합원으로 가입되어 있지만, 비정규직을 조직화하는 일도 문제였고, 그들을 책임지는 것은 더 큰 문제였다. 파업을 하면 정규직도 해고되거나 가압류 및 손해배상소송을 당했다. 정규직도 자기 앞가림하기 버거웠다.

그럼에도 비정규직을 조합원으로 조직해야만 하는 이유는, 비정규직을 조직하지 않는다면 정규직의 파업이 제대로 효력을 발휘하기 어렵기 때문이었다. 노조가 임금인상이나 복지 등을 요구하며 파업을 하더라도, 그 빈자리는 비정규직들이 다 채워 왔다. 이미 매장에는 정규직보다 훨씬 많은 비정규직들이 일하고 있었다. 그 때문에 노조는 비정규직의 동참 없이는 정규직 노동자들도 제대로 힘을 발휘하기 어렵다고 판단한 것이다. 거기에 더 중요한 이유는 비정규직 노동자도 노조를 할 권리가 있고 파업을 할 권리가 있기 때문이다. 모든 노동자는 헌법에서 노동3권을 보장받기 때문이었다.

모든 노동자들은 동일한 권리를 갖고 있다는 것을 김경욱 위원장은 '중동점 70일 파업'의 경험을 통해 깨달았다. 그 때문에 회사의 탄압에도 단체협약으로 비정규직 노동자들의 노조할 권리를 확보하기 위해 노력한 것이었다.

단체협약에 비정규직 노조가입 건을 넣기 전부터 비밀리에 비정규직을 조직했죠. 그 시간이 2년 반 정도 된 듯한데, 정규직 조직보다 더 어려웠던 거 같애요. 한 달에 세 명 가입하면 두 명 탈퇴하는 식이거든. 이게 반복됐고. 이슈가 없다 보니 노조 가입이 어려운 것도 있죠. 게다가 조합비는 거의 안 걷혔거든요. (……)
2005년경부터 비정규직 차별철폐 싸움을 계속 했죠. "휴가 똑같이 해라", "복지 똑같이 해라", "단체보험도 똑같이 해주라" 계속했어요. "임금 삭감 없는 주5일제"도 계속 싸워요. 그래 요구를 하나씩 하나씩 따내다가 2005년도에 회사와 크게 한번 붙어 가지고 단협 체결했고. (……) 그다음에 가장 큰 거는, 3-6-9계약이 사실상 와해되면서, 3개월 1번, 6개월 2번, 9개월 3번 계약만 하면 자동으로 무기계약되는 거죠. 해고 못하게 되는 거고. 그때 비정규 노동자들이 반 이상 구제를 받아요. 2005년도 단협이 제일 큰 성과예요. 그러니까 정규직-비정규직이 임금 차이만 있었고 나머진 다 똑같았고, 고용안정도 이뤄졌고. (김경욱, 위원장)

3장

이랜드의 까르푸 인수와 이랜드그룹 3사의 공동투쟁

1. 까르푸의 이랜드 홈에버로의 매각과 3사 공동투쟁

1) 이랜드로의 매각 문제: 고용승계 및 노조활동 보장

까르푸는 2005년 하반기부터 제기되기 시작한 인수·합병설에 대해 2006년 들어 인수합병이나 한국시장 철수는 없다면서 "매출실적이 부실한 4~5개 점포에 대해 부분매각을 검토 중"이라고만 했다.

노조는 부분매각 대상으로 추정되는 점포에서 일하는 노동자들의 혼란과 고용불안에 대한 대책을 세워야 했다. 매각이 예상되는 점포는 부산의 서면점·장림점·해운대점, 울산점, 수원 원천점, 인천 계산점, 충남 천안점, 서울 가양점 등이었다. 문제는 이들 8개 점포와 같이 매출이 저조한 곳과 우수한 점포를 함께 '묶어 팔기'를 할 가능성도 있고, 또 회사의 부분매각 방침이 전면매각으로 이어질 수도 있는 상황이라는 것이다. 어떤 경우이든 까르푸에서 근무하고 있는 노동자들의 고용을 보장할 수 있는 제도적 장치가 없다는 것이 심각한 문제였다.

더욱이 2006년 들어 각 점포 내의 베이커리 등이 속속 수수료매장으로 전환되면서 상당수 직원이 용역업체 소속으로 전환되거나 퇴사하는 사례가 늘어나고 있었다. 회사가 매각에 앞서 구조조정을 했던 것이다.

이에 노조는 회사가 부분매각이 아닌 전체매각을 할 것이라고 판단했다. 그 때문에 노조는 2005년 하반기 단체교섭에서부터 '회사매각 또는 인수합병 시 노동자들의 고용승계를 보장할 것'을 요구했다. 회사는 이에 대한 답변을 미루기만 했다.

3월 들어 한국까르푸는 공식적으로는 매각을 부정하면서도, 내부에서 매각방침을 확정하고 인수 의사를 표명한 기업들과 물밑협상을 벌이고 있었다. 한국까르푸는 국내 진출 10년째인 2006년에 32개 점포를 운영하고 있었다. 점포 수와 매출로 봤을 때 까르푸는 국내 할인점 업계 중에서 이마트, 홈플러스, 롯데마트에 이어 4위를 차지하고 있었다. 월마트에 이어 매출규모가 세계 2위인 할인점 업체의 성과치고는 초라했다. 이마트, 홈플러스, 롯데마트, 이랜드 등 4개 업체가 까르푸에 인수의향서를 제출했다. 그중에 인수자는 할인점 부동의 1위를 노리는 이마트와 2월 주식상장으로 3조 4천억 원의 현금 유동성을 확보한 롯데마트, 두 기업으로 좁혀지는 듯했다.

이에 대해 노조는 고용 및 노조승계가 이루어진다면 매각 자체를 반대하지는 않지만, 노조를 탄압하는 기업이 인수하는 것은 반대한다고 입장을 밝혔다. 민주노총과 서비스연맹도 매각을 둘러싼 까르푸노조의 고용승계투쟁을 적극적으로 지원하겠다고 했다.

회사가 매각을 공론화할 시점을 고려할 즈음, 이미 구조조정 및 매각설로 노동자들의 고용불안은 높아지고 있었다. 이에 노조는 3월 10일에 고용안정을 요구하며 인천 구월점 앞에서 결의대회를 여는 등 하루파업을 벌였다. 이날 조합원들이 대거 파업에 참여하자 일부 점포에서는 계산대가 마비되는 등 영업에 차질이 빚어지기도 했다. 결의대회에서 노조는 언론을 통해 공식화되고 있는 까르푸 매각설과 수수료점포 도입을 통한 직고용 노동자의 용역전환, 국회 환경노동위원회(환노위)를 통과한 비정규법안 등이 고용불안을 심각하게 하고 있음을 알렸다. 조합원들은 회사가 단체협약을 통해 고용보장의 약속을 하지 않는다면 4월 1일에 총파업을 하겠다고 결의했다.

그동안 노조는 수차례 고용승계 보장을 요구했으나, 회사는 이를 계속 거절했기 때문에, 고용안정 방안이 마련될 때까지 투쟁을 이어가기로 하였다.

이어 3월 23일 서비스연맹과 노조는 "고용보장·단체협약승계·노동조합승계와 관련해 까르푸, 까르푸 인수기업, 까르푸노조 간 3자 합의를 체결하자"고 요구하는 성명서를 냈다.

까르푸의 매각은 매년 수백억의 이윤을 챙겨 간 까르푸가 6천여 노동자의 생존권은 뒤로 한 채 매각으로 투자 원금 이상의 이익을 챙겨 가려는 것이었다. 노조는 까르푸만이 아니라 인수업체 역시 노동자들의 생존권을 보장하지 않고, 회사의 욕심만을 추구한다면 투쟁으로 맞서겠다고 했다.

노조는 까르푸 및 인수기업에 강한 경고를 하는 동시에 조합원을 늘리면서 투쟁의 힘을 키워 나갔다. 그리고 계속 회사에 교섭을 요청했다. 매각이 현실화되면서 고용불안으로 노조에 가입하는 노동자들의 수도 늘어 조합원 수가 600여 명이나 되었다. 정규직과 비정규직의 수는 비슷했다. 다만 고용이 보장된 비정규직 조합원만 공개했다.

2006년 초 까르푸 매각설이 나오면서 정규직, 비정규직을 가리지 않고 많이 노조에 가입했어요. 서로 쉬쉬하고 있던 까르푸 매각설을 처음 터뜨린 것은 노조였죠. 매각설이 나오자 현장이 불안해하고, 사내 게시판에 매각설에 문제제기를 하면서 회사에 해명을 요구했고. 그렇게 하니 불안해하던 직원 상당수가 노조에 가입했고, 단체협약에 비정규직 가입이 허용된다는 내용도 선전지 등을 통해 지속해서 알린 것도 있죠. 그래서 조합원이 대략 600명 정도 됐고, 2006년에 매각에 대비해 18개월 이상 근무한 자의 고용보장 등을 주요 골자로 하는 단체협약을 체결할 때, 하루파업을 했는데 500명 정도 모였어요. (김경욱, 위원장)

노사는 3월 23일부터 교섭을 진행했으나 회사 측은 직원들의 고용승계와 노조승계, 단협승계 등에 대해 답변을 회피하면서 더 검토해 보겠다는 무책임한 태도를 보였다. 회사는 노동자의 고용과 매각 가격을 저울질하겠다는 것이다. 이에 노조는 3월 26일 수도권 파업과 순천 부분파업, 3월 29일 순천 부분파업, 4월 1일 총파업을 진행하기로 결정했다.

이런 상황에서 한가로이 휴가를 다녀왔던 목동점장은 휴가에서 돌아오자마자 노조비방과 분열을 조장하는 발언을 하여 조합원들의 반발을 샀다. 또한 매각이 임박한 상황에서 4월 12일까지 샐러드바와 베이커리를 수수료매장으로 전환하겠다고 갑작스럽게 발표하자 조합원들은 분노했다. 이에 목동점 조합원들은 3월 25일 오후 1시 40분부터 4시까지 부분파업을 했다. 노조의 파업지침이 떨어지자마자 조합원들은 모든 일손을 멈추고 계산대 앞에 모여 "단체협약체결과 수수료 전환 중단" 등의 구호를 외쳤다. 목동점 조합원들의 파업으로 모든 계산대가 멈추었고 식품부 영업이 거의 정지되었다. 고객들은 조합원들의 설명을 듣고 "꼭 이기라"는 격려를 보내기도 했다. 결국, 목동점장은 위원장에게 사과하고 사과문을 게시하기로 했으며, 베이커리와 샐러드바의 수수료매장 전환을 유보하기로 했다.

한편 이날 노조는 회사와의 실무교섭을 벌였다. 회사 측은 노조활동 보장, 고용승계, 비정규직 차별해소 등에 대해 긍정적인 답변과 함께 노조·회사·인수자 3자가 아닌 노조·회사 간 합의서를 쓸 수 있다고 했다. 그러나 인수자가 서명하지 않는 합의서는 인수 후 휴지 조각이 될 수밖에 없기에 반드시 3자 합의가 전제돼야 했다.

이에 3월 26일 노조는 하루 경고파업을 진행했다. 회사와 실무교섭을 진행하면서 3월 27일 본교섭을 앞두고 회사에 압박을 가하기 위한 것이었다. 서울·경기 등 수도권 매장을 중심으로 11개 지점, 500여 명의 조합원들이 참여하는 하루파업이었다. 이들뿐 아니라 순천점, 해운대, 울산 등 지역에서도 부분파업 및 선전전 등을 진행했다.

수차례의 협상 결과, 3월 31일 협상에서 노조와 회사는 '노조·단협·고용 승계'를 뺀대로 한 단체협약에 잠정합의했다. 노조가 4월 1일 파업 돌입을 예고한 상황에서 진행된 마지막 교섭에서 노사는 노조활동 보장(노조전임자 인정, 노조사무실 지원 등), 회사 영업의 전부 또는 일부 양도시 고용-노조-단체협약 승계, 근로조건 변경 시 노조와 합의, 노조간부 인사 시 사전협의, 파트타이머 차별시정(경조휴가 및 경조금 지급, 명절지원금 정규직과 동일하게 지급, 인센티브 지급) 등에 합의했다. 또, 임금부분은 매니저 및 정규직사원 기본급 6% 인상, 파트타이머 기본 시급 150원 인상(임금 4% 인상 효과) 등에 합의했다. 특히 "입사한 지 18개월(1년 6개월)이 경과한 계약직 조합원에 대해 정당한 사유 없이 계약기간 만료를 이유로 계약을 해지하지 않는다"는 내용을 단체협약에 명시했다. 이는 국회에 계류 중인 비정규법안의 "2년 초과사용 시 무기계약으로 간주한다"는 조항보다 한 발 나아간 내용으로 계약이 만료된 비정규직이라도 함부로 해고할 수 없도록 해놓은 것이다.

그러나 노조가 핵심적으로 요구한 '까르푸 인수사의 고용안정협약서'는 끝내 받아내지 못했다. 회사 측이 인수사가 결정되지 않은 상태이기 때문에 이 부분을 성급하게 합의할 수 없다고 주장했기 때문이었다. 노조에게는 까르푸와의 단체협약체결도 중요했지만, 인수사의 고용안정협약서도 중요했다. 이에 노조는 이후 인수자나 우선협상대상자가 결정되면 협약서를 확보하기 위한 투쟁을 다시 진행해야만 했다.

노조는 3월 31일 잠정 합의에 따라 4월 1일로 예정됐던 파업을 철회하고, 4월 1~2일 양일간 전국에서 잠정합의안에 대한 조합원 찬반투표를 진행했다. 2일 오후 8시까지 진행된 찬반투표에는 조합원 1,000여 명이 참석했고, 투표에 참여한 조합원 중의 90.04%가 찬성을 해서 잠정합의안이 통과되었다.

이에 따라 노사는 4월 7일 서울 리츠칼튼호텔에서 단체협약 조인식을 갖고, '노조·단협·고용승계' 등에 최종합의했다. 이로써 노조는 단체협약을 통해 고용승계를 약속받고 고용안정을 위한 안전장치를 마련했지만, 인수사가 이를 제대로 이행하지 않을 우려가 있었다.

노조는 조인식 직후 확대간부회의를 열어 '고용안정협약서'와 '인수합병 위로금' 확보를 인수합병 전까지의 투쟁목표로 확정짓고, 이를 위해 4월 말까지 조합원 수를 2,000명 이상으로 확대하는 것을 활동목표로 결정했다.

> 내부에서는 2차 단협을 체결하면서 핵심간부들이 되게 불만이 많았어요. 그때 제가 볼 때는 회사의 교섭대표 중에 누가 매각 관련한 많은 정보를 위원장한테 줬던 것 같아요. 그러니까 김경욱 위원장은 그걸 공개 못한 거지. 그래서 우리는 필사적으로 비정규직도 가입대상에 넣고, 그다음에 우리가 매각됐을 시에 "노조승계, 단협승계, 고용승계" 조항을 넣었잖아요. (……) 그러니까 아주 비밀로 해서, 이런 내용을 포함한 단협을 극적으로 체결할 수 있었던 거죠. 그러니 우리 교섭위원들은 이 상황을 모르니까 "도대체 위원장이 교섭 가서 이상한 소리 한다"고 불만이 많았어요. (이경옥, 부위원장)

● 울산지부의 결성(2006년 3월)

까르푸 울산점은 1998년에 오픈했다. 직원이 300~400여 명이었고, 캐셔가 100명이 될 정도로 큰 규모였다. 규모만큼 고객이 많았다. 당시 매장의 상황을 캐셔로 일했던 유영예는 다음과 같이 기억한다.

> 캐셔가 1, 2층으로 1번 포스에서부터 40번 포스까지 다 열었으니까, 그걸 교대로 한다고 생각하면, 한 100명 안쪽으로. 첫 오픈 때는 사람이 많았어요. 그때는 무조건 다 현금을 받았어요. 그럼 현금이 이따~만큼 쌓이는 거예요. 그걸 거기서 일일이 못 세니까, 막 그냥 비닐에 넣어 와서 세어서. 100만 원 다발로 캡슐에 넣으면 한 5개 정도가 들어가요. (유영예, 울산)

그러나 2002년 12월 울산점도 직원 수를 줄이기 위해 혈안이 되어 있었다. 이때 계약직 노동자 2명이 노동조합에 가입하였다. 12월 19일에 부서별 과장들이 계약직 직원들을 미팅하면서 계약직을 없애니 계속 근무하기를 원하는 사람은 아르바이트로 계약서에 서명을 하라고 요구했다. 12명의 직원이 거부하였고, 그 과정에서 1명이 회사의 시달림에 못 견디고 퇴사했다. 남은 11명이 3일을 버티면서 계속 사무실에 불려가는 시달림을 받았다. 이들은 계속 거부하면서도 직장에서 쫓겨나지 않을까 하는 불안감에 시달렸다. 끝까지 계약을 거부하던 4명의 계약직 노동자들은 3~4년 아르바이트를 하다가 계약직이 된 이들로, 조만간 정규직이 될 거라는 기대 속에서 동일노동을 하면서도 동일임금을 받지 못하는 조건을 참고 견디고 있었다. 이들은 아르바이트로 계약하라는 회사의 횡포에 분노하다가 노조에 가입했다. 회사가 노동부의 특별지시가 있었다는 등의 말로 회유하자, 이들은 잠시 흔들리기도 했다. 하지만 이는 노조가 확인한 결과 회사 측의 거짓말이었음이 드러났고, 그렇게 버티던 이들은 결국 정규직 발령을 받아냈다.

1호 가입자가 최순라 씨라 그랬잖아. (유영예) 우리 아무도 모를 때 자기 혼자 노조에 가입하고 있었잖아. 있는 줄 몰랐는데, 또, 김학은이 가입돼 있더라고. (이해욱, 울산)

이후 울산점에는 간혹 서비스연맹이나 노조에서 와서 선전전을 했지만 조합원이 늘지 않았다. 그러던 2006년 까르푸가 이랜드로 매각될 거고, 이랜드가 까르푸 때처럼 비정규직을 정규직으로 전환하지 않는다는 소문이 돌면서 현장은 술렁이기 시작했다. 가전 부문에서는 김학근 대리가 외부에서 영입한 비정규직 가전 직원들이 6개월 이후 정규직으로 전환하기로 약속되어 있었다. 불안한 현장 분위기에 김학근은 이들의 정규직 전환을 점장에게 요구했으나, 점장은 분명한 답을 하지 않았다. 이들에 대한 책임으로 고심하던 김학근 대리는 노조위원장에게 연락해 노조에 가입했다. 2006년 3월경이었다.

2003년인가, 서비스연맹에서 선전전 온 적 있어요. 제가 소식지 받아온 놈을 다 불러서 이름 면담하고 다 뺏은 사람인데. 저는 회사 편이었어요. (……) 그런데 노조하게 된 게 2006년에 내가 데려온 2명이 있었어요. (……) 가전을 하던 친구들. 그때는 정규직 티오(TO)가 없어서 6개월 후에 정규직을 해준다고 했는데, 이랜드로 넘어가면 정규직은 없다고 들었어요. 그래서 점장하고 제가 면담을 해서 "이랜드로 넘어가기 전에 정규직 시켜라. 안 시키면 다음엔 안 된다." 발단이 그거였어요. 그런데 점장이 지금은 정규직이 안 된다고 해서 언제나 되냐 하는데 답이 없어.

그래 내가 김경욱한테 전화를 직접 해서 노조가입한다고. (……) 위원장이 “탄압이 심한데 하겠냐?” 그러더라구. 나는 한다고 하고, 위원장이 의아해했어요. “뭐 이런 사람이 있냐”는 거죠. 내 사정을 모르니까, 내가 “실명 공개하라. 내가 다 한다” 하니까 “이거 또라이 아니냐”며…. 위원장이 긴가민가해서 울산에 왔는데, 매장에 사람들이 유니폼을 다 입고 일하는데, 저는 유니폼을 안 입고 신발 빠져 신고, 매장을 어슬렁거립니다. 제가 좀 불량스럽습니다.(웃음) 위원장이 저를 보고 “저게 뭐지?” 한 거죠. (김학근, 울산)

노조위원장을 만나 공개 조합원으로 가입한 김학근은 가전의 과장들에게 노조가입을 하게 하였다. 그 뒤에 김학근은 이랜드로 매각되면 노동자들도 힘을 합쳐야 한다는 논리로 직원들을 설득하여 많은 직원이 노조에 가입했다. 그 결과, 조합원이 86명에 이르렀다.

내가 한다면 우리 부서에 내가 데리고 간 사람들은 다 할 수밖에 없어요. (……) 문 잠가 놓고 과장들하고 가입원서 돌리는데 안 할 사람 어디 있어요? 안 하면 맞아 죽을 판인데. (웃음) 그렇게 시작한 거고. 그래, 갑자기 인원수가 확 불어난 거예요. (전체 150명 중에) 조합원 수가 86명까지 갔어요. 그리고 왔다갔다하는 사람까지 치면 120명까지 갔어, 관리자 빼고. 내가 그 사람들을 끌어들였으니까 책임져야 될 거잖아요? 내 의지와 상관없이 떠밀려서 조합활동을 시작하게 된 거죠. (……) 그니까 내가 책임져야 한다는 것 때문에 시작한 거죠. 어쨌든 울산이 전국 최대조직이 되는 거예요. 김경욱이 처음에는 긴가민가하다가 사람이 갑자기 너무 많이 느니까 “이게 뭐지?” 이리 되는 거예요.

나중에 김경욱 위원장이 "나는 처음에 지부장을 절대 안 믿었다"고 대놓고 얘기하더라고요. 옛날에 노조 한다고 하다가 그만둔 경우가 많았기 때문에. (김학근, 울산)

먼저 노조에 가입한 가전의 관리자들이 다른 부서의 노동자들에게 노조가입서를 돌렸다. 이때 이해욱은 가전 직원의 권유로, 하남숙은 김학근의 권유로 노조에 가입했다. 당시 수납 직원들도 2년 근무하면 정규직으로 전환될 거라고 기대했는데, 이랜드가 까르푸를 인수하면 오히려 해고될 수도 있다는 소문으로 고용불안이 심각했었다. 그 때문에 박희정·유영예 같은 수납의 노동자들이 다수 노조에 가입했다.

우리는 노조, 그거 진짜 모르고 있었어요. 그런데 이랜드로 넘어오면서 "회사가 바뀌면 힘을 합쳐서 어떻게 해야 한다. 그러면 노조에 가입해야 한다" 그래서 얼떨결에. 그니까 가전 직원들이 막 계산대에 노조가입서를 갖고 와서 주면서 "이거 가입해야 한다"고, 학근 씨가 가전에 있으니까, 가전 직원들이 많이 권유했던 것 같아요. (이해욱, 울산)

저도 그때 "위에서(서울) 3천 명이 해고된다. 이럴 때 힘을 합쳐야 한다"고, 그때 학근 씨하고 같이 근무했었으니까, 그러면서 가입을 하게 된 것 같아요. (하남숙, 울산)

저도 같이 다니던 친구가 "나는 2년이 돼서 그냥 올라가는데 안 잘린다" 하더라구요. 그런데 나중에 확인하니 그 친구들이 잘린다고 그러더라고. 그러면서 옆에서 막 "다 노조에 가입해야 한다" 그래서 같이 가입하게 됐어요. (박희정, 울산)

그때 저도 그랬던 거 같애요. 우리 수납에 2년 안 돼서 잘리는 사람들이 많았거든요. 그때 많았거든. 그래서 우리 수납에서 많이 가입할 때, 저도 한 거죠. (유영예, 울산)

이때 노조에 가입한 이들이 모여서 울산지부를 결성하고 지부장에 김학근을, 대의원에 이해욱·서경만을 뽑았다. 그러나 지부를 결성한 직후 까르푸가 이랜드로 매각되면서 본조는 고용안정 및 노조인정 투쟁을 벌이는 상황이어서 울산지부를 지원할 여력이 없었다. 울산지부 역시 노조활동 경험이 없는 상태여서 활동을 제대로 벌일 수 없었다.

활동은 거의 없는 거죠. 저 혼자 그냥 서울 회의나 왔다갔다하고, 그리고 이랜드로 넘어가면서 이랜드팀들이랑 선전전을 내려오면 그때 결합하고, 그것만 했어요. 제가 조합활동을 뭘 해야 하는지도 몰랐고, 솔직히, 뭘 할 수 있는 것도 없었고.
당시 상황이 전국순회투쟁이고, 저한테 전적으로 맡겨 놓을 수밖에 없었고, 김경욱도 솔직히 얘기하면 저한테 믿음도 없었고. 왜냐면 이상한 게 이건 회사 편도 아니고 회사 가서 지 마음대로 하는 놈인데, 부장들도 나한테 "형님", "형님" 이케 하는데, 이게 장난도 아니고, 솔직하게 "지 개인 일 때문에 왔다가 갈 수도 있다" 이런 게 컸거든요. (김학근, 울산)

2) 이랜드 자본의 특징과 노동통제

까르푸 인수는 마지막 사업자 선정 발표 직전까지 롯데그룹이 유력했다. 롯데그룹은 초기부터 인수금액으로 1조 9천억 원을 제시하면서 1

조 5천억~1조 7,500억 원을 제시한 이랜드, 신세계, 삼성테스코를 압도했다. 하지만 롯데그룹은 4월 21일부터 실사를 하면서 예상보다 까르푸가 부실하다는 판단이 내려지자 인수금액을 1조 7천억 원으로 깎았다. 그러자 롯데그룹보다 500억 원이 많은 1조 7,500억 원을 써낸 이랜드가 '우선협상대상자'로 떠올랐다.

이랜드는 까르푸가 요구하는 "노조원을 포함한 임직원 고용승계 및 직급 인정, 임차 매장 및 납품업체와 맺은 계약 모두 인정, 노조활동 보장" 등의 조건을 모두 받아들이겠다고 제시해 인수업체로 선정됐다. 이랜드는 까르푸 실사를 거쳐 6월 중에 본계약을 체결하기로 했다.

이에 4월 28일 이랜드는 기존 부채 등 가격조정을 거쳐서 실제 인수금액은 1조 6,000억 원 안팎이라며, 인수자금은 계열사인 뉴코아와 이랜드월드가 각각 2,000억 원과 1,000억 원씩 모두 3,000억 원을 대고, 우리은행과 국민은행으로부터 각각 4,000억 원씩 8,000억 원의 인수금융을 받아 충당한다고 밝혔다. 또, 한국금융개발과 화인캐피탈 등 지분투자자들이 2,500억 원 정도를 투자하고, 나머지 2,500억 원은 이랜드측이 제2금융권에서 후순위채로 조달하기로 했다고 밝혔다. 무려 1조 500억 원(은행 인수금융 8,000억 원 + 후순위채 2,500억 원)을 빚으로 충당한다는 것이다.

이렇게 까르푸를 매입한 이랜드그룹은 1980년 이화여대 앞에서 2평 남짓한 옷가게인 '잉글랜드'에서 시작했다. 1980년대는 국민소득 증가와 생활수준 향상으로 의류, 패션에 대한 일반인들의 관심이 커지던 시점이었다. 또, 1983년 교복자율화가 시행되면서, 디자인·가격·품질을 두루 갖춘 이랜드의 티셔츠가 폭발적으로 팔려나갔다.

이 시기에 이랜드는 100% 외부 하청을 통해 생산비용을 절감하는 저가전략을 구사하였다. 즉, 중소기업에 하청을 맡겨 저렴한 비용으로 노동자를 고용하였고, 시장 상황에 따라 유동적으로 하청관계를 확대 또는 축소하였다. 이는 생산공정을 하청 중소기업에 이전함으로써 노동자 관리의 부담과 비용을 줄이려는 것이었다.

이런 이랜드도 IMF시기에는 보유한 브랜드 52개 중 핵심 브랜드를 제외하고 모두 매각했고, 직원 4천여 명 가운데 2천여 명을 구조조정했다. 이때부터 이랜드는 기업인수합병(M&A) 시장에 눈독을 들이기 시작했다. 2003년부터 여성브랜드 데코를 비롯해 의류브랜드 19개를 인수해 패션대기업으로 성장했다. 이처럼 이랜드는 2000년대 들어 외부자본 차입을 통한 공격적인 M&A를 통해 재계 서열 26위가 되었다. 이랜드는 대다수의 기업들이 긴축경영을 해왔던 것과는 달리 단기적인 이익을 쫓아다니는 투기금융세력들을 이용하여 IMF 때 헐값으로 나온 기업들을 대량 인수하면서 사세를 확장했다. 즉 이랜드그룹은 2003년부터 뉴코아, (주)해태유통, ㈜태창내의 부분을 포함한 20여 개 기업을 인수했고, 2006년 4월 까르푸를 인수하면서 자산을 5조 3,830억 원까지 불리며 성장했다.

이처럼 무리하게 외부자본 차입을 통한 기업인수 합병으로 몸집을 불린 이랜드의 방식은 노동탄압과 무모한 구조조정을 수반할 수밖에 없었다.

그런데도 이랜드그룹은 까르푸를 할인점과 패션아울렛이 접목된 '패션프리미엄아울렛'으로 업장의 형태를 변경해 운영하겠다고 했다. 또 이랜드는 패션프리미엄아울렛 모델로 까르푸 매출액을 4조 원대로 끌어올리겠다고도 했다.

'패션프리미엄아울렛'이란 지하나 1층에 수퍼마켓 기능이 결합된 대규모 의류매장의 형태이다. 이를 위해 이랜드는 80여 개의 패션브랜드를 대부분 매장에 입점시키고, 2천억 원을 들인 리뉴얼공사를 통해 최고급 매장으로 바꾸겠다는 것이다. 의류업으로 성공한 이랜드는 이미 2001아울렛, 뉴코아아울렛 등을 유사한 형태로 운영해 왔다.

한편 이랜드는 까르푸를 인수한 뒤, 이름을 '이랜드홈에버'로 변경하였다. 현장의 노동자들도 까르푸 때와 다른 노동통제를 당해야 했다. 우선 이랜드가 의류사업을 중심에 둔 사업방향을 갖고 있었기 때문에 매장을 리모델링하면서 의류매장 중심으로 주력 부분이 달라졌고, 그에 따라 노동자들의 직무전환이 이뤄지고, 직급체계에도 일부 변화가 나타났다.

> 이랜드가 의류사업이 중심이다 보니까, 면목점 같은 경우는 의류에 중점, 의류판매 비율을 높게 하려고 일반식품, 비식품, 가공식품 같은 경우는 삐끼(미끼) 상품인가 할 정도로, 그것을 구입하러 오시는 분들이 의류도 구입하고 잡화용품도 구입할 수 있게끔 시스템이 바뀐 것 같았어요. (부서도 달라지겠네요?) 그죠. 저희 같은 경우는 당시 수납 주임이 보통 6명 정도였는데, 그 인원을 다 계산대로 포진시키더라고요. 주임 일이 없어지고 직위만 있는 거죠. 그러니까 직무전환이 된 거죠. 계산대도, 고객센터도 시스템이 바뀌었죠. (황옥미, 면목)

이어 이랜드는 여성노동자들의 문화를 통제하기 시작했다. 이랜드그룹 박성수 회장의 취향에 따라 베이지색의 바지와 빨간색의 몸에 끼는 조끼, 빨간 립스틱, 그리고 머리망을 쓰게 하는 등 여성노동자들의 옷과 화장문화까지도 간섭하여 통제했다. 이런 통제를 받는 여성노동자들은 자신들이 마치 '꼭두각시' 같다는 느낌을 받으며 일했다.

> 우리가 꼭두각시가 된 기분이죠. 홈에버 때는 빨간색 리본, 머리 묶

는 망을 하라고. 그래서 (베이지색하고 빨간색) 웨이터 같은 옷을 입어요. 머리망도 지네가 다 지급을 하고, 신발도 그렇고, 우리 계산원들 보고 입술을 빨간색 1호를 바르라는 거예요. 처음에는 우리가 안 발랐어. 우리가 노조가입하면서 반기들을 많이 들었거든요. "우리한테 왜, 무슨 색을 바르라고 강요하냐?" 제가 그랬더니, 점장이 계산원들한테 빨간색 1호를 하나씩을 다 사준 거야. 서비스 팀장인가는 립스틱을 들고 다니면서 관리를 하고 다녀요. 우리가 무슨 쥐 잡아 먹은 것도 아니고. 진짜, 계산대에서 꽉 끼는 빨간 조끼에 베이지색 바지에다가, 딱 맞는 블라우스를 입으라고. (이선호, 방학)

아주 공공연하게 복장단속을 하더라구요. "입술은 빨간색이어야 되고 머리는 반드시 망을 해야 하고, 귀걸이나 목걸이 하면 안 되고, 또 매니큐어 칠하면 안 되고, 복장도 깔끔해야 되고" 복장도 맘에 안 들었어요. 옷이 불편하고 조끼까지 갖춰 입고 넥타이도 해야 되니 답답하고, 머리칼이 좀 흘러내리면 이랜드에서 준 망을 해야 되고. (김선영, 시흥)

이렇게 노동자들의 문화를 통제한 이랜드는 기존에 있던 샤워실, 수면실 등의 복지시설을 없애고 거기에 기도실을 만들어 사무직원들을 중심으로 기도를 하게 했다. 박성수 회장이 기독교인이라 회사를 기독교 분위기로 만들어 갔다. 특히 직원교육에도 목사들이 강의하기도 했다.

까르푸 때는 수면실도, 샤워실도, 체력단련실도 있었고, 남녀 수면실이 따로 구분돼 있어 가지고, 그나마 복지시설이 있었는데, 홈에버로 바꾸면서 수면실을 기도실로 바꾸고.(웃음) 그리고 체력단련하는 것도 없어지고, 샤워실도 없어지고, 그게 다 없어지고, 기도실이 있더라구요. 박성수가 교회를 다녔기 때문에. (하남숙, 울산)

이랜드가 종교 관련된 건 싫었어요. 직원교육도 가면 목사나 이런 사람들이 와서 뭐 강의도 하고. 그런 건 싫었거든. "무슨 유통업체가, 그리고 사장이 교회 다닌다고 해서 굳이 그럴 필요가 있나." 그런 게 좀 이상하고. 회사가 바뀌고 나서 우리끼리 있을 때 "뭐, 이런 데가 다 있냐?" 할 정도의 얘기들은 있었죠. (백종근, 순천)

문화의 변화만이 아니라 노동조건은 더 열악해지고 노동강도가 더 강화되었다. 까르푸가 매각과 인수 과정에서 이미 수수료매장화를 추진하면서 많은 인원이 퇴사했다. 이랜드가 인수한 이후에도 인력충원을 하지 않으면서 남은 직원들의 노동력으로 운영을 하다 보니, 강제연장이 늘어만 갔다. 까르푸 시기에 노동조합이 회사와 싸워 확보한 휴게시간조차 무시하면서 연속노동을 강요하였다.

그게 이랜드로 넘어가면서, 조건이 완전히 열악해졌지요. 있던 의자도 다 빼고. 그리고 직원이 힘들어서 그만두면 더 충원을 안 시키고, 있는 직원에서 연장을 시키는 거지요. 그리고 2시간에 한 번씩 휴식을 줘야 되는데 4시간, 심지어 어떤 때는 6시간씩 풀(full)로 계산대에 있는 거예요. 화장실도 급하면 잠깐 조장 불러서 교대해 주는. "나 너무 급하니까 해줘" 그렇게 하고. 다리에 힘줄이 나올 정도로 되게 힘들었어요, 진짜. 그래도 사람이 어느 정도 좀 휴식을 취하면서 일해야 하는데, 그런 게 없이 막 힘들게 하니까. (김경미, 월드컵)

하라고 하면 다 하는 거죠. 가라면 가는 거고, 연장근무를 하라고 하면 연장수당 없이 당연히 했어요. (……) 손님들이 오면 해줘야 돼요. 고객센터는 사람이 너무 밀리면, 2명이 하는 것도 너무 힘들 때가 있어요. 그러면 오전 근무자가 퇴근을 못하고 같이 도와줘요. 몇 시간이고. 조금 빠지면 그때 가고. 그다음에 뭐 행사를 한다 하면 거기 조금 지원해주고, 그러면서 오버타임을 진짜 많이 했어요. (서선애, 순천)

그뿐만 아니라 이랜드는 전국의 매장을 리모델링해서 재오픈하는 과정에 노동자들을 헬퍼로 파견을 보냈다. 같은 지역만이 아니라 전국의 매장으로 파견노동을 나가는데, 회사가 이들의 이동시간을 노동시간으로 계산하지 않아 무급으로 몇 시간 걸려 다른 지역으로 일하러 나가야 했다.

신규 오픈매장에서의 '헬퍼' 일은 본인이 하던 같은 노동이어도 매장 직원들이 새로운 사람들이라 서툴기 때문에, 헬퍼가 거의 전담하다시피 일을 해야 했다. 그 때문에 헬퍼 일은 노동강도가 높아서 정신적·육체적 피로도가 쌓인다. 그러나 노동자들은 힘들어도 일자리를 지켜야 하기 때문에 관리자들이 시키면 시키는 대로 할 수밖에 없었다.

제가 헬퍼로 좀 많이 다녔거든요, 서울로, 부산, 뭐 경기도 많이 다녔어요. (이동시간까지 다 계산됩니까?) 아니요, 그 당시에는 몰랐을 때니까. 노조 하면서 "그게 근로기준법에 위반"이라는 걸 알게 된 거죠. 그 전에는 하라면 당연히 "네" 이러고 하고.

헬퍼를, 순천에서 인천에 처음 생긴 인하점, 그 다음에 수원도 갔었고, 목동도 갔었고요. 그리고 부산도 갔다 오고, 대전 유성에도 갔다가 오고, 하여튼 많이 다녔던 것 같아요. 힘들어서 죽을 것 같았어요. 헬퍼간 곳이 바쁜 데잖아요? 쉬지를 못해요. 그리고 처음 오픈한 데 헬퍼로 가면, 저는 아는 시스템인데 거기 새로 오신 분들은 모르니까, 저희들이 거의 하나를 마크하다 보니까. 홈에버 때 정말 죽을 만큼 일했던 것 같아요. 발이 막 부르트고, 입술이 부르트도록 일을 했어요. (서선애, 순천)

거기에 이랜드는 노동강도를 강화하기 위해 노동자들을 경쟁시키려 했다. 예를 들어 수납의 경우, 스캔 경진대회를 해서 계산을 빨리 하는 사람을 우승자로 선정해 상을 줬다. 노동자들끼리 경쟁을 하도록 유도하는 것이었다. 그뿐만 아니라 모니터링제를 도입하여, 주부모니터나 회사 측 사람이 고객을 가장하여 계산하면서 노동자들의 친절도, 속도, 일하는 태도 등을 비밀스럽게 점검하였다. 고객인 줄 알았다가 나중에 우연히 모니터였다는 것을 알게 된 노동자들은 회사의 감시방식에 분노했다.

회사 사람들이 고객으로 가장해서 일하는 것을 감시하는 거예요. "어서 오십시오, 고객님. 봉투 필요하십니까? 포인트 카드 있으십니까? 고객님, 얼마입니다. 얼마 받았습니다. 거스름돈은 여기 있습니다. 고객님, 행복한 하루 되십시오", 이 인사말을 하나라도 빠뜨리면 안 돼요. 언제 어느 때 걸릴지 몰라요. 계산기에서 영수증을 뽑으면 고객 수가 나와요. 하루에 280~400명쯤. 그 정도 받으려면 여덟 시간 정도 서서 긴장하며 고객들 항의를 들으면서, 화장실도 못 가고 쉬지도 못하면서 일해야 해요. 근데 어떻게 친절이 나오겠냐고요. 하루이틀도 아니고 만날, 바쁘다 보면 하나씩 빼먹을 수도 있잖아요? "안 웃었다", "봉투 한 손으로 줬다", "귀걸이 했다" 이런 것들을 다 체크하는 거예

요. (조희숙, 월드컵)

열에서 지켜보고 그런 게 있었어요. 중간에 주부들이 와서 딱 하고 가고. 모니터링하는 주부들이 와서 친절했는지, 어떻게 했는지, 그걸 우리 몰래 와서 하고 간다는 거죠. 그러고 나서 누구는 어쩌구저쩌구, 그런 게 나왔어. 그거 진짜 기분 나빴어요. (박희정, 울산)

더욱이 이랜드는 정규직과 비정규직에 대한 차별을 더 심하게 했다. 회사 사이트에 가입하는 것도 비정규직은 가능하지 않았다.

일이 힘든 것은 그렇다 쳐요. 근데 저희가 정말 견딜 수 없는 것은 차별인지도 몰라요. 박성수 회장이 신년에 문자를 보냈는데, 정규직에게만 보내고 비정규직에게는 보내지 않았어요. 돈이 드는 것도 아닌데 그렇게 유치해요. 회사 사이트가 있거든요. 그곳에도 정규직만 가입하게 되어 있어요. 회사에서 정규직한테만 아이디를 줬어요. 수납부서도 정규직들은 수납 수당이 있어요. 9천 원인가, 1만 원인가. 똑같이 일해도 정규직이 보너스 받으면 70~80만 원 차이 나요. (조희숙, 월드컵)

그러나 이러한 노동자문화의 통제, 노동강도 강화, 정규직과 비정규직의 차별, 정규직의 전환배치 등은 시작에 불과했다. 이랜드는 기독교적 직업관을 앞세워 노동조합을 인정하지 않고 무력화시켜 왔던 점에서 이후 까르푸노조의 존립문제가 심각해질 우려가 있었다. 노동조합의 존립은 이후 노동자들의 고용문제와도 직결되는 것이기도 했다.

이랜드는 소속 유통매장인 뉴코아, 킴스클럽아울렛, 2001아울렛 등 대부분을 임대매장이나 수수료매장 등의 형태로 운영해 왔다. 이랜드의 유통매장들은 신선식품부, 베이커리, 수산·축산(정육) 코너 등을 수수료매장으로 운영 중이었다. 그런가 하면 이랜드는 검수와 수납을 제외한 대부분의 서비스팀을 용역직원들로 채우고 있었다. 또한, 2005년 2월부터는 이랜드그룹 핵심 관련자들이 '뷰티풀휴먼'이라는 인력회사를 설립해서, 2001아울렛 매장 내의 '모던하우스' 직원 300여 명을 간접고용 비정규직으로 채용하고 있었으며, 이를 이랜드의류와 판매직까지 확대하려는 시도를 끊임없이 진행하고 있었다.

이를 통해 이랜드가 홈에버에 대해 임대·수수료매장화하는 것과 더불어, 간접고용 비정규직의 수를 늘리고 이후 대대적인 구조조정을 할 것으로 예측되었다.

3) 매각 후 까르푸의 노조탄압과 수수료 매장화

● 구사대가 된 관리자들과 여성노동자에 대한 시각

까르푸는 목동점 베이커리와 샐러드바의 수수료매장 전환을 끝으로 다시 수수료매장 전환을 추진하지 않을 것이라고 약속했었다. 2006년 5월 노조에 보내온 공문에서도 수수료매장 전환 계획이 없다고 밝혔다. 그러나 까르푸는 중계점, 월드컵점, 면목점 등 수도권의 매출 상위 점포들에 있는 샐러드바를 수수료매장으로 전환할 방침이었다. 경영권이 조만간 이랜드로 넘어가는데 샐러드바를 수수료매장으로 전환하는 것은 까르푸를 인수할 이랜드의 승인 없이는 불가능한 일이다. 이랜드는 까르푸가 할 수 있는 데까지 구조조정을 해서 넘겨줄 것을 원한 것이다. 까르푸 인수 후 자기들이 구조조정을 하는 것은 부담스러운 일이기 때문이었다.

이 과정에 매니저들이 구사대로 동원되었다. 이는 까르푸에서는 전례가 없던 일로, 까르푸의 노조탄압이 극에 달했을 때도 매니저들을 집단으로 동원해 구사대로 이용하지는 않았다. 이는 이랜드의 노조탄압 방식과 유사한 것이었다. 실제 이랜드에서 파견한 인사팀이 까르푸 본사에 상주한 이후 매니저들이 구사대로 동원되기 시작했다. 그 사례는 다음과 같다.

6월 8일 면목점에서 조합원들이 점장 면담을 요구하며 농성을 벌이자 안전팀과 보안팀이 입구를 봉쇄하여 마찰이 빚어졌다. 그러자 일부 매니저들이 안전팀과 보안팀에 가세했고, 야채청과 과장은 조합원들에게 막말을 퍼붓고 매니저들을 다 집합시킬 것을 지시했다. 일부 매니저들은 몸싸움에 가담하기도 했다.

6월 9일에 울산점에서도 매니저들이 근무시간에 일은 하지 않고 집단으로 몰려와 조합원들의 선전활동을 방해하였다. 노조간부들이 매니저들에게 구사대가 되지 말라고 설득하자, 매니저들은 "하고 싶지 않지만 살생부에 오를까봐 어쩔 수 없다"며 난감해했다.

또, 6월 17일 부산 장림점에서 선전활동을 하고 있는 조합원들을 들어내기 위해 매니저들이 동원되었다. 매니저들은 바쁜 오전시간부터 일은 하지 않고 조합원들을 쫓아다니며 선전활동을 방해하고 내쫓으려 했다. 또 이날 해운대점에서는 매니저 전원이 동원되어 회사 입구를 봉쇄하였다. 해운대점 매니저들은 필사적으로 조합원들의 출입을 방해했다. 일부 매니저들은 야유와 막말을 퍼붓고 고함을 지르며 조합원들을 밀쳐냈다. 샐러드바의 한 과장은 한가운데 버티고 서서 큰소리로 비아냥거리고 거칠게 몸싸움을 벌이며 구사대 역할을 했다.

매니저들을 동원하라는 지시는 인사부 이동준 이사가 직접 내렸다. 이동준 이사는 이마트 출신으로 약 1년 반 전에 거액의 연봉을 받고 까르푸에 영입되었고 인사부 이사가 되었다. 이동준 이사는 M&A 과정에서 실세로 등장해서 막강한 권력을 행사하고 있었다.

이동준 이사는 노조와 관련된 외부세력의 출입금지, ID카드가 없는 노조간부나 타점포 조합원의 출입 불허, 매장 내 선전·선동자들은 직원들이 에워싼 다음 중단 및 퇴거를 명령할 것 등의 지침을 내렸다. 이 지침은 이랜드의 노조탄압 지침과 매우 유사했다. 이랜드에서 제작한 노조탄압 지침에도 직원들을 이용해 조합원들을 에워싸 수치심을 주라는 내용이 있었다. 결국, 관리자들과 노동자들을 대립시켜 노조활동을 방해하려는 것이었다. 또 이동준 이사가 매장의 다수를 차지하는 여성노동자들에 대해 어떤 인식을 가지고 있었는지는 그가 점장들에게 보낸 다음의 공문에 드러난다.

> 까르푸 조합원들 대부분이 아줌마이고 이들은 투철한 사명감이나 상황에 대한 절실함보다는 모여 다니니까 재밌고 뭔가 기분이 우쭐하여 "우리가 이러고 다니니 회사는 아무런 대응도 못하는구나" 하는 자만심과 아무것도 모르는 무지함 및 방자함이 얼굴에 묻어나 있었음….

최저 수준의 임금과 복지로 여성노동자들에게 최대한 일을 시키던 본사 임원은 회사가 매각된 순간까지도 여성노동자들을 비하하며 노동조합을 무시하였다. 5월 22일 이동준 이사는 전국 점장들에게 공문을 보내 사건·사고에 대한 지침으로, '직원들에 의한 사건·사고에 대해 웬만하면 봐주지 말고 좀 더 강력한 조치를 취할 것'을 주문했다. 매각된 상황에서 인사부가 하는 일은 노동자들을 위한 일이 아니라 그들을 죽이는 일이었다.

실제 목동점 야채청과 여성노동자 3명이 인사부의 신속한 처리로 해고되었다. 해고사유는 "야간 마감시간에 물건을 싼 가격으로 찍어 갔다"는 것이었다. 해고자들은 마감시간 떨이를 할 때, 떨이가격보다 더 싼 가격으로 샀다는 이유로 해고를 당할 줄 몰랐다. 잘못을 인정하고 선처를 구했지만 동정은 없었다. 수년 동안 일해 왔는데 단 한 번의 실수로 해고된 것이다. 더구나 회사는 신속한 처리를 한다며 징계위원회에 노조대표가 참가해서 의견을 개진할 수 있는 권리를 박탈하였다. 조합원 2명이 포함된 징계위원회가 열린다는 사실조차 노조에게 통보하지 않았다.

결국, 3명의 여성노동자는 부당해고 반대투쟁을 시작했다. 노조도 이 해고가 부당하다는 결론을 내리고, 이들과 함께 부당해고 철회투쟁을 벌였다. 이들이 바코드를 조작한 사실이 없으며 직접 계산도 하지 않았다는 증거를 1차 징계위원회에 제출했다. 또, 100명이 넘는 노동자들이 탄원서에 서명해서 제출했다. 그런데도 김규택 점장은 사실조사도 없이 노동자들을 절도범으로 몰아 경찰에 고소까지 했다. 보안팀 직원은 부당해고 철회를 요구하며 1인시위를 하는 해고자 옆에 '절도범들'이라는 피켓시위를 하며 모욕을 주고 명예를 훼손하였다. 해고자들의 가슴에 피멍이 들었다. 결국, 6월 30일 징계위원회가 열린 목동점 회의실 밖의 복도에서 까르푸·뉴코아·이랜드 조합원들이 부당해고 철회를 요구하며 농성을 벌였다. 해고자들은 "죽을때까지 싸우겠다. 죽어도 여기서 죽겠다"며 눈물을 흘렸다.

● 수수료매장화 문제

이즈음 까르푸에서는 직영매장을 임대해 주는 대가로 수수료를 지불받는 수수료매장으로의 전환 문제가 불거졌다. 수수료매장으로 전환하면, 까르푸 노동자들도 용역업체 직원으로 전환하게 되어 고용조건이 더 나빠지게 된다. 그 때문에 노조는 이를 심각한 문제로 인식했다.

회사는 초기에 회·초밥 코너를 중심으로 수수료매장화를 추진하였고 이어 베이커리를 샤니제빵업체에 임대하고 있었다. 회사는 베이커리 수수료매장화를 이미 서면점, 장림점, 울산점, 인하점에서 진행했고, 가양점과 방학점은 추진 중이며, 면목점과 목동점도 추진할 계획이었다.

수수료업체들은 이익을 내기 위해 최소의 직원만을 고용하고 있으며, 인천 인하점의 경우는 까르푸에서 직영으로 운영할 때 16명이던 직원 숫자가 수수료매장으로 전환된 후 9명으로 줄었고, 그나마 대부분의 직원이 인력파견회사를 통해 채용된 비정규직이었다. 특히 샤니 관계자들은 기존 베이커리 직원들을 직접 면접해 채용을 결정하고, 매장 내에서도 직원들에 대한 모든 인사권과 업무지휘권을 행사했다. 이는 명백한 불법파견에 해당한다. 더 심각한 것은 업체를 통해 파견된 노동자들이 장시간 노동에 시달리는가 하면, 연장근무수당을 제대로 지급받지 못하는 등 열악한 노동환경에 처해 있다는 점이었다.

수수료매장으로의 전환에 대해 2006년 4월 7일 노조가 회사 측과 체결한 단체협약의 제15조 회사매각 외주확대 시 고용안정의 3항에는 "회사가 기존회사의 업무 및 점포의 운영과 관련하여 용역전환, 수수료전환 또는 임대전환 등을 결정하는 경우 근로조건에 불이익한 영향을 미치는 경우에 대해서는 조합과 충분히 협의하여 시행한다"고 되어 있었다. 그런데 단체협약이 체결된 지 일주일도 지나지 않아 회사는 목동점 샐러드바와 베이커리의 수수료매장 전환을 일방적으로 발표했다. 노동자들이 반발하고 투쟁했지만 회사는 막무가내로 추진했다. 노조와의 협의는 단 한 차례도 없었다. 노동자들은 전원 전환배치되거나 권고사직을 당했다.

노조는 회사에 단체협약 위반에 따라 보충협약을 체결할 것을 요구했다. 노조의 보충협약 요구가 계속되자, 또 이동준 이사는 목동점 이후에 수수료매장 전환 계획이 없다고 공언했다. 5월 16일 이동준 이사는 수수료매장 전환 문제와 관련해서 "목동점 이후 추가 전환계획은 아직 없으며 이후 계획이 있을 경우 성실히 조합에 통보하고 협의토록 하겠다"는 공문까지 보내 노조를 안심시키려 했다. 그러나 바로 다음 날인 5월 17일 중계점 노동자들은 점장으로부터 수수료매장 전환 통보를 받았다. 이에 5월 17일 교섭에서 노조는 이동준 이사에게 단체협약 불이행에 대해 항의하며 보충협약을 체결할 것을 요구하였다. 이 자리에서 이동준 이사는 "중계점이 수수료매장 전환을 할 것 같다"며 말을 흐렸다. 노조대표는 수수료매장 전환을 하기 전에 노조와 충분히 협의할 것을 요구했고 이동준 이사는 그렇게 하겠다고 했다.

그러나 중계점장은 이미 결정된 것이라며 임의로 설명회를 잡고 조합원들에게 개인면담을 통보했다. 또한, 면목점장도 샐러드바의 수수료매장 전환을 일방적으로 발표하고 조합원들에게 설명회와 개인면담에 응할 것을 통보했다. 노조는 중계점과 면목점의 일방적 수수료매장 전환은 단체협약 위반임을 지적하고 수수료매장 전환 철회와 보충협약 체결을 위한 교섭을 요구하는 공문을 보냈다. 이에 5월 24일 이동준 이사는 수수료매장 전환은 회사의 고유권한이지만 "회사는 단체협약 제15조 제 3항에 의거하여 이번 수수료매장 전환으로 인해 직원들의 근로조건에 불이익이 최대한 발생하지 않도록 하기 위하여 귀 조합과 성실히 협의할 계획입니다"는 공문을 노조에 보냈다.

그러나 이후에도 회사는 노조에 수수료매장 전환에 대해 그 어떤 사항도 통보조차 하지 않았다. 중계점장과 면목점장은 노조와의 협의는 본사에서 알아서 할 일이라며 본사에 책임을 떠넘겼고, 인사부 이동준 이사는 수수료전환에 대해서는 "점포에서 지부장에게 통보했으면 다 끝난 것이다"며 노조와 협의할 필요가 없다고 했다. 그리고 그 과정에서 충격적인 사실이 드러났다. 5월 22일 이동준 이사가 전국의 점장들에게 보낸 공문에 수수료매장 전환에 대해 노조와 협의하지 않겠다는 입장이 담겨 있었던 것이다.

> 단협에 보면 수수료의 전환으로 인하여 근로조건의 불이익이 예상될 경우 충분히 협의하도록 되어 있는바, 불이익이 예상되지 않는 경우 협의조차 할 필요가 없는 것임. (……) 수수료매장 전환의 내용과 일정은 회사의 결정사항이므로 이 단계에서 조합에 통보할 이유는 없고, 내용과 일정이 결정된 이후 향후 설명회나 전환배치 등에 대해 본인들과의 협의일정 등에 대하여 조합 측에 통보하여 의견을 듣는 것이므로 이때 점포의 지부에 통보하면 되는 것임. (5월 22일자 이동준 이사가 점장들에게 보낸 공문 내용)

"근로조건에 불이익한 영향을 미치는 경우"는 전환배치, 권고사직, 업체 이전 등이 모두 해당된다. 그런데 이동준 이사는 "불이익이 예상될 경우"로 문구조차 마음대로 갖다 붙였다. 또 수수료매장 전환 일정과 내용에 대해서는 노조에는 통보조차 안 하고 지부장에게 개인 면담 일정만 통보하면 된다고 규정하였다. 점장들은 이동준 이사의 지시에 따라 일방적인 수수료매장 전환과 강제적인 전환배치를 진행했다. 특히 김홍림 면목점장은 "가겠다는 노동자는 안 보내고 안 가겠다는 노동자는 보내"는 몰상식한 조치를 했다.

이렇게 이동준 이사가 노조를 기만함으로써 노사관계는 파탄 위기에 처했다. 노조는 6월 16일 면목점에서 까르푸의 만행을 규탄하는 집회를 갖고 단체협약 불이행과 노조말살 책동에 대해 응징할 것을 결의하였다.

이처럼 이랜드로 매각이 확정된 이후, 회사를 매각한 프랑스 자본은 이미 한국에서 철수했고, 마지막까지 남아 있을 것이라던 사장도 한국에 없었다. 이랜드자본은 이미 '이랜드 골수맨'들을 까르푸에 보내 경영권 장악을 준비했다. 이미 몇몇 임원은 이랜드에 기대어 시키는 대로 하고 있었다. 임원들은 노조를 무시하고 단체협약을 무시하면서 일방적으로 수수료매장화를 추진하여 노동자들의 고용을 위협했다. 이는 구조조정을 순조롭게 진행하기 위한 준비작업이었다.

2. 3사 공동투쟁본부의 활동과 이랜드-까르푸 노조의 통합

1) 3사 공투본의 결성과 3사 노조의 상황

2003년 뉴코아가 이랜드로 매각된 이후 뉴코아-이랜드노조는 연대모임을 진행하고 있었다. 2006년 4월 28일 이랜드가 까르푸를 인수하자, 뉴코아노조 위원장과 까르푸노조 위원장이 소통해서 까르푸노조도 모임에 참여하는 것으로 했다. 뉴코아-이랜드-까르푸노조가 4월 30일 뉴코아노조 사무실에서 처음으로 만나 대책회의를 열어 '고용안정 및 노조활동 보장'을 위한 공동행동에 나설 것을 결의했다. 이들은 까르푸를 인수한 이랜드가 까르푸에도 구조조정을 할 것이고 노조활동을 보장한다는 약속을 신뢰하기 어렵다는 상황을 공유하였다.

> 저희들이 단협체결하고 교육하면서 전국 돌면서 부산에 있을 때, 뉴코아 위원장이 전화했어요. "이랜드매각 발표가 됐는데, 같은 자본이니까 한번 보자." (……) 당시 서비스연맹에서 가장 강력한 정규직노조였죠. 제가 보기에는 조합원, 간부들도 멋있고. 선망의 대상이었죠. (……) 그래서 회의에 갔죠. 뉴코아노조, 이랜드노조의 이남신·홍윤경이 있고. 저는 이경옥 부위원장이랑 갔어요. 회의하는데 "정세가 어떻고 앞으로 이렇게 해야 하고, 3개 노조가 어떻게 해야 하고" 막 이런 말을 하는 거예요. 저는 동의하고. 힘 있는 노조와 경력 있는 노조와

함께하는 게, 너무 든든하고 좋았죠. (김경욱, 위원장)

까르푸노조는 3사 대책회의에 참여하면서 동시에 이랜드를 대상으로 '실질적 고용안정과 노조활동 보장을 위한 3대 요구안'을 발표했다. 그 내용은 고용안정 보장(고용-노조-단협 승계, 인위적 인원감축 금지, 현 고용수준 유지 등), 노조활동 보장(노조사무실 설치, 정기적 노사협의 진행, 기존 노사관행 인정 등), 노동조건 개선(노동조건 저하 금지, 인수 1개월 내 고용안정 및 노동조건 개선 위한 보충협약 체결 등) 등이었다.

5월 1일에 처음으로 까르푸노조, 뉴코아노조, 이랜드노조는 안양 평촌 뉴코아 본사 앞에서 공동집회를 갖고, "까르푸 노동자 고용안정 보장, 뉴코아-이랜드 노조탄압 중단, M&A 성실교섭" 등을 촉구했다. 이 집회에서 김경욱 위원장은 "이랜드가 3천억 원의 자기자본으로 1조 7,500억 원의 까르푸를 인수하며, 뉴코아의 매출 채권을 담보로 잡혔다"고 지적했다. 이어서 "자본구조가 취약한 이랜드가 실제로는 1천억 원의 자기 돈만으로 1조 7,500억 원의 물건을 구입한 격으로, 연쇄도산이나 2·3차 매각 등도 우려되는 상황"이라고 주장했다. 노조는 이랜드 측에 취약한 자본구조를 어떻게 개선할 것인지에 대한 청사진을 요구하는 한편, 문서로 '고용안정협약서'를 통한 고용보장을 요구했다.

노조는 고용안정보장에 조직의 사활을 걸었다. 이랜드가 까르푸를 인수하면서 '100% 고용승계'를 약속했지만, 노조는 이랜드의 유통매장 운영방식을 놓고 볼 때 고용승계 약속이 형식에 그칠 것이라고 우려했다. 노조는 이랜드가 '100% 고용승계'라는 약속을 성급히 무효화하지는 않겠지만, 인수 후 일정 기간이 지나면 아웃소싱 전환 등의 형태로 구조조정을 시도할 것으로 예상했다. 그러면 6,500명의 까르푸 노동자 중에 최소 50% 정도는 비정규직으로 전락하고, 결과적으로 노조의 근간마저 흔들릴 수 있는 상황이었다.

이에 노조는 4월 30일에 이어 5월 2일 이랜드에 교섭요청 공문을 보냈고, 5월 5일 이랜드와 까르푸에 각각 공개질의서를 보내어 5월 10일까지 공식답변을 요구했다. 질의내용은 우선 매각과정에 대해 소상히 공개하라는 것이다. 또, 이랜드의 자본구조가 매우 불건전해 연쇄도산의 우려가 크고, 이랜드가 1조 4천억 원에 달하는 차입금의 이자와 원금을 상환하기 위해 까르푸 점포의 대부분을 다시 매각하게 될 것이며, 이 과정에서 수많은 노동자와 중소납품업체들이 죽어 나갈 것이라는 우려가 확산되고 있다는 것을 강조했다. 그 때문에 여러 상황을 종합해 볼 때, 이랜드에게 까르푸를 매각하는 것이 공정한 결정이었는지를 물었다.

또, 노조는 질의서를 통해 이랜드가 까르푸 인수 후 발생할 금융비용을 어떻게 감당할 것인지, 불안정한 재무상태를 어떻게 개선할 것인지, 대대적인 구조조정이 예상되는 패션프리미엄아울렛 전환의 개념과 이를 위한 구체적인 계획은 무엇인지, 노조활동 보장 약속을 믿을 수 있도록 뉴코아노조와 이랜드노조에 대한 탄압을 중단할 용의는 없는지, 고용안정협약을 체결할 용의는 없는지 등을 물었다.

이어, 노조는 5월 8일 질의서에 대한 답변을 촉구하는 공문을 다시 보냈고, 5월 10일까지 답변이 없을 경우에는 뉴코아노조의 하루파업이 예정돼 있는 안양 평촌 뉴코아 본사를 직접 방문해 공식 입장제출을 요구하기로 했다.

한편 3사 대책회의는 공동투쟁을 위한 공동투쟁본부을 결성하기로 합의하고, 5월 10일에 '고용안정 쟁취와 노조탄압 분쇄를 위한 공동투쟁본부'(공투본)를 발족하였다. 이어 1차 결의대회를 개최하여 '3사 노조통합' 계획을 선포했다. 그동안 이랜드노조와 뉴코아노조가 진행해 온 노조통합 논의에 까르푸노조까지 가세하여 3사 노조는 고용불안, 노조탄압 등 당면한 문제를 해결하기 위해 이랜드 자본에 맞서 공동투쟁을 벌이고, 이런 공동투쟁의 경험을 바탕으로 3사 노조 통합을 준비하기로 했다.

3사 노조 공투본의 1차 결의대회는 이후 전개될 공동투쟁에 대한 조합원들의 결의를 높이는 데 목적이 있었다. '조합원 무더기 징계철회'를 요구하며 이날 하루파업을 벌인 뉴코아노조 조합원 1,000여 명과 이랜드노조 및 까르푸노조 조합원 100여 명이 참석하였다.

결의대회에서 정병원 뉴코아노조 위원장은 회사가 조합원들을 무더기로 징계 회부하고, 이에 저항하는 직원들을 상대로 보복성 인사조치를 강행하고 있다면서, 이에 대해 3사 노조의 공동투쟁으로 돌파해 낼 것이라고 했다. 홍윤경 이랜드노조 위원장도 "3사 노조의 공동투쟁은 선택이 아닌 필수"라며 "이랜드그룹 내 노동자들의 단결을 통해 조직을 강화·확대하자"고 주장했다. 김경욱 위원장은 이랜드는 까르푸 매각 자금을 어디서 어떻게 빌렸고, 어떻게 갚을 건지 명확하게 밝히고, 100% 고용승계 약속을 지켜야 한다면서 "3사 노조 공동투쟁으로 고용안정을 쟁취하자"고 호소했다.

한편, 까르푸노조가 까르푸 필립 브로야니고 사장과 이랜드 박성수 회장에게 5월 10일까지 답변을 요구했던 질의서에 대해, 두 회사는 공식답변을 보내지 않았다. 이에 공투본 및 서비스연맹 등은 이랜드를 상대로 투쟁의 수위를 높여 나가기로 결의했다.

이처럼 빠르게 공투본을 결성한 3사 노조는 '이랜드자본에 맞서야 하는 운명공동체'라는 공통된 인식을 하고 있었다. 3사 노조 모두 뭉칠 수밖에 없는 각자의 상황이 있었다.

먼저, 이랜드노조는 수년간에 걸친 이랜드그룹의 각종 노조탄압으로 초기 800여 명에 달하던 조합원 수가 60여 명으로 줄었다. 이랜드노조는 2000년 265일의 장기파업으로 "만 3년이 경과된 비정규직은 정규직으로 채용한다"는 내용의 단체협약을 체결했지만, 그 뒤 회사는 "비정규직은 3개월 단위로 3번 계약하고 해고"(3-6-9제도)하도록 했다. 이랜드그룹은 또 "도급·아웃소싱 도입시 노사합의 및 협의"라는 내용의 단체협약조항도 위반하였다. 이랜드그룹은 인력회사를 통해 불법적인 도급제로 인력을 충원하고 물류부서 대부분을 아웃소싱 또는 불법파견직으로 전환했다. 이랜드그룹이 끊임없이 노조를 탄압해 왔기에 이랜드노조는 사실상 존립의 기로에 서 있었다.

뉴코아노조의 상황도 심각했다. 2003년 이랜드에 인수된 뉴코아는 비록 백화점에서 아울렛으로 바뀌었으나 이랜드의 주력 사업장이었다. "조합원 700여 명 집단징계 회부", "노조 핵심간부에 대한 고소·고발", "기도실 설치 반대 조합원 중징계" 등 2006년부터 본격화된 이랜드그룹의 노조탄압 앞에 뉴코아노조의 위기의식도 커지고 있었다. 심지어 회사는 4월 28일 노조에 "노조의 불법파업으로 3일 동안 조합원이 결근했지만, 노조 주장과는 달리 매장의 현실은 인원이 절대적으로 부족하지 않다. 더는 노사협의 사항을 지킬 의무가 없다고 판단된다"는 공문을 보냈다. 이랜드그룹은 이랜드노조에 했던 것처럼 뉴코아노조에도 노조탄압을 본격적으로 하겠다는 것이었고 노조가 파업을 한다고 해도 회사는 더이상 피해 볼 것이 없다는 태도였다. '파업권을 박탈당할 위기'가 뉴코아노조의 상황이었다.

까르푸노조 역시 이랜드로 매각된 이후 고용불안과 노조 기반이 위협받는 상황이었다.

이처럼 3사 노조는 각자 처한 상황은 차이가 있지만 모두 존립의 위기를 맞고 있었다.

이랜드노조는 살아남자는 거. 이미 단협 해지 통보가 왔고, 당시 조합원 100명이 안 되는 소수노조란 말이에요. 그리고 오랫동안 이랜드에서 투쟁을 계속하면서, 비조합원들에게서 고립에 가까운 상황을 계속해 왔기 때문에, 그게 힘들었죠. 그래서 당장 단협체결이 안 된다 해도, 조직력을 유지하면서 투쟁력을 갖고 있으면 민주노조 사수해서 조직력을 키워 갈 수 있다는 마음을 가지고 있었고. 사실 가장 절실했던 것은 이랜드라고 봐요.

까르푸노조도 마찬가지로 생존인데, 거기는 구조조정이 어떻게 될지 모르는 상황이기 때문에, 고용유지, 단협유지, 물론 단협을 승계한다고 했지만, 그게 과연 지켜질 것인가라는 문제가 있었고. 그다음에 2006년 11월에 비정규법이 통과되면, 이미 까르푸 안에 많은 비정규직이 있기 때문에 조합원들의 고용문제가 닥칠 거고, 그 속에서 유지하려면 조직이 힘이 있어야 된다는 거고. 그래서 결국은 조직력을 갖춰야지만 살아남을 수 있다는 거고.

뉴코아도 유니온샵이고 정규직 중심으로 힘 있고 돈도 있지만, 비정규법이 통과되면 회사가 당연하게 구조조정을 할 것이고. 실제로 그런 움직임이 있었어요. 예를 들면 모니터링이 굉장히 강화된다든지, 그리고 PDA*가 컸죠. 정규직을 줄이려고 외주화한다든가, 여러 방식을 계속 도입할 텐데. 그 때문에 뉴코아도 위기감을 가지고 있던 거죠.

(홍윤경, 사무국장)

* 개인정보단말기(PDA: Personal Digital Assistant 또는 handheld PC). 현금 PDA 설치는 유통업체의 구조조정 방식이다. 계산업무를 협력업체에 넘기고 계산원들을 구조조정하는 것이다. 매장에 입점한 업체들은 판매업무 외에 계산업무와 이에 따르는 모든 비용과 법적 책임을 진다. 그 때문에 입점업체들은 현금 PDA를 설치하면서 수백만 원의 보증금과 월 사용료를 지급해야 했다.

우리는 간부들이 훈련이 별로 안 돼 있었어요, 투쟁은 많이 했지만. 제일 떨어지는 사람들이야. 그리고 맨날 우리가 얘기하는 '당나라 군사'처럼 그냥 쪽수만 투쟁하면서 늘어났지만, 정규직-비정규직이 거의 50대 50으로 있는 조직. 그래서 요구가 좀 다르잖아요, 정규직이 원하는 거랑 비정규직이 원하는 것들이, 임금 차이나 이런 것도 좀 있으니…. 뉴코아는 간부도 많고 간부들의 직책도 다 과장급들이니까 많은 정보도 알고 있고, 자기 부서의 여성직원들이 가입해 있어서 막강한 조직이었고, 정규직 중심이었잖아요. 이랜드는 대부분 정규직이 그 중심이고. 투쟁 경험은 많고 조합원이 적었고요. (이경옥, 부위원장)

실제 3사 공동투쟁은 까르푸노조에 큰 힘이 되었다. 무엇보다도 조합원들이 규모가 있고 단련된 다른 노조의 분위기를 보면서 자극을 받기 시작했다.

우리는 정규직-비정규직의 문제들은 항상 내재되어 있던 조직이다 보니, 단결력은 좀 떨어지죠. 왜냐면 투쟁도 막 눈치 보고. 그러다가 "너희들 이랜드로 넘어가서 잘못하면 뉴코아처럼 다 날아간다. 그러니 너희들이 비정규직인 거 드러내고 투쟁에 나와야 된다"고 많이 설득하고. 그리고 2006년 3월 31일 2차 단협체결하고 나서 5월 1일이면 불과 1개월 만에 나온 거잖아요? 그 직전까지는 비정규직들은 다 비공개였는데, 그때부터는 조합원들로 인정받으려면 명단을 다 제출해야 되니까, 이때부터 "나갈게요" 하면서 손잡고 나오고. 그니까 본격적으로 2006년 3월 31일 이후에 3사 공투하면서 나온 거지.

(공동투쟁)그 힘을 느끼는 거야. 조합원들이 볼 때 뉴코아노조는 남성 간부도 많고, 조직 쪽 수도 많고, 돈도 많아. 하여튼 "이 노조는 단단

해"라고 생각하죠. 이랜드는 몇 명밖에 없어도 제일 구력이 있는 사람들이고. 우리는 누가 있어요? 김경욱 위원장도 운동권도 아니고…. 그래서 힘이 되게 하려고 공투본에 참여한 것이고. (이경옥, 부위원장)

이런 상황을 공유하면서 3사 노조는 간부수련회를 열고 "무조건 함께 싸울 것"과 분열하면 다 끝난다는 인식을 재확인하고, 인적·물적 자원을 통합해야 한다는 데 뜻을 모았다. 이처럼 3사 노조의 공동투쟁은 '자본에 대항하는 세력'이 만들어졌다는 점에서 그 의미가 있었다. 더 큰 의의는 유통자본들이 커지면서 유통노동자들의 처지가 더 열악해지는 상황을 해결해 나가기 위해, 유통노동자 스스로 전망 찾기를 시도했다는 점이다. 즉, 3사 노조의 공동투쟁은 '열악한 유통노동자들의 전망찾기'였다. 그 때문에 이들 노조는 '유통업계 비정규직(간접고용 포함) 조직화'를 강조했다. 유통서비스부문 노동자들은 같은 산업 내 이동이 높은 편이고, 비정규직의 대부분이 여성노동자였다. 계약직의 노조가입을 단협으로 보장하고 있는 까르푸노조의 경우에 전체 비정규 조합원 중에 여성의 비율이 남성보다 8배 이상 많았다. 까르푸노조가 노동자들에 대한 구조조정이 본격적으로 진행되면 여성비정규직 조합원들이 그 1순위가 될 것이라고 우려하는 것도 그 때문이다.

2) 3사 공동투쟁

공투본은 결성 이후 7월 14일 마포의 이랜드 본사 앞에서 공동집회를 열였다. 하루 경고파업을 하는 집회에 참여한 3사 조합원 1,200여 명은 "박성수 회장이 책임져라", "공동투쟁 승리하자" 등의 구호가 적힌 손자보를 흔들며 "3사 노조의 현안문제 해결에 이랜드그룹이 적극적으로 나서지 않을 경우, 박성수 회장을 상대로 한 투쟁을 시작할 것"이라고 했다. 이들은 "고용안정 보장, 노조탄압 중단, 비정규직 철폐" 등을 촉구했다. 이랜드 본사 인근 도로에서 1시간가량 집회를 가진 3사 노조 조합원들은 집회를 마친 후 본사로 이동해 박성수 회장 면담을 요구하며 농성을 벌였다. 그 과정에 회사가 동원한 사설경비용역업체 직원들과 농성조합원들 간에 물리적 충돌이 일어나기도 했다. 까르푸노조 조합원이 본사 정문에 손이 껴 손등뼈가 골절되는 부상을 입었다.

처음으로 2006년 7월 14일에 3사 공동으로 대규모 집회를 이랜드 본사 앞에서 했죠. 우리는 계속 쟁의기간이었고, 임단협이 타결 안 되었기 때문에. 그래서 하루파업, 시간파업을 수시로 했고. 뉴코아나 까르푸는 다행히 일요일 날에도 일을 하기에 평일 날 휴무자가 있다는 거죠. 그러니까 평일 날 굳이 쟁의기간이 아니더라도 집회를 할 수 있어요. 그래서 저희가 이랜드 본사에서 집회했고, 난리 났죠. 회사가 문 닫고, 우리는 밖에서 집회하고, 안으로 들어갔죠. 회사가 건물 못 들어가게 막았는데, 뉴코아랑 까르푸에 젊은 남성조합원들이 많았기에 치고 들어갔죠. 1층 로비 다 점거하고, 회사가 직원들은 이미 다 퇴근시켰어요. 그날 조합원들은 승리감을 맛봤죠. 3사 집회가 성공적으로 잘 마무리가 됐죠. (홍윤경, 사무국장)

이어 7월 18일에 서비스연맹과 3사 노조는 과천 공정거래위원회 앞에서 기자회견을 열었다. 이들은 공정위에 이랜드와 까르푸의 불공정거래행위에 대한 철저한 조사 및 적절한 조치를 촉구하고, 두 그룹에 대한 심층적인 기업결합심사 진행과 '승인유보'를 요청하였다.

7월 28일에 노조는 까르푸 본사가 있는 시흥점에서도 대규모 집회를 열었다. 50여 명의 조합원이 몸싸움 끝에 대오를 이뤄 매장 진입에는 성공했으나 전경과 보안에 막혀 오도 가도 못하는 상황이 벌어지기도 했다. 이 상황을 1층 매장 유리문을 통해 지켜보던 건물 밖의 연대 대오들이 조합원들을 구하기 위해 돌발적으로 유리창을 부수고 들어왔고, 경찰은 방패로 조합원들을 막았다. 매장 안의 조합원들은 연좌농성을 하다가 나왔고, 이후 이들은 연대 대오와 함께 마무리 집회를 하고 해산했다.

8월 들어 다시 3사 공동투쟁이 활발하게 전개되었다. 이즈음 목동점에 해고자가 발생했다. 이에 8월 10일 공투본은 목동점의 해고자들을 위해 3박 4일 첫 농성투쟁을 벌였다. 그사이 해고된 조합원들에게 지노위가 부당해고 판정을 내렸다. 그러나 이를 무시하는 목동점장을 만나려고 공투본이 매장 안으로 들어갔는데, 점장이 도망가는 바람에 복도에서 농성했다. 매일 수도권 조합원들이 돌아가며 지지방문을 했고 공투본 간부들도 농성장을 방문하였다. 목동 조합원들이 도시락을 싸 와서 농성하는 데 문제가 없었다. 또, 필요한 물품이 있으면 바로 매장에서 구입할 수 있었다. 점거 4일째 되는 일요일에 농성자들은 경찰의 중재로 농성을 풀었다. 해고된 조합원들은 이후 복직이 되었다.

이어 8월 16일에는 본사 앞에서 집회를 했다. 이때는 회사가 아예 정문을 못 들어오게 막았고, 이랜드 사원증이 있는 사람만 정문을 통과시켰다. 그 때문에 이랜드 조합원들은 본사 마당에 들어갔고, 까르푸 조합원과 뉴코아 조합원들은 본사 밖의 좁은 골목에 있었다. 정문 앞에 이랜드노조 봉고차를 세워 놓고 노조간부가 그 봉고차 위에서 투쟁을 이끌었다. 이랜드 조합원들이 본사 밖으로 나와 대오에 합류하자, 마무리 집회가 이어졌다.

3) 방학지부의 결성(2006년 12월)

이렇게 까르푸노조는 공투본에 참여하여 공동투쟁을 벌이며 이랜드 자본에 대항한 고용안정확보투쟁을 벌이는 동시에 조직확대를 위한 활동을 벌였다. 그 성과로 2006년 12월에 새로이 방학지부가 결성됐다.

까르푸 방학점은 2003년 6월 오픈하였다. 방학점에 고용된 인원은 250여 명이었고, 거기에 업체에서 파견된 직원들도 다수 일하고 있었기 때문에 전체 규모는 더 컸다. 그 가운데 계산원이 120~150명이나 되는 대형매장이었다. 노조집행부는 중계점 인근에 있는 방학점을 조직하기 위해 지속해서 선전전을 했다.

> 노조에서 위원장님하고 몇몇 간부들이 방학점에 오셔서, 앞에서 막 "노동자 어쩌고 저쩌고, 투쟁!" 이러고 가고. 그래서 "어머, 노조가 있나 보다" 그러면서 응원을 했지. 크게는 못하고 "어머, 훌륭하다" 이러면서 조그맣게 박수 쳤죠. 명숙 언니가 뒤에서 그걸 본 거야. 그러면서 "야, 너 그때 박수 치고 어쩌고 저쩌고" 이야기하더라고. 아, 그때 명숙 언니가 아마 조합원이었을 거야. 그러고 저는 노조가입도 안 하고 있었죠. (진현미, 방학)

> 제가 계산대에서 계산을 하고 있는데, 노조에서 쭉 선전전을 왔어요. 근데 저는 비밀조합원이었는데, 뒤에서 현미가 "언니, 저런 거 우리도 같이 해야 되는 거 아니에요?"라고 말하는데, 그 아이가 너무 예쁜 거예요. 그때 처음 진현미라는 사람을 알았던 거죠. (김명숙, 방학)

지속적인 선전전의 결과 2005년 말경부터 매각문제가 불거지면서 고용불안을 느낀 몇몇 노동자가 개인적으로 비밀조합원으로 가입했다. 제일 먼저 가입한 이는 2004년에 입사해 비정규 캐셔로 일하던 김명숙이었다.

> 2004년 2월에 입사해서 1년이 훨씬 지났는데, 정규직을 안 시켜 주는 거예요. 거기에 회사에서 그때부터 좀 이상한 분위기에 "이랜드가 인수한다"는 소문을 들은 거예요. 그런데 내가 10년을 이랜드 대리점을 해봤기 때문에, 이랜드가 어떤 데인지는 잘 알기에… 불안했어요. 그래서 제가 2005년도 12월에, 아마 우리 방학점에서는 최초로 노조에 가입했을 거예요. 저는 CMS로 조합비를 납부할 때 들었거든요. (노조는 어떻게 알았죠?) 제가 중계 2001아울렛에서 대리점을 했는데 왔다갔다하면서 중계점 까르푸도 가는데, 거기에 지부가 있었거든요. 그때 (……) 천막농성도 하던데, 지나가면서 그걸 보고 알았고. 근데 방학점은 노조에 대한 관심조차도 없고. 그때 제가 비정규직이라 조합원이라고 얘기를 했으면 아마 바로 계약해지했을 거예요. 그래서 비공개로… . 나중에 보니 이선호가 저보다 좀 늦게 입사했는데 가입이 되었고, 또 박경희 씨라고 (……) 조합에 가입을 했었는데 (……) 중간에 탈퇴했어요. (김명숙, 방학)

그 이후 2006년 여름, 비정규직 캐셔로 일하던 이선호도 캐셔 주임들이 집단으로 노조가입을 하면서 노조가입을 권하자 비공개 조합원으로 가입했다. 그러나 주임들은 이랜드가 노조를 인정하지 않는다는 소문을 듣고 바로 노조를 탈퇴했다.

노조가입을 자유롭게 하지 못했어요. 이경옥 부위원장님이 맨날 직원 식당하고 락카에 와서 "노조 가입하셔야 된다", 뭐 "노조는 어떻고 저떻고…". 그때는 부위원장님이 직접 매직으로 쓴 대자보 같은 거 붙여 놓고. 저희는 그거 보면서도 물어보질 못한 거죠. (……) 그때 저희 주임들이 노조를 가입했더라고요. 근데 제가 주임들하고 친해서 같이 술도 잘 먹는데, 2006년 여름에 술을 마시면서 "언니, 노조 가입해라. 노조가입은 보험이라 생각하고 가입해라"는 거야. 그래서 "그래?" 그러고 CMS로 비밀리에 제가 가입을 했으니까 부위원장님은 내가 조합원인지 모르고. 그러다 홈에버 매각되기 전에 주임들이 "언니, 홈에버는 노조 인정 안 한대, 언니 탈퇴해야 될 거야" 이러면서 탈퇴를 해요. 배신을 때려서… 어휴. 저는 다른 조합원이 있는 줄 모르고, 조합원은 저 혼자라고 생각을 한 거예요. (이선호, 방학)

2006년 겨울 이랜드가 방학동 매장을 리모델링하면서 직원들은 자신의 업무가 아닌 갖은 잡무에 시달리면서 불만이 쌓여 갔다. 그런데 다른 매장으로 지원(헬퍼) 나간 이들이 호봉동결 문제와 정규직화가 매장마다 다르게 적용된 것을 알았다. 그동안 쌓인 불만에 이 사실까지 알게 된 이선호는 노조의 도움이 필요하다고 판단해서 바로 노조위원장에게 연락하였다.

위원장이 와서 가입서를 돌리자 60여 명의 수납직원이 가입했다. 이어 이들은 방학지부를 결성했다.

홈에버로 매각되면서 2006년 12월에 리모델링 공사를 하면서, 우리 계산대 사람들한테 허구한 날 장갑 끼고 물건 빼고 청소하고 닦는 거를 하게 하는 거예요. (……) 그러다가 계기가, 다른 점포에 '헬퍼' 갔는데, 매각되기 두 달 전인가, 호봉인상이 동결됐다는 소리를 하는 거야. 그니까 몇 개월 지나면 호봉을 올려 줘야 되는데, 제가 딱, 걸렸던 거예요. (……) **입사한 지 2년이 되는데 월급이 똑같은 거야**. 근데 나보다 먼저 입사한 사람은 호봉이 올라가 있고. 저희는 정규직 시켜 주고 호봉 올려 주는 게, 본사에서 해주는 건 줄 알았어요. 근데, 가까운 중동점·중계점을 헬퍼를 갔는데, 거기 2년 된 사람들은 다 홈에버로 매각되기 전에 정규직 시켜 줬다는 거예요. 점장 권한으로. 그러니까 저희 계산원들이 막 열 받은 거야. 그런데 헬퍼 끝내고 우리 매장에 돌아왔는데, 일을 막 시키는 거예요. 그니까 우리가 "도저히 안 되겠다. 위원장 불러라. 노조 가입해야 되겠다" 해서 제가 위원장님한테 전화했죠. 위원장님이 와서 수납 사무실에서 설명회를 했는데, 보안이 쫓아와서 못하게 한 거예요. 위원장님이 "노조가입은 노동권인데 그걸 방해하면 불법이다. CCTV 있다"면서 이야기하는데, 다들 그게 멋있어 보인 거야. (웃음) 보안도 지켜 서 있다가 "설명만 하시고 나가시라"고. 거기서 가입서를 쓰는데, 수납 사람들 60여 명이 우르르 가입한 거예요. 수납은 거의 다 가입을 한 거예요. 그래 가입서가 모자라서 옆에 KT노조 사무실 가서 뽑아서, 저 공원에 앉아 가입서 쓰고. (이선호, 방학)

저는 그때 가입했어요. 그래서 우리가 지부를 만들고 지부장을 뽑으라고 해서, 그때 저희가 과천 갔다가 뉴코아를 갔었어요. 가는 버스 안에서 대의원 뽑고 지부장 뽑는데 "나이 젊은 진현미가 해라" 해서 저는 지부장은 못하겠고 "대의원 하겠다" 해서 대의원을 했죠. 근데 지부장이 없어서 지부장 역할을 한 거예요. (진현미, 방학)

4) 까르푸-이랜드노조의 조직통합과 이랜드일반노조의 결성

● 3사 공투본의 조직통합 문제

공투본은 3사 노조의 조직통합과 비정규 노동자의 조직화를 활동목표로 삼았다. 5월 10일 공투본 출범 이후 수개월에 걸친 공동투쟁은 대체로 뉴코아노조의 조직력과 자원 등에 힘입어 진행되었다. 수차례 공동투쟁의 경험을 바탕으로 공투본은 6월부터 8월까지 3회의 공동간부수련회를 통해 3사 노조통합과 전망에 관한 토론을 진행했다. 공동투쟁 과정에서 고용문제가 심각하고 노조의 생존이 절박했던 이랜드노조와 까르푸노조는 계속해서 '공동투쟁-공동교섭-공동타결'을 요구했으나, 뉴코아노조의 입장에서는 수용하기 어려운 면이 있었다. 조합원 구성의 특징과 내부 역학의 문제, 주요현안과 요구사항 등 3사 노조가 처한 내부상황이 차이가 있었기 때문이다. 거기에 이랜드자본이 공동교섭을 받아들이지 않고 있는 것도 영향을 미쳤다. 이랜드자본은 3사 노조를 분리·분열시키고, 또 사업장에서도 노동자들을 분리·분열시키는 전략을 사용하여 공동투쟁을 무력화시키려 했다.

> 처음에 분위기는 나쁘지 않았거든요. 근데 정작 공동투쟁 요구나 단일노조 논의를 하면서는 입장 차이가 드러났고. 그리고 뉴코아 동지들은 기본적으로 노조통합에 대해서는 반대를 했는가? 아무튼 부정적인 입장이었기 때문에. 뉴코아 동지들은 굉장히 조심스러웠어요. 저는 조직적으로 이해돼요. 큰 노조와 작은 노조, 힘센 노조와 약한 노조는 의사결정구조가 다르거든요. 그니까 뉴코아는 의사결정 자체가 굉장히 무거운 거예요. 조합원이 수천 명이 되니까. 또 내부에 의견그룹이 많잖아요. 그러다 보니까 (……) 우려가 있다는 얘기를 제가 얼핏

듣기는 했는데 (……) 이랜드노조는 소수 노조고, 또 까르푸도 사실은 규모는 적지 않지만 조직력이 강한 노조는 아니어서. 그러니까 뉴코아 입장에서는 본인들 문제를 잘 해결하고, 당시에 이랜드만 잘 상대하면 되는데, 괜히 합쳐서 본인들의 조직적 부담이 커질 수밖에 없는 현실인 거는 맞아요. 근데 저는 그걸 좀 감내했어야 한다고 생각을 하는데, 그거를 결국 못했죠. (이남신, 수석부위원장)

당시 공투본 집행위원장인 이남신 이랜드노조 부위원장이 공투본에서 조직통합 구상에 대해 발표했다. 조직통합의 경로는 공동요구와 공동투쟁을 통해 공동교섭과 공동타결을 만들어 가면서, 조직력과 활동력을 갖춘 뉴코아노조를 중심으로 통합하여 조직체계를 구축한다는 것이다. 이남신 집행위원장은 조직통합이 어려운 일이지만, 오랜 기간 이랜드노조 활동을 하면서 이랜드자본을 경험해 왔기 때문에 이랜드자본에 대항하려면 3사 노조가 공동 실천력과 조직력을 갖춰야 하고, 이를 위해 조직통합이 필요하다는 입장이었다.

이러한 이남신 집행위원장의 구상은 까르푸노조와 이랜드노조의 입장이기도 했다. 두 노조는 조직통합을 통해 힘을 합쳐 이랜드자본과의 투쟁을 벌여야 한다는 것이다. 그러나 뉴코아노조는 그 경로에 대해 동의하지 못했다. 좀 더 공동투쟁을 중심으로 활동을 해나가면서 조직통합의 방향을 모색해야 한다는 것이다.

뉴코아의 조직적 힘이 뒷받침 안 됐다면 힘들었거든요. 고강도 투쟁의 굉장히 많은 자원 동원을 뉴코아가 거의 하다시피 했어요. 까르푸는 조직동원은 되지만, 김경욱 위원장조차도 활동가도 아니고. 이경옥 부위원장도 성실하고 열심히 하지만 활동가가 아니었고. 근데, 뉴코아 동지들은 '노동자의 힘'이라고 하는 강력한 정파의 멤버십도 있고, 또 그 정파 소속 활동가들이 뉴코아투쟁에 굉장히 적극 결합했어요. 굉장한 자원과 네트워크가 있었던 거죠. (……)
그래 계속 박양수 위원장, 김호진 사무국장한테 만나서 얘기했어요. (……) 그때도 제가 뉴코아 동지들한테 "중심에 서서 공투본하고 단일노조를 했으면 좋겠다" 하고. 이랜드노조랑 까르푸노조는 정파가 있는 것도 아니기에, 사실 그냥 힘을 싣는 건 어렵지 않았거든요. 그리고 비정규 관련한 조직화 사업이나 투쟁경험도 굉장히 많았기 때문에. 그건 뉴코아가 약점이었잖아요? 그런 거는 우리가 집행간부로 역할을 하면 되는 거잖아요. 상호신뢰만 있다면. 그때 지도부랑 친해서 사석에서는 많이 욕도 했죠. 이건 까르푸도 전적으로 동의했거든요. 당연히 단일노조 만들면 뉴코아가 위원장하고 쭉 편성하면 되잖아요. 그걸 논의하지는 않았지만, 애초 그건 다 생각하고 있었던 거죠.
그래 공투본 때, 제가 그 계획도 발제를 했었죠. "뉴코아 동지들이 중심이 되어서 단일노조로 판을 만들자." 이게 공투본 집행위원장을 맡았던 저의 문제의식이기도 했고, 그리고 "신뢰는 공동의 요구를 가지고 싸우면서 좀 높여 나가고, 결국은 조합원들의 신뢰를 바탕으로 단일노조로 가는 방향으로 중장기적으로 하자" 한 거죠.
근데 뉴코아 동지들이 제가 말한 공동요구에서부터 공동타결까지, 또는 단일노조로 가는 경로가 이상적이라는 거죠. 뉴코아의 조직적 조건, 그니까 의사결정 구조 등에 대한 고려 없이 너무 이랜드랑 까르푸 현안 문제들을 중심에 두고 조직경로를 고민했다는 비판인 것 같애요. 저는 "그래도 그런 차이를 서로 존중하되, 이랜드자본에 맞서서 함께 가야 한다. 안 그러면 이게 분열로 가게 될 수도 있다. 그리고 이랜드자본은 그런 걸 교묘하게 잘 활용할 수 있다"고 했죠. 근데 공투

본은 유지됐지만, 결속력이 강화되는 방향으로 가지는 못했죠. (이남신, 수석부위원장)

김경욱 위원장도 이남신 이랜드 부위원장과 같이 조직통합을 강하게 주장하였다. 까르푸노조가 당시 간부들의 활동력만으로는 급속하게 확대되는 조합원들을 이끌고 가중되는 회사의 구조조정에 맞설 수 없다는 절실함 때문이었다. 그 때문에 그는 통합을 위한 지난한 과정보다는 공동투쟁의 경험을 바탕으로 빠른 조직통합을 요구하였다. 그러나 홍윤경 이랜드 위원장은 통합이 지향하는 원칙이지만 뉴코아노조가 내부 조직상황 때문에 조직통합에 나서는 것이 어려울 것이라는 판단을 했었다.

3사 노조가 통합하려는 목적이 있었고. 그러면서 이랜드노조와 까르푸노조는 빨리 통합해야 된다고 했고. 뉴코아는 공동실천 하다 보면 가능성이 발전할 수 있다는 정도지, 즉, "그것을 기한 정하지 말고, 자연스럽게 공동투쟁을 하면서 자연스럽게 만들어 가자"고 주장했고. 김경욱 위원장은 "그렇게 해서 되겠냐? 우리가 이것을 정해 놓고 하자"라고 했고, 저는 "정하고 하자. 못하면 공동투쟁, 공동파업이라도 하자. 그것도 못하면 이랜드라도 하겠다"고 했고. 조직통합을 가장 외쳤던 사람이 김경욱 위원장이고요. 근데 저는 사실 뉴코아노조와 통합은 어렵다고 처음부터 생각하고 있었어요. 현실에서 "내가 뉴코아노조 간부의 입장이라도, 내가 하고 싶어도 조합원들이 있고 노조 상황이 있는데, 이게 하루아침에 뚝딱뚝딱 될 일은 아니다"는 생각을 하고 있었죠. 근데 김경욱 위원장은 어떤 측면에서는 굉장히 이상적인 사람이에요. "그게 필요하고 원칙인데, 왜 안 해?" 이런 거죠. (……)

> 뉴코아도 필요해서 공투본을 하지만, 또 그 간부들도 원칙적이고, 굉장히 운동을 열심히 하는 사람들이에요. 그래서 그 현실의 한계도 인정해 줘야 한다고, 뉴코아는 "통합할 의지가 없다기보다는, 그런 시기와 준비의 정도가 되지 않았다"라는 생각이 들고요. (……) 그러다 보니 투쟁방향이라든지 논의할 때도, 좀 삐그덕 거리는 것은 있었죠. (홍윤경, 사무국장)

3사 노조의 차이에 대해 이경옥 당시 사무국장은 단체협약의 차이를 놓고 뉴코아노조가 통합에 참여하기 어려운 입장이라고 판단했다.

> 뉴코아는 단체협약이 좋아요. 자기네의 재정사업, 수익사업도 있어, 통합하면 이런 걸 다 포기해야 되는데. 까르푸 노조는 단협이래봐야 비정규직을 포함하는 내용 외에는 1차 단협과 별로 바뀐 것도 없어. 이랜드노조는 단협이 되게 훌륭해요. 여기는 호봉제도 있고, 그런데 2006년 후반에 일방적으로 단협이 해지됐는데, 뭐가 제대로 돌아가지 않았잖아요. (……)
> 회의에서 계속 통합 얘기를 할 때, 뉴코아는 이리저리 뺐어요. 회의에 갔다 오면 우리도 한숨 나오지. 우리는 뉴코아랑 계속하고 싶어했으니. 1차 목표는 3사 통합이지만, 뉴코아랑 통합을 먼저하고 싶어했지, "이 노조랑 가면 우리가 조금 편하게 하면서 갈 수 있을 거다"란 기대가 컸죠. (……) 그런데 뉴코아 입장이 이해돼요. 우리도 그랬을 테니까. (이경옥, 부위원장)

• 2사 노조의 조직통합 추진

3사 노조의 통합문제가 쉽게 결론 나지 못하는 상황에서, 8월경 김경욱 위원장은 까르푸노조와 이랜드노조가 먼저 통합하자는 의견을 제기했다. 두 노조의 논의가 시작되었다. 김경욱 위원장은 이랜드자본의 구조조정 문제만이 아니라 조만간 법제화될 비정규직법안으로 대대적인 고용불안 문제가 다가올 것을 고려하였다. 또, 그는 까르푸노조의 지도력의 한계를 오랜 투쟁경험이 있는 이랜드노조의 지도력을 통해 보완해야 한다고 판단했다.

> 저는 당시 비정규직법이 어쩌구 하면서 큰 싸움이 몰려올 걸 예상하고 있었기 때문에 이랜드노조와의 통합이 필요하다고 생각했어요. 이랜드자본은 단독으로 싸울 수 없다고 봤고. "3사 통합이면 훨씬 더 좋았겠지만, 뉴코아가 빠진 상황이라도 2사 노조라도 통합을 해야 된다. 그리고 뉴코아노조랑은 같이 연대하는 방식으로 싸워야 된다." 그리고 우린 조합원들이 있었지만 이랜드노조는 많은 경험과 이랜드자본을 잘 알고 있었으니까, 내가 까르푸 관리자로서 까르푸자본의 특징을 잘 알고 있듯이 그런 것도 서로 활용해서. 또 저는 이랜드간부들의 역량이 필요했어요. 2006년인가 전임 2명을 따냈지만 우리 간부들의 역량은 위원장이 계속 피켓 만들고 소식지를 만들어야 하는 상황이었어요. 그러니까 이랜드간부들의 역량이 필요해서, 사실 통합을 강행한 거죠. (김경욱, 위원장)

2사 조직통합을 둘러싼 노조 내부의 논의과정에서도 찬성과 반대로 의견이 나뉘었다. 찬성하는 이들은 이랜드노조의 투쟁경험과 간부들의 능력을 높게 평가하거나 김경욱 위원장에 대한 신뢰를 바탕으로 위원장이 추진하려는 것이기 때문에, 또는 노동자는 단결의 폭을 넓혀 투쟁해야 한다는 대의 등이 그 이유였다. 반대하는 이들은 이랜드노조가 부채가 있고, 무엇보다도 조합원이 많지 않은 노조라는 이유 때문이었다. 노조간부들은 노조 규모도 크고 경험도 갖춘 간부들이 있어 공동투쟁을 주도한 뉴코아노조와의 통합이 아닌 것에 실망하였다.

그런데도 김경욱 위원장은 통합을 위한 작업을 진행했다. 까르푸노조와 이랜드노조는 각자 상집과 중앙위, 쟁대위 등에서 회의를 통해 까르푸-이랜드노조 통합에 대한 토론을 진행하였다. 8월 27일 까르푸노조와 이랜드노조는 공동상집위원회 회의를 열고 '동시타결'을 결의하였다. 그러나 통합에 대한 까르푸 조합원들의 부정적인 반응은 쉽게 바뀌지 않았다.

김경욱 위원장한테는 2006년 노조의 12월 선거가 어떻게 될 것이냐에 대한 생각도 있었을 거고 (……) 매각도 확정돼서 점령군도 들어오고 한 상태에서…. 근데 김경욱 위원장이 그때 아이를 갖고 출산하는 과정이다 보니 와이프가 남편이 계속 밖에서 돌아다니니 불만이 되게 많고 가정적으로 불안한 상태였고. 그래서 나한테 "위원장 하고 싶냐"고 계속 던지고. (……) 자꾸 나를 의심하는 것 같고. 내가 어떤 분란을 만든 것으로 생각을 하지만, 간부들은 나한테 더 호의적으로 오고, 위원장에 대한 불만을 호소하고 이런 것들이 보였던 것 같아요. 그러니 위원장은 이랜드노조 쪽으로 더 많이 가 있는 분위기였거든요. 활동하거나 교섭을 하거나 회의를 가도 같이 가지만 생각은 따로 있는 상태였죠. (……) 그런데 당연히 우리 조합원들은 "뉴코아랑 하지 왜, 이랜드랑?" 우리가 이랜드랑 통합에 100% 찬성해서 통합한 건 아니었잖아요? 그건 상층의 결정이었던 거지. 설명도 제대로 하지 않았고. (이경옥, 부위원장)

두 노조가 공투본 회의하면서 대의원대회나 수련회도 하는데, 저는 평조합원으로 참여했고. 제겐 이랜드 조합원들이 투사처럼 보였어요. "아, 멋있다. 악랄한 이랜드에 대항해서 치열하게 싸워 왔구나. 선배들이니 뭔가 배울 점도 있고", 그런 분위기였고. 당시 부채가 있는지 없는지 몰랐고, 그리고 저는 별로 중요하게 생각하지 않았고. 우리도 없이 시작해서 공투본 하면서 노동계에서 지원도 받고, 지원금을 많이 받은 것으로 알고 있어요. 네, 실제로 지원받으면서 투쟁했고. (……) 그런 과정에 이랜드나 까르푸는 상호 필요한 게 맞은 거죠. 중앙조직에서 좀 부정적인 기류가 있었던 걸로 알고 있습니다. "이랜드가 인원도 적은데, 부채도 많은데" 이러면서…. 근데 저는 그런 것까지 감수하고 통합했다고 보고, 그렇게 하는 게 맞다고 봤죠. (박영광, 순천)

위원장이 통합해야 된다고 했고, 그래 우리는 막연히 그래야 되나 보다 했고요. (……) 제가 지부장이지만 당시 이랜드가 조합원이 50명이라는 것은 몰랐고. 투쟁은 많이 했다는 얘기는 들었고. 그러고 저가 무조건 김경욱 위원장을 신뢰를 했고, 그분이 하는 거라면 100% 옳다고 생각했고. 노동자는 어쨌든 단결해야 된다는 생각은 있었으니까. 그러면서 제가 느낀 것은 우리 노조는 간부가 부재한 것에 대한 아쉬움이 있었어요. (황옥미, 면목)

저는 당연히 힘을 합쳐야 한다고 했고요. 이랜드 쪽이 조합원이 적게 참여하고, 뭐 그런 것들 때문에 반대하는 조합원들도 좀 있었을 거예요. 어쨌든, 박성수는 한 사람이잖아요? 그리고 이랜드는 경험이 많아서 같이하면 많이 도움이 되겠다 생각을 했죠. 저는 오로지 싸우는 거에 초점이 맞춰져 있어서요. (강혜정, 야탑)

노조는 2사 통합에 대해 찬반으로 갈라진 조합원들이 이랜드노조에 대한 신뢰를 가질 수 있는 방법을 모색하는 한편, 매각 이후 고용안정을 확보하기 위한 투쟁과정에서 이랜드 자본에 타격을 줄 수 있는 방법도 고민했다. 이런 모색의 결과로 이랜드노조는 까르푸 중계점 앞에서 천막농성을 하고, 까르푸노조는 매장투쟁을 벌이는 방식이 결정되었다. 까르푸노조는 쟁의요건 등의 문제에 발이 묶여 있어 파업을 할 수 없었기 때문이다.

이처럼 농성을 벌이기로 한 이랜드노조의 역사를 잠시 살펴보면 다음과 같다. 이랜드노조는 1993년 10월에 결성되었다. 1992년 노사협의회에서는 노동자 측 위원들의 요구에 따라 급여가 25% 인상되었다. 인상 수치가 높아지자 회사는 긴장했다. 이전과 달리 노사협의회에서 노동자들이 자신의 입장을 관철시키자 이제껏 노동자의 희생으로 이룬 성장과 신화가 물거품이 될 위기라고 본 것이다. 이에 회사는 노사협의회 위원선거에 회사의 처지를 대변할 이들이 뽑히도록 작업을 했다. 그 결과, 1993년 노사협의회에서 노동자의 목소리는 사라지고, 협상도 단 한 번 만에 마무리됐다.

노사협의회로 노동자의 요구를 반영할 수 없게 되자 일부 직원들이 모여 대안을 모색하는 모임을 만들었다. 이 모임에서는 『몬드라곤에서 배우자』 등의 책을 읽고 협동조합에 대해 공부하거나 친목을 도모하기 위해 등산을 다니기도 했다. 그 결과 6개월 뒤인 1993년 10월 이들 사무직 직원들이 중심이 되어 이랜드노동조합을 결성했다. 그러나 이랜드의 노조탄압이 심각해서, 노조는 결성된 후 4년이 지나도록 정식 단체협약을 체결하지 못하고 있었다. 심지어 회사는 1993년 11월 9일에 노사가 맺은 '임시협약'에서 보장한 노조 전임자를 일방적으로 해지하는 등 노조를 없애려 하였다.

그런데도 1994년 이랜드노조는 회사 내의 물류배송기사 등 현장에서 가장 열악한 곳의 처우 개선을 요구했고, 판매직 직원의 해고에 맞서 싸우기도 했다. 1997년 노조는 단체협약체결을 요구하며 첫 파업투쟁을 벌였는데, 이 투쟁은 회사가 일방적으로 임시협약을 파기했기 때문에 사실상 노조를 사수하기 위한 투쟁이었다. 마지막 합의과정에서 정규직 조합원들은, 단 3명밖에 없었던 계약직 조합원들의 정규직화를 요구하며 계속 투쟁을 벌였다. 이 시기에는 비정규직이라는 말이 나오지 않던 시기였다. 노조는 57일의 파업으로 계약직 직원의 정규직화 약속을 받아냈다. 이어 2001아울렛에 분회가 건설되었다.

1999년 12월 물류창고의 비정규직 노동자가 노동조합의 문을 두드렸는데, 이는 3개월 후 비정규직 분회의 결성으로 이어졌다. 이어 2000년 6월 16일에 파업투쟁을 시작한 비정규직 조합원들은 임금 50만 원을 70만 원으로 인상할 것을 요구했다. 그러나 이들은 파업 첫날부터 처참히 짓밟혔다. 3일 후에 사무전문지부와 식품분회가 파업에 합류했다. 그리고 보름 후, 임금인상 시기가 달라 불법 논란이 있었던 2001아울렛 조합원들도 모두 파업에 동참하여 비정규직 조합원들이 먼저 시작한 파업은 어느새 이랜드노조 전체의 파업이 되어 갔다.

그 사이, 노조는 임시대의원대회를 열어 간접고용 노동자까지 조합원으로 받아들이는 규약개정을 단행했다. 노동부로부터 불법파견 판정을 받았지만 회사 측의 도급계약 해지로 하루아침에 해고된 노동자들까지 함께 싸우기 위한 것이었다. 2001년 3월에 끝난 265일의 파업투쟁의 결과, 불법파업 노동자들까지 직접 채용하고 순차적인 정규직화를 확보했다.

한편 노조는 2001년 3월 7일에 단체협약을 체결했고, 2003년에 한 차례 자동갱신되었다. 2005년 3월에 단체협약 유효기간이 만료되었으나, 부칙에 "유효기간 만료시를 전후하여 쌍방이 새로운 단체협약을 체결하고자 교섭을 계속하였음에도 불구하고 새로운 단체협약이 체결되지 아니한 때는 본 협약은 새로운 협약이 체결될 때까지 효력을 갖는다"고 되어 있어 그 효력이 유지되었다. 그러나 2006년 3월에 회사는 단체협약 해지를 통보하는 공문을 노조에 보냈다. 이에 노조는 단체협약 체결을 요구하며 계속 투쟁을 벌였다.

이처럼 이랜드노조는 노조결성에서부터 2006년 초까지 비정규직 노동자들과 함께하기 위해 투쟁해 왔고, 회사의 지속적인 노조탄압에 맞서 왔다. 그 과정에서 많은 조합원이 탈퇴해서 노조결성 때 800명이 넘던 조합원 수가 2006년에는 50여 명으로 줄었다. 직원들은 노조의 필요성을 알지만, 노조에 가입하는 순간 많은 고통이 따른다는 것을 알기에 선뜻 노조에 가입하지 못하고 있었다.

이러한 역사를 가진 이랜드노조가 단체협약체결 등을 요구하며 파업을 하기로 했으나, 이는 3사 노조의 공동투쟁이었다. 먼저 타결된 뉴코아와 파업이 현실적으로 어려운 까르푸노조의 상황 때문에 이랜드노조만이 파업을 하지만, 투쟁은 공동의 힘으로 전개하기로 했다. 그 때문에 이랜드노조의 요구 중에는 까르푸 노동자의 고용안정도 있었다. 이랜드는 까르푸를 이랜드식으로 변화시키려 하고 있었다. 까르푸에 이랜드 자사 브랜드를 대거 입점시키기 위해 까르푸의 기존 부서를 축소 또는 폐지하려 했으며, 그 결과 까르푸는 인원축소가 예견되고, 대규모 구조조정이 우려됐다. 이랜드가 까르푸를 인수하여 2사 노동자들은 한배를 타고 있었다. 이랜드노조의 파업을 통하여 두 노조는 일괄타결을 목표로 공동투쟁을 전개하려는 것이었다.

"매각된 거에 대해서 우리가 그냥 앉아서 당할 것이냐?" 점령군이 왔

는데 얘네가 일방적으로 여기서 구조조정을 할 수도 있고, 고용이 불안할 수도 있는데, 그러면 "우리가 천막 쳐 놓고, 특히 상징적인 중계점 앞에서 최선을 다해 보자" (……) 그때 회사가 "너희들 원하는 부서로 1, 2, 3 지망으로 보내 주마" 하는데, 우린 "노조와 함께 합의를 하지 않으면 우리가 못 보낸다"라는 단서를 계속 던진 거죠. 그래서 중계아울렛 매장도 있는 중계점 매장 앞에 천막농성을 치고 "우리가 여기를 저지선처럼 해서 투쟁을 강력하게 하겠다. 여기를 매각투쟁을 하는 곳으로 만들자"라고 한 거죠. 중계점이 위원장도 나오고 고공농성도 하고, 300일 파업을 했던 데다 또 단협도 체결했던 곳이라 상징적인 곳이죠. (이경옥, 부위원장)

계획대로 9월 5일 이랜드노조는 파업출정식을 하였다. 파업출정식이 예정된 오후 1시 조합원들이 중계동에 모였다. 이들은 이랜드그룹사인 까르푸 중계점 옆의 '2001아울렛'에서 매장 선전전을 했다. 회사는 전혀 생각하지 못했기 때문에, 이날 신촌 본사에 직원 및 용역경비업체를 집회에 대비해 모아 놓았다.

빨간 조끼의 까르푸 노동자와 푸른 조끼의 이랜드 노동자들이 까르푸 중계점 현관 앞에 모였다. 작전이 들킬 것을 염려해 노조 조끼를 입지 않은 조합원도 있었다. 부산을 비롯하여 지방의 노동자들도 삼삼오오 파업출정식에 참여하려고 올라왔다.

6층 주차장에서 조합원이 대기하고 있다가 집회가 시작되면 현수막을 내릴 예정이었는데, 용역경비에게 발각되어 현수막을 뺏겼다. 현수막을 되찾기 위한 실랑이가 조합원과 용역경비 사이에 벌어졌다. 사복형사의 중재로 현수막을 건물에서 내리지 않는 조건으로 조합원이 되찾아서 내려왔다.

마침내 오후 3시, 까르푸 중계점에서 공투본(공동투쟁본부) 주체로 3사 노동자가 참여한 가운데 파업출정식이 시작되었다. 조합원들은 종이에 적은 가사를 보며 '단결투쟁가'를 부르면서 팔뚝질을 했다. 유상헌 이랜드노조 조직국장의 사회로 진행된 집회는 홍윤경 위원장과 김경욱 위원장이 함께 나와 결의를 밝히는 인사로 시작되었다.

집회가 끝나자 김경욱 위원장이 건물 앞으로 조합원을 집결시켰다. 순간 까르푸 건물 앞에 천막이 등장하였다. 건장한 용역들이 천막을 부수려 하자 조합원들이 막으면서 몸싸움이 벌어졌다. 천막이 세워졌다. 조합원들이 환호성을 지르며 박수를 쳤다. 파업투쟁의 본부가 될 천막이며, 공투본의 사무실이 될 천막이었다. 중계점 천막농성은 까르푸노조와 이랜드노조의 통합에 부정적이었던 까르푸 노조간부나 조합원의 생각을 바꾸는 중요 계기가 되었다.

> 그 전에는 모두 집결하고 뿔뿔이 흩어졌는데, 이랜드 간부들이 천막농성을 하면서, 투쟁하는 현장이니 양 노조가 모이는 곳이기도 했어요. 그래 지역에서 연대하러 천막으로 다 왔죠. 매각투쟁 관련해서 구심점이 되는 거죠. (……) 그러니까 2사 노조가 통합하기 위한 과정에서, 같이 투쟁하는 그림을 그리기에 좋은 곳이, 딱, 거기였다는 거죠. 그래 우리 노조사람들이 그걸 보고 "어, 저기 믿을 만하네" 이런 생각을 갖게 된 거죠. (이경옥, 부위원장)

> 중계점 투쟁을 통해 이랜드노조가 작은 노조지만 파업을 할 수 있는 노조라는 것을 보인 거죠. 그리고 같이 만날 기회가 많다 보니까, 만나서 얘기도 하고 술도 먹고 하다 보니, 이랜드노조의 투쟁력, 이런 부분에 대해서 까르푸 간부들에게는 인상을 남긴 거죠. 이랜드는 사실 반

대할 사람은 없는 거고. 다만 우려되는 부분은 많은 거죠. 왜냐면, 어떻게 보면 우리가 먹히는 거니까.(웃음) 형식은 안 그랬지만. 까르푸 간부들이 이랜드 간부들을 굉장히 존중했죠. 경험에서 선배이기 때문에, 그런 것들을 존중해 줬죠. (홍윤경, 사무국장)

이랜드노조가 파업 8일째를 맞이하는 9월 12일, 공투본은 중계점 앞에서 집회를 갖고 '유통노동자 인간선언' 가두행진을 하였다. 또, 3사는 '유통노동자 생존권 사수를 위한 투쟁거점' 천막을 까르푸 중계점 앞에 쳤다. 이곳은 까르푸, 2001아울렛을 비롯하여 롯데, 미도파 등 유통업체가 밀집한 지역이었다. 3사 노조가 유통노동자의 권리를 찾는 발판을 만들려는 고민에서 나온 실천이었다. 유통업은 비정규직이 점차 늘어나 다수가 되어 가는데, 모든 노동조합은 정규직 노동자로 구성되어 있었다. 그 때문에 비정규직, 협력업체 노동자까지 껴안을 수 있는 조직이 필요하다는 문제의식을 배경으로 가두행진을 기획한 것이다.

이날 행사에는 이랜드, 까르푸, 뉴코아의 노조 깃발은 보이지 않았고, 대신 공투본의 깃발만이 서 있었다. 노조위원장들은 노조가 아닌 '공동투쟁본부'의 호칭으로 불려졌다. 행사의 제목도 '유통노동자 인간선언 가두행진', '유통노동자 투쟁 승리와 지역사회 환원을 위한 촛불문화제'였다.

이처럼 공투본은 사업장의 틀을 넘어선 3사의 공동투쟁의 성과를 바탕으로 전체 유통노동자의 단결을 위해 발걸음을 내딛고 있었다. 유통노동자의 삶을 짓밟는 데 앞장 서 있는 이랜드자본에 맞서는 것은 전체 유통노동자의 권리를 지키는 일이기도 했다.

천막농성이 계속되자 비조합원들이 천막을 찾아와 투쟁기금을 전달하기도 했고, 노조활동을 열심히 하지 않았던 조합원들도 퇴근하면 농성천막을 들르기도 했다. 이 투쟁으로 까르푸노조는 내부 조직력이 강화되어 갔고, 비조합원의 지지가 확연히 늘어 가고 있었다. 이를 보여 주듯이 집회에 참여한 까르푸 비정규직 조합원은 다음과 같이 말했다.

> "까르푸는 비정규직도 조합에 가입할 수 있어요. 알바가 근무하면 얼마나 할 거냐며 조합가입을 주저했죠. 하지만 이제는 그렇지 않고 알바이고 파트타임이지만 노동자가 되었고, 내 일터를 가진 것 같아요. 노동가를 부를 때는 내가 일터에서 처음으로 사람의 목소리를 내는 것 같아 기분이 째지게 좋고요. '유통노동자도 인간이다'는 말이 너무 가슴에 와 닿아요."

3사 노조의 공동투쟁, 그리고 2사 노조의 조직통합을 위한 공동투쟁 과정에서 이랜드는 9월 27일에 까르푸를 '홈에버'로 명칭을 바꾸면서 출범식을 했다. 출범식에서 2007년 실적 목표로 매출 3조 5천억 원, 영업이익 1천 900억 원을 제시했으며, 기존 직원들은 100% 고용보장을 하겠다고 했다. 노조의 과격한 투쟁에 대해서는 원칙적인 대응을 하겠다고 했다. 이는 회사가 노조의 투쟁을 통한 고용안정요구를 인정하지 않겠다는 것이다.

● 2사 통합 — 이랜드일반노조의 결성

9월 5일부터 시작된 중계점 앞 천막농성을 지켜본 까르푸 조합원들은 점점 이랜드노조에 호감을 보이면서, 지도부의 통합에 대한 주장에 힘을 실어 주기 시작했다. 이에 10월 10일 노조 중앙위원회는 이랜드노조와의 통합을 압도적인 찬성으로 결의하고 통합을 공식화했다. 통합 준비가 급물살을 타기 시작한 것이다.

노조는 11월 21일부터 30일까지 조합원 총회를 열고 노조통합 찬반투표를 진행하여 97%의 압도적인 찬성표로 노조통합을 결정하였다. 이랜드노조도 11월 29일 조합원 총회에서 100%의 찬성으로 노조통합을 결정하였다. 비록 까르푸 해운대지부가 총회 참석을 거부하는 내부 반발도 있었으나 전체 조합원의 압도적인 지지와 높은 찬성률은 헌신적인 노력을 해온 집행부에 대한 조합원들의 깊은 신뢰가 반영된 것이었다.

이후 까르푸노조와 이랜드노조는 12월 공동상집위원회를 열어 김경욱 위원장과 홍윤경 위원장을 공동위원장으로 하는 '(가)이랜드일반노조 창립준비위원회'를 구성하였고, 12월 20일 이랜드일반노조 창립발기인 대회를 열기로 결정했다.

까르푸노조의 통합찬성율이 90% 넘게 나왔는데, 대단한 거죠. 이랜드노조의 투쟁과정이 영향을 끼친 것도 있지만, 김경욱 위원장을 비롯한 집행부에 대한 조합원들의 신뢰가 엄청 컸다고 생각해요. 간부들은 이랜드노조 간부들을 만날 기회가 있지만 조합원들은 그런 기회가 없잖아요. 특히 지방의 조합원들은. 그럼 조합원들이 뭘 갖고 판단해요? 결국 위원장과 집행부, 그 지부 간부들을 보고 그리고 믿고 투표를 하는 거잖아요. 저도 같이 전국을 순회했을 때, 김경욱 위원장과 이경옥 사무국장에 대한 신뢰가 엄청나더라고요. 제가 옆에서 봐도 신뢰가 가게 행동했고, 그런 부분들이 크게 영향을 끼쳤다고 봐요. (홍윤경, 사무국장)

마침내 이랜드노조와 까르푸노조가 '이랜드일반노조'라는 이름으로 뭉치게 됐다. 두 노조는 12월 20일 오후 용산 철도웨딩홀에서 창립발기인대회를 했다. 까르푸노조는 이랜드일반노조의 홈에버지부(지부장 김경욱)로, 이랜드노조는 이랜드지부(지부장 홍윤경)로 조직형태를 변경했다. 조합원들과 연대노동자 등 100여 명이 참석한 가운데 열린 이 대회에서 노조는 규약·규정 및 2007년 사업계획과 예산안 등을 심의·의결하고, 김경욱 홈에버지부장을 임시위원장으로 추대했다. 노조의 위원장은 2007년 1월의 정기대의원대회에서 선출하기로 했다. 이랜드의 까르푸 인수 결정 직후인 5월 초 까르푸-이랜드-뉴코아노조가 공동투쟁본부를 구성하면서 시작된 노조통합 논의가 6개월여 만에 결실을 이룬 것이었다.

이날 출범한 이랜드일반노조는 이랜드그룹 내 유통업계 종사자뿐 아니라 이랜드그룹의 전체 계열사 소속 직원들을 조직하는 데 주력한다는 계획이었다. 특히, 협력업체에 고용돼 각 매장에서 근무하는 직원들의 고용문제 해결을 1차 과제로 삼는다는 방침을 세웠다.

이어 12월 22일에 이랜드일반노조는 서울지방노동청 서부지청에 노조설립신고서를 접수하였다. 이랜드일반노조는 기존에 있는 산별지부에 가입한 것과는 달리 기업노조가 있는 가운데 조직형태를 변경하여 새로운 노조를 건설하는 방식이라 사례를 찾아보기 힘들지만, 노조신고필증 발부는 큰 문제가 되지 않았다. 단위사업장에 노조가 존재하면서 그룹 단위로 노조를 설립한 예는 현대그룹노동조합총연맹(현총련)이 있었고, 이랜드일반노조는 두번째 사례이다. 그런데 이랜드일반노조는 이전의 현총련과는 달리, 규약에 이랜드그룹 계열사에 고용된 정규직, 비정규직 노동자는 물론 용역, 파견, 도급, 위탁사업체의 노동자와 계열사 사업장에 입점해 있는 노동자까지 조직에 포괄하고 있었다. 또한, 노조규약에 노조의 사업내용으로 '비정규직 철폐 및 법, 제도에 관한 사항'을 명시하였다. 이는 이랜드일반노조가 비정규직 양산이 사회적 문제가 되고 있기 때문에 노조의 사회적 책무를 하겠다는 의지였다.

이랜드일반노조는 아래의 조직표와 같이 이랜드, 까르푸 노조를 해산하지 않고 조직형태를 지부로 변경하여 설립하였기 때문에, 새로운 단체협약이 체결되기까지는 기존의 단체협약이 적용되었다. 단체협약 효력과 관련된 다툼의 여지를 없애기 위해 한시적으로 기업지부를 인정한 것이다. 이에 따라 까르푸노조의 지부들은 분회로 조직 위치가 변경되었다.

통합노조는 신고필증이 발부되자, 제1대 임원선거를 서울·경기·인천·충청지부는 2007년 1월 23·24·27일에, 전라지부는 1월 25·26일, 경상지부는 1월 29·30일에 진행했다. 그 결과 위원장 김경욱, 수석부위원장 이남신, 부위원장 이경옥, 사무국장 홍윤경을 선출했다.

통합노조 위원장을 누가 할 것인가, 통합하는 방식도 굉장히 고심을 해서, 어쨌든 양 노조가 '지부 대 지부'로 통합하는 방식으로 한 거고. 사실 누가 봐도 김경욱 위원장이 해야 되는데, 본인이 끝까지 안 한다고 했어요. 와이프하고 약속을 했다는 거죠. (……) 계속 저한테 하라고. 저는 노조간부 경력은 오래됐지만 당시 위원장 한 지는 1년밖에 안 된 상황이었기 때문에, 엄청 부담되죠. 제 개인적인 부담을 떠나서 까르푸노조가 조합원들이 훨씬 많기에 그건 맞지 않다고 생각했고, 되게 고민을 많이 했어요. (……) 결국은 둘 중에 한 명이 할 수밖에 없는 상황이라 (……) 마지막에 김경욱 위원장이 하겠다고 해서, 다행히 양쪽 노조에서 두 명씩 임원을 구성하기로 한 거죠. (홍윤경, 사무국장)

이처럼 2006년 5월 1일부터 시작한 3사 공동투쟁, 5월 10일 출범한 공투본은 2006년 하반기 내내 고용안정 및 노조활동 보장, 무엇보다도 비정규직 문제에 관심을 기울이면서 활동했다. 그리고 이러한 공투본활동의 성과는 2006년 12월 까르푸노조와 이랜드노조의 통합으로 귀결되었고, 통합노조인 이랜드일반노조는 새로운 출발을 준비하고 있었다. 이즈음 뉴코아노조는 임단협 체결 이후 지도부가 교체되는 등 혼란을 겪었지만 5대 집행부가 출범하면서 조직을 새로 정비하기 시작했다. 이랜드일반노조-뉴코아노조는 각자의 어려운 상황을 극복하면서 공투본을 통해 공동투쟁을 지속하는 것이 과제였다. 공투본 최대의 과제는 비정규직 차별시정과 고용안정을 위한 비정규직 노동자의 조직화였다.

통합 노조 조직기구표

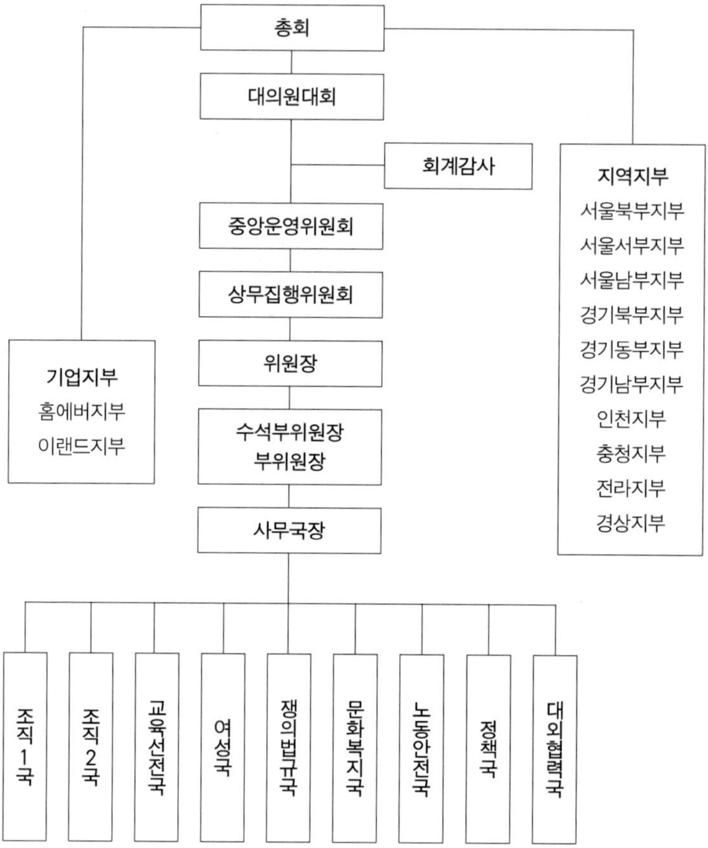
총회
대의원대회
회계감사
중앙운영위원회
상무집행위원회
위원장
수석부위원장
부위원장
사무국장
기업지부
홈에버지부
이랜드지부
지역지부
서울북부지부
서울서부지부
서울남부지부
경기북부지부
경기동부지부
경기남부지부
인천지부
충청지부
전라지부
경상지부
조직1국
조직2국
교육선전국
여성국
쟁의법규국
문화복지국
노동안전국
정책국
대외협력국

이랜드일반노동조합 기업지부별 조직도

기업지부	분회	분회장	조합원수
홈에버지부	중계분회	〈미선출〉	75
	면목분회	황은영	42
	방학분회	〈미선출〉	65
	목동분회	황명희	71
	가양분회	이선숙	33
	월드컵분회	김경미(임시분회장)	75
	시흥분회	홍경숙	75
	일산분회	양미경	86
	중동분회	조은옥	74
	야탑분회	강혜정	10
	안양분회	임희석	43
	안산분회	〈미선출〉	51
	계산분회	이영순	110
	구월분회	장동식	38
	청주분회	양승준	20
	순천분회	박영숙	78
	해운대분회	곽경순	16
	장림분회	박덕희	23
	울산분회	김학근	65
합계			1,050

이랜드지부 ㈜이랜드	용인분회	최정현	3
	답십리/신촌/가산		5
	시흥단체팀분회		4
합계			12

이랜드지부 ㈜이랜드월드	중계2001분회	김정은	10
	안양2001분회	허혜성	13
	안산2001분회	김유진	11
	가산분회		5
합계			39

3. 이랜드일반노조의 활동과 2사 공동투쟁

1) 이랜드자본의 노조탄압과 모니터링제

● 노조간부 해고와 모니터링제

이랜드는 두 노조가 통합절차를 밟는 2006년 12월부터 노조간부들의 급여통장을 압류하는 등 노조를 탄압하다가, 2007년 2월 2일 홍윤경 사무국장을 해고했다. 이는 회사가 통합노조의 활동을 방해하려는 의도를 드러낸 것이다. 회사는 홍윤경이 사무국장으로 당선된 지 하루 만에 징계위원회를 열고, 그다음 날 해고통지서를 보냈다. 해고사유는 '명예훼손, 퇴거불응, 업무방해, 재물손괴, 집시법 위반, 폭행' 등이었는데, 이는 소송이 진행 중인 사안이거나 회사가 노사합의사항을 이행하지 않은 데 대해 취했던 노조의 대응을 문제 삼은 것이다.

이처럼 통합노조인 이랜드일반노조가 설립되자마자 이랜드자본의 노조탄압이 본격화되면서, 2007년 이랜드일반노조 노동자들의 투쟁이 시작됐다. '부당징계철회'를 요구하며 이랜드일반노조와 뉴코아노조, 서비스연맹, 서울본부, 민주노동당원들이 농성을 벌였다. 서비스연맹은 노조대표자를 해고하는 것은 노조를 와해하겠다는 불온한 의도라고 규정하는 성명을 발표했다.

이랜드는 각 매장을 리뉴얼하여 개장하면서 노동강도를 강화시키려 했다. 모니터링은 회사 측이 고객으로 가장해서 계산원들의 친절도를 평가하는 것이다. 회사가 모니터링을 강행하면서 여러 문제가 속출하였다. 예를 들어 2007년 1월 일산점에서는 모니터링 점수가 낮다는 이유로 고객만족센터 직원 모두를 전환배치하려다가 노동자들이 1인시위와 농성투쟁을 벌이기도 했다. 이어 방학점에서는 2월부터 모니터링 결과가 나쁘다는 이유로 직원들을 아침 7시에 출근시켜 점프교육을 받게 했는데, 그 내용은 한 시간 동안 인사연습을 시키는가 하면 시험을 본다며 문서를 나눠 주고 외우게 하는 등 벌칙성 조치였다. 그 때문에 방학점의 노동자들은 고객이 나타나면 창고로 들어가거나 멀리 돌아가는 등 고객을 피하는 일까지 벌어졌다. 고객을 가장한 모니터 요원일 수 있기 때문이다.

야탑점에서는 3월 7일에 모니터링 결과를 복도 게시판에 공개하였다. 공개된 장소에 게시된 보고서에는 노동자들의 실명이 나열되어 있었으며, 협력업체 여성노동자를 '아줌마사원' 또는 '판매아줌마사원'으로 표현하고 있었다. 가장 큰 문제는 야탑점이 당사자의 동의없이 실명을 버젓이 적은 채 공개했다는 점이다. 야탑점은 기강확립을 위한 것이라고 했다. 야탑점의 한 대리는 협력업체 노동자들에게 "모니터링에 적발되면 근무를 안 시키겠다"며 협박성 발언을 하기도 했고, 팀장과 사무실에서 면담 중이던 야탑 분회장에게 폭언을 하는 등 횡포를 부렸다. 야탑점 협력업체 노동자들은 모니터링 실명 공개와 해고 협박으로 극심한 수치심과 불안감에 시달려야 했다.

이처럼 회사가 강제로 하는 모니터링은 노동자의 희생만을 강요하는 감시제도일 뿐이었다.

그뿐만 아니라 2007년 들어 이랜드자본은 뉴코아 전점에 현금 PDA 설치를 강행하였다. 순천점과 창원점에 설치된 현금 PDA를 노조와 계산원들이 회수했지만, 이랜드자본은 이에 아랑곳하지 않고 전국 점포에 현금 PDA설치를 강행하겠다고 나왔다. 이랜드자본이 현금 PDA를 설치하고 나면 계산원들은 '잉여인력'이 되어, 결국 정리해고나 권고사직의 대상이 되어 일자리를 잃게 될 것이다. 뉴코아의 현금 PDA 설치를 막지 못하면 다음 차례는 홈에버와 2001아울렛이 될 것이 뻔한 상황이었다.

이런 상황에서 공투본은 공동투쟁의 상황을 공유하고 결의를 높이기 위해 이랜드-뉴코아 공동대의원대회를 개최했다. 2007년 3월 6일 서울 고속터미널 웨딩홀에서 열린 이 대회에는 뉴코아, 이랜드일반노조 대의원 150여 명이 참여하였다. 2006년 공동투쟁의 경험으로 2007년에는 더욱 체계적이고 강고한 공동사업과 투쟁을 할 수 있는 기초를 마련하기 위한 것이었다.

이 대의원대회는 이랜드, 뉴코아 양 노조의 사업계획과 공동결정사업으로 "조직확대, 고용안정, 민주노조사수"라는 3대 목표를 정하고, 이를 위해 "비정규직 조직화, 아웃소싱과 현금 PDA 도입 저지 등 구조조정 분쇄, 이랜드일반노조 단협체결과 갱신" 등의 5대 과제를 선정하였다. 또 구체적인 7대 공동요구를 정하여 공동투쟁을 하기로 하였으며, 여름캠프 등의 사업과 전체 조합원을 상대로 한 선전과 교육사업도 공동으로 펼치기로 하였다.

이후 3월 13일에 공투본은 뉴코아 본사(안양평촌) 앞에서 뉴코아 강남점 매각과 현금 PDA설치, 24시간 영업, 비인간적인 모니터링을 규탄하는 기자회견과 공동집회를 갖고 평촌 일대에서 가두행진을 벌였다.

2) 용역직과 비정규직 노동자의 구조조정

● 용역직의 대량해고

한편 이랜드는 까르푸를 인수 후 기존 신선식품 및 공산품 판매 중심의 대형마트에서 의류판매 중심의 '패션프리미엄아울렛'으로 중점사업을 변경한 뒤, 2007년 매출목표를 3조 5천억 원으로 정했다. 그러나 홈에버는 2007년 1월 매출목표 대비 80% 미만의 실적을 기록하는 등 까르푸 때보다도 못한 매출실적을 보였다. 이에 홈에버는 3월 직원들의 동의절차 없이 '24시간 영업' 방침을 정해 매출증대를 꾀하기도 했으나, 큰 효과가 없자 5월에 이를 철회했다.

다시 홈에버는 대대적인 용역직의 대량해고를 감행하는 것으로 대책을 세웠다. 홈에버의 「비용절감프로젝트」라는 자료에는 현장인원 조정계획으로 2월 신규 오픈한 상주점을 제외한 전국 32개 점포에서 보안직원 220명, 주차요원 150명, 카트직원 79명, 시설직원 35명을 2월 1일을 기해 감원하는 것으로 기획되어 있었다.

용역직원 대량감원으로 요약되는 홈에버의 비용절감 프로젝트는 이같이 매출이 부진한 상황에서 인건비라도 줄이겠다는 발상이었다. 홈에버의 갑작스러운 인원조정계획에 따라, 2007년 용역계약을 맺은 대부분 노동자가 계약 기간이 많이 남았는데도 일을 그만두어야 했다.

구체적으로 중동점 등 3개 점포에서 24명의 청소미화 직원이 감원됐고, 나머지 점포에서도 점포당 5명 안팎의 인원이 감원되었다. 5월 초에 확인된 감원 인원만 508명으로, 각 점포 청소미화 직원을 포함할 경우 최대 650여 명의 용역노동자들이 일자리를 잃었다. 이를 통해 홈에버는 2007년 초 용역계약금액을 121억 696만 2천 원에서 30억 7천 482만 4천 원으로 절감했다.

그런데 이랜드그룹의 박성수 회장은 2006년에만 본인이 보유한 주식의 배당금으로 82억 원을 챙겼고, 자신이 다니는 교회에 130억 원의 십일조 헌금을 냈다.

이처럼 600명이 넘는 노동자들을 실직 상태로 몰아넣은 홈에버의 인력감원방안에 대해 노조는 "가장 처참한 노동조건 속에 신음하고 있는 힘 없는 용역노동자들의 생계를 파탄내는 악질적인 구조조정"이라며 분노하였다.

그때 어떤 일이 벌어졌냐면 (……) 회사가 매각 대금이 높다 보니 돈이 없으니까 인건비를 줄인다고 생각한 게, 청소업체 직원들을 줄여요. 대부분 나이가 많은 분들인데 잘라. 청소인력이 없어지니까 월드컵은 매출도 좋고 매장도 넓은 덴데, 회사가 직원들한테 "여기 매장은 네가 청소해", "요긴 네가 청소해" 역할을 주면서 사람들을 자른 게 드러난 거예요. 화장실에, 휴게실에 막 라면 국물, 자판기가 있는 데는 쓰레기가 산더미처럼 있고. 그래서 우리한테 왔어, "용역직원들 지금 인원을 줄여, 그러면 우리 비정규직들은 어떻게 될 거냐? 우리가 그 자리로 용역 가는 거야. 그러면 정규직은 또 어떻게 될 거야? 정규직도 비정규직 되는 거네, 이제 이건 시간문제다", "뉴코아에서 계산대가 외주화됐으면, 우리 계산대가 다 외주화될 거야. 그러면 우리 이제 갈 곳 없다. 우리가 지금 사람 대접 못 받고 잘리면 되냐? 그러니 다 같이 막자" 하면서 노조에 많이 관심을 가졌죠. (이경옥, 부위원장)

● 직영 계약직 노동자들의 해고

홈에버는 용역직 650여 명의 계약을 중단한 데 이어, 직영 계약직 감원을 추진하였다. 이때 홈에버는 매출의 문제도 있지만, 매출저조로 인해

그룹 내 계열사 간의 재무 위험에 대한 공동부담을 높이는 것도 문제였다. 한국기업평가에서도 이랜드그룹에 대해 '재무적 부담이 과중한 수준'이라고 진단했다. 한국까르푸를 인수하며 끌어다 쓴 1조 7천억 원의 차입금이 그룹 전반의 재무안정성을 위협했다. 2007년에 상환해야 하는 차입금만 해도 9천억 원에 달했다. 비용절감을 이유로 용역직 수백 명을 해고하고, 직영직원을 외주화하는 배경에는 이같은 재무 부담이 주요하게 자리 잡고 있었다.

또, 이랜드는 7월 시행되는 비정규직법의 차별시정 조항과 2년 고용시 무기계약 근로전환 조항의 적용을 피하기 위해, 직영 비정규직이 담당하던 업무를 순차적으로 외주화하는 방식을 택하였다. 이미 2001아울렛과 킴스클럽의 계산업무가 외주화됐고, 뉴코아 계산원들도 용역전환됐거나 용역전환을 눈앞에 두고 있었다. 각 매장에서는 계약기간이 남아 있는 노동자에게까지 사직을 요구하는 불법행위가 빈번히 벌어지고 있었다. 이에 노조는 "18개월 이상 근무한 계약직 조합원에 대해 정당한 사유 없이 계약기간 만료를 이유로 계약해지 할 수 없다"는 단체협약 조항에 위배되는 "명백한 부당해고"인 만큼, 법적 대응을 하기로 했다.

▶첫 해고자 — 시흥점의 호혜경 조합원

4월 17일 계약기간 만료로 시흥점에서 첫 해고자가 발생했다. 시흥점 비정규직 노동자들은 당황하고 혼란에 빠졌다. 7월 비정규직보호법이 시행되면 2년 이상 근무한 이들은 정규직으로 전환하는 것이라고 믿고 있었는데, 회사가 법을 악용하여 2년이 되기 전에 비정규직을 해고하는 상황을 맞게 된 것이다.

그런 얘기를 들었을 때, 분위기가 좀 싸한 거예요. "저분이 왜 해고가 되지?", "여태껏 평가해도 괜찮았는데 왜 갑자기 이러는 거지?" 우리들 사이에서도 술렁였던 거죠. "2007년 7월 1일부터 비정규직보호법 때문에 우리가 2년 이상이면 정규직 시켜 준다더라", 그럼 2년만 넘으면 다 정규직인 거잖아요. (……) 그러니까 자기 개월 수 따지느라 바쁜 거예요. (……) 이렇게 단순하게 생각했는데, 호혜경 님이 해고됐다고 하니, 우리는 "이건 좀 아니다, 왜 이러지?" 옷이 불편해도 불만 안 갖고, 입술을 빨갛게 칠하래도 불만 안 갖고 일했는데. (김선영, 시흥)

이에 시흥분회는 모임을 갖고 대책을 논의하였다. 시흥점 조합원들은 해고철회와 원직복직을 요구하며 1인시위와 선전전 등의 투쟁을 벌이기로 했고, 호혜경 조합원의 투쟁을 같이하기로 했다. 또 노조는 민주노총 서울본부 법률센터를 통해 서울지방노동위원회에 부당해고 구제신청을 냈다.

| 계약해지 통보를 받은 호혜경 조합원 글 |

계약해지 통보를 받고 계산대에 근무를 하는 지난 일주일 동안은 지옥과 같은 나날이었습니다. 사실 해고통지를 받은 그날 밤은 다 관두고 싶었지만, 너무 화가 났습니다. 정확한 해고사유를 알고 싶어 회사 측에 생각할 시간을 주었는데 아무런 답변도 들을 수는 없었습니다.

본사와 같은 건물에서 근무한다는 사실도 부담스러운데 본사 일부 직원들은 지하에서 쇼핑을 하고 계산할 때 보면 본인들은 고객보다 더 위에 있는 사람들이고 그다음이 고객입니다. 매장에서 일하는 우리들은 안중에도 없고 은연중에 무시하는 것도 수없이 느끼고 있었습니다.

기독교기업임을 자랑하는 이랜드라는 회사가 까르푸를 인수해서 보통 기업과는 다르겠지라고 생각했고, 직원 모두를 고용승계한다는 말을 믿었건만 새빨간 거짓말이었나 봅니다.
어느 날 갑자기 아무런 이유도 설명도 없이 한 사람의 생계를 끊어 버리는 "해고"(계약해지)라는 회사의 폭력이 벌어졌습니다. 이런 일이 나 혼자만의 일이라면 그냥 포기하고 집에서 얼마 동안 속상해하고 있었을 것입니다. 그러나 이것이 시작일 거라고 생각합니다.
그리고 제가 포기하는 순간 매장에서 열심히 일만 하는 우리 동료들 모두에게 닥쳐올 일이라 생각하고 함께하는 그들이 있기에 이 어려운 시기를 잘 극복할 것입니다. 여러 동지들의 힘을 하나로 모아 부당함에 맞서 이길 수 있을 때까지 최선을 다해 싸우겠습니다.

분회 조합원들의 지지 속에서 부당해고에 맞서 호혜경은 바로 1인시위를 시작했다. 1인시위에는 시흥분회 조합원들만이 아니라 전체 조합원들과 지역 노동자들의 지지가 이어졌다.

해고가 되니까, 영순 언니나 재윤 언니나 몇 분들이 비상모임을 했나 봐요. 저는 계산대에 일하는데 누가 슥~ 지나가면서 "다음 주부터 1인시위 하기로 했다"고 전해요. 그때 눈물이 죽 나더라구요. (……) 호혜경 조합원 일 이후로 저희는 누구보다 앞장설 수밖에 없었죠. 1호 해고자가 나왔기 때문에. 그러면서, 저도 꾸준히 1인시위를 했어요. 예를 들어서 호혜경 조합원이 12시부터 1시까지 밥 시간에 1인시위를 한다면, 저도 그 시간에 정문에서 떨어져서 하고, 또 필요하면 조를 짜서 후문에서 1인시위 하고. 왜냐면 **이분을 자른다는 거는 저도 안 붙여 준다는 거거든요.** (……) 그때쯤이었나? 김경욱 위원장님이 오셔서 "당신네들 조합가입해야만 이런 걸 막을 수 있다", 계속 얘길 했어요. 그러니까 저도 마음 편하게 이분들 믿고 노조가입을 했던 거고. 내가 스스로 나가기 전에 잘리는 거는 자존심 상하는 것이잖아요? 그러니까 이분들도 그 고민을 했던 것 같아요. 오히려 정규직들이 우리 비정규직들을 챙겨 줬던 것 같아요. 그러면서 "비정규직을 먼저 자르고 그다음 차례는 정규직이다"고. 그때 뉴코아가 정규직인데 외주용역화한다는 얘기를 들으면서 "이분들이 하는 말이 맞구나" 한 거죠.(김선영, 시흥)

서울지방노동위원회는 6월 20일 이랜드홈에버가 단체협약에 보장된 '18개월이 경과한 계약직 조합원'에 대해 계약해지(해고)한 사실에 대해 법을 위반한 부당해고라고 판정했다. 노동위원회의 부당해고 인정에 따라 홈에버가 자행하고 있는 대량해고가 법적 근거도 없는 '만행'이라는 것이 다시 확인된 것이다.

서울지방노동위원회 결정에 따라 호혜경은 원직에 복직된다. 만일 이 복직명령을 이행하지 않을 경우 오상흔 사장은 형사처벌 대상이 된다. 호혜경이 부당해고구제신청에서 승소함에 따라 나머지 해고자들도 복직 판정이 날 것이라 희망을 가졌다. 그동안 관리자로부터 포기하라는 회유와 멸시를 당하면서 투쟁을 포기했던 비정규직 노동자들도 투쟁에 합류하기 시작했다.

또, 5월 7일에 회사는 근로계약이 만료된 면목점 고객만족센터 소속 계약직 직원에게 당일 계약해지를 통보한 데 이어, 청주점 계약직 계산원 35명을 줄여 매달 인건비 3,500만 원을 절감하려 했다. 이는 뉴코아에서도 계약직 계산원 외주화를 추진하려는 등 이랜드그룹 유통계열사에서 인력조정이 지속되고 있는 상황과 잇닿아 있었다.

홈에버로 넘어가면서 계약직을 잘랐잖아요, 3·6·9할 때 잘라 가지고,

시흥점에서 자르고, 저희 면목에서도 두 명이 강희숙하고 또 한 명이 해고되어서. 시흥에서는 1인시위라든가 뭐 지원을 했어요. 그리고 우리는 제가 분회장되면서부터 분회를 늘리기 위해서 활동을 좀 했죠. 그러다 저희 지점에서 잘린 거야. 그런데 잘린 두 명이 다 조합원이 아니었어요, 비조합원이었어요. 이거에 대해서 말이 많았지, 김경욱 위원장은 "뭔가를 보여야 된다" 그런데 저희는 "안 한다" 반대를 하고. 그러면 안 된다고 해서 조합원들끼리 회의를 했어요. "조합원은 아니지만 이걸 어떻게 해야 되냐" 해서 "시위를 하자"는 쪽으로 결정해요. (황은영, 면목)

▶인천 구월점 김정숙의 해고

4월에 시흥의 호혜경 조합원이 해고될 때 다른 매장의 무기계약직들과 정규직 노동자들은 "나는 괜찮을 것"이라는 생각을 했다. 특히 구월점의 노동자들은 "우리는 노동조합에 가입했으니 괜찮을 거다"라는 생각을 똑같이 하고 있었다.

그런데 5월 11일, 1년 9개월 동안 구월점 농수산물코너 판매사원으로 근무해 온 김정숙이 해고통보를 받았다. 그녀는 노모와 20대 초반 아들의 생계를 책임지는 여성 가장이었다. 구월점 휴게실에 모인 김정숙과 여성노동자들은 눈물을 흘리며 분노했다. 비정규직 계약해지라는 설마설마하던 일이 벌어진 것이다. 회사가 밝힌 해고사유는 '계약기간 만료'였다. 비정규직법 시행을 앞두고 회사가 비정규직을 해고한 것이다. 구월점에서만 2명, 다른 점포에서도 계약직 해고가 줄을 잇고 있었다.

김정숙은 무엇보다 '친절 직원상'까지 준 회사가 한 주 만에 계약해지를 통보한 것에 분통이 터졌다. 세 식구의 생계가 달린 직장이기에 누구보다 열심히, 고객들의 짜증에도 인상 한 번 찌푸리지 않고 일해 온 사람을 이렇게 내보낼 수 있냐는 것이다.

홈에버는 "고객 친절을 우선으로 삼는 기업이 돼야 한다"며 수시로 서비스교육을 진행해 왔다. 또, 주부 모니터링제를 도입해, 일반 주부고객들이 직원들의 친절상태를 평가하도록 했다. 그러던 중에 한 주부 모니터 요원이 가장 친절한 직원으로 김정숙을 지목했고, 회사는 그녀의 '친절 사례'를 벽보로 만들어 붙이기도 했었다.

동료들이 김정숙의 1인시위를 돕기로 했다. 그녀는 손에 "부당해고 철회하라"는 피켓을 들고 1인시위에 나섰다. 그러나 그조차도 1주일을 끝으로 중단해야 했다. 가장인 그녀는 빚과 생계비가 급해 돈을 벌기 위해 소래포구 일용직 인부로 일하러 가야 했다.

제가 까르푸 다닐 때, 언니는 형부가 몸이 안 좋아서 집에서 살림하고 있었어요. 그런데 둘 다 돈을 안 버니까 먹고살 수가 없어서… 2005년 말경 제가 매장에 자리가 비어서 언니를 소개해 줬어요. 근데 언니가 무기계약직으로 넘어갈 당시에 해고를 당했으니까. 언니가 굉장히 친절해요. 상냥하고 또 일도 잘해서 '서비스상'도 받았어요. 그런데 어느 날 갑자기 부점장이 부르더니 "안 나오셔도 된다" 이런 거죠. 축산에 언니랑 비슷한 때 들어온 사람이 있는데, 나오지 말라는 얘기를 한 거예요. 둘 다. (……) 정말, 언니는 하늘이 무너졌죠. 완전히. 언니가 벌어 먹고사는 상황이고, 친정엄마까지 모시고 있었으니까. 거기다 늘 칭찬해 주고 이러던 부점장이 그러니까. 언니가 그날 일을 못하고 그냥 갔어요. 제가 왜 그러냐니까 울면서 "나오지 말라" 했다고. 어휴, 진짜, 그때 생각하면… 에휴, 그래 저희는 파업에 참석을 하게 된 거예요. 다른 동료들도. "같이 일하던 내 동료가 그렇게 잘렸는데, 이거 말

이 돼?" 같이 파업을 한 거죠. (김정애, 구월)

● 구월지부 결성과 아웃소싱 반대 1일 파업

2001년경 까르푸의 인천 구월점 매장이 오픈하였다. 구월점에는 업체에서 파견된 직원들을 빼고도 직영직원이 130~140명이 있었다. 매장의 남성관리자들 중에는 실무능력이나 관리 경험이 전혀 없는 사람도 있었다. 그런데도 관리자들이 노동자들을 비인격적인 태도로 대하면서 현장에서 불만이 쌓여 갔다. 거기에 구월점은 주5일제 시행 이후에도 매출을 위해 토요일 연장근무(2시간)를 노동자들에게 강요하면서 노동자들의 불만이 매우 높았다. 2005년 단체협약으로 비정규직의 노조가입을 허용하기로 한 시기였다. 일부 노동자들이 노조에 문의하여 토요연장근무가 불법이라는 것을 확인하자, 많은 비정규직 노동자가 노조에 가입했다. 당시 상황에 대해 한 조합원은 다음과 같이 말했다.

"결정적인 계기는 주5일 할 때, 근무시간을 8시간이 아니라 그걸 연장시켜서 장사가 잘되는 주말에는 1, 2시간씩이라도 더 시키려 했던 거 때문이에요. 여기 2~3년 일을 한 사람들은 다 식구 같아요. 수산에 누구 언니, 야채의 누구 언니, 정육에 누구 언니, 다 친해요. 여기는 인맥이나, 일하면서 저 사람이 얼마나 신뢰를 줬나 이런 걸 보고 그 사람의 말을 믿거든요. 때문에 가서 설명해 주고, 이런저런 조합소식 알려 주고 하면서 노조에 가입하게 된 거예요."

조합원 수가 늘어나자 노조와 의논한 조합원들이 구월지부를 결성하고, 박상일 지부장을 선출해서 지부활동을 시작했다. 특히, 윤송단은 본조 여성국장으로 활동하기 시작했다.

구월점의 샐러드바에서 일했던 김정애는 윤송단 여성국장과 같은 부서였다. 입사한 지 얼마 지나지 않아 김정애는 윤송단 국장의 권유로 노조에 가입했다. 그때 노조 가입자가 늘어나서 조합원 수가 40~50여 명 정도 되었다.

> 노조가 있는 건 입사 때 알았고, 우리 샐러드바에 여성국장하던 윤송단도 있었고. 그래서 자연스럽게 얼마 안 돼서 가입했어요. (……) 구월점은 신선, 농산, 수산, 저희 샐러드바, 그리고 베이커리 이런 데서 "가입해야 되는 것 아냐" 하면서 노조가입하고 그랬어요. (조합원이 몇 명?) 20에서 30명 사이로 그렇게 많지는 않았어요. 아직 노조가 활성화된 거는 아니어서…. 그 뒤로 우리 언니 들어와 가입시켰고, 열댓 명 더 가입했던 것 같애요. (김정애, 구월)

노조활동이 점차 활성화되는 과정에 회사는 베이커리와 샐러드바를 아웃소싱한다며, 해당 부서의 직원들을 다른 부서로 이동시키려 했다. 이에 지부 조합원들은 하루파업을 벌였다.

> 중간에 아웃소싱으로 돌린다고, 베이커리와 샐러드바가 없어진다고. 그래서 저희가 그때 잠깐 파업 아닌 파업을 했어요, 저희끼리. "어디든 가지 말자" 하면서…. 점장실 있는 데 직원 통로가 길게 있는데, 거기에 앉아서, 정말 어설프게 구호도 외쳐 보고. 그때가 추석 전날인가? 해서, 저희는 명절 되면 샐러드바에서 일주일 전부터 전, 꽂이도 꽂아서 냉장고에 넣어 두었다가, 계란을 20판, 30판씩 깨서 하루종일 부쳤거든요. 그런데 파업을 하니 일을 안 하고. 그 중에 조합원인데도 일하는 사람이 있었어요. (……) 그러니 과장과 부점장들이 와서 전을

부치고 난리 치고. 우리는 통로에 앉아서 "그래 니네들 맘대로 해, 우리는 못 가." 여튼 처음 한 건데 재미있었어요. (……) 나중에는 정말 어쩔 수 없이 부서이동을 해야 하는 분위기가 돼서 "흩어져서 각자 조합원을 더 늘리자"해서, 저는 축산으로 갔고 다 흩어졌죠. (김정애, 구월)

한편 홈에버가 "18개월 이상 고용을 보장한다"는 단체협약을 무시하고 비정규직 노동자들을 계속 해고하자, 노조는 그동안 우려했던 비정규직의 고용문제가 현실로 부상된다고 판단하여 바로 대응했다. 호혜경 조합원은 결국 지노위에서 부당해고로 판정되어 복직하였고, 김정숙은 생활문제로 다른 곳에 취업했지만, 구월점 조합원들이 같이 고용안정을 요구하며 투쟁을 했다. 심지어 면목점 해고자는 조합원이 아니어도 지부에서 투쟁을 벌이기도 했다.

이처럼 용역업체 노동자들의 해고에 이어 비정규직의 해고가 각 매장에서 잇달아 일어나자, 각 매장의 비정규직들이 술렁이기 시작했다. 또 정규직 노동자들도 고용문제가 용역업체나 비정규직 노동자만의 문제가 아니라 그들에게도 다가오고 있다는 현실을 인식하기 시작했다.

호혜경 조합원의 비정규직 해고가 발생하면서 투쟁을 한 거잖아요. (……) 우리 단협에 보면 고용안정 조항이 '18개월 이상 된 사람은 고용이 보장'되는데, 18개월 이상 된 사람을 해고시켰잖아요. 그때 해고사유는 별로 없던 건데, 그러니까 단협도 위반하는 상태여서, 나중에는 부당해고로 판정받았어요. 또 18개월 미만자들, 17개월 또 해고된 사람들 있었고, 이것도 꺼리가 되는 거죠. 3·6·9로 따지면 계속 계약갱신이 되는 걸로 알고 있는데, 그래서, 싸움을 걸고, 비정규직을 물고 넘어진 거죠. 이 사람들이 투쟁 못할 걸로 알고 있었지만, 지노위 가서 본인들의 목소리 내고, 그러면서 매장마다 해고자가 발생하니까 지부별로 중식투쟁, 준법투쟁을 해요. 면목에도 해고자들이 있는데 투쟁하겠다고 나선 사람 있어서, 계산점에서도 했고, 다양하게 해고돼서 준법투쟁하면서 분위기를 막 띄운 거죠. (이경옥, 부위원장)

이런 상황으로 비정규직이 다수인 방학점의 분위기도 어수선했다. 2006년 말 지부를 결성하여 아직 활동이 활성화되지 않은 상황이었기에 다른 매장 비정규직의 해고가 자신들의 일로 생각되지는 않았다. 그러나 노조나 공투본의 집회에 참여하면서 비정규직 노동자들의 상황이 어떤지를 알게 되었고, 점차 자신의 문제로 인식하면서 노조활동에 적극 참여하기 시작했다.

저희 점포는 처음에는 크게 와 닿지는 않았어요. (……) 우리가 집회 참석하면서 그런 사건 얘기를 듣고 "아, 이런 일이 있었구나" 하는 걸 알았지, 그전에는 우리가 노조를 가입했어도, 그때 한참 매각되고 이래서 노조게시판도 없으니까, 이경옥 사무국장님이 오지 않는 이상 전달되는 게 없었어요. 거기에 분회장도 없으니까. 그래서 아웃소싱이나 비정규직이나 해고문제를 잘 모르고 집회를 참석했는데 "아웃소싱이 어떻고, 전화 한 통화로, 뭐 문자로 해고했고" 이런 거를 들은 거예요. 그러면서 저희 직원들끼리 "다른 데 계산대는 아웃소싱하고, 용역으로 한다" 이런 이야기를 하기도 하고, 여기서 일하다가 그만둔 직원 몇 분이 롯데나 현대백화점에 계산원으로 갔는데, 파견업체 소속으로 갔다는 거예요. 시간이 지나니까, 재계약이 안 되면서 그만두라고 했다는 이야기도 나온 거예요. 그러면서 해고나 아웃소싱이 뭔지

> 알게 된 거죠. 시흥에서 4월 호혜경이 비정규직인데 해고되니까, 구월 점에서도 해고자 있었고. 우리도 위험했던 거잖아요? 그러니까 같이 투쟁에 동참하게 된 거죠. (이선호·진현미, 방학)

3) 노조가입자의 증가와 새롭게 결성된 분회들

● 야탑분회의 결성(2007년)

야탑 매장은 전국의 까르푸 매장 중에서 다섯 손가락 안에 들 정도로 매출이 높은 곳이었다. 분당이 개발된 곳이라 찾는 이들이 꽤 많았기 때문이다. 노조는 야탑 매장에도 선전전을 갔다. 그 결과 가전에서 일하는 강혜정이 노조에 가입했고, 주위 직원들도 가입하면서 2007년 야탑분회를 결성하였다.

> 본조에서 (……) 처음 선전전을 왔을 때는 별 관심없이 보고…. 두 번째 왔을 때는 제가 수고하신다고 음료수를 빼 주고, 가입서 달라고. 그래서 가입을 했어요. 그런데 그분이 "어, 이거 직접 여기 쓰셔도 되냐? 공개해도 되냐?" 그래서 제가 "상관없으니 공개하시라"고 그랬거든요.(웃음) (노조에 대해 알고 있었어요?) 예전에 저희 언니가 잡지 『교원』에 편집장으로 일해서 들은 적이 있어서…. 노조에 대한 선입관이나 겁났던 것은 없었던 것 같고. 옳지 않은 거에 대해서 고치려고 하고, 노동자들끼리 힘을 합친다는 거에 대해서 굉장히 긍정적으로 생각하고 있었기 때문에. 그때 가입자가 한 다섯 명이었나. 그래서 분회결성하고, 아는 언니가 사무장 하고 제가 분회장 하면서 둘이 오픈하고 나머지는 비공개로 하기로 했죠. (강혜정, 야탑)

2007년은 노조가 고용안정투쟁으로 분주하면서 새로 결성된 분회의 조합원들을 위한 활동을 할 수 없는 상황이었다. 그 때문에 강혜정 분회장은 노조의 활동상황을 직접 써서 게시판에 붙여 알리는 활동을 하거나 피켓 시위를 했다. 그러나 이런 간단한 활동조차도 회사는 보안직원을 동원해 강제로 막으려 해서 몸싸움이 자주 일어났다.

노조활동을 하려고 했고, 그때는 특별하게 교육 같은 거가 없으니까요. 그때만 해도, 본조에서 오는 인쇄물 이런 거 없었어요. 그냥 오로지 게시판에, 용지 사다가 억울한 내용들 써 붙이고, 그다음에 피켓도 직접 만들어서 들어가는 직원 통로에다 쫙– 해놓으면, 보안직원들이 와서 다 치우고. 그거로 허구헌날 싸웠어요. 근데 사무장이 거기조차 나타나지 않아요. 너무 서운하더라고. 결국은 사무장 언니가 탈퇴하고. 어쨌든 저 혼자 그렇게 싸웠어요. 그러다 잘 모르니까 위원장한테 전화해서 “이거 어떻게 하면 좋아요?” 조언 구하고. 그러니까 저도 뒤에 믿는 구석이 있으니까 그 파워를 믿고 막 싸웠던 거죠. 하하. (강혜정, 야탑)

이런 활동 덕분에 직원들이 하나둘 조합에 가입하기 시작하였다. 2007년 들어 고객만족센터의 비정규직 노동자가 해고되자, 고용에 불안을 느낀 직원 37~38명이 노조에 가입했다.

고객만족센터의 비정규직이 해고가 됐어요. 그래서 저희가 가입을 막 시키면서, 한 37~38명까지 늘어났고. (……) 그러면서 처음에 부분파업 들어갔고, 저는 조끼 입고 하다가 “몇 시부터 몇 시까지 파업이다”했는데, 가슴이 벌렁벌렁 떨리기는 하죠.(웃음) 처음이니까. 근데,

그냥 계산대 막고 나오라고 하고, 콜센터에서도 나오라고 해서, 같이 파업했어요. (강혜정, 야탑)

● 월드컵분회의 결성(2007년 5월)

이랜드자본이 여러 방식으로 인력감축을 하면서 고용불안이 심해지고, 특히 비정규직법 시행일이 다가올수록 비정규직 노동자에 대한 해고가 늘어났다. 이에 대응해 노조는 한편으로는 투쟁을 벌이고, 다른 한편에서는 조직력을 강화시켜 나갔다.

그런데 노조는 전국 34곳에 산재한 노동자들의 조직화 방안을 놓고 심각한 상황에 직면했다. 2명의 전임자가 여기저기서 터지는 해고 상황에 대응하다 보면 조직사업을 하기가 어려웠다. 이에 공투본과 노조는 서울, 부산, 인천(부평), 울산, 순천 지역의 각 연대단위에게 '지역유통서비스 노동자 조직화 및 투쟁사업을 위한 대책위 구성'을 제안하였다.

2006년 9월과 10월에 3사 공투본이 민주노동당 서울시당 노동위원회에 비정규 조직화 공동사업을 제안했다. 10월과 11월에 민주노동당 서울시당 노동위원회를 중심으로 '지원대책위추진위'(지대위, 서대문·은평·마포·용산 지역위원회)를 구성하였다.

민주노동당 내의 좌파계열이라고 불리고, 좌파 안에서도 좀 더 현장적인, 현실에서부터 바꿔 내는 정치에 관심을 가지고 민노당에서 해야 한다고 생각했던 당원들이, 그렇지 않은 당에 대해 굉장히 실망하고. 그런데도 여전히 "답은 현장에 있다"는 생각을 가지고 "이제 우리가 뭘 할 수 있을까?"라는 생각을 하고 있을 때였죠. 2006년 여름경에, 마침 까르푸에서 요청이 왔던 거죠. 우리도 마침 간절하게 필요한 거였고, 더군다나 비정규 문제에 대해서 당시에 굉장히 핫이슈였잖아요. (……) 제가 서대문구 노동위원이었는데, 서대문, 마포, 은평, 용산 지역에 있는, 정파에 상관없이 민주노동당 자체를 '건강한 현장성'으로 세우는 데 관심있는 사람들이 적극 결합을 했죠. (강양미, 월드컵지대위 위원)

이들은 2006년 10월부터 2007년 1월까지는 월드컵점에서 매주 선전전과 촛불문화제를 번갈아 가며 진행했고, 2007년 2, 3월에는 선전전을 진행했다. '지원대책위'는 2007년 2월에 노동위원회가 아닌 지역위원회로 구성되어 그 지위를 높였다.

조직화 사업을 8개월 동안 계속했어요. 매주 월드컵점에 서대문, 마포, 은평, 용산, 네 군데 지구당협의회 노동위원들이 가서 캠페인을 했었거든요. 8명 정도는 꾸준히 했고, 거기에 왔다갔다하며 적극적으로 하는 사람들도 있고. 그러니까 상당히 탄탄한 조직이었죠. (……) 뭐라도 하고 싶을 때라서 열심히 했죠. (……) 노조랑 회의하고 요구사항을 체크하고, 그에 따라 저희가 어떤 방식으로 개입할 건지를 정하고. 그리고 자체적으로 저희가 할 일들을 찾는 식으로….
처음에는 매장 바깥에서 집회를 하다가 사람들도 안 다니고, 결합하는 사람들도 없어서 "이거 집회를 계속 해야 되나?" 뭘 어떤 식으로 해야 할지 감도 안 잡히고, 일단 촛불집회부터 시작했죠. 그러다가 매장 안에 들어가서 피켓 들고 찌라시를 나눠 주는 활동으로 전환을 했어요. 저희가 A4 양면으로 찌라시를 만들어, 한쪽 면은 노조에서 회사가 어떻게 돌아가고 어떤 문제가 있는지를 알리는 내용으로, 뒤쪽 면에는 지역 주민들에게 비정규직 문제가 어떻게 심각하고, 어떤 식으

로 도와주면 좋겠다고 하는 내용으로. (강양미, 월드컵지대위 위원)

'지대위'는 4월에는 집중적인 선전전을 펼쳤고 4월 23일부터 1주일간은 매일 하기도 했다. 그동안 펴낸 선전지는 5종이었다. 이들은 "홈에버 월드컵점에서 100명을 조직해 5월에 분회를 건설하자"고 알렸다. 그 이유는 2월 초에 개별로 가입한 조합원이 팀장 면담 후 다음 날 노조를 탈퇴했기 때문이었다. 개별 가입보다 집단 가입의 필요성과 의미를 설명했다.

그 결과, 5월에만 60여 명이 집단 가입했다. 100명 가입 목표는 달성하지 못했지만 5명이었던 조합원 수가 10배 이상 늘어 분회설립준비위원회까지 구성할 수 있었다.

당시 월드컵점은 계산원을 용역으로 전환하는 것도 문제였지만, 계산원의 수가 너무 적어서 일하는 이들이 힘겨워하고 있었다. 그 때문에 5~6시간 휴식 없이 일하다 보니 고객에게 친절하게 할 여력이 없는데도, 회사는 고객으로 가장해 계산원의 친절도를 모니터링하여 일하는 모습을 가지고 노동자들을 위협했다. 특히 7월 비정규직법 시행을 앞두고 이랜드의 비정규직 해고행위가 심해지자 비정규직 노동자들이 불안을 느끼고 있었다. 이런 상황에서 노동자들은 "계산원이 힘을 모아야 한다"면서 노조에 집단으로 가입한 것이다.

노조를 몰랐는데, 그때 이경옥 부위원장님이 점심시간에 자주 월드컵 와서 "노조 결성을 해야 한다. 혼자서는 못하니까 힘을 합쳐서 우리의 목소리를 내야 된다" 이런 얘기를 계속해요. 김경욱 위원장님도 오고. 그래서 **"아, 내가 혼자 목소리를 낼 게 아니라 같이 힘을 합해서** 우리의 어려운 점을 얘길 하거나 바꾸든가 해야겠구나" 하는 생각이 들더라구요. (……) 그래서 저는 노조가입을 했죠. 같은 캐셔들한테 "우리가 힘들지 않냐? 힘을 합쳐서 하자", "노조에 가입하자" 그렇게 막 얘기를 한 거죠. 그래서 많은 계산원이 가입을 하죠. (……) 공산품이나 농수산품에는 부위원장님이 막 얘기하면서 가입했고…. 그때 비정규직들을 재계약이 안 된다고 해고를 시켰던 것 같아요. 그런데 월드컵은 다 계약직이라 우리 일자리도 불안했던 거죠. 그래서 더 우리가 하게 된 것 같아요. (김경미, 월드컵)

선전활동에서 노조와 지대위가 역할을 달리했다. 노조간부들은 매장 안에서 노동자들을 만났고, 지대위의 당원들은 계산대 밖에서 주로 고객들을 상대했다. 이들은 몸벽보에 피켓, 선전물을 한아름 안고 평일에는 월드컵점으로 퇴근해서 저녁 7시 30분부터 9시까지, 토요일에는 오후 4시부터 6시까지 고객들에게 선전지를 나누어 주며 비정규직 노동자를 탄압하는 이랜드 회장에게 항의 전화를 부탁하거나 매장 직원에게 노조가입을 권유해 달라고 요청했다. 지대위는 고객들에게 이랜드의 실체를 알렸다. 회사 문제를 쉽게 제기하기 어려운 노조를 대신해 지대위가 이랜드 문제를 적극적으로 제기한 것이다.

노동자들의 처음 반응은 냉랭했다. 분회결성에 앞장섰던 김경미 분회장도 처음에는 지대위 성원들을 볼 때 "영업을 방해하려는 건 아닐까. 저들이 저러는 게 우리한테 불리하지 않을까" 걱정했었다. 회사 역시 지대위와 노조가 선전전을 해도 2007년 초까지는 별다른 반응을 보이지 않았다. 회사는 고객의 눈을 의식해 갈등을 피한 것이다. 그러나 선전활동이 6개월간 지속되자 4월부터는 회사의 반응이 달라졌다. 안전요원들이 선전전을 하는 지대위 성원들을 쫓아내기 시작했다. 회사의 대응변화에도 지대위 성원들은 계속 선전활동을 했고, 안전요원들과 실랑이를 벌이기도 했다. 안전요원이 강제로 이들을 쫓아낸 적은 없었다. 4월에 지대위가 집중적으로 선전활동을 펼치면서 노동자들이 노조에 집단가입하기 시작했다.

봄에 점포에 모르는 얼굴들이 소식지 들고 많이 왔어요. 저는 별로 관심을 안 가졌지, 그리고 직원이 너무 많다 보니까 휴게실에 바글바글해, 어디 앉기도 힘들어요. 그런데 휴게실에서 이 사람들이 뭐라고 하는데, 시끄럽고 잘 안 들리고 하니까 별로 관심 안 가고, 못 쉬니까 딴 데 가서 쉬고. (……) 그런데 같이 있던 누군가 노조가입서를 가져 왔더라구요. 그래서 "노조가 회사에서 탄압은 받지만 그래도 뭔가 하려고 하는 사람들이 있는 집단이 있구나" 하는 생각을 했죠. (……) 그래서 저는 선심 쓰듯이 가입서를 써 줬어요. 아무런 개념이 없이. "우리 점포에 나도 모르는 노동조합이 있었구나. 그래 한 명이라도 더 있으면 좋으니까" 하고. 그런데 그후 아무 소식도 못 들었는데, 5월 "조합원들은 밖으로 나오라"고 해서 일하다가 유니폼을 입은 채로, 옆에 CGV가 있는데 거기다 단상을 해놓고, 우리 계산대에서 봤던 언니가 뭘 읽으면서 "분회를 설립했다" 뭐 어쩌구 하면서 막 박수 치고. (황선영, 월드컵)

저희가 파업하기 얼마 전에 노조에 한꺼번에 들어간 거 같아요. 그때 계산대에 있던 언니가 얘기를 해서 "한 번에 들자. 개별적으로 하면 또 개별적으로 탈퇴시킨다" 이런 얘기도 있으니까. 그런데 노조결성에 대한 거부감은 없었던 것 같아요. 필요는 하다고 느꼈었거든요. 어떤 일을 하는진 잘 몰랐는데, 단체니까 아무래도 개인이 하는 것보다는 회사 상대하기도 낫고 복지도 조합이 있는 데가 낫다, 이런 정도의 생각이었죠. 조합가입하는 거는 되게 쉽게 했던 것 같아. 직원이 거의 수납이 위주였기에, 수납이 제일 많이 가입했고. (서은주, 월드컵)

조합원 가입서가 들어오는 날이 5월 1일이었어요. 그때 대학로에서 노동절 대회를 하는데, 이경옥 부위원장님이 갑자기 "양미 동지! 양미 동지!" 막 부르시는 거예요. "왜요?" 갔더니 "가입서가 100장이 들어오고 있다"고 흥분하셔서. 그래 둘이 막, 방방~. (웃음) 그때 배가 부르더라구요. 8개월 동안, 좀 우호적인 분위기는 감지가 되긴 했었는데, 그래도 망설이는 것도 보였고, 우리가 하는 게 효과가 얼마만큼 있는 건지 저희도 긴가민가 하는 상태였고. 안전요원들도 저희하고 안면이 있어 터치도 안 했어요. 대부분 저희한테 약간 호의적인 반응을 보였거든요. (강양미, 월드컵지대위)

그 결과 5월 11일 저녁 월드컵점 앞에서 '이랜드일반노동조합 월드컵분회 설립준비위 촛불문화제'가 열렸다. 이 문화제에는 80여 명의 조합원과 민주노동당 당원들이 모였다. 4월 한 달 사이 월드컵점 비정규직 노동자 60명이 집단 가입해 이를 기념하기 위해서였다.

촛불문화제는 월드컵경기장 주변을 도는 길놀이로 시작해서 홈에버월드컵분회 설립준비위 경과보고, 노래공연으로 이어졌다. 새 조합원들에게 익숙하지 않은 '단결투쟁가'를 배우는 시간은 진지하면서도 즐거운 분위기였다. 이어 조합원 가입원서 전달식을 했다. 60여 명의 가입자를 대표하는 김경미가 김경욱 위원장에게 조합원 가입원서를 전달했다. 위원장은 '이랜드일반노조 월드컵홈에버분회 설립인증서'를 전달했다. 이를 지켜본 마포 등 4개 지역의 민주노동당 당원들은 마치 자기들이 가입원서를 받는 양 감격했다. 민주노동당 지역위원회의 연대발언 등에 이어 모두 '단결투쟁가'를 부르면서 촛불문화제가 막을 내렸다.

> 비정규직보호법 때문에, 정규직시켜야 되는데 그 이상의 계약을 안 하는 사태가, 18개월 되는 친구들부터 생겼던 거지요. 그 친구가 우리 부서에 있었던 거지요. 그런 설명을 이경옥 부위원장이 했던 것 같아. (……) 그러고 있는데 "밖에서 뭐 한다고 나오라"고, "아 뭔데?" 이러고 나갔다가, 하여튼 버스를 타고 어딜 가면서 프린트물 한 장씩 주면서 '임을 위한 행진곡', '파업가' 이런 노래를 버스 안에서 가르쳐 줬어요. (황선영, 월드컵)

> 결성준비하는 과정에 (……) 월드컵점 지하의 식당 맞은편에 교육장이 있어요. 그날 조합원들을 교육장에서 처음 뵙고, 날짜는 기억이 안 나는데, 제가 '딸들아 일어나라'를 알려드리고, 그리고 팔뚝질하는 거를 처음 알려드리고. 어색한 팔뚝질과 어색한 구호와 이런 것들을 시작했던 날이었죠. (……) 제가 민노당활동하다가 서울여성노동자회에서 사무국 일을 하고 있었어요. 여성노동자활동이 필요하다라고 생각하고 있었고, 저는 '임을 위한 행진곡'보다 '딸들아 일어나라'가 필요하다고 생각해서 그걸로 시작을 했었죠. (강양미, 월드컵지대위)

이후 조합원들은 월드컵분회를 결성해서 분회장에 김경미를 선출했다. 투쟁과정에서 결성된 분회라서 노조는 대책위와 함께 조합원들의 교육을 준비했다. 교육은 노동조합의 의미, 노조의 역할, 노동관계법, 부당노동행위, 비정규법안의 문제 등의 내용으로 진행했다.

"노조는 대표가 있어야 한다" 해서 그냥 이름을 올린 거예요. 다른 사람도 있다고 생각을 했는데, 저 혼자였던 것 같아요. 나이도 있으니까. 그때 대부분 40대였는데, 저는 40대 말이었지요. 얼떨결에 제가 분회장이 된 거예요.(웃음) 근데 분회장 책임이 그렇게 큰 줄 몰랐어요. 그걸 알았으면 안 했을 텐데, 아무 생각이 없었던 거죠. 내 가정도 생각 안 했고, 오로지 그 일에만 꽂혀서 "아, 이거 말으면 다 도와주실 거다"는 생각만 한 거예요. (김경미, 월드컵)

위원장님, 부위원장님도 오고, 그때 처음 본 거지요. 그분들이 교육실 와서 노동조합이 필요한 이유하고, 그때 비정규직법에 대한 설명, "그래서 회사가 기간을 짧게 계약한 거구나"라는 걸 처음 안 거고. 그리고 파업 직전까지는 지부의 활동이 별로 없었고, 집회는 가끔 했던 것 같은데, 다른 데 가서 하는 거, 시간 되는 땐 참석하고. (서은주, 월드컵)

● 병점분회의 결성(2007년 6월)

병점 매장은 이랜드가 들어선 2006년 하반기 이후 만들어졌다. 그 때문에 이랜드의 새로운 매장운영 방식이 적용되어 아웃소싱 업체를 들여서 이랜드 직원이 많지 않았다.

그런데 2007년 6월경 서형태 과장이 노조에 가입하면서 새로 가입한 조합원과 같이 병점분회를 만들었다. 서형태는 중동점, 계산점을 거쳐 2001년 시흥점이 오픈하면서 수산과장으로 발령받아 일하다가 2006년경 병점으로 발령받아 왔다. 그는 김경욱 위원장과 알고 있었고, 그 때문에 노조에 대해서도 알고 있었다. 그는 노조에 긍정적인 생각을 하고 있어서 가입시기를 고려하고 있었다. 그러다가 긴 노동시간에 퇴근시간이 일정하지 않은 것에 불만이 있던 서형태는 '칼퇴근'을 목적으로 노조에 가입했다.

김경욱 위원장하고는 일했던 지역이 겹치니까 개인적으로 알고 있었기 때문에, 노조하는 것도 알고 있었고. 특히 시흥점에서는 김경욱 위원장이 야채 과장이고 제가 수산 과장이었으니까. 노조에 대한 반감은 없었고. 저는 가입시점을 보고 있었는데, 너무너무 힘들어지고 그래서, 칼퇴근을 위해서 가입을 했죠. 직원들도 마찬가지지만, 관리자들은 거의 새벽에 나와서 밤 늦게 퇴근을 했죠. 저는 그나마 고참이어서 아침 7시 출근하면 밤 7시 퇴근했거든요. 근데 일반과장들은 9시, 10시 퇴근해요. 그러니까 힘들죠, 스트레스 받고. 그래서 "칼퇴근하자"는 목적으로 가입을 했는데, 싸움이 벌어지니까, 어쩔 수 없이 계속 가죠. (서형태, 병점)

직원이 많지 않으니 노조에 가입할 대상도 많지 않았다. 그는 주위 과장들을 가입시켜려 했으나, 직원 1인만이 가입했다. 그는 바로 병점분회를 만들어 분회장을 맡았다.

가입대상도 별로 없는 거지요. 그래서 제가 과장들 꼬셔 가지고, 신선부서에 수산 과장 있고 야채 과장, 정육 과장, 샐러드바 과장해서 4명 있었고요. 4명 모아서 가입을 하기로 됐어요. 김경욱 위원장도 오기로 했었는데 바빠서 못 왔어요. 워낙 그 시점이 급박하니까. 제가 주도해서 "인터넷으로 가입하자" 해서 나는 가입을 했는데, 얘네들이 가입을 안 했어요. 좀 더 조직해야 되는 상황인데, 투쟁이 시작돼서 거의 매장 갈 시간이 없었어요. (웃음) (……) 그래서 병점분회는 제가 2007년 6월경에 노조가입을 하면서 조합원 한 명하고 그냥 만들었죠. 그리고 6월

이랜드일반노조(한국까르푸 시기 포함) 조직률 변화 추이(2000~2008년)

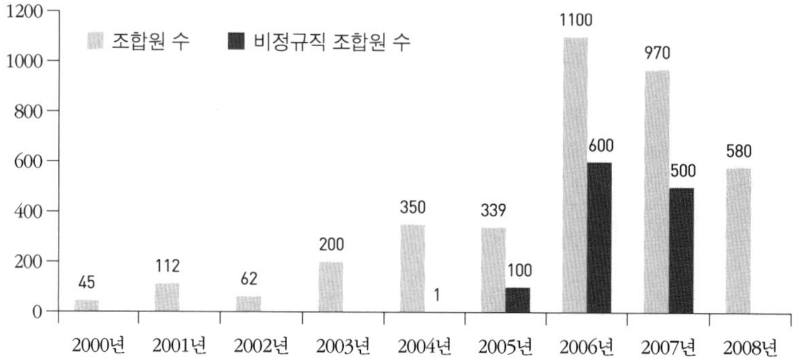

출처: 『노동사회』 2009년 141호

에 막 투쟁을 시작할 때, 뉴코아 앞에서 공동결의대회인가를 처음 참가했죠. 그런데 누가 "쟁대위 들어가라"고 하는데, 그럼 분회장을 해야 되는데, 의사결정에 참여해야겠다는 판단이 있어서, 그래서 분회장을 하게 된 거죠. (서형태, 병점)

그러나 조합원 1인도 지역연대투쟁에 갔다가 연행되어 경찰서에서 하룻밤을 자고 나온 뒤에 노조를 탈퇴했다. 병점분회는 서형태만 남았다.

병점에 조합원이 없어요. 조합원 1명이 가입한 지 이틀 만인가, 하이텍알씨디 싸움 갔다가 연행이 됐어요, 저는 다른 일정이 있어서 못 갔는데…. 금속결의대회인가, 막 죽창이 있고 그랬대요. 그 양반은 아무것도 한 건 없는데, 그 조합원하고 시흥 조합원이 연행됐어요. 그래서 우리가 경찰서 앞에서 면회투쟁도 했었는데, 그 조합원은 하룻밤 자고 나왔는데, 충격 때문인지 회사도 안 나오고. 그래서 1명 있는 조합

원이 허무하게 사라졌죠. (서형태, 병점)

이처럼 2006년부터 2007년 상반기까지 여러 매장에서 분회 또는 지부가 결성되면서 전체 조합원수는 조직률 변화 추이 도표를 통해 알 수 있듯이 1,000~1,100명에 이르렀다.

4) 2007년 임금인상투쟁

노조는 고용안정투쟁을 벌이면서 2007년 임금인상투쟁을 준비했다. 우선 노조는 임금실태를 조사했는데, 2007년 현재 5년 이상 근무한 정규직 연봉이 1,500만 원도 되지 않고, 비정규직은 겨우 1,000만 원 정도를 받고 있었다. 2006년 도시근로자 평균임금인 230만 원의 절반도 안 되는 임금수준이었다. 2006년 통계청 조사에 의하면 대졸 이상 근로자의 월평균 임금이 320만 원이고, 고졸은 211만 원, 중졸은 139만 원이고 초졸은 109만 원이었다. 대부분의 홈에버 직원들은 중졸 또는 초졸 근로자의 평균임금보다 낮은 임금을 받고 있었다. 이런 실태조사에 기초해 노조는 3월 5일 정기대의원대회에서 다음과 같이 2007년 임금인상요구안을 확정했다.

2007년 임금인상 요구안

(주)이랜드, (주)이랜드월드, (주)이랜드리테일(홈에버) 공통

1. 정기호봉승급제 시행
2. 총액연봉제와 성과연봉제 폐지
3. 명절귀향비 30만원 지급

4. 통상임금에 기본급 외에 교통비, 식사비, 주휴수당, 직책수당 등 고정수당 포함
5. 해고자 및 징계자 원직복직 및 미지급 임금 전액 지급

(주)이랜드, (주)이랜드월드, (주)이랜드리테일(홈에버) 정규직 공통
1. 호봉제: 기본급 월 15만 원 인상
2. 연봉제: 기본급 월 20만 원 인상

(주)이랜드리테일(홈에버) 정규직 파트타이머
1. 기본급 시급 1,226원 인상
2. 주휴수당 시급 245원 인상
3. 식사비 시급 45원 인상
4. 교통비 시급 30원 인상
5. 상여금 시급 696원 인상
6. 정산수당 시급 58원 인상(신설)

(주)이랜드리테일(홈에버) 기간제 파트타이머
1. 기본급 시급 694원 인상
2. 주휴수당 시급 138원 인상
3. 식사비 시급 81원 인상
4. 교통비 시급 346원 인상(신설)
5. 정산수당 시급 58원 인상(신설)
6. 상여금 시급 1791원 인상(신설)

(주)이랜드월드(2001아울렛) 기간제 파트타이머
1. 기본급 시급 4,038원 지급
2. 식사비 월급 8만 원 지급
3. 교통비 월급 5만 원 지급
4. 캐셔수당 월급 3만 원 지급
5. 상여금 연간 600% 지급

기타(정규직과 비정규직 동일적용)

1. (주)이랜드리테일(홈에버) 가전세일즈맨 SMB매출 총액의 1%를 할당하여 배분
2. (주)이랜드리테일(홈에버) 인센티브(성과급) 기본급의 100%를 동일하게 지급

회사는 통합노조를 인정하지 않고, 임단협교섭을 회피하면서 조합원에 대한 부당징계를 남발하고 있었다. 회사는 신고필증까지 받은 이랜드일반노조에 공문을 보낼 때, 여전히 공문 수신을 '까르푸노동조합'과 '이랜드노동조합'으로 표기하는 등 의도적으로 통합노조를 부인하는 부당노동행위를 자행했다. 노조가 교섭형태에 관련하여 법인별 교섭을 수용할 의사까지 밝혔고, 6차례에 걸쳐 2007년 단체교섭 상견례를 요청했음에도 회사는 무시했다.

더욱이 벌써 4명의 해고자가 발생한 상황에서 또 5명의 조합원을 부당하게 징계위원회에 회부하였다. 회사는 2007년도 임단협을 앞두고 연례행사처럼 자행해 온 부당징계를 하겠다는 의도를 노골적으로 드러냈다. 또 회사는 정규직을 대상으로 한 전환교육을 강행하면서 정당하게 교육에 불참한 조합원들에 대해 사유서를 강요하거나 징계 운운하며 협박했다.

노조는 회사의 노골적인 탄압에도 임금요구안 및 대의원대회 결정사항을 공유하기 위해 각 분회별 조합원 총회를 진행하면서 단체협약요구안을 확정하였다. 무엇보다 계약직을 비롯한 조직확대를 위한 노력을 기울이면서 임단협 교섭을 통해 차별철폐와 조합원들의 요구가 관철될 수 있도록 투쟁을 준비하였다. 그러나 회사는 고의로 임금협상을 지연시켰다. 그 사이에 회사는 비정규직 계약해지, 용역전환 등의 구조조정을 빠르게 진행하려고 했다.

(주)이랜드리테일(홈에버) 임금인상 단체교섭 경과

1차 교섭	■ 2007년 4월 19일 15시에서 16시 51분까지 서울여성플라자 5층에서 ■ 교섭위원 -노조 : 김경욱(위원장), 홍윤경(사무국장), 박승권(쟁의법규국장), 이미연(경기남부지부장), 김학근(울산분회장), 김미옥(시흥대의원) -회사 : 안성일(노사협력실장), 박노식(노사협력팀장), 박형동-박병순 노사협력팀
	회사는 대표이사의 위임장도 제출하지 않은 채 노조 측 교섭위원의 자격에 대해 시비를 걸고 노조 자체를 인정하지 않는 망발을 했다. 이어 노조의 교섭위원을 교체하지 않으면 실질적인 교섭이 어렵다는 입장을 밝히면서 교섭을 의도적으로 지연시켰다. 노조는 교섭위원 자격에 대해 이미 노동부의 법적 판정이 나 있는 상황에서 자격 시비로 교섭을 지연시키는 사측에게 항의하고 실질적인 교섭진행과 원만한 교섭타결을 위해 사장이 직접 나와 임금인상안을 제출할 것을 요구하였다.
2차 교섭	■ 2007년 4월 26일 13시에서 16시 5분까지 서울여성플라자 5층에서 ■ 교섭위원 -노조 : 홍윤경, 박승권, 이미연, 김학근, 김미옥, 윤송단(여성국장) -회사 : 박노식, 박형동, 박병순, 박인범(오리점경영지원팀장)
	회사 측은 두번째 교섭에서도 노조 측 교섭위원 자격에 대해 시비를 걸었고, 회사 대표이사의 위임장도 제출하지 않았으며, 노조의 임금요구안을 받지 않는 등 몰상식한 방법으로 교섭을 지연시켰다. 또한 사측은 실권이 전혀 없는 까르푸 출신 직원들을 교섭위원으로 보내어 실질적인 교섭을 진행할 의지가 없음을 보여 주었다. 노조는 회사 측에 노조위원장의 위임장과 임금인상요구안을 제출하였고, 억지 주장을 계속하며 교섭을 지연시키는 회사 측의 태도에 대해 항의하였다. 또한, 홈에버 시흥점 호혜경 조합원을 해고한 것에 대해 그 사유를 물었으나 회사 측은 답변을 회피하였다. 노조는 교섭이 끝난 직후 공문을 통해 회사에 2007년 임금인상요구안을 발송하였다.
3차 교섭	■ 2007년 5월 3일 15시에서 16시 15분까지 남부여성발전센터 교육관 3층에서 ■ 교섭위원 -노조 : 홍윤경, 윤송단, 김학근, 김미옥 -회사 : 박노식, 박형동, 박인범, 박병순
	회사 측은 오상흔 대표이사의 위임장을 가지고 왔으나 준비가 다 되어 있다는 경영설명회 준비를 전혀 해오지 않았다. 노조 측은 경영설명회 이외에 인원 및 급여현황 등의 자료를 제공해 줄 것을 회사 측에 요구하였으나, 회사 측은 검토해 보겠다는 답변만 하였다. 회사 측은 노조의 임금인상요구안에 대한 사측 입장은 말하지 않은 채 노조의 임금인상요구안의 몇몇 조항 전부 또는 일부를 삭제하지 않으면 요구안 자체를 받을 수 없다는 황당한 주장을 폈다. 노조는 노조 임금인상요구안은 노조가 정하는 것이므로 회사가 관여할 사항이 아니기에 요구안의 일부 조항도 삭제하지 않을 것임을 분명히 하고, 회사 측에게 임금인상안을 조속히 제출할 것을 요구하였다. 이 교섭도 회사 측의 시비걸기와 시간끌기로 실질적인 교섭이 진행되지 못하였고 교섭준칙만을 정하였다.

	■ 2007년 5월 10일 15시에서 17시 25분까지 중부여성발전센터 301호에서 ■ 교섭위원 -노조 : 홍윤경, 윤송단, 이미연, 김학근, 이영순(계산분회장), 김미옥 -회사 : 박노식, 박형동, 박인범, 박병순, 황정선 실장
4차 교섭	회사는 예상했던 대로 2006년 매출이 1조 4천억 원에 불과해 2005년보다 줄었고, 광고선전비와 지급수수료 때문에 판매관리비가 많이 늘어 경영이 어렵다는 내용의 경영설명회를 매우 형식적으로 진행했다. 회사 측은 2007년 임금인상안에 대해 이번 교섭에서도 가지고 나오지 않은 채 임금인상안이 언제 나올지 확답도 하지 않았다. 노조는 경영자료와 급여테이블 등 기초적인 자료제공을 요구했으나, 회사 측은 보안을 이유로 거절하였다. 노조는 회사 측이 임금인상안을 내지 않은 것은 고의로 교섭을 지연시키는 불법행위라는 점을 강조하고, 회사가 다음 교섭에 임금인상안을 제출하지 않을 경우에는 그에 따른 조치를 취할 것임을 경고하였다. 다음 교섭은 5월 18일에 하기로 합의하였다.

4. 거세진 구조조정과 2사 공동투쟁

뉴코아, 홈에버, 2001아울렛 등 이랜드그룹이 경영하는 유통업체들에서 비정규직과 간접고용 노동자들의 계약해지 및 외주화가 속출하고 있었다. 2001아울렛은 3월 20일 천호점에서 비정규직을 계약해지한 뒤 용역인력으로 전환하였고, 신규점포에서는 처음부터 파견노동자를 고용하였다. 또, 뉴코아는 킴스클럽 서울 강남점과 분당 야탑점의 비정규직 노동자 90여 명과 비정규직 계산원 380명 전원에게 6월 30일 이후 재계약하지 않겠다고 통보했다. 이같은 대량 계약해지를 앞두고 뉴코아는 계약기간을 명시하지 않은 '0개월 계약서'를 작성하게 했다.

홈에버도 주차, 보안, 시설, 청소미화 등의 업무를 담당하던 간접고용 노동자 650여 명을 전국적으로 계약해지 한 뒤, 5월부터는 비정규직 노동자들을 해고했는데, 그 수가 파악조차 안 되는 상황이었다. 거기에 홈에버는 각 점포에 "5월부터는 비정규직 계약기간을 3개월 이상 하지 말라"는 지침도 내렸다.

이같은 잇단 계약해지는 기존에 비정규직이 담당하던 업무를 용역화하기 위한 수순이었다. 뉴코아는 창원, 부산, 울산, 평택 등 4개 점포의 계산원 업무를 용역으로 이미 전환했고, 7월 30일까지 전국의 17개 점포 소속 비정규직을 전원 용역으로 전환하라고 통보했다.

이에 이랜드그룹 소속의 노조들은 5월 15일 이랜드그룹이 운영하는 여의도의 렉싱턴호텔 앞에서 기자회견을 열고 "이랜드는 '비정규직 노동자들의 피눈물이 흘러넘치는 노예들의 땅'이 됐다"며 "이것이 '기독 경영', '윤리 경영'이냐"고 비판했다.

문제는 비정규직법 시행을 앞두고 이같은 '편법'을 사용하는 것이 이랜드그룹뿐 아니라 유통업계 전반의 상황이라는 데 있었다. 이랜드는 비정규직법에 대처하는 것과 관련된 한국경영자총협회(경총)의 지침을 앞서서 수행하고 있었고, 그나마 노조가 있는 곳은 이런 사례라도 알려지고 있지만 다른 곳은 아무 얘기도 못하고 있었다. 이 시기 유통업에 종사하는 노동자들의 노조 조직률은 1%도 채 안 되어 99%의 노동자들은 한마디 소리도 지르지 못하고 잘려 나가고 있었다.

이 문제로 뉴코아노조는 지방노동위원회에 조정을 신청했는데, 조정결렬 시 파업까지 벌이겠다는 각오를 보였다. 이랜드일반노조도 6월경 파업 등을 결의하여, 2사공투본에서 투쟁을 계획했다.

뉴코아노조는 5월 26일부터 조합원 찬반투표를 통해 총파업을 결정했다. 이랜드일반노조도 5월 19일 대의원대회를 개최했다. 더 이상 기다릴 수 없다는 대의원들의 결의는 곧 현장노동자들의 정서를 대변하는 것이었다. 노조는 임시대의원대회에서 만장일치로 6월 총파업을 확정지었다. 이어 노조는 5월 21일부터 조합원 교육을 실시하면서, 바로 노동쟁의조정신청서를 서울지방노동위원회에 접수시키고, 회사에는 노동쟁의가 발생했음을 문서로 통보하였다. 5월 28일부터는 조합원총회를 열고 쟁의행위 찬반투표를 시작했다. 조합원들의 압도적인 찬성으로 6월 총파업이 가결되었다.

한편 뉴코아노조에서 회사가 계약기간을 명시하지 않은 '0개월 근로계약서'를 작성해 비정규직을 쉽게 해고하려 한 사실을 알리자, 노동부는 5월 15일부터 뉴코아에 대한 특별근로감독을 진행했다. 노동부는 "0개월 계약이 확인되면 해당 비정규직을 무기계약 근로자로 전환한 것으로 간주하라"며 사업주에 대한 처벌 의지를 밝혔다. 하지만 노동부는 뉴코아가 근로감독을 피하기 위해 다시 개발한, 계약기간을 비워 놓는 '백지계약서'에 대해서는 아무런 조치를 하지 않았다.

이에 공투본은 5월 29일 과천 정부종합청사 앞에서 기자회견을 열고 노동부가 이랜드그룹을 비호한다며 노동부를 비판하였다. 공투본은 이랜드가 비정규직 직원뿐 아니라 퇴사자들에게도 개별적으로 연락해 "계약서를 새로 쓰라"고 강요하는데도 노동부는 특별근로감독을 하겠다고 생색만 내고 직무유기를 하고 있다고 비판하였다.

홈에버에서도 상황은 마찬가지였다. 홈에버는 5월 노조가 파악하고 있는 조합원 해고자만 8명이었다. 노조에 가입되지 않은 비정규직의 경우 노조에서 파악이 어려운 상태라서 실제 해고자는 훨씬 더 많을 것으로 추정되었다. 더 심각한 것은 홈에버의 단체협약에는 "18개월 이상 근무 시 계약기간 만료를 이유로 계약해지할 수 없다"는 조항이 명시돼 있기 때문이다. 단체협약은 취업규칙이나 근로기준법보다 우선하는 노사간의 약속인데 홈에버는 이마저도 무시하고 비정규직을 해고하는 위법행위를 하고 있었다.

공투본은 노동부에게 이랜드그룹 계열사 전체에 대한 특별근로감독을 실시할 것을 요구하고 법을 악용하는 이랜드그룹을 처벌할 것 등을 촉구했다. 이어 두 노조는 6월 10일 "비정규직의 정규직화, 부당계약해지 저지, 아웃소싱(외주화) 저지" 등을 걸고 공투본 주도로 공동총파업을 준비했다. 두 노조에 소속된 조합원은 전체 2,700여 명이었고, 이 가운데 1,900여 명이 정규직 노동자였다.

공동총파업의 요구는 대부분 비정규직 노동자와 관련된 사안이었다. 정규직 노동자의 요구사항은 "생활임금보장, 구조조정분쇄"였다. 홈에버의 경우 정규직 노동자를 3,200명에서 1,500명 수준으로 감원하는 구조조정 계획이 준비 중이어서 고용안정이 중요했다. 그럼에도 두 노조는 공동총파업에서 '비정규직 대량해고 저지'에 핵심을 두고 있었다. 두 노조가 비정규직의 대량계약해지에 맞서 함께 싸우는 것은 유통업계에서의 비정규직 투쟁에 앞장선다는 점에서 그 의미가 컸다.

두 노조는 6월 10일 하루 공동파업에 이어 사복근무투쟁, 연장근무 거부, 매장 안의 피케팅, 시간대별 기습파업 등 현장투쟁을 통해 회사를 지속해서 압박하고, 2차 공동파업도 계획했다. 비정규직 문제를 내건 이 투쟁이 단기로 끝나지 않을 것을 알기 때문이었다.

1) 6월 10일 뉴코아-이랜드일반노조 1차 공동총파업

마침내 뉴코아아울렛·킴스클럽·홈에버 조합원들이 계산원 업무를 아웃소싱하려는 회사 방침에 항의해 6월 10일 하루파업을 벌이고, 공동파업 출정식에 참여했다.

오전 10시 30분, 뉴코아 강남점에 조합원들이 탄 버스가 도착하기 시작했다. 뉴코아 강남점 일대에는 전경 수백 명을 태운 전경차들이 늘어서 있었다. 이 집회에는 1,500여 명의 조합원이 참석했다. 뉴코아 강남점 옆 인도에는 발 디딜 틈도 없이 조합원들이 가득 찼다. 민주노동당, 민주노총, 노동사회단체 대표들이 대거 참석하여 이랜드노동자들의 투쟁에 연대하였다. 김형근 서비스연맹 위원장이 대회사를 했고, 권영길 의원이 연대사를 했다.

이랜드-뉴코아 조합원들은 강남점 집회를 마친 후 각자 타고 온 버스에 나눠 타고 파업투쟁의 틈을 이용하여 용역직원을 투입한 뉴코아 각 사업장으로 이동하여 용역저지투쟁을 전개하였다. 뉴코아 각 매장마다 수백 명의 조합원들이 들이닥치자 인력회사 직원들과 용역깡패들은 처음에는 저항하다가 결국 모두 물러나 계산대를 조합원들이 접수했다. 6월 10일 역사적인 공동파업을 통해 이랜드-뉴코아 조합원들은 '하나'가 될 수 있다는 희망을 발견하였다.

한편 수도권 조합원들이 뉴코아 강남점에 집결하였다면, 울산과 순천 등 지역 조합원들은 자체 일정으로 파업투쟁을 전개하였다. 순천과 울산에서는 조합원의 99%가 파업에 참여하는 단결력을 보였다. 부산 장림점의 비정규직 조합원들도 파업에 참여하여 매장선전전 등을 자체적으로 진행하였다.

순천분회에서는 이날 오전 9시 30분 조합원 85명 중 휴무자를 뺀 65명 전원이 집회에 참여해, 매장을 멈춰 세웠다. 이틀 전 노조에 가입한 조합원들도 참여했다. 이들은 광장에서 집회를 하고, 교육 및 파업 지침 설명을 들은 뒤에 투쟁결의를 하였다. 이들은 "비정규직 철폐! 결사투쟁!"의 구호를 외쳤다.

울산분회도 전원 파업하여 매장을 나와 오전 10시에 북구비정규직지원센터에 모여 교육 및 투쟁 일정과 지침을 공유했다. 파업으로 2층 계산대가 폐쇄되고 1층 계산대만 운영됐다. 이는 계산대에서 일하는 노동자의 다수가 노조에 가입했기 때문이었다. 파업출정식 이후 매니저 정규직들이 대거 노조에 가입하기 시작했다.

호혜경 조합원이 해고됐고, 우리는 노조통합부터 파업은 예정돼 있었던 거예요. 다 알고 있었죠. 4월 이후로는 더 확실한 거죠. 그래서 우리는 파업수순으로 쟁의행위 요건을 밟아 나갔고. 뉴코아도 백지계약서 문제가 터지면서 파업수순으로 간 거고. 그래서 "우리가 공동파업을 하자." 공동파업을 해야 회사에 타격이 있는 것이고, 그래서 처음에는 '하루파업', 뭐 시간이 정해진 파업으로. (……)

공동파업 자체가 처음이에요. 3사에서는 공동파업 없었으니까. (……) 그래도 노조 차원에서 쟁의행위요건을 갖춰서 **공동파업을 하는 거는 역사적인 것이죠.** 그 설레임이라는 건 (……)지방에서 조합원들이 막 버스 대절해서 오고. (……)

뉴코아 강남점 앞에서 했죠. 가장 매출이 높은 데라서. 처음에 공동파업 할 때는 도시락 값을 다 뉴코아가 냈죠. (……) 그리고 거기 무대비용, 세트비용 등 많이 들어가는데 공동기금으로는 모자라고, 돈 많이 들어가는 것은 뉴코아가 많이 해줬고. 감사하죠. 그렇게 공동파업을 하는 건 민주노총과 서비스연맹으로 보아도, 그 당시 굉장히 중요한 이슈였죠. (홍윤경, 사무국장)

우리가 6월부터였나요? 파업결의 했잖아요, 그러면서 "티를 입으라"고 그러니까 티셔츠도 아주, "더 이상 죽이지 마라. 해고는 살인이다" 완전 무서운 문구들, '스머프 티'라 그러죠. 티 색깔에 빨간 글씨, 누가 봐도 처절한 그런 옷인데, 첫날, 입어야 되잖아요? 엄청 쪽팔린 거예요. 이거 나만 입고 가는 거 아닌가 초조하고, 그래도 입기로 한 날이니까, 입어야 되잖아요, 입고 딱~ 나가는데, 계산대 언니들이 다 입고 있던 거예요, 얼마나 좋은지. 내가 혼자가 아니야. 그다음부터는 너무 좋았어요. (김선영, 시흥)

2) 영원한 비정규직, 직무급제 문제

6월 15일에 홈에버는 "팀장과 지점장이 추천한 비정규직원 2년 이상 근무자를 대상으로 정규직 전환자를 선발해 교육을 실시한 후 업무에 배치할 계획"이라고 밝혔다. 이는 '직무급제'를 도입하겠다는 것이다.

직무급제는 업무성격이 비슷한 몇 개의 직무를 하나의 군으로 분류해 같은 급여를 주는 방식이다. 홈에버는 직무급제 직원의 경우 업무평가에서 문제가 없으면 정년 때까지 고용이 보장되고, 임금인상률이 정직원과 똑같이 적용되며 성과에 따라 승급도 된다고 했다. 다만 이들에게는 상여금이 지급되지 않는다는 것이다.

이에 대해 노조는 이미 까르푸 시절 "18개월 이상 근무한 계약직은 계약기간 만료 때 계약을 해지하지 못하도록 하는 단체협약"이 있는데, 직무급제는 고용안정을 보장해 놓은 단체협약보다 불리하다고 비판했다. 또, 회사는 이번에 채용되지 못한 직원이나 근무기간 2년 미만 직원들은 지금처럼 일하며 다음 기회를 기다리면 된다고 하지만 재계약이 불확실하다며 직무급제의 문제를 비판했다. 이미 2007년 들어 계약해지자가 350명이나 되었고, 근무기간 21개월인 조합원들 가운데 재계약을 못한 직원이 많다는 것에서 이를 알 수 있었다.

노조의 비판에도 홈에버는 '직무급제 정규직 채용'이라는 공고를 내고 비정규직 노동자들에게 입사지원서와 자기소개서를 제출하게 했다. 노조는 "사측이 발표한 직무급제는 노조파업을 무력화시키고 노동자를 분열시키기 위한 악질 사기극에 지나지 않는다"고 비판했다.

홈에버가 도입하려는 직무급제는 당시 금융업계를 시작으로 전 직종으로 퍼지고 있는 '분리직군제'와 같은 것이었다. 홈에버는 정년까지 고용을 보장하는 것이라고 설명하고 있었다. 그러나 직무급제에 응하는 비정규직 노동자들은 그동안 일해 온 기간을 인정받지 못했다. 뿐만 아니라 비정규직 노동자를 전환하는 것이 아니라 재채용의 방식이어서 팀장과 점장의 추천을 받지 못하면 이에 응한 비정규직 노동자는 해고될 수밖에 없는 것이었다.

또한 '직무급제 정규직 채용 대상은 2년 이상 근속한 비정규직'으로 한정되어 있어 회사 측이 2007년 7월 시행을 앞둔 비정규직법을 피하기 위한 방법으로 직무급제를 채택했다는 것을 알 수 있다. 이는 비정규직 2년 고용 시 정규직화를 피해 가는 것은 물론, 비정규직을 하나의 직군으로 묶어 차별시정 조치도 피할 수 있는 방법이었다.

더욱이 회사는 직무급제 공고를 내면서 '직무에 따른 급여제도'로 별도의 급여방식이 적용된다는 것을 외부 공고에는 밝히지 않고 내부에만 이를 밝힌 것이다. 이는 외부에는 '비정규직의 정규직화'라는 상징을 보여 주기 위한 것이었다. 예를 들어 회사는 6월 15일 각 언론에 "3,000여 명의 비정규직 중 2년 이상된 1,000여 명을 직무급제 정규직으로 전환한다"고 발표했다. 이에 대해 노조는 다음과 같은 사항을 공개적으로 질의했다. 중요한 사안이니만큼 6월 19일까지 성실히 답변해 주기 바란다는 것도 덧붙였다.

이랜드 홈에버에 보내는 공개질의서

1. 임금 부분

- ■ 직무급제의 임금체계와 급여테이블은 구체적으로 어떻게 되는가?
- ■ '직무급제'로 전환하면서 급여는 올려주지 않는다는데 그럼 달라지는 처우는 구체적으로 무엇인가?
- ■ 직무급제 급여는 개인별로 다르게 한다는데 어떻게 다르게 하는 것인가?
- ■ 이랜드에서 그랬던 것처럼 급여체계를 연봉제로 하려는 것인가?
- ■ 연봉제로 바뀌면 임금이 삭감되기도 하는데 그런 사실을 왜 알리지 않는가?

2. 채용 부분

■ '전환'이라면서 말 그대로 '직무급제'로 전환하면 되지 왜 새로 '채용' 한다고 입사지원서를 내라는 것인가?

■ 입사지원서 내는 직원들은 근로계약이 종료되는 것인가?

■ 입사지원서 내는 직원들은 퇴사하고 재입사하는 것인가?

■ 입사지원서 내는 직원들은 퇴직금을 정산해야 하는가?

■ 입사지원서 내는 직원들은 다시 수습기간을 거쳐야 하는가?

3. 고용안정 부분

■ 2년 미만 계약직의 고용은 보장하지 않겠다는 것인가?

■ 2년 미만 계약직을 예외없이 전원 해고하려는 것 아닌가?

■ 2년 미만 계약직을 전원 해고하고 그 자리에 용역을 투입하려는 것 아닌가?

4. 업무(직무) 부분

■ 직무급제는 업무(직무)에 따른 임금체계라는데 도대체 어떤 업무(직무)를 준다는 것인가?

■ 현재 일하고 있는 업무(부서)에서 이동시킨다는 것인가?

2007년 6월 17일 이랜드일반노동조합

3) 6월 17일 공투본 2차 공동투쟁(4시간 부분파업)

노조는 회사의 비정규직 대량해고와 기만적인 직무급제 추진을 막기 위해 파업을 벌였다. 각 매장에서 조합원들은 작업하던 손을 놓고 매장을 나와 집회에 참석하기 위해 움직였다.

부분파업할 때 조금 두려워하는 사람도 있었고. 아직도 생생하게 기억이 나긴 하죠. 저도 가슴이 떨렸으니까. 어쨌든 해야 되나 하다가 제가 조합원들한테 "그냥, 문 걸고 나오라"고, "계산대 막고 나오라"니까 다 나온 거죠. 그래서 다 조끼 입고 한 거죠. (강혜정, 야탑)

그날 4시간 부분파업을 한 거예요. (……) 홈에버로 바뀌면서 진현미도 조장이고 저도 조장인데, 그게 SV(서비스 바이저) 역할이었고. (……) 그래서 노조에서 부분파업을 한다고 하는데, 노조가입 안 한 계산원들한테 "우리 몇 시부터 몇 시까지 문 닫을 텐데, 너네들이 노조가입서를 쓰면 같이 빠지는 거고, 아니면 너 혼자 여기서 일을 해야 한다"고 했어요. (이선호) 그러자 직원들이 노조가입서 쓰고 그 자리에서 다 빠져 버린 거예요. 그래서 1층으로 내려와서 한쪽은 선호 언니가 맡고 다른 쪽은 제가 맡아서 계산대를 다 빼 버린 거야. 주임들이 멘붕이 온 거지. 계산원이 다 빠질 줄 몰랐죠. 그러면서 조합원이 영업부서로까지 확장됐죠. (진현미, 방학)

이렇게 조합원들의 힘을 모아 공투본은 6월 17일 오후 4시 월드컵점 앞에서 투쟁결의대회를 열었다. 월드컵분회는 오후 3시부터 파업을 시작하고 집회에 참석할 예정이었으나 회사에서 대체인력을 투입하자 1시간가량 매장 안에서 항의농성을 벌였다. 회사가 본사 경영팀·법무팀 등 사무직 직원들과 매장 매니저들을 계산원으로 투입시킨 것이다. 이에 노동자들은 "같은 노동자인데 너무한 것 아니냐"며 "우리를 배반하는 행위에 배신감을 느낀다"며 울분을 토했다. 이어 조합원들은 계산업무를 하는 비정규직 노동자들이 하루에 5~6시간 동안 화장실도 못 가고 일하면서 80만 원 받고 일하며, 그조차 깎이면서 고용안정과 최소한의 임금인상을 요구하며 파업을 하는데, 회사가 대체근무를 통해 파업을 무력화하려 한다며 분노했다. 이 과정에서 집회를 기다리고 있던 다른 분회 조합원들까지 매장 내 항의농성에 가담하면서 한때 월드컵매장은 업무가 정상적으로 이뤄지지 않았다.

오후 4시부터 이랜드일반노조 조합원, 노동사회단체 회원 등 2,000여 명이 모인 가운데 이랜드자본 규탄결의대회가 진행됐다. 발언에 나선 김경미 월드컵분회장은 회사의 직무급제에 대해 날 선 비난을 했다.

> "홈에버에 피와 땀을 바친 비정규직을 인정하지 않고 인금인상은 커녕 일자리를 뺏고 생존권을 짓밟고 있습니다. (……) 회사가 최근 직무급제를 도입하려는데 비정규직 노동자에게 자세히 알려주지도 않고 시행하려는 것은 비정규직이 알면 안 되는 독약이 든 것 아닙니까."

김경욱 위원장은 "차별을 고착화하려는 회사의 기만적인 작태에 속지 말자"며 "정규직과 같은 월급을 주고, 3개월 이상 일한 노동자의 고용을 보장할 것"을 요구했다. 이어 김경욱 위원장의 삭발식이 진행됐다. 회사의 기만적인 직무급제 발표와 관리자들이 입사지원서를 돌리고 있는 상황에 항의하기 위한 것이었다. 집회에 참여한 노동자들은 "입사지원서에 서명하는 것은 영원히 비정규직으로 살겠다는 것이니 흔들리지 말자"며 비장한 각오를 다졌다.

결의대회를 마친 참가자들은 오후 7시부터 9시 30분까지 노래와 율동 등 문화제를 진행했고, 문화제 마지막에 횃불의식을 거행하면서 투쟁의지를 다졌다.

4) 6월 23일, 공투본 3차 공동파업 — 1일차, 홈에버 상암점 점거

비정규직법 시행을 앞두고 홈에버는 호혜경의 해고를 시작으로 6월 21일까지 조합원 15명, 비조합원 350여 명을 계약해지했다. 뉴코아에서는 350여 명이 6월 말까지 해고될 처지에 놓여 있다. 회사는 대화에 응하지도 않았지만, 노동자들도 더 이상 회사와 대화로 풀릴 수 없다고 판단했다. 그동안 쌓였던 불안과 불만이 행동으로 나타나고 있었다.

6월 23일 토요일, 월드컵점에 수천의 조합원이 모였고, 그만큼의 경찰력이 동원됐다. 노조는 공세적인 투쟁을 하기로 했다. 이랜드그룹에서 가장 매출이 높다는 홈에버 월드컵점과 뉴코아 매출 1위인 강남점을 마비시키겠다는 것이다.

> 뉴코아노조는 23일 날 파업을 시작했잖아요. 뉴코아가 더 절박했다는 거예요, 어떻게 보면. 투쟁력도 있고 자금력도 있고. 우리는 사실 좀 자신이 없었어요. 그렇게 "전면파업에 들어갈 수 있을까? 과연 조합원들이 해낼 수 있을까?"라는 부분들에 대해서. 그래서 우리는 23일부터 부분파업을 하고 모인 거고. (홍윤경, 사무국장)

오전에 월드컵점 앞에서는 격렬한 투쟁이 있었다. 조합원들은 용역과의 몸싸움에 이어 전경과도 계속 충돌했다. 조합원들은 기어이 매장 안으로 진입했다. 월드컵분회의 조합원들은 캐셔가 많기 때문에 계산대는 인근 매장에서 지원 나온 관리자들이 자리를 지키고 있었다. 그러나 이들은 조합원들의 항의에 밀려 자리를 떠났고, 조합원들은 계산대를 접수했다. 조합원들은 처음으로 하는 점거에 환호했다.

하나둘씩 비정규보호법 때문에 재계약을 안 해주고, 또 고객센터도 외주화되고. 제가 고객센터에 있는데 "외주화된다" 이러니까 "어머, 그러면 나는 어떻게 되는 거야?", "일자리는 없어질 수 있고" 이런 거에 대한 얘기들을 했던 거죠. 집회 나가서 들었던 거지. (……)
그때는 집결 연락체계가 제대로 안 돼서, 몰라서 못 나오는 사람도 있었어요. 그냥 한 명씩 가서 "나올래?", "나올래?" 그랬던 거죠. 그러고 보면 우리가 겁이 없었던 것 같아요. "그러면 잘릴 텐데…" 그런 생각을 안 했던 것 같고, 고민할 여지도 없었고.
그래서 밖에서 모였다가 우리는 지대위 분들이 더 많았어요. 젊은 남자들이 엄청 많았고. 그래 매장에 줄을 서서 구호 외치고 갔던 것 같아, 우리는 그냥 따라만 했지. 그런데 그게 통쾌했어요! 뭔가 쌓여 있던 게 막 풀리는 기분이어서. 1층 매장 한 바퀴 돌고, 쇼핑몰이라고 의류나 신발 이런 거 파는 데가 있는 2층 안쪽으로 들어갔고. (황선영, 월드컵)

1층은 이랜드일반노조 조합원이, 2층은 뉴코아노조 조합원들이 계산대를 완전히 점거하고 고객들에게 양해를 구했다. 고객들이야 불편한 일이지만, 조합원들에게는 생존권의 문제였다. 간혹 고객들과 마찰이 있었지만 조합원들은 "물건을 사지 말아 주십시오. 오늘 하루 여기를 멈춰야 우리가 살 수 있습니다"라고 호소했다. 지대위 성원들도 "약한 사람들과 함께합시다. 제발 오늘은 그냥 돌아가 주시길 바랍니다. 비정규직과 함께해 주십시오"라고 외쳤다.

회사도 무방비 상태에서 우리가 매장에 들어간 거잖아요. 계산대 막기를 하느라 우리는 계산대 앞쪽에 앉아 집회하고, 뉴코아 아가씨들은 매장으로 들어가서 500원짜리, 얼마짜리를 들고 나온 거야. 천 원이하는 카드결제가 안 됐는데, 우리가 파업 나왔으니까 계산원이 없어서 본사 애들이 계산대에 있었는데, 그거를 모르는 거야. 뉴코아 애들이 줄 서서 계속 "이거 뭐예요? 빨리 안 해줘요." 영업방해를 하다가 점거한 거죠. (이선호, 방학)

1층에서는 김경욱 위원장이 마이크를 잡고 조합원들을 독려했다. "여기서 물러나면 우린 다 죽습니다. 조합원들은 절대로, 절대로 계산대에서 한 발자국도 물러나지 마십시오. 알겠습니까?" 여성조합원들은 소리 높여 "투쟁!"으로 위원장의 지침에 답했다.

서부지역노점상연합회 회원들도 대거 비정규직 연대투쟁에 결합해 함께 계산대를 점거하며 구호를 외치고 노래를 불렀다. 2층을 점거한 뉴코아노조는 비정규직 조합원을 앞으로 불러 발언을 요청하며 "이제까지 우리 정규직이 비정규직에게 잘못한 거 많습니다. 이 자리를 빌려 사과드리겠습니다" 하며 정중히 인사를 했다. 뉴코아의 정규직은 대부분 젊은층인데 비해 비정규직은 홈에버와 마찬가지로 대부분이 중년의 기혼여성들이었다. 이들은 젊은 정규직 조합원들에게 감사의 인사를 했다.

경찰이 매장에 진입할 경우를 대비해 '이랜드일반노조지원대책위' 소속 단위들이 앞줄에 섰다. 회사가 영업을 하지 않기로 했다는 발표가 났다. 모두가 환호했다. 경찰도 조합원을 연행하지 않기로 약속하고 전원 물러갔다.

월드컵점의 계산대가 조합원들의 투쟁으로 멈췄고, 이에 회사도 백기를 든 것이다. 서로서로 격려하며 정리집회를 했다. 그러나 정리집회를 마치고 난 뒤, 1시간이 채 지나지 않아서 회사는 약속을 어기고 영업을 시작했다. 귀가하던 조합원들은 이 소식에 분노하며 이를 악물었다. 여성노동자들은 그동안 회사로부터 하찮은 존재로 취급받다가 매출 1위의 월드컵점을 적어도 몇 시간 동안은 완전히 멈추게 만든 장면을 가슴에 새겼다.

우리도 처음에는 로비에 있다가 나오려고 했는데, 로비로 들어가서 조금씩 조금씩 밀어 가지고 계산원들이 다 빠져 나가고, 계산대를 다 점령했죠. 딱, 점령하고 앉아 있으니까, 그때 경찰이 나서서, 마포서 오출세, 이름도 안 잊어 먹어. 걔가 우리한테 와 가지고, "회사도 영업을 안 하겠다고 그런다. 이후로 문 닫겠다고 한다." 그때가 한 8시쯤 됐어요. "그러니 일단 여기도 대오를 빼라" 그래, "확실하냐?", "믿어 달라" 이래요. 문 닫는다니까 우리가 굳이 지킬 필요없다고 나왔죠. 조합원들 다 흩어졌어. 그랬더니 갑자기 불이 켜지더니, 영업하는 거야. 와, 이런 X 같은! "우리가 저 짭새들을 믿으면 안 된다"고, 삑~ 돌았죠. (손명섭, 부산)

6월 23일, 그날 들어가서 점거를 하니까 "문을 닫는다"는 합의를 하고 나와서 밖에서 마무리하고 가는데, 여튼 문을 열었다는 소식을 듣고 다 분개했죠. 그래서 그 분노가 이제 30일로 연결이 된 거예요. 그래서 "얘네가 우리가 가면 분명히 영업을 할 것이다"라는 판단을 다 한 거죠. 그래서 30일 점거가 가능한 토대가 23일 있었다고 봐야죠. (서형태, 병점)

5) 6월 24일, 3차 공동투쟁—2일차, 뉴코아아울렛 강남점 앞 결의대회

6월 24일에도 공투본의 뉴코아-이랜드일반노조 조합원 1,500여 명이 뉴코아아울렛 강남점 앞에서 비정규직 대량해고에 반대하는 집회를 벌이며 회사와의 대화를 요구했다. 회사는 투쟁하는 조합원들의 일자리에 부당하게 용역직원들을 투입해 영업을 했다. 노동자들은 오전 매장 진입을 시도했으나, 10개 중대 정도의 경찰병력이 동원되어 경찰과 노조원들과의 충돌과정에서 일부 조합원들이 119구급차에 실려 가기도 했다. 매장 진입에 실패한 노동자들은 연좌농성을 벌였다. 노동자들의 투쟁으로 뉴코아 측은 하루 수억 원대의 매출타격을 입었으며, 매장 고객상담실은 고객들의 문의전화가 빗발쳤다. 그럼에도 노조의 계속된 대화 요구에 회사는 아무런 반응을 보이지 않았다.

이날 집회 이후 6월 26일 분당의 뉴코아 야탑점과 홈에버 야탑점 등에서 파업을 벌였으며, 6월 27일에는 뉴코아 일산점, 홈에버 일산점 등에서 파업을 하는 등 이랜드자본의 무모한 행동에 맞서 공투본 노동자들은 전면전을 준비하고 있었다. 그러나 회사는 노동자들의 투쟁에도 아랑곳하지 않고 강제로 용역전환(외주화, 아웃소싱)을 해나갔다. 울산 뉴코아의 경우는 노동자를 대량해고하면서 동시에 용역으로 전환했다.

이랜드그룹의 부당해고도 심각했다. 이랜드일반노조 시흥점 호혜경 조합원은 이미 서울지방노동위원회에서 부당해고 판정이 났고, 이랜드일반노조 홍윤경 사무국장도 서울지방노동위원회에서 부당해고 판정을 받았으며, 이랜드일반노조 손명섭 총무부장도 중앙노동위원회에서까지 복직 판정을 받았다. 하지만 이랜드그룹은 지노위와 중노위 판정을 '무시'하고 있었다. 또, 이랜드그룹이 조합원들을 대상으로 한 손배가압류에 대해 법원이 부당노동행위라고 판결했음에도 이랜드그룹은 여전히 손배가압류 등을 청구하였고, 가정통신문을 통해 노동자를 회유하고 협박하였다.

공동파업을 벌이는 뉴코아 야탑점과 홈에버 야탑점에 이날 민주노총 위원장이 방문했다. 공투본 지도부와 가진 간담회에서 이석행 위원장은 "16개 산별연맹(노조)이 뉴코아-이랜드일반노조 공동투쟁을 총력 지원하기로 결의했고, 민주노총의 조직적인 '불매운동'과 뉴코아-홈에버 사업장 동시다발 집중타격을 통해 반드시 비정규직 관련 요구가 관철될 수 있도록 민주노총이 책임지겠다"는 방침을 밝혔다. 이랜드그룹의 무모한 노동탄압에 대해 이랜드 노동자들의 투쟁은 점차 새로운 국면을 열고 있었다. 6월 28일, 공투본은 4차 공동파업 첫날에 홈에버 면목점과 뉴코아 동수원점 및 인천점에서 집회를 하면서 영업을 중단시켰다. 특히 면목점 집회는 면목분회가 적극적으로 투쟁을 만들겠다고 결의하면서 계획된 것이다.

오후 2시경 면목점 매장의 직원들을 상대로 선전전을 미리 진행하기 위해 매장에 들어가던 조합원들을 보안요원이 막으면서 문제가 발생했다. 연대대오들이 폭행으로 부상을 당하고 조합원들은 그 자리에 주저앉아 농성을 하며 우발적으로 매장 계산대를 점수하였다. 그 과정에 김경욱 위원장은 방송실까지 들어가 방송을 통해 파업을 알렸다. 자연스럽게 촛불문화제가 실내문화제로 바뀌는 순간이었다. 조합원들이 이번만큼은 장사가 잘되는 저녁시간이 지나서 나가겠다고 해서 밤 10시가 되어 집회를 정리하고 매장 문을 나섰다. 그런데 조합원들이 나온 뒤에 다시 영업을 하였다.

나는 나름 분회에서 독자로 한다고 해가지고, 동부지구협의회에서 어떻게 파업할 건가 회의를 해서 하기로 했죠. 김경욱 위원장한테는 나중에 알렸고. (……) 그날 50여 명의 조합원들이 파업하고 나왔어요. 회사는 막았고. 연대도 동부지구협의회에서 부광실업, 민주노동당,

그리고 덤프트럭, 뭐, 되게 많이 왔어요, 규모는 엄청 컸어요. (……) 처음으로 독자집회를 해본 거죠. 우리 마수경 사무국장이 사회를 보고, 그때 김경욱 위원장이랑 이경옥 부위원장이 합류해 준 거죠. 그러다 매장진입을 했는데, 처음에 회사가 못 들어가게 막았는데, 김경욱 위원장하고 연대 온 쪽에서 뚫어 준 거지요. 그래서 방송실 점거해서 김경욱 위원장이 방송으로 "우리 파업합니다", "우리를 도와 달라" 막 이런 식으로 했던 것 같아요. (황은영, 면목)

이어 다음 날인 6월 29일 공투본의 4차 공동파업 2일이 되는 날이었다. 이날은 서비스연맹 결의대회, 롯데호텔투쟁 결의대회와 한미FTA 무효를 위한 민주노총 결의대회가 있었다. 오전 11시 40분경, 조합원들은 서비스연맹 결의대회가 마무리된 후 한미FTA 반대 민주노총 노동자대회가 열리는 광화문으로 버스를 타고 이동하였다. 조합원들은 광화문에서 열린 한미FTA 반대집회에 참여했다.

이처럼 2007년 상반기 이랜드일반노조와 뉴코아노조의 공투본은 비정규직 대량해고, 아웃소싱 등의 고용문제를 해결하기 위해 공동집회, 공동파업, 매장점거 등 투쟁의 수위를 점차 높여 가면서 이랜드 자본을 압박해 갔다. 이랜드일반노조의 조합원들은 고용불안에 쫓겨 막 노조에 가입한 비정규직 노동자들이 다수여서, 파업이나 집회 참여가 처음인 이들이 대부분이었다. 이들은 노동조합이 무엇이며 노동자의 권리가 무엇이고 이를 지키기 위해 어떠한 행동을 할 수 있는지, 제대로 교육도 받지 못한 상황에서 바로 투쟁에 참여했다.

특히 이들은 공투본을 통해 2사 공동투쟁을 벌이거나, 민주노총이나 서비스연맹의 집회에 참여하면서 노동가를 배우고 어설픈 팔뚝질을 했다. 이들은 비정규직 문제가 개인의 문제가 아니라 자본이 이윤을 더 확보하기 위해 강요되는 상황이라는 것을 점차 알아갔다. 또, 규모가 큰 뉴코아노조와 역사는 오래되었지만 이제 막 조직이 확대되면서 투쟁을 벌이는 이랜드일반노조 간의 상황 차이도 투쟁과정에서 인식하기 시작했다.

> 뉴코아랑 같이하는 데를 처음 갔는데, 뉴코아가 사람이 많았잖아요? 아, 좋더라구요. "이렇게 사람 많은 데도 있구나" 하고. 그냥 같이 어울려서 했던 것 같아요. 그때 특별하게 집회하는 거에 대해서 무섭거나 이런 건 별로 없었던 것 같고…. 그리고 내가 뭘 한다는 생각은 안 하고 그냥 참여만 하는 거니까, 가서 보고 "멋있구나" 그러고서 말고. 그땐 앞에서 연설하긴 하는데 뭔 얘긴지도 잘 모르겠고, 그냥 사람들하고 같이 어울려서 가서 "아, 이게 집회구나" 하고. (서은주, 월드컵)

> 뉴코아에 젊은 아가씨들이 기운차게 하고 남자들도 참 멋진 남자들 많더라구요, 우리는 다 아줌마들인데. 확 활기가 있고. 참 신선했어요. "젊은 사람들도 저런 정신을 가지고 이렇게 하는구나" 놀랬어요. (김용임, 중동)

> 뉴코아는 백화점이라 아가씨들이 어리고 이쁘고. 걔네는 핫팬츠 입고 선글라스 싹 끼고 멋있게 앉아 있는 거예요. 근데 우리는 다 아줌마들이어서 집회 하면 싸온 거 먹는데, 그때 테이크아웃이 흔치 않은데, 걔네는 꼭 테이크아웃 해가지고 먹는 거야. 우리는 물주전자에다가 끓여 가지고 먹고 이랬는데.(웃음) 그리고 뉴코아는 도시락 맞춰서 먹고 우리는 걔네들이 안 먹고 간 도시락 주워 먹고. 진현미가 한동안 별명이 '땅거지'였어요. (이선호, 방학)

저희는 김밥 한 줄 줬는데, 모자라서 남긴 거 주워 먹어서.(웃음) 왜냐면 저희가 조합원 숫자도 많지 않은 데다가 비정규직들이 많으니까, 조합비가 많지 않고, 그리고 투쟁준비가 안 되었는데, 걔네들은 유니온샵이니까 다 가입하니까 조합비가 많잖아요. 또 걔네는 미리 투쟁기금을 준비해서 돈도 많이 모아 놔서 어디를 이동해도 관광버스 대절해서 가고 도시락도 맞춰서 박스로 풀어주는데, 우리는 전철 타고 갈아타고. 그래 저희는 기본이 배낭인데, 거기에 먹을 거 싸들고 다녀요.(웃음) 그래 제가 파업 끝나고서 김밥 안 먹어요. (진현미, 방학)

이런 투쟁의 과정에서 남 모르게 애쓰는 사람들이 있었다. 바로 지부나 분회의 간부들이었다. 노조는 각 지역매장을 기반으로 만들어진 지부, 분회를 바탕으로 형성되었기 때문에 지부나 분회의 간부들이 조합원들을 투쟁에 적극 참여시키기 위해 노력했다. 당연히 조합원들의 참여여부가 투쟁의 성패를 좌우하기 때문이다. 이들도 노조 경험이 없기 때문에 조합원들을 독려하는 것은 힘든 일이었다.

파업 조직하면서, 80몇 명 조합원 명단을 작성해서 동그라미, 세모, 엑스 표를 한 거예요. 파업에 동참할 수 있겠다, 이 사람은 미지수다, 이 사람은 전혀 안 하겠다는 게 기준이고…. 그래서 뒤에 럭키아파트 있는 쪽 공원에 가서 조합원들하고 얘기하고 나서 동그라미, 세모 하고(저는 세모였대요. 안 할 거라 생각한 거야. 저는 무서웠어요.—임재윤) 그땐 임재윤이 열심히 안 했기 때문에 세모, 미지수에 들어갔지. 그런 작업을 분회장이 있었는데 아예 파업에 가지 않아서, 내가 계속한 거예요. 당시 신선 사람들은 다 동그라미였다니까, 말을 잘 들어 줬으니까. 여튼 동그라미는 정확하게 한 3분의 1이 안 됐어요. 세모까지 합치면

과반수는 됐고. 불안 불안해서 다시 얘기하고 그랬어요. (김영순, 시흥)

나는 분회장 처음하고 사람들 이끌고 내 분회 식구들 챙기느라고…. 그때 파업하면 분회장들이 힘들어요. 막 여기서 불만, 저기서 불만, 이거 컨트롤 해야지 (……) 저는 울었어요. 어떤 조합원은 남편이 엄청 싫어하는데도 파업 참석을 했는데, 6시면 가야 되는데, 이게 시간이 넘어갈 수도 있잖아요. 그러면 그 사람이 "언니, 나 우리 아저씨가 퇴근하고 온다. 가야 된다"고 그러면 어떡해? 가라고 해야지, 그럼 "왜, 쟤는 가라 했냐"고 다른 분들이 와서 뭐라 하고. 정말 처음 파업하면서 마음고생이 심했죠. (박복희, 안양)

집회에 참여하는 조합원들을 독려하는 일도 힘든 일이었지만, 매번 진행하는 집회를 준비하는 일도 그 못지않게 힘든 일이었다. 공동집회였기 때문에 뉴코아노조가 많은 힘을 기울였지만, 이랜드일반노조도 같이 집회를 진행하기 위해 실무적인 일을 해야 했다.

통합집행부 들어서고 저는 계속 서류정리하고, 몸으로 때우는 것 하고. 집회하면 음향 설치해야 되고, 천막농성하면 텐트 설치해야 되고, 필요한 것들이 많아요. 제가 그런 거 하는 게 좋기도 하지만, **다 앞에서 말만 많으면 이게 엉뚱한 데로 가니까.** 근데 그걸 다 안 하려고 그랬거든요. 그래서 받쳐 주는 사람도 있어야 되겠다 싶어서…. 또 여성 조합원이 많다 보니 시키기도 애매하고, 남자들도 끝나면 다 집에 가니까. 자연스럽게 집에 안 가고 붙박이로 있는 사람이 해야겠다는 것도 있고. 또, 저는 그렇게 하는 게 노조활동의 한 부분이고, 그런 게 있어야 전체가 굴러 간다는 생각을 해서 자발적으로 했죠. (손명섭, 부산)

4장

월드컵점 점거농성 투쟁

'비정규직을 보호할 것'이라는 비정규직법은 '기간제 및 단시간근로자 보호 등에 관한 법률'과 '파견근로자보호 등에 관한 법률' 개정안 그리고 '노동위원회법' 중 개정안을 포함하며, 2006년 11월 30일 국회를 통과했다. 법이 통과된 이후 비정규직 2년 고용 후 정규직화와 차별시정을 피하기 위해 기업주들은 그동안 고용하고 있던 비정규직의 계약을 해지해 해고하거나 정규직화라는 명목으로 직군을 분리하는 분리직군제를 시행하였다. 그 때문에 비정규직 노동자들은 대량해고에 내몰렸으며, 분리직군이라는 틀 속에 갇혀 차별시정은커녕 언제 해고될지 모르는 위험에 내몰리고 있었다.

이는 비정규직법이 국회를 통과하기 전부터 예상되었다. 2006년 3월에 공개된 노동부 용역자료 「비정규직보호입법의 시행효과」라는 보고서에는 법 시행에 따라 비정규직의 정규직 전환 효과는 0.12% 증가에 그치는 것으로 드러났다. 노동부도 비정규직법이 아무런 효과를 가지지 못함을 알고 있지만, 이를 숨기고 그저 '비정규직을 보호하는 법'이라고 했다.

거기에 한국경영자총협회(경총)를 비롯한 경영계는 이미 비정규직법을 피해 갈 수 있는 방법을 준비했다. 2007년 5월 경총이 밝힌 「비정규인력의 합리적 활용과 법적 대응방안」이라는 보고서에서는 차별시정을 피해 가기 위해서 "비교대상 업무가 없는 경우 차별금지 원칙이 적용되지 않으므로 비정규직 근로자 활용에 있어 '유사업무' 논란이 발생하지 않도록 업무를 명확히 구분할 것, 불합리한 경우에만 차별금지규정이 적용되므로 차별의 합리성을 인정받을 수 있는 근거 구비" 등을 제시하고 있다. 심지어 비정규 인력이 담당하는 업무를 도급화해서 해결하는 방법이 가장 현실적이라며 이 경우 비정규직법 적용으로 나타날 위험을 미연에 방지할 수 있다고 노골적으로 제시하고 있었다.

이처럼 비정규직법은 차별을 시정할 수 없다는 것은 물론 2007년 6월 12일 통과된 비정규직법 시행령에서는 '기간제 예외조항'을 두어서 2년 후 정규직화하지 않아도 되는 기간제 노동자들을 대량으로 양산했다. 파견 대상업무는 기존 138개 업무에서 59개를 확대해 197개가 되었다. 비정규직법이 보호하지 않아도 되는 비정규직을 시행령에서 잔뜩 만든 것이었다. 이는 정부가 비정규직을 보호하려는 의지가 없음을 보여 줬다.

한편, 이랜드그룹도 비정규직법 시행 이전부터 홈에버의 400명, 뉴코아에 350명의 비정규직 노동자를 집단해고했다. 그리고 7월 1일에 비정규직법이 시행되면서 해고가 합법화되기 때문에 먼저 장기근속자 수천 명을 해고하려 준비하고 있었다. 그럼에도 회사는 그저 비정규직 운영방침에 변화가 없다는 말만 되풀이했다.

또 이랜드그룹은 비정규직법이 시행되기 전에 '직무급제'를 시행했다. 이는 노조가 비정규직 문제로 투쟁을 계속 벌이자, 회사는 직군을 분리해 고용안정만을 보장하는 직무급제로의 전환을 정규직인 양 제안한 것이다. 회사에서 선별적으로 직무급제로 전환한다고 하지만 노조는 이를 대안으로 인정할 수 없었다.

거기에 회사는 7월 2일자로 정규직들의 인사발령을 냈다. 수원에서 대구로, 천안에서 부산으로 발령을 내기도 했다. 이사비용 정도를 지급받으면서 하루아침에 지방으로 가야 하는 상황이었다. 한마디로

"나가라"는 뜻이고, 이는 노조와 사전협의도 없이 본사에서 지침을 내린 것이었다. 결국, 칼끝은 정규직 노동자에게도 겨눠지고 있었다.

이에 이랜드일반노조와 뉴코아노조의 2사 공투본은 2007년 들어 6월까지 공동투쟁을 벌였다. 그러나 두 노조의 공조는 공동투쟁까지였다. 여전히 두 노조의 상황 차이로 인해 공동타결이라는 원칙에는 합의하지 못했다.

> 공투본에서 "공동타결까지 하는 건 무리다. 그건 우리 조직역량 등을 봤을 때 편차도 크고. 다만 공동요구를 가지고 공동투쟁을 힘 있게 좀 하자" 이렇게 해서 사실, 그게 공동파업 수준으로까지는 간 거죠. 근데 공동타결은 좀 미뤄 뒀던 거죠. 입장 차이도 있고. 또, 아무리 서로 신뢰하는 조직이더라도 공동타결하는 건 정말 어렵거든요. (이남신, 수석부위원장)

뉴코아노조는 파업을 벌이고 있었고, 이랜드일반노조는 파업에 돌입하기 전이어서 주로 공동집회에는 연차휴가 등을 활용해서 참석했다. 이후 이랜드일반노조는 쟁대위를 통해 파업을 위한 절차를 진행하면서 동시에 현장투쟁과 공동집회에 참여했다. 고용위기 속에 조합원들은 투쟁에 적극적으로 참여하면서 분위기가 한껏 타오르고 있었다. 이런 조합원들의 분위기와 더불어 다가오는 7월 1일 비정규직법 실행일을 앞두고 노조는 점거투쟁을 기획했다. 투쟁의 기획은 비공개 전술회의 단위에서 먼저 논의되었다.

> 비공개 전술회의에서 점거투쟁하기로 하고. 심지어 뉴코아 위원장하고 조직국장하고 우리 지도부하고 오민규하고 김주환하고 같이 모여

서 전술회의를 했었는데, 매장점거투쟁을 하는 걸로 얘기가 됐고. 제가 제안한 것은 "3개 거점을 동시에 타격하자"였고, 오민규랑 김주환은 "아예 하나에 집중하자" 이렇게 된 거예요. "몇천 명이 하나에 점거해 들어가자" 그렇게 됐고. "그런데 점거투쟁은 해체되고 진압될 가능성이 있으니까, 월드컵경기장에서 박기로 결정"을 했어요. 이 전술회의는 비공개 회의예요. (김경욱, 위원장)

이 회의 이후 이랜드일반노조는 쟁대위를 개최하여 점거투쟁에 대해 논의했고, 이 자리에서 노조간부들은 구속을 각오하기로 결의하면서 점거투쟁을 결정했다.

쟁대위 회의에서 "1박 2일 점거투쟁을 하자. 이 점거투쟁을 할 경우 임원뿐 아니라 분회장까지 구속될 수 있다" 해서 쟁대위의 분회장들, 분회장들 중에 기혼여성이 대다수인데 돌아가면서 한 명씩 다 얘기했고. 주부들이라 가정 문제가 있기 때문에 가능할까에 대해서 반신반의했지만, 간부들은 다 "하겠다" 그래서 "그럼 합시다" 한 거죠. (홍윤경, 사무국장)

이어 공투본은 비공개회의에서 결정한 공동점거투쟁에 대해 뉴코아노조와 최종 결정하는 회의를 열었다.

비공개 회의에서 나온 얘기들을 공투본 회의에서 공유했어요. 점거투쟁 들어가기 일주일 전에 공투본 회의를 하는데, 갑자기 뉴코아노조 위원장은 가만히 있고 조직부장이 "아, 우리 조합 사정상 우리는 6월 30날 현장복귀하기로 결정했다"고. (……) 이랜드일반노조 혼자 죽으라는 얘기잖아요? 너무, 열받아서. 어떻든 뉴코아는 조직적으로 복귀를 결정하고 이랜드일반노조는 이미 결정됐으니까, 단독으로 일주일 동안 점거준비를 했지요. 그리고 뉴코아노조는 마포 이랜드 앞에서 선전전하고 해산하기로 한 거죠. (김경욱, 위원장)

그때는 조합원들 잘려 나가니까 절박했기 때문에 "이대로 당할 순 없다" 해서 7월 1일이 비정규보호법 발효하는 첫날이니까 "6월 30일 들어가서 1박으로 하자" 하고. 비정규 문제는 홈에버에 다수의 비정규직 조합원들이 있기도 했고, 월드컵점이 동양 최대 규모였거든요. 그래서 쟁점화하기도 수월하고. (……) 그리고 "뉴코아 동지들하고 함께하자. 두 노조가 함께 들어가면 이랜드자본을 정말 빠르게 압박해서, 어느 때보다도 최단 시일 내에 잘할 수 있겠다"는 자신도 있었고. 뉴코아 동지들만 결의를 해주면. 그래서 김경욱 위원장하고 저하고 굉장히 강하게 주장을 했죠. "같이 하자!" 저희는 월드컵만을 얘기한 게 아니었고 "어느 장소든 두 노조가 함께하는 거라면 우리는 한다" 이렇게 얘기를 했던 거구요. 뉴코아는 그 부분에서는 열어 놓고 논의를 할 수 있는 분위기는 아니었어요. 그런데 뉴코아는 "월드컵 농성에 대해서 판단이 다르다"며 부정적인 입장을 피력했죠. (이남신, 수석부위원장)

결국, 공동점거투쟁이 무산되면서 이랜드일반노조는 점거투쟁의 구체적인 계획을 독자로 세웠다.

우리가 어떻게 어느 문으로 들어가서 할지 등에 대한 계획을 세운 거죠. 간부회의에서 역할 분담해, 누구는 어느 문으로 들어가서 어떻게 해서 이 점거가 될 수 있도록 하겠다는 것을…. 우리 지휘체계가 분회별이니까 분회별로 모여서 들어가는 거예요. 또, 분회가 지역별로 되어 있으니까 지역별로 해서 움직이고. 출입구가 여러 개 있잖아요? 순식간에 들어가서 점거해야 되니 미리 근처에서 만나서 같이 우르르 들어가는 걸로 했죠. (홍윤경, 사무국장)

쟁대위에서 세운 월드컵점 1박 2일 점거계획은 각 지부장이나 분회장을 통해 조합원들에게 전달되었다. 이에 대해 회사에 대해 분노하고 있던 조합원들은 모두 참여할 뜻을 보였다.

1박 2일 한다고 지침을 내렸어요. 우리 조합원들도 다들 좋다고 그랬어요. 그때만 해도 저희가 다른 점포 헬퍼를 갔는데 다른 데는 정규직을 시켜 줬는데, 월드컵하고 우리 점포하고 시흥하고, 몇 점포만 안 해준 거였어요. 그거에 대한 화가 나 있었던 거예요. 분노가 있어서 "그래, 하자!" 막 이런 거였어요. (이선호) "하루 정도는 거기서 자고 가도 된다", "1박 2일은 하자" 한 거죠. (진현미, 방학)

1. 월드컵점을 멈춘 여성노동자들

1) 6월 30일—점거농성 1일

6월 30일은 비정규직법의 시행을 하루 앞둔 날이자 동시에 일부 비정규직들의 계약이 만료되는 날이기도 했다. 노조 지도부는 조합원들이 처음 하는 1박 2일 점거투쟁에 제대로 참여할지 긴장했다. 미리 분회별로 모여 월드컵점으로 들어가기로 했기 때문에 시흥분회의 경우는 시흥 인근의 민주노동당 사무실에 모여서 월드컵점으로 이동했다.

> 우리는 가기 전에 민주노동당 사무실에서 다 모였어요. 그때 병점의 서형태가 전화해 "장소가 어디냐" 물어보는 거예요. 그래서 "왜 물어봐요?" 하니까 "나 노조 가입했어" 하는 거야. 그 사람이 시흥에 있다가 병점으로 갔는데. 그러면서 "지금 어디서 모이냐?"고, 나는 그 말을 못 믿어서 "진짜냐?" 몇 번 확인하니까 서과장이 "아, 나 지금 시흥점에 내렸단 말이야" 진짜잖아요. 그래 사무실 가르쳐 주고. 시흥은 더 힘을 얻은 거지, 과장도 같이 월드컵으로 이동하니까. (김영순, 시흥)

> 시흥점은 나중에 얘기 들어 보면 누구는 올 사람 동그라미, 누구는 세모… 체크리스트까지 다 만들어서, 의외로 많이 왔다고 얘기했거든요. 저는 시흥점 조합원들하고 같이 갔던 것 같은데요. 저는 뭐 따로

갈이 들어갈 사람도 없어서. (서형태, 병점)

오전 11시경 월드컵점 앞에는 여러 점포의 조합원들이 하나둘 모여들기 시작했다. 회사는 용역경비원들을 동원해서 출입문을 지키고 고객들의 출입마저 통제했다. 고객들은 이유를 알지 못해 어리둥절하다가 출입문 밖에 모여 있던 비정규직 노동자들의 설명을 듣고 고개를 끄덕이며 돌아갔다. 조합원들의 "오늘 하루만 소비를 멈춰 주세요"라는 호소에 일부 시민들은 "필요한 생필품을 사러 왔다"라며 항의하기도 했지만, 대부분은 "비정규직들이 그런 처지에 있는지 몰랐다. 이해한다"는 반응을 보였다.

저는 10시에 가장 먼저 매장으로 가서 조합원들을 안심시키며 함께 있었어요. 월드컵분회장과 작전을 짜서 월드컵점 조합원들은 매장에서 일을 하도록 사전에 조정했거든요. 파업을 하게 되면 대체근무자가 들어오기 때문에 회사에게 점거 사실을 숨겨서 빠른 시간에 계산대를 접수하기 위한 방법인 거죠. (……) 뒤늦게 눈치챈 회사가 연락했는지 경찰은 정문을 막고 전경은 주차장에서 매장으로 올라오는 길목을 막고 있더라고요. (이경옥, 부위원장)

계산대에 있는 조합원들에게 출근해서 지금 일하고 있던 사람들 외에는 나오라고 했던 것 같아요. 저는 그때 쉬는 날이어서 (……) 고객센터 2층에 있었는데 (……) 대체인력들이 있어서 **"내 자린데 왜 너가 일하냐? 나와! 나와!"** 말싸움하고. 왜냐면 계산원들이 거의 조합원들이었거든요. 다른 데는 몰라도 계산대에서 누군가 계산을 해야 하는데, 더욱이 그때는 매출이 잘 나오는 때라서…. 그래서 우리가 계산대에 가서 무조건 주저앉았던 거죠. 다른 분회 사람들은 카트를 끌면서 장 보는 척하다가 합치고. (……) 그러면서 한쪽에선 고객들하고도 마찰이 있어서 고객들이 매장에서 다 나갔어요. 그러니 어느 순간 우리만 남게 되더라고요. 처음에 나는 우리가 갇혔다고 생각을 했거든요. 그리고 집회인지 하면서 위원장님이 발언하는 걸 듣고서 "아, 이런 거구나. 그러면 우리가 이 매장을 사수해야 되는 거구나" 이렇게 생각의 전환을 하게 된 거죠. (황선영, 월드컵)

그때 거의 다 왔었죠. 6월 23일 날도 막 밀쳐서 들어갔다가 나왔고, 6월 30일에는 "점거하러 들어갈 거다. 각자 거기 들어가서 물건을 하나씩 사서 계산을 하자. 그 대신 어렵게 하라" 그랬는데, 본사에서 다 지원 나온 거야. 월드컵 조합원들이 거의 캐셔들인데 파업하러 나왔으니까. 그래서 저도 껌 하나 샀어요. (웃음) 우리 조합원들도 다 껌 하나씩 사들고 줄을 섰죠. 껌 하나는 카드로 못해요. 지원 나온 사람들은 더 못하죠. 버벅거리고, 그럼 껌 하나 갖고 가서 "카드로 해 달라" 하니까, 이게 되냐고요. 줄을 쭉 서서 "아, 왜 안 되냐? 고객을 기다리게 하냐?" 소리 지르고. 계산하던 사람들이 못하겠으니까 한 사람 나가고 또 한 사람 나가고. 그러면서 우리가 그 자리에 주저앉아 점거를 했죠. (박복희, 안양)

분회끼리 같이하고. 저는 손님처럼 하려고 배낭 메고, 이어폰 끼고, 음악 들으면서 "누가 알아보면 어떡하지" 두근두근거리면서, 매장 들어가서 "무슨 신호가 오면 그때 어디 모여 집회한다" 이랬거든요. 계산대 앞에 모여서 다같이 했던 것 같고. 거기서 위원장님이 메가폰 들고 모여서 집회를 하고, 그냥 거기에 눌러앉은 것 같아요. (마수경, 면목)

2층에 푸드코트가 있고 한쪽에 계산대가 있어요. 우리는 2층에서 평상복으로 손님처럼 있다가 에스컬레이터로 빠르게 내려서 1층으로 가보니 막 점거를 하고 있었죠. 그래서 전부 다 계산대마다 들어가서 점거하고. 연대단위도 와서 계산하는 데 줄서서 도와줬고. 우리는 계산하고 나오는 쪽으로 가서, 쫙~ 계산대 막고 점거를 했죠. 위원장이 "조합원 여러분, 빨리 여기 들어가서…" 뭐라 하고. 손님들한테도 "저희들은 이랜드 조합원인데 해고되고 생존권을 지키기 위해서 파업에 나왔다. 손님 여러분, 죄송하지만 돌아가 달라" 하고.(홍윤경, 사무국장)

파업을 위해서 우리가 뭘 할 건지에 대해서 의논을 하고. 그래서 지대위 차원에서 성명서를 내고, 그다음에 그 파업에 일부 구간을 우리가 담당을 하기로 했어요. 시작하기 전에 미리 들어가는 작전을 짜서 점거를 했던 거고요. 6월 30일 매장 들어가는 거는 손님이니까 막지 않았었어요. 밖에서 집회할 때 저희는 먼저 들어갔지요. 피켓 들고 들어갔는데 안 막더라구요. 그래서 저희는 자연스럽게 2층을 점거하고. 근데, 사실은 좀 긴장해서 일찍 들어간 것도 있어요. (강양미, 월드컵지대위)

이미 조합원들은 6월 10일, 17일, 23일 매장을 일시점거해 본 경험이 있었다. 특히 23일은 매장을 점거하자 회사 측이 영업을 안 하겠다고 약속해서 매장을 나왔는데, 바로 회사가 매장문을 열었기 때문에 조합원들은 분노하고 있었다. 이런 경험이 쌓여서 '1박 2일 점거투쟁'에 대한 열기는 높았다. 다만 지도부 입장에서는 얼마나 일사불란하게 성공적으로 할 수 있을까에 대한 걱정이 있었다.

12시경 직원 출입구를 통해 매장 내로 들어가려는 조합원들과 용역경비원 사이에 20여 분간 충돌이 벌어졌다. 조합원들은 "내가 이 회사에서 일하는 직원이다"라며 항의했지만, 경비원들은 출입 자체를 막고 나섰다. 직원 전용 출입구를 통해 들어가려 하자 경비원들이 소화기를 뿌렸고, 소화기액에 뒤범벅된 상태에서 몸싸움을 하다 몇몇 조합원이 넘어져 타박상을 입었다. 아수라장이었다. 조합원들이 "회사가 정말 비용 때문에 도저히 정규직화를 못해 준다면, 연봉 5천만 원씩 받는 관리자들이 직접 막아야지 용역을 동원한다는 것이 말이 되냐"며 항의하기도 했다.

들어갈 때 저쪽은 밀고 있는 상황에, 옆쪽에 직원 출입구로도 들어가려고 그랬거든요. 그런데 거기에 용역들이 지키고 있는 거라. 이렇게 미니까 용역 애들이 막고. 그런데 어떻게 저는 비집고 들어갔는데 남들이 안 들어오는 거야. 나 혼자만 안에 있는 거죠.(웃음) 그리고 저쪽이 뚫려 가지고 들어가는데 이쪽 얘네들은 끝까지 막고 있더라고. 이미 매장도 다 점거가 됐는데…. 나는 그 와중에 집기를 옆으로 치우고, 넘어지더라도 안 다치게 하려고. 그런데 어떤 용역놈이 갑자기 소화기를 쏴 버리는 거야. 그 좁은 공간에다가 팍 쏘니까 뿌옇잖아요? 나는 소화기를 처음 맞아봤어요. 소화기액이 딱 퍼지니까 숨이 안 쉬어져…. 그 액이 코로 들어오고. 그 과정에 사주를 받았는지 누가 사진을 찍어요. (……) 점차점차 밀어 가지고 계산원들은 지레 겁먹고 다 빠지고, 지원 나온 관리자들은 끝까지 안 나가더라구요. 우리가 계속 소리치면서 "야, 너 왜 안 나가니?" 그러니까 나가더라고. (손명섭, 부산)

방학에서는 45명 정도 참여를 했고. 그때 우왕좌왕 많이 했잖아요. 그래서 이쪽으로 가라면 이쪽으로 가고 저쪽으로 가라면 저쪽으로 가는데, 누군가 뒤쪽 물류가 안전하다는 거야. 그래서 물류로 들어가면서 소화전 물을 맞고 매장 안으로 진입을 했잖아요. 계산대에 진입해서 들어갔잖아요. 그때는 재미있었어요. 왜냐면 그 전에 여러 번 가서 계산대 점거했다가 나오고 여러 번 해봤기 때문에. (김명숙, 방학)

처음에는 저희 목표가 정문으로 들어가서 점거하는 거였거든요. 그런데 얘네가 셔터를 내려 버린 거야. 그래서 쪽문으로 들어갔는데, 용역들이 우리한테 소화기를 뿌려서 검수장으로 들어갔어요. 근데 얘네가 셔터를 내렸나? 그래서 긴급하게 지시를 내린 게, "서문 쪽인가 어디로 가면 검수장이 있는데, 거기에 문이 있다. 거기로 해서 다 매장으로 이동한다"고 해서 우르르~ 그리 간 거예요. (……) **이게, 무슨 007작전 같이, 두려움도 있지만 스릴이 있는 거예요.** 걔네가 소화기를 뿌려서 어떻게 어떻게 싸워서 들어가서 계산대를 우리가 점거하니까, 얘네들은 다 나가 버린 거죠. 그래 우리가 고객들 다 내보내고. 그날이 딱, 비정규직법 시행되는 전날인데, 7월 1일 시행되는 거 막는다는 거로 한 거죠. (진현미, 방학)

결국, 12시 30분경 매장 밖에서 대기 중이던 조합원들이 매장 안으로 모두 들어가는 데 성공했다. 여성노동자들은 자신들이 평소에 일하던 계산대를 점거하고 농성을 시작했다. 조합원 1,200여 명 중 수도권을 중심으로 600여 명이 점거에 참여했다. 1박 2일 점거계획이었다.

오후 4시, 민주노동당과 민주노총, 학생들이 함께 농성에 참여해 700여 명의 사람들이 월드컵점에서 농성을 벌였다. 김경욱 위원장은 조합원들 앞에서 다음과 같이 발언했다.

"저기 밖에 있는 전경들은 없어도 매장이 돌아갈 수 있지만 우리가 일을 멈추면 매장이 돌아가지 않는다는 것을 보여 줬습니다. (……) 우리가 매장을 멈춰 이랜드그룹의 돈줄을 막지 않으면 회사는 해고를 멈추지 않을 것입니다. (……) 오늘 하루만이 아니고 앞으로 계속해서 매장의 계산대가 멈출 것입니다."

조합원들이 500이 넘어, 엄청 많죠. 1박 2일 계획이라 다들 짐을 싸 갖고 온 거야. 그렇게 쫙 계산대를 점거하고, 파업 딱 시작하니까 월드컵점 계산대가 한 40개가 되는데, 전부 조끼를 입고 쫙 서 있는 거야. 나하고 이랜드노조 유상헌하고 둘이 거길 갔는데. 야, 그 모습을 딱 봤는데, 뭔가 희열 같은 거가 느껴져요. 아름다운 모습이라고 그럴까, 그런 게 확 느껴지더라구요. 조합원들이 처음 들어왔을 때 얼굴들을 보면, 마치 전쟁에서 목표를 달성하고 승리한 듯한 굉장히 밝은 얼굴들 있잖아요. 아, 그런 밝은 모습 처음 봤어요. 그때 생각한 게 "우리가 이번 투쟁은 이기겠다" 이런 생각이 확 들었죠. (손명섭, 부산)

처음이 인상적이었죠. 다 눌러앉을 때가! 가장. 김경욱 위원장이 선동하고, 포스를 하나씩 하나씩 장악해 나가는 게 감동적이었죠. 물리적 충돌도 조금씩 있었는데, 포스를 장악해 나가는 게 착착~ 해냈다는 게. 그리고 민주노동당, 학생들 해서 여러 사람이 와서 자기 얘기를 하는 과정이 있는데, 젊은이들이 이런 생각을 한다는 게 대견스럽고. 우리 때는 생각도 못했던 건데, 서울대나 연대나 공부도 잘하는 운동권 학생들을 처음 접했어요. (서형태, 병점)

매장을 점거하고 앉은 여성노동자들은 "우리가 언제 그런 법을 만들어 달랬다고 비정규직법을 만들어서 우리를 길거리로 내쫓냐"고 분노했다. 이들은 비정규직법이 시행되는 7월 1일 0시를 이 매장 안에서 농성을 벌이며 맞겠다는 계획이었다.

오후 9시경에 뉴코아노조의 조합원 700여 명이 매장 안으로 들어왔다. 이들은 파업을 하고 강남점 뉴코아 킴스클럽을 봉쇄하고 온 것이다. 뉴코아노조 조합원들을 본 이랜드일반노조 조합원들은 마음이 든든해졌다.

> 하루 집을 나오기 쉽지 않은 조합원들은 남편들의 탄압을 무릅쓰고 나왔지만 차가운 바닥이 낯설고 두려웠죠. 그런데 함께하니 너무 좋아서. 농성 첫날, 뉴코아노조가 저녁에 결합하면서 분위기는 더욱 고조됐어요. 거기에 농성 소식을 듣고 지대위 동지들이 달려오면서 어떻게 점거했다는 둥 이야기하면서 밤을 새웠어요. (이경옥, 부위원장)

결국, 이들의 계획대로 비정규직 관련법이 시행되던 7월 1일 0시, 월드컵점에는 1,000여 명의 노동자들이 밤샘 농성을 벌였다. 농성자들 중에는 정규직 노동자들도 있었다. 그들은 비정규직이 다 잘려 나가고 나면 정규직도 나중에 잘릴 것이라는 걸 알고 있었다. 이미 뉴코아가 정규직과 비정규직이 함께 캐셔로 일하고 있는데, 회사가 계산대 업무를 전부 외주화하겠다고 한 것에서도 확인이 됐다. 외주화 이후 정규직들은 부서이동이 되고 나중에는 인원감축도 할 것이라는 걸 알고 있었다. 이것이 비정규직법의 실상이었다.

대부분의 여성노동자들은 기혼이었다. 특히, 캐셔들 가운데는 40대 이상이 많았다. 이들 중에는 이혼하거나 사별해서, 또는 홀로 벌어서 생활하는 여성 가장으로 생계를 책임지는 사람들이 많았다. 그들에게는 한 달 일해 받는 80만 원이 유일한 생계비였다. 그런데 갑자기 회사가 계약을 중단하고 퇴사시키면서 생계를 위협받고 있었다.

점거농성 하룻밤을 일부 불안해하는 이들도 있었지만 대부분은 즐겁게 보냈다. 어떤 이는 조합원들이 모여 있는 장면이 "너무 아름답다"고 느끼기도 했다. 이들은 자신들의 힘으로 계산대를 멈췄다는 데에 자신감과 승리감을 느끼기도 했다.

> 노래도 하고 굉장히 즐거웠죠. 우리 조합원이 1,100명이지만 그때 600명 정도 모인 것 같아요. 어마어마한 숫자죠. 1층, 2층 다 있었으니까. 그렇게 모여서 우리가 1박을 투쟁을 한다는 것이 가슴 벅찼죠. 7월 1일 비정규직법 시행되는 날을 앞두고 한 거죠. (홍윤경, 사무국장)

> 서로 웃어가면서 얘기하는데 다들 똑같았을 거예요. 처음엔 막 무섭고 집에 못 가고 불편함이 있었는데, 거기 같이 있으면서 그래도 우리가 뭔가를 하려고 모여서 음식도 같이 먹으면서… 뭔가를 이루려고 해야 된다는 것, 그런 것 때문에도 좋았던 거죠. (박복희, 안양)

> 우리 조합원들이 이렇게 큰 점포를, 정말, 말 자체도 생소한 점거를 했다는 거가 믿어지지 않았어요. 다 앉아 있는데 "정말, 우리가 온전히 이 점포를 점거한 건가" 이런 생각이 들어서. "아, 이제 정말 우리가 큰 점포를 점거하고 멈췄으니까 뭔가 얻어내겠구나" 하는 승리감 같은 거… 겁도 났지만 승리감도 느꼈고. 우리가 정말 간절한 거를 얻기 위해서, 이렇게 단결력이 있는데 뭔가를 큰 거를 얻어낼 수 있구나 하는 생각이 들었어요.
>
> 겁이 난 거는 저는 아이가 혼자 있으니까, 내가 지금 여기 이렇게 있으

면서 "나는 가야 해요"라는 소리를 해야 되는데…. 그런데 누구나 다 가야 되잖아요? 그러니까 "앞으로 어떻게 해야 될까" 그런 거에 대한 불안함이 좀 있었지만. (임혜숙, 면목)

우리는 내가 계산하고 일하던 자리에 내가 누워 있는 거잖아요. 이래도 되나 싶은 거죠.(진현미) 저는 스릴 있었는데. 밤에는 좀 무섭죠.(이선호, 방학)

무조건 다 갔죠. 집중투쟁이니까. 월드컵이 워낙 치열하다 보니까. 30일에 다들 농성장에 결합했죠. 근데 위원장님이 "지방은 내려가라. 여기 사수하는 데는 연대 동지들도 많고 장소도 협소하기 때문에" 말해요. 우리 기조가 폭력투쟁을 하지 않고 준법투쟁을 하는 거죠. 그래서 우리가 거기서 같이 결합은 했지만 지방은 돌아가는 걸로 했죠. (박영광, 순천)

버스 대절해서 가서 집회하고 같이 들어갔어요. 처음에는 점거한다고 해도 계속 있을 줄은 몰랐죠. 1박 2일 한다고 했는데, 위원장님이 분회장들 다 모여서 회의를 하면서 투표를 하니까 거기서 계속 있자고 결론이 났죠. 저희는 일단 들어갈 땐 같이하고, 그리고 나와서 순천에서 다시 싸움을 하는 걸로 중간에 빠져나왔던 것 같아요. 우리 위원장님이 그러라고 했고, 지부장님도 일단 여성분들이 순천에서 서울까지 와서 집을 계속 비울 수 없다는 결론을 내신 것 같아요. (박영숙, 순천)

조합원들 다 갔었죠. 관광버스 하나 빌려서 1박 2일로 갔어요. 거기서 점거하면서 바닥에서 자고 그랬으니까 1박 2일 맞네. 다들 주부들이라서 솔직히 가기 힘들었어요. 그래도 참가는 꼭 해야 된다니까 조합원들이 다 올라간 거죠. (유영예) 처음에는 신랑들이 그래도 뭐 하루 가는 건 괜찮지만, 서울까지 1박 2일 가니까 좀 그랬죠. (박영애) 저는 남편과 좀 떨어져 있어서 괜찮았고, 솔직히 밀려서 대의원이라는 걸 하니 안 할 수가 없어요. (웃음) (이해욱)

우리가 올라갔을 때는 진짜 삼엄했어요. 우리가 버스를 대절하고 갔는데 딱 내리는 순간, 진짜 까만색 정장복 입은 사람들이 있었어, 우리가 억수로 쫄면서 내렸거든요. 매장 안에 들어가 보니까 많은 사람 있으니까 거기서 힘을 얻었던 것 같애. 그래 박스 깔고 자고 그랬던 것 같아요. (하남숙) 재미있기는 했어요. 같이 하니까. 놀이도 하고 장기자랑도 하고, 자기 소원도 적어서 포스에 막 붙여 갖고. 색다른 경험. (박희정) 무서운 반면 재미있는 것도 있어요, 처음에 갔을 때는 전경차가 완전히 쫙 둘러져 있으니 "아, 드디어 어딘가에 왔구나"(웃음) 무서웠어요. (……) 확실히 밖에서는 무서운데 안에 들어가서는 동지들이 많이 있으니까 좀 즐거운 거죠. 힘들면서도 즐거웠어요. (이해욱, 울산).

2. 조합원들이 결정한 무기한 점거농성

1) 7월 1일—점거농성 2일

조합원들은 자신의 일터를 지키기 위해 계산대 사이의 좁은 공간에 몸을 맡기고 있었다. 홈에버와 마찬가지로 뉴코아 조합원들도 홈에버 매장을 같이 지키고 있었다. 노조간부들은 구속·체포를 각오했다.

지도부는 애초 1박 2일 점거농성을 계획했기 때문에 점거투쟁을 잘 마치고 현장에 복귀해 어떻게 투쟁을 이어 갈 것인가 고민이었다. 그러나 점거 첫날부터 조합원들이 "힘들게 들어왔는데 이대로 나갈 수 없다"는 입장을 보였다. 지도부는 고심하다가 분회토론과 전 조합원 토론을 통해 결정하기로 했다.

> 1박 2일 들어갈 때 우리가 적자 상태였을 거예요. 투쟁기금도 우린 거의 없었구요. 그래서 농성투쟁을 이어 가는 게 불가능했어요, 물리적으로. 당연히 우리는 1박을 성사시키는 게 목표였기 때문에, 지도부는 오로지 1박 2일 점거농성을 잘하고 현장복귀해서 현장투쟁을 어떻게 할까, 이런 고민이 사실 많았던 거구요. (이남신, 수석부위원장)

> 1박 하고 다음 날 나가야 되잖아요? 그런데 회사랑 첫날인가 둘째 날 오전에 만났어요, 아주 형식적인 만남이었지요. "점거 풀어라. 그럼

한번 얘기해 보자" 이런 수준이었으니까. 그것을 조합원들이 못 받아들였죠. 그래서 나가야 되는데, 조합원들이 임원들 찾아와서 "우리 이대로 나가야 되는 거냐?" 물어보는 일이 생긴 거예요. "이대로 끝은 아니다. 파업을 여러 가지 방식으로 이어 가면 된다"고 하니까 (……) 여기에 자리를 깔고 앉은 그 희열이 조합원들에게 있으니까 "이렇게 어렵게 들어왔는데 그냥 나가야 되냐? 다시 논의하자" 이런 의견들이 계속 아래로부터 올라온 거지요. 분위기는 상당히 뜨거웠어요. (홍윤경, 사무국장)

교섭 결렬하고 월드컵에 와서 그 얘기를 한 거죠. 우리가 1박 2일 하기로 했고, 교섭도 했고, 나갈지 말지를 지도부들끼리는 우리가 결정하기보다는 조합원들 의견을 묻자 해서, 분회장들 모아서 얘기해서 "가서 회의하고 알려 달라" 했는데, 분회장들이 갔다 오더니 다 못 나가겠다는 거야. 지도부가 벙~찐 거지. 아닌데, 분명히 나갈 것 같은데, 다 기혼이고 가족 있으니까 집에 가야 될 것 아냐? 그런데 집에 안 가면 다 여기서 날을 새야 되는데, 전부 다 안 나가겠다는 거예요. 우리는 또 밥에 민감하잖아요? 밥을 해야 되는데, 어휴, 총무부장 입장에서는 "와, 이 많은 사람들 밥을 어떻게…" 난감하죠. (손명섭, 부산)

하루가 지났는데 조합원들한테 "우리가 여기 어떻게 들어왔는데, 그렇게 힘들게 소화기까지 맞고 들어왔는데, 못 나간다", "여기를 계속 점거하자" 이런 얘기가 나왔어요. 그러니까는 지도부가 "지부별, 분회별로 가서 의견들 들어 봐라" 해서 얘기를 하는데, 우리는 찬성과 반대가 반반이었던 것 같아. 그때 우리 분회가 53명 정도 됐어요. 근데 참여는 거의 다 했어요. 다른 분회들은 다 "들어온 김에 끝까지 가자.

이번에 끝내야 된다. 안 그러면 길어진다" 이래 가지고 계속 점거를 하게 된 거예요. (진현미·이선호, 방학)

1박 2일로 점거를 하러 갔는데 "나갈 것인가, 더 있을 것인가"가 화두가 된 거야. 처음에는 김경욱 위원장은 "나가자" 그랬어요. 감당할 수가 없으니까. 우리가 보기에는 하늘로 승천하고 금방 끝낼 것 같으니까 분회별로 토론해서 "밀어붙이자. 그래서 우리가 이기는 쪽으로 종결을 짓도록 하자" 이렇게 됐던 것 같아요. 분회원들의 의견도 대부분 "나가는 것보다는 빨리해서 종결 짓자"고 했고. 분회 토론할 때 서울본부 사무장이랑 '다함께' 동지들도 있었던 것 같은데, 그 사람들이 (의견을) 유도했거나 이런 거는 아니었고요. **조합원들 스스로가 결정했고**. 그렇게 분회 의견들을 모아서, 김경욱 위원장이 주재해서 총회를 했어요. 그 자리에서 나가자고 하는 사람은 없었어요. 우리가 이길 것 같은 분위기였기 때문에. 저는 막 신났어요. 한 일주일이면 끝날 것 같았거든요. (황은영, 면목)

하루 점거면 끝날 줄 알았어요. 거기가 7~8억 하루 매출이 나오는 데니까. 그런데, 하루 했는데 회사가 손을 안 드는 거예요. 그래서 조합원들이 다 모였어요. "어떻게 했으면 좋겠습니까, 여러분들의 의견을 따르겠습니다", 위원장님이 얘기를 했어요. 근데 우리가 정말 열이 받을 대로 받고 화날 대로 화나 있어서, 하루 하고서는 그냥 나갈 수는 없잖아요? 그래서 거기서 우리의 의지로 "더하자"고 했던 거지요. 우리 조합원들이 결정한 거죠. (김정애, 구월)

그게 길어진 거가, 그게 주저앉았는데, 해결이 안 되니까 거기서 빠져 나오기도 그렇잖아요? 그러니까 간부들이 모여서 회의를 했어요, 그리고 그 안에서 분회별로 토론하고. 그 분회별 의견을 모아 분회장들이 위원장이랑 얘기하고 총회에서 결정을 한 거죠. (박복희, 안양)

그 안에 있으면서 이랜드하고 협상이 잘 안 되니까… 회의를 했어요. "이랜드에서 나오면 우리는 그냥 여기서 물러설 수가 없겠다" 해서, "어떻게 하시겠습니까?" 위원장님이 물어봤어요. 그래서 제가 "우리 분회이고 저는 하겠습니다" 그랬더니, 다른 분들도 다같이 "타결이 될 때까지 계속하자" 해서 계속된 거예요. 조합원들이 의견을 모은 거죠. (김경미, 월드컵)

처음에는 1박 2일로 결정했지만 사람들이 이렇게 해서 문제가 해결되지 않을 거라는 판단도 좀 있고, 처음에는 큰 어려움 없이 왔다갔다 할 수 있었으니까. 지난 번(6월 23일) 분노도 있기 때문에 섣불리 나가자고 하는 사람이 없었어요. 그래서 자연스럽게 조합원들의 얘기, 조합원들 요구 때문에 길어진 거죠. 조합원들이 "나가면 안 된다" 그런 의사결정이 올라오면서, 김경욱 위원장이 어쩔 수 없이 결단을 하게 된 거죠. 못 나간 거죠. (서형태, 병점)

1박 2일 만에 뭔가가 될 줄 알았는데 아무것도 안 됐잖아요? 그런데 "우리가 이렇게 갈 수 없진 않느냐, 기왕 들어왔는데, 될 때까지 해보자." 그리고 조합원에게 의견을 물었을 때, 조합원들도 "이렇게 그냥 갈 순 없다. 그렇게 할 것 같으면 우리가 안 오지, 왜 왔냐" 해서 조합원들의 의견에 따라서, 조합원들이 결정한 거죠. 쟁대위에서 얘기하고 분회에 가서 물어보고 또다시 와서 정리한 거죠. (김영순, 시흥)

당연히 조합원들이 거기서 "아, 우린 나갈 수 없다" 이렇게 했으니까. 그 상황 자체가, 위원장이 "이렇게 하자" 해서 할 수 있는 상황은 아니죠. 다들 "거기까지 들어왔는데 그냥 나갈 수 없다" 이렇게 돼서, 저도 그랬거든요. 분회마다 토론해요. 그때 야탑분회가 거기 들어간 사람이 별로 없었어요. 그래 지역으로 묶어 가지고 했었어요. (강혜정, 야탑)

1박 2일인데 나가면 우리가 아무것도 아니고 건진 것도 없이 나오기도 그러니까 거기서 그냥 점거를 한 거죠. 그 결정도 위원장님하고 쟁대위가 조합원 의견을 받아서. 분회별로 얘기해서 "거기서 우리가 계속 점거를 하자" 그렇게 됐을 거예요. (조은옥, 중동)

계산대 점거하고 1박 한 다음에 조합원들 분위기가 확 달라진 게 느껴지잖아요. 그래도 우리 지도부는 복귀해야 한다고 생각했어요, 당연히. 연맹도 마찬가지고. 근데 계산대를 점거하니까 그 힘이 딱 드러나잖아요. 그니까 조합원들이 진짜 '해방구'를 생각한 것 같아요. 그래서 "이대로는 못 돌아간다" 이렇게. 그건 좋은데 우린 난감했죠. 몇십 명이면 괜찮은데, 이게 뭐 1,000명이 되는 대오를 어떻게 유지하냐고. 당장 밥값도 없는데.
지도부는 진짜 고심했죠. 4명 지도부가 얘기해서 "조합원들에게 총회로 묻고, 거기에 따르자" 했던 거죠. 거기서 김경욱 위원장의 리더십이 가장 잘 발휘되었던 총회였다고 생각해요. 그 총회가. 그니까, 처음엔 "1박 2일 좀 잘 해보자" 했던 건데, 결의가 없었던 건 아니지만. 근데, 그렇게 판이 키워진 상태에서는 당황할 수 있는데, 김경욱 위원장이 당황하지 않았어요. 그때 조합원들의 총회가 정말 뜨거웠거든요. 분임토의도 하고. 거기서 나왔던 얘기가 거의 100% 가까이 "무기한으로 가자"는 거라, 찬반을 물을 게 없어요. 지도부가 굴복한 거죠. "대책은 없지만, 그냥 가자." 정말 대책 없이 갔던 거죠. (이남신, 수석부위원장)

이렇게 1박 2일을 예정했던 점거농성은 점거 2일 차에 조합원들의 요구에 따라 재논의에 들어갔다. 분회별 토론을 통해 의견을 수렴한 뒤 개최된 총회에서 토론 및 조합원 투표 결과 압도적으로 '무기한 점거'를 결정했다. 조합원 스스로 결정한 것이었다. 집행부는 생각하지 못한 상황에서 당황했지만, 조합원들이 스스로 토론하고 결정한 결론을 받아들였다.

그러나 집행부는 점거가 무기한으로 결정되면서 당장 이들의 식사가 가장 큰 고민이었다. 최소 500명 넘는 사람의 식사가 필요한데, 당장 한끼 먹을 수 있는 식사비도 없었다. 또 장기점거에 들어가면서 집회 비용, 벌금 비용 등도 고민해야 했다. 평소에 조합원에게 한 달에 1만 원의 조합비를 받았다. 파업 전에 조합비를 내는 조합원은 500명 정도였는데, 그것도 파업 직전에 모인 조합원들이었다. 이들 월급은 120만 원으로 1%라고 해봐야 12,000원이었다. 비정규직들은 5,000원씩 걷었다. 조합 운영비 충당하기도 벅찼기에 파업할 때 이미 돈이 없었다. 그래서 파업 기금을 10만 원씩 걷으려 했으나 비정규직이 다수인 조합원들에게는 무리였다. 자연히 파업에 들어가자마자 돈이 바닥난 상황이었다.

갑갑하죠. 무기한 점거는 선포했는데, 당장 밥값은 물론 차 기름값도 없으니. 한참 고민하다가 문득 롯데카드에서 신용대출 해준다는 문자를 받은 기억이 났어요. 거기에 전화를 걸어 바로 농성장을 빠져나갔죠. (……) 곧바로 다섯 군데에서 각각 2천만 원~5천만 원까지 대출을 받았고. 이것저것 가릴 상황이 아니니까. 그렇게 1억 2천만 원을 무담보 대출로 받았고. (……) 그 뒤 점거농성장으로 들어왔는데 제가 없어져서 난리가 난 거죠. 그래 유야무야 넘기고 다음 날 계좌에 돈이 입금됐다는 전화를 받아요. 나중에 경찰 진입이 임박해지자 홍윤경 사무국장에게 "1억 2천만 원을 만들어 놨으니 내가 구속되면 쓰라"고 했는데 사무국장이 "절대 그 돈은 쓸 수 없다"고. 실제 그 돈은 투쟁기금으로도 쓰지 않았더라고요. (김경욱, 위원장)

이날 오전 11시 전국비정규노조연대회의(전비연)는 월드컵점에서 기자회견을 갖고 공투본의 투쟁을 지지하면서, 이랜드자본을 비판했다. 서비스연맹도 성명서를 발표해 "무늬만 정규직인 직무급제"를 비판하고, 정부의 비정규직법에 대해서도 비판하면서 '비정규직보호법안 전면 재개정', '시행령 폐기' 등을 촉구했다.

그런데 농성장을 찾아온 서비스연맹 위원장이 김경욱 위원장에게 노조의 요구안에 대해 수정의사를 묻고 갔다.

점거파업 이틀째인가 삼일째인가에 서비스연맹 위원장이 점거 현장을 찾아왔어요. 한쪽 구석으로 저를 데리고 가더니 이래저래 물어봐요. 요지는 노조가 내건 '4대 요구사항'(3개월 이상 근무자 고용보장, 2년 이상 근무자 정규직 전환, 사내도급 중단, 민형사징계 면제)을 조정할 수 없느냐고 하더라고요. "무슨 소리냐?"고 묻자 "표현을 이렇게 바꾸고 이렇게 하면 어떻겠냐"고 해서 "안 된다"고 거절했죠. 총회를 통해서 결정된 요구안은 위원장이라도 임의로 바꿀 수 없었기 때문에. 교섭이 진행되면 논의는 할 수 있지만, 그 전에 수정하는 것은 어렵다고 했죠. 그렇게 끝났죠. (김경욱, 위원장)

2) 7월 2일 — 점거농성 3일

점거 3일째인 7월 2일 월드컵점에는"영업이 중단됐다"는 공고가 붙었다. 300여 명의 조합원들은 1층과 2층의 36개 계산대를 점거한 채 "열심히 일했는데 계약해지 웬 말이냐!" 등의 구호를 외쳤다. 쇼핑 카트는 바리케이드로 이용되고 있었다. 이석행 민주노총 위원장은 "직접 해결하겠다"고도 했다.

홈에버, 뉴코아 조합원들은 '박성수 회장이 십일조로 내는 130억 원이면 600명의 비정규직 노동자들의 생계비'라며 "이랜드는 비정규직 노동자들의 집단해고를 즉각 중단하라"고 외쳤다. 조합원들은 회사가 기도를 강요하면서 매출, 수익, 점포확대라는 기도 제목으로 기도는 했어도 노동자들의 건강과 안전을 위해서, 노동자들의 인간다운 삶을 위한 기도를 해본 적이 없다고 비판했다. 이들은 요구가 관철될 때까지 농성장을 지키겠다고 다짐했다.

이날 123개 노동단체와 시민단체들이 이랜드 본사 앞에서 기자회견을 했다. 이들은 홈에버에서 계산원이란 동일업무를 하고 있는 정규직과 비정규직 노동자의 임금명세표를 제시하면서 이들의 임금 격차가 2배에 달한다고 비판했다. 또 정부의 비정규직법을 비판하기도 했다.

이날 제시된 7년 근속한 정규직 계산원 노동자의 임금은 상여금을 포함해도 170만 원도 안 되었다. 상여금이 400%라는 것을 감안하면 월 평균임금이 120~130만 원 수준이었다. 이에 대해 "유통서비스 업종에서 정규직 노동자 또한 저임금에 시달리고 있는데, 그보다도 훨씬 못 받는 비정규직 노동자들은 무엇을 먹고 산단 말인가"라고 비정규직법을 비판했다. 또, 이들은 이랜드의 비정규 노동자의 집단해고 문제, 직군제의 본질을 폭로하면서 이랜드가 적극적으로 교섭에 나서고 문제 해결을 위해 정부가 개입할 것을 촉구했다.

노동자들이 집단해고에 저항하고 있지만 회사는 제대로 된 대화에조차 응하지 않았다. 오히려 회사는 조합원들에게 "불법점거를 하고 있다"는 문자메시지를 보냈다. 사내 방송을 통해 '불법적 영업방해'라고 계속 선전하고, "엄정대처 하겠다"는 공고문을 붙였다.

회사에서 첫날부터 협박문자를 보내 "너네들 복귀하지 않으면" 뭐 이런 식으로. "이건 불법이다" 하면서 문자가 동시에 오는 거예요. 띠디디~ 막 오고. 그것도 재미있었던 것 같아요. 그것 때문에 무서웠지만 앞에 위원장 있고 뭐 사람들 다 있으니까요. (김명숙, 방학)

저는 안 받았는데 "오늘이라도 들어오면 다 없던 걸로 하고…" 그런 문자를 받았다는 사람도 있더라구요. 처음에는 몰랐어요. 우리 계산대가 엄청 길거든요. 그러면 계산대 사이사이에 우리가 모여 있었단 말이야, 그러면 이 그룹, 저 그룹 이렇게 또 나눠지는 거예요. 친한 사람끼리 모여 있고. 그럼 저쪽 있는 사람하고 대화가 안 되니까 저는 무슨 문자가 왔다는 둥 나중에 소문 들어서 알았죠. (황선영, 월드컵)

문제는 회사의 태도만이 아니었다. 정부도 마찬가지였다. 이날 우리은행 종로점에서는 이상수 노동부장관 등이 참여해 비정규직법시행 기념식을 했다. 노동부장관은 '오늘은 역사적인 날'이라면서 비정규직법을 통해 비정규직의 차별이 해소되고 고용안정에 기여할 것이라고 큰소리쳤다. 이들은 '비정규직보호법 시행'이라고 적힌 떡을 썰기도 하고 비정규직법을 홍보하는 부채를 시민들에게 나눠 주기도 했다. 그들만의 잔치였다.

한쪽에서는 비정규직법 시행 전날인 6월 30일을 기해 계약이 해지된 사람들의 항의가 곳곳에서 이어졌다. 홈에버만이 아니라 청주대에서, 광주시청에서, 코스콤에서, 학교에서, 송파구청에서, 구로선경오피스텔에서, 롯데호텔에서 비정규직 노동자들이 해고되고 있었다.

3) 7월 3일 — 점거농성 4일

이날 농성장에서 여성노동자들은 자신들이 보내고 싶은 수신자들을 향해 편지를 쓰는 시간을 가졌다. 농성장 프로그램의 일환이었고, 서로의 생각과 마음을 소통하기 위한 것이었다. 조합원들은 '친구에게', '사랑하는 남편에게', '막내 아들에게'처럼 가족에게, 그리고 '노대통령에게', '고객들에게' 같은 짧은 편지글들을 썼다. 다음은 그 일부이다.

> 사랑하는 당신 보시오.
> 푸른 물결 붉은 물결이 출렁이는 이곳 현장에는 붉은 피가 흐르고, 피눈물이 흐르는 곳. 이곳은 노동자의 한이 뭉친 사명 띤 현장.
> 이곳에 오기 전엔 내가 아니면 누가 해주겠지 하는 어리석은 마음이 가득 차 있었고, 또 '하면 뭐 얻어지는 게 있을까?' 하는 마음이었는데 이곳에 와서 모두의 힘이 되고 하나 되어 뭉쳐 있으니 '단결의 힘'이 얼마나 큰 힘이 되었는지 알 것 같았어요.
> 모두 집 걱정, 남편·아이들 걱정에 불안해했지만 현장에 와서 보니 우리의 주장, 우리의 권리는 찾아야 하고 소리쳐서 이 거지 같은 세상을 박살 내야겠다는 생각이네요. 두 주먹 불끈 쥐고 이 투쟁에 우리의 모두의 힘을 실어 내도록.

그래도 마음 편히 여기 와서 투쟁하는 데 큰 도움을 주고 있는 당신께 고맙고 감사하게 생각하고 있어요. 당신이 그랬죠? 우리 집은 거꾸로 되어 있다고. 그래도 이해해 줘서 고마워요. 이 투쟁이 끝나고 웃는 얼굴로 현장에 복귀할 땐 아줌마들의 힘 있는 파워~ 지켜봐 주시고 꼭 승리할 겁니다. 여보, 파이팅~ 그리고 당신의 생일인데 신경 못 써준 것은 미안해. 투쟁이 승리가 되면 이것 또한 당신에겐 더없는 선물이 될 것 같네요. 여보, 그날을 위해 파이팅이고 사랑해요.

보안직원에게
여러 날을 우리와 함께하느라 무척이나 고생이 많은 줄 아오. 하루 종일 움직임 없이 서 있으니 그 얼마나 힘드시오. 여러분들도 우리와 같이 월급쟁이, 비정규직임을 우리들도 그리고 여러분들도 잘 알고 있지만 현실에 각자 주어진 업무에 소홀함이 없고저 그 자리에 그렇게 서 있는 게 아니겠소.
서로가 무슨 죄가 있겠소만 조금씩 현실에 귀 기울여 준다면 며칠째 집에도 못 들어가면서 투쟁을 외치는 우리를 이해해 줄 거라 믿어 의심치 않소. 또한 조금씩 우리의 현실에 관심을 가져 준다면 가정을 등 뒤로 하고 투쟁을 외치는 우리 비정규직들을 충분히 이해해 주실 거라 믿소. 보안직원 여러분, 힘들겠지만 서로 미워하는 마음, 경계하는 마음 갖지 말도록 합시다. 끝까지 싸워서 승리할 수 있도록 마음속으로 지지해 줄 거라 믿소.

박성수 회장님. 아니 장로님
신앙인의 양심으로 돌아가셔서 장로님이 믿는 또한 내가 믿는 예수님을 욕보이지 마세요. 많은 복을 받으신 존경받을 장로님. 장로님을 복

주실 때는 가난한 자에게 나눠주고 소외된 자와 함께하라고 복 주신 겁니다. 욕심이 잉태한즉 죄를 낳고 죄가 장성한즉 사망을 낳는다고 하였습니다. 더 이상, 욕심부리지 마시고 가진 것 나누시고 더 많은 복 누리시길 바랍니다. 우리의 요구는 소박합니다. 일자리, 안정되게 해 달라는 것. 있는 자리에서 불안하지 않게 일하게 해 달라는 것. 예수님이라면 어떻게 하실까요?

노무현 대통령님.
저희는 홈에버 직원입니다. 저희가 투쟁하고 있는 것을 아시는지요? 저희의 꿈은 소박합니다. 가족과 내가 할 수 있는 일을 하면서 사는 것입니다. 대통령님께서 비정규직을 보호하는 법을 국회에 통과하시고 시행하는 것이 사실은 실업자를 구제하기 위해서라고 알고 있습니다. 하지만, 그 법이 노동자를 거리에 내쫓는 것입니다.
대통령님! 법이 잘못되면 고쳐야 하지 않나요? 50년 살면서 제가 생존권을 위해 제 일터에서 투쟁할 거라고 생각을 못했습니다. 제발 저희 이야기를 들어 주세요. 대통령을 존경하게 해주세요. 저희들이 인간답게 살 수 있게 해주세요.

막내아들아.
벌써 5일째구나. 전화만 하면 울어 버리는 막내아들아! 아직 초등학교 1학년이라 어린 줄 알지만 엄마는 더욱 정의로운 일을 하기 위해서 너희들 눈에 눈물을 흘리게 하는구나.
하지만 지금은 우리가 너무나 힘들고 괴롭지만 참고 이겨낸다면 너희들은 노동자가 되어도 비정규직이 없는 세상에서 살 수 있지 않겠니? 엄마가 너희들을 너무나 사랑하기에 자본가와 어깨를 나란히 공존하는 세상을 만들어 주고 싶구나.

사랑하는 큰딸, 혼자 기말고사 준비하느라 많이 힘들지? 정말 미안하구나. 엄마가 어깨도 주물러 주고 학원에서 오는 길 무섭지 않게 마중도 나가야 되는데, 미안하구나. 이 세상이 노동자가 중심이 되는 날이 오면 이 모든 것을 엄마가 다 보상해 줄게. 조금만 더 힘내자.

월드컵점을 점거한 조합원들은 나흘째 점거농성을 이어 갔다. 처음 농성을 시작한 600여 명이 거의 그대로 남아 있었다. 월드컵점은 나흘째 영업이 완전히 중단된 상태였다.

세 번의 밤을 농성장에서 보낸 조합원들의 얼굴에는 피곤함이 역력했고 하루에도 몇 차례씩 용역경비원들이 무리지어 농성장 정문 근처를 돌아 긴장감이 감돌았다. 오후 4시경 50여 명의 용역경비원들이 정문 근처로 모여들어 한때 농성장을 침탈하려는 듯한 우려가 있었다.

조합원들은 400여 명씩 두 조로 나눠 농성을 진행하였고, 재정이 부족한 가운데 진행되는 농성이라 조합원들 스스로 도시락을 싸 와서 함께 나눠 먹으며 농성을 벌였다.

이날 이석행 민주노총 위원장, 문성현 민주노동당 대표 등이 농성장을 찾아와 지지와 지원의사를 밝혔다. 특히 민주노총은 단위사업장의 비정규직 문제를 놓고 이례적으로 총연맹 차원의 집중집회 및 이랜드 불매운동 등을 벌이겠다고 밝혔다.

이어 민주노총은 공투본과 함께 기자회견을 열고 "회사가 7일까지 비정규직 문제 해결을 위해 교섭에 응할 것과 비정규직 시행령으로 인한 문제들을 정부가 나서서 해결할 것"을 요구했다. 기자회견문에는 이랜드자본이 자행한 1,000명의 비정규직 집단해고와 외주화 및 직군제는 유례를 찾기 어려운 '비정규직 잔혹사'로 규정하면서, "이랜드 자본이 사용자를 대표해 1,500만 노동자와 860만 비정규 노동자에게 감히 전쟁을 선포한 것"이라고 했다. 민주노총은 이랜드상품 불매운동을 전 조합원과 함께 벌이고, 7월 8일 전국에서 총연맹 차원의 이랜드그룹 규탄집회를 열겠다고 밝혔다. 민주노총이 비정규직 문제만 놓고 총연맹 차원의 총력투쟁을 계획한 것, 그것도 이랜드그룹이라는 개별사업장의 일이라는 것을 감안할 때 이 투쟁이 갖는 의미를 가늠할 수 있었다.

이처럼 비정규직법 시행 전날부터 시작된 이들의 점거농성에 민주노총과 민주노동당 등이 적극적인 지원 의사를 밝히면서 월드컵점이 "비정규직법을 둘러싼 노동계와 정부, 경영자들 사이의 전선"으로 되었다. 월드컵점투쟁은 "비정규직법을 둘러싼 비정규직과 사용자 사이의 대리전"으로 위치해 가고 있었다.

이를 반영하여 정부의 개입을 촉구하는 목소리도 나오고 있었다. 이날 다산인권센터, 수원비정규센터, 행동연대 등 11개 노동·시민단체들은 성명을 통해 정부가 대책수립에 나서야 한다고 촉구했다.

그럼에도 이랜드그룹은 노조의 불법점거로 월드컵점에서만 약 100억 원의 매출손실을 입었다며 노조에게 바로 농성을 해제하라고 요구했다. 또 이랜드그룹은 「노조의 불법매장점거에 대한 입장」을 통해 국민에게 사과를 하면서도 월드컵점을 점거하고 투쟁하는 노조의 행동이 '불법행위'라고 주장했다.

4) 7월 4일 — 점거농성 5일

노조는 월드컵점 입구에 "악질자본 이랜드는 더 이상 비정규 노동자를 죽이지 마라", "가짜 정규직 직무급제 철회하라", "비정규직 대량해고 중단하라"라는 플래카드를 걸어 놓았다. 파업 경험이 없는 여성노동자들이지만, 점거농성 5일째를 맞으면서도 큰 어려움 없이 농성을 유지하고 있었다. 처음에는 참여하지 않았던 조합원들도 점차 참여가 늘어났다.

조합원들은 1층 매장에 모여 문화프로그램을 진행했다. 노래가사바꿔 부르기(노가바)도 하고, '희망의 노래'와 '단결투쟁가'도 배웠다. 일부 조합원들이 멈춰진 계산대를 지키고 있었다. 2층에서도 조합원과 연대대오가 계산대를 사수하고 있었다. 5일간의 농성으로 피곤하고 긴장되기도 했지만 노래와 율동을 배우는 조합원들의 목소리와 몸짓에는 열정이 넘쳤다. 아직 조합원들은 수다를 떨고 웃을 수 있는 힘이 있었다.

한쪽에서는 조합원들이 고객과 시민들을 대상으로 투쟁에 대해 설명하며 양해를 구하는 내용의 선전전을 위한 작업을 하고 있었고, 다른 한쪽에서는 비정규직법을 통과시킨 국회의원들에게 항의하는 내용의 글을 쓰고 있었다. 농성장 곳곳에는 공동창작시와 노가바, 농성수칙 등의 대자보가 붙어 있었다. 또 조합원들이 꽃으로 수놓은 "일하고 싶어요"라고 쓴 현수막도 걸려 있었다. 다음은 노동자들이 김수희가 부른 '남행열차' 노랫말을 바꾼 '비정규직 열차' 가사이다. 그 내용을 당원인 조혜원이 민주노동당 게시판에 기록해 놓았다.

비정규직 열차

비내리는 월드컵 상암점에서
흔들리는 비정규직 열차
빗물이 흐르고 내 눈물도 흐르고
비정규직 서러움에 우네

깜빡깜빡이는 고용안정 약속
대량해고 하지 마 전환배치 하지 마
자꾸만 우릴 괴롭혀
대량해고 하지 마 전환배치 하지 마
비정규직 차별 철폐

또 다른 기둥에는 방학분회에서 붙인 대자보가 있었다.

노조가 무엇인지 모르고 마냥 나쁘다고만 생각했어요.
텔레비전에서 보기만 한 것을, 조금만 참으면 될 것을, 생각했죠.
그런데! 내가 직접 겪으니 "이렇게 큰일을 하고 있는구나" 뼈저리게 느껴집니다.
추위에 떨며 밤을 새울 때, 쭈그리고 앉아서 식사할 때
빗속에서 비를 맞으며 투쟁할 때, 우리의 단결된 모습이 떠올려져요.
우리의 단결 투쟁은 꼭 승리할 겁니다.
박성수는 우리 투쟁에 꼭 무릎을 꿇을 것입니다.
힘들어도 조금만 참으세요.
빗속에 오래 서 있으면 결국 무지개를 본다고 합니다.

투쟁의 기운을 돋우는 대자보 이외에도 "용변이나 기타 개인 사정으로 대오를 이탈할 시에는 반드시 분회장에게 보고한다"로 시작하는 '농성수칙'도 붙어 있었다.

문화제가 진행되는 가운데 오후 5시에 회사와 만남의 자리가 마련되었다는 소식이 전해졌다. "와~" 하는 함성과 함께 분위기가 술렁였다. 김경욱 위원장이 "정식 교섭은 6일이고, 오늘은 우리의 요구를

확실하게 전달하고 서로의 입장을 확인하면서 문제 해결의 물꼬를 터 보는 자리" 정도라고 설명했다. 그럼에도 조합원들은 회사와의 대화가 된다는 것만으로도 마음이 놓였다. "잘해~!", "투쟁!" 면담장으로 가는 노조간부들의 어깨 위로 조합원들의 격려가 쏟아졌다.

문화제는 계속되었다. 지원 온 대학생들이 '바위처럼', '내일의 노래'로 율동지도를 했다. 이어 분회별로 조합원이 한 명씩 나와 창작시를 낭송했다(그 내용이 아래와 같이 『참세상』에 실려 있다). '찍순이'와 '까대기'는 유통노동자들의 용어다. '찍순이'는 계산대에서 바코드를 찍으며 계산일을 하는 노동자를 부르는 말이었다. '까대기'는 박스에 들어 있는 물건들을 매대에 진열하는 일을 말하는데, 때에 따라 그 일을 하는 사람이나 물건을 담는 상자를 '까대기'라 부르기도 했다.

> "나는야 까대기의 마술사"
> 비정규직 해고하는 이랜드그룹 회장은 얼마짜리 바코드냐 찍찍…
> 가격도 안 나오네
> 롤러! 가격 알아와. 미등록상품이야. 그런데 왜 홈에버에 있냐?
> 성수는 성수는 우리 상품이 아니야. 잘못 들어왔으니 반품해 버려.
> —조합원 창작시 「찍순이」 중에서

> 텅텅 비어 있는 매대를 보며 작은 설레임과 기쁨을 느낀다.
> 아! 오늘도 나를 필요로 하는 저 공간들이여 멋진 작품을 만들어야지
> 나만의 작품을 연출하며 행복을 느낀다. (……) 나는야 예술가 나는야
> 까대기의 마술사!!!
> — 조합원 창작시 「까대기」 중에서

한 조합원이 씩씩하게 마이크를 잡고 발언을 했다. 그러나 그이는 발언 중에 끝내 울먹이며 말을 잇는다.

"저는 비정규직으로 작년 11월 23일에 입사했습니다. 처음에 석 달 계약을 하고, 다시 6개월 계약을 했습니다. 8월 재계약을 앞두고 비정규직법이 시행되었습니다. 우리는 그 법 철폐가 아니라 비정규직들의 고용안정을 해 달라고 점거에 들어갔습니다. 아줌마 아가씨 모두 함께하고자 까대기 박스를 깔고 새우잠을 자고, 노조비가 부족해서 각자 도시락을 싸 와서 먹고 있습니다. 이것은 누구를 위한 것입니까? 여러분과 나를 위한 것입니까? 그것은 우리 자녀들과 다음 세대를 위한 것이 아닙니까? 망설임이 있었습니다. 승산이 있을까? 이랜드가 우리 요구를 들어줄까? 말까? 하는 생각에 (노조에) 들까 말까 망설였습니다. 월드컵점에 아줌마 부대들이 갈수록 늘고 있습니다. 뭔가 다음 세대들을 위한 것이 있으니까 여기서 까대기에서 새우잠을 자는 것이 아니겠습니까? 다음 세대를 위해 동참해 주십시오. 남편과 자녀들이 다치지 말라며 도와주고 있습니다. (……)"

그 과정에 노동자들이 연대하러 왔다. 신호제지와 코스콤 노동자들, 보건의료노조 경희대지부와 세종병원지부 노동자들이 와서 격려사도 하고 힘찬 율동으로 힘을 북돋워 주었다. 투쟁기금도 전달했다.

문화제는 건설노조 타워크레인분과 풍물패 '하늘채'의 등장으로 절정에 이르렀다. 하늘채는 풍물공연에 이어 조합원들에게 '해방춤'을 가르쳐 줬다. 수백 명의 노동자들이 둘씩 짝을 지어 '임을 위한 행진곡'에 맞춰 서툰 모습으로 즐겁게 춤을 췄다.

오후문화제를 마치고 '식사투쟁'에 들어갔다. 조합원들이 삼삼오오 모여 도시락을 꺼냈다. 한 사람이 잡곡밥에 반찬 한두 가지씩만 꺼냈는데도 열무김치, 상추, 감자조림, 부침개, 콩나물무침, 방울토마토 등 농성장 밥상은 푸짐했다.

조합원들의 투쟁결의는 높지만, 점거농성을 1박 2일로 계획했기 때문에 준비된 투쟁기금이 거의 없었다. 처음에는 도시락을 시켜 먹었다. 시간이 가면서 3천 원짜리에서 2천 원, 1,500원, 그러다가 김밥 한 줄로 때우기도 했다. 조합원들이 도시락을 싸 오기로 결의를 했다. 집에 가서 자고 오는 조합원들이 전날 집에 못 들어간 조합원들이 먹을 밥까지 싸 와서 함께 먹었다. 도시락이 없는 조합원이나 연대 온 이들을 위해 월드컵분회가 식사조를 편성하여 국을 끓인 것으로 함께 밥을 먹었다. 이렇게 해서 드는 식사 비용은 하루 30만 원 정도였다.

> 600명이 들어왔고 그다음에 우리가 그것도 나눠졌죠. 교대로 하려고, 꼭 근무하는 것처럼, 하루 종일 있을 순 없으니까, 와서 오후에 나가고 그다음에 오후에 들어오는 사람은 잠을 자고, 아침에 들어오는 사람이 밥을 해오고, 이렇게. 먹는 건 계속 교대로 해오고. 그러다 밥조가 있는 거지, 반찬 만들고, 그리고 노조에서는 이게 길어지다 보니까 솥단지를 걸고 국을 끓이고 밥은 방앗간에다 맡겨서 밥을 쪄오는 거죠. (이경옥, 부위원장)

> 초반에는 분회별로 돌아가면서 싸 갖고 왔었어요. 시흥은 막 걸판지게 했었어요. 음식을 너무 잘하고 반찬도 잔뜩 갖고 오니까. 집에서 딱 준비해서 거기서 부탄가스로 해서 먹고. 먹을 게 항상 넘쳐났어요. 다른 연대단체에서도 "아우, 시흥으로 갈래" 그러고. 연대 오면 시흥으로 먹으러 왔다니까. 그렇게 하다가 "전체 밥을 같이 하자" 그래서 월

드컵에서 '밥퍼 엄마'가 했어. '밥언니'가 했어요. (김영순·임재윤, 시흥)

낮에 가는 사람들은 거기서 날밤 새운 사람들의 음식을 만들어 가고 그랬어요. 그래서 제가 집에 들렀다가 국수를 삶아서 봉지에 담고 육수를 해서 봉지에 담아 잔치국수를 만들어 가지고 버스 타고 가다가 우연히 핸드폰을 보니까 그날이 우리 딸 생일이었던 거예요. 내가 그 전날 밤에 집에 와서 생일인 것도 모르고. 그냥 애 학교만 보내고 음식을 해놓고, 낮에 조금 자다가 국수 해서 월드컵에 가는 거에 바빠서. 그때 우리 딸이 초등학교 6학년인가 그랬는데, 그 순간… "내가 엄마가 맞나" 진짜 그런 생각이 들어서 딸한테 문자를 보낸 거예요. "○○아, 엄마가 생일인 것도 깜빡 잊어버렸네, 생일 축하해" 하고. 딸이 "엄마 괜찮아. 나는 엄마 딸이라서 너무 좋아" 하고 문자가 온 거야. 그거 보고 엉엉 울고 온 거예요. "나로 인해서 애들이 어른이 되는구나." 그런 거잖아요. 애는 애 같아야 하는데 엄마가 맨날 밖으로 도니까. 애가 더 어른이 되는 거야. 나는 정작 애한테 미역국도 못 끓여 주고…. (이선호, 방학)

정규직 중에는 비정규직 얘기만 한다고 불만스러워하는 사람도 있었다. 한 조합원이 그 얘기를 했을 때, 김경욱 위원장이 그이를 향해 강경한 어조로 탈퇴하라는 말을 했다. 정규직과 비정규직의 운명이 같다는 것이다. 그래서 이랜드투쟁은 '정규직과 비정규직이 함께하는 투쟁'이다. 정규직에게는 비정규직 투쟁의 정당성이나 정규직으로서의 사명감보다는 비정규 노동자들의 생존권이 정규직의 생존권과 직결되어 있다는 절박함이 더 크게 작용했다.

7월 4일 오후에 노동부의 중재로 노사가 점거농성 이후 처음으로 노동부 관악지청에서 만났다. 이 자리에서 노사는 교섭의제를 정했다. 노조는 첫째 해고자 원직복직, 둘째 비정규직 계약해지 문제, 셋째 대규모 인사인동 문제, 넷째 임금 문제 등을 요구했고, 회사는 임금 문제를 제외한 현안 문제를 논의하고 싶지 않다고 했다. 노조는 현재의 문제해결을 거듭 촉구했지만, 회사는 선결조건으로 농성장에서 먼저 나가면 현안을 논의하겠다고 했다. 또 임금 문제에 대해서도 임금은 동결이라고 했다. 노사는 7월 6일 1차 교섭을 하기로 했다.

그런데 이랜드 인사팀은 노조와의 대화 직후인 오후 8시경 파업 중인 노동자들에게 문자메시지를 보내 "노조의 매장점거 행위는 불법이며 회사는 엄정대처할 것"이라며 압력을 가했다. 이에 대해 노조는 지금까지의 대화를 뒤엎는 행위라며 비판했다. 노조는 "대화의 자리에서 1차 교섭 때까지 서로 자극하는 행위를 하지 말자고 동의한 바 있다"고 밝혔다. 이를 보면 회사는 노동부의 중재로 어쩔 수 없어 나온 것이지 대화 의지가 없었던 것 같았다.

5) 7월 5일 — 점거농성 6일

월드컵점에서 6일째 점거농성을 벌이고 있는 가운데 회사는 7월 5일에 기자회견을 통해 "7일까지 현업에 복귀한다면 징계 수위를 최소화하는 등 최대한 선처할 것"이라고 밝혔다. 오상흔 사장은 노조가 요구하는 정규직화는 수용하지 않겠다면서 비정규직법 시행에 맞춰 비정규직을 대량해고한다는 것은 사실무근이라고 노조가 주장한 논리를 반박했다. 그는 직무급제에 대해서도 홈에버가 매장인수 후 어려운 상태에서도 정규직화 결정을 내려 현재 521명을 정규직으로 전환했다고 했다. 이 정규직화는 '직무급제'를 말하는 것이다.

이에 노조는 바로 '이랜드 기자회견에 대한 노조 입장'을 발표했다. 노조는 먼저 이랜드그룹의 기만적인 언론플레이에 대해 분노를 표시하면서, 이랜드가 기자회견에서 밝힌 내용을 '거짓말'이라고 부정했다. 이어 회사가 복귀하라고 조합원들에게 보낸 문자에 대해서도 폭로하며 대화하기로 해놓고 거짓과 협박을 하는 회사를 비판했다.

또 노조는 회사의 주장에 대해 홈에버에서 2007년 1월부터 5월 11일 사이에 350명의 비정규직 노동자가 계약만료를 이유로 계약해지 된 사실이 있고, 이는 홈에버가 서울지방노동위원회에 제출한 자료에 나와 있다고 했다. 특히 서울지방노동위원회가 지난 6월 20일 호혜경 조합원에 대한 계약해지는 법을 위반한 부당해고로 판정하였는데도 부당하게 해고한 사실이 없다는 거짓말을 한다고 비판했다. 회사가 주장하는 홈에버 비정규직 521명을 정규직으로 전환했다는 것도 직군분리를 통한 직무급제라며 이는 진짜 정규직이 아니라고 했다. 노조는 회사 측이 교섭 시작부터 '임금동결'과 '계약해지', '강제발령'의 원칙을 고수하고 있으며, 직무급제를 시행하면서도 노조와 협의도 통보도 없었다고 했다. 특히, 단체협약을 위반하면서까지 부당한 해고를 자행해서 이미 400여 명의 비정규직 노동자들이 해고당했으며 수백 명의 정규직 노동자들이 고통을 이기지 못하고 퇴사한 상태라고 주장했다.

마지막으로 노조는 회사 측의 기자회견은 사태를 더욱 악화시켰다고 평가했다. 7일까지 복귀하면 선처하겠다는 회사 측의 발언에 대해서도, 이는 "벼랑끝에 몰린 노동자들을 조롱하며 백기 들고 투항하라는 이랜드의 협박"이라며 노조는 죽을 각오로 투쟁을 시작했기 때문에 회사 대표이사가 직접 교섭에 나와야 한다고 주문했다. 한편, 이날 민주노총이 7월 8일 전면 타격투쟁을 경고하자 한 이랜드 직원이 "이랜드그룹이 점포별로 민주노총에 보내는 탄원서에 비노조원 직원들에게 강제서명을 강요하고 있다"고 인터넷을 통해 폭로했다. 폭로 내용은 "탄원서 내용은 노조 파업으로 인해 얼마의 손실을 입었고 이는 회사에 막대한 손실을 입힘으로써 직원들에게 불이익이 돌아올 터이니 8일 총파업을 취소하라"는 것이다. 회사 측은 일대일로 서명을 요구해 직원들이 마지못해 서명하게 만들고 있다는 것이다.

점거농성 중인 600여 명의 여성노동자들이 농성 엿새째를 맞았다. 이들은 묵묵히 집안일을 돌보며 응원해 주는 남편보다 "엄마, 아프지 마"라고 쪽지를 적어 놓은 자식들 생각에 눈물을 흘리다가도 "나뿐이 아니라 너와 나의 아이들이 물려받아야 할지도 모르는 비정규직이라는 신분을 없애기 위해" 농성장을 꿋꿋이 지키고 있었다. 이처럼 이들이 자식들에게 미안해하면서도 농성장을 지키는 이유는 고용불안과 현장에서 겪었던 고통을 변화시키기 위한 것이지만, 이런 현실이 비정규직법으로 시행되면서는 또 다른 이유가 있었다. 다음 세대, 자식들 때문이었다. 이렇게 여성노동자들은 비정규직인 자신의 고용문제가 정규직도 연계된 문제라는 것에서 더 나아가 '나쁜 비정규직법'을 통해 자식 세대까지 이어진다는 것을 인식했다.

이날 민주노동당 대선주자인 권영길·노회찬 의원이 월드컵점 농성장을 방문해 비정규직 문제 해결에 나서겠다고 밝혔다. 권영길 의원은 "홈에버 노동자들은 2007년의 살아 있는 전태일"이라며 이 투쟁은 현재 비정규직투쟁의 대표적 성지가 되었다고 말했다. 노회찬 의원 역시 비정규직법이 여성노동자들의 대량해고와 고용불안을 만들고 있어서 법안 폐기만이 해결책이라며 국회 차원에서 강력한 조치를 취하겠다고 밝혔다.

6) 7월 6일 — 점거농성 7일

7월 6일 오후 2시에 교섭이 있었다. 회사 측은 2시 30분에 도착했다. 회사의 교섭위원으로는 안성일 노사협력실장, 박노식 노사협력팀장, 박민주 경영지원팀장, 강성일 영업본부총괄 등이 참석했다. 노사교섭에 사측 대표이사가 나오지 않겠다고 노조에 통보했다. 이에 노조는 기자회견에는 대표이사들이 대거 참석해 허리까지 숙여 가며 사죄하면서 정작 중요한 노조와의 대화의 장에는 나오지 않는 행위를 비판했다.

이날 교섭에서 노조는 "해고자 복직·비정규직 고용보장·강제인사발령 중단·차별시정" 등을 요구했다. 반면, 사측은 그러한 현안 문제를 풀기 위한 교섭이 아니라 임금협상을 위한 자리라고 강변하면서도 임금동결을 주장해, 교섭은 난항에 빠졌다. 심지어 회사 측은 노조가 먼저 점거농성을 풀면 현안 문제를 논의하겠다는 주장을 했다. 노조는 인내를 갖고 회사 측의 발언을 들었다. 그러나 안이 마련되지 않아 사측이 다시 정회를 요청했고, 7월 7일 교섭을 속개하기로 했다. 이날 회사의 모습에서는 교섭을 통해 문제를 해결하려는 의지가 보이지 않았다. 불리한 여론 때문에 교섭하는 척하는 것이었다.

회사는 조합원들의 투쟁의지를 단순히 지도부가 이끌어 가는 것으로 짐작하여 지도부만 체포하고 기를 꺾으면 노동자들이 현장으로 돌아갈 것으로 믿는 모양이었다. 노사가 교섭을 벌이고 있는 상황에서 검찰은 김경욱 위원장을 비롯한 지도부 6인에게 체포영장을 발부했다. 노조가 매장을 불법점거하고 영업을 방해했다는 것이다. 이에 대해 노조는 "겉으로는 대화하자면서 등 뒤에서 칼을 꽂는 행태"라고 비판했다.

또, 이랜드그룹은 공권력투입을 요구하는 탄원서 서식을 직접 만

들어 매장주와 직원들에게 서명을 요구하였다. 이 탄원서에는 “각 관할 경찰, 법원, 국민고충위, 민주노총 본부 등에 제출할 용도”라고 용도를 구체적으로 명시해 놓았다. 노조는 회사가 자신의 우월한 지위를 이용해서 매장에 입주해 있는 입점업체들과 비조합원들을 협박해 강제로 탄원서를 받아내며 노조파괴 부대로 내세우려 하고 있다고 비판했다. 이날 전비연도 성명을 내고 체포영장 발부와 공권력투입 위협, 강제서명운동으로 비정규 노동자들의 투쟁을 위축시키려 한다고 비판했다.

한편, 노조는 교섭 후 쟁대위를 열어 교섭결과를 공유했다. 쟁대위는 교섭에서 보인 회사의 태도에 대해 용납할 수 없다는 입장을 정했다. 또, 여전히 비정규 노동자를 무시하고 기만하는 것이라고 규정했다. 이어 쟁대위는 “7월 6일 저녁 9시 30분부로 8일 시한 점거농성에서 무기한 파업으로 전환하며, 매출 상위점포 집중타격” 방침을 결정했다. 노조는 6일 밤과 7일 낮 12시까지 조합원 집중토론을 거친 다음 총회를 개최해 쟁대위의 투쟁계획을 승인받았다. 이어 노조는 민주노총 전면매출타격투쟁이 예정된 7월 8일 이후부터 대전 유성점과 서울 목동점, 중계점을 비롯해 매출 상위점포를 중심으로 점거농성을 확장하기로 했다. 이어 민주노총도 7월 6일 긴급성명을 통해 “이랜드그룹이 성실교섭으로 노조가 인정할 만한 조치를 취하면 8일 불매투쟁을 철회할 것”이라는 입장을 발표했다. 민주노총은 이랜드 사측이 노조와 성의 있는 자세로 교섭에 임하고 집행부에 대한 고발을 취하할 것을 촉구했다. 민주노총은 회사가 또다시 성실교섭을 하지 않을 때는 7월 8일 계획된 모든 투쟁을 전개하고 이후에도 파상적 타격투쟁을 벌인다고 경고했다. 이날 지역단체들까지 나서 사태의 빠른 해결을 촉구했다. 민주노동당 구로·금천·동작구 위원회와 민주노총 남부지구협의회 등 시흥점 인근의 정당, 노조, 사회단체들은 시흥점 앞에서 기자회견을 열고 대량해고 중단, 직무급제 철회, 정규직화를 촉구하고 서울지방노동위원회가 부당해고라고 판정한 김양미, 호혜경 조합원에 대한 조속한 원직복직을 요구했다.

거기에 이랜드그룹의 노동탄압이 국제문제로 비화될 듯했다. 세계 최대규모의 국제노동단체인 UNI의 상업분과 국장이 이랜드 박성수 회장에게 이 문제로 면담을 요청한 것이다.

● 활기찬 월드컵 점거농성장

교섭이 성과 없이 끝나고 지도부들에게 체포영장이 발부됐지만, 저녁 9시경에 월드컵농성장에서는 조합원들 모두 "인원감축 중단하고 임금부터 올려라"는 글이 새겨진 푸른색 반팔 유니폼을 입고 집회를 했다.

2층은 홈에버를 제외한 다른 매장은 영업을 하고 있었다. 계산대는 출입이 전면 차단된 상태였다. 농성장 바깥쪽에는 간이부엌이 마련됐다. 그곳에서는 여성조합원 4명이 농성노동자들의 식사를 위해 밥과 국거리 등을 준비했다. 반찬은 주로 마른반찬과 오이를 잘라 버무린 것 등이었다. 대형비닐 봉투에 얼음을 집어 넣고 캔커피를 '냉장'시켜 나눠 먹기도 했다. 하루 수천 끼에 필요한 식료품은 노동자들이 자체 조달하거나 다른 노조와 연대단체들이 후원해 주었다.

농성장 주변에는 하얀 와이셔츠와 까만 양복바지를 착용한 20대 가량으로 보이는 용역경비들이 배치돼 있었다. 관할경찰서 사복형사들도 농성현장을 기웃거렸다. 이전에 농성대오 속에 프락치를 집어 넣었다가 발각돼 파문을 일으킨 마포서 형사들도 있었다.

전교조 소속 교사가 파업투쟁을 후원하는 성금을 냈다. 그는 "교육이란 이 세상에 단 한 사람이라도 아파하는 사람이 있으면 그 고통을 느끼게 감성을 키워 주는 것"이라며 "여러분이 이 싸움에서 진다면 우리 아이들 미래가 없어진다. 여러분 투쟁은 우리 아이들의 미래"라며 노동자들의 투쟁을 격려했다.

7월 10일까지는 경찰이 안 와서 완전히 우리들만의 해방세상이랄까. 우리끼리 보초 서고. 그리고 나갔다가 들어올 때 암호는 '투쟁!' 하면 통과시키고. 둘째 날부터는 교대로 하고. 쭉 있다가 오후 되면 쭉 가고 그다음 날 오전에 또 오고. 당시는 사실 별일이 없었어요. 경찰도 회사 애들도 모습도 안 보였죠. 근데 물도 있어야 되잖아요? 그니까 연대 사람들이 안쪽에서 물도 연결해서 수도처럼 해주고. 연대단체들이 많이 오고. 처음 봤는데도 늘 같이 했던 사람들처럼 아주 잘 어울려 얘기도 하고. (손명섭, 부산)

처음에는 너무 재미있고 박스 깔고 거기서 잠도 자고 춤도 추고 율동하고 너무 재미있었어요. 집도 안 가고 이렇게 하는 생활은 처음이에요. 외박을 한 적이 없었잖아요? 그런데 정말 외박이잖아요? 지도부들이 시키는 대로 너무 재미있게 했었어요. 시흥점이 맨 끝 계산대에 있었는데, 우리 김영순 분회장님이나 장 지도위원님이나 박순흥 지부장이 있었어요. 세 분이 역할을 너무 잘하신 것 같아요. 그래서 우리가 이분들 말을 듣고 행동하고. 시흥점은 조를 짜 가지고 오늘은 누가 자고 내일은 누가 자고 계속 그렇게 정했어요. (임재윤, 시흥)

집에 한번 갔는지 모르겠는데 거의 다 농성장에 있었어요. 결혼한 상태였고 집에도 얘기가 되어서 처음엔 이해를 했어요. 길진 않을 거라 생각했겠지만. 하루 일정은 집회하기도 하고, 중요한 투쟁이니까 중간중간에 높으신 양반들 와 가지고 격려사든 투쟁사든 하고. 그다음에 좀 자유롭게 있고. 저는 숫기가 없어서 주로 시흥, 계산에 아는 사람들하고 얘기 나누고. 간부들은 회의하면서 알게 되었고. 그때 남자 조합원들이 몇 명 있었는데 불침번 서고, 불침번은 남자들만 했던 건 아니었던 것 같고요. (서형태, 병점)

조합원들이 조를 짜서 집에 가는 사람이 밥을 싸 오고 자는 사람은 자고. 임재윤이나 저는 계속 자고. (김영순)
애들이 어린데 그래도 계속 잤어요. 농성장이 털릴까 봐. "악으로 깡으로 버티자" 했죠. 왜냐면 나 아니면 지킬 사람이 없다는 생각을 못 버리겠더라구요. (임재윤)
내가 "가라", "가라" 했는데도 안 가고 계속 있는 거예요. (김영순)
애들은 애 아빠한테 부탁하고 아니면 언니한테 전화해 부탁하고. 농성장에 있었어요. 남편은 자기가 예전에 부위원장도 했고 파업했기 때문에 지지를 했는데 "몸조심해라" 그러는 거죠. (임재윤, 시흥)

안양점은 너무 멀고 집에 안 들어가면 그렇잖아요? 투쟁이 길어질 것 같아서 이틀인가 3일 있다가 "들어가라" 하고 나 혼자 있는다고 했어요. 그래서 저 혼자 목동 식구들이랑 같이 있었죠. 박스 같은 거 깔아 놓고 속옷이 없어 집에서 갖고 오라 해서 갈아입고. 세수 거기서 하고. 거기서 먹고 자고 했잖아요. (……) 맨 처음에는 보안 애들이 나무로 막 뚜드리면서 겁주고, 앞에는 경찰차가 두 줄로 쫙 서 막았잖아요? 그러니까 얼마나 무서워요, 맨 처음에는 무서웠죠. 처음 보니까. 걔네들 보안만 없어도 괜찮은데, 보안이 뒤에서 겁주느라 막 쿵쿵쿵~ 하고 있으니까 무서운 거죠. 그래도 같이 있으니까, 어차피 이거 해야 되니까.

때로는 막 춤도 추고. (웃음) 언론들도 다 있고, 국회의원도 있었고, 거기서 회의도 하고. (박복희, 안양)

계속 거기서 자면서 번갈아가면서 집에 한 번씩 갔다 오고. 중동점에 축산 언니들이 그만하겠다고 그러니까 저도 같이 따라갔어요. 근데 집에 와서 잠이 안 오는 거예요. 도저히 맘이 불편해서. 그래서 언니들 모아 놓고 "언니들 일하는 거 나는 아무 소리 않겠다. 언니들도 내가 나가서 하는 거 뭐라고 하지 마라. 나는 여기서 일을 못하겠다" 합의를 해 가지고. 야채농산이나 이런 데는 같이 하고 있었으니까, 그 팀들하고 같이 참여했죠. (김용임, 중동)

처음에는 1박 2일 잠을 잘 거니 분회별로, 그때는 포스 안에다 전부 박스 깔아 놓고, 그 안에서 잤잖아요. 우리가 갈 수 있는 데가 계산대였고, 어차피 안쪽으로는 막혔고, 포스 쪽으로만 뚫려 있으니까. 거기가 집이야. 나갔다 오고 그 안에서 밥해 먹고 했으니까. 그러면서 그 안에서 통성명하고. (웃음) 모르는 사람들이 많았으니까. 일할 때는 계산대 몇 명만 알았는데 농성장에서는 농산 쪽에서 일하는 사람도 있고 다른 부서에서 일하는 사람들도 있고. 또 같은 계산대에 있었어도 시간 달라서 못 만났던 사람들도 있고. 파업하면서 다 친해진 거죠. 그전에는 다섯손가락 안에 꼽을 정도만 알았던 건데…. (서은주, 월드컵)

로테이션으로 오고갔는데, 저희가 월드컵 앞에 앉아서 그때 처음으로 분회 식구들 얼굴을 제대로 볼 수 있었고. 속마음을 얘기들 하고. 그때 처음 속내를 들어보니 내가 느꼈던 감정을 다 같이 느끼고 있었지만 두렵기도 하고 내가 불이익 당할까 하는 이유로 누가 나설 수가 없었던 상황이라는 걸 알았죠. 또, 그때 다들 아이들이 고등학생이나 20대였기 때문에 "내 자식들도 이런 걸 당할 수 있겠다" 싶은 게 제일 컸던 것 같아요. 그런 얘기 많이 했던 것 같아. "우리가 이렇게 하는 것이 지금 우리에게는 당장 눈앞에 보이지 않을지 모르겠지만, 앞으로 내 자식들한테도 미친다"는 거에 대해서 염려했고. (김명숙, 방학)

식사비용은 민주노총 각 지부에서, 연대하는 분들이 지원을 해줬어요. 그래서 "오늘은 어디 지부에서 지원해 줬다" 해서 그걸로 국이니 밥이니 음식 만드는 거는 우리가 해도 괜찮았거든요. 저는 내 분회인 월드컵점에 오셨다는 거에 어떤 책임감이 있었죠. (김경미, 월드컵)

저는 출퇴근을 해야 돼요. 어느 날은 밤 12시경 집에 가는데, 동네에 어떤 꼬마애가 막 돌아다니고 있더라고. 그 시간에. 그래서 "쟤는 뉘집 아이인데 저렇게 돌아다녀?" 했는데, 우리 아들이었어요. 애가 잠결에 나와서 돌아다녔던 거야. 근데 식구들이 아무도 모르는 거야. 그때 애가 초등학교 2학년이었거든요. 그래서 내가 "애를 놔두고 내가 이걸 해야 되나, 말아야 되나" 뭐 하는 짓인가 싶더라고요. 그런 생각이 한번 들었어요. 애가 엄마랑 생전 안 떨어져 있다가, 며칠 안 들어오니까 불안했나 봐요. 그 뒤로 괜찮더라고. (이선호, 방학)

7) 7월 7일 — 점거농성 8일

점거농성 8일째를 맞는 7월 7일 오후 3시부터 노조는 사측과 두번째 교섭을 가졌다. 그러나 회사 측은 여전히 현안 협상의 선결조건으로 농성단 철수를 요구했고 임금은 동결할 것을 주장해 교섭은 결렬됐다.

이에 노조는 현안문제에 대한 해결 없이는 농성을 풀 수 없다며 투쟁 수위를 높일 것을 선언했다. 노조가 제시한 3대 요구사항은 "해고자 원직복직, 비정규직 노동자 계약해지 중단, 정규직 인사이동 중단"이었다. 노조는 이미 이날 오전까지 전 조합원 토론을 통해 받아들일 수 있는 교섭안이 나오지 않는 한 무기한 파업과 무기한 점거농성에 들어가기로 결정했다.

노조는 교섭 후 긴급발표를 통해 "사측은 빈손으로 교섭에 나왔다. 6일 사측이 내놓은 주장만 되풀이하며 시간을 끌었다"고 했다. 노조는 이런 문제가 해결되지 않고서는 월드컵점에서 한발짝도 움직일 수 없다며 경고했다. 또, 만약 구사대와 용역깡패가 폭력적으로 조합원들을 끌어내고 공권력이 투입돼 노동자들을 짓밟는다면 기꺼이 짓밟혀 주겠다면서 "결코 내 발로 여기서 나가지 않겠다"며 거듭 공개적으로 경고했다.

조합원들은 교섭결렬 소식을 듣고 분개했다. 총회에서 무기한 파업을 결정한 조합원들은 7월 8일 이랜드 전 매장 점거농성을 위해 전국으로 산개를 결정하였다. 산개를 하기 전에 최연장자인 조합원이 "월드컵점 농성장에 공권력이 투입되면 위원장이 구속될 수 있으니, 이번이 위원장의 마지막 모습이 될 수 있으니까 우리 아들뻘 되는 위원장을 어머니의 심정으로 안아주자"고 제안했다. 이어 김경욱 위원장과 조합원들이 일일이 포옹을 하면서 시작된 눈물이 끝내는 전체 조합원들의 울음바다가 되었다. 전국 매장점거농성을 위해 일부 조합원들이 산개했고, 월드컵점 농성장에 남아 있는 조합원들은 혹시 있을지 모를 공권력투입에 대비하기 위해 상자를 이용해 출입문을 봉쇄했다. 경찰병력이 배치되어 농성장은 긴장감이 돌았다.

이날도 민주노동당 문성현 대표와 4명의 최고위원, 한국진보연대 공동준비위원장 한상렬 목사 등이 농성장을 방문하는 등 연대의 발길이 끊이지 않았다. 민주노동당 문성현 대표를 비롯한 4명의 최고위원은 조합원들과 함께 농성장을 지키기로 했다. 노조는 이날 저녁부터 부천 중동점의 모든 계산대를 점거하고 농성을 벌였다. 조합원들은 오후 5시경부터 1, 2층 계산대를 점거했다. 그러나 입점업체들에게 피해를 주지 않기 위해 3층 쇼핑몰은 점거하지 않았다. 뉴코아노조의 조합원들도 오후 2시쯤 킴스클럽 매장으로 진입해 근무 중이던 용역직원들의 철수를 요구하며 농성을 벌인 뒤 자진 해산했다.

한편, 지도부는 8일에 진행될 전국 매장봉쇄투쟁으로 탄압이 가해질 수도 있다는 판단으로 '제2의 투쟁지도부'를 준비했다. 임원 모두 구속을 결의하고 있었다. 임원 4인 중에 이경옥 부위원장과 홍윤경 사무국장이 그 역할을 맡기로 했다. 이들은 이날 몰래 농성장을 빠져나가 민주노총 사무실에 상황실을 꾸렸다.

임원들에 대한 체포영장이 발부된 게 6일이면 제가 7일 날 나왔거든요. 2선 때문에. 임원들 체포영장이 발부된 것은 잡히면 바로 구속이라는 얘기잖아요. 그러면 만약에 이게 침탈이 된다면 "7월 8일 날 1차 전국집중투쟁을 하는데, 분명히 이때는 경찰이 많이 올 것이고, 그러면 혹시라도 체포될 수 있다. 임원이 다 체포되면 다 구속된다. 그러면 임원이 한 명도 없이 파업을 이어 가기는 어렵다. 그래서 2선을 준비해야 한다. 2선은 나가야 한다. 2선을 누가 할 것이냐" 했는데, 임원이 4명인데… 다 나가기 싫어하죠. 위원장이 저를 지목했고, 저도 거부할 수가 없더라고요. 왜냐하면 실무를 해야 하니 내가 나갔죠. 위험이 닥치기 전에 미리 차 대기시켜 놓고 있다가 후문으로 나와 영등포의 민주노총으로 왔고. (홍윤경, 사무국장)

그런데 농성장에서 생각하지 못한 문제가 생겼다. 농성장의 조합원은 대부분이 기혼여성들이다 보니 남성지도부하고는 개인적 고충을 소통하지 못하겠다며 여성임원을 찾았다. 결국, 민주노총 사무실로 나와 있던 이경옥 부위원장이 2일 만에 여성조합원들과의 소통을 위해 농성장에 다시 들어가기로 했다. 조합원들이 통합 전에 다 까르푸 출신이므로 소통하기에는 이경옥 부위원장이 더 낫다는 판단이었다.

"김경욱, 이남신은 농성장에서 현장 책임진다" 그래서 2선으론 홍윤경, 이경옥을 뺐던 거고. 근데 조합원들의 격한 항의 때문에. (웃음) 그니까 "김경욱, 이남신한테는 얘기할 수 없는 고충이 너무 많다" 이래서, 여성분들의 여러 가지 고충이 있잖아요. 근데, 예전에 이경옥이나 홍윤경이 있을 때는 그런 얘기도 했는데… "남자지도부한테는 얘기를 할 수가 없으니 우리가 미치겠다" 그래서 이경옥이 복귀했죠. 홍윤경이 남아 있고. 그니까 이경옥 부위원장은 우리 때문에 복귀한 거예요. 고충 처리를 할 수가 없어 가지고. (……) 그니까 이경옥 부위원장이 와서 많이 좋아진 거죠. (이남신, 수석부위원장)

집행부는 구속될 각오가 돼 있었죠. 그래서 1진은 김경욱이랑 이남신, 그 다음에 2진은 홍윤경, 이경옥 이렇게 꾸렸죠. 그런데 그게 틀어진 게 우리가 며칠 밖에 나와 있었더니 "여성간부를 빨리 보내라. 다 어디 갔냐" 여성들이 외박하면서 가정 문제들이 많을 거 아니예요. 위원장과 수석부위원장은 할 일들 하면서 인터뷰도 하고 회의도 하고 바쁘니까 못 들어 주지. 우리가 2진에 대해 조합원들에게 얘기하지 않았고. 그래서 제가 다시 농성장에 들어갔죠. 그런 분위기에서 다독거리고 말도 들어 주는 역할을 했죠. 다 까르푸 출신이니 제가 들어가고 홍

사무국장은 2선이고 실무를 해야 하는 상황이니 못 들어오죠. (이경옥, 부위원장)

농성장에 다시 나타난 이경옥 부위원장을 본 여성조합원들은 "그동안 어디 갔다 왔냐"며 반색을 하며 맞았다. 홍윤경 사무국장은 상황실을 꾸려 실무지원을 하는데, 혼자의 힘으로는 부족해서 월드컵분회 조합원인 김현주가 농성장에서 나와 합류했다. 또 지원단체인 '다함께'에서도 실무자 1인을 파견해 줘서 3인이 상황실을 운영했다.

민주노총 2층의 방 하나를 내줘서 상황실을 차리고, 뉴코아도 나와 있어서 같이하면서, 저를 도와줄 사람이 필요해서 월드컵 조합원 중에 김현주라고 아주 젊은 친구를 보내 주죠. 아무런 경험이 없는데 열정 하나만 가지고 도와주겠다고 해서. 그리고 '다함께'에서 한 명을 파견해 줘서 홍보나 기타 일들을 해주고. 그렇게 세 명이.
저는 전화하고 인터넷으로 주로 기자 담당하고. 물론 기자들이 농성장으로 직접 가기도 하지만, 또 그 사람들이 자료를 원하잖아요? 그럼 자료나 상황설명들은 제가 챙겼고요. 현주 씨랑 같이 재정도 담당하고, 교섭도 제가 나오기 전부터 했어요. (홍윤경, 사무국장)

3. 제1차 전국 이랜드매장 집중타격투쟁

1) 7월 8일 — 점거농성 9일

7월 8일은 민주노총과 뉴코아-이랜드일반노조가 이랜드그룹의 전국 매장집중타격을 예고한 날이다. 그런데 회사 측이 7일 자정이 지난 시각에 "현안 문제를 논의할 수 있고, 홈에버 조합원으로 새 교섭위원 3명씩 구성하고, (사측은 홈에버 대표이사 참석) 교섭은 7월 10일 열자"는 교섭공문을 노조에 보냈다. 김경욱 위원장이 농성현장 조합원들에게 이 소식을 전하던 밤 12시 39분에 다시 위원장 앞으로 "지금 당장 교섭하자"는 문자메시지가 왔다. 회사 측으로부터 교섭요청을 받은 노동부 관계자가 긴급히 보낸 것이었다. 월드컵 농성장은 회사 측과 공권력의 기습적인 침탈에 대비해 모든 출입구를 봉쇄하고 조합원들과 연대단체 성원들이 현장을 지키고 있었다.

회사 측의 느닷없는 '새벽 교섭공문'과 '즉시 교섭' 요청에 대해 김경욱 위원장은 "사측이 즉시 교섭을 원한다면 월드컵점 파업농성 현장으로 온다면 할 수 있다"는 입장을 밝혔다. 하지만 어떤 진전된 내용도 없기에 7월 8일 이랜드 전국투쟁은 유효하다고 거듭 밝혔다. 단, 공문에 적시된 7월 10일 교섭에 대해서는 교섭을 수용한다고 했다. 그에 따라 조합원들도 7월 8일 투쟁은 결정한 대로 간다며 결의를 다졌다. 이러한 노조의 입장에 대해 사측은 10일 교섭제안 공문을 노조에게 보냈지만 "점거농성 우선 해제, 8일 투쟁을 우선 취소할 경우 10일 교섭이 유효하다"는 입장이었다. '즉시 교섭' 안은 노동부가 중재한 안이었는데, 이에 대해 이랜드그룹의 안성일 실장은 대표이사의 부재로 "즉시 교섭은 어렵다"고 했다. 또 그는 8일 이후에도 노사상생 차원에서 평화적인 대화로써 문제를 해결하기 위해 공권력투입을 요청하지 않을 것이라고 했다. 이러한 회사의 돌발적인 10일 교섭제안은 민주노총의 8일 투쟁 여부를 보고 이후 점거농성 자체를 정리시키려는 절차적 명분을 쌓기 위한 생색내기용 카드였다. 회사 측이 교섭에 대한 진정성이 있었다면 지난 6, 7일 교섭에 대표이사가 나와 현안문제의 해법을 제시했을 것이다. 회사는 여전히 교섭에 대한 의지를 보이지 않은 채 수단과 방법을 가리지 않고 파업을 와해시킬 궁리만 하고 있었다.

드디어 이랜드그룹에 대한 전국규탄집회가 열리는 날이다. 뉴코아-이랜드일반노조 노동자들이 국민의 이해를 구하는 호소문을 발표했다. 국민호소문에는 8일 이랜드 전국매장 매출제로 운동을 벌일 것이라는 것과 이랜드제품 불매운동에 동참해 달라는 간절한 소망을 함께 담았다. 농성장 안에서는 소리가 쩌렁쩌렁 울렸다. 조합원들이 곳곳에서 '투쟁!'을 외쳤다. 불도 제대로 밝히지 않아 대낮임에도 어두운 곳에 200여 명의 조합원들이 모여 있었다. 이들은 모두 "비정규직 차별과 해고를 중단하라"라고 적힌 파란 티셔츠를 입었다. 이들에겐 '투쟁'이란 단어가 여전히 어색했다. 하지만 열심히 했다. 알지도 못하는 민중가요를 따라 부르기도 하고, 발언에 대해 어설프게 '투쟁!!'으로 답했다. 박자가 맞지 않는 팔뚝질도 힘차게 했다. 점심시간, 투쟁 와중에 같이 먹는 밥이었다. 하지만 반대로 점심시간이 한창 바쁜, 식사를 준비하는 사람들이 있었다. 이들에겐 식사 준비가 '식사투쟁'이었다.

사람이 배가 고프면 투쟁이고 뭐가 아무것도 못해요. 밥을 먹어야죠. 우리들의 투쟁은 오래갈 거예요. 하지만 우리에겐 돈이 없기에 밥을 준비하는 거죠. 사 먹는 밥은 돈이 많이 들지만 밥을 준비하면 돈이 별로 들지 않아요. 회사에선 길게 가지 못할 거라고 하지만, 이 생각을 꺾을 거예요. 엄마니깐 할 수 있어요. (양명희, 월드컵점)

밥 먹는 문제는 사 먹고 싸 오고 하다가 그다음부터는 연대단체들 쪽에서 지원도 해주니까 조합원들이 밖에서 식당을 운영했죠, 지금은 퇴직했는데 그분이 식당대모… 그분하고 서너 명이 돌아가면서 밥해서 맨날 밥을 실어 나르고. (손명섭, 부산)

나중에는 월드컵에서 식사를 만든다고 해서 음식하고 국도 끓이고. 그거 다 하느라 월드컵 조합원들이 정말 고생 많이 했어요. 특히, 몇 분이 굉장히 적극적으로 하셨죠. 아무래도 거기가 월드컵분회다 보니까, 책임감도 느끼셨을 것 같고, 많이 애쓰시고. (조은옥, 중동)

동료들의 밥을 담당하고 있는 '밥 언니'는 월드컵분회의 양명희 조합원이었다. 그녀는 자신이 중요한 투쟁의 한 부문을 담당한다는 생각으로 즐겁게 밥을 준비했다. 그녀는 홈에버 이전 까르푸 시절부터 일해 왔다. 그녀의 나이는 58세라서 회사로 돌아가도 나이 때문에 2년 뒤면 퇴직해야 했다. 그런데 그녀가 힘든 일을 마다하지 않고 투쟁을 하는 것은 까르푸 때부터 너무나 많이 봐 왔던 부당함들을 돌려놓고 싶었기 때문이었다. 그녀는 가정에 소홀히 하고 있지만 불안하지는 않았다. 현재 자신을 필요로 하고, 또한 자신이 가장 하고 싶은 일을 하고 있기 때문이었다. 사람들이 연신 찾아와 밥을 찾았다. 그녀는 화상으로 부푼 손으로 밥을 떠줬다.

농성장의 조합원들은 "대체 무슨 놈의 나라법이 이러냐"며 화가 나 있었다. 대부분 파업 직전에 노조에 가입한 비정규직 노동자들은 노조에 가입하기 전에는 노동법의 '노' 자도 몰랐다.

> 과거엔 임금협상도 몰랐어요. 그냥 임금 올려주면 마냥 고마워하고 감사했죠. 하루 종일 서서 일하고 쉬는 시간도 일을 하는 게 당연한 일인 줄 알았죠. 하지만 그것이 회사가 노동법을 어기는 일이라는 걸 얼마 전에 알았죠. 누구도 우리에게 노동법에 대해 말해 주지 않았어요. 학교에서도 가르쳐 주지 않잖아요? (황선영, 월드컵)

대부분의 조합원들도 쉬는 시간이 법으로 보장되어 있는지 몰랐고, 점심식사를 하고 나서 기다리는 동료들 때문에 달려가곤 했다. 많은 여성노동자들은 하루 종일 서서 일했기 때문에 하지정맥류를 앓고 있었다. 또, 무거운 짐을 드는 일을 하기에 이들은 늘 어깨와 손목에 관절염을 달고 다녔다. 이들이 잠자는 곳은 차디찬 시멘트 바닥에 달랑 박스 한 장 깔아 놓은 곳이었다. 게다가 매장 내 냉장실의 문이 없어 찬 기운이 바닥 말고도 옆에서도 불어 왔다.

그런데도 장기간 이랜드에서 일했던 40~50대의 여성노동자들은 힘들지만 투쟁을 멈출 생각이 없었다. 더는 다른 곳으로 갈 수도 없기 때문이었다. 그래서 이랜드가 마지막 직장이라고 생각하고 있었다. 투쟁으로 경찰서에 끌려가더라도 나오면 다시 투쟁을 할 생각이었다. 일부 여성노동자는 낮에는 다른 곳에서 돈을 벌고 밤에 투쟁하는 것에 대해 고민하기도 했다. 당장의 생계가 문제인데, 투쟁도 계속해야 한다고 생각하기 때문이다. 대부분 기혼인 여성노동자들은 그나마 아직은 가정에서 활동을 지지해 주는 분위기여서 다행스럽게 여겼다.

이들은 단지 임금을 올리고 고용을 보장받기 위해 농성을 벌이는 것이 아니었다. 물론 그런 부분도 크지만, 그 이상의 것이 있었다. 바로 "인간으로 대접을 받겠다는 것"이었다.

한편 농성장에 공권력이 투입되면서 긴장감이 돌고 있다. 여성조합원들과 민주노동당 문성현 대표, 노동사회단체 회원 등 200여 명이 농성장을 지키고 있는 가운데 오전 9시경 경찰 병력이 입구를 봉쇄하면서 몸싸움이 벌어졌다. 오전 10시 30분경에 월드컵점 주변에는 경찰 병력 8개 중대가량이 추가 배치돼 월드컵경기장을 둘러쌌다. 경찰은 회사의 '시설물 보호요청'을 받고 투입된 것이다. 회사가 경찰투입 요청을 하지 않겠다는 말 역시 거짓말이었다. 7일 교섭이 결렬됐지만 경찰병력은 투입하지 않겠다던 회사가 0시를 기점으로 경찰에 병력투입을 요청한 것이었다.

매장 입구에서는 입구를 막고 농성노동자들을 압박하는 전경과 농성단이 계속 충돌했다. 입구의 공권력투입 소식에 일부 여성노동자들은 눈물을 흘리면서 "끝까지 싸우겠다"며 물러서지 않을 태세였다. 매장 안에서는 조합원들과 연대단체의 회원들이 투쟁문화제와 기도회 등을 진행했다. 오후 2시 30분경 경찰병력이 매장 입구 쪽으로 이동하자 조합원 100여 명이 입구 봉쇄를 우려해 이를 막아섰다. 월드컵점 앞에 경찰병력 1,000여 명(10개 중대)이 배치됐다. 조합원들은 경찰을 향해 "이동하지 말라"고 버텼고, 현장에 있던 경찰은 "서울청에서 내린 지시라 명령에 따를 수밖에 없다"며 조합원들을 밀어붙였다. 10분 정도 서로 밀고 당기기를 계속하다가 조합원들이 입구 앞에서 연좌농성을 시작했다. 농성장에는 이랜드파업지원대책위가 함께 사수투쟁을 벌였다.

밤 9시 30분경, 경찰은 다시 매장 입구를 봉쇄했다. 월드컵점의 침탈 우려 속에서 농성장 밖의 곳곳에서 투쟁을 펼치는 조합원들에게 복귀명령이 내려졌다. 밤 10시가 넘어 매장 안으로 들어가려던 조합원들과 연대단체 회원들이 봉쇄를 풀기 위해 경찰과 심한 몸싸움을 벌였다. 결국, 경찰 봉쇄가 풀렸다. 농성장에서는 백기완 선생이 강연을 했다. 민주노총 지도부와 전국학생행진 등의 학생단체, 전국노점상연합, 향린교회 등에서도 농성에 동참했다. 각계에서 연대의 발길이 이어지고 있었다. 이날 밤과 9일 새벽에 경찰이 월드컵점을 침탈하려던 소식을 들은 울산과 순천지역 조합원들이 상경해 1박 2일간 함께 투쟁을 벌였다. 뉴코아 강남점에서도 점거농성이 이어지고 있었다.

● 제1차 이랜드 '전국매출타격투쟁'— 10시부터 10시까지 '텐텐투쟁'

노조는 7월 8일 전국의 이랜드계열 대형매장으로 점거농성을 확대하려 했다. 회사는 매장 폐쇄로 맞섰다.

오전 10시부터 강남점을 비롯한 이랜드 유통업체 매장 곳곳에는 민주노총 조합원들이 속속 모여들기 시작했다. 하지만 대부분의 점포는 오히려 회사의 시설보호 요청으로 배치된 경찰 병력에 의해 완전히 출입구가 봉쇄됐다. 서울·경기지역의 12개 점포가 경찰의 원천봉쇄로 영업이 중단됐다. 이랜드일반노조-뉴코아노조와 민주노총은 뉴코아아울렛 앞에서 기자회견을 열어 이랜드 계열의 전국 매장에 대한 본격적인 투쟁을 하겠다고 밝혔다. 이석행 위원장은 이랜드 사측의 불성실한 교섭태도를 비판하고 "더 이상 비정규직이 사회 문제가 되지 않도록 80만 조합원이 모두 함께 투쟁을 전개할 것"이라고 말했다.

이랜드 계열의 매장은 뉴코아아울렛(15개), 홈에버(33개), 2001아울렛(11개) 등 전국에 총 60여 개. 노조는 매장점거농성과 함께 이랜드

상품 불매운동도 펼쳤다. 노조가 오전 10시부터 시작한 점거농성이 애초 계획한 12곳 매장뿐만 아니라 전국 20여 곳의 매장에서 계속 진행되자 문을 닫는 매장들이 늘어났다. 회사는 뉴코아 강남점 등 강력한 투쟁이 예상되는 일부 매장의 개장을 하지 않았다. 문을 연 매장에는 이랜드 조합원과 각 지역에서 연대를 하러 온 사람들이 점거에 들어갔다. 경찰에 의해 봉쇄됐던 뉴코아 강남점에서는 오전 11시경 경찰을 뚫고 지하 킴스클럽 매장을 점거해 옥쇄농성에 들어갔다. 애초 점거가 예상되지 않았던 지역에서도 점거가 진행되면서 폐장하는 매장이 속출했다. 울산, 부산, 청주, 순천, 대구 등에서 점거가 이뤄졌다.

오후 3시경 홈에버 면목점 등에서 폐장을 선언하면서 일부 대오가 홈에버 목동점으로 이동해 일부 매장을 점거하자 회사는 바로 폐장했다. 아침부터 경찰이 매장을 봉쇄하면서 영업이 정지됐던 시흥점에서는 농성단이 떠난 오후 11시경 폐장시간을 두 시간 남겨 두고 영업을 시작했다. 노조는 점거 중인 모든 매장을 폐장시간까지 점거하다가 경찰 봉쇄로 일부 매장만 점거 중인 뉴코아 강남점으로 집중했다.

노동자들은 매장 진입시도 과정에서 경찰병력과 대치하면서 크고 작은 사고를 당하기도 했다. 특히 홈에버 중계점에서는 경찰이 곤봉과 방패를 휘두르는 과정에서 부상자가 생겼다. 조합원들과 연대한 광운대 남학생이 경찰의 방패에 얼굴을 찍혀 코뼈가 부러졌다. 이 학생은 병원으로 실려 가서 치료를 받았다. 또 민주노동당 한 간부가 경찰차에 끌려가 집단 구타로 부상당했고, 용역경비원이 한 여성노동자의 목을 조르고 몸을 더듬는 사건이 일어나기도 했다. 뉴코아 강남점의 경우는 경찰 병력이 과도하게 출입구를 원천봉쇄해 경찰 때문에 매장이 마비되기도 했다. 9일째 점거농성을 벌이고 있는 월드컵점에서는 지역에서 매출타격투쟁을 벌인 대오가 합류하려 하자, 출입구를 봉쇄하고 모든 통행을 마비시켜 농성장으로 들어가려는 대오와 충돌을 빚기도 했다.

이날 점거는 파업에 참여하지 않았던 일부 조합원들과 비조합원들도 가세하였고 민주노총, 민주노동당과 각 지역의 노동사회단체, 학생단체 등 5천여 명이 연대해 애초 노조의 계획보다 많은 곳에서 점거 농성을 벌였다.

한편, 뉴코아 강남점의 경우 200여 명의 조합원들이 오전 10시부터 강남점 정문 앞에서 집회를 벌였다. 이미 매장으로 들어갈 수 있는 모든 통로는 경찰에 의해 봉쇄된 상태였다. 집회를 마친 조합원들은 일반 출입구 외에도 주차장, 직원통로 등 뉴코아 매장 안으로 들어갈 수 있는 모든 통로에 분산돼 영업 재개를 막았다.

뉴코아노조 조합원들은 지하 1층 식품매장과 1층 계산대에 집결해 농성을 벌였다. 노동자들의 농성과 경찰의 봉쇄로 자연스럽게 영업은 중단됐다. 노동자들은 세 곳으로 나뉘어 매장 입구 앞에서 이랜드그룹의 '비정규직 집단해고'를 규탄했다. 노동자들은 집회를 마치고, 잠시 쉬었다가 다시 집회를 했다.

밤 9시 30분, 갑자기 백화점 안에 있던 직원들이 노끈과 쇠사슬로 출입문을 막기 시작하자 앉아 있던 경찰들이 전투태세를 갖췄다. 노동자들은 경찰과 격렬하게 몸싸움을 벌이며 '진격'해 들어갔다. 순식간에 아수라장이 됐다. 사회자가 마이크를 잡더니 "뉴코아 조합원들이 모두 지하 1층 킴스클럽 매장으로 들어갔습니다. 우리의 목표를 달성하였습니다"라고 외쳤다. 함성과 박수가 터져나왔다. 몸싸움은 중단됐다. '텐텐투쟁'은 끝났다. 노동자들은 월드컵 매장에 이어 강남 뉴코아점에 두번째 진지를 구축했다.

또, 이날 오후 민주노총 대전본부는 홈에버 대전 둔산지점 앞에서 집회를 갖고, "악덕기업주 이랜드 사장을 구속하라"고 촉구했다. 이들은 "비정규직 차별철폐, 정규직 고용, 집단정리해고 철회" 등의 구호를 외치며, 1~3층 매장을 순회하였다.

이처럼 공투본과 민주노총이 7월 8일 전국 20여 곳의 매장에서 벌인 이랜드그룹 매출제로투쟁으로 영업이 정지된 매장은 홈에버 월드컵점, 뉴코아 강남점을 비롯해 면목 홈에버, 시흥 홈에버, 중계 홈에버, 평촌 뉴코아, 야탑 뉴코아, 일산 뉴코아, 인천 뉴코아, 순천 뉴코아, 울산 홈에버 등 서울 7곳, 경기 4곳과 울산·부산·대구·경남창원 각 1곳, 전남순천 2곳 등이었다. 공투본의 노동자들과 민주노총의 노동자들의 연대로 이랜드 계열 전국 20여 개 매장을 문 닫게 했다.

회사는 점거농성에 대해 "기업을 상대로 한 테러"라며 노조의 요구에 응하지 않을 것이라는 입장을 밝혔다. 이날 영업중단으로 홈에버의 경우 월드컵점, 시흥점, 면목점, 중계점, 울산점에서 25억 원의 매출 손실을 입었다. 뉴코아는 강남점, 야탑점, 일산점, 인천점, 평촌점, 엔씨 평촌점, 엔씨 순천점에서 총 40억 원의 손실을 기록했다. 이날 하루 총 65억 원의 매출 피해가 발생했다. 월드컵점은 지난 7일까지 80억 원가량 매출이 감소했는데, 이달 들어 그룹 차원에서 총 145억 원의 매출손실을 입었다. 이에 회사는 8일 하루의 영업손실액을 계산해서 노조를 상대로 손해배상소송 등을 준비한다고 했다. 그리고 점거농성을 주도한 노조지도부를 업무방해 혐의로 고발하면서 '선 농성해제-후 교섭'을 고수했다.

노조는 오후 10시경에 농성 중인 월드컵점과 뉴코아 강남점을 제외한 곳의 농성을 푼 뒤, 9일부터 민주노총과 함께 이랜드 제품불매운동을 펼쳐 나가기로 했다. 이후 사측과 이견을 좁히지 못하면 다시 점거농성에 들어갈 방침이었다. 민주노총은 산하 노조에 포스터를 배포하고 홈페이지에 배너를 달기로 했다. 또 이랜드그룹이 운영하는 5개 유통업체 체인과 55개 의류브랜드, 호텔과 레스토랑 6곳에서 선전지 배포와 1인시위 등의 강도 높은 불매운동을 벌인다는 방침을 밝혔다.

민주노총은 7월 1일부터 소속 조합원들을 상대로 이랜드그룹이 운영하는 유통업체 및 패션브랜드 등에 대한 불매운동을 벌였다. 민주노총은 이랜드그룹이 소유하고 있는 업체들을 알리는 포스터를 제작해 현장에 배포해서 조합원들의 참가를 독려하는 한편, 앞으로 이 불매운동을 전국민적 운동으로 확산시키겠다는 계획을 세웠다.

이미 이랜드그룹은 매출 1~2위를 다투는 월드컵점이 9일째 영업이 전면 중단됐고, 뉴코아 강남점은 수차례 영업이 중단되는 등 회사는 매출에 타격을 입었다. 전국민적인 불매운동이 벌어질 경우 이랜드그룹에게 더 강력한 압박이 될 수 있었다.

2) 7월 9일 — 점거농성 10일

이날은 월드컵점과 뉴코아 강남점을 뺀 나머지 매장에서 영업이 재개됐다. 하지만 조합원들이 뉴코아 강남점에서 무기한 농성에 들어가서 장기농성 매장은 두 곳으로 늘어났다.

이날 오전 이상수 노동부 장관은 이석행 위원장 등과의 회동에 앞서 긴급 기자브리핑에서 "노조의 점거행위는 명백한 불법행위"라며 법과 원칙에 따라 엄정히 대응하겠다고 밝혔다. 이 장관은 또 MBN과의 인터뷰에서도 정부가 공권력투입을 검토하고 있다고 했다.

정부의 입장은 대부분 노조의 행위에 대한 비판에 맞춰져 있었다. 또 정부는 노조가 점거행위를 중단하면 노사간의 논의가 이뤄질 수 있도록 대화를 적극적으로 주선하겠다고 했는데, 이는 "선 점거해제, 후 대화"라는 이랜드그룹의 입장과 동일했다.

뉴코아-이랜드일반노조는 노동부 장관과의 회동과 관련해서 '선 농성해제'를 요구하는 정부와 회사를 비판했다. 여론이 이랜드그룹에 불리한데도 협상에 응하지 않는 것은 그 뒤에 '경총'이 버티고 있기 때문이기도 했다. 민주노총도 노동부 입장이 노동계에 대한 협박이라면서 회사의 책임 있는 당사자가 나와 노사간 협상에 임할 수 있도록 중재하는 역할이 노동부의 역할이라고 비판했다. 이날 오후 2시 30분으로 예정된 면담에 노동부 장관과 민주노총, 서비스연맹, 뉴코아·이랜드 노조위원장 등 4명이 참석할 예정이었으나 면담이 긴급 취소됐다. 체포영장이 발부된 이랜드일반노조 김경욱 위원장이 면담에 참여하는 문제를 놓고, 민주노총과 서비스연맹은 김경욱 위원장을 빼고 면담을 할 수 없다며 김 위원장의 신변보호를 요구했다. 그러나 노동부는 김경욱 위원장을 빼고 면담하자는 입장이었다.

결국, 오후 6시에 이석행 민주노총 위원장과 이상수 노동부 장관의 회동이 진행되었다. 그러나 별다른 성과 없이 끝나 이랜드 문제에 대한 정부의 해결의지가 없다는 것이 확인되었다.

이날 월드컵점의 노동자들은 계속 밖에서 들려오는 소리 때문에 불안해했다. 하지만 원래 기획한 농성 프로그램을 진행했는데 그 가운데 하나가 편지쓰기였다. 이전엔 아들·딸에게 편지를 썼다면 이번에는 불특정 다수에게 자신의 마음을 전하는 편지를 썼다. 한 조합원은 홈에버 전속모델로 활동 중인 탤런트 김희애에게 농성하는 홈에버 직원들을 생각해서라도 광고를 그만뒀으면 좋겠다는 편지를 보내 동료들의 눈물샘을 자극했다. 편지를 읽는 조합원 역시 울음을 참지 못했다. 다음과 같이 이상수 노동부 장관에게 보내는 편지글을 쓴 이도 있었다.

장관님께

장관님 안녕하십니까?

존경하는 장관님께, 좋은 환경 속에서 좋은 감정으로 글을 올렸어야 마땅하오나 현실이 그렇지 못함을 충분히 이해하실 거라, 아니 이해해 주셔야만 한다는 강한 집착이 생깁니다. 저는 현재 홈에버 월드컵점에서 열흘째 점거농성 중인 노동자입니다.

'비정규직법 철폐, 비정규직 대량해고 중단, 비정규직 정규직화'를 외치며 오늘도 목청 높여 울부짖었습니다. 이 장관님에게는 저희 울부짖음이 들리시는지요? 오늘은 국회의원님들이 지지차 오셨다가 가셨습니다. 무엇보다 저희 노동자들의 소리, 노동자들의 울부짖음, 노동자들의 현실을 장관님께서 제일 먼저 보시고 현장체험을 통해 직접 들으셔야 한다고 당연히 생각하기에 이렇게 감히 장관님께 호소합니다.

이랜드자본은 거짓 선전을 하고 있습니다. 제 주변에서 제 동료가 해고를 당하고 부당해고 승소판결에도 불구하고 회사에 복직시키지도 않는 이 사회를 그냥 보고만 있어야 합니까? 또한, 제가 근무하고 있는 제 자리에 아무 통보도 없이 새로운 신입사원을 들여 일을 시키고 있습니다. 이를 보고 그냥 있어야 합니까?

또한, 현재 농성 중인 월드컵점에 공권력을 투입, 몇백 명의 직원들을 매장 안에 가둬 두고 셔터문을 내리고 셔터문을 완전히 봉쇄하는 그런 짓거리를 보고도 그냥 있어야 합니까? 찬 바닥에 새우잠을 자고 있는데 용역깡패 투입해 어두운 곳, 곳곳에 숨겨 놓는 이 장면을 이대로 그냥 보고 있으란 말입니까? 언제 어느 때 경찰들이 쳐들어올지 모르며 전쟁만큼 불안해하는 저희의 심정을 조금이나마 헤아려 주셨으면 좋겠습니다.

장관님, 존경하고픈 장관님.

저희의 소망은 너무도 작습니다. 제발 박성수 회장님께 하루 속히 성실

교섭에 임할 것을 강력히 전해 주십시오. 10년째 근무자도 90여만 원, 5년차 비정규 근무자도 70~80여만 원, 임금동결은 정말 불성실한 태도이며 직원들을 무시하는 태도이며, 저희 모든 노동자를 경멸하는 태도입니다.

교섭조차 몰성실, 정말 저희들은 굴복할 수 없으며 가족을 버리고 내 목숨을 버리더라도 이 싸움을 반드시 이겨야 된다고 저희들은 다짐을 해봅니다. (너무 억울해서 가슴 아파서…) 제발 저희 직원들의 소망을 저버리지 마시고 현장에서 농성 중인 노동자들에게 희망을 주십시오. 현장 노동자들의 소리에 귀 기울여 주십시오.

모든 노동자들이 정말 존경하고픈 장관님이시길 간절히 바랍니다.

점거농성 10일 동안 조합원들은 다양한 프로그램을 진행했다. 하루 종일 농성장에 있는 조합원들의 상황, 또는 노조에 가입한 지 얼마 되지 않고, 처음 파업에 참여하는 조합원들이 대부분인 상황을 반영해서 노동가요와 율동 배우기, 노가바(노래가사바꾸기), 장기자랑, 걸개그림 그리기, 체조, 춤 등의 문화프로그램을 많이 진행했다. 농성프로그램은 이장주 금속노조의 문화국장을 비롯해 노동운동의 문화 일꾼들이 지원해 줬다.

문화제는 기본적으로 계속 진행됐고, 집회도 했고, 서울본부나 이런 데서 집회를 했는데 오상훈 동지는 봉쇄되기 전까지는 들어와 있었죠. 그다음에 연대 단위나 시민단체들이 와서 기자회견을 다 여기서 하고. 먹는 것도 외부반입이 되고 계속 투쟁기금도 전달되고. 조합원들이 너무 재미있게 지냈죠. 그러고 도시락도 싸 오고 술안주도 가져오는 사람들, 별사람들 다 있잖아요. 생수병에 소주도 넣어 와서 소주도 먹고, 불안하고 그러니까 조합원들은 얘기도 하고. 그전까지 매장에서 얼굴 보고 별로 얘기할 시간이 어딨어요? 서로 바쁘고, 계산대에서 일하는 계산원들은 더군다나 딱 30분 나와서 쉬는 동안 옆에서 누가 있어도 얘기할 것도 없지, 다리 뻗고 앉아서 쉬다가 그냥 들어가서 일하다 퇴근하기 바쁜 상황이었는데, 오히려 농성장 안에서는 얘기도 하고 서로 알아가는 그런 시간이 된 거죠. (이경옥, 부위원장)

프로그램들은 대부분 모여서 노래 배우는 거라든가, 율동, 그리고 우리가 만든 연극? 꽁트 같은 거, 뭐 이런 거 급조해서 하고, 연대 동지들이나 문화패들이 와서 하기도 하고, 노래자랑도 하고. 이장주 국장이 그런 쪽을 오래 해서 많이 짜내더라고요. (손명섭, 부산)

"오래 앉아 있으면 몸도 안 좋고" 그래서 체조 같은 거 하고, 노래에 맞춰 율동했던 것 (……) 그냥 놔두지 않고, 지도부가 프로그램을 진행했어요. 처음에 1박 2일 갈 때는 너무 좋았지요. 서로 알아서 좋고 나중에도 그게 좋았는데 어느 순간에는 제대로 씻지도 못하잖아요. 한 번씩 집에 왔다갔다 하긴 했지만. 그래도 끌려가지 전까지는 즐거웠어요. (황은영, 면목)

투쟁가요를 모르니까 배우고. 그다음에 율동 같은 거 했고. 그리고 한참 국회의원들이 와서 자기네들 얘기하고. 또 그때가 KTX 파업할 때라서 거기서 연대 왔는데 우리랑 파업을 비슷하게 시작했는데 거기도 열심히 싸우니까 우리도 열심히 했으면 좋겠다면서 서로 울고 막 그랬었던 거 같아요. 학생들도 오고. 엄청 많이 왔어요. 학생들 중에 몇몇은 같이 먹고 자고. 조금 길어지니까, 의사 선생님도 와서 정신상담

도 하고. (이선호·진현미, 방학)

조별로 편지 쓰는 것도 있었고. 생전 우리가 이런 글씨 쓰나요? 안 쓰지. 그러다 거기 가서 그런 편지쓰기도 하고. 노래 배울 때, 그런 노래가 되게 활기차잖아요. 활기차 가지고 좋았어요. 낯설기는 한데, 되게 진취적이고 노래가 다 그렇잖아요. 좋았어요. 막 혼자 가면서도 '철의 노동자~' 불러 가면서. 우리 파업할 때는 집에 가는 중에 그리고 쌀 씻으면서 "흩어지면 죽는다~" 부르고. (웃음) 그런 노래를 몰랐다가 매일 가르쳐 주면서 부르잖아요. 그니까 쌀 씻으면서 "흩어지면 죽는다~" (웃음) 어느 순간에 입에 붙은 거예요. (이선호, 방학)

장기자랑도 했던 것 같고, 외부에 알리는 대자보 같은 것도 만들고, 피켓도 만들고, 노래 같은 것 개사해서 안에서 부르고. 그리고 그림도 그리고, 지겹지 않았어요. 그리고 출입이 통제되기 전에는 조합원들은 애들도 데리고 와서 같이 있고. 연대 동지들 와서 안에서 삼삼오오 그룹으로 앉아서 토론도 하고. (황선영, 월드컵)

또 매일 찾아오는 많은 연대단체들의 방문으로 연대 발언, 노조 임원들의 상황보고 및 설명, 외부강사의 교육 등도 노동자들에게 많은 공감을 불러일으켰고 그들이 처한 현실을 이해하는 데 도움이 되었다. 특히 점거투쟁 3일째 김재광 노무사의 강의는 이랜드파업의 정당성에 대해 법적 근거로 설명하는 등 노동자의 시각으로 투쟁을 이해하고 정당성을 느끼도록 진행해 조합원들의 반응이 좋았다. 또, 김경욱 위원장이 투쟁상황, 회사 측의 대응, 이후 방향 등에 대해 수시로 조합원들에게 설명하는 것 역시 조합원들의 반응이 좋았다. 위원장이 자신들의 현실을 누구보다도 잘 이해하는 언어로 설명하기 때문이었다. 고용불안 때문에 노조에 가입하고 파업에 참여한 노동자들이 노동자의 입장에서 회사, 노동부와 정부, 노동법에 대해 이해하면서 의식이 변해 갔다.

> 프로그램은 교육을 주로 많이 들었던 것 같아요. 노동법에 대해서도 좀 들었던 것 같고, 매장에서 일어나는 일들, 우리가 그동안에 궁금했던 일들, 그런 것들에 대해서 질문하면 대답해 주고. (김명숙, 방학)

> (비정규직 문제에 대해) 그 안에서 알게 됐어요. 특히 교육받거나 위원장하고 대화하고 이러면서 알게 됐지. 그리고 "누구 연대 발언 들어보자" 그러면 연대 온 분들이 "여러분들의 투쟁이 정당하고, 나라의 법이 이렇게 이렇게 돼 가고 있고…" 이러면서 정보를 하나하나 듣는 거죠. 비정규보호법도 몰랐다가 "비정규직보호법을 악용한 예가 바로 우리다" 이런 것도. 근데 그게 정말 우리 현실이랑 딱 맞아 떨어진 거지. 그러면서 "아, 그랬구나. 그래서 걔네들이 그러는구나" 알게 된 거죠. 남의 얘기였으면 의심도 할 수 있고 함께해야 된다는 생각이 안 들었을 텐데, 우리가 일하는 매장에서 우리 눈앞에서 동료들에게 그런 일이 벌어지고 있고, 당사자들이 우리 앞에서 갈이 점거하면서 얘기하고 그러니까. 그러면서 자연스럽게 우리 애들하고 연관을 짓고, 가족과 연관짓게 되죠. 왜냐면 더 나아가서 "내 아이들이 커서 이런 위치에 왔을 때 걔네들한테도 지금의 이런 상황이 충분히 벌어질 수 있다" 그런 것들을 들으면 "아, 그럴 수 있겠구나"를 느끼게 된 거죠. 그냥 제 문제였으면 안 다니고 말지 이럴 수도 있는데, 이게 또 장기화되면 결국은 내 아이들, 내 조카들에게까지도… 그런 거에 대한 일깨움을 여러 분들이 얘기를 해주시더라고요. (황선영, 월드컵)

처음에는 놀이 삼아 얘기하고. 낮에는 다른 데서 오니까 같이 집회도 하고 율동도 하고 재미있게 하고. 저녁에 시흥점 같은 경우 장 지도위원님이 있으니까 항상 교육 식으로 얘기를 많이 했어요. 그래서 우리가 다른 분회보다 빨리 좀 많은 것을 알았던 것 같아요. 이런 상황에서는 금방 풀릴 게 아니니까 "웃으며 즐겁게 하자. 이왕 하는 거 즐겁게 하자"는 식으로 항상 말씀하셨고. 박성수 얘기를 하면서 자기네가 당했던 것들을 얘기하면서 "절대로 금방 안 풀릴 거다"고 하고. (김영순, 시흥)

편지쓰기 같은 프로그램은 조합원들의 생각을 공유할 수 있는 것이었다. 일상적으로 글을 쓰지 않았던 이들이지만 편지 쓰고 싶은 대상을 스스로 선택해서 자신의 생각과 감정을 표현하고, 그 편지를 동료들과 공유하였다.

이런 여러 프로그램을 진행하면서 가장 중요했던 것은 여성노동자들이 처음으로 넓고 깊게 소통했던 것이었다. 처음으로 하루 종일 같이 있으면서 현장에서 느꼈던 점을 얘기하면서 서로 같은 문제의식을 가졌다는 것을 확인하기도 하고, 살아온 얘기와 현실의 삶에 대해 나누면서, 현장에서 경험하지 못했던 진한 동료애를 느끼기도 했다.

우리가 워낙 인원이 많으니까 사람에 대해서 아는 게 거의 없었거든요. 같은 직원으로 2, 3년 있어도. 거기서는 자기 얘기도 하고, 살아가는 얘기도 하고, 매장에서 부당하게 당했던 얘기들도 서로 나누고, 그러면 막 "야, 그러면 그때 그렇게 하지 그랬어? 그걸 참았어?" 이러면서 우리끼리 위로하고. 왜냐면 나도 그런 일이 있었는데 서로 얘기를 안 해서 몰랐을 뿐이지, 나만 그런 줄 알았더니 얘도 그랬던 거고. 또

연대 동지들이 "여러분들의 투쟁을 지지한다"고 하고 성금도 갖다 주시고, 먹을 것도 싸오고. 지금 사회적으로 우리가 어떻게 이슈화가 되고 있는지 이런 정보들도 갖다 주시고. 하루가 어떻게 가는지, 그때는 하루가 짧았던 것 같아요. 안에서는 재미있었어요. (황선영, 월드컵)

조합원들도 포스별로 해 가지고 몇 개는 어느 분회 어느 분회에서 자기들끼리 다 나눠 앉아서 도란도란 얘기도 하고. 집안 얘기도 나오고 가정사도 나오고. 그런 얘기 들으면 정겹고 그러더라구. 서로 이해하고 하나가 되어 가는 그런 시간들. 그렇게 열흘은 진짜 저녁마다 문화제 같은 거 진행되고, 진짜 …. (손명섭, 부산)

뉴코아-이랜드 비정규직 노동자들의 투쟁은 차별의 한복판에 놓여 있던 유통업계 여성노동자들의 집단적 행동이라는 점에서 더 주목을 받았다. 지도부조차도 여성노동자들이 제대로 싸울 수 있을지 의심했지만, 지도부들도 놀랄 정도로 투쟁을 이어 가고 있었다. 심지어 지도부들은 조합원들의 결의가 이미 지도부의 결의를 넘어서고 있다고 보았다. 이 투쟁은 사회가 '아줌마들'이라며 무시했던 계산원 또는 유통업계 여성노동자들이 자신의 노동권을 지키기 위해 이렇게 싸울 수 있다는 것을 유통업체 자본에게 보여 주는 중요한 투쟁이었다.

3) 7월 10일 — 점거농성 11일, 교섭

노사교섭을 앞둔 10일에 이랜드그룹은 조선일보·중앙일보·동아일보 등 주요 보수일간지 1면에 광고를 게재해 노동자들을 향해 경고성 엄포를 놨다. 「이랜드는 국가경제에 도움이 되는 더 좋은 기업이 되도록 노력하겠습니다」란 제목의 광고는 정치권과 민주노동당, 노동사회단체를 주요 공격대상으로 규정했다. 이랜드는 점거농성 중인 노동자들에게 일부 정치인들이 점거를 풀지 말라고 하면서 이 갈등을 정치적으로 활용하기 위한 술수를 부린다고 비판했다. 여성노동자들과 그들을 지지하는 정치세력 사이를 이간질하고 나선 것이다. 이어 이랜드는 "민주노총과 민주노동당이 주도한 이랜드 유통매장에 대한 점거농성은 분명히 기업에 대한 테러 행위"라며 민주노총과 민주노동당은 이랜드 유통기업을 비정규직투쟁의 제물로 삼는 행위를 중단하라고 했다. 특히 이랜드는 "더 이상의 매장점거 같은 테러에 대하여 뉴코아와 홈에버는 절대 타협하지 않고 단호히 대처할 것"이라 강조했다.

"선 농성해제 후 교섭"을 주장하는 사측과 "성실교섭 후 농성해제"를 주장하는 노조가 사태 해결을 위해 머리를 맞대고자 하는 순간에, 바로 앞서 발표된 이랜드의 엄포는 회사가 교섭에 성실히 임하지 않을 것임을 예견케 했다. 더욱이 이랜드는 민주노총과 민주노동당이 개입하여 노조가 대화를 거부한 채 불법투쟁의 길로 나섰다면서 "노조가 대화를 통한 해결을 거절하고 있는 상황"이라고 왜곡했다. 끝으로 이랜드는 홈에버 사태에 민주노총과 민주노동당이 빠질 것을 주문했다. 이 광고는 '뉴코아 홈에버 임직원 일동'의 명의로 게재됐다.

또 이상수 노동부 장관은 노사 양측 대표들을 만나서 입장조율을 시도했다. 전날인 7월 9일 저녁 이석행 민주노총 위원장과 회동한 이상수 장관은 이날 오전에는 오상흔 홈에버 사장 및 최종양 뉴코아 사장을 만났다. 이후 그는 "11일부터 30일간 평화기간 설정, 대표이사가 직접 나서 성실교섭, 계약해지자 53명 평화기간 동안 재근무, 협상 기간 중 수배자 안전보장" 등의 중재안에 의견일치를 보았다고 했다.

노조는 사측과의 대화에 대해 언제든지 열려 있는 입장이므로 이를 받아들이기로 했다. 그 결과 홈에버·뉴코아 노사가 교섭을 하기로 했다. 오후 4시 15분경 서울지방노동청 8층 청장실에는 뉴코아에서 최종양 대표이사와 김연배 관리이사, 박양수 노조위원장과 김호진 부위원장이 참석했고, 홈에버 쪽은 이랜드일반노조 김경욱 위원장과 홍윤경 사무국장, 사측에서 오상흔 대표와 안성일 노사협력실장이 각각 참석했다. 이날 노사 양측 대표의 만남은 비정규직 대량해고 사태 이후 처음이라는 점에서 의미 있는 자리였다.

우여곡절 끝에 열린 노사대표 회동을 앞두고 잠시 긴장이 감돌았다. 회의에 앞서 기자들이 노사 대표들에게 악수를 권하며 포즈를 취해 달라고 요청했다. 김경욱 위원장은 아직 협상이 끝난 것이 아니라며 거절했다. 오후 4시 15분경 시작된 교섭은 1시간 만에 정회됐다. 회사는 이 자리에서 노동부와 협의해 마련한 4개 안을 수용하라면서 또 농성을 정리하라고 요구했다. 이에 노조는 노동부와 사측이 마련한 합의안에 대해 듣지 못했다고 했다. 회사 측은 노조가 노동부에서 제시한 중재안을 선결조건으로 받아들이고 협상에 임한 것으로 알고 있었다. 즉, 사측은 "다 합의됐고 오늘 자리는 상징적인 의미로 사인하고 악수하면 되는 것으로 알고 왔다"고 말했다. 노조는 이에 대해 전달받지 못했고, 민주노총도 "합의한 적 없다"고 주장했다. 결국, 노사는 혼란한 가운데 회사는 "선 농성해제" 입장을 되풀이하고, 노조는 농성을 해제하기 위해서는 "명분과 퇴로를 만들어 줘야 한다"고 주장하면서 교섭이 결렬되었다. 이에 대해 노동부는 "조정안을 제시하고 성실히 교섭할 것을 당부했다"는 원론적인 입장을 밝혔다.

노사 대표 간의 회의는 오후 5시 15분경 정회됐다. 뉴코아 박양수 노조위원장, 이랜드일반노조 김경욱 위원장은 잠시 자리를 마련해 이후 협상과 관련한 의견을 조율했다. 회의는 5시 50분경 재개됐다. 이

자리에서 노조 대표들은 요구안을 사측에 전달했다. 한편, 이날 "협상이 곧 타결될 것으로 보인다", "농성을 풀기로 했다"는 일부 언론보도가 나왔다. 이에 노동자들은 협상이 시작되지도 않았는데 결과를 기사화했다고 문제제기했다. 뉴코아·이랜드일반노조와 회사의 교섭은 결렬됐다. 회사는 노동부 제시안을 수용했는데 노조가 거부했다고 강조했다. 농성장에서 김경욱 위원장은 협상이 결렬됐다는 것을 조합원들에게 알리며 "조합원 여러분께 죄송하다. 그러나 여기서 굽히지 않겠다"면서 이후에도 집중투쟁을 이어 가겠다고 했다.

이날 이랜드리테일(홈에버)은 이랜드노조 및 뉴코아노조, 소속 노조원 등에 대한 1억여 원의 손해배상청구소송을 서울중앙지법에 접수했다.

그런데 1차 교섭과정에서 문제가 불거졌다. 교섭과정에서 회사가 노동부와 조율해서 제시한 안이 민주노총과 조율된 것이라는 발언 때문이었다. 그래서 회사 대표는 협상하러 온 것이 아니라 합의안을 조인하기 위해 참석했다는 것이다. 이런 의혹은 당시 교섭과정을 기록한 〈표 11〉에 "미리 합의된 것으로 알고 사인하기 위해 참석"했다는 것에서도 드러났다.

처음 진행하는 교섭이었기에 우리 요구사항을 설명하는 시간을 달라고 했더니 사측에서 대뜸 "뭐 하는 겁니까?" 하더라고요. 계속 사측에 "요구사항을 설명해야 한다"고 하니 "하지 말아요!"라는 거예요. 그래서 "교섭하는 게 아닌가요?" 묻자, 회사 측은 황당하다는 표정을 지으며 "우리는 교섭하러 온 게 아니다"고 해요. 그때는 무슨 소리인가 싶었죠.

곧바로 노동부 국장이 우리에게 "얘기 못 들으셨어요? 다 합의했는

〈표 11〉 1차 교섭 내용

차수	날짜	장소	교섭위원	교섭내용
1차	7/10(화) 16:00~ 20:00	서울지방 노동청	노: 김경욱,홍윤경 사: 오상흔,안성일	사측, "오늘은 교섭이 아니다. 점거농성 해제를 전제로 ▶향후 대표이사 교섭 참석 ▶뉴코아 계약해지자 53명 임시채용을 하고 한 달간 평화기간을 갖고 집중교섭한다는 내용이 미리 합의된 것으로 알고 사인하기 위해 참석했다"고 하여 실질적인 교섭이 이루어지지 못함 ※ 노동조합은 아무 조건 없는 교섭인줄 알고 참석했었기에 매우 당황함

데, 이러시면 안 되죠" 이러길래 "무엇을 합의했습니까?"라고 되묻자 이번에는 사측에서 "이미 민주노총과 이야기를 다 끝냈다. 여기는 교섭하러 온 게 아니라 사인하러 왔다. 타결하러 왔다"고 해요. 대체 어떻게 돌아가는지 답답해서, 제가 "교섭 체결권자가 아무것도 모르는데 무슨 타결이냐?"며 따졌죠. 노동부 국장은 "이 양반들 봐라. 이러면 안 되지" 하면서 우리를 몰아세워요. 그러고 대표이사가 교섭장에서 "사인하러 왔다"고 하니, 화나서 "대체 누구와 합의했느냐? 내가 노조위원장인데 누구와 합의했나?" 했더니 "민주노총과 노동부가 합의했다"고 해요. 노동부 국장도 황당한 표정이 역력했고. 다시 "합의한 사람이 누구냐"고 물으니 "(민주노총에) 돌아가서 물어보라"고 하는 거예요. 결국, 말싸움만 하다 나왔죠. (김경욱, 위원장)

김경욱 위원장은 교섭장을 나와서 밖에 있던 서비스연맹 위원장에게 노동부에서 합의가 다 끝났다고 하는데 무슨 합의를 한 것인지 따져 물었다. 그런데 그는 화를 내면서 사전합의는 없었다고 부인했다.

그런데 교섭 전까지의 상황을 보면 7월 9일 민주노총 위원장이 노동부 장관과 긴급회동을 한 다음 날인 10일 노동부 장관이 회사 대표를 통해 조정안을 내고, 바로 오후 교섭에서 이 조정안이 나왔다. 그리고 교섭 현장에서 회사 대표가 조인하러 나오고 회사 측과 노동부 측의 사전합의 발언이 이어졌다. 여러 의문이 남는 상황이었다.

제가 판단하기로는 일전에 연맹위원장이 농성장에 와서 제게 4대 요구사항 수위를 낮춰 "이렇게 이렇게 하면 안 되겠느냐"고 물었어요. 노조가 몰려 있으니 중재안으로 압박하면 정리될 수 있으리라 생각했던 건지. 근데 정작 당사자와는 한마디 상의도 하지 않고서. 그러니 회사 측 대표가 따로따로 놀고 있는 우리를 보면서 "뭐 하는 거냐"고 빈정거려도 할 말이 없었던 거죠. (김경욱, 위원장)

그때는 우리가 투쟁 회의하고 그럴 때, 서비스연맹 위원장이었을 거예요. 그분이 "이 정도면 니네 (조인)해야 되는데, 왜 안 하냐"고 막 윽박질렀어요. 당시 그 자리에 제가 있었던 것 같은데, 굉장히 윽박질렀어요. 하여튼 성질내면서 "이 정도면 훌륭한 건데, 왜 니네 (조인)안 하냐" 이런 분위기였어요. (마수경, 면목)

서비스연맹 위원장하고는 사이가 내내 안 좋았는데 (……) 월드컵 1박 2일 하자 연맹은 "(농성장을) 나가야 된다" 얘기를 했고. 근데 우리 지도부도 나가야 된다는 생각을 했었는데, 조합원들이 완전 필을 받아서, 총회 결정으로 사실은 무기한으로 가 버린 거거든요.
그 과정에서 연맹이 계속 우려했던 건 상급단체로서 책임이 있기에 감당할 수 없는 수위로 길어지면 어떻게 될지, 그리고 농성 대오가

1,000명이 넘었기 때문에 연맹 차원에서 고심이 많았을 것 같아요. (……) 그래 연맹 지도부가 점거파업 때, 특히 우리의 투쟁전술을 우려했다고 들었고요. 일단은 현장으로 다 복귀하고 싸움을 계속 이어가는 방식으로 하는 걸 생각했던 것 같아요. 그럼 당연히 요구안에 대한 '수정' 논의는 자연스럽게 나올 수밖엔 없죠.
그런데, 그때는 요구안 수정이나 이런 얘기 할 때가 아니잖아요? 출정기였고 (……) 교섭 원칙에도 맞지도 않는 거고. 조합원들은 하늘을 찌를 기세였기 때문에. 우리 지도부들은 걱정이 많았으나 지도부가 그걸 제어하기도 어려웠어요. (이남신, 수석부위원장)

문제는 이날 교섭이 처음 진행된 것이었고, 무엇보다도 조합원들은 점거농성 10일째였지만 투쟁의지가 높은 상태였다. 민주노총과 서비스연맹 지도부는 조합원들 앞에서 "이 투쟁을 민주노총이 책임지겠다"고 했는데, 그런 공식 발언과는 달리 달리 연맹의 일부 지도부가 점거농성 초기부터 농성을 풀어야 한다고 노조 지도부를 압박했다.

제가 그렇게 생각하는 이유는 민주노총 서비스연맹 지도부가 첫날부터 해산을 종용했거든요. 월드컵점 매장 입구 앞에서 쟁대위 회의를 하는데, 서비스연맹 임원이 급히 와서 둘이 얘기하는데 갑자기 "이러면 안 된다. 철수부터 하자"고 해요. 점거한 지 몇 시간 되지도 않았을 때였죠. "이거 큰일 난다. 감당 못 해. 빨리 점거 풀어라. 점거 계속하면 다 구속되고, 손해배상 나온다. 점거부터 해제하고 그다음부터 이야기하자"고. 점거하자마자 철수하라고 하니 무척 화가 났죠. 민주노총에서 철수하라고 하니 무슨 소리인가 싶기도 하고. 월드컵점 점거는 이미 민주노총과 회의에서 하기로 결정된 사항이거든요. 그런데 점거 첫날, 그것도 몇 시간 지나지도 않은 상황에서 갑자기 빠라고 하니 황당했죠. 게다가 우리가 점거했다는 소식을 접하고 연대 단위가 하나둘씩 모이기 시작할 때였어요. 그런 상황에서 점거를 풀라고 하니 얼마나 기가 막혀요. (김경욱, 위원장)

여기 점거하고 2선으로 나는 민주노총으로 와 있었던 적이 있는데, 그때 농성장에서 빠란 얘기는 계속 들었죠. "야, 너희들 어떻게 하려고 거기서 그렇게 점거하고 있냐? 빨리 나오라" 이런 얘기를 했죠. 그래서 "아니, 그건 조합원들이 결정할 문제다. 우리가 집행부라고 하지만 우리가 조합원들한테 나가자 말자 하지 못한다. 중요한 결정자들은 조합원들이다. 우리는 조합원들이 결정한 거에 함께하지, 우리가 어떻게 나오라 마라 하냐. 아무 문제도 해결 안 됐는데 어떻게 나오냐, 못 나온다" 그런 얘기 많이 했죠. 그래 우리는 난리가 났죠. (이경옥, 부위원장)

연맹은 회의자리나 공식적인 자리에선 그런 얘기 안 하죠. 그런데 (……) "빨리 빼라" 이렇게 얘긴 안 하지만 "이게 이렇게 가는 게 힘들지 않겠냐, 어느 정도 교섭과 맞물려서 하는 것도 방법이 아니겠냐"고 하죠. (홍윤경, 사무국장)

이날 오전에는 여성시민사회단체 인사들이 모여 공동으로 기자회견을 했다. 한국여성단체연합, 참여연대, 한국YMCA전국연맹, 함께하는시민행동 등 27개 여성시민사회단체는 시급히 해결해야 할 비정규직 문제에 대해 최소한의 책임마저도 회피하려는 기업들의 편법 행위를 규탄하면서 이랜드 사측의 행태를 비판했다. 정부도 사태를 방관해 왔다고 비판하였다.

기독교단체들도 이랜드 노동자들의 투쟁을 지지하고 나섰다. 한국기독청년학생연합회는 신촌 이랜드 본사 앞에서 "이랜드가 하나님 앞에서 회개하고 비정규직 노동자들과 성실하게 대화할 것을 요구하는" 기도회를 열었다.

이날 교섭은 비록 결렬되었지만 성과도 있었다. 비정규직 노동자들의 선도적인 점거투쟁과 연대투쟁으로 이 문제가 사회적 쟁점으로 부각된 것이다. 또, 노사간의 대리전 양상을 띠고 전개되자 다급했던 회사 측이 처음으로 대화에 나섰다는 것이다. 그동안 따로 교섭이 진행되어 왔던 뉴코아노조와 이랜드노조가 처음으로 공동교섭을 전개했다는 점도 성과였다.

이후 회사는 대화조차 거부하면서 탄압에 열을 올렸다. 회사는 노조의 점거농성에 굴복하지 않겠다며 조합원들에 대한 손해배상과 고소·고발 등 법적 조치를 취해 나가겠다고 밝혔다.

4. 봉쇄된 농성장, 농성장에 갇힌 조합원들

1) 7월 11일 — 점거농성 12일

노사대표의 교섭이 결렬된 다음 날인 7월 11일 오전에 노조에서 회의가 열렸다. 결론은 21일 전국 홈에버-뉴코아 지점의 점거농성을 목표로 본격적인 조직작업을 시작한다는 것이다. 노조는 21일까지 하루 1개씩 사업장을 방문해 집중매출타격 및 선전전을 벌이기로 했다. 이는 21일 진행되는 집중타격을 통해 25개 매장을 하루 종일 멈추기 위해서였다. 노조가 목표로 하는 매장은 대량으로 비정규직들이 해고된 매장들이거나 해고될 매장들이었다. 이는 조직화 사업의 일환이기도 했다. '1일 1개 매장타격투쟁'은 조합원인데도 파업에 동참하지 않는 이들을 참여시키기 위한 선전전을 중심에 놓았다. 물론 계산대 점거도 시도한다는 것이다. 집행부는 보안이 새 나갈 것을 우려해서 집중투쟁 대상의 장소와 시간은 상황에 따라 지시한다는 방침을 세웠다.

이에 대비해 경찰은 시흥, 가양, 면목, 일산 등의 매장을 봉쇄했다. 또, 경찰병력은 월드컵점의 각 출입구를 봉쇄하고, 점거농성 노동자들이 출입구로 사용하고 있는 곳은 15대의 경찰버스와 경찰들로 층층이 둘러쌌다. 뉴코아 강남점에도 경찰병력이 증가되면서 공권력투입이 멀지 않아 보였다. 경찰병력이 증강되자 민주노총, 전국비정규직노조연대회의 등은 실시간으로 속보를 전하며 연대단위들의 결합을 요청하였다.

정부는 이날 오전에 열린 국정현안정책조정회의에서 뉴코아-이랜드노조의 점거농성에 대해 "불법행동에 대해선 엄중하게 대처해 나갈 것"이라며 강경한 태도를 표명했다. 경총도 이랜드노조의 점거농성에 대해 정부가 불법행동인데도 미온적으로 대처한다면서 노조를 비난했다. 특히, 김영배 경총 상임부회장은 이날 경총 조찬포럼에서 "이랜드 협상이 잘 안 되는데 주된 이유는 좌파운동가들이 개입해 근로자들 뒤에서 조종하고 있기 때문"이라며 좌파운동가들이 개입해 사태를 장기화시키고 있다는 판에 박힌 논리를 내세웠다.

이랜드일반노조 지도부 6인에 대한 체포영장이 발부된 데 이어, 이날 뉴코아도 박양수 위원장과 부위원장 2인, 사무국장, 쟁의부장 등 지도부 7인에 대한 체포영장이 발부되었다.

오후 3시 30분경부터 경찰이 월드컵점 출입구 1미터 앞까지 진출해 출입구를 봉쇄하면서 출입통제를 했고 전경버스로 출입구를 막았다. 입구에는 일부 노동자들이 집회를 위해 시흥점으로 나서려고 준비하고 있었다. 갑자기 경찰이 입구를 봉쇄하자 놀라서 항의하는 노동자들이 몸싸움을 벌이다 3명이 연행됐다. 이는 이날 시흥점을 '타격'하려는 노동자들의 움직임을 막기 위해서 그리고 연대단체와 농성노동자들의 결합을 차단하겠다는 경찰의 판단인 듯했다.

원래 노조는 오후 4시에 100여 명의 조합원을 보내 홈에버 시흥점에서 집중투쟁을 벌일 계획이었다. 시흥점을 첫번째 대상으로 정한 이유는 첫 해고자가 시흥점에서 근무하던 노동자였기에 상징적인 의미를 지녔다고 보았기 때문이었다. 그런데 몇몇 언론을 통해 정보가 유출돼 시흥점 측이 자체 영업을 중단했고, 매장 주위에는 경찰병력이 배치되어 있었다. 이에 노조는 계획을 수정해야 했다. 오후 5시경, 회사는 냉장고 전기를 제외하고 매장 1층 전체의 전기를 차단했다. 비가 내리는데도 매장을 봉쇄한 경찰에 맞서 출입구에는 10여 명의 조합원이 자리를 지키고 있었다. 이들은 공권력투입에 대비해 상자더미를 쌓아 놓았다. 매장 밖에서는 매장으로 들어가지 못한 노동자들이 비를 피해 한 곳에 모여 있었다. 매장 안에서는 5시 20분부터 불이 꺼진 상태에서 조합원들이 결의를 모으는 집회를 열어 '바위처럼' 등의 노래에 맞춰 춤을 췄다. 이후 노동자들은 나가지 못했고, 밖에서 들어오려던 노동자들 역시 매장 안으로 들어오지 못했다. 농성 교대를 하고 집으로 가기 위해 나가려던 노동자들이 나가지도 못했다.

오후 6시에는 음식물 반입과정에서 노동자들과 경찰의 몸싸움이 벌어져서 욕설이 오고 가기도 했다. 오후 6시 30분에 마포경찰서 수사과장이 노조간부 6인의 자진출두 요구서를 가지고 와서 자진출두할 것을 요구했다. 이에 이남신 수석부위원장이 노조 대표로 나가 자진출두를 거부했다. 노조의 요구안이 받아들여진다면 법적 책임을 모두 진다는 입장이었다.

오후 7시부터 매장 안에서 문화제가 이어졌다. 밤 10시경 노동가수 지민주가 방문해서 연속 네 곡을 불러 조합원들에게 힘을 실어 줬다. 지쳐 있는 노동자들을 한순간에 '와!' 하는 함성과 희망으로 몰아넣을 수 있는 '노래의 힘'이었다.

갑자기 비가 쏟아지는 가운데 인권단체연석회의 활동가 100여 명이 "홈에버 월드컵점, 뉴코아 강남점 점거농성 침탈시도 규탄 기자회견"을 열어서 정부의 침탈시도를 비판하였다. 이어 이들은 저녁 8시경 매장 진입을 시도하며 20여 분간 경찰과 몸싸움을 벌이다가 매장 밖에 무대를 설치하고 집회를 이어 나갔다. 오후 11시 30분경 한국진보연대 실천단, 전국농민회총연맹, 사회주의학생연맹 등 많은 단체회원들이 경찰의 봉쇄에도 불구하고 농성장에 진입해 조합원들과 연대했다. 또 문성현 민주노동당 대표와 이석행 민주노총 위원장이 농성장을 방문해 이들의 투쟁을 지지했다. 이석행 위원장은 전날 협상이 결렬된 것과 관련해 "사측과 정부가 짜고 민주노총이 중재안을 합의했다고 하지만 이것은 전혀 사실 무근"이라며 "사실을 왜곡시켜 (민주노총과 홈에버를) 이간질하려는 행동"이라고 말했다.

한편, 민주노총은 전국 불매운동의 1차 집중시기를 7월 11일부터 20일까지로 정하고 80만 조합원들에게 뉴코아 아울렛, 뉴코아 백화점, 킴스클럽, 홈에버, 2001아울렛 등 이랜드그룹 5개사에 대한 불매운동에 참여할 것을 지침으로 내렸다. 이 기간에도 이랜드 사측이 사태 해결에 나서지 않을 경우, 민주노총은 2차 집중타격투쟁 및 불매운동지침 2호를 발동한다는 계획을 세웠다.

민주노동당도 나섰다. 민주노동당은 회사가 7월 10일 주요 일간지에 민주노동당과 민주노총의 행동을 '테러행위'로 규정한 것에 대해 "민주노동당의 명예를 더럽혔다"고 비난했다. 이어 12일부터 15일까지 전국 60여 개의 이랜드그룹매장에서 불매 1인시위를 하기로 했다.

여성노동자들의 비정규직 투쟁이 사회문제로 떠오르면서 시민사회에 자발적인 불매운동의 움직임이 번지고 있었다. 시민, 누리꾼, 진보적 인사 등 개인들이 먼저 나섰다.

인터넷에서도 이랜드 불매운동을 주장하는 글들이 블로그와 포털사이트 카페 등을 통해 퍼지고 있었다. 한 아파트의 주민카페 게시판엔 불매운동을 요구하는 글이 쓰였다. 아이디 '나의 파도'는 개인 블로그를 통해 사회가 올바른 방향으로 가려면 모두의 참여가 중요하다며 불매운동을 촉구하고 나섰다.

시민·여성단체의 움직임도 점차 활발해져 갔다. 경기 민주언론시민연합·경실련 등 단체 8곳에서 불매운동을 공식 결의했다. 김기선미 한국여성단체연합 정책국장, 강내희 교수, 김정란 교수 등도 불매운동에 동참하겠다고 밝혔다. 연구자들의 모임인 '연구공간 수유+너머' 게시판에는 불매운동을 제안하는 회원들의 글이 계속 올려지고 있었다.

정말 연대들이 많이 왔어요. 연대가 겁나게 많이 왔어요. 너무 미안할 정도로 많이 와서, 오는 단체마다 우리가 불끈불끈 힘이 솟았죠. 그래서 더 있었고. 그때는 국회의원, 최고의원, 그때 대통령 후보로 나갔던 사람도 오고. 심상정, 노회찬 이런 정치인들은 많이 왔어요. 민주당 최고위원이라고 왔는데, 저는 그 사람들에게 화를 되게 많이 냈었어요. "우리가 이렇게까지 하는데, 빨리 끝나게 해줘야 되지 않느냐" 원망을 많이 했죠. (김정애, 구월)

처음에는 농성장에 (……) 굉장히 많았던 것 같아요. (조합원이 그렇게 모인 건 처음이죠?) 그렇죠. 그리고 '다함께' 동지나 다른 단체에서 함께 했기 때문에 더 많았던 것 같아요. 그리고 농성장에 있으면서 연대 동지들이 막 오는데, 천군만마를 얻은 듯했어요. 연대 동지들이 오면 소개를 해요. 그게 굉장히 멋있더라고요. 되게 뿌듯하기도 하고. 그런데 그 동지들이 나갈 때는 좀 허전하기도 하고. (웃음) (마수경, 면목)

제일 기억나는 건, 국회의원들 와서 연설하는 거, 그때는 민주노동당 의원들인 심상정, 권영길, 노회찬, 그런 분들 와 가지고 얘기하고. (……) 그런데 그분들이 오면 좀 더 안정적인 것 같은 느낌 있잖아요? "우리가 틀린 걸 하고 있는 건 아니구나" 이런 걸 느끼는 거지, 스스로

도 내가 잘못된 걸 하고 있다고는 생각을 안 했으니 거기 있었던 거지만. (서은주, 월드컵)

2) 7월 12일 — 점거농성 13일

7월 12일 월드컵 경기장은 전날 통로로 이용되던 곳도 경찰에 의해 완전히 봉쇄됐다. 취재기자들의 출입도 전날과 달리 차단됐다. 심지어 전기도 끊겼다. 그리고 농성장에는 곧 공권력이 투입될 것이라는 이야기로 술렁거렸다. 농성장 바깥도 술렁이기는 마찬가지였다. 농성장으로 진입하려는 민주노동당 당원, 민주노총 조합원, '다함께' 회원들이 월드컵경기장 앞에 속속 모여들었다. 하지만 경찰의 완강한 저지로 농성장 진입은 쉽지 않았다.

조합원들은 농성장 안팎의 상황, 그리고 경찰들의 침탈에 불안해하면서도 "경찰에게 끌려가도 이 싸움은 끝난 것이 아니다"는 각오를 다졌다. 특히 농성장에 오래 있던 조합원들에게는 익숙한 분위기였다. 어두운 농성장에서 '여성노동자 농성단'은 각오를 다졌다.

애들이 전기를 다 끊어 버리고, 방화셔터 내려서 나가는 길이 다 차단이 되잖아요. 그래서 출입구에 조그만 방화셔터 걷어내고, 그 위로 1층, 2층 왔다갔다 할 수 있게 하고 (……) 저희가 1층, 2층 나눠서 바닥에 박스를 깔고 자고. 나중에는 화장실을 약간 개조해서 샤워실로 쓰기도 하고. 그러다가 1층, 2층 하나로 합쳐서 했는데. 방화셔터 내려오고 막 출입을 막고 그럴 때 좀 무서웠던 것 같아요. (마수경, 면목)

재미있었는데 나중에 무서웠어요. 밤에 잘 때 구사대, 보안 애들이 털려고 우리 때리고 막 이랬거든요. 그리고 불을 딱 꺼 버리고. "와서 우리를 죽여도 모르겠다" 이런 생각이 들어 섬찟했어요. 그때 좀 무서웠어요. 그래서 우리가 요만한 뭐로 막 두드렸어요. 우리끼리 계산대에서. 그 사람들이 뒤로 빠지고 그랬어요, 그때 무서웠어요. (……) 이때부터 우리한테 욕하고 뭐 18, 18 하고, 뭔 년, 뭔 년, 할 때가 무서웠어요. 경찰도 '시X년아' 막 욕하고, 제가 뭐라 그러면 가슴 이렇게 앞에, [두 팔 들고 막는 모션] 우리가 막 하면, 막 [가슴 만지는 모션] 이렇게 막 만지고. 그럼 우리도 악착같이 "성희롱이야. 왜 만져?" 그랬는데 근거자료가 없으니까. 그렇게까지 했죠. (임재윤, 시흥)

거의 말미에는 출입이 안 됐죠. 그래서 나가야 되는 사람들은 '밥 아줌마', 밥해 주는 조합원이 노란스카프를 맸거든요. 노란스카프만 매면 왔다갔다 할 수 있는 거야. 경찰에서 출입을 어느 정도 인정을 해줬지요. 그래서 다급해지면 그것 매고 나갔다가 벗어서 주고. 아니면 차벽 사이로 가는 길이 있어서 거기로 들락날락하고. (황옥미, 면목)

저희는 율동패여서 중간중간에 나오기도 했고. 초반에는 자유로웠기 때문에 왔다갔다했던 것 같고. 나중에 좀 막혀 있을 때도, 순번제나 교대로 왔다갔다했던 것 같아요. 그때 오출세 정보과 형사가 전담을 했는데 융통성 있게 해주었던 것 같아요. (마수경, 면목)

농성장에 노래패 꽃다지, 민주노동당 심상정 의원 등이 방문해 조합원들의 사기를 북돋워 주었다. 또 한국기독교교회협의회 양성평등위원회에서도 농성장을 방문해 회사를 비판했다.

밤 10시경, 농성장 2층이 시끄러워졌다. 한미FTA저지 범국민운동본부가 농성장으로 들어가지 못해 밖에서 집회를 한 뒤에 농성장으로 조합원들을 들여보내기 위해 월드컵점 2층 입구로 진입을 시도한 것이다. 경찰은 1층 농성장으로 들어가는 모든 출입구를 봉쇄하고 집회 참가자들의 진입을 가로막았다. 한때 집회 참가자들과 경찰들 사이에 격렬한 몸싸움이 벌어졌으며, 집회 참가자들은 셔터를 뜯어내고 농성장으로 진입하려 했다. 이 과정에서 경찰이 심하게 밀어붙여 집회 참가자들이 한꺼번에 넘어지면서 사람이 밑에 깔리기도 했다. 결국, 일부의 집회 참가자들은 밖으로 밀려났고 일부는 농성장 진입에 성공했다. 순식간에 수백 명의 대오로 농성장이 꽉 차자 농성장 분위기가 고조됐다. 일부 찰과상을 입은 사람들이 있긴 했지만 심한 부상은 아니었다.

한편, 전날부터 농성장에 공권력투입에 대한 우려가 커지면서 참여연대 등 각계각층에서 이를 반대하는 성명이 쏟아졌다. 이날 오전 권영길, 노회찬, 심상정 등 민주노동당의 예비대선후보도 월드컵점에서 기자회견을 했고, 수원지역 목회자들과 다산인권센터 등 인권·시민단체들도 기자회견을 열어 이랜드그룹과 정부를 비판했다.

민주화를 위한 전국교수협의회, 전국교수노동조합 등 교수단체와 민주사회를 위한 변호사모임, 민주주의법학연구회, 노동인권실현을 위한 노무사모임, 민주노총 지원 노무사과정 2007 노동자의 벗 등이 구성한 '뉴코아-이랜드투쟁 지원을 위한 법률단체 연석회의'가 이랜드의 비정규직 노동자 탄압실태를 조사해서 기자회견을 열고 그 결과를 발표했다. 조사 결과 이랜드가 법을 회피하기 위해 불법과 편법을 동원했음을 밝혔는데, 이들은 "지난 1월부터 5월 11일 사이에만 350여 명의 계약직이 해고됐고 지난 5월에는 주차, 보안, 카트관리 업무에 종사하던 용역직원 500명을 정리하는 등 100% 고용승계 약속을 회사가 먼저 저버렸다"고 주장했다. 또 기자회견에서 회사와 정부에 대해 비판하면서 당장 행정, 정책적 수단을 동원해 사태 해결에 책임 있는 자세로 나서야 한다고 주장했다.

이날 민주노동당 부산시당은 "비정규직을 대량해고한 비인간적 이랜드 물건은 사지 맙시다"는 팻말을 들고 홈에버 서면, 해운대점, 뉴코아 괴정점 입구에서 매일 오후 4시부터 한 시간씩 1인시위를 펼치기로 했다. 이후 불매운동을 지속해서 확산시켜 나가겠다고 했다.

이런 분위기에 회사는 오후부터 목동점, 방학점, 뉴코아 아울렛 평촌점, NC백화점 평촌점 등 4개 매장의 영업을 중단했다. 조합원 등 시위대가 농성 등을 시도하기 위해 이들 매장에 찾아온다는 소식을 들은 것이다. 경기도 평택의 뉴코아 아울렛에서 금속노조 조합원들이 집회를 했고, 뉴코아 야탑점에는 시위대가 온다는 소문이 있어 경찰력 1개 중대가 배치됐다.

3) 7월 13일 — 점거농성 14일

점거농성 14일째, 홈에버 월드컵점 입구는 전투경찰의 차로 가로막혀 조합원들은 한 번 나가면 다시 농성장으로 들어오기 어려운 상황이었다. 아이들의 밥을 챙겨 주기 위해 밖으로 나왔던 조합원들은 농성장으로 들어가지 못해 농성장 주변을 서성였다.

교섭의 실마리는 보이지 않은 채 하루하루 농성장 침탈에 대한 위협이 높아지고 있었다. 언론을 통해서 경찰병력의 투입이 임박했다는 소식만 간간이 전해지고 있었다. 소식을 듣는 조합원들은 담담했다. 경찰 측은 경찰병력뿐만이 아니라 경찰차량을 이용해 출입구를 봉쇄했다. 인원 통제도 심해지고 있었다. 그래도 오전에는 기자단과 함께 기자회견을 하겠다는 외부인들의 출입을 허용하더니 오후부터는 다시 막기 시작했다.

오후 9시가 넘어 KTX 500일 투쟁문화제에 연대하러 간 사람들이 농성장 밖에 모이기 시작했다. 전날처럼 2층을 통해 농성장 안으로 들어가려고 시도했으나 여의치가 않았다. 결국, 다시 경찰병력이 통제하고 있는 매장 정문 쪽에 모였다. 인솔자가 내부 진입이 어렵다는 이유로 해산을 제안했고 모인 대오는 해산하는 듯했다. 그런데 이때부터 흩어져 있던 사람들을 경찰이 에워싸기 시작한 것이다. 물리적 충돌이 있어났다. 심지어 한 사람을 두고 경찰 수십 명이 둘러싸는가 하면 주차 차량도 막는 어이없는 상황이었다. 항의하는 사람들도 있었다. 결국, 참여자 26명이 연행됐다. 연행 과정에서는 물리적 충돌이 있었고 회사의 용역직원이 가세해서 이들을 구타하기도 했다.

오후 10시, 경찰은 확성기로 강제해산 전에 삼삼오오 해산하라고 종용했다. 농성장 안은 전기도 끊겨 저녁에는 옆에 있는 동료의 얼굴도 제대로 구분하지 못했다. 곧 물도 끊는다는 소리가 들렸다. 농성장 안의 분위기는 무거웠다. 조합원들의 얼굴이 굳어 있었다. 하지만 어느 한 사람 농성장을 나가려 하지 않았다. 오히려 경찰의 봉쇄로 들어오지 못한 조합원들이 농성장으로 들어오기 위해 경찰과 대치했다.

지도부는 조합원들에게 지침을 내렸다. 침탈이 있을 시 어떻게 대응해야 하는지에 대해 설명했다. 농성장 밖의 연대단체 회원과 학생 등 150명이 경찰들과 대치하다가 경찰의 봉쇄를 뚫지 못하고 흩어졌다는 소식이 전해지자 농성장 안은 순간 조용해졌다. 연대하러 온 사람들이 함께했을 때는 든든했는데 조합원들만 있으니 다소 불안한 분위기였다.

앞에 나와 마이크를 잡은 이남신 수석부위원장이 “다음 주에 금속노조가 파업을 하기 때문에 정부에선 금속노조와 우리의 연대를 적극적으로 막으려고 할 것"이라며 "금속노조의 파업 전에 점거를 해결하려고 노력할 것"이라고 말했다. 주말이 고비라는 이야기였다.

봉쇄됐을 때 프로그램은 우리가 투쟁한 영상도 스크린으로 보고, 사실 프로그램을 굴릴 상황도 아니죠. 서로가 각자 일하고. 우리끼리 오순도순 모여서 얘기하고 아니면 법률교육하고. 점거하면서 제일 불안한 게 "우리가 어떻게 될 것이냐"는 건데, 교육에서 "조합원들한테는 해가 가지 않을 것이다. 나중에 소송도 취하되면 핵심간부들이 그거에 대한 책임을 질 것이다. 조합원들은 걱정할 필요가 없다"면서 두렵지 않게 했죠. (이경옥, 부위원장)

다시 농성장 안이 분주해졌다. 규찰대를 만들고 사수대를 구성했다. 여성조합원들은 짐을 싸기 시작했다. 하지만 이들은 자기 발로 나갈 생각은 없었다. 이들은 어차피 한 번 겪을 일인데… 박성수가 굶겨 죽이거나 경찰에 끌려가 죽거나 똑같다는 생각이었다. 이남신 수석부위원장이 "21명의 연대 동지와 5명의 조합원이 경찰에 연행됐다"는 상황을 노조원들에게 알렸다. 그러자 농성장 안의 한 조합원이 "네, 알겠습니다. 먼저 잡혀가 계세요. 곧 따라가겠습니다"라고 말했다. 순간 좌중은 파안대소했다. 그래도 아직 이들에게는 여유가 있었다.

밤 12시가 넘어 그동안 보이지 않던 용역업체 직원들이 식품매장 안쪽에서 나타났다. 용역업체 직원들의 출현으로 한동안 조합원들이 격해져 언성을 높이는 등 잠시 술렁거렸으나 이내 용역직원들이 사라졌다. 이날 밤에는 지부마다 돌아가면서 불침번을 섰다. 하지만 불안해서 잠을 자지 못하는 조합원들은 자신의 순서가 아님에도 함께 자리를 지켰다.

대부분의 조합원들은 일하고 생활하기 바빠서 세상 돌아가는 것에 관심이 없었다. 그런 이들이 파업투쟁과 농성투쟁을 통해 정부와 경찰에 대해서 다시 생각하게 되었다. 한편 경찰의 농성장 침탈 분위기에 일부 조합원들의 이탈도 나타나기 시작했다.

> 용역 애들이 중간중간 들어오고 그랬어요. 용역, 그 깡패들 시켜가지고. 우리가 지켜야 될 거잖아요? 걔네들하고 몸싸움까지 할 걸 각오하고 있기 때문에, 그런 거 대비해서, 어떤 사람이 "화염병이나 이런 걸 만들어서 해야 된다" 막 이렇게 얘기할 때, 무섭더라고요. 그런 과정을 좀 거치면서 나중에 길어지니까, 진짜 물불 안 가렸어요. 너무 분노해서. (강혜정, 야탑)

> 점점 우리를 쪼았잖아요. 용역 깡패들 시켜서 막 불안감을 조성시키는 거예요. 밑에서도 올라오는 사람, 사람들이 막 왔다갔다 하고. 그리고 위에도 사람들이 왔다갔다 하고, 우릴 막 못 나오게 막아 놓고. 그러면서 그 사람들이 삼다수 물로 가득 천장까지 막아 놓고. 그렇게 하니까 아무래도 여자들이니까 또 주부들이니까, 많이 그만뒀죠. 월드컵 안에서 점점 나가는 사람이 있었죠. 앞이 보이지 않으니까. 그리고 캐셔라는 직업이 큰 돈벌이가 아니기에 "굳이 내가 여기에서 파업까지 하면서 있어야 되나" 이런 마음 때문에. (김경미, 월드컵)

이날 대전에서는 이랜드불매-매출타격투쟁이 진행됐다. 민주노총 대전본부는 이미 7월 8일 70여 명의 조합원이 모여 둔산점 매출타격투쟁을 진행했고, 7월 12일 비상대책위원회에서는 본격적으로 이랜드 악질자본 타격투쟁 계획을 안건으로 확정했다. 회의 결과 대전본부는 7월 13일부터 20일까지 홈에버 유성점, 둔산점, 문화점 3곳을 거점으로 동시 1인시위와 선전전을 집중배치하고 불매운동을 본격적으로 진행하기로 했다.

그런데 오후 2시 30분경, 홈에버 입점업체 관련자 20여 명이 대전본부에 찾아와 홈에버를 상대로 한 민주노총의 투쟁을 자제해 달라고 호소했다. 오임술 대전본부 교선부장은 노조가 투쟁하는 이유는 1,000여 명의 비정규 노동자가 해고된 상황 때문이라고 설명하고, 아울러 "지금의 사태를 만든 이랜드자본에게도 이 호소문을 전달해 달라"고 요청했다.

그 뒤 오후 4시경 진행된 1인시위와 선전전은 둔산점과 문화점에서는 순조롭게 2시간 동안 진행되었다. 그런데 전국 홈에버 매장 중 매출 순위 2위인 유성점은 1인시위가 진행되기 전부터 관리자가 감시하면서 팽팽한 긴장감 속에서 진행되었다.

서울에서는 이날 오전 한국진보연대, 민주언론시민연합, 민주사회를 위한 교수모임 등 시민사회단체들이 기자회견을 열고 '뉴코아-이랜드 유통서비스 비정규직 노동기본권 보장을 위한 공동대책위원회'(공대위)를 구성하고, 이랜드 측의 성실교섭을 촉구했다. 공대위는 "악덕 기업은 시민들이 응징한다는 걸 보여 주겠다"며 이랜드그룹 전 매장 앞에서 1인시위 등 선전전을 벌이고 전국적으로 이랜드 불매운동을 펼쳐 나갈 것이라고 밝혔다.

한편, 파업을 보도하던 언론의 모습이 달라져 갔다. 고객의 불편이 이만저만이 아닐 것 같은데, 매장을 점거하고 장기투쟁하는 조합원을 비난하는 목소리들이 잦아든 것이다. 이랜드 노동자들의 파업을 보는 여론의 모습이 이전의 노조파업을 향한 것과도 달라졌다.

이날 CBS가 발표한 여론조사 결과를 보면, 비정규직 파업 사태의 책임이 정부에 있다는 의견이 31.9%, 사업주에 책임이 있다는 의견이 24.4%였다. 즉 정부와 기업주의 책임이라는 의견이 절반을 넘는 55.3%였다. 반면에 노동조합에 책임이 있다는 답변은 23.2%에 그쳤다. 이는 보통 민주노총의 사업장이 파업을 벌였을 때 일방적으로 노조에 책임을 돌리는 양태에서 다소 벗어난 것이었다. 이는 정부와 보수정당 그리고 보수언론이 연대해서 통과시킨 비정규직 관련법의 실체에 대해 국민의 인식이 부정적이라는 것을 보여 줬다.

그런데도 이날 회사는 이석행 민주노총 위원장, 이용식 사무총장 등 4명을 상대로 10억 원의 손해배상청구소송을 서울중앙지법에 냈다. 그리고 이날 홈에버 목동점, 방학점 등 4개 매장의 영업을 재개했다. 노조가 공문을 통해 회사에 계속 교섭을 요구했으나, 돌아오는 답은 회사는 대화준비가 됐지만 노조가 마음이 없는 것 같다는 것이었다. 교섭을 회피하는 것이다.

4) 7월 14일 — 점거농성 15일

7월 14일 오후 2시 민주노총 대전본부는 이랜드를 규탄하는 대시민선전전을 진행하기 위해 유성점 앞에 50여 명이 모였다. 애초 서울에서 농성 중인 이랜드 조합원들과 함께 진행하기로 했던 유성점 선전전은 7월 13일 새벽 월드컵점에서 경찰이 조합원 및 참가자 26명을 연행함에 따라 변경되었다. 선전전이 시작되기 전부터 경찰병력 240여 명이 배치됐고, 유성점 측은 매장에 있는 계약직 직원 40여 명, 입주업체 점장 10여 명, 용역깡패를 동원하여 매장 안 선전전을 가로막았다.

매장 안에서 대시민선전전을 진행하기로 했던 계획은 회사가 매장 셔터를 내리면서 매장 밖 주변을 돌면서 유인물을 나눠 주는 방식으로 변경되었다.

이에 점주들이 "민주노총 물러가라", "노조 없는 유성점에는 노동조합 집회 필요없다" 등 피켓을 들고 선전전을 방해했다. 그러나 선전전은 큰 마찰 없이 2시간 동안 진행되었다. 이날 대전본부는 유성점, 문화점, 둔산점에서 1인시위와 불매운동을 시작했다.

5) 7월 15일 — 점거농성 16일

7월 15일 월드컵점에는 조합원 150여 명이 16일째 점거농성을 하고 있었다. 경찰은 여전히 농성장의 출입구를 차단했다. 여기에 더해 회사는 지난 11일 농성장으로 연결되는 통로의 방화벽을 내리고 그 위에 쇠파이프와 쇠사슬을 가져다 댄 뒤에 땜질했다. 오직 하나의 통로만 남아 있는데, 그곳은 경찰이 막고 있었다. 이에 노조는 화재가 난 것도 아닌데 회사가 방화문을 내린 것에 대해 소방법 위반 혐의로 고발하고, 국가인권위원회에도 긴급구제를 요청하기로 했다.

낮 최고기온이 29도였던 이날, 농성장은 에어컨 가동은 오래전에 중단됐고, 물은 화장실에서 받아 써야 했다. 밀실에 오랫동안 갇혀 있던 조합원들은 불안에 휩싸였다. 폐쇄공포증이 있는 몇몇 조합원이 농성장을 떠났다. 그나마 냉장고에는 전기가 통하는 게 다행이었다.

오전 10시경, 건강사회를 위한 약사회·치과의사회·인도주의실천의사협의회 등에 소속된 의료진 10여 명이 농성장을 방문했다. 하지만 이들은 출입을 허용할 수 없다는 경찰과 세 시간 가까이 대치했다. 그런데 갑자기 경찰이 태도를 바꿨다. 방송사의 취재진이 도착한 직후였다. 그때야 의료진은 농성장에 들어갈 수 있었다. 이 소식을 들은 조합원들은 "우리에 가둬 둔 짐승에게도 이렇게 대하지는 못한다"며 울먹였다.

농성장에서 노동자들의 건강상태를 검사한 의료진은 노동자 대부분이 방광염이나 위염, 근골격계 질환을 앓고 있다고 전했다. 이는 매장에서 계산원을 하며 하루 종일 서서 쉬지도 못하고 화장실도 제대로 못 가서 생긴 질병이라고 했다. 그동안 노동강도가 얼마나 심했는지 알 수 있었다. 이에 대해 회사는 정확한 진단 없이 육안으로 진행한 검사이며, 오히려 장기농성을 하기 때문에 건강이 안 좋은 것이라고 반박했다.

이처럼 농성장에서 경찰과 용역직원들의 폭력이 벌어지고 있는 것에 대해 뉴코아-이랜드일반노조 공투본은 성명을 통해 부당하고 부도덕하며 인륜과 천륜마저 저버린 행위라고 비판하면서 비정규 노동자들의 요구를 확보하기 전에는 농성을 중단할 수 없다고 밝혔다.

한편, 이날 오후 회사는 노동부를 통해 협상을 재개할 것을 노조에게 다시 제안했다. 회사가 농성을 풀지 않으면 교섭도 없다던 자세를 바꿔 이날 협상 재개를 제안한 데는 파업 장기화에 따른 부담과 노동부의 압박이 작용한 것 같았다. 노조는 언론사를 통해 회사의 협상 제안을 알게 되자, 노동부를 통해 사실을 확인한 뒤에 협상 재개를 받아들이기로 했다. 이어 회사는 7월 15일 저녁 7시 서울 구로구 서울지방노동청 관악지청에서 만날 것을 제안했다. 하지만 노조는 이날 오후 5시 30분에야 제안 사실을 알게 됐고, 교섭위원들이 흩어져 있는 상황이었다. 이에 협상은 16일로 정했다. 노조는 협상의 전제조건으로 '신변 보장'을 요구하기로 했다.

●'가족과 함께하는 문화제'

경찰이 출입구를 봉쇄해 출입이 어려워지자 조합원들은 농성장 2층 유리창에 "갇혀 있어요"라는 글자를 붙였었다. 농성장 밖에는 가족과 친구 400여 명이 찾아왔다. 조합원들이 '가족과 함께하는 문화제'를 하는 날이었다. 이날의 상황은 『오마이뉴스』에 다음과 같이 자세히 실려 있었고, 또 조합원들의 구술을 통해서도 알 수 있다.

저녁 7시 30분경에 조합원 10여 명이 농성장 2층 유리창가에 모여 있었다. 이들은 멀리 떨어진 가족과 친구들에게 손을 흔들었다.

> 우리는 집에 못 가고 있는데, 집회한다고 식구들이 와서 밑에서 쳐다보고. 우리는 "우리 갇혔어요" 막 써서 붙여 놓고. (문화제 때) 우리 식구들은 안 왔고, 안양 언니들이 왔어요. 나는 혼자 있잖아요. 밑에 와서 전화해 "어떡해?" 하면서 언니들이 울고, 나도 위에서 울고…. (박복희, 안양)

이어 강혜정 야탑분회장은 마이크를 잡고 아들에게 "상우야, 매일 아침을 김밥으로 때우게 해서 미안해!"라고 말했다. 그이는 울음을 참고 있어서 목소리가 떨렸다. 고등학생인 아들 상우는 엄마인 강혜정이 왜 투쟁을 하는지, 그리고 투쟁하는 엄마를 위해 자신이 할 수 있는 최선이 지지하는 일이라는 것도 알고 있었다.

> 토요일에 "가족을 초대해라" 해서 우리 아들도 2시간 걸려 지하철을 타고 온 거예요. 그때 공권력이 입구를 딱 막고는 나가면 다신 못 들어온다 하니까. 그때부터 저희가 거기서 생활을 한 거죠. 그날 밖에 가족이랑 연대 동지들 와 있는데, 이거를 어떻게 할 거냐 해 갖고, 창문으

로 마이크를 대고 문화제를 한 거죠. 문화제를 하면서 여기서 마이크로 말했는데, 제가… 안 하려다가 아들이 여까지 왔는데 그래도, 음…, 너무 서운할 거 같아서, 마이크를 잡고 **"상우야, 사랑해! 너는 비정규직 없는 세상에 살게 할게"** 그랬는데…. (강혜정, 야탑)

기억에 남는 게, 강혜정 분회장이 "상우야, 너는 비정규직 없는 세상에서 살게 해줄게"(울먹임), 그 말 하는데 "아, 저분은 우리랑 생각하는 게 다르구나." 우리는 그냥 이게 빨리 끝나서 현장에 들어가서 일하면 된다는데, 그분은 물론 쟁대위도 같이 했겠지만 아들 이름을 얘기하는 그 엄마의 말 한마디, 그게 너무너무 가슴에 와닿았고요. (김선영, 시흥)

이어 조합원들은 가족에게, 시민들에게, 노무현 대통령에게 보내는 편지들을 읽거나 마이크를 잡고 가족에게 하고 싶은 말을 하기도 했다. 문화제가 진행되는 동안 경찰은 불법시위니 해산하라며 계속 방해했다. 조합원들은 가족을 직접 만나게 해달라고 요구했으나, 경찰은 이를 무시했다. 그 때문에 이날 문화제는 농성장 안과 농성장 밖에서 함께하며 2시간 정도 진행되었다.

6) 7월 16일 — 점거농성 17일

7월 16일에 노조는 회사가 농성장 출입문을 용접으로 봉쇄한 것에 대해 국가인권위원회에 진정과 긴급구제를 신청했다. 진정서에는 "헌법에 보장된 인격권(범법자 취급에 따른 인간존엄 가치 침해), 신체 자유권(농성장 이탈 뒤 복귀 불능), 행복 추구권(가족을 만나거나 안전하게 지낼 권리) 등을 침해당했다"라고 쓰여 있었다. 노조는 경찰의 출입문 봉쇄가 법적 근거가 없을 뿐만 아니라, 피난·방화시설의 폐쇄·훼손으로 소방법상 금지돼 있다고 비판했다. 이에 노조는 농성장에 경찰과 사측의 용역직원들의 출입구 봉쇄가 도를 넘자 국가인권위원회에 "이택순 경찰청장 외 성명불상의 경찰 3천여 명"을 대상으로 긴급구제 신청을 냈다. 인권위는 이를 받아들여 이날 오후 홈에버 월드컵점과 뉴코아 강남점을 실사했다.

한편, 민주노총과 민주노동당을 중심으로 시작된 이랜드 불매운동이 시민사회단체까지 확산되었다. 이날 오전 10시에 참여연대, 한국여성단체연합, 녹색연합 등 57개 시민사회단체가 홈에버 월드컵점 앞에서 '나쁜 기업 이랜드불매 시민행동' 발족식을 하고 불매운동에 나설 것을 공식선언했다. 불매운동 방법으로는 온라인과 오프라인을 통해 소비자들에게 이랜드의 부당노동행위를 폭로, 매주 집중행동의 날을 정해 이랜드계열 매장에서 불매운동캠페인, 홈에버-뉴코아의 주요 점포 앞에서 매주 토요일 오후 5시 피켓 시위, 지하철 광고·소식지·플래카드 등을 통해 불매운동 참여를 호소하겠다고 했다. 그밖에도 이랜드 측과의 면담 추진과 의견서 발송·이랜드 본사 앞 1인시위·노동부 장관 및 청와대 사회정책수석 면담 추진·청와대에 시민사회단체 의견서발송 등을 통해 사태 해결을 위해 노력하겠다고 했다.

7) 7월 17일 — 점거농성 18일

7월 17일 아이들이 휴일을 맞아 엄마를 보려고 월드컵점을 찾았다. 중학교 1학년, 2학년인 아이들은 할머니의 손을 잡고 농성장 앞까지 왔지만 엄마를 볼 수 없었다. 할머니의 눈물도 소용이 없었다. 아이들은 "갇혀 있어요"라는 글귀가 붙어 있는 매장 유리창만 바라보며 그 자리에서 움직이지 않았다. 그런 상태로 3시간이 흘렀다.

여성조합원들은 아이들 걱정이 머릿속을 떠난 적이 없지만 "아이들 보고 싶으면 아줌마가 농성장에서 나가라"는 경찰의 말에도 끝내 농성장 밖으로 나가지 않았다. 농성장에서 한 발짝 나서면 다시 못 들어갈 게 뻔하기 때문이다. 경찰을 사이에 두고 손 한 번 잡아 보지 못하고 바라만 보던 엄마와 아이들. 이 상황을 보던 노조간부가 "가족 면회까지 막는 것은 너무하지 않냐. 언론에 알리겠다"며 3시간에 걸친 항의 끝에 겨우 가족이 만날 수 있었다.

투쟁이 길어지고 출입이 통제되면서 농성 중인 여성노동자들에게 여러 문제가 생겼다. 초기에는 대부분 소극적인 지지로 지켜보던 가족들과 투쟁이 길어지자 여러 갈등을 겪기 시작했던 것이다. 그나마 남편이나 가족들이 계속 지켜봐 주는 조합원들은 농성이 힘들어도 큰 갈등 없이 투쟁을 이어 갈 수 있었다.

집에 전화해서 얘기를 하고, 그때는 애들이 좀 커서 아빠도 있고 하니까. 남편은 다치지 않게 하라고. 저를 믿었으니까 반대는 안 했어요. (애들한테) 얘기 다 해줬죠, 이렇게 해서 파업을 하고, 애들도 힘내라고 그랬었어요. (김용임, 중동)

집에 다 말하고 갔죠. 우리 파업하니까. 그때는 길게 갈 거라고 생각 못 했죠. 얼마 있으면…. 저희 신랑은 "열심히 해라." (이선호) 우리 아저씨도 열심히 하라고 그랬죠. (진현미) 나중에 길어지니까 "그만하라"고 그랬지. 이렇게 길어질 줄은 몰랐지. (이선호)
가족이 월드컵점까지 면회는 안 왔어요. 오라고도 안 했고. 애 아빠도 안 오더라고요. 말로는 열심히 '투쟁!' 하면서 오지는 않아요. (웃음) 와서 뭐라도, 먹을 거라도 사주고 가야 되는데, 안 그러더라고요. 시어머니는 이렇다 저렇다 얘기는 안 하시고요. (진현미, 방학)

집에는 가기 전에 연락했고 이리이리해서 어디 갈 거라고. 엄마는 걱정되니까 친척 중에 경찰도 있고 하니까, 전화해서 물어봤나 봐요. 그런데 "별일 아니에요. 낼 모래면 나갈 거예요" 그러니까 걱정 안 했지. (……) 그 상황을 집에서는 심각하게 생각하지 않을 수도 있어요. 부모님들은 그냥 TV뉴스 정도만 보고 "집회하고 있다. 지금 점거농성하고 있다"고 알고. 또 내가 집에 왔다갔다했었으니까, 나중에 며칠만 못 나온 거죠. (서은주, 월드컵)

집에는 좀 미안했는데, 남편이 공무원이니까 한국당 편이지. 그래 나보고 뭐라 그러고. 그래도 "앞에 너무 나서지 말고 다치지나 말라"고 해서 내가 견디고 있었죠. 딸들도 중학교 다니니 지네가 갈 수 있는 나이니까. 그래 집에서는 별 문제는 없었어요. 그냥 엄마가 저렇게 하는가 보다 하는 정도. (……) 딸들은 엄마가 잘 있는 거 아니까, 까르푸 때도 그렇게 한 거 알았으니 "엄마, 다치니까 앞에는 나서지 말라"고 해서 내가 애들한테 설명했어요. "엄마는 정규직이야. 그런데도 같이 일하는 사람이 잘리니 같이해야지. 글고 이게 너네 문제도 될 수 있다" 막 얘기를 다 해놨어요. "비정규직은 없애야 된다"고. (박복희, 안양)

하지만 남편이나 가족들하고 갈등이 생기는 경우도 많아졌다. 심지어 '이혼' 운운하며 투쟁을 중단할 것을 요구하는 남편도 있었고, 여자가 아이를 돌보지 않고 뭐하는 것이냐고 몰아치는 시부모도 있었다.

파업하기 전에 언니가 직장 다닐 때 형부가 돌아가셨어요. 뇌종양 걸려서 형부가 딱 3개월 병원생활 하다가…. 그런데 그 와중에 언니가 해고를 당한 거예요. 근데 뉴스에 나오고, 이모들이 뉴스를 보고 엄마한테 전화를 한 거예요. "언니, 정숙이가 해고당했다는데, 알어?" 그 얘기를 엄마한테 한 거예요. 그래서 그 충격에 쓰러지셨죠. 완전히 언니가 벌어서 먹고사는데 언니가 해고됐다니까. 월드컵점 점거에서 3교대로 왔다갔다할 때 언니는 "나는 파업이고 뭐고 안 한다. 내가 더럽고 치사해서 안 다닌다"는 것을, 김경욱 위원장님하고 여성국장 윤송단이가 많이 설득해서 나오고. 처음에 언니를 데리고 다니면서 무대 위에서 발언도 많이 시키고…. 근데 언니가 그 충격(해고) 때문에 신경과 약 먹고 그랬어요. (……)
(남편은?) 어휴, 장난 아니죠. "(외박하고) 이거 미친 거 아니냐? 지금 세상이 얼마나 무서운데, 그런데 가서 하냐? 회사 때려쳐라!", "더 이상 가면 이혼하겠다"고. (김정애, 구월)

제일 힘들었던 거는 거기서 있던 시간들이 힘들었죠. 하루 종일 깜깜한 데서, 냉방도 안 되고 덥기도 하고, 그런 상황들이 많이 힘들었고. 그다음에 집에서의 반대, 남편하고 굉장히 많은 트러블이 있었죠. "거기 왜 가서 하느냐?"며. 어느 정도로 싫어했냐면 집회 나가면 배고프잖아요? 남편이 교통카드는 줬었어요. 그런데 제가 교통카드로 분식집에 들어가서 긁어 버렸네. 긁자마자 남편의 휴대폰에 뜨니까 바로 저한테 전화해서 **"너, 거기 가지 말라"**며 뭐라 하고. 그런 게 비일비재하고, 엄청 심했죠. (……) 그리고 밤에는 시어머님 병원에 가고, 아침에 와서 투쟁하고 저녁 때 또 가고 이런 게 좀 힘들었고요. (김명숙, 방학)

(가족 반응은?) 농성장에 애들하고 남편도 한 번 왔더라구요. 그때는 남편이 박카스도 사들고 왔었어요. (웃음) 단순해요, 저희 남편이. (부인이 분회장이라서?) 예. 또 "뭔가 옳은 일을 하는 것 같다" 이런 생각이 들었던 거지요. 그랬는데 점점 이게 길어지고 불안함을 느낀 거예요, 남편은. 처음에는 "와이프라도 내가 도와줘야겠다" 하다가 길어지니 불안하니까 나중에 이혼 얘기도 나왔었죠. (김경미, 월드컵)

집에 안 갔죠. 애는 하나인데, 남편은 막 반대하지는 않고요. 애를 챙겨야 하니, 밥은 밥솥이 해서 주겠는데, 반찬이 없으니까 시어머니한테 가서 밑반찬을 좀 해달라고 한 거예요. 근데 시어머니가 제가 그 안에 있는데, 전화한 거예요. "네가 뭐가 잘나서 거기 있냐"고. 너무 황당했죠. 저는 시어머니한테도 말버릇처럼 얘기한 게 "나중에 시골에서, 집 지어 가지고 엄마랑 어머니랑 다같이 텃밭 가꾸며 사는 게 꿈"이라고. 그렇게 살 생각을 했거든요. 아니, 근데 며느리가 이렇게 찬 바닥에서 자면서 제대로 밥도 못 먹고 있으면 "밥은 잘 먹니, 어떻게 지내니?" 일단 물어보고, 그다음에 "야, 그래도 애는 챙겨야 되지 않니?" 뭐 이래야 되는 거 아니에요? 그런데 "네가 뭐 잘나서 거기 있냐" 하니. 제가 욱하면서 "어머니, 제가 잘났으면 여기 있겠어요? 그런 얘기 하실 거면, 아무 말도 하지 마시고 끊으시라"고, 제가 시어머니에 대해 크게 실망을 하고. 저는 진짜 상처 많이 받았어요. (강혜정, 야탑)

뉴코아노조와 이랜드일반노조의 점거농성이 각각 10일째와 18일째를 맞고 있는 가운데, 이날 오후 6시 월드컵점 정문 앞에서 민주노동당·민주노총·한국진보연대(준) 등이 이랜드사태 해결촉구 집회를 열고 연대의 의지를 모으기로 했다.

5. 노동조합과 회사의 집중교섭

1) 7월 16일~18일 집중교섭

●7월 16~17일 교섭

노조와 회사는 지난 10일 결렬 후 공전상태에 빠졌던 교섭을 7월 16일 오후 7시에 하기로 했다. 그런데 노동부 장관이 이날 오전에 MBC라디오 '손석희의 시선집중'에서 이랜드 노사가 예비교섭에서 좋은 결론을 도출할 가능성이 높다고 했다. 이어 그는 회사 측이 점거농성을 푼다는 전제하에 상당한 양보를 할 분위기를 보였다고 했다. 법무부 장관은 이랜드 농성에 대해 불법에 대한 '무관용의 원칙'을 적용하고, 불법행위로 국민들이 피해를 입었을 경우 가해자에 대한 민사상의 손해배상청구 지원 등 모든 조치를 취해 나갈 방침이라고 했다. 이에 대해 노조는 정부가 회사의 외주화 조치를 기정사실화하면서 노조가 수용할 수 없는 안을 '양보안'이라고 호도하고, 또 불법행위처벌을 강조해서 교섭 전부터 노조를 안팎으로 압박하는 것이라고 비판했다.

2차 교섭은 오후 7시 25분경부터 시작했다. 이번 교섭은 회사 측에서 노동부를 통해 '조건 없는 교섭'을 제안해 노조가 이를 수용해서 열렸다. 노조에서는 김경욱 위원장과 홍윤경 사무국장, 박양수 뉴코아 노조 위원장과 김호진 부위원장 등 4인이 참여했고, 회사에서는 오상흔 홈에버 사장, 최종양 뉴코아 사장 등 5인이 참석했다.

노사는 오후 8시 10분부터 본격적으로 진행한 교섭에서 성과가 없자 오후 9시 30분 정회했다. 회사는 농성해제를 전제조건으로 하고 외주화는 강행하겠다고 입장을 굽히지 않고 있었다.

오후 10시경 재개된 교섭은 오후 11시 20분경 정회를 했다. 다시 17일 오전 12시경 교섭을 진행했다. 교섭이 정회를 거듭하고 있지만 노사 모두 끝까지 논의하겠다는 의지는 보였다. 그러나 노조는 교섭에 별 진전이 없자 다시 교섭 날짜를 잡을 것을 요구했다. 회사 측은 제안한 안을 받지 않으면 추후 교섭은 없다고 맞섰다. 이에 노동부가 정회를 제안해서 다음날인 17일 오전 2시 10분경 교섭이 정회되었다. 또 교섭하다가 오전 6시 20분 교섭이 정회되었다. 노사는 오후 12시에 교섭을 다시 속개하기로 했다.

그런데 오후 12시에 교섭이 속개된다면 뉴코아와 홈에버를 분리해서 진행하기로 했다. 오전 교섭까지 회사 측은 뉴코아에 대해 외주화 중단과 이미 체결된 용역은 그 기간까지 사용하고 중단하며, 계약만료자의 고용 문제는 전향적으로 검토한다는 것을 약속했다. 그러나 홈에버에 대해서는 노조가 3개월 이상 비정규직 고용보장과 24개월 이상 비정규직의 정규직화를 요구하는 것에 대해, 회사 측은 18개월 이상 비정규직의 고용안정을 주장하고 있어 합의되지 못했다. 이에 속개될 교섭에서 이랜드일반노조는 일괄타결을 요구했으나, 회사 측은 이 교섭이 시작될 때부터 분리협상을 요구했다.

결국, 오후 2시부터 분리협상을 진행하던 뉴코아 노사와 홈에버 노사가 오후 3시경 각각 정회를 선언했다. 교섭 내용은 전날의 교섭과 별다른 것이 없는 상황이었다. 교섭은 난항의 난항을 거듭하고 있었다. 홈에버, 뉴코아 노사는 각각 오후 5시경부터 교섭을 재개했다. 그러나 교섭에서의 쟁점은 변한 것이 없었고, 뉴코아 노사는 오후 6시 30분경 정회를 선언했다. 홈에버 노사도 오후 7시경 정회를 했다. 교섭에서 회사 측의 입장 변화가 없자 이랜드노조가 더는 논의할 것이 없다며 자리를 박차고 나온 것이다. 이처럼 교섭은 16일 오후 7시부터 17일 오전 6시까지 11시간을 진행했고, 17일은 7시간 교섭을 이어 갔다.

오후 8시 30분경 분리교섭을 하던 뉴코아, 홈에버 노사가 교섭을 중단했다. 교섭은 다음 날인 18일 중으로 재개하기로 했다. 교섭은 뚜렷한 진전이 없는 상황이었다. 하지만 뉴코아, 홈에버 회사 측 모두 교섭재개 조건으로 "18일 정오까지 농성해제"를 내세워서 교섭이 재개될 수 있을지 알 수 없었다. 일단 뉴코아, 홈에버 노사는 오후 7시로 교섭시간을 정했다.

교섭이 중단된 이후 회사와 노조, 노동부의 교섭 관련 브리핑이 있었다. 회사와 정부는 농성해제에 대한 의지를 다시 한번 밝히자, 노조는 "교섭 상황에 찬물을 끼얹는 행위"라며 농성해제는 없다고 했다. 이틀간의 교섭이 별다른 성과를 내지 못한 상황에서 점거농성장에 공권력투입 등 극단의 조치가 취해질 우려가 있었다.

이어 7월 18일에 노동부 장관은 이날의 노사교섭을 지켜보겠지만 인내심을 갖고 지켜보는 데는 한계가 있다며 공권력투입이 임박했음을 강하게 시사했다. 경찰도 공권력투입 시기 및 방법을 저울질하고 있었다.

이런 분위기에서 회사 측은 '특단의 대책'이라며 먼저 점거를 풀지 않으면 직장폐쇄, 공권력투입 요청 등을 할 수 있다고 했다. 부당노동행위가 여론화되자 조건 없는 교섭을 발표했던 회사 측은 노조가 받아들이기 불가능한 조건을 앞세워 교섭을 파국으로 몰고 있었다.

이처럼 공권력투입이 초읽기에 들어간 가운데 서비스연맹은 '뉴코아-이랜드 회사 측의 교섭제시안에 대한 입장'을 긴급하게 발표했다. 민주노동당도 이날 브리핑을 통해 만약 공권력을 투입해 해산시킨다면 이랜드 전국 매장에 점거농성을 불러올 것이라고 경고했다.

57개 시민사회단체, 이랜드사태 공동대책위원회 등이 7월 21일 2차 '이랜드 매출제로운동'을 벌일 예정이라서 이날 교섭 직후부터 21일 사이에 공권력이 투입될 것으로 보였다. '21세기 한국대학생연합' 등 7개 대학생단체 소속 학생들은 이랜드규탄 기자회견을 열고 오는 7월 21일 이랜드 매출제로투쟁 등에 동참하겠다고 덧붙였다.

이랜드사태 공동대책위원회와 이랜드노조는 이날 오후 민주노총 사무실에서 기자회견을 갖고 교섭이 진행 중인데 정부가 공권력 운운하며 합의를 방해하고 있다고 비판하였다.

한편 이날 오후 3시에 조합원들은 계산점에 모여 매장을 기습 점거하고 농성을 벌였다. 이 점거농성은 회사와 경찰 모두 예상하지 못한 일이라 경찰이 뒤늦게 달려오기도 했다. 조합원들은 저녁 7시까지 점거농성을 벌인 뒤에 건물 밖에 모여 촛불문화제를 열었다. 문화제에는 조합원들과 인천지역 민주노동당, '다함께' 인천지회, 인천 '노동자의 힘' 등 인천지역 노동단체 회원 150여 명이 참여해 이랜드의 비정규직 대량해고를 규탄했다. 한 계산점 조합원은 매장점거농성과 촛불문화제에 대해 "노사간 교섭 중에도 사측이 노동자들을 위협하고 있다"며 이를 규탄하기 위해 열린 것이라 했다. 이어 그이는 월드컵점과 강남점에 공권력이 투입되더라도 절대 물러서지 않을 것이라며 "공권력 투입 후에도 투쟁을 계속하기 위해 제2, 제3의 장소에서 점거농성으로 맞설 예정"이라고 했다. 촛불문화제는 밤 9시경 마무리되었다. 참석자들은 인천시민단체들이 연대해 조직적으로 이랜드 불매운동에 나설 것이라고 밝혔다.

• 7월 18일 교섭재개와 19일 중단

7월 18일 오후 1시 40분, 월드컵점 안팎은 조용했다. 매장 밖에서 경찰은 여느 때와 같이 출입구를 봉쇄하고 있었다. 매장 안에서 조합원 50여 명은 오후 2시로 예정된 이상수 노동부 장관의 브리핑을 기다리고 있었다. 10분이 지나자 이상수 노동부 장관의 "교섭이 결렬되면 공권력을 투입하겠다"는 발언이 전파를 타고 매장 안으로 전해졌다. 조합원들은 다소 술렁였지만 이내 담담한 분위기로 돌아왔다. 대부분 예상했다는 표정이었다.

김경욱 위원장은 노동부에 대한 노조의 입장을 밝히겠다며 노동자들을 불러모았다. 위원장은 "결국 교섭은 공권력투입을 위한 명분 쌓기였다"고 말했다. 이어 "회사와 노동부의 시나리오대로 가고 있다. 전 국민을 상대로 사기를 친 것"이라며, "현재 돌아가려야 돌아갈 수 없다"고 밝혔다. 위원장은 마지막으로 노동부가 개입하면 할수록 문제가 악화된다며 이번엔 노사가 알아서 할 수 있도록 보장해야 한다고 말했다. 위원장의 발언에 이어 조합원들은 "우리는 테러리스트도 폭도도 아니다", "끝까지 싸우겠다"고 외쳤다. 모두들 결의에 찬 표정들이었다. 이후 조합원들은 담담한 분위기로 돌아갔다. 어떤 이는 책을 읽고, 다른 이들은 밤새 피곤했는지 자리에 누웠다. 삼삼오오 앞으로의 상황에 대해서 얘기를 나누기도 했다. 오후 4시 30분에는 국가인권위원회에서 노동자 차별과 관련된 조사를 나왔다.

한편, 노사간의 4차 교섭이 18일 오후 8시 30분 경인지방노동청 안양지청 별관 2층 대회의실에서 재개됐다. 하지만 회사가 교섭 중에 언론에 "협상 시한은 오늘 밤 12시까지다"라고 말해 협상이 진통을 겪고 있었다. 김경욱 위원장은 회사가 교섭결렬과 공권력투입을 기정사실화해 놓고, 교섭을 통해 항복을 강요하고 있다고 회사를 비판했다.

〈표 12〉 2~4차 노사교섭

차수	날짜	장소	교섭위원	교섭내용
2차	7/16(월) 19:00~ 17일 06:25	노동부 관악지청	노: 김경욱, 홍윤경 사: 오상흔, 강성민	– 사측, 무조건 농성해제를 요구하며 다음의 안 제시 ▶18개월 이상 고용보장(기존 단협 내용임)→이에 따라서 18개월 이상 계약해지자 재계약 (구제신청자 10명 계약만료 시점으로, 구제신청하지 않은 19명은 본인이 원할 경우 합의시점으로 재계약) ▶24개월 이상 선별하여 직무급제 정규직화(현재 시행하는 제도 유지, 직무급제 연봉 1100만 원 정도) –사측 "농성해제 없으면 교섭 없다"며 "교섭종료"선언
3차	7/17(화) 14:00~21:30	노동부 관악지청	노: 김경욱, 홍윤경, 장석주 사: 오상흔, 안성일, 박노식	
4차	7/18(수) 20:00~ 19일 아침 9시	노동부 안양지청	노: 김경욱, 홍윤경, 장석주 사: 오상흔, 강성민, 안성일,	

교섭에는 김경욱 위원장, 박양수 뉴코아 노조위원장, 오상흔 홈에버 대표이사, 최종양 뉴코아 대표이사 등 노사 6명이 참석했다. 박종철 경인지방노동청장도 배석했다. 노사교섭은 3번의 정회를 겪는 등 진통을 거듭하며 7월 19일 새벽 1시를 넘겨서까지 계속되었다. 밤 11시부터 홈에버, 뉴코아가 분리교섭을 진행했다. 하지만 회사는 이날도 진전된 어떠한 안도 가져오지 않았다. 이 교섭은 공권력투입을 위한 명분 쌓기였다.

노사간의 교섭은 19일 오전 6시 14분께 중단됐다. 노조는 최대한 양보해서 "3개월 이상 고용보장 요구를 포기하겠다. 조합원들이 돌아갈 수 있게 최소한의 안전장치만 보장해 달라"며 농성해제 의사를 회사에 전했다. 하지만 회사는 "조건 없는 농성해제"만을 고수했다. 결국, 회사가 '교섭 종료'라는 표현을 써 '교섭 결렬'이라는 상황은 피했지만 노조의 수정안을 회사가 거부함에 따라 협상 재개는 사실상 어려워졌다. 이어 뉴코아 협상도 오전 9시 45분께 중단됐다. 회사는 공권력투입

요청이나 직장폐쇄에 대해 결정된 게 없다고 했다.

> 막다른 골목길에 몰려 교섭을 진행했고 (……) 7월 18일 자정경에 교섭이 난항을 겪고 정회가 선언됐어요. 나는 테이블에 앉아 있었는데, 갑자기 민주노총 간부가 오더니 " (……) 서울역에서 이랜드 측이 노숙인들을 모집하고 있는데 이 노숙인들을 월드컵점으로 보내려고 한다. (……) 아마 노숙인을 이용해 농성을 해산하려 하는 듯하다"고 해요. 저는 그 이야기에 '멘붕'에 빠졌죠. 그때 교섭한다고 집행부는 다 농성장에서 나와 안양지청에 있는데, 노숙인이 농성장을 침탈하려 한다니 더욱 불안한 거예요. 그 민주노총 간부가 "지금 빨리 타결해야 한다. (……) 지금 침탈당하면 (……) " 얘기를 했어요. 노숙자 이야기를 하길래… 할 수 없이 결단을 내려 요구를 모두 철회하고, '민형사상 소송 철회'만 요구했던 거예요. (……)
> 근데 회사가 제가 던진 안을 받지 않자, 꼭지가 돈 노동부 과장이 "아니, 이 안을 왜 안 받냐" 탁자를 치고 나갔어요. 대표이사가 나와서 진행된 마지막 교섭이었죠. 그런데 나중에 보니 그게 아니라는 거예요. 참 황당하죠. 그들이 왜 그랬는지 모르겠고…. (김경욱, 위원장)

노동부 장관이 회사 측 안을 받아들이지 않으면 공권력을 투입할 것이라는 협박을 하고, 또 회사는 최선을 다했다는 생색을 내면서 "농성해제 없이 교섭 없다"는 말만 되풀이하는 상황에서 교섭은 성과를 낼 수 없었다. 비정규악법을 지키기 위해 이랜드그룹과 정부가 '한 배를 탄 운명'이었다. 교섭은 공권력투입을 위한 '요식행위'일 뿐이었다.

결국, 농성장에 공권력투입이 임박한 듯했다. 두 농성장에 대한 공권력의 투입 시점은 다음의 몇 가지 정황을 놓고 추정되었다. 우선 노동부 장관이 "18일 노사 자율적인 교섭이 실패할 경우 적절한 방법을 통해 매장점거 상황을 해소하겠다"고 말한 것과 회사가 17일 3차 교섭 결렬 직후에 "18일 오후 2시까지 매장점거를 해제하지 않으면 공권력투입을 요청하는 등 특단의 조치를 취하겠다"고 경고한 점이다. 또 회사와 경찰 입장으로선 21일로 예정된 이랜드그룹 전국매장집결투쟁에 대비하자면 20일 새벽 즈음 농성자들을 연행하고 48시간 동안 조사해야 21일 투쟁의 규모를 축소시킬 수 있을 것이라는 계산도 있었던 듯하다. 더욱이 20일 오후 7시경에는 20일째 점거농성을 벌이고 있는 월드컵점 인근 상암 월드컵경기장에서 '맨체스터유나이티드 대 FC 서울 친선경기'가 열릴 예정이어서, 인파가 몰리는 낮 시간대를 피해 19일 밤 혹은 20일 새벽에 공권력이 투입될 것으로 보였다.

교섭이 성과 없이 결렬되자, 전남에서 현장대장정을 하던 이석행 민주노총 위원장은 오전 11시 30분 순천 홈에버 앞에서 박상욱 민주노총 전남본부장, 심상정 의원과 함께 기자회견을 통해 이랜드 측의 대화거부와 비정규 노동자 고용대란사태를 촉발시킨 정부를 규탄했다.

이어 민주노총은 오후 12시 30분경 '전 조직 총력투쟁지침 1호'를 발표해 "가맹산하, 단위노조 등 민주노총 전 조직은 19일 오후 5시 전까지 공권력투입 및 21일 2차 총력투쟁에 대비해 각 조직별 비상회의를 소집하고 대책을 마련하라"는 지침을 내렸다. 또 민주노총은 공권력투입 시점을 '20일 새벽 6시경'으로 보고 "당일 12시 정오에 비상중앙집행위원회를 소집하여 이랜드자본에 대한 전 조직적 타격투쟁을 결의한다"고 밝혔다.

전비연도 긴급성명서를 발표해 이랜드-뉴코아 교섭결렬 책임은 정부와 사측에 있다며 오는 21일 이랜드그룹 전국 매장집결투쟁에서 강력한 연대투쟁을 펼치겠다고 밝혔다.

6. 공권력의 농성장 침탈과 끌려간 조합원들

1) 7월 19일~20일, 농성장 침탈

농성장에 공권력 침탈이 임박해지자 전국 곳곳에서 노동사회단체들이 농성 노동자들의 투쟁을 지지하고 정권과 이랜드자본을 규탄하는 활동들이 번져갔다.

우선 인권운동사랑방은 월드컵점 앞에서 '여성노동권 쟁취를 위한 여성선언' 기자회견을 열고 '비정규보호법'이 여성노동자들을 죽이는 악법이라며 정부와 이랜드를 규탄했다. 또, 이랜드 여성노동자들을 지지하는 여성 2,654명이 모여 '여성노동권 쟁취를 위한 여성선언'을 월드컵점 앞에서 진행했다. 이들은 "'비정규보호법'이 노동자를 죽이는 악법이라는 것이 증명되었고 그중에서도 비정규 여성노동자들의 노동권과 생존권은 벼랑 끝에 놓여 있다"며 여성노동자들의 파업투쟁에 힘을 보태고 연대와 지지를 전하며, 자본과 정부에 항의하는 뜻으로 여성선언을 진행한다고 밝혔다. 또, 2,654명의 여성들은 홈에버·뉴코아 여성노동자들과 함께 끝까지 싸울 것을 선언했다.

지역에서도 공권력투입에 항의하는 여러 실천이 있었다. 오전 10시 30분에는 이랜드 불매운동을 위한 전북지역시민사회단체 기자회견이 전주 홈에버 앞에서 열렸다. 민주노동당 전북도당, 아시아노동인권센터, 민주노총 전북지역본부, 전북평화와인권연대 등 16개 단체로 구성된 전북지역시민사회단체는 비정규직법 악용을 규탄하고 불매운동을 벌일 것을 호소했다.

또, 충북참여자치시민연대, 충북여성민우회 등 20여 개의 시민사회단체들이 '나쁜 기업 이랜드불매 충북행동'(충북행동)을 결성했다. 충북행동은 이날 오전 11시 홈에버 청주점 지하 1층 매장에서 결성을 알리는 기자회견을 통해 "공권력투입과 같은 대응을 해서는 안 된다"고 밝혔다. 충북행동은 온라인과 오프라인을 통한 불매운동과 매주 집중 행동의 날을 정해 매장에서 불매운동 캠페인을 전개할 계획을 밝혔다.

부산에서도 저녁 7시 30분부터 서면 쥬디스 태화 앞에서 민주노총 조합원, 민주노동당 당원 150여 명이 참석한 가운데 '홈에버 경찰투입-강제해산 반대' 촛불문화제가 열렸다. 갑자기 쏟아지는 폭우에 참가자들은 비를 흠뻑 맞거나 우산을 펴며 잠시 혼란스러웠지만 단 한 명도 자리를 이탈하지 않고 문화제에 끝까지 참석했다.

네티즌들은 온라인 청원운동을 벌였다. 인터넷 포털사이트 다음(Daum)에 있는 '아고라 네티즌 청원'란에는 18일부터 다음 아이디 'blue-man'의 발의로 이랜드 공권력투입에 반대하여 노동부 장관에게 항의하는 청원운동이 벌어졌다. 1주일 기간인 이 청원운동의 목표 인원은 처음에는 1천 명이었으나 하루 만에 900명 이상이 서명에 동참하자 발의자가 서명 목표 인원을 3천 명으로 상향 조정하기도 했다.

한편, 공권력투입이 임박한 월드컵점 농성장에서는 조합원들이 이에 대비해 마음을 다잡았다. 점거농성 20일째였다. 밤 10시 20분경 김경욱 위원장이 공권력투입에 불안해하고 있는 조합원들에게 만약 공권력이 투입되고 연행되면 준비해야 할 것들을 알려 주었다. 위원장은 조만간 경찰이 들어올 것이지만 연행되더라도 잘못한 것이 없기 때문에 두려워할 필요가 없다고 말했다. 그리고 경찰서에 가면 변호사의 지침에 따라 움직이라고 당부했다.

뒤이어 '진술교육'을 시작했다. '투쟁'이라는 말도 처음 들어 본 여성노동자들이 농성장에서 강제로 끌려나가 경찰 앞에서 불리한 진술을 하지는 않을까 걱정스러웠던 지도부가 준비한 '마지막 교육'이었다. 20일 농성을 하는 동안 노래도 배우고, 여러 강연도 들었다. 〈아름다운 청년 전태일〉 영화도 봤다. 이렇게 이어진 교육의 끝은 '조서 쓰는 법'이었다. 이날의 상황에 대해 『프레시안』에 다음과 같이 자세히 기록되어 있다.

김경욱 위원장: 여기서 여러분은 뭐 하셨죠?

조합원들: 먹고 자고 노래 불렀어요.

김경욱 위원장: 그렇죠. 회사 기물도 하나도 안 건드렸고, 아침에 일어나서 여기 청소도 하셨죠? 그렇게만 얘기하시면 됩니다. 그리고 여러분은 여기 왜 들어온 거죠?

조합원들: 위원장님이 시켜서요.

김경욱 위원장: 그렇죠. 여러분은 점거농성을 결정할 수 있는 지도부가 아니니까 제가 들어가자고 해서 시작한 거죠. 그런데 그 대답을 너무 자연스럽게 하시니까 마음이 상하네요.

위원장의 농담에 조합원들은 웃음을 터뜨렸다. "우리는 모든 쟁의조정절차를 다 거쳤으니 합법파업 중인 거다", "조서를 다 쓴 다음에는 도장을 찍으라고 할 텐데, 그때는 단어 하나하나 꼼꼼하게 읽어 봐야 한다"는 등의 교육이 이어졌다. 교육을 마친 위원장은 20일 동안 믿고 따라 준 조합원들에게 마지막 말을 시작했다.

"이곳에 공권력이 들어오는 것은 우리의 패배가 아니라 노무현대통령의 패배입니다. 자신들이 만든 비정규직법의 폐해가 다 알려졌는데 그것을 무력으로 덮는다고 본질이 달라질까요?"

조합원들은 고개를 끄덕거렸다. 위원장은 여기까지 온 것도 '기적'이라고 말했다. 단 하루도 철야농성을 못할 것 같았던 조합원들이 무려 20일을 버텼다. 처음에는 1박 2일 농성으로 준비하고 시작한 싸움이었다. 그런데 조합원들이 스스로 무기한 농성을 결정했다. 위원장은 그 고마움과 앞으로의 싸움을 함께하지 못할지 모르는 미안함을 털어놓았다.

"오늘 경찰병력이 들어오면 저를 언제 다시 만나게 될지는 모르겠습니다. 꽤 오랜 시간이 걸릴지도 몰라요. 3개월이 될지 1년이 될지…. 하지만 저는 반드시 돌아옵니다. 그때 오늘 이 자리에 계셨던 조합원들을 모두 다 꼭 보고 싶습니다."

나이 마흔이 넘어 '진술 교육'이라는 것을 받으면서도 사소한 농담에 웃던 조합원들이 곳곳에서 훌쩍이기 시작하더니, 순식간에 눈물바다가 됐다. 위원장은 이랜드그룹의 고소고발로 인해 체포영장이 발부된 상태라서 경찰병력에 의해 연행되면 구속 가능성이 있었다. 그런데 조합원들은 다시 싸우겠다고 했다. 여기서 쫓겨나더라도 다른 곳으로 갈 것이라고 했다. 일하고 싶다는 요구가 관철될 때까지 포기하지 않겠다고 결의했다.

위원장도 "오늘까지는 2라운드일 뿐"이라고 말했다. 홈에버에는 33개 매장이 있다. 이곳에서 쫓겨나더라도, 회사가 모든 곳의 영업을 중단하지 않는 한 다른 곳으로 또 가면 된다고 말했다. 민주노총도 21일 이랜드그룹이 경영하는 뉴코아, 홈에버 등의 매장에 대한 2차 타격 투쟁을 계획하고 있었다. 정부가 이들을 강제로 끌어낼 시점을 재고 있던 순간, 이들은 "먹고살기 위해서 어쩔 수가 없다"며 새로운 투쟁을 준비하겠다고 다짐하고 있었다.

지지의 글이 도착했다. 김진숙 민주노총 부산지역본부 지도위원이 농성장으로 글을 보내 "사람은 꽃보다 아름다운가. 하루 8시간 멈춰 선 채 화장실도 못 가던 그녀들도 아름다운가"라며 "그녀들의 투쟁은 우리 모두의 투쟁이다"라고 지지의 마음을 전했다. 김진숙 지도위원의 글에 조합원들은 눈물을 흘리기도 했다.

같은 시간, 농성장 밖에서는 농성장의 공권력 침탈이 임박했다는 소식이 들리자 농성을 지지하는 사람들이 모여 촛불집회를 열었다. 또 민주노동당 국회의원들이 농성장으로 속속 도착하였다. 그러나 용역 직원들에게 가로막혀 농성장으로 들어오지 못하고 있었다.

경찰은 월드컵 매장과 강남 뉴코아 매장에 각각 5개 중대 및 3개 중대를 배치했다. 그러나 새벽에 침투할 거라는 예상과 달리 특별한 움직임을 보이지 않았다. 경찰은 밤 10시경 월드컵점 일대에 조명차 2대, 물대포차 1대, 경고방송차 1대, 병력차량 15대 등을 증강 투입하고 여경을 집중배치해 긴장감을 고조시켰다.

민주노동당 문성현 대표, 권영길·노회찬 의원 등이 밤 12시경 농성장에 들어가 현장사수투쟁에 결합했고, 뉴코아 강남점에는 단병호·최순영·이영순 의원 등이 현장을 사수했다.

이어 공권력투입이 임박했다는 긴급 소식을 접한 민주노총 조합원과 노동사회단체 회원들이 월드컵점 일대에 긴급하게 집결해 촛불문화제를 이어가며 밤새 연대투쟁을 벌였다.

새벽 1시경, 민주노동당 심상정·천영세 의원, 민주노총 위원장, 서비스연맹 위원장, 민주노총 부위원장 등은 농성장으로 들어가려다 용역에 의해 3시간가량 억류되었다가 몸싸움 끝에 들어갔다. 시간이 갈수록 경찰병력에 둘러싸인 채 긴장감이 감도는 월드컵점 밖과는 달리 60여 명의 조합원이 있는 농성장 안은 비교적 차분한 분위기였다.

새벽 2시 20분경, 경찰병력 100여 명이 헬멧과 방패를 착용한 채 매장 출입구 앞으로 바싹 다가와 긴장감이 돌기도 했지만, 물리적 충돌은 없었다. 경찰병력 700여 명이 매장 주변에 배치된 가운데, 전경버스가 이중으로 매장을 둘러싸고 있었다.

새벽 3시경, 경찰병력이 월드컵점 입구 쪽으로 대거 이동하자 이를 막으려는 노동자·학생들이 대치했다. 별다른 상황은 아직 벌어지지 않았다.

●농성장 침탈 과정: "우리 투쟁은 끝이 아니다"

20일 아침이 밝았다. 월드컵점과 뉴코아 강남점에는 긴장감이 맴돌았지만 밤사이 별다른 충돌은 일어나지 않았다. 전날 밤 농성장으로 들어온 민주노동당 국회의원들과 농성장 밖에서 민주노총과 민주노동당 관계자들이 노숙농성을 벌이는 등의 상황이 영향을 준 것이다.

조합원들은 돌아가면서 출입구를 지키며 불안한 잠을 잤다. 새벽 4시가 넘어서자 "오늘 밤은 넘길 것 같다"는 조심스러운 추측이 나오기도 했다. 일단 조합원들은 월드컵점에서 21일째 농성의 아침을 맞았다. 경찰이 19일 회의를 통해 "일요일 전까지 강제로 해산할 것"이라고 밝힌 만큼 이날 밤 농성장은 또 한 번의 고비를 맞아야 했다. 특히 낮에는 병력 투입이 쉽지 않은 만큼 이날 저녁 상암동에서 치러질 예정인 맨체스터 유나이티드 FC와의 친선경기 이후 관람객들이 집으로 돌아간 밤늦은 시각이 병력 투입 시점이 될 것으로 보였다.

그런데 오전 9시 30분, 갑자기 경찰력이 곳곳의 통로를 통해 농성장으로 들어왔다. 한자리에 모여 있던 60여 명의 조합원은 누가 먼저랄 것도 없이 구호를 외쳤다. 조합원들의 눈에 눈물이 고이기 시작했다. 조합원들은 조금씩 다가오는 경찰을 보면서 서로 팔짱을 끼고 뒤로 누워 버렸다. 자식도 남편도 잠시 버려 두고 20일 넘게 지켜 왔던 농성장에서 아무것도 얻지 못하고 맨몸으로 나가게 된 서러움 때문이었다. 그러나 소리 내어 우는 사람은 없었다. 오히려 조합원들은 "48시간만 있다 나오면 되지, 뭐"라며 서로의 손을 맞잡았다.

9시 50분, 조합원들이 앉은 곳을 제외한 전 매장 안에 들어온 경찰이 경고방송을 시작했다. 경찰의 방송 소리에 모두 입에 호루라기를 꺼내 물고 불어대기 시작했다. 그러고는 누가 먼저랄 것도 없이 구호를 외쳤다.

"일하게 해달라는데 공권력투입 웬 말이냐."

"비정규직도 사람이다. 노무현정권 물러나라."

"박성수 비호하는 이상수 박살 내자."

오전 10시, 경찰이 취재진을 내보내려 하자, 경찰과 취재진들 사이에 곳곳에서 실랑이가 벌어졌다. 위원장이 '파업가'를 부르자고 했다. 처음 농성을 시작할 때 노조가 나눠 준 수첩을 보고 겨우 띄엄띄엄 따라 불렀던 노래였다. 그런데 그 조합원들이 농성 21일째인 이날, 수첩도 없이 눈을 감은 채 "흩어지면 죽는다. 흔들리면 우린 죽는다~"며 노래를 불렀다.

국회의원들은 체포영장이 발부된 김경욱 위원장을 가운데 두고 경찰의 강제연행에 항의했다. 경찰은 그만하라는 경고방송을 했다. 경찰은 5~6명씩 달려들어 남성조합원들을 먼저 연행하기 시작했고, 여경들은 여성조합원들을 한 명씩 끌어냈다. 조합원들은 뿔뿔이 끌려 나가기 직전 "경찰 조사 받고 나오는 대로 다시 싸우자"고 서로의 손을 움켜쥐었다. 서로 팔을 마주 끼우고 버티는 것만으로는 네다섯 명의 젊은 여성경찰들을 당해내기 힘들었다. 여경들은 조합원들의 꽉 끼워진 팔들을 잡아당겼다. 그런 경찰들에게 조합원들은 다시 외쳤다.

"누가 집에 가고 싶대? 이대로 집에 간들 일할 곳이 없는데 우리는 어떻게 살라고? 나 집에 안 가고 싶어."

조합원들이 연행되자 국회의원들은 조합원 대오의 맨 앞에 나와 앉아 연행에 항의하거나 남은 조합원들의 손을 부여잡고 함께 버티기도 했다. 이 과정에서 의원 보좌관과 경찰 사이에 몸싸움이 벌어져 보좌관이 연행되기도 했다.

조합원 대부분이 연행되고 김경욱 위원장과 조합원 한 명이 남자, 국회의원들은 이들을 감싸고 마포경찰서장을 불러 자진출두할 것이라고 했다. 이에 경찰병력이 길을 트자 김경욱 위원장은 농성장을 나섰다. 위원장은 경찰 출두에 앞서 마지막 발언을 했다.

> "우리 투쟁은 끝이 아니다. 또다시 농성투쟁할 것이고, 이번 농성장 공권력투입은 사전에 짜여진 각본에 따른 것이었다. 하지만 우리에게는 생존권 문제가 있어 농성장을 없앤다고 해서 문제가 해결되지 않는다. 우리 생존권이 보장될 때까지 끝까지 투쟁할 것이다."

연행 시작 1시간도 채 못 된 10시 55분, 강제해산을 위한 경찰의 진압작전은 위원장의 연행으로 종료됐다. 위원장은 끝까지 놓지 않았던 조합원과 마지막 포옹을 하고 경찰에 검거됐다. 국회의원들과 문성현 대표도 경찰에 둘러싸여 농성장 밖으로 쫓겨 나왔다.

정부의 경찰병력 투입으로 월드컵점과 강남점의 점거농성은 각각 21일, 13일 만에 끝났다.

이날 경찰은 71개 중대 약 7천 명을 월드컵점과 강남점에 투입, 약 1시간에 걸쳐 169명의 조합원을 연행했다. 연행된 조합원 중에는 김경욱 위원장과 박양수 뉴코아 노조위원장 등 체포영장이 발부된 9명이 포함돼 있었다. 경찰은 이들에 대해 업무방해 및 집회시위법률 위반으로 사법 처리할 것이다. 매장별로는 월드컵점에서 연행된 조합원이 60명(남자 16명, 여자 44명), 뉴코아 강남점에서 연행된 조합원은 109명(남자 28명, 여자 81명)이었다. 이들은 서울지역 11개 경찰서로 분산되어 갔다.

제가 경찰의 누군지 하고 그날까지도 실갱이를 했거든요. 근데, 결국 침탈했잖아요. 공권력은 들어오려는데, 다 경황이 없으니까. 군홧발 소리 들리면서 조합원들은 완전히 아비규환이 됐고. 팔짱 끼고 다 누웠고, 우리가 누우라고 그랬고. 맨 앞에 김경욱 위원장이 섰고, 그 옆에 심상정 등 의원들하고 민주노총하고. 우리가 카트로 매장을 쫙 막아놨거든요. 제가 그 카트 위에서 계속 외치고 있었죠. 그러다가 걔들이 카트 밀치고 들어오면서, 제가 제일 먼저 끌려갔죠. 그때 조합원들이 울고, 그런 거 보면서 잡혀갔었죠. (이남신, 수석부위원장)

7월 20날 "공권력이 투입된다" 그러니 어떻게 하냐, 그러면 다 할 수 없으니까 대표로 남아 있는데, 저는 그때 독신이었으니까 "저희 분회는 제가 있겠다" 이렇게 된 거죠. 우리가 어떻게 버틴다는 것도 서로 연습하고…. 설마설마했는데 정말 경찰이 들어왔는데, 저는 여자(경찰) 둘에 달랑 들려나간 거예요. (……) 끌려갔을 때의 공포는 잊지 못

해요. 차 뺑 둘러싸 가지고 사람들 하나도 못 들어오게 다 막고, 공권력은 진짜 무시무시하더라구요. (……) 끌려간다는 자체가 처음 겪어보고, 차에 강제로 태우고 그 주위에 아무도 못 들어오게 다 칸칸이 막잖아요? 차벽을 그때 처음 안 거죠. (황은영, 면목)

마지막 털리는 날, 제가 안에 있었는데 털린다는 소리 듣고(……) 출입문 봉쇄를 막 했죠. 그전에도 "오늘 털린대" 이런 적이 몇 번 있었죠. 그런데 정말 털리기 전날의 긴박감은, 서로 숨소리조차 내지 못했던 것 같아요. 그때, 계속 그 앞에 바리케이드를 높이 쌓고 또 쌓고 계속 쌓았는데, 경찰이 그걸 다 털어내고 들어올 때, 턱! 턱! 턱! 턱! 이렇게 걸어 들어오는 그 소리가…. 우리는 서로 팔짱을 끼고 누웠는데, 그 소리가 들릴 때의 공포는…. 진짜, 어우, 너무 무서웠어요. 그래 깍지를 끼고 있는데도 여자경찰 네 명이서 다리 하나씩 팔 하나씩 해서 찢어지듯이 끌고 가니까. 전국에서 왔다더니 그 많은 경찰이…. 순서대로 그냥 끌려 나가고, 경찰차에 태워서 지구대로, 경찰서로 다 흩어진 거죠. (임혜숙, 면목)

마지막 날, 우리는 다 계산대에서 팔과 팔을 끼고서 다 대여섯 명씩 앉아 있었어요. 우리도 외부에서 듣는 게 있으니까 "오늘이 디데이다. 경찰이 오는 날이다" 그러면 우리는 다같이 팔짱 끼고 있으면서 "우리는 여기 지키자. 일이 해결될 때까지 여기 지키자" 앉았던 거죠. 근데 경찰들이 하나하나 떼어 가면서 끌고 간 거죠. (김경미, 월드컵)
그때 약간 겁먹는 게 있잖아요? 끌려 나가면 어떻게 될지 모르니까. 그러니까 안에서 교육을 받았죠. 일단은 "끌려가면, 어느 경찰서로 갔는지 연락하라"고 안심을 시켰던 것 같아. 끌려가도 며칠 있으면 나올 거고 이런 식으로 얘기했고. 그때 지도부가 거기서 못 있을 사람들은 미리 다 내보냈고, 남을 수 있는 사람만 남았으니까 강제로 있었던 사람은 없었어요. (왜 남았죠?) 저는 남아 있는 걸 별로 어렵다고 생각 안 했던 것 같고, "어떻게 되든 결론은 보자" 그게 제일 컸던 것 같아요. (……) 근데 사방에서 들어오는 거 보면서 우리는 다 붙들고 앉아서 '파업가' 부르고. 구호 외치고…. 처음에는 겁났는데 끌려나가는 거니까 정신없죠. 사람들 갑자기 우~ 몰려들어서 에워싸서, 우리끼리 붙잡고 있다가 막 서너 명씩 뜯겨나가고. 정신 차리니까 전경차 안에 있더라고요. 어떻게 나갔는지도 모르겠는데, 사람들이 잔뜩 앞에 막고 있고, 양쪽에서 막 잡아서 끌려 나갔고. (……) 그때 좀 겁났던 것 같아요. (서은주, 월드컵)

그런 기미는 있었어요, 그래서 미리 나가라고. 중동조합원 중에 임신 8개월 정도 됐던 분이 있었어요. 그런데 털릴 때 그 안에 있었어요. 아침에 교대를 해주는데, 그때 막 털린다는 얘기가 있으니까 교대 해줄 사람이 거기를 못 들어간 거야. 교대를 못 해준 거야. 임산부가 나와야 되는데. 그래서 "나와라" 했는데, "못 나간다. 누가 들어와야 나가지. 여기를 지켜야지" 그러고. 그니까 옆에 있던 사람도 같이 못 나온 거예요. 그러다 털리는 날, 나왔지요. 다 붙들려서 들어가고, 이 사람은 내보냈던 것 같애, 임신했으니까. (김용임, 중동)

오전 10시께 경찰이 들어온다는 소식을 듣고, 조합원들이 서로 손깍지를 끼고 매장 바닥에 누웠어요. 공권력이 투입되면 어떻게 할지는 미리 준비했으니까. 저는 누운 조합원들 앞에 서 있었고. 경찰은 저를 잡으려고 했는데, 저는 이미 국회의원들에게 둘러싸여서 나름 보호받고 있었어요. 그러다 보니 저는 내버려두고 조합원들을 한 명씩 한 명씩 연행했고, 깍지 낀 손이 여경들의 손에 의해 비틀어지면서 조합원들이 비명을 지르고 우는데, 그 모습을 지켜보고 싶지 않았죠. 고개를 돌릴 수도 없었고, 눈물만 흘리고. (……)
그때 옆에 같이 따라오던 심상정 의원이 저한테 "허리 펴! 허리 펴!" 하면서 한마디 하라고 해요. 정확히 기억나지는 않지만, 그때 "우리가 잡혀간다고 노무현정권의 실정은 감춰지지 않는다" 이런 말을 했고. 나만 뭔가 특별대우를 받는 듯해서 부끄러웠죠. (김경욱, 위원장)

농성진행 중에 지도부는 일부의 조합원들을 농성장 밖으로 내보냈다. 여러 곳에서 진행하는 매출제로투쟁을 벌이기 위해서였다. 또 침탈 전날, 다음 투쟁을 위해 일부 조합원을 나가게 하거나 개인 사정이 있는 조합원들도 나가게 했다. 거기에 이날 교대해서 집을 다녀오느라고 농성장에 없었던 조합원들도 있었다. 이들은 뉴스 등을 통해서 침탈소식을 접했다.

공권력 들어오기 전날인 19일에 나가라는 거예요. "누구누구 나가라" 고 해서, 제가, 그때 남아 있겠다고 했어요. 그랬더니 위원장님이 "잡혀가면 안 되니까 나가라." 그래서 19일 밤에 나왔어요. 그러고 나서 그다음 날 새벽에 침투했다고 그러더라고요. 너무 가슴이 아프고. 아우, 그때 진짜 참담했죠. (강혜정, 야탑)

저는 월드컵에 없었어요. 그때 A조, B조가 있는데, A조가 남아 있으면 B조는 나와서 다른 데로 들어간다는 계획이 있었어요. 그래서 저희는 율동패랑 몇 명은 빠졌어요. 그 전에 스멀스멀 침탈 얘기가 있어 가지

고 마지막으로 위원장님이랑 포옹하면서 한 사람씩… 마지막 인사는 했던 거 같아요. (마수경, 면목)

희정이가 끌려 나가는 장면을 봤어. 엄청났잖아요. 우리가 교대해 주러 가기로 했는데 교대를 안 해줘 갖고 지가 끌려갔대. 우리도 다 찢어졌으니까 어떻게 된 건지 모르는데, 걔가 막 경찰들한테 질질 끌려서 나온 것 같아요. 경찰들이 하나씩 들어냈으니까. (조은옥, 중동)

조합원이 다 거기에 있었던 게 아니라 나눠서 지방 순회투쟁을 했어요. 근데 충청권을 돌다가 올라오는 버스 안에서 털린 거를 보고, 진짜, 많이 울었어요. 그때 조합원들하고 부산도 가고, 울산도 가고, 대구도 가고, 포항도 갔었지. 나하고 이경룡 언니하고 남궁숙 언니하고 정욱이가 갔었고. (진현미) 그때 청주, 대전, 천안점을 들러서 저지투쟁해서 우리가 그 앞에서 집회하다가 올라오는데, 월드컵점이 털렸다고 그런 거예요. 그때 버스 기사님이 "도대체 노무현 찍은 사람 누구냐? 손등에 도끼를 찍으라"고 막 그랬거든. (이선호, 방학)

나중에 사진을 보니까, 월드컵 최현미가 털려 나가면서 사슴 같은 눈이, 땡글땡글한 눈이 눈물이 막 이렇게~. 그때는 월드컵 최현미랑은 안 친했죠. 그걸 보니까 "어머 저렇게 두려운…" 그런 눈 있잖아요. 그런 눈빛을 보니까 "어머, 되게 무서웠겠다"는 생각이 들더라고. 완전히 눈이 공포에 질린 눈, 있잖아요. (진현미, 방학)

그때 저는 밥 해 갖고 가는 오후조였어요. 그래서 거기 없었어요. 전날 밥을 해 가지고 들어가려는데 못 들어가게 하는 거예요. 그래서 "나

들어가야 된다. 우리 언니 저 안에 있는데, 들어가야 밥을 먹는다. 밥을 줘야 된다." 그런데도 못 들어가게 하는 거예요. 그때, 딸이 태워다 주는 조합원 언니네 차를 타고 갔는데, 그래서 그 차로 주위를 한 바퀴 돌다가 왔는데, 분위기가 너무 이상해지는 거예요. 새벽까지 있다가 어쩔 수 없어서 집에 왔는데, 뉴스가 막 뜨더라고요. "어휴, 내가 그 자리에 있었어야 하는데…" 그 안에 있던 조합원들에게 너무 미안했어요. 그때 차라리 같이 끌려 나갔으면 속이 편했을 텐데. (김정애, 구월)

너무 맘이 아팠죠. 속상했고 그걸 말로 어떻게…. 그때 그 화면에도 남궁숙, 핑크색 티셔츠를 입고 경찰들에 의해서, 납작 들려서 경찰차에 실려지는 모습을 보니, 너무 맘이 아프고…. 뉴스로 보고. 그때 근처에 사는 한 조합원이 아이들이 어렸어요. 그래서 내가 그 집에 가서 아이들 챙기고. (김명숙, 방학)

제가 19일이 큰아이 생일이어서 18일 날 저녁때 나왔거든요. 제가 20일 아침에 가고 있는데… 우리 아들의 담임이 아이한테 무슨 일이 있는 것 같으니까 엄마한테 전화해 보라고 했다면서 애가 저한테 전화를 한 거예요. "엄마네 매장 어떻게 됐어?" 알고 있더라구. 선생님이 신상명세서에 엄마 직업을 보고 알고 계셨던 거예요. 저는 애들 학교 보내고 바로 먹을 거 들고 가는데, 그거 보고 막 울면서, 그 차를 쫓아가면서… 그 장면은 너무 생생해. (……) 사람들이 잡혀가니까 차라리 나도 같이 가면 마음이 편한데, 그들은 잡혀갔고, 저는 우리 지대위 분들과 남아서 무엇을 할 것인가 고민을 했고. 그때 위원장이고 뭐고 다 들어갔으니까, 그러면 나머지 조합원들과 뭐를 해야 될 것인지 밤새 얘기하고. (황선영, 월드컵)

저는 그날 안에 들어갈 군번이 아니어서 밖에 있었지. (털린 상황을) 봤죠. 다 질질 끌려가고. 아휴, 전부 팔짱 끼고 털리라고 하고. 그러면서 서로 밟히기도 하고, 막, 질질 끌려가고… 울었어요. 무장한 사람들이 안에서 다 데리고 나오니까, 진짜 무서웠어요. (……) 지도부를 믿으니까, 또 후속으로 뭔가는 있을 것이다. 지도부를 믿지 않으면 그때는 그렇게 못했죠. 처음 하니까 전적으로 믿은 것 같아요. (김용임, 중동)

이날 농성장에서 끌려 나온 조합원들은 서울의 11개 경찰서로 분산되어 유치장에 있으면서 조사를 받다가 48시간 지나 모두 석방되었다. 그런데 김경욱 위원장은 그대로 구속됐다. 점거농성 동안 수배령이 떨어졌었기 때문이었다.

경찰차 타고 나서 사무국장한테 "지금 여기 몇 명 탔고 어느 경찰서로 간다고 한다"고 전화했고. (……) 다 개별적으로 했을 것 같아요. 차에 타면 하라고 했으니까. 가서 보니 강남 경찰서예요. 우리 점도 몇 명 있고, 다른 점도 있고, 5, 6명 정도. (……) 경찰서에 앉아서 점심 줘서 밥 먹고. 뭔 날이었나? 하여튼 직원식당 가서 먹었는데 삼계탕 먹고. 또 개별적으로 조사한다고 한 명씩 불러서 하고. 이름 물어보고 뭐 조사받고는 다들 철장 안에 들어갔어요. 우리는 인원이 많으니까 다 한군데 몰아넣었어요. 잘해 줬어요. 커피도 타주고 씻는 것도 교대로 해서 씻게 해주고. 그 안에서 있으면서 우리끼리 막 율동 연습하고, 우리가 나름 율동패라고 배운 게 있으니까 거기서 막 가르쳐 주고. (웃음) (……) 그러다 거기 밥이 나왔는데 못 먹겠더라구. 철판에다 플라스틱 숟가락 주는데, 그건 안 넘어가고. 근데 지대위에서 와서 사식 넣어줬어요. 나름 편하게 있다가 나오는 날도 지대위에서 와서 태워 줬고.

(서은주, 월드컵)

서대문 경찰서에서는 박순흥하고 몇 명이 있었어요. 그래도 구치소에서도 참 잘해 준 것 같아요. 우리가 비정규직 때문에 그런 거니까, 약간 존중해 주는 그런 느낌을 받았어요. (……) 새벽에 나왔는데 '다함께' 동지인지 민주노동당 사무장이 왔었던 것 같고, 중동 그 집회 장소로 갔던 것 같아요, 같이 있었던 사람들하고. (황은영, 면목)

유치장에 있을 때, 면회 온 사람 아무도 없죠. 그리고 걱정만 하고 있었죠, 그냥. 마음속으로 "이 3일 동안만이라도 내가 안 들어가니까 술만 먹지 말고, 애들만 지키고 있어라" 이런 기도만 하고 있었네요.(웃음) (임혜숙, 면목)

마지막까지 있다가 같이 들려 나와서 서대문 경찰서 유치장에 7명인가 있었는데 6명은 나가고, 나는 핵심이라고 구속영장 청구됐다고 구속적부심이 된다고 하루 더 있으라는 거야. 저도 나중에 알았던 건데, 제가 해고싸움을 하고 있었잖아요? 법적으로. 회사가 나에 대한 자료를 특히 더 집어넣은 거야. 용역 시켜서 내 사진을 엄청 찍었더라구. 조사받으러 갔더니 서류가 엄청 있어요. 아마, 해고 문제를 같이 마무리하려고 했던 것 같아요. 그다음 날 아침에 우리 7명, 뉴코아 7명이 다 풀려나고 위원장만 구속되고. (손명섭, 부산)

마포 경찰서로 갔지요. 거기서 위원장님, 부위원장님, 수석부위원장님, 그리고 한 분이 더 있었는데… 경찰이 "거기 왜 들어갔어요?" "뭐 했어요?" 진짜 형식적인 질문을 하는 조사를 하더라구요. 경찰이 "잠깐만 기다리세요" 하더니, 남편하고 애들을 데려오는 거예요. 거기에 왜 데리고 왔는지 모르겠어. 어쨌든 (……) 가족 면회를 시켜 줘서, 싸 온 음식으로 같이 밥을 먹고. (……) 남편이 한 번도 겪어 보지 않았는데, 와이프가 유치장에 있는 상황이니까 무서워했어요. 저는 경찰서에서 밤에 나왔는데, 남편이 밖에 서 있더라고. 다른 분들은 같이 오신 분들하고 가고. 그래 집에 와서 남편이 술 한잔 먹으면서 다른 얘긴 아무것도 안하고 "나도 아니까, 두 번 다시 거기 가지 마" 그러더라구요. 이게 해결이 안 된 걸 알면서도. 그래서 나는 "안 된다. 가서 이 일이 해결될 때까지는 함께해야 된다" 그랬더니 "그러면 이혼을 하자" 그러더라구. "이혼해. 이혼하고서 나는 이걸 끝을 내야 해. 내가 했기 때문에, 처음에는 멋모르고 했지만 지금은 아니다." 끝을 내야 되기 때문에 이혼을 해서라도 저는 하고 싶었어요. 솔직히…. 근데 남편이 내 친구들한테 전화해서 울면서 얘길 하더래요. 그리고 우리 애들도 아직 어리고. 그래서 "아, 이건 아닌가 보다", 직접 나는 거기엔 참여 못 하겠다는 생각을 해서, 남편한테도 안 하겠다고 하면서 서서히 멀어졌죠. (김경미, 월드컵)

사람들이 종로, 성북, 종암, 성동 경찰서로 끌려갔고. 박경이라는 친구랑 둘이서, 그날 가서 사식 넣어 주고, 그날 경찰서 순례했죠. 근데 사람들이 너무 재미있게 있는 거예요. 경찰서 아저씨들이랑 농담 따먹기 하면서 재미있게 잘 있어서, 너무 다행이었어요. (김명숙, 방학)

끌려간 월드컵조합원 2, 3명이 (……) 도봉 경찰서에 들어갔다고 해서 조합원 5, 6명이 그 경찰서로 갔어요. 경찰서 앞에 돗자리 깔고, 거기에서 누웠어요. "우리는 조합원들하고 같이 가야 되니까, 내보내 달라"고 그랬더니, 전경들이 와서 "이러면 안 된다"고 하고. 그러면 "우리도 잡아넣어라. 우리 아줌마들을 니네들이 잡아넣을 거야?", "누가 이기나 보자. 무서울 게 없는 사람이야" 난리를 쳤죠. 그런데 안 내보내줘요. 어쩔 수 없이 집으로 막차로 내려오고. 그 사람들은 48시간 있다가 경찰서 나와, 파업으로 복귀했죠. (김정애, 구월)

48시간 만에 나오잖아요? 밤새워서 기다리고, 나오는 사람들 데리러 가서 막 두부 먹였어, 거기서 또 울고, 또 그 사람들은 빵 안에서 무용담 얘기하고. (황선영, 월드컵)

•조합원들이 기억하는 월드컵점 20일 점거농성

처음으로 월드컵점 분회장 했던 사람 김경미 씨, 그 사람이 너무너무 힘들었을 것 같아요. 월드컵점은 사실 우리보다 훨씬 늦게 가입을 한 거잖아요? 그러니 얼마나 무섭겠어요. 그리고 난 그 사람에게 너무너무 미안한 거예요. 나도 내가 일하는 매장을 너무 아끼고 보호하고 싶은 마음이 있는데, 그 사람들이라고 안 그랬겠어요? 그런데 그 분회장이 거기에서 하니까 발언도 많이 하고. 어쨌든 너무 힘들었을 것 같아요. 그 사람이 걱정이 많이 됐어요. 나야 우리 언니 때문에 내 매장도 아닌 다른 매장에 가서 그 매장을 향해서 소리 지르고 장사 못하게 이러지만, 그 사람은 끝나면 자기가 들어가서 일할 매장인데, 얼마나 부담이 많이 갔겠어요. 그 사람이 제일 힘들었을 것 같아요.
그리고 진짜 월드컵점 조합원들이 너무너무 고마웠어요. 나중에는 밖에서 밥솥에다 밥도 하고. 지금도 월드컵점 하면 제가 최고로 생각하는 분회인데, 그때 당시에도, 정말 너무너무 잘했어요. 단합도 잘 되고. 거기가 비정규직이라 더 본인들의 일이라고 생각했기에 단결이

더 잘된 걸 수도 있지만, 아휴, 그래도 대단하지요. (김정애, 구월)

(20일 참여 이유?) 일단은 점거 시작을 했기 때문에, 그리고 노조가입할 때에, 내가 믿은 사람이 권유했고, 또 내가 결정을 해서 가입을 했던 거고. 그때는 내가 개인적으로 힘들기는 했지만 그래도 내가 거기에서 함께해야 된다는 생각이 컸던 것 같아요.
(걱정은?) 내 아이를 어떻게 할 것인가도 걱정이 됐지만, 그래도 밤에는 며칠은 봐주고 며칠은 술을 먹더라도, 일단 애 아버지가 있으니까. 그렇게 하면서 큰애가 혼자 있었던 시간이 많이 있었죠. 둘째애가 다섯 살 됐을 땐데, 말을 온전히 다 못하고 늦게까지 걷지 못하니까. 몸무게가 굉장히 많이 나갔어요. 큰애가 혼자 있으면서 걔를 돌보는 거예요. (임혜숙, 면목)

(좋았던 점?) 우리는 수납 사람만 알다가 영업부서 직원들은 모르거든요. 같은 방학점인데도. 저는 조합원이 누군지 얼굴하고 이름하고 매치를 시켜야 하는데 그게 잘 안 됐잖아. 그랬는데 월드컵에서 많이 친해진 거죠. 다른 부서도 알게 되었던 게 좋았던 거 같아요. (진현미) 사람들하고 많이 알게 되고, 우리는 우리 점포만 생각을 했던 건데 다른 점포 사람들도 알게 되고. 또, 우리가 몰랐던 또 다른 사업장의 문제, 기륭전자. 거기도 그런 문제 있었던 것도 알게 되고. "아, 우리보다 더 힘든 곳도 있었구나. 우리는 힘든 게 아니었구나"라는 것도 알게 되고. 그래서 이게 좋은 경험이라고는 생각을 하거든요. (이선호, 방학)
제일 힘든 거는… 거기서 먹고 자고 했던 게 힘든 거야. 씻지도 못하고. (웃음) 씻을 데는 없는 거잖아요. 세수만 하고. 그런 거 외에는 좋았어요. 재밌게 있었어요. (진현미, 방학)

(제일 기억나는 장면은?) 월드컵에 있을 때, 저녁에 잠잘 때 포스가 이렇게 있잖아요, 그러면 각자 그 포스 하나씩, 그 밑에서 깔고서 자고, 그리고 고객화장실에서 샤워하고. 그때가 여름이었으니까. (제일 힘들었던 건?) 거기 20일 있는 동안에 힘들다고 생각하지는 않았어요. 저는 그렇게 연대를 해주는지 몰랐고. 그런데 이렇게 각지에서 연대를 해주고, "우리가 있으니까 힘을 내!" 막 이렇게 해준 게, 저는 그렇게 고맙고, 그리고 의원님들도 오셔 가지고 힘을 주는 것도 고맙고. 그리고 저는 지도부들이 같이 한데 힘을 뭉쳐서 이렇게 하는 게 마음에 좋더라고요. 지도부를 100% 신뢰를 했어요. 활동기간은 안 길었지만, 그 사람들의 진실이 보이더라구요. 그래서 더했던 것 같아요. (김경미, 월드컵)

(제일 힘들었던 거?) 일단 잠자리가 제일 불편했던 거였구, 여자들이니 샤워실 만들어 놓고 거기서 샤워하고 이랬거든. 화장실 끝에 만들어 놓고서 거기서 씻고 나오고. 완전히 막히고 난 다음에는 못 나왔으니까 그때는 거기서 아예 생활했으니까요.
(좋았던 건?) 사람들과 어울린 것, 직장생활에서 그동안 사람들과 어울릴 일이 없었는데, 거기 있으면서 많은 사람하고 만났고, 사람들하고 어울리는 게 좋았던 것 같아요.
(계속 있었던 이유는?) 저는 거의 계속 있었는데, 스스로 약간 이유를 갖다가 붙인 것 같기는 해요. 왜냐면 당시에 내가 당사자기도 해서 "아, 그건 아닌 것 같다"고. 주변에서도 바꿔야 된다고 얘기를 하고 나도 아닌 것 같다고 생각을 하니까 있었고. 완전히 막혔던 게 아니니까 처음에는 이틀 있다가 갔다 오고 교대로 하고. 처음에 저는 짧게 끝날 줄 안 거지. 왜냐면 점거가 되게 센 거잖아요? (웃음) (……)

사실 여기를 그만두더라도 나도 그 회사에 그렇게까지 애착은 없었어요. 들어간 지 얼마 안 되기도 해서 빨리 다른 델 찾아가는 게 맞는 것 같기도 한데. (……) 왜냐면 나는 회사에서 그때까지만 근무하는 거였기 때문에, 그런데 "내가 지금 하는 게 어떤 식이든지 결론이 날 테니까 그 결론을 좀 보자. 이걸 못 보고 내가 중간에 포기를 해버리면 후회될 것 같다"는 생각을 했던 것 같아요. (서은주, 월드컵)

(힘들었던 건?) 힘든 거는 씻지 못해서 샤워를 못해서, 몸이 그렇죠. 저는 그게 많이 힘들었어요. 또, 우리 아이들이 말썽 일으키는 것, 그 두 가지가 힘들고. 다른 것은 없었어요. (임재윤) 저도 같아요. 그리고 제 입장에서는 조합원 한 명이라도 간다고 그럴까 봐, 안 한다고 그럴까 봐, 그게 늘 불안하고 막, 눈치를 보는 거예요. 사실 조합원들 눈치 엄청 봤어요. 한 명이라도 빠져나가면 어떡할까 노심초사를 한 거죠. 그게 제일 힘들었어요. (김영순)

(시흥은 왜 그리 잘 싸웠어요?) 서로서로 안쓰러운 마음이 있으니까, 그리고 김영순 분회장 언니가 여기서 자니까, 분회장님이 다른 분회보다 나이도 많고, 이렇게 연세 드신 분이 앞장서서 하는데 안 할 수가 없었어요. 내가 좋아하는 사람이 있는데 끌려가면 제가 그걸 못 보겠더라고요. 그리고 서형태도 과장이라는 사람이 "아줌마들이 불쌍해서 나왔다"고. 우리가 불쌍해서 나왔다는 거예요. 저는 그 소리를 분회장님에게 듣고 정말 감사하고 "내가 이 사람은 끝까지 지켜야겠다." 분회장님도 친언니처럼 생각하니 "분회장님도 끝까지 지켜야겠다" 생각을 하고. 제가 볼 때는 분회장님이 너무 잘했던 것 같아요. 그러니 우리가 빠져나올 수가 없었어요. 억지로라도 나와서 하다 보니 열심히 하는 사람인 거죠. (임재윤, 시흥)

(힘든 일은?) 제일 힘들었던 거는 집을 못 가니까 식구들이 걱정돼서 그러지, 뭐 어쩔 수 없는 거니까. 옷 같은 건 친구가 갖다줬어요.
(기억에 남았던 건?) 서로 웃어가면서 얘기하는데 다들 똑같았을 거예요. 처음에 막 무섭고 집에 못 가고 불편함이 있었는데 거기 같이 있으면서 그래도 우리가 뭔가를 하려고 이렇게 모여서 음식도 같이 먹으면서 (……) 뭔가를 이루려고 해야 된다는 것, 그런 것 때문에도 좋았던 거예요. 자고 일어나면 막 웃으면서 "잘 잤어?" 이렇게 얘기도 하고. "아이씨, 이게 언제나 끝날 거야" 막 이런 얘기도 하고, 그러면서 밖에 쳐다보기도 하고. (박복희, 안양)

(조합원들하고) 처음엔 잘 모르죠. 월드컵에서 얘기도 많이 하고, 같은 곳을 보고 가는 거잖아요. 그래서 많이 친해지기도 하고 많이 알았죠.
(제일 기억나는 사람?) 민주노동당인가 그분이 계속 연대와서 해주고. (강혜정, 야탑)

(농성장에서 기억나는 건?) 밤중에 시커먼 애들이 뒤에서 진을 치고 있을 땐, 제일 무서웠죠. 밤에 우리는 여자들이 누워 있고 그러잖아요. 그러면 시커먼 애들이 뒤로 왔다갔다 계속해요. 농성장을 막아 놨는데, 거기서 문 열고 쳐다보고. 잠을 제대로 못 잤죠. 그게 제일 무서웠던 것 같고요, 그게 남자구사대, 조폭 같은데 떡대가 큰 애들이 문 열고 쳐다보고 없어지고. 그러니까 화장실 다니는 게 제일 나빴고. 화장실은 정문 쪽으로 움직여서 갔어요. 거기서, 중동점에서 고생한 사람들이 몇 사람들이 있어요.
(그 경험은?) 약자가 이래서 서럽다는 거, (웃음) 거기서 터득을 한 게 "계란으로 바위를 깰 수 없다는 거", "회사는 바위고 우리는 계란이구

나" 그런 생각을 했고요. 약자가 이래서 참 서럽다는 거. 그래서 우리는 앞으로 어떤 대통령이 되든지 진짜로 근로자들을 위할 수 있는 대통령이 나왔으면 하는 생각을 했죠. (조은옥, 중동)

(제일 기억에 남는 거?) 계산대를 다 점거하면서 저쪽 너머로 사람들이 들어오려고 하면서 막 대치하고 있는 위급한 상황, "온다", "안 온다" 막 이렇게 하는데, 그 공포심이 굉장히. (……) 그리고 교육을 많이 받은 게 "절대로 물건에 손대지 마라. 큰일 난다" 그래서 절대로 손 안 대고. 회사가 전부 사진 채증을 하니까.

(힘든 거?) 거기서는 털릴 때 힘들었고, 왔다갔다 하는 것 자체가 굉장히 힘들고. 집안일 다 제껴놓고 거기다 신경 쓰는 것도 힘들죠. 또, 힘든 거는 옆에 있는 동료가 "나 허리 아프고, 어디가 아프고 그래서 내일 못 나올 것 같다"고 이런 얘기 듣는 게 너무 힘들었어요. 그러면 달래서 협박도 하고. 같이 가야 하니까.

(그만둘 마음은?) 저는 끝까지 해야 된다고 생각했어요. 젊으니까. 그중에 좀 젊었어요. 그리고 나름대로 부서에 다 얘기를 해놓고 나온 상황이라서 자유롭게 했어요. "언니들은 그냥 안에 있어라. 나는 나가서 하겠다" 아예 선포를 하고 나온 상태라서 편하게 했어요.

(제일 즐거웠던 거?) 밥 싸와 맛있는 밥 나눠 먹으면서 집안 얘기도 서로 하고 속에 있는 얘기도 하고, 가정 얘기도 하고. 부서끼리만 움직이다가 거기서 제일 많이 사람에 대해서 알게 됐고. 전국에 있는, 순천, 울산 사람들까지도 알게 됐죠. (김용임, 중동)

5장

뉴코아 강남점·
홈에버 면목점
점거투쟁과
매출제로투쟁

1. 월드컵점 침탈에 대한 항의투쟁

월드컵점 농성조합원들이 경찰차에 실려 모두 연행된 이후 월드컵점 앞에서는 이를 규탄하는 기자회견이 잇따라 열렸다. 우선 민주노총이 긴급 기자회견을 열어 항의했고, 긴급 지침을 내려 "홈에버, 뉴코아, 2001아울렛 등 이랜드계열 전국 60여 개 모든 매장을 봉쇄하고 이랜드제품에 대한 불매운동 투쟁을 전개"하기로 했다. 이 지침에 따라 이날 오전 10시경 충남 천안, 경남 창원, 대구, 울산의 홈에버 4개 점포의 영업이 중단됐다. 이후 점거를 더 확대하고 7월 21일로 예정된 이랜드그룹의 전 매장 집중타격투쟁도 계획대로 진행하기로 했다.

정부와 사측의 공권력투입을 비난하는 목소리는 각계로 확산되었다. '뉴코아-이랜드 유통서비스 비정규 노동자 노동기본권 보장을 위한 공동대책위원회'(공대위)는 이날 정오 청와대 인근 청운동사무소 앞에서 긴급기자회견을 열고 민주정부이기를 포기한 노무현정부의 폭력진압을 규탄하였다. 이어 공대위는 전국의 각 지역이 모두 참여하는 불매운동본부를 구성하고 본격적인 불매운동을 추진할 것이라고 경고했다.

민주노동당도 시민사회단체와 더불어 불매운동을 불매동맹의 수준으로 격상시킬 것이라고 했고, 한국노총도 성명을 내고 정부의 공권력투입은 비정규보호법의 취지와 노사정 합의문 취지를 무색하게 만드는 결과를 초래할 것이라고 비난했다. '기독교 기업' 이랜드에 대한 기독교계의 비판도 이어졌다. 기독교사회선교연대회의가 기자회견을 통해 성명을 내고 기독교 기업을 표방한 이랜드는 예수의 이름을 팔아먹고 "맘몬(돈과 재물, 우상) 숭배를 택한 기업"이라며 노동자를 탄압하는 이랜드그룹을 비난했다.

또, 지난 7월 18일부터 21일까지 전북 군산에서 열리고 있던 '전국시민환경운동가 대회'에서는 20일 이랜드 사태에 대한 특별결의문을 채택해 정부와 이랜드 사측에 대한 규탄 및 이랜드 계열에 대한 불매운동 확대를 결의했다. 국회의원 중에 민주노동당 소속 9명 전원 등 17명도 정부의 물리력을 통한 사태 해결에 강한 유감을 표했다. 이와 별개로 신기남, 천정배, 한명숙 등 범여권 26명의 의원도 이날 성명을 냈다.

전국에서 매장봉쇄투쟁이 일어나는 가운데 이랜드일반노조 조합원들이 시흥점으로 속속 집결했다. 회사는 영업을 중단하며 출입문 셔터를 내렸다. 경찰은 10여 대의 경찰차로 건물 주위를 막고, 출입문마다 병력을 배치해 집회 참가자들의 접근을 막았다.

정문 앞에는 '비정규직 차별과 해고를 철회하라'는 글귀가 적힌 파란색 옷을 입은 여성조합원 100여 명이 앉아 있었다. 이들은 구호를 외치고 투쟁가를 부르면서 "끝까지 하자"는 사회자의 말에 "투쟁!"이라고 외치면서 힘 있게 팔을 뻗었다.

오후 2시에 참가자들은 곧바로 공권력투입을 규탄하는 집회를 시작했다. 전교조, 민주노총, 전국농민회총연맹, 서울사무금융노조, 전국건설산업운송조합, 서울대총학생회 등의 깃발이 휘날렸다. 이들 단체 소속 400여 명의 교사·노동자·청년학생이 이랜드일반노조와 함께하기 위해 달려온 것이었다.

박정곤 민주노총 부위원장은 "우리 누이 같고 제 친구 같은 가녀린 여성들이" 전국노동자들의 투쟁을 이끌고 나섰다고 말했다. 한성실 서울대 총학생회장은 "힘없는 여성노동자들이 농성하는 게 폭력이면, 이들을 잡아 가둔 홈에버 사주와 공권력은 과연 무엇이란 말이냐"고 안타까워했다. 이랜드일반노조 조합원들은 정부와 사측이 공권력을 동원해 농성장을 침탈했지만, 투쟁은 지금부터 시작이라고 말해 집회 참가자들로부터 호응을 받았다. 집회를 마친 후 조합원들은 서울역으로 향했다.

> 처음에 바로 지침대로 움직였어요. 지침이 (……) 시흥점에 모이는 거예요. 우리는 시흥점에 갔더니 못 들어가게 문을 내렸더라고요. 우리가 어떻게 한다는 걸 알기 때문에 아예 문을 내린 거지. 셔터를 다 내렸어요. (손님도) 나가게 했어요. 우리는 시흥점으로 가서 내려진 셔터 붙들고 울고 있었죠. "문 열어라~!" 이러면서…. 집회도 하고 그러면서 시흥점에 모여서 있다가 다시 "서울역으로 모여라" 그랬나? 아무튼 지침대로 움직였어요. 시흥분회만이 아니라 다른 데도 다 그렇게 했었을 거예요. (임재윤, 시흥)

오후 6시, 서울역 앞에서는 '공권력투입을 규탄하는 결의대회'가 열렸고, 무기한 단식 중인 KTX 조합원들과 함께 투쟁문화제가 개최되었다. 이 집회에는 이랜드 조합원과 KTX 조합원 등 700여 명이 참석했으며, 민주노동당 국회의원들도 참석했다. 같은 시간 인천, 경기, 부산 등 전국에서 이랜드와 계열사 매장 앞에서 집회가 열렸다. 집회는 이날 아침 강제연행되어 마포 경찰서에서 조사를 받고 있던 김경욱 위원장이 휴대폰을 통해 투쟁사를 하는 것으로 시작됐다. 김경욱 위원장은 조합원들의 투쟁을 독려했다.

"오늘 월드컵점을 침탈했는데, 이것은 우리의 기를 꺾으려는 것입니다. 투쟁은 이제 시작입니다. 기 꺾이지 말고 투쟁합시다. (……) 이랜드 자본은 잔인합니다. (……) 우리도 여기서 떳떳하게 투쟁하겠습니다. 꼭 승리할 수 있도록 흔들리지 말고 투쟁합시다. (……) 돌아가서 다시 뵙겠습니다."

이어 월드컵점 농성장에 마지막까지 남아 있었던 문성현 민주노동당 대표는 "2007년 7월 20일을 잊지 말자"고 말하고, 비정규직법을 끝장낼 것을 민주노동당 깃발 아래 다짐한다고 했다. 강혜정 야탑분회장은 조합원들이 호송차에 끌려가는 것을 보며 가슴이 아팠다며 눈물을 흘렸다. 이어 "공권력이 동지들을 끌어갔지만 우리는 흩어지지 않는다"며 더 투쟁할 수 있도록 다른 동지들이 힘을 모아 달라고 부탁했다. 그는 "제발 비정규직법을 다시 한번 검토해서 비정규직들이 웃으며 생활할 수 있는 법이 되도록 해 달라"고 했다.이어 뉴코아노조 조합원, 허영구 민주노총 부위원장, 서비스연맹 위원장, 건설노조 타워크레인분과 사무처장이 나서서 이랜드 불매운동을 전국적으로 확대하여 한 사람도 이랜드에 가지 않도록 만들자며 적극적인 불매운동 참여를 촉구했다. 이어 '홈에버·뉴코아, KTX·새마을 승무원 투쟁승리문화제'가 진행됐다. 결의대회가 진행되는 동안 퇴근을 한 노동자들이 속속 서울역으로 모여 집회 참가자가 1,000여 명으로 늘었다.

한편 오전 10시에 목동점 앞에서도 조합원을 비롯해 전국철거민연합, 사회진보연대, 민주노동당 학생위원회 등 250여 명이 집회를 열었다. 입구에서는 '행사지원'과 'security'란 명찰을 단 경비업체 직원들이 조합원들의 매장 진입을 막았다. 집회에 참석한 단병호 민주노동당 의원은 지지연설에서 합법적 파업을 불법으로 몰아가는 것은 용납할 수 없다며 연행된 조합원들을 즉각 석방하라고 요구했다. 이석행 민주노총 위원장은 정부와 이랜드 측에 공권력투입 사과와 손배가압류 및 고소고발 철회 등을 요구했다. 오후 3시경에는 매장 입구 한쪽에서 대치 중이던 홈에버 입점업체 점주와 직원들이 '맞불집회'를 열어 집회 참가자들과 마찰을 빚었다. 점주들은 농성으로 장사를 할 수 없어 생계의 위협을 받는다며 집회 해산을 요구했다. 경찰도 확성기가 달린 지휘 차량을 이용해 해산명령을 내려 긴장감이 높아졌다. 일부 조합원들과 일부 점주들 사이에 약간의 몸싸움이 벌어지기도 했으나, 경찰이 막아 더 큰 충돌로 번지지는 않았다.

오후 7시, 부산 서면의 홈에버 앞에서 민주노총 부산지역본부 조합원들과 학생 200여 명이 홈에버 공권력투입과 계약해지를 규탄하며 시위를 벌였다. 홈에버에서는 이들의 진입을 막고자 출입문을 봉쇄했다. 주변에는 대규모 병력이 진을 치고 시위대를 진압할 태세를 갖춘 상태였다. 출입문이 전면봉쇄된 가운데 입구를 점거한 민주노총 조합원들은 이랜드를 규탄하는 발언과 구호를 이어 갔다. 퇴근길의 차량과 시민들도 관심을 보였다. 또, 민주노총 울산본부와 민주노동당 울산시당도 이날 곧장 항의방문과 불매운동에 돌입했다.

이날 민주노총 조합원들이 전국 12개 지역에 있는 이랜드 유통매장에서 항의투쟁을 전개했다. 항의투쟁이 벌어진 이랜드매장은 홈에버 시흥점, 뉴코아 평촌점, 홈에버 구월점, 홈에버 천안점, 홈에버 전주점, 뉴코아 순천점, 홈에버 울산점 등 12곳으로, 산발적인 매장 진입과 점거, 결의대회, 기자회견 등이 진행됐다. 농성장 공권력 침탈에 규탄하는 투쟁은 긴급히 조직된 것이었지만 각지에서 수백여 명의 민주노총 조합원들이 모여 이랜드 사측을 규탄했다. 항의투쟁이 벌어진 매장은 대부분 경찰에 의해 봉쇄돼 영업이 중단됐다. 20일 오전 1시간 만에 끝난 월드컵점 농성장 진압으로 농성은 물리적으로 해결됐지만 악화된 여론 등으로 이랜드 사측이 입은 타격은 더 컸다.

월드컵점이 침탈당한 뒤 이랜드 노동자들과 민주노총의 조합원들이 같이 분노하며 항의집회를 전국적으로 벌이는 과정에, 경제 문제나 투쟁이 길어지는 것에 대한 불안감 등 여러 이유로 투쟁에서 이탈하는 조합원이 생기기 시작했다.

천안점에서 올라와서 시흥 집회하고, 다음날 민주노총이 영등포에서 분회장들이랑 모여서 앞으로 어떻게 할 거라는 걸 짠다고. 그러면 진현미가 대의원이고 방학점을 책임지고 있으니까 조합원들에게 전화를 했어요. 옆에 내가 있었는데, 한 조합원하고 통화하는데 "언니, 그래도 들어가게 되면 얘기를 하고 들어가셔야지 어떻게 그래요?" 얘기하니까. 그 사람 말이 "그래서?"라는 거예요. 나는 그 말에 걔한테 진짜 정이 딱 떨어진 거야. 그 뒤로는 진현미가 전화해도 안 받고 내가 전화해도 안 받은 거죠. 걔가 복귀해서 다니다가 우리 파업 끝나고 들어갈 때 그만뒀더라고. 들어가서 오래 못 버틴 거죠. (이선호, 방학)

또 월드컵점에서 경찰서로 끌려갔다가 나온 뒤에 남편의 강력한 반대로 발이 묶여 투쟁에 참여하지 못하는 이도 있었다.

우리 분회장님이 "아저씨가 반대하고 그래서 집에서 못 나가게 한다"고 그 상황을 누군가 전해 준 것 같아요. (……) 그러면서 바로 그날 아침부터 전쟁이 시작되었죠. 하다 못해 출석체크라도 해야 되는데. 우리 분회장이 대의원한테 전화해서 "너가 내 대신 출석체크를 해 달라" 이런 거지. 그런데 이 친구도 바빠요. 맏며느리고 애들도 셋이나 되고 하니까 못하니까 "나 대신 누가 좀 해줬으면 좋겠다" 그래서 내가 "명단 체크 하는 게 뭐가 어려워, 내가 할게" 그 한마디가 내가 이 자리까지 온 거예요. (웃음) 정말 명단 체크 하려고 갔다가, 뭐 하면 "월드컵 나오세요~" 그러면 "네" 무조건 월드컵 부르면 제가 자동으로 일어나서 뛰어가고, 뭐 시키면 시키는 대로 하고…. 위원장님 안 계신 동안은 각각 했던 것 같아요. "어디로 모여라" 그러면 거기 가고. 나는 우리 분회조합원들 모여서 우르르 가고. 제가 체크할 때 63명이었고. 마지막까지도 제일 많았어요. 우리는 그냥 같이하는 사람들을 보고 했던 것 같아요. 거기에 "내가 안 나가면 또 인원이 줄겠지" 하는 거 때문에 나갔고…. (황선영, 월드컵)

1) 민주노총 2차 전국매출제로투쟁(7월 21일)

정권과 이랜드그룹은 공권력진압으로 투쟁의 불씨가 꺼지기를 바랐겠지만, 오히려 노동자들의 분노는 전국으로 확산되었다. 7월 21일에는 전국 61개 이랜드 매장에서 이랜드 불매운동을 알리는 현수막이 내걸렸다.

이날 민주노총은 2차 전국매출제로투쟁을 벌였다. 민주노총은 오전 10시부터 밤 10시까지 12시간 동안 전국 33개 매장 앞에서 집회와 기자회견을 했고, 나머지 28개 매장에서도 1인시위와 불매운동을 벌였다.

서울지역에서는 타격투쟁이 7개 홈에버 매장 앞에서 진행됐다. 목동점에는 이랜드일반노조, 민주노총, 민주노동당, 인권운동사랑방, 전국철거민연합, 사회진보연대, 이윤보다인간을 등의 단체에서 모인 약 150여 명이 문화제 및 집회를 진행했다. 매장 앞에 모인 노동·인권단체 활동가들은 매장 영업시간에 맞춰 '오전 10시부터 오후 10시까지' 집회를 진행했다. 이들은 "연행자 석방과 비정규직 대량해고 중단", "해고자 복직", "용역전환 철회" 등의 피켓을 들고 문화제에 참석했다.

목동점 매장에는 진입하지 못했지만, 이들은 피켓 및 1인시위, 서명 등 시민을 상대로 한 선전전과 불매운동 등을 진행했다. 결국, 목동점에는 '금일 영업중단' 팻말이 붙었다. 영업을 중단시킨 것이다. 매장 주차장으로 통하는 입구는 전경버스에 가로막혀 소비자들의 출입도 막혔다. 집회가 진행되는 정문은 전투경찰과 매장직원, 용역직원 등 3중으로 둘러싸여 출입을 일체 봉쇄했다.

잠원동 뉴코아아울렛 입구에서도 민주노총 조합원들이 정부와 이랜드를 규탄하는 구호를 외쳤다. 입점 업주들도 "민주노총의 3자 개입 저지와 삶의 터전 복구"라고 쓴 피켓을 들고 시위를 벌였다.

경기지역도 이날 오전 10시부터 이랜드 조합원과 민주노총 경기지역본부 조합원 900여 명이 홈에버 중동, 안양점과 뉴코아 일산, 평촌, 평촌2, 야탑, 동수원, 평택점 등 이랜드그룹 계열 8개 매장 앞에서 이랜드의 비정규직 노동자 해고와 공권력투입에 항의하며 시위를 벌였다. 오후 1시까지 회사가 고용한 경비원과 경찰병력이 조합원들의 매장 진입을 차단하기 위해 출입구를 가로막으면서 대치했다. 결국, 매장의 영업은 사실상 중단되었다. 이 8개 매장 주변에는 경찰병력 13개 중대 1,300여 명이 투입되어 있었다. 경기본부는 상황에 따라 매장 점거투쟁도 진행하려 했다.

오전 9시부터 경기도의 뉴코아아울렛 일산점 앞에 이랜드 조합원, 뉴코아 조합원, 민주노총 노동자 등 150여 명이 피켓시위를 벌였다. 이들은 '비정규직 철폐' 등이 적힌 피켓을 들고 구호를 외치며 이랜드그룹에 항의했다. 매장 영업은 정상적으로 이뤄졌다. 경찰은 매장 주변에 1개 중대 100여 명을 배치했으며, 회사 측도 용역경비원 50여 명을 배치했다.

오전 10시, 홈에버 중동점 정문에는 100여 명의 경찰이 출입을 통제하고 있었고, 뒤편 주차장은 셔터가 내려져 있었다. 이따금 내리는 빗속에 이랜드 조합원들이 모여들었다. 한 조합원은 가방에서 "비정규직 차별과 해고를 중단하라"고 쓰인 옷을 꺼내 입었다. 조합원들은 우비를 꺼내 입고 피켓을 하나씩 챙겼다. 60여 명의 조합원들을 비롯해 민주노총 조합원, 민주노동당 당원, 노동사회단체 회원 등 100여 명이 모였다. 용역경비들이 매장 안을 지키고 있었고, 경찰은 50여 명의 여경을 매장 안으로 들여보냈다.

'비정규직 철폐·연행자 전원 석방·이랜드파업 승리를 위한 결의대회'가 시작됐다. 민주노총 경기본부 부천시흥지구협의회 권오광 의장은 노무현정권은 전두환정권과 똑같은 모습을 보이고 있고 경찰은 이랜드자본을 비호하는 권력의 시녀로 전락했다고 비판했다. 이랜드 대책위 이종문 집행위원장도 해고된 노동자들이 다시 일터로 돌아올 때까지 불매에 함께할 것을 호소했다. 이어 최화진 중동분회 사무장이 앞에 나섰다. "파업을 한 지 21일째가 되었습니다. 강제연행되는 모습을 보고 눈물을 안 흘릴 수가 없었습니다. 우리가 무슨 죄를 지었습니까?"며 말을 잇지 못하고 눈물을 흘렸다. 지켜보던 조합원들도 눈물을 흘렸다. 최화진 사무장은 "더 강한 투쟁을 하기 위해 힘을 합치자"고 말했다. 조합원들은 농성장이 침탈당했던 분노를 쏟아내고 있었다.

"매일 도시락 싸 가지고 다니면서 정말 평화스럽게 농성했는데…." "저놈들은 임신부고 아픈 사람이고 다 감금한 놈들이라고." "텔레비 보니까 노무현이 직접 공권력투입을 시켰다던데. 박성수한테 돈 받은 거 아냐?"

인천지역에서는 오전 10시경 이랜드 조합원들과 인천지역 노동사회시민단체 회원 등 400여 명이 구월동 뉴코아아울렛 인천점에서 연좌농성을 벌였다. 이들은 매장 건물의 동쪽 출입구 앞에 모여 집회를 가진 뒤 정문과 주차장 입구 등 3곳으로 분산해 연좌농성을 벌이는 한편 불매운동도 병행했다. 이들은 비정규직 노동자의 생존권 투쟁에 공권력을 투입한 정부를 비난하고 '비정규직 철폐' 등의 구호를 외치며, 이랜드의 비정규직 노동자 해고에 항의했다.

그런데 뉴코아아울렛 인천점의 임대점포 업주 100여 명은 "민주노총은 점거파업과 영업봉쇄를 즉각 중단하고 임대점포 상인들의 생존권을 보장하라"고 적힌 피켓을 든 채 시위대에 맞서 "정상 영업합니다"며 고객들을 안내했다.

이날 매장 영업은 정상적으로 진행되었지만, 불매운동을 벌이는 시위대로 인해 통행이 불편한 탓인지 매장 안은 평소 주말에 비해 한산했다. 매장 주위에는 경찰 4개 중대 300여 명이 배치되어 있었다.

충남에서는 오후 2시에 민주노총 대전본부 120명의 조합원이 참석한 가운데 홈에버 둔산점 앞에서 '이랜드 조합원 강제진압 및 비정규 노동자 대량해고 이랜드자본 규탄결의대회'를 열고 불매운동을 전개해 2시간 동안 매장업무가 마비됐다. 집회 참여자들은 "반드시 이랜드 기업을 응징해야 한다"고 했다. 이들은 규탄결의대회를 마치고 '조합원의 자발적 장보기'를 하려고 매장에 들어가려 했다. 그러나 회사가 동원한 직원과 경찰병력에 막혀서 매장 진입을 할 수 없었다. 이에 한 노동자가 "경찰이 홈에버 영업방해를 하고 있다"며 항의했다. 매장에 승용차를 주차한 시민들도 차를 이동할 수 있도록 경찰병력을 빼줄 것을 경찰에게 요구했다. 그러나 경찰병력은 1시간가량 주차장 입구를 봉쇄하여 시민들의 항의를 받았다. 조합원들은 매장 주변을 돌면서

1시간 정도 선전전을 하였고 매장 진입을 막고 있는 경찰에 대해 항의하기 위해 다시 집회 장소로 집결했다. 이 과정에서 2시간여 동안 매장 업무가 마비됐다. 이어 대전지역 민주시민사회단체도 민주노총과 함께 매일 피켓시위를 하며, 이후에도 불매운동을 지속하기로 했다.

충북지역은 오후 3시경 민주노총 충북지역본부의 조합원 100여 명이 홈에버 청주지점의 매장 안에서 규탄집회를 갖고 이랜드상품 불매운동을 벌였다. 이어 이들은 지하 1층과 2층 매장의 계산대 앞을 막은 채 '비정규직 차별철폐' 구호를 외쳤다. 이 과정에서 경비직원들과 10여 분간 몸싸움을 벌였다. 홈에버 청주점은 오후 4시경 매장 안의 고객들을 모두 내보내고 영업을 중단했다. 경찰은 매장 안팎에 경찰력 1개 중대를 배치했다.

부산 홈에버 해운대점 앞에서도 민주노총 조합원과 민주노동당 당원 200여 명이 오후 4시부터 '이랜드그룹 규탄집회'를 열었다. 집회 시작 전부터 이미 홈에버 해운대 측의 요청으로 출동한 경찰들이 매장 입구와 주차장 입구를 봉쇄했다. 집회 참가자들은 이랜드를 규탄하는 각종 선전물을 들고 홈에버 해운대점을 한 바퀴 돈 뒤 다시 정문 앞에 모여 경찰과 대치한 채 집회를 시작했다. 집회를 마친 후 참가자들은 홈에버 해운대점 각 매장 입구와 주차장 입구 등에 흩어져 저녁 7시까지 경찰과 대치한 채 연좌농성을 진행했다.

민주노총 경남본부와 민주노동당 경남도당 등 경남지역 시민사회단체 300여 명은 오전 11시부터 경남 창원시의 뉴코아아울렛 매장을 점거하고 농성을 벌였다. 이들은 뉴코아아울렛 후문과 지하 출입구를 봉쇄하고 있던 경찰 5개 중대와 몸싸움을 벌인 끝에 경찰 저지선을 뚫고 지하 1층 매장 앞을 점거하고 연좌농성을 벌였다. 이들은 점거 직후 기자회견을 통해 "노동자의 파업권은 자주적인 노조의 고유한 권리"라며 공권력을 투입해 비정규직 노동자를 강제진압한 노무현정부는 일전을 각오해야 할 것이라고 했다. 이들은 이랜드 불매운동에 나설 것을 선언하고 "연행된 비정규직 노동자 석방·노동부장관 해임·비정규직법 폐지"등을 요구했다.

민주노총 울산지역본부와 이랜드일반노조 울산분회는 오후 2시부터 홈에버 울산점 정문 앞과 매장 안에서 조합원 300여 명이 모여 규탄 집회를 가졌다. 또 울산분회 조합원 60여 명은 매장 안 계산대 앞에서 "비정규직 차별철폐" 등의 구호를 외치며 농성을 벌였다. 울산점은 오후 1시께부터 영업을 중단했다. 경찰은 매장 안팎에 경찰병력 3개 중대를 배치했다.

이처럼 이랜드 비정규직 노동자들에 대한 경찰의 폭력이 전국적 투쟁을 불러일으켰다. 이날 서울지역은 홈에버 면목·방학·중계점·뉴코아 강남점 등 8개 매장, 경기지역은 뉴코아 평촌점 등 9개 매장, 인천지역은 홈에버 구월점, 뉴코아 인천점이 경찰에 의해 봉쇄돼 매장 영업이 중단되었다. 경남지역의 경우 노동자들이 뉴코아 창원점 지하매장을 점거하고 농성을 벌이기도 했다. 전국 2만여 명의 노동자들이 이랜드매장 인근에서 대시민 선전전과 항의집회, 1인시위, 퍼포먼스 등을 펼치며 이랜드매장 불매운동에 동참해 줄 것을 호소했다.

이 과정에서 회사가 동원한 용역직원들과 충돌이 벌어지기도 했으며, 입점업주들과의 몸싸움도 있었다. 홈에버 면목점, 야탑점, 평촌점과 뉴코아 강남점 등에서 회사의 용역직원들과 충돌이 벌어졌다. 뉴코아 평촌점과 야탑점에서도 충돌이 격렬하게 벌어졌는데, 뉴코아 평촌점에서는 충돌과정에 남성 입점업주가 여성 집회참가자의 몸을 더듬어 집회참가자들이 강력히 항의하자, 경찰이 이 업주를 현행범으로 연행하기도 했다.

한편, 월드컵점과 강남 뉴코아 농성장에서 7월 20일 연행된 이랜드일반노조·뉴코아노조 조합원 등 154명은 21일 밤 10시 50분에 경찰서에서 석방되었다. 나머지 14명에 대해서는 업무방해와 집회 및 시위에 관한 법률위반 혐의로 구속영장이 신청됐다. 체포영장이 발부된 이들은 김경욱 위원장과 뉴코아노조 박양수 위원장 등 노조지도부들이었다.

> 점거 이후에도 우리가 각 점별로 조합원들을 분산시켜서 계속 보내거든. (……) 우리는 봉쇄투쟁이 기조였는데, '텐-텐' 해 가지고. 10명 가는데 경찰들이 지들 버스로 주차장 입구 막고, 매장 정문을 다 막고…. 경찰이 아예 영업을 못하게 만들어 버려요. 경찰의 지시는 "조합원들이 매장에 들어가는 것은 무조건 막아라"인데 (……) 우리 10명은 아무것도 안 하는데 경찰이 알아서 막아 줘, 경찰이 얼마나 고마운지. 그래 경찰하고 점포관리자들하고 싸우는 거예요. 경찰이 "막으라고 지시받았다"고 하면, 점포관리자들은 경찰차 빵빵~차면서 "이거 빨리 빼라" 그러고. 경찰이 그렇게 입구들을 막아 손님들 못 들어가게 했거든요. (손명섭, 부산)

2) 중동점의 기습 점거투쟁(7월 22일)

7월 22일, 이랜드그룹 계열사인 이랜드월드 김영수 사장 명의로 된 이메일이 그 전 주 직원들에게 전달됐다는 것이 알려졌다. 이메일에는 "불법 파업이 잘못된 것임을 깨닫고 조합원들이 하나님 앞에 회개하고 현장으로 복귀하여 다시는 사탄의 유혹에 빠지지 않도록" 기도해 줄 것을 당부하고 있었다. 또한 "점포를 점거하는 노조간부들이 체포되는

사장이 직원들에게 보낸 이메일

보낸 사람: 김영수
받는 사람:

참조:
제목: 기도부탁드립니다.
첨부 파일:

오늘 노사간 교섭이 있습니다.
14시, 18시, 21시에 세번 전직원이 기도해 주시기를 부탁합니다.

기도제목은 아래 다섯가지 입니다.

1. 불법파업이 잘못된 것임을 깨닫고 노동조합원들이 하나님앞에 회개하고 현장으로 복귀하여 다시는 사탄의 유혹에 빠지지 않도록

2. 이번 일로 인해 고객들이 경쟁점으로 이탈하지 않도록

3. 점포를 점거하는 노조간부들이 체포되는 하나님의 역사가 일어날 수 있도록

4. 기독교계가 이랜드와 회장님에 대한 잘못된 언론소식에 휘둘리지 않도록

5. 자신의 달란트에 불만을 갖지 않은 성실한 종의 소임을 다하도록

하나님의 역사가 일어날 수 있기를", "자신의 달란트(임금)에 불만을 갖지 않는 성실한 종의 소임을 다하도록" 등과 같이 노조를 비판하는 시각이 담겨 있었다. 특히 첫번째의 기도 내용은 파업 중인 노조가 사탄의 조종을 받고 있다는 의미로 해석될 수도 있었다.

노조를 '사탄'에 비유하는 등의 이메일에 대해 조합원들은 분노했다. 메일 내용도 문제였지만 회사는 "음해 세력에 의한 자작극"이라면서 7월 23일 경찰에 수사를 의뢰한 것이다. 이에 노조는 경찰의 수사를 지켜보자면서도 노조가 한 것이 아니라고 전면 부인했다.

한편 회사는 새로 구성되는 노조 집행부와의 대화를 원한다면서 기존 집행부와는 대화나 교섭할 의사가 없다는 것을 밝혔다.

이날도 이랜드 매장에 대한 조합원들의 타격투쟁은 계속됐다. 노조는 "22일 오후 3시 30분을 기점으로 중동 홈에버에 모이라"고 지침을 내렸다. 또 다른 시작이었다. 비록 위원장은 유치장에서 나오지 못했지만, 나머지 조합원들은 모두 풀려났다. 싸움을 위한 새 집행부도 구성됐다. 새로운 시작을 위해 300여 명의 조합원이 중동점에 모였다. 투쟁 의지가 식지 않았고 아직 싸움이 끝나지 않았다는 것을 보여 주

기 위한 것이었다.

오후 3시가 되자 무전기를 든 홈에버 직원들이 중동점 입구 앞에 모여 있었다. 이날 있을 조합원들의 타격투쟁 소식을 접했기 때문이었다. 하지만 조합원들은 이미 1시간 전부터 일반 손님으로 매장 안에 들어와 '3시 30분' 집행부의 지시를 기다리고 있었다. 3시 30분이 넘자 집행부 한 명이 "여러분 모입시다!" 소리쳤다. 그러자 매장 내에 있던 조합원들은 매장 입구로 모이기 시작했다.

"흩어지면 죽는다. 흔들려도 우린 죽는다. 하나 되어 우린 맞선다. 승리의 그날까지…"

모이면서 '파업가'를 불렀다. 300여 명의 조합원들이 매장의 계산대를 점거했다. 일반인으로 가장해서 들어온 조합원들은 투쟁복인 파란색 티셔츠로 갈아입었다. 중동점 점거는 조합원들이 실력행사를 한 지 30분도 안 돼 순식간에 이뤄졌다. 점주들과 조합원들이 실랑이를 벌였다. 조합원들은 이들에게 회사의 부당함에 함께 싸우자고 호소하기도 했다.

오후 4시에 연대단위를 포함한 400여 명의 대오가 1층을 봉쇄했고 밖에는 경찰이 배치되어 있었다. 조합원들은 이곳에서 조합원 총회를 열었다. 월드컵 농성장에서 경찰서에 연행됐다가 21일 밤에 풀려나온 조합원들도 참여했다. 집행부는 경찰에 연행된 이들은 집에서 쉬라는 지침을 내렸지만, 이들은 참여했다. 이들은 경찰서를 갔다 온 뒤에 "투쟁의 결의가 더욱 생겼다"며 강제로 투쟁을 막은 경찰에 분노했기 때문에 이 집회에 참석한 것이었다.

"사람답게 살고 싶어서 점거농성을 시작했지만 돌아온 건 경찰에 의해 개처럼 질질 끌려나오는 것뿐이었어요. 사람답게 산다는 것이 이렇게 힘든 건가요? 하지만 절대 포기하지 않아요. 이 투쟁이 승리할 때까지, 끝까지 싸울 겁니다."

또, 20일 농성장에 없었던 조합원들 가운데 뉴스를 통해 공권력 침탈과정을 보거나 농성장 밖에서 안타깝게 바라본 이들도 있었다. 이들은 지도부와 동료들이 끌려가는 모습을 보고 난 뒤 자신을 대신해 동료들이 끌려간 것 같아 미안해하고 있었고, 그만큼 더 열심히 싸울 것을 결심했다. 공권력 침탈로 되려 조합원들은 투쟁의 의지가 더욱 커졌다. 구속된 집행부, 교섭재개의 불투명, 장기간 투쟁으로 인한 생계 문제… 조합원들에게는 모든 것이 불안하고 불투명했다. 하지만 이 때문에 의지를 접지는 않았다. 더 물러설 곳이 없기 때문이다. 공권력의 투입은 자칫 지칠 수 있는 조합원들에게 오히려 자극이 되었다.

중동점 7월 22일에는 완전히 점거하려고 했던 건 아니고, 그냥 치고 빠지는 작전이었죠. 그런데 안에서 부딪치기도 하다가 점거 들어갔었죠. 근데 안착을 못하고 나왔잖아요. 그게 이미, 우리가 올 거라는 걸 회사에서 안 거예요. 정보가 샌 거 아닌가 했죠. (김영순, 시흥)

중동점 앞에 가서 집회하고 매장에 들어가 구석구석 돌다가 나왔어요. 월드컵 때 경찰서 들어갔던 사람들도 나와서 참여해서, 거기서 있었던 얘기를 했던 것 같아요. (황선영, 월드컵)

7월 22일에 중동점 잠깐 들어갔다가 나와요. 그때 중동점 들어간 거는 사무국장이 옥상에 올라가 가지고 플래카드를 내리라고 해서 플래카드 내렸다가 거기서 싸웠는데, 엄청 집요하게 했죠. 우리는 중동점에 선전전 들어갔다가 계산대 점거를 하고 나왔어요. (강혜정, 야탑)

한편, 홈에버 월드컵점과 뉴코아 강남점에서 점거농성을 벌인 이유로 구속영장이 발부된 14명 중에서 김경욱 위원장의 경우 동종 전과가 있고 재범 가능성이 있다며 경찰의 구속영장 신청이 인정됐지만, 나머지 조합원들은 도주나 증거인멸의 위험이 없다며 영장을 기각했다. 이 과정에서 박양수 뉴코아 위원장, 이남신 이랜드일반노조 수석부위원장 등이 석방됐다. 이날 밤 11시경 석방된 간부들은 민주노총 1층에 모여 동료들을 만났다. 이 자리에는 석방 소식을 듣고 찾아온 민주노동당의 노회찬 의원, 심상정 의원, 한상렬 진보연대 공동대표 등이 참석했다. 석방된 이들은 김경욱 위원장이 석방되지 못한 것에 대해서도 "김경욱 위원장은 상징적으로 들어갔다고 생각한다"라며 "그의 몫까지 더욱 투쟁할 수 있도록 노력하겠다. 밖에 있는 동지들이 힘껏 전진해 주길 바란다"라고 밝혔다. 이남신 수석부위원장은 구치소에서 나오기 전에 김경욱 위원장이 "박성수 회장을 꼭 쓰러뜨려 달라"는 이야기를 했다고 전했다.

3) 뉴코아 강남점 앞 투쟁(7월 23일)

7월 23일 오전에 민주노총은 사무실에서 기자회견을 열고 점거농성장에 경찰병력을 투입한 것을 규탄하고, 이날부터 한 달간 대대적인 불매운동 및 매출집중타격투쟁을 곳곳에서 벌이겠다고 밝혔다. 이랜드그룹을 상대로 한 본격적인 싸움을 민주노총 차원에서 벌이겠다는 것이다. 민주노총은 "반노동자적, 반사회적 자본 이랜드는 더 이상 기업활동을 할 자격이 없다"며 이랜드자본 퇴출을 위해 불매운동을 강화하고 매출제로투쟁을 전 조직적으로 전개할 것을 선언했다.

조직적 투쟁의 방법으로 민주노총은 "상우야 사랑해 너는 비정규직 없는 세상에서 살게 할게"라는 제목으로 7월 23일부터 29일까지 일주일간을 '1차 집중투쟁기간'으로 설정하고 지역본부별로 최소 한곳 이상의 이랜드그룹 계열사 매장에서 집회 및 시위를 벌이기로 했다. 이를 위해 민주노총은 총연맹, 서비스연맹, 이랜드일반노조와 뉴코아노조 차원으로 구성돼 있는 상황실을 확대해 전체 산하조직에 설치하기로 했다. 민주노동당도 지역조직을 가동해 매출제로투쟁을 계속 진행하기로 했다.

한편, 잠원동 뉴코아 강남점에 이랜드일반노조, 뉴코아노조 조합원 수백 명이 모였다. 오전 11시부터 뉴코아 강남점 앞에 모인 조합원들은 "지려야 질 수 없는 투쟁"이라며 "인간을 쓰레기 취급하는 부당해고 즉각 중단, 가짜 정규직 전환 직무급제 철폐, 부당해고 조합원 즉각 복직" 등의 문구를 새긴 피켓을 들고 시위를 벌였다. 조합원들은 "이겨라", "이길 수밖에 없는 싸움"이라고 외치며 더 강고한 투쟁으로 "이랜드 사측의 부당노동 행태를 전면 폭로하고 노동기본권을 쟁취하겠다"고 결의를 밝혔다. 그 와중에 회사 측이 동원한 용역업체인 ㈜라이온스경호 소속 용역직원이 집회에 참석한 조합원들을 동영상으로 채증하다가 발각됐다. 조합원들은 그를 경찰에 넘겼다. 한때 현장에서는 용역들과 충돌이 빚어졌다. 회사가 "부당노동행위 없었다. 외주화 없었다"는 등의 내용을 담은 유인물을 직원을 동원해 시민들에게 배포하자 조합원들이 항의했다.

오후 1시 50분, 조합원들이 현장에서 연좌시위를 벌이자, 강남점 신관, 본관, 킴스클럽 매장 출입구 쪽을 경찰병력이 일부 봉쇄했다. 조합원들은 뉴코아 강남점 본관 각 출입구 쪽으로 몰려갔다. 이에 앞서서 회사의 용역직원과 경찰병력이 본관으로 통하는 각 출입구를 전면 차단해 영업은 자동으로 중단되었다. 본관 출입구 앞에서 조합원 150

여 명이 연좌농성을 벌였다. 용역직원들이 조합원들에게 행패를 부렸으며, 현장취재 중이던 민주노총 신문 『노동과 세계』 기자의 안경을 부러뜨리는 등 폭력을 행사했다.

또 일부 점주들이 집회 장소에 나와 폭력을 유도하다가 조합원들로부터 집중항의를 받고 물러나기도 했다. 이들은 연좌농성을 하는 조합원 주변에 모여 "저것들 때문에 나라 꼴이 말이 아니다. 지겹다"는 비난성 발언을 퍼붓는 등 의도적으로 참가자들을 자극해서 폭력을 유발하려는 듯했다. 조합원들은 대응하지 않고 비폭력 평화시위를 벌이면서 연좌농성에 집중하였다. 회사가 노조와의 교섭은 회피하면서 일부 점주들을 동원해 물리적 갈등을 조장하는 방식으로 노조를 음해하려던 시도가 실패한 것이다.

오후 4시 30분경, 출입구 쪽은 용역직원과 경찰이 모두 막은 상태였다. 신관 쪽 고층에서 시위현장으로 이상한 물건이 투척됐다. 회사가 의도적으로 조합원들을 자극하려는 듯했다. 그러나 회사는 실수라고만 했다. 경찰은 선무방송을 통해 업무방해라며 해산을 강요했다. 회사 측이 시설물보호요청을 해왔다는 것이다. 출입이 막힌 조합원들이 모인 장소 주변에 경찰은 병력을 늘려서 뉴코아 강남점 신관과 본관 사이, 반포4차아파트로 통하는 넓은 길의 한쪽을 완전히 가로막았다. 또 이날 이랜드그룹 박성수 회장이 전체 직원에게 "직원 1명이 사측의 정당성을 주변 100명에게 유포하라"라는 요지의 이메일을 보낸 것이 확인되면서 조합원들은 분노했다. 연좌농성 과정에서 이랜드 직원이 농성 중인 조합원들을 향해 "아줌마들이 밥 먹고 할 짓이 없어서 저러고 있다"라며 막말을 퍼붓기도 했다. 또 회사가 동원한 점주들이 현장에서 행패를 부리다가 조합원들의 항의에 밀려 나가기도 했다. 점주들 가운데 일부는 "이런 식으로 조합원들을 욕하는 것은 옳지 않다"라며 자칭 '점주비상대책위'와 다툼을 벌이기도 했다.

오후 7시 45분경, 조합원들은 도시락으로 저녁식사를 했다. 강남점 신관 쪽에 나와 있던 30여 명의 점주는 모두 철수하였다. 그 과정에 한 점주가 "사측이 점주 상조회 등과 짜고 점주들을 동원했고, 그것도 모자라 출석 체크까지 하는 등 못살게 굴고 있다"고 알려 줬다.

오후 11시경, 뉴코아 강남점 아울렛 매장타격투쟁을 벌인 조합원들이 킴스클럽 주차장 공사장 옆의 장소에 모여 해산집회를 했다.

또, 이날 민주노동당 경기도당 중부협의회(안양, 군포, 의왕, 과천시 위원회)가 "이랜드농성장 공권력투입규탄과 이랜드불매운동 선언" 기자회견을 경기 산본 뉴코아아울렛에서 개최했다. 오후 2시에 개최된 기자회견에서 이종명 위원장은 "박성수가 가장 무서워하는 것은 고객"이라며 우리들의 문제이기도 한 비정규직 문제해결을 위해 뉴코아 아울렛을 이용하지 말자고 시민들에게 호소했다. 이어 이들은 안양4동 2001아울렛 앞에서 오후 3시에 기자회견을 열고, 비정규직법을 비판하였다. 기자회견이 진행되는 30분 동안 민주노동당 당원들은 선전물을 나누어 주며 시민들에게 선전전을 펼쳤다.

이와 동시에 기자회견은 민주노동당 경기도당 김용한 위원장의 지침에 따라 경기도 22곳에서 개최됐다. 이 지침은 노조와 시민사회단체뿐만 아니라 정당에서도 관심을 가져야 하는 것이므로 민주노동당이 앞장서서 하겠다는 의지의 표현이었다. 기자회견에서는 구속된 "김경욱 위원장의 즉각 석방"을 촉구했다. 또 이랜드계열인 홈에버, 뉴코아, 2001아울렛, 킴스클럽 등 경기도 내 22개 매장에 대해 1인시위, 선전전, 촛불집회, 인간띠 잇기 등 다양한 방법으로 불매운동을 벌일 것이라고 밝혔다.

4) 월드컵점 타격투쟁(7월 24일)

7월 24일에 협상 문제가 논의되는 가운데 각 매장에서 충돌이 계속됐다. 노조는 이날 홈에버 월드컵점과 뉴코아 평촌점 앞에서 집회를 열고 매장 진입을 시도했다. 월드컵점 입구 앞 주차장에서 매출타격투쟁을 진행하고 있는 200여 명의 이랜드 조합원들이 매장 진입을 시도하자, 본사 직원 100여 명과 50여 명의 점주들이 이를 막으며 5시간가량 대치했다. 오전 11시경 점주 측이 노조의 마이크 시설을 뽑아 버리자 조합원과 점주들 간에 싸움이 벌어져 조합원 한 명이 얼굴에 상처를 입었다. 노조는 회사의 사주를 받은 용역깡패가 이번 폭행에 가담했다고 주장하며 확성기를 통해 "어제는 깡패, 오늘은 업주냐?"며 경찰에게 용역깡패를 잡아갈 것을 요구했다. 이를 부정하던 점주들과 노동자들은 감정이 격해져 경찰을 사이에 두고 물병을 집어 던지며 욕설을 주고받기도 했다.

이 상황을 정리하기 위해 승합차 위에 올라가 마이크를 잡은 이남신 수석부위원장은 "업주님들은 파업기간 동안의 손실액 때문에 우리보다 더 가슴이 아플 것이니 비난하지 말자"고 조합원들에게 말했다. 그러나 수석부위원장은 "제가 업주들이라면 박성수 회장을 쫓아다닐 것"이라며, 점주들이 손해를 본 것에 대해 이랜드그룹에 손해배상을 청구할 계획이라고 말했다. 또 그는 이랜드에 타격을 주기 위한 운동은 지속할 수밖에 없다고 했다.

매장 점주들이 공개적으로 의사를 표명하며 노조와 대립하는 것이 회사의 압력을 받기 때문이라는 것은 공공연히 알려진 사실이었다. 실제 목동점의 한 매장 업주는 "모든 업주가 노조와 대치하는 것에 찬성하는 것은 아니며, 회사 측이 한 점포당 직원 한 명씩 이번 움직임에 합류할 것을 요구"했다고 밝혔다. 회사와의 계약 등이 걸려 있는 점주들은 이에 영향을 받을 수밖에 없었다. 그 때문에 업주들이 회사보다는 노조에 강한 불만을 표시하기도 했다. 점주들은 "점거투쟁으로 매출이 5분의 1 수준으로 떨어져 큰 손해를 봤다", "정상영업이 시작돼 한숨 돌렸는데 다시 불매운동에 들어가면 우린 밥을 굶느냐"는 항변도 했다. 오전에 이어 오후 2시 40분경에 조합원들은 두번째로 매장 진입을 시도했다. 그러자 이랜드 직원과 업주들이 매장 입구에서 이를 막았다. 경찰은 'ㄷ'자 모양으로 조합원들을 에워싸며 약 1시간가량 대립이 계속되었다. 이날 집회는 오후 4시경에 노조의 자진철수로 마무리되었다. 집회의 목적이 평화적으로 조합원들의 의견을 알리는 것이기 때문이었다. 조합원들은 오후 7시에 열리는 문화행사를 위해 청계광장으로 향했다.

7월 24일에 회사 분위기를 파악하려고 조합원들과 같이 월드컵점을 찾아갔어요. 경찰도 긴장했는지 대규모 인원을 배치했고. 조합원들이 모였는데, 전경을 가운데로 해서 반대편에 처음으로 구사대가 모습을 보였는데, 흰색 상의에 청바지를 입고 마스크와 장갑을 끼고. 그들은 과장들인데 회사 앞잡이가 되어 있더라고요. 갑자기 슬펐죠. (……) 수석부위원장과 나는 마이크를 들고 무조건 떠들었어요. "여성이라고 무시당하고 비정규직이라고 해고당해, 살겠다고 싸우는 직원들을 향해 총부리를 겨누다니…." 그러는데 경찰 숫자가 엄청 불어났고 구사대와의 몸싸움이 벌어졌어요. 노래공연을 하러 왔던 김성만 동지까지 폭행을 당하고, 음향장비는 망가지고, 돌발적인 상황이었죠. (이경옥, 부위원장)

그때 수배 상태라 며칠은 좀 근신했어야 하는데 우리 조합원들이 월드컵 농성장 앞에서 점주들하고 갈등이 심해서, 조합원들이 점주들하고 용역깡패들한테 막 맞고 있다는 거예요. 그때 가수 김성만 동지가 차량을 거기 앞에 두고 있었는데 포위되어서 성만이 형의 옷이 찢기고 그랬더라고. 그래서, 내가 달려가서, 아무도 상황 통제를 안 하니까, 제가 차량에 올라가서 상황 통제를 했었죠. 막 구호 외치고. (이남신, 수석부위원장)

'뉴코아-이랜드 공대위'도 민주노총 사무실에서 기자회견을 열고 "'나쁜 기업' 이랜드의 불매운동을 계속해 나갈 것"이라고 밝혔다.

이날 대검 공안부는 구속영장을 청구했다가 법원에 의해 기각된 이랜드노조 지도부 등 13명에 대해 25일에 구속영장을 재청구하려 했다. 이유는 노조간부들이 이랜드 매장에 대한 타격투쟁을 공언하고 있고, 실제로 23일 매장을 일시점거하는 등 재범과 도주 및 증거인멸의 우려가 있다는 것이었다.

오후 7시반, 뉴코아와 이랜드투쟁 승리를 위한 '민주노총 투쟁문화제'가 청계광장에서 열렸다. 이 문화제는 민주노총이 이랜드투쟁을 지원하기 위해 투쟁주간 중에 마련한 중앙집중집회 형식의 첫 행사였다. 이랜드일반노조, 뉴코아노조를 비롯해 전국공무원노조, 보건의료노조 등 민주노총 조합원 700여 명이 참석했다. 허영구 민주노총 부위원장의 인사말에 이어 서비스연맹 위원장, 민주노동당 이해삼 최고위원의 발언이 이어졌다. 이어 연단에 오른 얀 포르스탠보리 UNI 서비스분과 국장은 "(이랜드투쟁에) UNI 1,500만 노동자가 같이 하고 있다"고 말했다. 얀 국장은 "(이랜드 노동자들을) 존경합니다"라며 "이랜드싸움은 노동자이자 인간으로서 존엄성을 확보하기 위한 싸움"이라고 밝혔다. 이어 "세상에 어느 노동자들이 이렇게 훌륭한 투쟁을 할 수 있겠습니까, 반드시 승리할 것입니다"라고 강조했다. 이랜드매장에 대한 공권력투입과 관련해 얀 국장은 UNI에서 청와대에 공개서한을 보내 도덕적인 책임을 물었다고 밝혔다. 또 ILO도 정부의 공권력투입이라는 폭력행위는 용납할 수 없다고 전했다. 그의 발언에 많은 노동자들이 박수를 쳤다. 얀 국장은 이길 때까지 할 수 있는 것을 다 하겠다고 마무리 발언을 했다.

이어 무대에서는 연극공연이 진행됐다. 노래와 춤도 빠지지 않았다. 갑자기 장대비가 쏟아지자 노동자들은 비옷으로 몸을 가렸고, 자리를 뜨는 사람은 거의 없었다. 마당극 놀이패 '결판'의 공연이 시작되자 순식간에 노동자들은 무대에 집중하였다. 전도사 역할로 분한 이가 성경을 읽으며 "고약성경. 이랜드 회장 가라사대, 성경책에 노조는 없다. 이에 조합원과 시민들이 가라사대, 어리석은 자여, 성경책에는 비정규직이라는 말도 없다. 이랜드 회장 듣기에 뻘쭘하였더라"라며 '기독교기업 이랜드'를 비꼬았다. 이날 집회는 저녁 9시 45분 노동자들이 서로의 손을 꼭 잡고 '함께 가자 우리 이 길을'을 부르는 것으로 마무리됐다.

한편 홈에버 부산 서면지점에서 집중시위를 벌여 오던 민주노총 부산본부와 학생·시민사회단체 회원들은 이날 저녁부터는 해운대지점과 장림동지점에서 동시에 규탄문화제를 진행하기 시작했다. 그동안 24시간 내내 경찰병력이 동원되어 경비를 서 왔던 곳이었다. 퇴근시간에 매장을 찾아온 시민들이 "이랜드자본 규탄과 불매운동에 동참하자"라는 현수막과 피켓을 보면서 차량을 돌렸다. 이에 경찰병력이 차도 한가운데서 줄을 서서 매장 안으로 차량을 유도하기도 했다. 회사는 20여 명의 직원을 동원해 "민주노총은 영업방해 말고 물러가라"는 피켓을 들고 매장 입구에서 민주노총 반대시위를 벌였다.

부산본부 등 집회주체자들은 이랜드에 대한 시위를 낮에는 서면 지점에 집중하고, 저녁에는 장림지점과 해운대지점으로 집중해서 진행하기로 했다.

이처럼 이랜드 불매운동이 각지로 확산되면서 서서히 불매동맹의 양상을 띠어 가고 있었다. 우선 7월 16일 57개 시민단체가 '나쁜 기업 이랜드불매 시민행동'을 발족하였는데, 참여단체가 93개로 늘어났다. 7월 19일에는 충북참여자치시민연대, 충북여성민우회 등 20여 개 시민사회단체가 '나쁜 기업 이랜드 불매 충북행동'을 결성하였다. 7월 23일에는 울산지역에서 23개 단체가 모여 '이랜드일반노조와 뉴코아노조를 지지하는 울산지역노동시민사회단체 연석회의'를 구성하였다. 울산에서는 아파트 자치회나 부녀회가 불매운동을 시작할 움직임이 일어났다. 이에 이날 공대위는 '이랜드 불매운동 전국적 네트워크'를 구성하여 지역별 불매운동을 조직적으로 진행하기로 했다.

2. 뉴코아 강남점 매장점거투쟁과 각계각층의 지지연대투쟁

7월 20일 월드컵점 강제침탈로 위원장이 구속되고 직무대행이었던 이남신 수석부위원장과 이경옥 부위원장도 구속되자, 홍윤경 사무국장이 위원장 직무대행을 맡았다. 연속적인 노조임원들의 구속에 조합원들은 한편 불안하기도 했지만, 다른 한편 더 열심히 싸워야 한다는 결의를 다지기도 했다.

(위원장님이 잡혀간 상태잖아요?) 저희는 그랬기 때문에 "더 투쟁해야 된다"고 그랬어요. "더 해야 된다"는. 경찰서에서 2박 3일 있다가 나왔던 것 같아요. 또, "어디를 점거해야 되겠다", "사람들과 같이 해야겠다" 그런 생각이 들었죠. (임혜숙, 면목)

월드컵 안에 있던 조합원들이 한 60명 정도였던 것 같고요. 조합원하고 연대 단위 다 유치장 갔잖아요? 48시간 있다 나오는데, 김경미 분회장 같은 경우 바로 남편한테 끌려가서 못 나오긴 했지만, 거기 유치장에 가지 않았던 조합원들이나 유치장에 갔다 온 조합원들도 투쟁의지가 꺾이진 않았어요. 매일매일 저희는 출퇴근이었잖아요. 장경근, 임희석, 윤송단, 그리고 분회장들이 다 한 거죠. (홍윤경, 사무국장)

그리고 또 점거를 위한 전술을 계속 짰죠. (쟁대위를 중심으로?) 네, 점거전술은 전술 중에서 높은 수준의 전술인데, 그 전술보다 낮은 전술을 쓸 수가 없잖아요. 그래서 오로지 "어떤 점포를 점거할 거냐, 어떻게 조직을 해서 어떻게 성공을 하고 유지를 할 거냐" 이 전술 논의가 대부분이었죠. 그다음에 또 한 가지가 민주노총하고 같이했던 매출제로투쟁, 이 두 가지가 핵심이었죠. (서형태, 병점)

직대체제가 되어 홍윤경 직대도 어차피 수배가 떨어져서 민주노총에만 계속 있고. 저도 [해고자라] 붙박이니까 자연스럽게 민주노총에 있고. 그때 수배됐던 사람들하고 그리고 뉴코아 쪽하고, 그때 열몇 명이 거기서 맨날 일하면서 밥 먹고, 명절에는 우리끼리 스크린 걸어 놓고 영화도 보고. 그다음에 술도 조달해서 먹고. 이 과정에서 회사도 직원들 동원해서 파업철회하라는 집회도 민주노총에서 했어요. 점주들도 적극적으로 나오고. (손명섭, 부산)

여전히 투쟁의 전술은 쟁대위에서 논의해서 결정하였고, 그 내용은 지부장이나 분회장을 통해 소속 분회조합원들에게 문자로 연락을 했다. 민주노총과 같이하는 매출제로투쟁 전술 역시 쟁대위가 지부장이나 분회장을 통해 조합원들에게 연락해 투쟁 장소에 모였다.

(연락은 어떻게?) 저희는 간부들이니까, 쟁대위 회의를 해서 '텐-텐'(아침 10시부터 밤 10시까지) 이런 식으로 파업이 정해지면, 분회 사람들에게 "어디에서 모인다" 이런 식으로 전달을 하고. 모이는 장소가 그날의 파업 장소, 여의도면 여의도, 면목집회면 면목, 뭐 이렇게. 그쪽으로 가서 '텐-텐'투쟁 하는 거죠. (황은영, 면목)

단체문자가 와요. “우리는 어디서 몇 시에 출발하니 모여라” 이렇게. 우린 주로 쌍문역에서 만났어요. 쌍문역 10번 칸에 모여서 그날 나온 사람만 가는 거야. 그러다 숫자가 점차 줄어들기 시작하죠, 그렇지만 다들 사정이 있으니, 그런 것 갖고 누구라도 한마디라도 말했던 사람은 없었던 것 같아요. (김명숙, 방학)

1) 교섭재개와 결렬(7월 25일~26일)

7월 25일에는 이랜드 노사가 교섭재개를 모색하였다. 하지만 7월 20일 공권력투입 이후 노조가 회사에 대해 불신이 극에 달해서 교섭은 어려울 듯했다. 그럼에도 회사가 교섭을 요구하자, 이랜드일반노조와 뉴코아노조는 상황을 타개하기 위해 교섭을 적극적으로 진행하자는 결단을 내렸다. 단, 교섭을 위해 체포영장이 떨어진 홍윤경 사무국장에 대해 노동부가 신변보호 약속을 해야 한다고 요구했다. 그러나 회사는 뉴코아-이랜드 분리교섭을 요구하였다. 회사는 뉴코아-이랜드노조의 공동투쟁을 두려워했던 것이다. 이에 노조는 공동교섭을 주장했다. 또 다른 문제는 회사 측이 불법매장점거에 대해 고소고발, 손해배상청구를 하는 것은 교섭의 대상이 아니라며 그 책임을 묻겠다고 밝힌 것이다. 두 노조는 고소고발, 손해배상을 철회해야만 한다는 입장이었다.

7월 26일 오후 6시부터 이랜드 노사가 민주노총 사무실에서 협상을 시작했다. 원래는 ‘제3의 장소’인 대방동 여성플라자에서 만나기로 했지만, 노조에서 ‘신변불안’을 이유로 장소를 변경한 것이다. 이에 회사는 홈에버 오상흔 사장과 뉴코아 최종양 사장 대신 담당임원들을 협상 대표로 보냈다. 홍윤경 사무국장 등은 위임장이 있더라도 대표자급이 아니면 협상에 응할 수 없다며 버텼다. 결국, 제대로 얘기도 꺼내지 못한 상황에서 협상은 끝이 났다. 후속 협상장소와 시간이 정해지지 않아 결렬 가능성도 있었다.

협상장 밖에서 회사는 또 노조를 비판하였다. '이랜드·뉴코아·홈에버 임직원 일동' 명의로 대국민 사과문을 낸 것이다. 『조선일보』, 『중앙일보』, 『동아일보』, 『한겨레신문』, 『경향신문』 등 전국 주요일간지 1면 광고를 통한 사과문에는 회사는 어려운 경영여건에도 가능한 한 최대의 양보를 하기로 결정했는데, 노조가 매장점거와 영업방해 등을 해 큰 피해를 입고 있다는 것이다.

노조는 바로 반박성명을 내서 회사가 외주화를 중단했다고 했지만, 교섭과정에서 외주화 철회조건으로 10개월의 유예기간을 제시했다고 폭로했다. 노조는 또 "18개월 이상 비정규직의 고용보장" 역시 노조의 단체협약에 이미 보장된 내용이라며, 단체협상 조항을 인정하는 것을 두고 진전된 안이라고 주장해서는 말이 안 된다고 강조했다. 이어 노조는 노조간부와 조합원 49명의 월급통장이 가압류된 상태라고 밝혔다. 조합원 한 명의 계좌당 1억 1백만이 가압류된 상태로, 해당 조합원들은 7월 23일부터 관련 계좌의 현금 인출이 중단된 상태라는 것이다.

한편, 이날 서울서부지법은 홈에버 매장 등에서 장기간 점거농성을 벌인 혐의(영업방해)로 이남신 직무대행과 이경옥 부위원장에 대해 재청구된 구속영장을 발부했다. 이들이 도망칠 염려가 있고 재범 가능성도 있다는 이유였다.

월드컵에서 김경욱 위원장 구속되고, 이경옥 부위원장하고 저는 나왔죠. 그때 수배상태로 있다가 제 담당 변호사께서 "아마, 재구속은 어려울 거다" 그래서 갔다가 구속됐죠. 그때, 제가 빌미를 준 거 같은데,

24일 월드컵점에서 막 투쟁을 이끌고 했었잖아요? 그 뒤에 영장실질 심사할 때 검사가 "아니, 거기서 선동하고 투쟁했는데~" 그러더라고요. 결국은 재구속하려고 작심하고 있었죠. 왜냐면 이랜드투쟁에 관해 묻지 않고 다른 것만 물었어요. 민주노총 서울본부 부본부장이었던 거부터 해서, 그래서 그때 제가 포기했죠. "아, 틀렸구나." 그리고 이경옥 부위원장도 그때 구속이 됐죠. (이남신, 수석부위원장)

다행히 구속 실질심사를 했는데 수석부위원장이 나온 거예요. 위원장님만 들어간 거죠. 그때, 뉴코아는 전원이 다 나왔고. 그때, 완전 축제 분위기였지요. 민주노총에 모여서 진짜 파티했어요. 변호사님하고도 상의를 진중하게 했는데 "거기를 가면 굉장히 위험부담이 높은데, 안 가면 어떻게 되냐?" 그래서 안 가면 여기 상황실에 옹기종기 임원 세 명이 모여서 발이 묶여 아무것도 못하고, 이게 과연, 투쟁을 지속할 수 있는 힘이냐라는 것에 대해서 우리 셋이 많이 토론을 했어요. 그랬을 때 "두 명 다 위험을 감수하고 가야 된다. 발이 묶여 있는 것은 의미가 없다"는 판단이 컸어요. (홍윤경, 사무국장)

그런데 민주노총이 7월 23일부터 이랜드 전 매장에서 전개하고 있는 매출제로투쟁에 차질이 생기게 되었다. 법원이 7월 25일 회사가 이랜드일반노조와 김경욱 위원장 등 집행부 9명을 상대로 낸 영업방해금지가처분신청을 받아들였기 때문이다. 법원은 노조의 영업매장에 대한 점거·시위·농성·현수막 부착·유인물 배포 등을 금지한다고 밝혔다. 해당되는 매장은 홈에버 월드컵몰점, 시흥점, 면목점 등 전국 32개 홈에버 매장이었다. 뉴코아 매장은 포함되지 않았다. 결정문에 따르면 명령을 어길 경우에는 위반행위 1회당 노조는 1,000만 원, 조합원은 100만 원을 지급해야 했다. 이는 이랜드 비정규 노동자의 한 달 월급 80만 원을 상회하는 액수였다. 법원이 여성노동자들의 생존권 보장 요구를 묵살하고 오히려 '천문학적인 돈'으로 이들의 행동반경을 좁혀 놓으려는 것이었다. 이에 따라 점거농성의 강제해산 이후 전국의 매장 곳곳에서 산발적으로 이뤄지고 있는 이랜드일반노조와 뉴코아노조의 투쟁에 제어장치가 걸리게 됐다.

2) 월드컵점 전투(7월 27일)

7월 27일 이랜드그룹은 뉴코아노조 위원장의 재청구된 구속영장실질심사가 이뤄지던 오후 3시에 대방동 여성플라자에서 협상을 하자는 공문을 노조에 보냈다. 체포영장이 발부돼 민주노총 사무실에 있는 노조 교섭위원들에게 교섭을 위해서 밖으로 나오라는 것이었다. 교섭위원들이 밖으로 나올 수 없는 상황을 잘 알면서도 이 같은 '대화 제의'를 하는 것은 회사의 의도가 무엇인지 추측하게 했다.

노조는 신변이 보장되지 않을 경우에 민주노총에서 교섭을 하자고 제의했으나, 회사는 민주노총에서 교섭할 경우에 대표가 참석할 수 없다는 입장이었다. 결국, 7월 27일 오전에 민주노총에서 열릴 예정이었던 교섭은 무산되었다.

회사는 이날 협상이 무산되자 공문을 통해 7월 30일 오후 2시 신당동 인근의 한 경제교육원에서 대표이사가 참석한 가운데 협상을 재개하고, 7월 28일부터 오는 9월 30일까지 집중교섭 기간을 갖자고 제의하는 등 속 보이는 교섭 공세를 벌였다. 회사의 제안은 기존의 주장과 똑같았다. 회사는 노조간부가 신변보호 없이 민주노총 밖으로 나갈 수 없다는 것을 알고, 또 노조가 다른 방법을 선택할 수 없다는 것도 알고 있었다. 거꾸로 회사는 여러 가지 선택의 카드가 있음에도 노조의 참여가 가능한 카드를 제시하지 않음으로써 사실상 협상의지가 없다는 것을 보여 주었다.

이날 오후 1시부터 이랜드 조합원과 민주노총 조합원 등 3천여 명은 월드컵점 북측 광장에서 '비정규 노동자 대량해고 이랜드규탄 민주노총 총력결의대회'를 열었다.

총력결의대회에는 금속노조·보건의료노조·전교조 등의 조합원들과 민주노총 지도부, 각 산별노조 위원장, 문성현 민주노동당 대표 등이 참여했다. 특히, 이 집회에는 여성연맹 청소노동자들이 참여했다. 200여 명의 여성노동자들이 지하철 청소를 마치고 지친 몸을 이끌고 이랜드연대투쟁에 나선 것이었다. 이덕순 여성연맹 부위원장은 "이랜드 노동자들과 우리 청소노동자들은 같은 처지"라며 어려울 때 도와주는 게 동지들이라는 마음으로 왔다고 했다.

이석행 민주노총 위원장과 김형근 서비스연맹 위원장의 발언에 이어 발언대를 잡은 윤송단 이랜드일반노조 여성국장은 법원이 회사의 영업방해가처분신청을 받아들인 것에 대해 일하고 싶다고 말하는 것이 왜 불법인지 이해할 수 없다고 했다. 그녀는 아이들이 비정규직으로 사는 것을 원치 않아 투쟁하게 됐고, 또 투쟁을 포기하지 못한다며 다음과 같이 발언했다.

> "처음에 아무것도 모르는 투쟁이었고 그저 내 일자리 지키겠다는 투쟁이었는데, 20일 투쟁하면서 모두 투사가 되었어요. 무능한 정권과 악랄한 자본이 우리를 이렇게 만들었죠. 우는 아이의 전화를 받으면서, 연로하신 부모님 걱정으로 밤잠을 자지 못하면서, 아픈 아이한테 걸려 온 '엄마 왜 안 와?' 하는 전화를 받으면서 다짐했습니다. 내 사랑스런 아이

들만큼은 절대로 서럽고 억울하게 살도록 내버려 두지 않겠다고 말입니다."

윤송단 여성국장의 연설에 조합원들이 큰 박수와 함성으로 화답했다. 이날 이랜드 조합원들의 목소리는 어느 때보다도 우렁찼다. 김경욱 위원장에 이어 부위원장 두 명이 또 구속되자 조합원들의 분노가 더욱 커졌기 때문이다. 이들은 노조임원들이 나올 수 있게끔 열심히 싸워서 요구사항 하나도 물러섬 없이 쟁취해 낼 것이라고 다짐했다.

노동자들은 결의문 낭독을 통해 "우리의 요구는 최소한의 먹고살 권리다"면서 "이랜드의 노동탄압 저지·고용안정 쟁취·비정규직법 전면 재개정투쟁"을 결의했다. 이어 노동자들은 '이랜드 로고 화형식'을 하고 "이랜드사태 해결을 위해 강력히 투쟁할 것"이라고 밝혔다.

오후 3시 30분에 결의대회가 끝나자 노동자들은 두세 갈래로 흩어져 월드컵 매장 입구와 매장과 연결된 CGV 월드컵점 입구 등에 모였다. 경찰이 경찰버스로 차 벽을 만들자 노동자들은 차 벽 사이의 공간으로 진입을 시도했다. 노동자들은 "이랜드투쟁 정당하다. 폭력경찰 물러가라"는 구호를 외치며 밀려들었고 곧 격한 몸싸움을 벌였다. 노동자들은 물병을 던지고 경찰버스를 흔들었고, 경찰은 소화기를 뿌렸다. 경찰과 노동자 10여 명이 서로 밀고 당기며 넘어지고 일부는 안경이 깨지기도 했다. 급기야 119구급대원들이 출동해 부상자들을 실어갔다. 여성조합원 2명이 의식을 잃고 병원에 실려 갔고 의경 16명이 다쳤다. 노동자 9명이 검거됐다. 몸싸움이 벌어진 지 1시간이 지나자 경찰은 물대포와 살수차를 동원했다. 노동자들도 인근 소화전에서 호스를 끌어와 경찰을 향해 물을 뿌렸지만, 물대포에는 역부족이었다.

그 사이 월드컵점의 셔터가 다시 내려졌다. 매장문을 닫은 건 7월

20일 공권력투입 이후 처음이었다. 이날 문 닫힌 매장 건물에는 "홈에버 월드컵몰점 전관 정상영업 중"이라는 거대한 펼침막이 걸려 있었다.

오후 5시 20분경에 노동자들은 매장 진입을 포기하고 결의대회 장소로 모여 집회를 이어 나갔다. 연단에 오른 진영옥 민주노총 수석부위원장은 "(매장의 문이 닫혔기 때문에) 승리한 것이다"고 외쳤다. 국제노동단체의 지지연설도 이어졌다. 얀 포르스탠보리 UNI 서비스분과 국장은 이랜드자본은 인간의 기본적 인권을 침해했으며, 비정규직 노동자들은 이에 저항하고 있는 것이라며, 뉴코아-이랜드노조 조합원들에게 존경을 표했다. 이어 그는 이랜드의 최대 실수는 공권력으로 대응한 것이라며 전 세계 노동자들이 함께할 것이라고 밝혔다. 이미 UNI는 이날 오전 11시 기자회견을 열어 "전 세계 노동자들과 함께 이랜드에 대한 불매운동에 나설 것"이라고 선언하기도 했다.

이어 집회 참가자들은 "박성수 회장 구속수사·공권력투입에 대한 노무현 대통령의 공식 사과·비정규악법 무효화와 전면 재개정" 등을 요구했다.

그때 연대 동지들이 되게 많았는데, 경찰에서 강경하게 대응한 거죠. 잡혀가서 저는 수서경찰서로 가고 거기에 면목의 몇 명하고 갔는데, 막, 차에 타자마자 우리가 화장실 가고 싶다고 그랬는데 화장실 안 보내주는 거예요. 수서경찰서 갈 때까지 계속 싸웠죠. 수서경찰서 가서 "너희가 화장실 안 보내줘서 우리 속옷 다 버렸으니까 속옷 사와라" 막 그랬지. (……) 중간에 우리 남편이 면회 와서는 "아휴, 대충하지" 이러지요. 거기서 "밥 시켜 달라"고 우리가 막 그랬어요. 사식 제대로 된 갈비탕 달라고, 계속 시끄럽게 하니까 갈비탕을 주더라고요. (웃음) (김영순, 시흥)

월드컵에서 털리고 나와서 얼마 안 있다가 월드컵에서 집회를 했어요. 집회를 수영장 앞에서 했어요. 경찰이 와 가지고 몇 번 해산하라 방송했는데, 우리가 안 가잖아요. 그러니까 끌고 가고. 저는 119에 실려 갔어요. 막 사람이 악에 받치니까, 뭐 어떻게 하다 보니까 실신이 된 거예요. 눈을 떠보니까 병원이더라고요. 누가 얼굴을 막 때리면서 "들려요? 들려요?" 소리나는데, 보니까 민주노동당 사람들 같아요. 누군지는 모르겠어. 한 여자가 막 때리는데, "괜찮냐? 내 말 들리냐?" 고 그러는데, 그 상황에 정신이 들고 남편한테는 얘기를 못하겠더라고, 애들도 있고. 언니한테 살짝 말해 언니가 와서 택시 타고 집에 갔죠. (임재윤, 시흥)

3) 뉴코아 강남점 매장점거투쟁(7월 29일~31일)

이랜드노조의 점거농성이 강제해산된 지 열흘째가 됐지만, 회사는 교섭에 나서기는커녕 정부와 손잡고 공권력투입과 집행부 구속, 손해배상·가압류 등 강경대응책을 통해 노조를 벼랑 끝으로 내몰고 있었다.

이에 7월 29일 새벽 2시 15분경, 뉴코아노조와 이랜드일반노조 조합원 등 600여 명이 뉴코아 강남점 매장 안에 들어가 있었다. 이들은 집행부의 지시에 따라 일사불란하게 계산대를 점거하고 손님들에게 상황을 설명하며 매장 밖으로 나가 줄 것을 부탁했다. 조합원들은 둘로 나뉘어 1층 계산대와 지하 1층 계산대를 점거했고 모두 수건으로 얼굴을 가려 채증에 대비했다. 또 조합원들과 연대단체 회원들은 경찰의 침탈을 대비해 카트로 출입구를 막았고, 매장 내 CCTV를 테이프로 둘러 내부 상황 파악과 채증을 하지 못하게 했다. 새벽 3시경, 회사의 신고를 받은 서초경찰서 소속 경찰병력 2개 중대가 매장 밖을 둘러쌌고 이후 병력은 계속 늘어났다. 경찰의 침탈에 대비해 남성 참가자들은 구역을 나눠 엘리베이터, 통로 등에 카트와 끈으로 바리케이드를 치는 등 긴장이 고조되기도 했다. 조합원들은 생존권 문제가 해결되지 않는 한 점거농성을 계속할 각오였다.

7월 30일 오전 10시 30분부터 농성자들은 파업출정식을 가졌다. 또한 뉴코아 강남점 앞에서는 400여 명의 조합원과 연대단체 회원들이 집회를 진행했다. 그러나 농성장에 대한 봉쇄는 점점 더 심해지고 있었다. 경찰은 전경버스로 킴스클럽으로 통하는 입구를 막았으며, 병력은 계속 증강되고 있었다. 시간이 갈수록 구사대가 침탈할 위험이 커져 갔다.

오후 4시 40분경, 본사 지원이라는 명찰을 단 남성직원 250여 명은 뉴코아 신관 킴스클럽 지하로 들어가는 통로 앞에서 농성 중인 조합원들과 마찰을 일으켰다. 농성조합원들은 카트를 이용해 바리케이드를 쌓아 놓았지만, 구사대가 침탈할 경우 이를 막기 어려웠다. 이랜드그룹은 본사 직원 1,000여 명과 점주 200여 명, 용역보안직원 60여 명을 모아 뉴코아 신관 지하 1층 통로에 500여 명, 건물 밖에 800여 명을 배치해 조합원들을 압박했다. 경찰은 자진 해산하지 않으면 경찰을 투입하겠다고 협박했다. 매장 주변에는 경찰병력 12개 중대 1,200명을 배치했다.

농성장 안에서는 오후 8시 30분부터 농성자들이 집회를 진행했다. 집회에서 연대단위들의 발언이 이어졌다. 박준도 인천사회진보연대 집행위원은 이 투쟁은 노동자들의 절반이 넘는 비정규직 노동자들이 스스로 인간으로 선언하는 것과 반찬값 벌러 왔다고 무시당했던 여성노동자들이 인간으로 선언하는 것이라며 "멈추지 않는 투쟁으로 반드시 승리하자"라고 목소리 높였다. 집회 도중 심상정 민주노동당 의원이 농성장에 도착했다. 민주노동당 문성현 당대표, 천영세 원내대표, 단병호 의원도 농성장에 남았다.

한편, 농성장 밖에서는 농성을 엄호하기 위해 500여 명의 연대단체 회원들이 집회를 진행했다. 이들은 뉴코아 강남점 앞에서 노숙농성을 진행하기로 결의했다. 경찰투입이 임박하다는 소식을 접한 민주노총과 민주노동당은 뉴코아 강남점에 총집중 지침을 내렸다. 이에 연대단체 회원 700여 명이 모여 철야투쟁 문화제를 진행했다. 문화제 사회를 본 김어진 민주노동당 서초구위원장은 "농성장에 경찰을 투입하려면 우리부터 밟고 가도록 끝까지 노숙투쟁을 사수하자"고 말하고 참가자들에게 주위에 연락해 더 많은 사람이 같이하도록 하자고 독려했다. 밤 11시경에 투쟁문화제는 끝났지만, 참가자 대부분은 농성장 주변에 남아 있었다.

공권력투입이 임박했지만, 여전히 회사는 협상의지가 없었다. 조합원들은 매장 지하 1층에서 잇달아 집회를 열고 회사가 교섭 자체를 받아들이지 않아 불가피하게 매장 재점거 농성에 나섰다고 했다. 이어 "회사 측이 외주화 철회만 보장한다면 점거농성을 끝내고 쟁점에 대해 충분히 협의할 수 있다"고 제안했다. 박양수 뉴코아 위원장은 회사는 전제 조건 없이 즉각적인 교섭에 나서야 한다고 했다. 뉴코아 대표이사는 "협상의지는 있지만 노조가 먼저 매장점거농성을 풀기 전에는 협상에 나설 수 없다"며 점거농성을 풀 것을 요구했다.

7월 31일 새벽 2시 45분부터 작전을 시작한 경찰은 병력을 늘려서 3시 30분경에 뉴코아 건물 주변에 병력을 배치했다. 새벽 5시 정각에 경찰특공대 100여 명이 농성장인 킴스클럽 정문과 북문 유리문을 도끼와 절단기 등으로 부쉈다. 이어 이들은 바리케이드로 쳐 놓은 카트를 끄집어낸 후 조합원들을 강제연행하기 시작했다. 조합원들은 서로 팔짱을 끼고 완강하게 버텼다. 그러나 경찰이 이들을 연행하는 데는 1시간 정도밖에 걸리지 않았다. 조합원들은 사지가 들려 나가면서도 "비정규직 철회하라", "폭력경찰 물러가라"고 구호를 외쳤다.

경찰의 폭력적 진압에 상당수의 부상자가 발생했다. 이 과정에서 혈압과 심장이 좋지 않은 조합원과 실신한 조합원 등 여성 3명이 구급차가 경찰차에 막혀 들어오지 못해 30여 분간 그대로 방치됐다. 이들은 30여 분 후에 들것에 실려 나가거나 기자의 등에 업혀나갔다. 또 경찰의 강제연행 현장을 취재하던 기자를 강제로 끌어냈다. 이 기자는 프레스 완장과 기자증을 차고 있었고 경찰도 기자인 줄 알면서 강제로 끌어낸 것이었다. 또 경찰은 투입 직전 촬영을 위해 농성장 안으로 들어가려던 MBC 기자 등을 폭력적으로 제지하기도 했다.

이날 연행된 조합원은 198명(남 60명, 여 138명)으로 20여 개 경찰서로 나눠서 데려갔다. 새벽 6시 30분경, 마지막까지 농성장을 지키고 있던 최호섭 뉴코아노조 사무국장, 민주노동당 문성현 대표를 비롯한 국회의원들, 민주노총 관계자들은 현장에서 기자회견을 열어 정부의 공권력투입을 규탄하고 회사에 성실한 교섭을 촉구했다. 최호섭 사무국장은 기간 사업장의 파업권은 인정되는데 왜 뉴코아-이랜드 노동자들의 파업권은 인정되지 않느냐고 분개하면서 "다시 공권력을 투입했지만 우리는 여기서 포기할 수 없다. 끈질기게 투쟁할 것이다. 회사도 단 한 번만이라도 제대로 교섭준비를 갖추고 나와야 할 것"이라고 촉구했다. 경찰은 이들이 기자회견 이후 안전하게 나갈 수 있게 하겠다는 약속을 했음에도 기자회견이 끝나자마자 최호섭 사무국장을 연행해 갔다. 이에 국회의원들이 경찰이 약속을 지키지 않았다며 거세게 항의하자, 경찰은 국회의원과 당 대표를 가리지 않고 폭력을 행사해 이 과정에서 심상정 의원의 웃옷이 뜯어지기도 했다. 상황이 격화되자 오전 7시경 현장에 모습을 드러낸 서초경찰서장은 사과했고, 문성현 민주노동당 대표와 의원들은 경찰의 폭력진압에 항의하며 연좌농성을 벌였다. 농성장 밖에서 노숙투쟁을 하던 연대단체 회원들은 경찰병력이 증가되자 킴스클럽 맞은편의 한신4차아파트 주차장에 모여 경찰 침탈에 항의하며 시위를 벌였다.

공투본은 뉴코아 점거투쟁을 기획했을 때, 그 장소를 1차는 강남 뉴코아로 정하고, 만약 1차에서 점거가 실패하면 2차는 평촌 뉴코아로 정해서 조합원들을 분산 배치했다. 2차 장소 점거를 위해 이랜드-뉴코아 조합원 일부를 경기본부에서 대기하게 했다. 다행히 1차 뉴코아 점거가 성공하자 경기본부에 대기 중이던 조합원들도 강남 뉴코아에 합류했다.

이랜드노조도 다른 투쟁계획을 세웠다. 뉴코아 점거가 성공한 뒤에 농성장이 침탈당하면 일부 조합원들은 농성장을 빠져 나와 홈에버 매장을 또 점거한다는 것이었다. 그러나 이 계획은 점거할 장소를 찾지 못해 무산되었다. 월드컵점 농성의 경험을 통해 노조는 나름대로 1차, 2차, 3차 점거계획을 세운 것이었다.

그에 따라 이랜드 조합원들은 뉴코아 매장 안에서 점거를 하거나 경기본부에서 2차 점거를 위해 대기하고 있거나, 또는 농성장을 침탈당할 때 농성장을 빠져 나와 3차 점거를 준비하는 등 여러 동선으로 나뉘어 있었다. 농성장에 있던 조합원들은 강제로 끌려나와 경찰서에서 48시간을 보내야 했다.

● 뉴코아 농성장에 들어간 조합원들

그즈음 정보가 새나갈까 봐 굉장히 전술을 많이 짰던 것 같아요. "연대 온 사람들은 매장에서 손님인 것처럼 카트 끌고 어디서 어떻게 간다. 누구는 어떻게 간다. 어떻게 해서 어디서 어떻게 한다" 이런 거까지 전술을 세밀하게 짰던 것 같아요.
그래서 당일날에 들어갈 때는 부부처럼 가장하기도 하고. 아들과 딸, 그니까 엄마-아들, 이렇게 해서도 들어가고, 그렇게 들어갔던 것 같아요. 그래서 안에서는 심하게 부딪히지는 않았었던 것 같아요. (……) 그러고는 순식간에 매장을 점거하고 앉아서 집회하고….
그런데 집에 큰아이하고 작은아이하고 둘이 있었어요. 그래서 점거하기 직전에 혹시 어떻게 될지 모르니까, 큰아이하고 통화를 해서 **"엄마가 일이 있어서, 며칠 집에 못 들어갈지도 모르니까**, 며칠 있다가 집에 간다"고 얘기했던 기억이 나네요.(울먹) (임혜숙, 면목)

(점거과정) 뉴코아 들어가는 거는 몇몇 분회가 했고 "우리(방학)는 그때 [월드컵 침탈 때] 빠졌으니까, 이번에는 우리가 들어갈 차례다. 원하는 사람끼리 들어가자" 했어요. 그때 12명인가 13명이 들어갔고. 왜냐면 한번 털린 거를 봤기에 두려워하는 사람들이 있고, 사정 있어서 안에 못 들어간 조합원들은 밖에서 엄호하기로 하고. 어쨌든 본인 의사에 맡겼거든요.
그날 킴스클럽이 24시간 영업하는 점포였기 때문에 "우리가 12시 거의 다 돼서 들어가서 12시 땡 치면 점거하자" 해서…. 우리가 쇼핑하는 거로 터미널에서 시간 때우고 돌다가, 학생들 하나씩 붙잡고 가족인 것처럼 해서 들어가고 카트로 물건 실어서 갖다가 막았죠.
(점거 상태) 우리가 그 입구에 카트로 다 쌓아 놓고 막고. 그리고 첫날 나갈 사람은 나가라고 그랬어요. "구사대들이 있어서 위험하니 점거만 도와주고 나갈 사람은 지금 나가라" 그래서 축산의 ○○언니네 아저씨가 경찰관이니까 털리기 직전에 빠지라고 해서 털리기 전날 빠지

고. 그 뒤로 그냥 차단돼 버린 거죠. 거기서 자는데, 얘네가 완전히 전기도 끄고 난방도 끈 거였어요. 여름인데도 밤에 춥더라고요. 야채 싸는 롤팩을 몸에 둘둘 감고 자고 박스 깔고 자고. 봉투 찢어서 둘둘 감고 있었고. (……) 불을 꺼 버려서 너무 어두우니까, 그냥 양초로 겨우 (……) 핸드폰인가 뭔가 하고. 그때 내가 잊어버리지도 않아, 안정제 식으로 약을 줬었어. 그니까 정신치료받는다고 의사 한 분이 오셨었어요. 카트 치우고 겨우겨우 들어와서.

(침탈 상황) 그때, 털리기 직전의 두려움이 큰 거 같아요. 왜냐면 걔네들이 막 뿌시고 들어오는데, 우리는 팔짱 끼고 있는데, 이게 어느 순간에 확 털려 가면 모르는데, 쟤네는 막 부시고 있으니까, 경찰 들어올 때까지 기다리는 게 더 무섭더라고요.

우리가 연좌하고 있는데, 발자국 소리가 쿵! 쿵! 쿵! 막 부수는 소리하고. 카트 치우는 소리. 그게 막 가슴이 쪼이는 듯한 느낌이더라고. 그래 국회의원이 우리 옆에서 나중에 위험하니까 같이 연대해 준다고 와서 같이 손 붙잡고 있었어요. 근데, 경찰들이 국회의원들은 보호한다고 딱 내보내고, 우리를 개 끌듯이 끌고 나간 거예요. 기분 나빴죠. (이선호·진현미, 방학)

들어갈 때 위장을 시켰어요. 조합원처럼 안 보이게 하려고 모녀지간인 것처럼, 부부처럼 해서 연대 동지들과 들어갔어요. (웃음) 털리기 얼마 전까지 서로 스크럼짜고 경찰한테 생수병 막 집어 던지고. 그때 되게 두려웠어요. 저는 경찰하고 맞닥뜨리건 그때가 처음이라서. 그러다 여기 털릴 것 같으니까, 다른 데를 점거하기 위해서 나왔어요. 누구누구는 지침을 받아서 미리 나온 거지요. 막 털리는 과정에 경찰이 "나오면 뭐 어쩌구 저쩌구" 막 방송을 해, 저는 나오는데 "왜 나가냐"

는 거야, "나 지금 고혈압 때문에 지금 약이 없어서 나간다"고 거짓말 치니까 보내주더라고. 나와 새로운 지침을 받으려고 대기 중이었지. 원래 계획은 있었는데 발각이 됐다고 그랬나? 못 들어가고. 면목동에 놀이터에서 같이 나왔던 사람들하고 새벽에 있는데 마음이 심란해서 집에 바로 못 가고…. (황옥미, 면목)

● 뉴코아 농성장 밖의 조합원들

그때는 점거할 곳을 두 군데로 잡았어요. 뉴코아 강남하고, 평촌 뉴코아-안양인가? 그럴 거예요. 그래서 뉴코아를 1번으로 두고 점거를 시도해서 실패하면 평촌을 들어가기로 했어요. 저는 평촌을 점거하려고 민주노총 경기본부에서 대기하고 있고, 뉴코아는 활동가들이 많이 붙어 있었고. 거기에서 우리 조합원들하고 밤샜어요. (……)
여튼 강남이 성공했다고 해서, 저는 바로 강남으로 갔어요. 거기 가니까 경찰들이 둘러싸고 막아서 못 들어가게 해서 실랑이를 하다가 결국 못 들어갔죠. 그래서 밖에 사람들하고 모여 있다가 집에 갔어요. 그런데 얼마 안 있어 강남점이 털린다고 해서 다시 간 것 같은데, 새벽에 갔는데 난리가 났었죠. 경찰하고 한바탕하고. 나중엔 **"밖에 있는 사람도 연행된다"**고 그래서 흩어졌어요. (서형태, 병점)

경기권, 서울권 이렇게 나눴을 거예요. 서울조합원들은 뉴코아에 들어가기로 했고, 안양에 뉴코아가 있어서 우리는 그쪽에 들어가기로 했고. 강남 뉴코아가 먼저 들어가서 털리는 바람에 우리가 못했죠. 그래서 그쪽에 우리가 가서 바깥에서 집회를 했죠. (……)
집회하는데, 양쪽에서 전경들이 해산시키려고 하니까, "전투경찰이 앞쪽으로 오니 옆으로 피해라." 그래 옆에 아파트가 있어 "아파트로 피해라" 해서 피했는데. 전경들이 남아 있는 사람들을, 진짜 방패 있잖아요? 그거로 막 휘둘렀다는 소리도 들었고. 그걸 보고 "5·18이 남 일이 아니구나. 그때도 이렇게 했을 것 아니냐" 그 생각이 나더라고요. (박복희, 안양)

그때 저는 밖에 있었어요. 밤샜죠. 그때 심상정 의원이랑 또 노회찬 씨랑 셋이 앉아서 소주 마셨죠. 그분들이 소주 사 와서 다 다니면서 따라주더라고요. 원래 저희는 안에 안 들어가는 거였는데 그날 저녁 기습으로 들어갔다가, 그때 저희 방학점도 많이 들어갔어요, 그 안에 마침 냉동실, 냉장고 앞에 있다고들 해서…. 그래서 우비를 걸어서 누가 들어갈 수 있다고 해서 우비 이런 걸 안에다 넣어 주고 그랬던 것 같아요, 밤에. (김명숙, 방학)

우리도 갔었죠. 우리는 파란티 입고 가서, 문 셔터 다 내려놓고 그랬으니까. 못 들어가니까 몸싸움도 엄청나게 하고. 처음에 들어가서는 계산대 위에 올라가서 막 빈 패트병 두드리고, 자신만만했죠. 이랜드는 일부 들어갔는데 "뉴코아 사람 말고 이랜드는 일단 나가라" 그래서 우리는 나와서 밖에서 하고. 우리도 들어갔다가 나온 거예요.
밖에 길에서 다 박스 쫙~피고, 우비 같은 거 뒤집어쓰고 집회하고 문화제까지 하고. 안이 털린다고 해서 우리가 밖에서 호위하고 자고 있었어요, 2박 3일 동안. 그 길에서. 경찰들 오면 막 밀렸다가 다시 또 오고. 강남대로 그쪽으로 얼마나 뛰어다녔는지 몰라요, 진짜. 경찰들이 올 때 박스 사이로 들어가고 숨기도 하고. 경찰이 그전엔 우리 편인 줄 알았는데, 우리 편이 아니라는 걸 파업하면서 새삼 느꼈어요. (임재윤, 시흥)

뉴코아에서 한 팀은 들어가고, 우리는 밖에서 날 새우고. 들어간 사람 중에 중동점의 박성미가 본인도 몰랐는데 폐쇄공포증이 있어서 얼굴이 막 하얗게 되어서 죽을 거 같다고. 굉장히 위험한 상태여서 얘기해서 나왔어요. (……) 거기서도 덩치가 이만한 사람들이 무섭게 막~ 막아대고 막 ~때리고 그러면서도 대치했죠. 매장 안에서도 굉장히 공포스러웠다고 해요. (김용임, 구월)

● 경찰서로 끌려간 조합원들

저는 중앙경찰서로, 민주노동당 분들하고 뉴코아 조합원도, 야탑 조합원이 몇 명 들어갔는데. 민주노동당의 여자분도 있었고. 근데 민주노동당 북구지역 대책위원회 쪽[면목·중계·방학]에서는 나중에 오시고, 우리 조합원님들도 오고, 전옥이 언니도 와서 "어머, 어떡하니? 너네 인생 망쳤다" 이러고. 이분들이 사식도 넣어 주고 그랬어요. 사식이라고 별다른 것도 없드만. 나는 바깥 음식인 줄 알았더니, 거기 있는 거에 반찬 몇 개 더 집어넣더라고. 유치장에 있는 게 편하더라고요. (웃음) 집회도 안 하고 그냥 있다가 시간 되면 내보내 준다고 하니까. 그러다가 48시간 지나 새벽녘에 내보내 주더라고요. 집에는 점거 가기 전에 "나 이제 털리니까, 연락 안 돼도 그런 줄 알아" 그러고 있었고. 민주노동당인가 차 가지고 와서 다 데려다주고 그랬어요. 집에 돌아오니, 남편은 그냥 집에서 기다리고 있더라고. (진현미, 방학)

저는 성동경찰서요. 저희 분회에서 다섯 명인가 갔는데, 야탑점에서도 네 명인가 왔었어요. 털리기 전에 지침이 "버스를 나눠서 타서 갈 건데 그 버스로 이동 중에 한 명이 누구누구 우리는 어디로 간다고 알려 줘라"고 그랬어요. 그래서 문자를 보내고. 근데 성수대교를 넘어가는데 동이 트는 거야. (……) 그래 경찰서서 조사를 받는데, 긴장이 풀리니까 오한이 오고. 우리가 그전에 끌려갈 거를 대비해서 "우리는 아무것도 모른다. 위원장이 또는 위에서 시켜서 한 거다" 그렇게 교육받고, "묵비권을 행사해도 된다"고도 했거든요. (……) 조사를 받는데 "아니, 저번에는 아가씨들이 오더니 오늘은 다 아줌마들이네." 그러더라고. (……) 조서 쓰고 어쩌고 하는데, 우리 신랑이 나중에 온 거 같아. (……) 그러다 12시 되기 5분 전에 내보내 줘서 남편의 차로 다 꼬깃꼬깃 앉아서 다 집에 데려다 주고. (이선호, 방학)

이날 민주노총은 이랜드투쟁과 관련해서 긴급 산별대표자회의를 열고 이랜드 사측과 정권에 대한 투쟁수위를 높이는 것으로 결정했다. 결정사항은 8월 13일부터 문제해결 때까지 1,000여 명의 '이랜드타격투쟁 중앙선봉대'를 운영하는 한편, 18일에는 5만여 명이 참가하는 '전국동시다발노동자대회'를 개최한다는 것이다. 21일에는 이랜드-뉴코아 투쟁을 단일 안건으로 비상임시대의원대회를 소집해 전 조직의 투쟁의지를 모아간다는 계획이다. 민주노총이 생긴 이래 단일 안건으로 대의원대회가 소집되기는 처음이었다.

또, 전국 141개 시민사회단체로 구성된 '뉴코아 이랜드 유통서비스 비정규 노동자 노동기본권 보장을 위한 공동대책위원회'도 이날 청와대 근처 청운동사무소 앞에서 기자회견을 통해 비정규직 생존권을 공권력으로 짓밟은 정부를 비판했다. 민주노동당, 한국사회당 등도 성명서를 내고 공권력침탈을 규탄했다. 또, 시민사회단체들도 잇달아 성명서, 기자회견을 통해 공권력침탈을 규탄했다. 전비연, 이윤보다 인간을, 사회진보연대 등에서도 성명서를 내어 정권과 이랜드자본의 행태를 강하게 비판했다.

지역에서도 항의가 빗발쳤다. 민주노총 전북본부를 비롯한 전북 지역 시민사회단체들은 연이어 "이랜드노조 강제침탈규탄 성명서"를 발표하며 항의했다. 전북평화와인권연대도 "노동자의 파업권을 침해하고 폭력탄압하는 정부와 이랜드자본을 규탄한다"는 성명서를 발표하고, 비정규직 여성노동자들의 권리가 보장될 때까지 투쟁할 것이라고 밝혔다. 성명서 발표 후에 전북평화와인권연대와 비정규직철폐연대를 비롯한 전북지역 시민사회단체는 오후 5시부터 아중리 전자랜드 사거리에서 1시간가량 선전물을 나눠 주며 이랜드 홈에버 불매운동에 동참해 줄 것을 전주시민들에게 호소했다. 이들은 선전전 배포만이 아니라 시민들과 일일이 만나 이랜드노동자들의 실상과 비정규직법의 실체를 설명하며 왜곡된 사실을 바로잡기 위해 더위에 땀 흘리며 열심히 뛰어다녔다. 전북평화와인권연대는 이날부터 8월 3일까지 이랜드 불매운동을 진행하기로 했다. 이들은 불매운동과 함께 홈에버 회원카드 반납운동도 진행할 것이라며 이랜드그룹을 응징할 것이라는 의지를 보였다.

4) 집중교섭과 결렬(7월 31일~8월 6일)

7월 31일 오전에 회사가 교섭의사를 밝혔다. 공권력으로 조합원들이 연행되는 시점에서 회사가 교섭을 제안한 것은 언론을 의식한 행동일 뿐이었다. 그 때문에 노조는 교섭에 참여하지만 기대가 크지 않았다.

민주노총은 교섭이 진행되는 시간에 홈에버 가양점에서 매출집중타격을 진행하면서 회사의 성실교섭 촉구와 공권력투입 규탄집회를 열어 회사를 압박했다.

오후 5시부터 민주노총에서 진행된 교섭에는 회사에서는 오상흔 홈에버 대표이사와 최종양 뉴코아 대표이사 등이 참석했고, 노조에서는 박양수 뉴코아 위원장, 장석주 지도위원, 홍윤경 사무국장 등이 참석했다. 교섭은 뉴코아-이랜드 공동교섭 후 개별교섭으로 진행됐다.

교섭결렬 이후 박양수 뉴코아 위원장은 조합원들이 다 연행되어 나오기 싫었지만, 대화를 통해 문제를 해결하기 위해 이 자리에 나섰는데, 회사가 문제해결 의지가 없기에 교섭을 중단했다고 밝혔다. 이랜드일반노조도 마찬가지였다. 홍윤경 사무국장은 회사가 경영이 어렵다며 어떠한 새로운 안을 제시하지 않으면서 노조가 양보하라는 말만 반복했다고 했다. 결국, 이전 교섭에서 한 발도 나아가지 못한 채, 노사 협상은 중단되었다.

이어 8월 1일 오후 6시부터 민주노총 3층 회의실에서 열린 뉴코아 노사간의 교섭은 2시간 만에 중단됐다. 이들은 8월 3일 다시 교섭을 재개하기로 했다. 이 교섭은 이랜드-뉴코아 노사간의 공동교섭 이후 바로 개별교섭으로 진행됐다. 뉴코아 노사는 개별교섭에 들어간 지 10분도 안 돼 20분간의 정회를 선언했다. 노사간의 요구사항을 정리해 서면으로 제시하기로 했기 때문이다. 하지만 이후 진행된 교섭에 회사는 이미 제출했던 요구안만을 서면으로 제출했을 뿐 개선된 협상안이 나오지 않았다.

한편, 홈에버 노사간의 협상은 아예 속개도 하지 못하고 끝났다. 교섭위원으로 참석한 박승권 국장에 대해 "과장은 조합원이 될 수 없다"라는 회사의 입장과 "과장도 조합원이 될 수 있다"라는 노조의 입장이 충돌했기 때문이었다. 오후 6시에 시작된 교섭은 교섭위원의 자격문제를 놓고 시작된 지 10여 분만에 정회를 선언했다. 오후 8시에 다시 교섭을 진행하려 했으나 교섭위원의 문제가 해결되지 않아 교섭은 속개되지 않았다.

문제가 된 과장의 조합원 자격에 대해서는 이미 중앙노동위원회에서 승소해서 조합활동이 인정된 사안이었다. 그 때문에 박승권 교섭위원이 과장이어서 교섭위원에서 뺀다는 것은 과장을 조합원으로 인정하지 않는 문제가 되기에 노조로서는 수용할 수 없는 것이었다.

〈표 13〉 홈에버 쟁점과 노사입장

노조	쟁점	회사
용역전환 전면 철회	용역전환	비핵심분야 용역화 원칙
3개월 이상 된 비정규직 고용보장	18개월 미만 비정규직 문제	18개월 이상만 고용보장
강압적 인사이동 중단, 부당 전보인사 철회	인사 발령	인사권은 경영권으로 논의 불가
이번 사태와 관련된 모든 고소·고발, 징계 등 철회	고소·징계 관련	단순가담자는 선처, 모두 철회는 불가

출처 : 이랜드일반노조 「교섭자료」

이어 8월 3일 저녁 7시에 뉴코아-이랜드 노사 양측은 민주노총 1층 회의실에서 교섭이 예정되어 있었다. 회사의 태도는 월드컵점 농성 중인 16~18일의 교섭 당시와는 달랐다. 이날 교섭을 앞두고도 회사는 "업무시간 뒤인 저녁 7시에 만나자"고 제안해 노조가 항의하기도 했다. 또 7월 27일에도 회사는 "(앞으로) 2개월 이상 동안 집중교섭을 벌이자"는 제안을 하면서 노조가 매장점거나 불매운동을 전면 중지할 것을 단서로 달았다. 노동자들에게 그들의 유일한 힘의 수단인 쟁의행위를 중단하고 회사와 교섭을 하라는 것으로, 사실상 '백기투항'을 의미했다. 이랜드 사측의 이런 교섭태도로 7월 31일과 8월 1일 열린 노사교섭은 불과 2~3시간 만에 아무런 성과 없이 끝났다. 이런 짧은 접촉에서도 교섭 장소나 일시를 둘러싼 이견 조정에 시간을 허비하는 일이 반복됐다.

이밖에도 이랜드그룹은 교섭에서 제시한 양보안과는 별도로 직원들을 동원해 비정규직에 대한 계약해지나 외주용역화 등을 정당화시키려는 여론 조성을 하고 있었다. 이러한 회사 측의 모습 때문에 노조는 회사의 교섭의지에 대해 불신했다.

이날 오후 7시부터 이랜드 노사는 민주노총에서 다시 협상에 들어갔다. 그러나 협상 6시간여 만인 8월 4일 오전 1시경에 협상이 결렬됐다. 이날 교섭은 홈에버와 뉴코아 노사가 법인별로 개별협상을 벌이는 방식으로 진행됐다. 홈에버 오상흔 사장과 뉴코아 최종양 사장, 뉴코아 노조 박양수 위원장, 이랜드 노조 홍윤경 사무국장 등 양측 대표자가 참석했다.

회사는 6~18개월 근무자가 재계약을 하지 않으면 다른 직장을 알아볼 수 있도록 한 달간 유급정직 기간을 주는 방안을 제시했으나, 노조 측은 18개월 이상 근무자에 대한 실질적인 고용보장을 요구하며 받아들이지 않았다. 노사는 하루 뒤인 8월 5일에 협상을 하기로 했다.

그러나 8월 5일에 예정되었던 이랜드 노사교섭은 6일로 연기되었다. 이유는 회사 측에서 이랜드일반노조와 뉴코아노조 간의 개별교섭을 요구했지만, 노조에서는 함께 교섭하길 원했기 때문이었다.

8월 6일 오후 7시 30분부터 민주노총에서 이랜드-뉴코아 노사 간의 협상이 진행됐다. 이 교섭에는 노조에서 홍윤경 이랜드 일반노조 사무국장, 박양수 뉴코아 위원장이 참석하고 회사에서는 오상흔 홈에버 대표이사와 최종양 뉴코아 대표이사가 참석하였다. 그러나 노조의 요구를 수용하지 않는 사측의 태도로 교섭은 1시간 만에 결렬되었다. 회사 측에서는 교섭구조를 바꿔 개별교섭을 할 것을 제안했다. 교섭안도 제대로 나오지 않고 교섭 자체가 평행선을 달리기 때문이라는 것이다. 그러나 이랜드일반노조와 뉴코아노조는 공투본을 통해 함께 투쟁을 진행하고 있는데, 분리교섭을 진행한다는 것은 연대의 힘이 약해질 수 있고, 일괄 타결에도 영향을 미칠 수 있기에 수용할 수 없다고 했다.

〈표 14〉 고용보장 대상 — 홈에버 노사 쟁점

노조	쟁점	회사
'3개월 이상 18개월 미만' 고용보장	비정규직에 대한 정규직화	'18개월 이상'만 고용보장 (계약 만료자는 계약만료 후 1개월의 유급전직 기간 보장)
완전 정규직화	2년 이상 비정규직에 대한 정규직화	직무급제를 통한 정규직화
즉각 철회	정규직의 보직변경, 인사이동	회사의 기본적인 인사권, 교섭 대상이 아님
즉각 철회	외주화	비핵심 업무 외주화 방침
노동조합, 조합원에 책임 묻지 않아야	고소고발 · 손해배상 · 징계	교섭 대상이 아님, 단순가담자는 선처
임금 15만 원 인상	2007년 임금인상 교섭	올해 임금 동결

출처 : 이랜드일반노조 「교섭자료」

5) 민주노총 3차 전국 집중타격투쟁(8월 5일)

8월 5일 오후 3시부터 이랜드 조합원들과 민주노총이 함께 진행하는 전국유통매장 매출타격투쟁이 전국 각지에서 동시에 진행됐다. 한 지역에서 적어도 한 곳의 매장을 타격했다. 면목점에서는 민주노총과 민주노동당을 비롯해 300여 명의 시민사회단체 회원들이 모여 홈에버 타격 및 봉쇄투쟁을 벌였다. 경찰은 6개 중대 600여 명의 병력을 동원해 전경버스로 홈에버 출입구를 둘러쌌고, 회사는 100여 명의 직원과 용역을 동원해 출입을 막았다. 이재영 민주노총 서울본부장과 허영구 민주노총 부위원장이 "이 투쟁을 이겨야 자본의 공세에 맞서는 투쟁을 전개할 수 있다"며 이번 투쟁의 중요성을 강조했다.

> 저희가 '텐-텐투쟁' 할 때는 아침 10시부터 저녁 때까지 매장 앞을 지키면서 매장에서 계속 집회투쟁하는 건데, 그게 고객들이 매장에 못 들어가게 막아서는 매출제로투쟁인데요. 저희 면목점도 했었어요. 그때 경찰이 어마하게 왔고요. 회사 직원하고 용역들도 엄청 많이 나와 있었어요. 저희도 인원이 꽤 됐으니까, 막 밀면서 매장 들어가려 하면서 싸움이 붙었어요. 그때 점장이 누구지? 직원이나 용역이겠지, 막 그 사람들한테 우리를 가리키며 "밟아 버리라" 그런 멘트도 날렸다고 하기도 하고. (……) 그때 면목점 앞에서 밀고 밀리고 하면서 저희 조합원이 실신했어요. 밀고 하는 과정에서 압박이 심하더라고요. 저도 뒤에서 밀다가 중간에 끼어 가지고 **"이러다가 죽겠다"라는 생각이 들 정도로 앞에서 뒤에서 압박이 오더라고.** (……) 그날은 비도 오는데 몇 차례 서울본부 사람이 막~ 구호 외치면서 했던 것 같아요. 면목점 할 때도 다들 적극적으로 했었어요. (마수경, 면목)

목동점 앞에서도 500명의 조합원과 연대대오들이 모여 규탄대회를 열었다. 여성연맹, 공공연맹, 사회진보연대, 자주통일실천단, 다함께, 민주노동당 학생위원회 등 많은 단체가 한곳에 모였다. 이렇게 많은 단체가 한곳에 모이는 것도 드문 일이었다. 오후 7시부터 진행된 문화제에서는 몸짓 배우기, 노래 따라하기 등이 진행되었다. 정경섭 민주노동당 마포구위원회 위원장, 이찬배 여성연맹 위원장 등이 발언했고, 홍성규 민주노동당 학생위원장의 다음의 발언도 있었다.

> "우리는 연대를 하기 위해 이곳에 온 것이 아닙니다. 우리의 미래를 바꾸기 위해 이곳에 나온 것입니다. 우리는 예비 비정규직자들입니다. 직장에 취직해 봤자 절반 이상이 비정규직자들이기 때문입니다. 이것이 현실입니다. 그렇기에 연대하는 기분으로 나온 것이 아닙니다. 우리는 우리의 미래를 만드는 싸움을 위해 나온 것입니다."

이날 민주노총 산하 연맹노동자들과 학생단체, 시민단체들은 이전보다 더욱 강한 연대의 힘을 보여 줬다. 서울 면목점과 목동점을 비롯해 경기 평촌, 일산, 충북, 전남, 전북, 전주, 청주, 순천, 울산, 인천 구월점 등에서 타격투쟁을 벌였다. 그 결과 홈에버 전주점을 200여 명의 조합원이 점거했고, 홈에버 울산점과 뉴코아 평촌점은 조합원의 점거를 막기 위해 회사가 미리 봉쇄했다. 이 과정 중 홈에버 일산점에서는 회사의 구사대와 조합원이 충돌해 2명의 조합원이 병원에 긴급 후송되었다. 또한 조합원 1명이 경찰에 연행되기도 했다.

이랜드노조와 뉴코아노조는 뉴코아 강남점 점거가 해산된 뒤에도 공동투쟁을 계속 진행하고 있었다. 분산된 힘보다는 강한 하나의 힘으로 회사를 더욱 압박한다는 계획이다. 그런 와중에 점점 연대단체들도 늘어나고 있었다. 이랜드투쟁의 가장 핵심 문제인 비정규직법에 대해 반대하는 여러 사회단체가 이랜드노조에 대해 연대의사를 밝히고 함께 현장에서 실천투쟁을 진행하고 있었다. 이전 1차, 2차 총력투쟁 때보다 더 많은 단체와 인원이 참석했다. 파업이라는 것은 시간이 지날수록 연대 대오가 줄어든다는 것을 감안할 때 상당히 고무적인 일이었다. 실제로 홈에버 목동점에서 진행된 총력결의대회의 대오는 500여 명이었다. 집행부가 예상한 200여 명을 훨씬 웃도는 수치다.

그 이유는 비정규직 문제가 핵심쟁점이지만 정규직 조합원들도 같이 싸우고 있기 때문이었다. 정규직 조합원 역시 "이것은 바로 나의 문제이고 나의 싸움"이라고 인식하고 있었다. 즉, 이랜드투쟁은 정규직 노동자들이 주체로 비정규직 투쟁을 하고 있기에 '아름다운 투쟁'이었다. 다른 이유도 있었다. "지금의 싸움은 우리의 미래를 만드는 투쟁"이기 때문이다. 청년들은 연대하기 위해서만이 아니라 자신의 미래에 닥칠 문제를 해결하기 위해서도 나왔다. 또 이랜드 조합원들의 투쟁 의지 역시 놀라웠다. 이전 노동운동과는 전혀 다른 양상이었다. 이랜드 노조의 투쟁은 2000년대 노동운동을 이끌어 나가고 있었다. 무엇보다도 이전 운동과는 달리 조합원들이 자발적 투쟁, 자발적 연대를 하고 있었다.

이러한 힘 때문에 처음으로 민주노총 중앙집행위원회에서 투쟁의 구체 전술안을 논의하기도 했다. 이는 "밑에서부터 기발한 아이디어들을 적극적으로 제시하기 때문"이었다. 그만큼 이랜드 조합원들이 적극적으로 투쟁에 나서고 있었다. 이들은 당연히 비정규직 노동자를 해고하려는 이랜드그룹에게 패배할 수 없기 때문이었다.

이런 분위기 속에서 민주노총은 이랜드그룹에 대해 압박을 가했다. 8월 5일에 이석행 민주노총 위원장이 이랜드그룹의 주거래은행인 우리은행의 은행장을 만났다. 목적은 이랜드그룹에 대한 자금 압박을 위한 것이었다. 면담에서 박해춘 우리은행장은 이랜드 사태에 대해 관심이 있으며, 주거래은행으로서 취할 수 있는 방법이 있는지 찾아보겠다고 했다.

민주노동당 의원단 및 최고위원회도 국회에서 합동연석회의를 갖고 이랜드-뉴코아 조합원 긴급지원을 위한 당원 성금모금운동을 전개하기로 했다. 이랜드-뉴코아 투쟁이 장기화됨에 따라 조합원들의 생계를 위한 대책 마련이 시급하다는 것과 투쟁의 동력유지를 위한 결정이었다. 이들은 향후 투쟁이 더욱 가속화될 가능성이 높은 이 투쟁의 조기 해결을 위해 각 대중조직 및 시민사회단체들과 함께 불매운동을 대중화시키고, 해결촉구선언 및 대국민호소문을 채택하는 등 당의 정치적 역할을 극대화하기로 했다.

이처럼 뉴코아-이랜드노조 노동자들에 대한 각계각층의 지지 목소리가 높아지고 있는 가운데, 노동사회단체들이 '비정규직법 폐기와 뉴코아-이랜드투쟁 승리'를 위해 세종로 소공원에서 시국농성에 돌입했다. 이날 노동자의힘, 다함께, 문화연대, 민교협, 인권단체연석회의, 이윤보다인간을 등 노동사회단체들은 청와대 청운동주민센터 앞에서 기자회견을 열고 박성수 등 악덕 자본가만이 아니라 바로 비정규악법 자체와 그것을 만들고 통과시킨 정권과 정치인들에 대해 비판했다. 이들은 뉴코아-이랜드 비정규직 노동자들의 싸움의 근본적인 원인은 비정규직법에 있고, 비정규직법 폐기가 근본적인 문제해결이라고 지적했다.

이들은 시국선언문을 통해 이랜드자본은 언제라도 대규모 해고와 외주화를 저지를 수 있는 모든 자본가의 선봉대일 뿐이라고 지적했다. 이어 정부의 농성장 공권력투입에 대해 정부가 자본가들을 위해 일하는 존재이며 노동자들의 삶을 파탄내는 주범이라고 규탄했다.

또 이날 후안 소마비아 국제노동기구(ILO) 사무총장이 한국정부에 항의서한을 보내 공권력투입과 노동자들을 체포한 것에 대한 문제를 제기하고 구속된 노조 지도부의 석방을 촉구했다. 이어 브라질노총

(CUT-Brazil), 홍콩노총 등 세계 노동단체들이 한국정부에 이랜드사태 관련 항의서한을 보냈다. 이랜드노조 조합원들에 대한 지지서한도 답지하고 있었다. 스웨덴 사업노동자노조는 "일자리와 양질의 고용조건을 위한 여러분의 투쟁은 전세계 상업 노동자들과 차별받는 노동자들에게 귀감이 되고 있다"고 전했다. 얀 푸르스텐보리 UNI 서비스분과국장도 이랜드 사태에서 한국정부의 행태에 대해 ILO와 OECD에 제소할 것이라고 했고, 전 세계적으로 이랜드그룹에 대한 불매운동을 벌일 것이라고 했다.

6) 각계각층의 지지와 연대

이랜드노동자들의 투쟁이 해결의 기미를 보이지 않자, 8월 7일 주봉희 민주노총 부위원장이 서울교에 있는 20m 높이의 광고탑에 올라가 고공시위를 시작했다. 주봉희 부위원장은 민주노총에서 비정규직 부문을 담당하고 있으며, 그간 뉴코아-이랜드 노동자들의 투쟁에 적극적으로 결합해 온 터였다. 주봉희 부위원장은 오후 12시 40분경 "박성수 이랜드그룹 회장을 구속하라"고 외치며 칼을 들고 광고탑 위에서 끌어내리면 자해하겠다고 하고 있어 위험한 상황이었다. 주봉희 부위원장은 윗도리를 벗고 몸에 글씨를 쓴 채 광고탑에 올라갔지만, 비에 씻겨 글씨가 잘 보이지 않았다. 앰뷸런스와 소방차가 도착해서 광고탑 아래에 에어매트를 깔았고, 민주노총 지도부들이 광고탑 아래에서 상황을 지켜보고 있었다. 오후 2시경 "이랜드 박성수를 구속하라"고 적힌 전국언론노조 명의의 플래카드를 내리고 고공농성을 이어 가던 주 부위원장은 오후 3시경 농성을 마무리했다. 4시간 가까이 비를 맞으며 고공농성을 벌인 주 부위원장은 곧바로 병원으로 옮겨졌다.

한편 민주노총은 매주 토요일이나 일요일에 전국에서 동시다발적으로 벌이던 집중타격투쟁에서 아예 이랜드 문제를 전담하는 '1,000인 선봉대'를 꾸리기로 했다. 민주노총은 8월 1일 중앙집행위원회에서 선봉대 구성을 결의한 데 이어 8월 8일 산별대표자회의에서는 구체적인 참여규모와 조직화 방안을 논의했다. 이에 8월 13일 중앙선봉대를 발족시키고 오는 15일 부산에서 열리는 '8·15 통일축전' 뒤인 8월 16일부터 활동을 시작하기로 결정했다. 규모는 민주노총과 각 시민사회단체 등을 포함해 1,000명으로 예상하고, 8월 16일 본격적인 활동이 시작되면 매일 오후 4시부터 수도권을 중심으로 매장타격투쟁을 벌이고 시민들에게 이랜드 문제를 집중홍보하기로 했다. 또 민주노총은 8월 18일 5만 명 규모의 전국노동자대회를 열고 대회 뒤 매장타격투쟁을 진행하고, 8월 21일에는 이랜드 건을 단일 안건으로 비상임시대의원대회를 개최하기로 했다.

이와 동시에 이랜드-뉴코아 파업투쟁에 대한 각계각층의 지지와 연대가 이어지고 있었다. 8월 8일 민주화를 위한 전국교수협의회, 민주사회를 위한 변호사모임, 민족문학작가회의, 전국교수노조, 문화연대 등 지식인들은 "뉴코아-이랜드 파업지지"의 입장을 밝히고 "비정규직 문제 해결"을 촉구했다. 8월 1일 이랜드-뉴코아 투쟁을 지지하는 교수 및 법률가 500인은 지지선언과 함께 8일까지 일주일간을 행동주간으로 선포하고 이랜드 매장 앞에서 1인시위와 선전전 등을 진행했으며, 마지막 날인 8일을 '지식인 행동의 날'로 정했다. 이날은 의료계와 문화단체 활동가도 동참했다. 이날 지식인 선언에는 모두 1,259명이 참여했으며, 전교조는 위원장을 비롯해 16개 시도 지부장 등 중앙집행위원과 각 지역 지회장 등 모두 265명이 참여했다.

다음 날인 8월 9일 오전 11시에 경기도 과천 정부청사 앞에서 민주노총의 '비정규직법 전면 재개정! 노동부 규탄! 결의대회'에 이랜드 노조를 비롯해 KTX, 새마을호, 롯데호텔, 기륭전자 등 비정규직 노동자 500여 명이 참여했다. 허영구 민주노총 부위원장의 발언에 이어 김효상 서비스연맹 수석부위원장의 발언이 있었고, KTX 승무원들도 투쟁발언을 했다. 이랜드노조에서는 1호 해고자였던 호혜경 조합원이 발언을 했다.

> "회사에서 갑자기 8월 2일 복직시켜 준다고 합니다. (……) 그토록 바랐던 일이건만 그동안 나에게 준 고통에 대해 사과 한마디도 없는 명령서를 받아들고 기분이 더 안 좋았습니다. (……)
> 나도 조합원인 만큼 동료들과 같이 현장으로 돌아갈 수 있는 날이 올 때까지 파업에 동참할 것입니다."

이 대회는 노동자들이 '비정규악법'이라 쓰인 상징물에 불을 붙이는 것으로 마무리됐다.

이어 조합원들은 오후 4시 30분에 뉴코아 일산점으로 몰려갔다. 뉴코아 일산점의 모든 입구는 막혔다. 조합원 200여 명이 매장 입구를 가로막고 있었기 때문이다. 매장 출입구에서는 조합원들이 '비정규직 철폐' 등의 팻말을 높이 들고 서 있었다. 뒤편 주차장에서는 경찰과 대치하고 있었다. 이날 봉쇄작전은 오후 7시경 이랜드 노동자들이 매장 입구에 달걀을 던지는 것으로 끝을 맺었다. 조합원들은 "내일도 다시 투쟁할 것"을 결의하고 해산했다.

이처럼 조합원들의 투쟁이 지속되는 상황에서 이날 민주노동당도 이랜드투쟁의 새로운 국면을 시민사회단체와 함께 만들겠다며 당의 사활을 걸고 이랜드사태 해결, 비정규악법 재개정 및 비정규 노동자들의 권리보장을 위한 투쟁에 나서겠다고 선언했다. 특히 지구당들도 투쟁에 나서고 있었다. 민주노동당 경남도당은 8월 8일 기자회견을 하고 뉴코아 창원점 앞에서 천막농성에 돌입했다. 이들은 이랜드자본은 반드시 국민의 심판을 받을 것이라며 분노했다.

거기에 청소년들도 지지투쟁에 나섰다. 8월 10일 신촌 이랜드 본사에서 '비정규직 저주를 풀기 위한 청소년 119선언' 기자회견이 열렸다. 기자회견 전부터 이랜드 본사 출입문을 두고 10여 명의 청소년과 회사 측과의 갈등이 벌어졌다. 출입문 앞에서 기자회견을 하려는 청소년들에게 직원들은 본사 안에 있는 차가 나가야 한다며 다른 곳에서 하라고 했던 것이다. 결국, 기자회견은 출입문 옆에서 시작했다. 114명의 청소년이 서명한 선언문의 글에서 이들이 왜 이곳에 와 있는지를 알 수 있다.

> "경찰에 의해 온몸이 들려서 끌려 나오는 노동자를 보았습니다. 그리고 그들의 절규를 들었습니다. 사람처럼 살고 싶다는 그들의 절규가 가슴에 깊은 소용돌이를 일으켰습니다."

이들은 다음의 선언문을 통해 이 자리에 나오게 된 또 다른 이유로 청소년 또한 미래의 비정규직이 될 것이기 때문이라고 밝혔다.

> "많은 청소년들이 비정규직으로 아르바이트를 하고 있지만 최저임금도 받지 못하고, 일을 하다 다쳐도 산업재해보험처리도 받지 못한다. (……) 이처럼 비정규직 문제는 성인들만의 문제가 아니라 우리의 현재와 미래가 걸려 있는 중요한 문제이다. 그렇기 때문에 우리는 이랜드그룹이 아무리 할인을 해줘도, 사은품과 할인쿠폰을 아무리 많이 줘도, 사

회적 약자들과 우리의 미래마저 짓밟는 기업이 파는 상품을 사지 않을 것이다."

청소년들은 갑자기 내리는 폭우에도 기자회견을 진행했다. 검은 정장을 입은 사람들이 계속 발언자를 방해해 마찰을 빚었다. 그러다 갑자기 경찰들이 나타나서 기자회견을 못하게 방해했다. 그러나 이우학교 여학생은 야탑 홈에버 앞에서 1인시위를 하고 있다며, 청소년들도 가만히 있어서는 안 된다는 절박한 심정으로 비정규직 노동자에 대한 차별과 폭력을 중단하라고 외친다며 기자회견문을 낭독했다. 회사의 방해로 청소년들은 미리 준비한 퍼포먼스도 하지 못하고 기자회견을 끝냈다. 회사 측은 청소년들의 물건을 던지면서 폭력까지 행사하려 했다. 경찰들은 구경만 하고 있었다. 이렇게 청소년들은 기자회견을 어렵게 끝마쳤다.

인권단체들도 이랜드-뉴코아 사태에서 정부의 책임을 확실하게 짚고 넘어갈 태세로 나섰다. 이날 오전 37개 인권단체로 구성된 인권단체연석회의와 민주노총 서울본부는 서대문 경찰청 앞에서 긴급기자회견을 했다. 기자회견은 비정규직법 철폐·경찰폭력 규탄을 내용으로 노동부장관 퇴진에 이어 경찰청장 사퇴를 촉구하였다. 또 이들은 뉴코아 2차 점거파업 당시 경찰투입은 반여성적·폭력적·불법적이었다며 여성조합원들이 여성경찰이 아닌 남성경찰에 의해 끌려나가며 성적 불쾌감과 수치심을 느끼는 등 성폭력이 자행되었다고 지적했다. 환자 방치 등 건강권 침해와 비아냥, 조소 등 인권유린 사례도 확인되고 있었다. 이랜드일반노조 임혜숙 조합원은 경찰의 진압과정을 다음과 같이 말했다.

"진압과정에 대한 것은 어떤 수식어로도 표현할 수 없습니다. (……) 연행이라는 표현은 인간이었을 때 쓰는 말이며 당시 조합원들은 무슨 쓸모없는 짐짝을 떼어내듯 뜯겨져 연행되어야 했습니다. (……) 경찰은 연행하는 조합원들에게 상시적으로 비웃음과 야유, 발길질을 하는 등 인간 이하의 쓰레기 취급을 했습니다."

이들은 기자회견문에서 "이랜드-뉴코아 여성노동자들과 연대단체에 대한 공권력의 만행을 강력규탄"하며 경찰의 공개사죄도 함께 촉구했다.

이어 8월 11일에도 민주노총은 서울, 경기, 충남, 울산, 부산을 비롯해 전국 15개 지역에서 이랜드 매장봉쇄투쟁과 불매운동을 진행했다. 이 과정에서 뉴코아 강남점 앞 집회에 참가한 민주노총 조합원 2명, 민주노동당 당원 2명이 경찰에 연행되고 조합원 10여 명이 부상을 당해 인근 병원에서 치료를 받았다.

또 8월 9일에 홈에버 천안점에서 불매운동을 펼치던 민주노총 통일선봉대 36명이 경찰에 연행됐다가 이날 33명이 풀려나고, 3명은 형법 제314조에 따른 업무방해로 구속됐다. 민주노총 중앙통일선봉대(중앙통선대) 60여 명과 충남지역 통선대 30여 명 등 총 90여 명이 홈에버 천안점에서 불매운동 선전전을 벌이기 위해 매장 안으로 진입했는데, 10여 분 뒤 도착한 경찰에 의해 불법집회 및 영업방해 등의 혐의로 현장에서 36명이 연행된 것이다.

통일선봉대 33명이 풀려난 뒤인 11일 오후 4시경, 민주노총 충남지부와 민주노동당 충남도당 등 충남지역 시민사회단체들은 홈에버 앞에서 성명서를 발표하고 대대적인 집회와 선전전을 진행했다. 이들은 앞으로 지속적인 집회와 선전전을 통해 이랜드 계열사에 대한 불매운동을 추진하는 한편, 8월 9일 대규모 연행사태와 관련해서는 기자회견 등을 통해 경찰의 과잉대응에 대한 문제점을 제기하겠다고 밝혔다. 서울의 면목분회 조합원들도 천안집회에 참여했다. 몸짓패 '새벽' 성원들이었다. 한명희 조합원은 "일부에서는 이랜드-홈에버 노조가 민주노총과 민노당에 이끌려 가는 것 아니냐는 시각도 있지만 결코 그렇지 않다. 이랜드와 홈에버 노동자가 주축"이라며 "우리는 이번 싸움이 정당하다고 생각하며, 앞으로 3차 점거 등 더욱 강력한 투쟁을 전개할 것"이라고 발언했다. 집회 참가자들은 이날도 매장 안에서 선전전을 펼칠 계획이었으나, 선전전이 시작되자 미리 대기하고 있던 경찰이 출입구를 봉쇄해 매장 진입을 하지 못했다. 선전전이 진행된 오후 5시 40분경부터 약 1시간 동안 모든 출입구가 봉쇄됐다. 선전전이 끝나고 정리집회로 이날의 투쟁은 마무리됐다.

3. 민주노총 '1000인 선봉대'

1) 민주노총 '1000인 선봉대' 발대식(8월 16일)

민주노총은 "8월 16일 오후 3시 강남 뉴코아에서 1천 선봉대 발대식과 매장 봉쇄를 진행하겠다"고 홈페이지를 통해 밝혔다. 그러나 이는 경찰을 따돌리기 위한 계획이었고, 비상회의를 통해 장소를 긴급하게 바꿨다. "오후 1시 목동역에 집결하라"는 문자메시지를 보냈다가 다시 오목교역으로 장소를 바꾼다는 '보안유지' 메시지가 떴다. 그러나 어떻게 정보가 새어 나갔는지 이미 경찰은 목동점 정문을 지키고 있었고, 홈에버 본사를 비롯해 인근 지점들의 간부들까지 목동점에 집결해 있었다.

오후 3시, 목동점 2~3층 주차장은 차들로 꽉 차 있었다. 그러나 매장 안은 한가했다. 1층 매장은 물론 식료품점이 있는 지하 2층 매장도 손님이 거의 없었고, 계산대도 3~4개 정도만 유지하고 있었다. "지금 정문을 사용할 수 없습니다. 고객 여러분께서는 나이키쪽 문을 이용해 주시기 바랍니다"라는 안내방송이 갑자기 연이어 나왔다. 정복을 입은 경찰관들이 매장 안에서 왔다갔다하며 쇼핑하러 온 손님들을 감시했다. 층마다 10여 명의 경찰들이 상주하는 듯했다. 용역경비로 보이는 사람들도 무전기를 들고 주변의 동태를 감시했다.

매장 밖에서는 '민주노총 선봉대' 노동자들이 매장 주차장 쪽 출입구와 주차장을 막고 구호를 외쳤다. 홈에버 점원들과 용역경비들은 두 줄로 늘어서 손님들을 들여보내기 위해 애를 쓰고 있었고, 밖에 있던 노동자들은 "불매운동에 동참해 달라"고 호소했다.

땀이 줄줄 흘러내리는 폭염 속에서 '이랜드퇴출 박성수회장 구속 민주노총 1000인 선봉대'에 참여하기로 한 노동자들이 하나둘 모여들더니 어느새 700여 명에 이르렀다.

기자회견과 주요 산별노조 위원장들의 발언이 계속되고 있는 가운데 갑자기 주차장 쪽에서 큰 소리가 났다. 서둘러 발대식의 마지막 순서인 다음의 기자회견문 낭독을 했다.

> "(……) 비정규 노동자 생존권 사수투쟁의 숭고한 사명을 뼛속 깊이 인식하며 오늘부터 이랜드투쟁 승리를 위한 1,000인 선봉대가 강고한 투쟁에 돌입한다. (……) 15개 산별이 단결하여 조직한 1,000인 선봉대는 이랜드 비정규 노동자의 생존권투쟁의 승리를 보장하는 자랑스러운 투쟁을 전개할 것이다. (……)"

본사와 각 지점에서 온 관리자들과 용역경비들이 민주노총 선봉대와 충돌을 벌였다. 민주노총은 회사에게 집회를 방해하지 말라고 했으나 200여 명의 관리자들과 용역경비들은 계속 집회 참가자들과 몸싸움을 벌였다. 충돌은 점점 커졌고, 여러 명의 부상자가 발생했다.

그러나 경찰은 20분이 지난 5시 5분까지 이를 방치했다가 싸움이 더 커지자 그때서야 나섰다. 격렬한 충돌은 관리자들이 주차장 안쪽 매장으로 들어간 후에야 진정됐다. 선봉대는 더욱 늘어 1,000여 명에 이르렀다.

월드컵점 점거에 들어간 날로부터 한 달하고도 보름이 지났다. 노조는 그동안 두 번의 점거농성을 벌였고 노사는 10여 차례, 60여 시간이 넘는 교섭을 진행했다. 민주노총은 갈수록 이랜드자본의 탄압이 비열해지고 있는데도 기업주들이 이랜드를 옹호하면서 '자본과 노동의 대리전'으로 나타났기 때문에 더 이상 방관만 할 수는 없었다.

민주노총은 수도권의 이랜드그룹 소유 홈에버, 뉴코아 매장을 주된 대상으로 할 '1,000인 선봉대'와 별도로 각 지역에서도 하루에 한두 곳에서 매출제로투쟁을 벌이겠다고 했다. 이랜드그룹의 영업에 실질적인 타격을 입혀 압박을 벌이겠다는 것이다.

민주노총이 이처럼 물리력을 동원해 대대적인 영업방해 압박에 나선 것은 이랜드가 교섭을 통해 문제를 해결할 의지가 없다고 판단했기 때문이다. 이랜드는 노조간부에 대한 고소고발뿐만 아니라 조합원에 대한 손해배상청구 소송도 철회가 어렵다는 입장을 견지하고 있으며, 최근에는 6개 점포에 조합원 출입을 막는 직장폐쇄까지 단행했기 때문이었다.

이에 매장의 점주들이 불매운동과 매장타격투쟁을 벌이고 있는 민주노총에 대해 항의하고 나섰다. 8월 16일 오전 뉴코아아울렛 창원점 점주들은 창원의 민주노총 경남본부 앞에서 집회를 열었다. 점주나 점포 고용자 100여 명은 피켓과 현수막을 들고 집회를 벌였다. 이들은 "노사관계 이전에 지역 영세상인들과 지역경제를 생각한다면 민주노총은 영업방해와 불매운동을 즉각 중단해야 할 것"이라고 밝혔다. 이어 이들은 경남본부 측에 성명서와 함께 서명지를 전달했다. 또 이들은 8월 18일로 예정된 대규모 집회의 수위를 조정해 줄 것과 타격투쟁 방법전환 등을 요구했다. 이에 경남본부는 회사 측이 성실한 교섭에 나서도록 점주들도 압력을 넣어 달라고 요구했다.

선봉대 2일째인 8월 17일 오후 3시 30분경, 민주노총 앞에 노란

조끼를 입은 인원들이 모였다. 이들의 조끼 등판에는 '박성수 구속, 비정규직법 전면 재개정'이라는 글이 적혀 있었다. '비정규직 대량해고 반대'라는 구호가 적힌 수건을 두른 이들은 민주노총 1,000인 선봉대원들이었다. 민주노총 건물 앞에는 이랜드 홈에버-뉴코아 노조원들과 민주노총 선봉대 소속 400여 명이 집결했다. 이들은 대통령의 입장을 듣기 위해서 대통령에게 전달할 항의서한도 준비했다. 이들은 항의서한에 이랜드 노동자들에 대한 대량해고 취하와 차별시정, 외주화 철회 등 홈에버-뉴코아 노동자들의 요구를 즉각 실현할 것을 정부에 촉구했다. 대통령이 비정규직 문제의 심각성을 인식하고 원인을 제공한 비정규악법 전면 재개정에 즉각 나서야 한다고 밝혔다. 또 부당노동행위, 불법적인 노조탄압, 단체협약 위반 등 비정규직 노동자의 생존권을 박탈한 박성수 회장을 즉각 구속해야 한다는 요구도 담았다.

하지만 이러한 요구를 담은 항의서한은 대통령에게 전달되지 못했다. 경찰이 이를 가로막았기 때문이다. 오후 4시경에 이들이 탄 버스가 청와대를 향했지만 광화문 동아면세점 앞에서 경찰들은 버스가 청와대 방향으로 진출하는 것을 막았다. 이에 참가자들은 버스에서 내려 도로 2차선을 점거하고 가두행진을 했다. 하지만 경찰들의 바리케이드에 막혀 행진도 가로막혔다. 이에 이들은 풍선에 항의서한을 매달아 날리는 것으로 행진을 마쳤다.

선봉대 3일째인 8월 18일, 강남 뉴코아, 월드컵 홈에버, 전남, 울산 등 전국 11개 지역 이랜드 매장이 민주노총의 전국노동자대회 봉쇄투쟁으로 문을 닫았다. 민주노총에서는 이랜드 비정규직투쟁이 조직적 과제라는 것을 실천적으로 확인하고 전국의 투쟁동력을 확산시키기 위한 계기로 이 대회를 준비했다. 그렇기에 모든 지역에서 열리는 전국노동자대회는 약식으로 한 뒤에 지역의 주요 매장에 대한 매출타격투쟁으로 매장봉쇄를 진행했다. 이날 오후 2시에 서울역에서 열린 노동자대회도 마찬가지였다. 문선 공연도 없고 연대발언도 없는, 말 그대로 약식 집회로 30여 분만에 끝났다. 서울역에 모인 3,000여 명은 둘로 나뉘어 강남 뉴코아와 홈에버 월드컵점으로 향했다.

오후 4시 30분경 1,500여 명이 월드컵점에 모였을 때 이미 매장은 경찰들에 의해 봉쇄된 상태였다. 이랜드 조합원들은 남쪽 출구 및 계단 등 미처 경찰이 막지 않은 출입구 앞을 막았다. 매번 그렇듯 이번에도 경찰과 조합원이 같이 손님을 막는 상황이 됐다. 노동자들은 월드컵점 정문에서 집회를 하고 월드컵점 주위를 행진하며 봉쇄투쟁을 진행하는 조합원들을 독려했다. 이 과정에서 경찰과 마찰이 있었다.

강남 뉴코아도 마찬가지였다. 조합원들이 매장 출입구를 봉쇄하고 뉴코아 정문에서 집회를 진행했다. 이 과정에서 경찰이 여성조합원의 가슴을 만졌다는 주장이 제기되는 등 마찰이 있었다. 민주노총 조합원들이 집회에 참석했는데, 나부끼는 깃발만도 수십 기에 달했다. 이들은 이랜드 문제가 나의 문제, 너의 문제가 아닌 "우리의 문제"라고 인식하고 있었다.

전국 각 지역에서도 노동자대회가 진행됐다. 오후 5시에 민주노총 전북본부는 홈에버 전주점 앞에서 '이랜드 투쟁승리 비정규직법 전면 재개정 전북노동자대회'를 갖고, "비정규 노동자의 생존권 보장"을 요구했다. 폭염 속에서 진행된 전북노동자대회에서는 1,000명이 넘는 노동자들이 참여했다.

여러 단체 대표자의 발언에 이어 참여자들은 천에 자신의 요구를 쓴 '소리천'을 만드는 실천투쟁을 벌였다. 지난 8월 11일 열린 집회에서 참가자들의 마음을 담아 홈에버 전주점 인근에 달았던 '소리천'이 회사에 의해 모두 사라졌기 때문이다. 그래서 이번에는 다시는 철거하지 못하도록 새끼줄에 모든 소리천을 엮어서 더욱 단단한 "비정규직 철폐"에 대한 염원을 담아냈다. 소리천을 다 만든 참가자들은 홈에버 정문 앞으로 이동했다. 홈에버 정문 앞에는 이날도 입점주들이 나와 노동자들의 집회를 방해하고 있었다.

이에 민주노총 전북본부 이창석 조직2국장은 집회 참가자들의 대열을 이끌면서 정문 앞에 앉아 집회를 방해하는 입점주들에게 그동안 입점주들이 이곳에 나오는 것을 보고 3차례에 걸쳐 나오지 말 것을 당부해서 나오지 않겠다는 답도 받았다고 알렸다. 이어 그는 "입점주들이 이곳에 나와 집회를 방해하는 행위는 민주노총의 합법적 쟁의행위를 방해하는 행위로 부당노동행위에 해당하고, 집회신고 절차를 마친 집회를 방해하는 것은 집시법을 위반하는 것"이라고 경고했다. 입점주들의 집회방해를 뒤로 한 채 참가자들은 전주점 전체를 둘러싸는 인간띠 잇기를 진행하며, 매장을 찾은 일부 시민들에게 이랜드 불매를 호소하는 등의 실천활동을 벌였다.

날이 어두워지자 전북본부는 이랜드투쟁의 본질과 비정규직보호법의 문제점을 집중조명한 MBC「PD수첩」'이랜드 신화 창조의 그늘'을 상영한 뒤에 대회를 마쳤다.

같은 시각 전국에서 노동자대회를 마친 민주노총 대오들도 매출타격투쟁과 농성집회를 진행했다. 전국노동자대회 봉쇄투쟁은 서울 2곳을 비롯한 12개 매장에서 진행됐고 서울 3,000명을 비롯해 전국에서 총 9,700여 명이 참석했다. 대전의 경우 100명이 참석해 약식집회 후 선전전 및 회사 직원들의 폭력에 항의해 농성집회를 진행했으며, 충남의 경우 300명이 참여해 매장봉쇄투쟁을 진행했다. 충북, 광주, 대구, 경북, 울산, 부산 등에서는 500명에서 800명의 인원이 참석해 매장봉쇄를 진행했다. 특히 전남의 경우는 2,000명의 인원이 참석해서 순천 홈에버로 향했으나, 오후 4시경 순천 홈에버가 영업중단을 발표하자, 바로 순천 뉴코아로 대오를 이동해 타격투쟁을 진행했다.

한편 8월 20일 국가인권위원회 1층에서 37개 인권단체가 모여 만든 인권단체연석회의가 기자회견을 열었다. 지난 7월 20일 홈에버 월드컵점과 뉴코아 강남점에서의 1차 점거파업 현장, 그리고 7월 31일 2차 뉴코아 강남점 점거파업에 경찰력을 투입해 연행자들을 구금했던 여러 경찰서 유치장에서 연행자들에게 알몸 검신을 부당하게 강요하는 등 인권유린 사례가 벌어졌기 때문이다. 특히, 이들이 심각하게 문제의식을 가진 부분은, 뉴코아 강남점에서 2차 점거파업을 경찰력이 진압하는 과정에서 남성경찰을 동원해 여성노동자들을 연행하도록 지휘하면서 여성연행자들에 대해 부당한 신체접촉을 조직적으로 유발했다는 것이다. 또 경찰이 연행자를 폭력적으로 연행하는 과정에서 다친 연행자들이 경찰서로 옮겨진 이후 치료를 요구했는데도 장시간 바닥 등에 방치되는 등 인권유린이 자행됐다는 점이다. 이번에 진정서를 제출한 인원은 10명으로 시위 도중에 성추행을 당했다는 조합원들은 포함되지 않았다. 연석회의에서는 향후 이들의 진정서를 추가해 진정서를 제출할 것이라고 했다. 다음은 당시 연행됐던 노동자가 작성한 인권침해에 관한 진술서 내용 중 일부이다.

사례) 7월 31일 광진경찰서—이랜드일반노조 면목분회 조합원 임○○씨

경찰차 안에 탄 뒤 저뿐만 아니라 다른 조합원들도 두통을 호소. 물을 달라고 하자 처음엔 없다고 했고, 이어 다시 강하게 얘기하자 "곧 사주겠다"며 무마. 20~30분 걸려 광진서에 도착했으나 다시 20~30분간 경찰차 안에서 대기. 조합원 한 명이 심한 구토와 복통 호소하면서 내려줄 것 호소, 역시 무대응. 다시 항의하자 비로소 그 한 명만 내려 줌. 그

조합원은 경찰서 안에 들어가자마자 누웠음. 119 불러 달라고 호소했으나 대꾸 없었음.

나는 힘들어서 캐비넷에 기대고 서 있었음. "119 불러 달라. 난 병력이 있다"고 서너 차례 호소했으나 10여 명의 경찰은 무대응. 한 명의 경찰은 "눕든가 하지 그렇게 서 있는 걸 보니 살 만한가 보지?"라며 비아냥. 또 관리자로 밝힌 경찰 한 명은 "그 정도 판단은 내가 할 테니 앉으라"고 말함. 실랑이 벌이고 있는 동안 누워 있던 조합원만을 이송하기 위한 병원 구급차 도착. 그래서 "너희가 119 안 불러 주면 내가 가겠다"며 계단을 내려갔음. 곧이어 경찰의 제지를 받은 뒤 원래 자리로 돌아왔으나 그 뒤 정신을 잃었고 기억이 없음. 의식을 되찾으니 주변 조합원들이 다리를 주무르고 있었음.

2) 민주노총 임시대의원대회(8월 21일)

민주노총은 8월 21일 오후 2시에 대방동 여성프라자 강당에서 대의원대회를 열었다. 대회에서는 이랜드일반노조와 뉴코아노조 조합원들의 투쟁에 전 조직 역량을 모으기로 했다.

민주노총이 단일 사안으로 대의원대회를 연 것은 처음 있는 일이었다. 그만큼 이랜드 노동자들의 투쟁은 이미 개별 사업장 차원을 넘어 전국적 투쟁의 전선이 된 것이다. 이날 대의원대회는 총 1,050명의 대의원 중 578명의 대의원이 참석해 성사되었다. 그간 대의원대회가 성원 부족으로 개회조차 되지 못한 경우가 많았던 상황을 볼 때, 최초로 단위사업장의 투쟁만을 놓고 열린 대의원대회가 성사된 것이었다. 대의원대회 장소는 대의원은 물론 참관을 하기 위해 모여든 이랜드 조합원으로 가득 찼다.

민주노총은 이랜드일반노조와 뉴코아노조 조합원 800여 명에게 1인당 월 50만 원씩의 생계비를 다음 달부터 오는 12월 말까지 지원하는 방안을 통과시켰다. 이에 필요한 월 4억여 원의 투쟁기금은 민주노총과 산하조직의 모금 등으로 충당하기로 했다. 민주노총 차원의 대규모 생계비 지원이라는 유례없는 결의가 통과됨에 따라 두 노조는 장기투쟁 동력을 안정적으로 확보하게 됐다.

투쟁계획도 만장일치로 원안이 통과되었다. 민주노총은 추석 직전인 9월 15일부터 21일까지를 '집중타격투쟁' 기간으로 잡고 단위노조 대의원 이상 2만여 명이 참석하는 전국동시다발 매장봉쇄투쟁을 진행하며, 9월 18일에서 19일까지는 1박 2일 동안 전 간부가 서울로 상경해 수도권의 12개 매장을 전면 봉쇄하는 투쟁을 벌인다는 계획을 확정했다. 또한, 불매운동을 확산시키기 위해 민주노총 조합원과 가족을 대상으로 해 '불매운동 서약서 쓰기 운동'을 진행하기로 했다. 100만 명을 목표로 하며 시민사회단체들과도 함께 진행하기로 했다.

대회 중에 몇몇 대의원들은 중앙에서 제출한 투쟁계획이 미약하다며 원안에 대한 수정안을 제출하기도 했다. 김수억 기아자동차비정규지회 지회장을 비롯한 12명의 금속노조 대의원들은 9월 초에 하루 총파업을 제안하기도 했고, 정동석 현대자동차노조 대의원도 오는 9월 3일에서 9일까지 권역별 상경투쟁을 비롯한 총파업을 제안하기도 했다. 그러나 이는 통과되지 못했다. 민주노총은 투쟁계획과 더불어 다음과 같은 결의문을 채택했다.

> "이랜드 문제는 이 땅 860만 비정규직 문제 그 자체이다.… 우리는 민주노총의 이름으로 이랜드투쟁의 승리를 위해 강력한 지지연대투쟁에 나서 비정규직 완전철폐를 위한 승리의 대항쟁에 불을 지펴

갈 것이다. (……) 지금부터 9월 말까지 한 달간의 기간이 이랜드투쟁의 최대 승부처이며 분수령, (……) 투쟁에 최대 집중해 비정규직을 탄압하는 악덕 기업이 이 땅에 설 자리가 없도록 우리 손으로 바꿔 나가자."

뉴코아-이랜드노조 조합원들의 발언도 있었다. 황정란 뉴코아 조합원은 "승리하기 위해서는 동지들의 힘이 필요하다"라고 호소했으며, 한명희 이랜드 조합원은 "뉴코아-이랜드의 싸움이 이겨야지만 민주노총 모두가 이길 수 있다"라고 했다.

이랜드 파업이 2달을 넘어서고 있었다. 하지만 해결의 실마리를 찾지 못하고 있었다. 파행적으로 진행되던 교섭은 8월 15일을 마지막으로 중단됐다. 노조의 상황은 점점 어려워졌다. 2달간의 파업으로 돈 한 푼 받지 못하고 땡볕 아래 거리로 나서는 조합원들의 고통은 말로 표현할 수 없었다. 그런데도 이들은 '사수대'를 결성해서 8월 21일 목동점 투쟁부터 활동을 시작했다. 또한, 8월 23일부터는 비정규직법 개정을 요구하며 '국회 앞 1인시위'를 진행하기로 했다. 8월 22일 오후 4시에는 찌는 듯한 무더위로 서울의 한낮 온도는 30도가 넘었는데도 500여 명이 넘는 조합원들이 타격투쟁을 진행했다.

저들도 맨날 구사대를 만들어서 저지하는데, 우리도 만들어야 되지 않냐, 왜냐하면, 앞에 나서는 사람들은 맨날 정해져 있는 거예요. 저나 윤송단, 뭐, 황옥미… 아줌마들은 뒤에 가 있고, 무서우니까. 윤송단이 맨날 앞에 나서서 하다가 얻어맞아서 병원에 실려 가고. 어휴, 나중에는 "제발 좀 앞에 좀 나가지 말라"고 그러고. 그러다가 "우리도 사수대를 만들자" 그래서 대장이 황옥미였고, 제가 부대장이었어요. 조합원들이 대원이었고. 무조건 어디 갈 때, 딱, 나서서 하고. 정말 (웃음) 많이 싸웠죠. 많이. (김정애, 구월)

이들은 "투쟁을 포기하느냐 생활을 포기하느냐" 사이에서 많은 고민을 했지만 여기까지 와서 포기할 수는 없었다. 투쟁을 그만둔다면 회사로 돌아가거나 그만두는 것 중 하나를 선택해야 했다. 회사로 돌아가는 것은 어차피 잘리기 때문에 안 되고 결국 그만두는 것을 선택해야 하는데, 그건 너무 억울했다. 힘들고 어렵게 다닌 회사를 쫓겨나듯이 그만둔다는 것을 받아들일 수 없기 때문이었다. 또, 그만둘 단계는 지났다. 파업이 한창일 때 회사에서 용서를 해줄 테니 돌아오라고 통보했을 때만 해도 흔들린 이들도 있었다. 그러나 그건 옳은 일이 아닐뿐더러 회사가 옳았으면 시작도 하지 않았기 때문이었다. 조합원들은 언젠가는 끝날 것이라며 기나긴 투쟁을 벌이고 있었다. 그렇기에 가끔 힘에 부칠 때도 있었다. 그렇지만 옆에서 연대해 주는 사람들과 단체들이 있어 오랜 투쟁에서 힘을 얻을 수 있었다. 이런 상황에서 민주노총 임시대의원대회에서 결정된 안건들은 이들에게 큰 힘을 주고 있었다. 조합원들에게는 "50만 원이라는 돈은 작지만 큰 돈"이었다. 그런 생각을 해주고 연대하는 이들이 있어 힘이 났다.

3) 여성 비정규 4사 공동투쟁(8월 24일)

KTX와 새마을호 승무원, 기륭전자 노동자, 뉴코아-이랜드 노동자들까지 투쟁하는 비정규직 노동자 중에는 여성들이 많았다. 최저임금을 받는 노동자의 95%가 비정규직이고, 이 비정규직 노동자의 70%가 여성인 현실에서 여성비정규직 노동자들이 투쟁에 나서게 된 것은 예견된 일이었다.

여성비정규 4사는 노동자들의 투쟁이 확산되는 것을 막기 위해 정권과 자본은 공권력, 용역깡패 등 온갖 수단을 동원해 투쟁을 무력화시키고 있다고 비판하였다. 이어 이들은 "더 이상 개별 사업장의 투쟁으로는 이런 총체적 탄압을 뚫고 승리할 수 없다"는 판단으로 공동투쟁을 기획했다고 밝혔다.

그 결과, 8월 24일 오후 4시 여성비정규 4사가 공동투쟁을 선포했다. 이들은 기륭전자 정문 앞에서 1,000여 명이 모인 가운데 '비정규 여성노동자 공동투쟁 연대결의대회'를 개최했다. 기륭분회라고 적힌 빨간 조끼를 입은 이들도 있었고, 이랜드노조를 상징하는 파란티를 입은 이들도 있었다. 뉴코아와 KTX 조합원이라고 적힌 청색 조끼를 입은 여성들도 있었다. 김소연 기륭전자 분회장은 기륭전자가 2년 동안 점거농성, 단식, 삭발 등 모든 투쟁을 해왔으나 여전히 문제가 해결되지 않고 있는 것은 기륭전자만의 문제가 아님을 뜻하는 것이라고 발언했다. 민세원 KTX 지부장은 대학을 막 졸업한 여성들이 승무원이 되고 나서 이 사회의 차별과 착취, 탄압을 뼈저리게 알게 됐다며 해고와 불법, 차별이 판치는 이 사회를 변화시키는 데 여성노동자들이 끝까지 투쟁해 나가자고 말했다. 뉴코아 조합원이 끝까지 투쟁하자는 발언에 이어 홍승희 이랜드일반노조 조합원은 비정규 여성들로만 집회하는 데 감동을 받았다며 "비정규악법을 우리 대에 끝내 자식들에게는 비정규직을 넘겨 주지 말자"고 호소했다.

특히, 이 대회를 주최한 여성비정규 4사 노동자들에게 대선배인 최순영 민주노동당 국회의원은 1979년 YH투쟁, 1985년 구로동맹파업, 1987년 노동자대투쟁 등 이 땅의 민주화와 경제성장 과정은 바로 여성노동자들의 피와 땀의 결과로 이루어진 것이라며 "비록 지금은 힘들더라도 손주가 살아가는 시대를 위해 엄마와 딸이 함께 손잡고 투쟁한다면 반드시 그날은 올 것"이라고 말했다. 또 31개의 사회단체 회원들과 참가자들은 "여성노동권 쟁취투쟁으로써 비정규직 철폐투쟁·비정규'보호'법안 전면폐기 공동투쟁·여성억압 구조에 맞선 투쟁" 등을 결의하고 여성의 연대강화를 호소했다. 이날 모인 4사는 선포식을 시작으로 비정규직 문제, 장기투쟁 문제, 여성노동자 문제를 하나로 엮어 사회 정치적으로 새롭게 의제화하는 싸움을 전개하기로 했다. 이에 선포식에서는 4사의 공동투쟁 결의문이 발표됐고, 사회정당단체 대표들이 연대결의문을 발표했다. 이날 참석한 4사의 각오는 뜨거웠다.

한편 이날 각계 여성단체들이 '여성에게 좋은 기업만들기 실천단'을 구성하고 서울을 비롯한 전국 10개 도시에서 이랜드불매캠페인에 나섰다. 실천단은 전국여성노조, 한국여성노동자회, 한국여성민우회, 한국성폭력상담소, 한국여성단체연합 등의 회원들로 구성됐다. 이들은 목동 '축제의 거리'에서 이랜드불매 캠페인 선포식과 함께 문화제를 열고 이랜드 비정규직 여성노동자들의 생존권을 상징하는 쌀을 시민들에게 나눠 주는 행사를 함께 진행했다. 이들은 평소 주변 여성들에게 세 번 "여성에게 좋은 기업을 이용하자"는 이야기를 하고, 여섯 번 사은품과 50% 할인도 무시하고, 아홉 번 다른 매장을 이용하고, 또 홈에버·뉴코아·킴스클럽 한 달 사용액을 0으로 만들자는 이른바 '3690 운동'을 제안했다. 이들은 여성노동자 4명 중 3명이 비정규직인 현실에서, 이랜드 문제가 한국사회 여성노동자 모두의 문제라는 생각으로 전국적인 이랜드 불매운동을 벌이고 있었다.

4) 민주노총 6차 전국매출제로투쟁(8월 25일)

8월 25일에 민주노총과 서비스연맹, 이랜드일반노조, 뉴코아노조 및 서울본부, 경기본부 등 각 지역본부로 구성된 이랜드 공투본(공동투쟁본부)은 '6차 전국매출제로투쟁'을 벌였다.

오후 5시경에 월드컵점에 모인 민주노총 조합원들, 민주노동당 서울시당 각 지역위원회 소속 당원과 학생들은 매장 정문 앞에서 집회를 열고 외주화 철회, 가압류 철회 등을 촉구했다. 이 과정에서 이를 막으려는 매장의 직원들과 참가자들이 대치해 긴장이 감돌기도 했고, 일부 점주들과 참가자들 간에 고성이 오가며 충돌이 벌어졌다. 조합원 세 명이 다쳐 병원으로 이송되었고, 경찰이 일부 조합원을 강제연행했다가 풀어 주었다.

이날 매출제로투쟁이 진행된 매장은 서울에서는 홈에버 월드컵점과 면목점이며, 뉴코아 평촌점, 홈에버 유성점, 홈에버 천안점, 뉴코아 순천점, 홈에버 내당점, 홈에버 동촌점, 홈에버 해운대점, 홈에버 울산점, 뉴코아 창원점 등이다.

다음 날인 8월 26일에 노조는 다시 월드컵점을 일시 점거했다. 월드컵점에서 21일 동안 농성을 벌인 뒤 노조가 월드컵점 매장 안으로 진입한 것은 처음이었다. 원래 노조는 이날 지속적으로 벌이고 있는 매장봉쇄투쟁의 일환으로 월드컵점을 찾았다. 매장점거를 목표로 들어간 것은 아니었다. 그러다 오후 5시 30분경 조합원들이 월드컵점 2층 식당가를 통해 2층 매장으로 진입한 것이다. 오후 6시경에 2층 매장에는 250여 명의 조합원이 경찰에 둘러싸인 채 앉아 농성을 벌였다. 회사가 계속 교섭을 회피하며 여론전에만 치중하고 있어 매장봉쇄투쟁을 벌인 것이다. 이후 조합원들은 매장을 나왔다.

시민들의 이랜드 불매운동은 더 확장되어 갔다. 8월 25일 오후 5시 여성연대 등 전국 73개 시민단체로 구성된 '나쁜기업 이랜드 불매운동 시민행동'도 목동 '축제의 거리'에서 이랜드 불매운동 문화제를 열고 시민들을 상대로 이랜드 매장 불매운동 캠페인을 벌였다. 한국진보연대(준)와 공동주최로 진행된 문화제에는 참여연대 노래패 '참좋다' 등이 출연해 공연과 율동을 선보여 시민들의 관심을 끌었다. 참가자들은 이랜드 조합원들에게 전하는 희망의 메시지를 적은 나뭇잎을 나무에 붙이는 상징의식을 끝으로 문화제를 마쳤다. 시민행동은 그동안 홈에버 목동점 인근에서 선전전 등 캠페인을 벌여 왔다. 시간이 지나면서 이랜드 사태가 언론과 국민의 관심에서 멀어지고 있는 듯해서, 그동안 지친 이랜드 조합원들에게 힘을 주고자 작은 문화제를 준비한 것이었다.

또 8월 29일에는 전국농민회총연맹(전농)이 쌀 50여 포대를 두 노조에게 전달했다. 지난 8월 22일 전북 농민들이 27가마를 두 노조에게 건넨 데 이어 두번째다. 파업이 장기화되면서 조합원들이 전혀 임금을 받지 못해 생활고에 시달리고 있다는 소식을 듣고 이랜드 조합원들을 돕기 위해 농민들이 쌀을 모은 것이다.

문경식 전국농민회총연맹 회장은 두 노조에 쌀을 전달하며 "하루아침에 해고된 이랜드 여성비정규직을 위해 농민들이 함께하는 마음에서 준비했다"고 했다. 전농은 현물 지원뿐 아니라 이랜드를 압박하기 위한 불매운동에도 적극적으로 참여할 계획이며, 나아가 추석 기간에 이랜드그룹 계열의 유통업체에 대한 농산물 납품거부도 검토 중이라고 했다.

한편, 연대가 각계각층으로 확산되자 회사는 교섭을 회피하면서 노조를 비난하는 여론전을 여러 방식으로 했다. 8월 30일 오후 12시에 홈에버 직원 800여 명이 민주노총 앞에서 집회를 열고 "민주노총, 민주노동당, 극좌파 단체 등 제3의 세력은 모든 선전, 선동행위를 중단하라"고 외쳤다. 직원들이 민주노총 규탄집회에 나선 것이었다. 또, 이랜드 노조에게도 회사와의 대화에 나서라고 촉구했다. 이들은 민주노총에 항의서와 홈에버 33개 점포를 상징하는 장미꽃을 전달한 뒤 성명서를 종이비행기로 접어 날리는 것으로 집회를 마무리했다. 이렇게 직원들을 동원해 노조를 공격하던 회사가 오후 7시에 노조와 교섭을 재개하기로 했다.

이 교섭은 홈에버는 20일 만에, 뉴코아는 15일 만에 어렵게 열리는 것인데, 그 성과를 기대하기는 어려워 보였다. 회사는 입장변화가 있었던 것이 아니라, 국회의 환경노동위원회(환노위) 의원들이 회사를 방문하고 국정감사에 박성수 회장을 증인으로 채택한다는 등의 압박이 가해지자, 갑자기 교섭을 제안한 것이었다.

하지만 회사는 전날인 8월 29일에는 뉴코아-이랜드노동자들의 싸움에 연대했던 사회단체들을 명예훼손과 업무방해 등을 이유로 고소했다. 거기에 회사 측은 '다함께'와 주간지인 『맞불』을 허위사실 유포로 서울중앙지검에 고소장을 접수했으며, 이후 '노동자의 힘'과 학생단체들도 노사분규에 대한 불법개입으로 추가로 고소한다고 벼르고 있었다.

이러한 연대단체에 대한 고소는 물론 노조가 진행하고 있는 매장주변 집회에서는 용역경비, 본사 직원들과 일부 점주들의 폭력이 정도를 넘어서고 있었다. 지난 8월 16일 목동점 앞에서 집회하는 조합원들에게 계란과 물건을 투척하는가 하면, 8월 25일 월드컵점 앞에서는 조합원을 집단폭행했고 집회 참가자들에게 식초가 든 페트병을 던졌다.

이랜드그룹이 불리해진 여론을 반전시키기 위해 점주들을 내세워 마치 조합원들의 합법적인 투쟁이 영세상인들의 생존권을 위협하고 있는 것처럼 연출하려 한 것이다. 이처럼 회사는 노조와의 교섭은 불성실하게 하면서 여론을 호도하는 행위를 하고 있었다.

정부 역시 이랜드 문제를 해결하기 위해 노력하기보다는 오히려 갈등에 불을 지피고 있었다. 이랜드투쟁과 관련해서 경찰은 241명에게 1회 이상 소환장을 발부했으며, 구속자는 12명에 이르고 5명은 수배 중이었다. 소환장이 발부된 사람은 민주노총 중앙간부가 11명, 민주노총 조합원 44명, 이랜드일반노조 60명, 뉴코아노조는 130명에 이르렀다.

5) 선봉대 해산과 월드컵 매장봉쇄투쟁(8월 31일)

8월 31일 민주노총은 광화문 열린시민공원에서 '1,000인 선봉대 해단식과 추석 집중투쟁 선포식'을 갖고, 9월 초부터 추석 연휴까지 이랜드 전국 유통매장을 대상으로 집중투쟁을 벌일 것이라고 선포했다. 집회에서 전국사무금융연맹 위원장은 "완전히 문을 닫게 만들자"며 새로운 이랜드투쟁의 출정식이라고 주장했다. 이어 참석자들은 월드컵점으로 이동했다.

오후 4시 30분경 월드컵점에 모인 뉴코아-이랜드 조합원 등 노동자 1,000여 명은 매장 입구 곳곳에서 봉쇄투쟁을 벌였고, 이를 가로막는 경찰과 대치했다. 노동자들은 "박성수를 구속하고 이랜드 문제 해결하라", "현대판 노예제도 비정규직 철폐하자" 등의 구호를 외치며 이랜드 사태 해결을 촉구했다. 오후 5시 30분경, 잇따른 경찰의 해산 경고 속에 곳곳에서 몸싸움이 벌어졌고, 노동자들에 의해 경찰병력이 뚫리자 경찰은 물대포를 쏘며 이들을 해산하기 시작했다. 소강상태를 보이던 상황 속에 경찰이 수차례 물대포를 쏘며 진압을 시작했다. 경찰과의 대치 과정에서 26명의 노동자가 연행되었다. 경찰의 무리한 진압 과정에서 여성노동자들이 실신하는 사태가 속출했다. 경찰은 항의하는 여성노동자들에게도 방패를 휘두르는 등 폭력진압을 벌였다.

월드컵경기장 2층 난간에서 이 과정을 지켜보던 일부 회사 직원들이 계란과 물병을 던져 노동자들을 자극했으나 곧 경찰병력이 투입돼 이들을 제지했다. 민주노동당 서울시당 산하 각 지역위원회는 당원들에게 문자메시지를 보내 월드컵점으로 모여 줄 것을 호소했고, 소식을 접한 각계 단체회원들도 현장으로 모여들었다. 오후 7시, 연행자는 건설노조(2명), 서비스연맹(1명), 전국민주연합노조(6명), 이랜드일반노조(17명) 등이었다. 경찰의 계속된 연행과 해산시도에 노동자들은 오후 8시경 홈에버 삼거리로 뛰어나와 월드컴점으로 통하는 입구 삼거리를 점거하고 연행자 석방을 촉구하며 연좌시위를 벌였다. 이어 1,000여 명의 노동자들은 월드컵점 주차장 입구 쪽에서 "연행자 석방, 박성수 구속"을 요구하며 항의집회를 벌였다. 이들은 밤 10시까지 매장봉쇄투쟁을 계속했다.

1000인 선봉대에서 발대식하고…. 제일 크게 한 건 월드컵에서. 월드컵은 경기장이 동그랗게 돼 있잖아요? 이 걸을 거의 다 에워싸고, 엄청나게 큰 집회였던 거 같아, 엄청 무서웠거든요. 그때 남성조합원이 대거 와서 띠 두르고 마스크까지 쓰고.

그러니까 든든한 것도 있긴 한데, 뭔가 큰 충돌이 생길 것 같은 분위기, 경찰도 엄청 많이 와 있고, 회사에서도 소위 용역깡패라고 그래야 되나? 걔네들이 나와 있고. 그런데 거기서 우르르~ 막 이쪽으로 뛰었다가, 우르르~ 막 저쪽으로 뛰었다 이랬거든요. 그런데 앞에 가면 벌써 건설노조, 금속노조 분들과 몸싸움이 이미 일어나고 있고, 우리는 옆에서 무서워서 덜덜 떨고. 사실상 몸싸움 일어나는 것들을 눈으로 보고. 그때가 치열했던 것 같애. '1000인 선봉대' 하면서 매장타격도 많이 하고 막, 돌 던지는 경우도 있고. (황선영, 월드컵)

선봉대가 효과 있었죠. 왜냐면 우리는 여성들이라 약해 보이는데, 남자분들이 와서 막 하면 우리가 힘을 얻어요. 그분들이 같이해 주면 우리도 연대 대오가 커지니까 또 힘을 받죠.
하여튼 또 점거하러 가는데 "뛰어라. 여기로 들어가라" 그래서 일로 뛰로 절로 뛰고. 한번 점거를 하니까, 거길 못 들어가게 하잖아요. 그래갖고 월드컵 CGV로 막 뛰어가는데 경찰이 2층에서 막은 거예요. 여기 대오에서 막 밀죠. 저는 키가 작으니까, 중간에 꼈는데, 배가 눌려서 정말 그때 압사하는 줄 알았어요, 막 죽는 줄 알았어요. 앞뒤에서 막았으니 얼굴이 하얘져서 나중에는 "나 좀 살려 달라"고 막 그랬어요. 숨이 막혀서. 그런데 내 뒤에 대학생 아가씨가 있었나 봐요. 그 아가씨가 키가 크니까 엉덩이로 막 밀더니 나보고 "빨리 나가시라, 큰일 난다" 그래 밀어 가지고 나왔어요. (박복희, 안양)

"매일 2곳씩의 이랜드 매장의 영업을 중단시키겠다"며 8월 16일부터 활동한 민주노총 '1,000인 선봉대'가 8월 31일을 끝으로 15일간의 활동을 마무리했다. 민주노총이 비정규 노동자들의 싸움에 거의 최초로 총력을 기울인 것이었다. 비록 15일이었지만 민주노총이 개별 단위사업장의 투쟁, 특히 비정규직 문제에 집중했다는 점에서 의미가 있었다.

〈선봉대 참가자 현황〉

조직명	목표	16일	17일	20일	22일	23일	24일	27일	28일	29일	30일	31일	평균
건설연맹	40	20	9	5	23	20	8	12	18	17	4	150	26
공공운수 연맹	300	50	15	17	25	30	55	10	10	10	20	143	35
공무원 노조	12	5	9	7	10	12	0	5	5	8	3	10	7
교수노조	1	0	0	0	0	0	0	0	0	0	0	0	0
금속노조	300	42	27	30	31	10	12	33	18	15	15	9	22
대학노조	4	0	0	0	0	0	0	0	0	0	0	0	0
보건의료 노조	70	41	25	30	15	20	9	27	60	0	0	0	21
비정규 교수노조	1	0	0	0	0	0	0	0	0	0	0	0	0
사무금융 연맹	100	50	40	68	40	50	32	42	50	41	51	55	47
서비스 연맹	100	50	57	50	70	78	82	80	54	70	50	70	65
언론노조	2	0	0	0	0	0	0	0	0	0	0	2	0.2
여성연맹	40	42	0	20	45	40	0	50	45	45	40	45	34
전교조	60	29	6	9	29	15	21	12	6	17	12	15	16
화학섬유 연맹	20	31	24	16	17	24	12	5	42	40	12	15	22
IT연맹	10	5	7	2	10	3	5	0	5	8	3	7	5
기타조직	90	106	72	0	60	60	38	40	45	100	650	800	179
선봉대 합계	1,150	471	291	254	375	362	274	316	358	371	860	1,321	478
이랜드-뉴코아		550	541	520	520	420	500	320	500	500	510	550	494
진보연대 실천단		35	35	70	3	0	3	4	0	10	7	2	15
연대단위 (학생)		10	0	0	20	0	0	0	0	0	0	0	3
전체 합계		1,066	867	844	918	782	777	640	858	881	1,377	1,873	989

출처 : 민주노총 산별대표자회의(2008. 11. 5)

그러나 연맹별로 할당된 머릿수를 채우기에 급급했고 그마저도 연맹간부들이 담당했다는 한계도 있었다. 실제 평일에 진행되는 매장봉쇄투쟁에 일반 조합원이 참여하기는 어렵고, 참여 역시 거의 없었다. 또, 민주노총이 매장봉쇄, 불매운동으로 회사를 압박하려 했지만, 15일 동안 이랜드 노사의 교섭에는 별다른 진전이 없었다. 이는 15일의 봉쇄로도 문제해결이 쉽지 않다는 것을 보여 줬다.

4. 추석 매출저지 집중투쟁과 면목점 점거투쟁

추석을 앞두고 민주노총은 이랜드-홈에버 불매운동 투쟁의 집중시기를 추석 성수기인 9월 1일부터 25일까지로 정하고, 범국민적 불매운동을 대대적으로 벌이기로 했다. 민주노총은 8월 21일 41차 임시대의원대회에서 추석기간 집중투쟁을 결정한 것에 이어 9월 3~4일 양일간에 걸쳐 진행한 17차 중앙집행위원회에서 구체적인 계획을 확정했다.

민주노총은 추석 전인 오는 12일과 13일, 그리고 15일과 16일 두 차례에 걸쳐 전 조합원이 총력집중하는 방식으로 이랜드 계열의 전국 61개 매장에 대한 매출타격투쟁을 진행하기로 결정했다. 추석 바로 전 주인 18일과 20일에도 매장봉쇄투쟁을 한다는 계획이다. 이를 위해 뉴코아-이랜드노조는 5일부터 7일까지 전국순회투쟁을 진행하고, 8일과 9일에는 중부권의 대의원들과 간부들이 상경해 서울 8개 매장을 봉쇄하는 집중투쟁을 벌이기로 했다.

이런 계획은 추석 대목이 전체 매출의 30% 이상을 차지하는 이랜드그룹에게 타격을 주기 위한 것이다. 8월 말에서 9월 말은 유통업체들이 월평균 매출의 3~4배 이상의 효과를 보는 시기이므로 "강력한 매출봉쇄 투쟁과 더불어, 전 조직적인 불매운동, 투쟁기금 조성 등을 통해 전 방위적인 압박을 강화"해 이랜드 노사의 실질적인 교섭을 이끌어내려는 것이었다.

한편, 이랜드 홈에버에 또다시 해고바람이 불었다. 노조가 파업을 벌이는 동안 주춤했던 계약해지 사례가 다시 나타났다. 9월 2일 울산점에서 8명, 목동점 4명, 면목점 3명, 일산점 2명, 월드컵점 1명, 계산점 1명 등 파업 중인 조합원 19명이 계약기간 만료를 이유로 계약해지를 통보받았다. 정확하게 파악되지 않는 비조합원 숫자까지 합칠 경우 해고자 규모가 더 큰 것으로 보였다. 계약해지를 통보받은 조합원 대다수는 9월 말로 홈에버에 입사한 지 9개월째 되는 노동자들이다. 일부 조합원들은 17개월 만에 계약해지를 통보받았다. 18개월 이상 근무한 조합원의 경우 고용을 보장하도록 한 단체협약의 적용을 피하려고 회사가 해고를 선택한 것이었다.

거기에 9월 3일에는 홈에버·뉴코아 점주 비상대책위원회가 7~8월 두 달 동안 노조가 매장봉쇄투쟁을 벌여 영업에 막대한 지장이 발생했다며, 뉴코아노조·이랜드일반노조, 민주노총·서비스연맹·민주노동당 등을 상대로 서울서부지법에 손해배상청구소송을 냈다. 이외에도 점주들은 노조 등에 대해 업무방해 혐의와 집회 및 시위에 관한 법률 위반 혐의로 서울서부지검 및 중앙지검에 고소·고발했다. 점주들은 노조의 매장봉쇄투쟁으로 서울 및 수도권 매장에서 두 달 동안 30~80%가량 매출이 줄었다며 매장당 평균 1,200만 원의 매출 손해가 발생했다고 하였다. 이에 따라 입점주는 11개 매장, 1,000개 점포에 대해 점포당 1,000만 원씩의 영업손실을 계산해 총 100억 원의 손해배상을 청구한 것이다.

1) 2001아울렛 불광점 앞 집회에서의 폭력사태(9월 4일)

그럼에도 서울에서 이랜드투쟁에 대한 지지는 지역 단위로까지 확대되었다. 9월 4일 오전 11시 서울 강남, 강동, 서초, 송파 지역 45개 시민사회단체들이 뉴코아 강남점 앞에서 공동기자회견을 갖고 '비정규직 대량해고 이랜드자본 규탄불매운동'을 선언했다. 또, 전국 30여 개 여성단체로 구성된 전국여성연대도 9월 4일부터 추석까지를 '전국여성연대 이랜드공동행동기간'으로 정하고 전국적 불매운동 확산을 선포하는 성명을 발표했다. 이들은 공동행동기간 동안 광역별로 릴레이 기자회견 및 투쟁선포식을 진행하고 전국 시군, 도시마다 이랜드반대 플래카드달기운동을 펼친다고 했다. 전국여성연대는 이랜드그룹 상품의 주요 구매층인 주부들, 여성들과 함께 이랜드불매운동을 전국적으로 확산시켜 나갈 것을 선언하면서 이랜드는 문제해결에 나서야 할 것이라고 주장했다.

한편, 이날 불광동 2001아울렛 앞에서 이랜드 조합원들이 집회를 진행했다. 집회를 마치고 귀가하던 조합원들에게 용역과 직원, 또는 점주들이 상상도 못할 잔인한 폭력을 자행했다. 일부는 술을 마신 듯했는데 몽둥이를 휘두르거나 남성노동자에게는 폭력을 가했다. 도망 다니는 여성조합원들을 전철역까지 쫓아와 위협하기도 했다. 그러나 이날의 폭력에 대해 언론에 단 한 줄만 나왔을 뿐이다. 이날의 폭력은 이랜드조합원 모두에게 가장 공포스러운 날로 기억되고 있었다.

제가 정말 악몽을 며칠 동안 꾼 그런 사건이 있었는데, 불광동에 있는 2001아울렛. 그때, 언니도 갔었어요. 거기가 2001아울렛 있고 바로 앞에 시장이 있더라고요. 시장으로 들어오는 길도 있고. 아무튼 거기에서 집회를 하는데 처음에는 안 그랬는데, 용역하고 점주들이 술을 먹고 욕을 하면서 몽둥이를 들고나온 거예요. 우리가 거의 해산할 때쯤에. 어휴. 다들 흩어져 시장 골목으로 들어가려니까 이것들이 거기서도 나오고. 그때 일산조합원이었던 남자애가 막 몽둥이로 얻어맞아서 피 흘리고. 그때 촬영하던 손명섭이었나? 누군가도 맞고. 남자들을 많이 때렸어요. 그때 도끼 들고 오는 사람도 있었고…. 저희는 무서워가지고 (……) 완전히 거기서 소리 지르면서 매 맞고, 막, 피 흘리고. 저는 뛰어서 전철역을 갔는데, 거기까지 막 쫓아오는 거예요. 어휴. 점주들이라고 그랬어요. (김정애, 구월)

정말, 심적으로 무서웠던 게 불광동 투쟁이었어요. 저희가 투쟁하면서 집회하고 구호 외치고 나서 뿔뿔이 흩어져서 몇몇 동지들이 지하철까지 데려다 주는데… 거기 뒤에 시장이 있는데, 그 시장통로로 점주들인 거 같아요. 이렇게 방패 같은 나무를 탁! 탁! 치면서, 게슴츠레 풀려 가지고, 나무를 하나씩 들고 딱! 딱! 치면서 밀려오는 거예요. 우리가 놀래서 도망다니면 쫓아와서 머리끄덩이 잡고 폭력 행사하고. 캠코더 뺏기고, 손명섭 동지도 꽤 다치고. 당시 윤송단 여성국장도 좀 다친 것 같아요. 저도 숨어 있다가 머리끄덩이 잡혔는데 어떤 동지가 구해 줬어요. (마수경, 면목)

불광동에 갔을 때가 거기가 2001아울렛인데 쥐몰이 식으로 몰리게 됐어요. 그 시장에서 용역애들이 나무판자로 되어 있으면 위에 나무 두 개 댄 거 같은 거를, 턱! 턱! 턱! 이렇게 찍으면서 저희를 잡으러 온 거예요. 저희가 도망가면 걔네들이 쫓아오면서, 발에 걸리는 거는 다 부시고 차고 하면서, 그걸로 턱! 턱! 턱! 이렇게 찍으면서 저희를 잡으러 오는데, 그 공포감은 말도 못해요. 그니까 동지가 앞에서 쓰러졌는데 걔네들은 그걸 아랑곳하지 않고 그냥, 계속 저희를 막 폭행해요. 거기에서 “내가 죽을 수도 있겠구나”라는 생각을 처음 했어요. 불광동 시장이 제일 무서웠던 것 같아요. 그 공포가…. 어떤 사람은 쓰러져 있고 어떤 사람은 토하고 있고 걔네는 아랑곳하지 않고. 누가 죽어도 누가 누구를 죽였는지 모를, 진짜 5·18항쟁이 생각날 것 같은. 그때가 제일 살벌하고 무서웠던…. (임혜숙, 면목)

거기 무서웠어요. 우리는 도시락 싸서 다니잖아요. 거기다가 돗자리 깔고 도시락을 편 거예요. 이경룡 언니가 먹을 거 많이 싸와요. 우리가 딱 먹으려고 하고 있는데, 구사대들이 옥상에서 물을 뿌린 거야. 소화전을 뿌렸는지 물을 뿌렸는지. 막 밥 먹다가 말고 이거 들고 나왔어요. 우리가 전철역까지 쫓겨갔고. 구사대를 포함해서 그 동네 깡패를 풀었다는 소리를 들었었어요. 그래서 손명섭 씨가 걔들한테 맞아 다쳐서 막 찢어지고. 그리고 "쟤네들이 깡패 풀었다. 전철역까지 절대 혼자 행동하지 말고 붙어서 가라" 해서, 무서워서… 시장통으로 도망을 가는데도 막 욕해 가면서 쫓아와요. 그래서 전철역까지 쫓겨갔어요. (진현미, 방학)

한편, 노동부가 노사교섭을 직접 중재하고 나섰다. 노동부 장관이 9월 1일에는 뉴코아와 홈에버 대표이사들을 만났고, 9월 2일에는 노조 대표를 잇달아 만나 집중교섭을 통해 사태를 풀자고 제안했다. 그 결과 노사가 모두 이 제안을 받아들여 9월 4일 서울지방노동청에서 홈에버와 뉴코아 노사가 각각 분리교섭을 재개하기로 했다. 지난 7월 20일 월드컵점과 강남 뉴코아 농성장에 경찰이 투입된 이후 노동부 장관이 직접 중재에 나선 것은 처음이었다.

그러나 회사는 교섭 재개를 위해 노조가 타격투쟁을 중단해야 한다는 입장을 여전히 고수하였고, 노조는 '교섭과 투쟁'을 병행한다는 기존 방침을 유지했다.

9월 4일 오후 5시 10분에 이랜드 노사는 서울지방노동청에서 박양수 뉴코아노조 위원장, 홍윤경 이랜드일반노조 사무국장(위원장 직무대행), 오상흔 홈에버 대표이사, 최종양 뉴코아 대표이사가 참석하여 교섭을 재개했다.

하지만 교섭은 회사가 노조의 2001아울렛 불광점 앞 집회 중단을 요구하면서 중단됐다. 회사는 "집중교섭 기간만이라도 투쟁을 중단해 달라"고 노조에 주문했다. 2001아울렛 불광점은 영업이 중단되면 매장 점주들의 피해가 큰 곳이기 때문이라는 것이다. 이어 회사는 노조가 요구를 받아들이지 않아 교섭이 중단됐다고 했다.

노조는 "교섭을 위해 노조도 많은 노력을 했다"고 강조했다. 박양수 뉴코아노조 위원장은 "이번 자리는 조건 없는 교섭이었다"고 설명했다. 노조가 투쟁을 하지 않으면 할 수 있는 게 아무것도 없는 상태에서 회사의 요구는 말이 안 되는 것이었다.

홈에버 노사의 교섭에서도 노조가 비정규직과 관련 '2년 이상 정규직화, 3개월 이하 고용보장'이 왜 필요한지 또다시 설명했을 뿐 교섭의 진전은 없었다. 이랜드 노사는 9월 5일 민주노총에서 실무교섭, 9월 6일 서울지방노동청에서 대표자 교섭을 하기로 합의했다.

9월 5일에도 회사는 노조에게 교섭 약속 시간 10분 전에 교섭중단을 통보하기도 하는 등 불성실한 태도를 보였다. 이랜드 노사의 집중교섭은 9월 6일에도 이어졌다. 뉴코아는 노조가 "외주화 철회 10개월 유예"를 받아들이면서 합의 직전까지 이르기도 했다. 교섭은 9월 8일에도 열릴 예정이었다. 8일 오후 교섭은 무산됐다. 회사가 노조의 매장봉쇄를 이유로 교섭장에 나오지 않겠다고 통보한 것이다.

이처럼 노조는 매출타격투쟁의 강도를 높이면서 회사를 압박했고, 회사는 "선별적 손배소송 취하" 등을 내걸며 노조의 결속력을 약화시키려 했다. 그러나 이랜드노조와 민주노총은 이랜드그룹의 성실교섭을 촉구하며 매장타격투쟁을 일정대로 진행했다.

2) 추석 매출제로투쟁을 위한 선포대회(9월 7일)

전국순회투쟁을 하는 조합원들이 9월 7일 오후 4시경에 홈에버 전주점 앞에 도착했다. 이들은 홈에버 측과의 불필요한 마찰을 피하려고 선전물 없이 전주점으로 들어가 목소리 하나에 의존해 직원들에게 자신들이 투쟁에 나설 수밖에 없었던 이유를 알렸다. 조합원들은 주말에도 전국적으로 진행되고 있는 홈에버 불매운동으로 한산한 매장을 돌며 직원들과 대화하기 위해 노력했다. 그러나 직원들은 눈을 피하거나 자리를 피하며 조합원들과 마주하기를 꺼리는 반응을 보였다. 조합원들은 30여 분간 매장 안을 돈 뒤에 홈에버 전주점 앞에서 시민들에게 선전물을 나눠 주며 홈에버 불매운동에 동참해 줄 것을 호소했다.

조합원들은 5시가 되자 진행하던 선전전을 중단하고, 전북지역 조합원 및 사회단체 회원들과 함께 '비정규직 대량해고 이랜드규탄 제9차 전북투쟁대회'에 참석했다. 전북본부는 폭염 속에서도 멈추지 않고 8차에 걸쳐 열었던 전북투쟁대회를 한풀 꺾인 더위와 함께 '추석 매출제로투쟁을 위한 선포대회'로 이어 왔다. 200여 명이 참석한 가운데 열린 투쟁대회는 이랜드 조합원 10여 명이 함께해 어느 때보다 더 뜨거운 투쟁의 열기를 뿜어 냈다. 전북본부는 투쟁대회를 통해 회사가 조속한 시일 내에 교섭에 나와 이랜드사태를 해결하라고 촉구했다. 또 전주점 앞에서는 '이랜드자본 규탄농성'을 12시간으로 늘려 진행했다.

서울에서도 시민사회단체들이 기자회견을 여는 등 이랜드 노동자들의 투쟁에 대한 지지가 점점 확대하고 있었다. 이날 월드컵지원대책위와 마포, 서대문, 은평, 용산에 있는 시민사회단체들은 기자회견문을 통해 파업이 석 달째 진행되고 있지만 사태 해결의 실마리가 보이지 않는 이랜드 노동자들의 상황을 전했다.

이들은 매주 월요일과 수요일에 사람들이 많은 출근시간을 이용해 홈에버 월드컵점 인근 15개 지하철역에서 동시다발 1인시위를 진행할 예정이며, 낮에는 지역 곳곳을 돌며 방송차량을 이용해 이랜드 불매를 호소할 계획이라고 밝혔다. 또 9월 15일에는 '지역주민 행동의 날'을 마련해 마포, 서대문 지역을 행진하고 홈에버 월드컵점에 모여 집회를 열기로 했다.

온라인에서도 이랜드 노동자들의 싸움을 알리고 연대하는 행동이 진행되었다. 인권단체연석회의 이랜드비정규철폐 문화행동단 '카트라이더'는 '정열의 카트라이더'라는 이름의 홈페이지를 마련하고 다양한 문화행동을 제안했다. 홈페이지에서는 이랜드노동자들을 상징하는 이미지를 내려받아 인쇄해 이를 들고 찍은 사진을 올리는 '이미지 서명'이 진행되고 있었다. 직접 서울 곳곳을 다니며 문화행동을 진행하자는 제안도 있었다. 이들은 "모든 상상력을 모아 이미지로, 동영상으로, 온라인으로, 직접행동으로 비정규투쟁에 연대해 보자"라고 홈페이지를 만든 의미를 설명했다. 이미지 서명란에는 다양한 표정을 한 사람들의 사진들이 가득 차고 있었다.

3) 민주노총 1박 2일—1차 상경투쟁(9월 8일~9일)

회사가 일방적으로 교섭을 무산시킨 9월 8일은 민주노총이 추석 전 전국의 이랜드매장 60여 개를 봉쇄하기로 결의한 날이다. 이날 오후 2시 30분에 민주노총은 여의도에서 노동자 1,000여 명이 참석한 가운데

'이랜드-뉴코아 투쟁승리 민주노총 결의대회'를 열었다. 결의대회를 마친 참가자들은 뉴코아 강남점으로 이동해 농성에 돌입했다.

오후 4시 40분경에 조합원들이 천막농성을 진행하기 위해 월드컵점에 도착했을 때, 이미 매장과 모든 주차통로를 봉쇄해 조합원들의 출입을 막았다. 구사대의 숫자가 많았다. 구사대는 충돌을 막기 위해 조합원들을 둘러싼 경찰병력을 다시 둘러싸고 오후 8시 30분까지 대치했다. 조합원들은 경찰이 "구사대를 막아 줄 테니 해산하라"는 말을 듣고 해산을 시도했으나 구사대를 뚫고 나가려던 사람들이 머리채가 잡혀서 끌려가는 등 심한 폭행을 당했다. 구사대에는 본사 직원과 점주뿐만 아니라 함께 일하던 각 매장의 부서장들도 있었다.

노동자들이 매장의 동문 입구를 비롯해 남문 주차장, 매장과 연결된 월드컵 CGV 입구 등을 막아서자 고객들이 대부분 빠져나가 매장은 파행적으로 운영됐다.

매장 앞 광장에 천막이 설치되자 밤 10시 40분경에 경찰이 살수차를 동원해 천막을 부쉈다. 이 과정에서 여성조합원들이 몸을 가눌 수 없을 정도로 엄청난 수압의 물을 얼굴과 전신에 맞았고, 경찰에 의해 구타당하기도 했다. 이런 경찰의 태도는 이미 지난 점거농성과 강제연행 과정에서도 드러난 바 있지만, 그 강도가 더욱 심해지고 있었다. 8월 12일에도 경찰이 조합원을 구타하고 여성조합원을 성추행하는 사건이 있었으며, 계속 성추행 사건이 일어나고 있었다. 여기에 회사에서 동원한 구사대들이 조합원들을 집단구타를 해 코뼈가 부러지거나 귀가 찢어지고 기절해 입원하는 등의 폭력도 더해졌다.

이날 노조는 서울지방경찰청 앞으로 공문을 발송해 "노동조합의 파업 농성장에 난무하는 노동조합 업무방해의 직권남용 행위를 즉각 중단할 것, 8일 발생한 사태에 대한 책임자 처벌과 사과공문을 작성해

공개할 것, 다시는 위법행위가 발생되지 않도록 책임자의 재발방지 확약서를 노동조합에 발송할 것" 등을 요구했다.

추석 앞두고 9월 8일은 민주노총이 1박 2일 상경투쟁을 처음 시도한 날인데 월드컵점에 천막을 설치했는데, 그때 뭐가 있었냐면 피파(FIFA)에서 주관하는 청소년월드컵인가가 있었어요. 뒷날. 그래서 경찰들이 대개 강경하게 천막을 작살냈던 걸로 기억나요. 우리 순천 남자조합원들이 많다 보니까 천막사수를 했었거든요. 물대포로 천막을 침탈하고… 그게 여의치 않아서 1박 2일 하고, 둘째 날에는 월드컵점 빙~ 두르는 봉쇄투쟁하고. 더 나아가서 뉴코아도 같이 분산해서 봉쇄투쟁하고. 계속 이런 투쟁들이 있었고, 저쪽도 되게 강경하게 막았었죠. 추석 전까지는 그렇게 투쟁하고, 지방에서 매출제로투쟁하면서 홈에버 집회를 박았다가 뉴코아 박았다가 했어요. (박영광, 순천)

그러니까 매번 전략을 짜서 그냥 "뛰어!" 그러면 막 여기로 두두둑~ 뛰어들어가고, 월드컵점이 통로가 여기저기 있었어요. 그러니까 한 조는 이쪽으로, 한 조는 이쪽으로, 전략적으로 영업방해 같은 거죠. 불매운동 많이 했고, 할 수 있는 것은 다해 보는 거죠. 거기서 물대포 쏘고. 그때 집회하다가 물대포 쏘는데, 우리 언니가 체구가 작으니까 날아가는데 건설 아저씨 한 분이 잡아 줘서 살아났죠. 그러고선 언니가 "못하겠다, 너도 하지 말아라"고 정리를 했죠. (김정애, 구월)

거기에 이랜드 노동자들에 대한 사설경비용역과 이랜드 직원, 입점업체 점주들의 폭력행위가 기승을 부리고 있었다. 이랜드-뉴코아 노조 조합원들이 항의집회를 위해 방문하는 홈에버, 뉴코아, 2001아울렛 각 매장에서 아수라장을 방불케 하는 구타행위가 빈발하면서 부상을 입는 여성조합원들이 속출하고 있다. 심각한 폭력사태가 반복되자, 시민사회단체들이 경찰의 소극적 대응을 규탄하고 나섰다. 뉴코아-이랜드 공동대책위원회는 9월 10일 오전 서울 서대문 경찰청 앞에서 기자회견을 열고, 이랜드 조합원들에 대한 폭력사태에 소극적으로 대응한 경찰 책임자의 처벌과 경찰청장의 사퇴를 촉구했다.

4) 대전본부 불매운동캠페인과 전국매출제로투쟁(9월 13일)

9월 13일 밤 7시에 사회보험노조와 사학연금노조원 등 민주노총 대전지역본부 소속 조합원 100여 명이 홈에버 문화점 앞에서 '이랜드 불매운동 캠페인'을 펼쳤다.

일과를 마치고 모인 노조원들은 "홈에버 가지도 말고 사지도 맙시다", "합법적 파업장에 공권력투입이 웬 말이냐"는 등의 피켓을 들고 홈에버 정문과 후문, 지하 입구 등에서 길을 지나는 시민들에게 홍보전단을 나눠줬다.

이들의 캠페인이 진행되는 동안 홈에버 직원과 점주 30여 명도 피켓을 들고 홍보전에 나섰다. 이들은 "영세매장 목 조이는 영업방해 이제, 그만", "민주노총은 임대 업주들의 생존권을 위협하지 말라"는 등의 피켓을 들고 홍보전단을 고객과 시민들에게 배포했다. 이 홍보물에는 일부 강성조합원들과 외부세력들이 이랜드그룹에 대한 허위사실을 유포하면서 매출제로투쟁을 벌여 이랜드그룹 직원 1만 5천 명과 매장주 5천여 명, 입점 업체 1만 2천 명, 납품 및 협력업체 9만여 명 등 총 30여만 명의 생계가 위협받고 있다고 주장했다.

한편, 이랜드조합원들도 수도권 일대 매장봉쇄투쟁 및 선전전에 나섰다. 12일부터 14일까지 민주노총과 연대해서 진행하는 타격투쟁의 일환이었다. 이들은 이 기간에 오후 6시부터 밤 9시까지 매장 입구를 막고 선전전을 진행했다. 이랜드일반노조는 12일의 경우 중계점을 집중타격했다. 13일에는 대오를 세 집단으로 나눠 각각 일산점, 중동점, 병점점에서 타격투쟁을 진행했다. 이어 9월 14일에는 목동점과 시흥점에 집중했다. 2001아울렛 불광점, 강남 뉴코아 등에서 보인 사측 구사대의 무차별적인 조합원 폭행으로 타격투쟁 역시 심한 충돌이 예상되었으나 다행히 심한 도발이나 폭행은 발생하지 않았다. 특히 일산점의 경우 경찰 대신 구사대가 매장을 막고 그 앞에서 조합원들이 연좌농성을 벌였다. 구사대의 조합원 폭행으로 기업 이미지는 땅에 떨어질 대로 떨어졌다. 이에 회사는 더 이상 이미지가 나빠지지 않도록 구사대가 조합원 폭행을 자제하도록 종용한 듯했다. 농성 중인 조합원들은 구호를 크게 외쳤다.

"올 추석때는 홈에버-뉴코아에서 물건을 사지 마세요!

"불매운동으로 비정규직으로 고통받는 사람들을 도와주세요!"

오후 3시경 중동점에는 이랜드일반노조 조합원 80여 명이 정문을 막고 연좌했다. 그 뒤에는 경찰들이 이들을 막고 있었다. 오후 6시부터 본격적인 타격투쟁이 진행되지만 이미 조합원들은 오후 2시부터 각자 맡은 매장에 결집해 연좌했다. 조합원들은 「함께해요 이랜드 불매운동」라는 선전물을 지나가는 시민들에게 배포했다. 이들은 시민들에게 홈에버 상품 불매운동에 동참해 달라고 부탁했다. 선전물을 배포하던 조합원들은 계속되는 구사대의 도발과 폭행으로 현장에 나오는 것이 두려웠다. 그런데도 투쟁현장에 계속 나올 수밖에 없었다. 이들이 할 수 있는 것은 투쟁뿐이기 때문이다.

5) 민주노총 1박 2일 2차 타격투쟁(9월 15일~16일)

전국이 비정규직 노동자들의 투쟁으로 가열된 가운데 민주노총이 9월 15일부터 1박 2일 동안 이랜드-뉴코아 2차 타격 전국상경투쟁을 벌였다. 여의도에서 열린 결의대회의 무대차 바로 앞쪽으로 전국증권산업노조 코스콤 비정규지부 조합원들이 연좌해 있었다. 이후 지방에서 상경한 대오들이 속속 결합했다. 민주노총, 사무금융연맹, 언론노조, 건설노조, 보건의료노조, 전교조, 공공연맹, 전국학생행진, 공공운수서비스노조, 금속노조, 각 지역본부, 뉴코아노조, 이랜드일반노조 등을 표시하는 깃발들이 결의대회 현장을 수놓고 있었다. 오후 2시 25분경 본대회 돌입 직전에 참가자들은 '비정규철폐가'를 부르며 팔뚝질을 하고 있었다. 증권거래소 건물 안쪽에는 코스콤 비정규 노동자들이 파업투쟁을 벌였다. 이들은 경찰병력과 용역깡패들의 폭력을 뚫고 로비를 점거해 투쟁을 이어 갔다.

2시 30분에 1,000여 명 이상이 집결한 가운데 "위원장 폭행규탄, 이랜드-뉴코아 투쟁승리, 코스콤 투쟁승리 및 원청사용자성 쟁취 민주노총 결의대회" 본대회가 시작했다. 민중의례와 함께 '임을 위한 행진곡'이 울려 퍼지는 가운데 상경대오가 투쟁결의를 다졌다. 비정규직 노동자들의 투쟁이 탄압받는 상황에서 민주노총이 "비정규직 문제 해결"에 주도적으로 나서고 있었다. 본대회 돌입 후 이어진 연설에서 전병덕 민주노총 부위원장, 서필상 전국농협노조 위원장이 연대사를 이어갔다. 황영수 코스콤 비정규지부장도 발언대에 올랐다. 마지막으로 이랜드일반노조 박순홍 실장은 "이 투쟁에서 승리하지 못한다면 대한민국 노동자들 모두 용역노동자로 전락한다. 다시 한번 연대 동지들이 한번만 더 힘을 내 도와달라"고 호소했다. 오후 3시 20분경 공식 발언은 모두 끝났고 코스콤비정규직지부 소속 율동패가 몸짓공연을 선보였다. 이어 결의대회에 참가한 민주노총과 산하조직 주요간부들이 코스콤 비정규직 노동자들이 점거농성투쟁을 벌이는 현장을 방문했다.

오후 3시 35분 여의도 결의대회는 끝났다. 이어 매장봉쇄투쟁이 이어졌다. 오후 4시를 넘겨 월드컵점에 도착한 연대인 1,000여 명은 각 출입구 쪽에 진을 치기 시작했다. 동문 쪽에 금속노조 대오가 집결하자 경찰병력은 일제히 벽을 쌓기 시작했다. 대오는 출입 자체를 봉쇄하냐며 항의했고 이 과정에서 충돌이 벌어졌다. 동문 쪽에서 3명의 금속노조 조합원이 폭력적으로 연행당했고, 연행과정에서 경찰병력에 의해 집단폭력을 당했다. 한편, 월드컵 대오는 총 네 갈래로 나눠서 봉쇄투쟁을 시작했다. 일부는 남문 쪽 주차장(검수장으로 통하는 입구 쪽) 부근에서, 또 한쪽은 동문 쪽 진입로 2곳에, 그리고 또 한쪽은 CGV영화관 쪽 출입구에서 매출저지투쟁을 벌였다.

남문 쪽에서 타격투쟁을 벌이던 대오가 경찰병력과 충돌이 벌어져 금속노조 조합원 2명이 폭력적으로 연행당했다. 흰옷을 입은 구사대와 용역깡패들이 동문과 남문 사이에 집결한 상태였다. 이들은 봉쇄투쟁을 벌이는 대오를 자극하거나 또는 충돌을 예정한 듯 집단으로 몰려다니며 무력충돌을 유도하였다. 경찰은 이들에게 도움이 안 되니 물러나라는 방송을 하자, 이랜드 구사대는 다시 한쪽으로 몰려가 대기했다. 경찰병력과의 크고 작은 충돌은 계속 이어졌다. 특히 출입로 자체를 봉쇄당한 채 집회 대오는 왜 출입을 막느냐며 항의했다. 이 과정에서 경찰은 집단 폭력을 휘두르거나 일부 폭력연행을 시도하는 등 혼란이 지속되었다. 오후 6시경에 이랜드일반노조 조합원들은 "이랜드 불매를 호소한다"는 대형 펼침막을 든 채 남문 쪽으로 거리행진을 벌였다. 이들은 남문 쪽 출입로 부근 인도에서 금속노조 대오 등과 합세해

즉석 연좌농성을 전개했다. 또 민주노동당 서초구위원회 당원들도 봉쇄투쟁에 결합했다. CGV 쪽에서 봉쇄투쟁을 벌이던 대오는 현장에서 도시락 식사를 하고 목동점으로 이동했다. 월드컵점이 위치한 월드컵 경기장에서는 오후 7시 30분에 프로축구 경기가 벌어지고 있었다. 축구응원 열기가 경기장 밖으로 넘치는 가운데 한 달 임금 80만 원이라도 벌기 위해 수년 동안 묵묵히 일하던 비정규직 여성노동자들이 투쟁을 하고 있었다. 전혀 다른 두 개의 세계가 이곳 월드컵점에 존재했다. 경찰은 월드컵점에 17개 중대병력을 동원해 모든 출입구를 병력과 차벽을 세워 원천봉쇄했다. 현장에서 민주노총 대오가 일부 이동할 때마다 흰옷을 입은 이랜드 구사대들이 소리를 치며 이동방향을 지시하면 경찰병력이 그 지시를 따라 뛰어다니기도 했다. 또 일부 취재진의 현장취재에 대해 이랜드 사측이 방해를 하기도 했다.

월드컵점 봉쇄투쟁을 벌이던 1,000여 대오가 저녁 7시 50분 경기장 정문 출입구 쪽 월드컵교 삼거리 왕복 8차선 차로를 기습점거했다. 대오는 "부당노동 박성수를 구속하라"는 구호를 외치며 항의투쟁을 벌였다. 경찰병력과의 충돌은 벌어지지 않았다. 투쟁대오가 계속 차로 쪽으로 뛰어나갔다. 기습점거는 30여 분 이상 이어졌다. 저녁 8시 15분경 1,000여 대오는 경찰병력에 밀려 차로 2개 차선을 점거한 채 이랜드규탄 항의집회를 벌였다. 대오는 "박성수 구속, 비정규직법 철폐" 등의 구호를 외쳤다. 차로 기습점거 과정에서 경찰에 의해 폭력 연행당하는 장면을 목격하자 대오는 일제히 몰려가 경찰에 항의했고, 연행당하던 성원 1명을 구출하기도 했다. 저녁 8시 20분 월드컵경기장 출입구 차로 쪽에서 정리집회를 했다.

6) 면목점 점거투쟁(9월 16일)

9월 16일 새벽 1시경, 조합원 200여 명이 면목점 매장을 기습 점거했다. 이 소식을 접한 연대 대오 100여 명이 농성현장에 결집했다. 상황이 긴박하게 이어지고 있었다. 이들은 매장의 전 입구를 카트와 진열된 물건들로 막아 구사대 및 경찰들의 출입을 막았다. 매장 안에 200여 점거농성 대오와 연대 대오 100여 명이 현장사수투쟁을 벌였다. 새벽 2시 25분경 경찰병력이 대거 증원되고 있었다. 매장은 경찰에 의해 둘러싸였을 뿐 아니라 대오를 이탈하는 사람들에게는 구사대가 무차별적인 폭력을 가했다. 정문에 있던 사람들이 건물 옆의 차 출입통로로 이동하려고 할 때, 이탈된 몇몇 조합원들에게 구사대 수십 명이 집단 폭행을 가했다. 이들은 도망치는 이들을 쫓아가 "맞는 게 두려우면 오질 말았어야지"라며 쓰러져 있는 사람의 배를 발로 걷어차는 등 심각한 폭력을 행사했다. 하지만 경찰은 이들의 행동에 별다른 제재를 가하지 않았다.

새벽 3시 35분경 점거농성장 바깥에는 200여 대오가 농성장 사수투쟁을 벌이고 있으며, 구사대 50여 명과 경찰병력 10여 개 중대가 배치됐다. 현장 상황은 점점 긴박해져 갔다. 조합원들은 매장 한쪽에 집결해서 연좌했다. 이들은 '동지가'를 부르며 서로의 손을 맞잡았다. 경찰특공대가 면목점 안쪽으로 진입해 조합원들을 폭력적으로 연행하기 시작했다. 이번이 세번째 점거농성장 침탈이었고, 세번째 연행이지만 두려운 것은 어쩔 수 없었다. 서로의 손을 잡고 있는 조합원들의 눈에는 눈물이 맺혔다. 이들은 경찰들을 향해 "아주머니들이 왜 이 밤중에 차디찬 바닥에 앉아 있겠느냐"며 울분을 토했다. 하지만 이러한 외침은 경찰들의 손에 끌려가면서 비명으로 바뀌었다. 경찰에 끌려가는 동료의 손을 부여잡으며 울부짖었다. 이들은 "왜 우리에게만 이러냐"며 두 팔과 두 다리가 붙잡혀 끌려가면서도 소리쳤다. 악다구니밖에 나오지 않는다.

홍윤경 직무대행을 경찰이 연행해 가려 하자 여성노동자들은 "안 돼요!"라며 한사코 그녀를 붙잡았다. 손과 손이 그녀를 부여잡지만 경찰들의 힘을 이길 수는 없었다. 홍윤경 직무대행은 눈물을 흘렸다. 대오를 이끌던 홍윤경 직무대행이 맨 먼저 끌려 나왔다. 홍윤경 직무대행은 연행되기 직전 "경찰의 군홧발이 여성노동자를 짓밟을 수는 있지만 우리는 짓밟혀 쓰러지지 않는다"고 외쳤다. 그녀는 절실하고 정당하기에 끝까지 싸울 것이라고 외쳤다.

뒤이어 조합원들이 줄줄이 전투경찰들과 긴급히 투입된 100여 명의 여경들에 의해 폭력적으로 연행됐다. 경찰 투입 20여 분만에 상황은 끝났다. 조합원들이 앉았던 자리에는 깔고 앉았던 박스만이 남아 있었다. 조합원 56명이 전원 연행됐다. 노조는 경찰과 구사대의 폭행 수위가 더욱 높아지고 있는 상황에서 점거를 시작하면서 이후 투쟁을 위해 분회장 등을 밖으로 나가게 했기 때문에 초기 점거인원 수와는 달랐다. 또 경찰은 매장을 점거한 조합원들과 연대하기 위해 매장 밖에 있던 학생 99명을 연행했다. 이랜드조합원들의 점거농성 소식을 듣고 현장 밖에 집결했던 학생 150여 명과 다른 연대대오 200여 명은 경찰병력에 의해 건물 뒷쪽과 주차장 쪽으로 밀려나 발이 묶여 있었다. 파업 중인 노동자들이 자신의 일터에서 파업농성, 점거농성, 그리고 태업 등을 벌이는 행위는 법으로 보장된 것이다. 경찰과 구사대가 파업 조합원들의 투쟁행위를 불법으로 간주한 채 폭력 연행하는 행위 자체가 '불법적 요인'이 된다.

농성장 안팎에서 강제폭력연행된 조합원들은 서울 시내의 서부,

동대문, 강동, 광진, 금천, 구로, 영등포, 성북, 종암서 등 10여 개 경찰서에 분산해서 수용되었다. 더구나 조사를 명목으로 강제적으로 연행한 조합원들에 대해 잠도 재우지 않은 경우도 있었다.

면목점 점거 3시간 만에 있었던 공권력투입과 관련해서도 각계의 비판이 이어졌다. 이랜드 공대위는 9월 16일 오전 광화문 정부종합청사 앞에서 기자회견을 열고, 정부가 법을 집행하기 위해 불가피하게 이랜드 노동자를 구속했다면, 최소한의 법집행의 형평성을 위해서라도 박성수 회장을 구속해야 한다고 했다.

이때 추석을 앞두고 있잖아요. 그래 "추석매장 집중투쟁이 중요한 투쟁인데, 여기 어떻게 힘을 모을 것인가?" 그래서 "이 직전에 우리가 다시 한 번 점거를 하자. 그리고 9월 16일 일요일인데, 이날 전국에서 대학생들이 무슨 실천단인가 해서 다 올라오기로 한 때였어요. 그래서 "우리가 들어가서 몇 시간만 버티면 학생들이 온다. 그러면 2일이나 3일 정도의 점거를 유지할 수 있지 않겠느냐. 그러면 그게 추석연휴로 바로 이어지는 거다"고 계획을 짠 거죠. 그래 "여기에 온 힘을 모으자. 추석이 지나면 우리에게 이런 기회가 다시 못 올지도 모른다." 그래서 "여기에 집중하기 위해서, 직대가 들어간다" 이것을 쟁대위에서 결정한 거죠. 저는 당연히 잡혀가는 걸로 했죠. (홍윤경, 사무국장)

진짜, 막 작전을 했지요. 새나간다는 얘기가 많아 가지고 "어디쯤에 가면 밧데리를 빼라" 했어요. 문자 받고서 면목점 가는데, 우리 시흥 같으면 시흥에서 조를 짜 가지고, 어디는 어디에서 타고 청량리에 내리고, 누구는 어디에서 내리고, 뭐 이런 식으로. (……)
면목점 안에 들어가서 일단 바깥에서 못 들어오게 문 앞에 카트로 막고 다른 무거운 거로 올려 놓고. 그리고 미끄러지라고 잡곡, 콩 같은 걸로 못 들어가게 한다고 막 다 쏟아붓고. 다 막았죠. 그때 우리는 거기를 잘 모르니까 거기 분회장이 어디 문 막아야 한다고 하고. 그런데 나중에 알고 보니 거기 분회장이 문 하나를 놓쳤다는 거예요.
그래서 다른 문은 다 막았는데, 그 문을 못 막은 거야. 그러니까 바로 경찰이 들어온 거죠. 실수를 한 거예요. 문이 워낙에 많으니 꼼꼼하게 체크했어야 했는데. (……) 그러니 바로 들어온 거죠. **그날도 다 스크럼 짜고 있었는데**, 속절없이, 그냥 끌려 나와요. 몇 시간 만에 털리고 나니까 너무 허망하더라고, 진짜. 그때 중간에 "한 번 경찰서 갔던 사람들은 빠지라. 해고의 원인이 되니까 빠지라. 분회장도 빠져라"고. 근데 월드컵에서 수서 경찰서 갔다 왔으니까 우리 조합원들이 나보고 빠지라는데, 나는 분회장이니까 앉아 있는다고 했어요. 그러니까 우리 시흥 사람들도 남아 있는 거죠. (김영순, 시흥)

점거하기로 한 날 새벽인데 차들이 막아서고 진짜 무서웠어요. 나는 막 떨었던 거 같고. 우리가 주차장 쪽으로 가는 차들을 막고 진입해서 매장 안에서 직원들하고 막 싸워 가지고 점거를 들어간 거예요. 걔네들은 우리한테 욕하고 우리는 또 우리대로 밀어붙이고. 그래 내쫓고 점거를 한 거죠. 인원은 그렇게 많지 않았는데, 우리는 점거해 주고 또 빠져나왔으니까. (……) 근데 생각지도 않게 단시간 만에 끌려간 거죠. 그것도 제일 약한 벽면 측면에 양주 코너 있는 데를 뚫고 들어간 거예요. 다른 데를 우리가 바리바리 다 막았는데, 양주 코너 쪽이 설마, 이랬거든요. (황은영, 면목)

그래서 다 민주노총 차의 트렁크에 타고 나왔어요. 그러고 무슨 대학인지 거기서 차를 갈아타고 면목으로 갔거든요. 홍 직대하고 둘 다. 그래 갔는데 점거하는 데 바로 털리잖아요.

거기서 제가 짧은 시간에 생각한 거는 "내가 여기서 이래 털리면 울산이 망가진다. 내가 울산 내려가겠다" 해서 다 털릴 때, 저는 뒷문으로 빠져나와서 다시 대열에 합류해서 민주노총으로 다시 들어갔다가 울산팀들이 내려올 때 같이 내려와요. (김학근, 울산)

그때는 비밀리에 하겠다고 암호명 "골뱅이", 그래서 집회를 끝내고 어떻게 어떻게 각자 시간을 보내고, "거기 '골뱅이' 그 장소로 몇 시까지 와라" 이랬던 것 같아요. 그때 밤이 어둑어둑해졌어. 면목점이 단층으로 아파트 큰 단지 사이에 큰 공터에 있어요. 주차장이 넓고, 매장도 넓고, 주위에는 인적이 없고. 그래서 우리는 카트를 하나씩 들고 매장 안으로 다 뛰어들어 가요. 거의 영업이 끝나는 시간인데 고객이 그렇게 많지 않았고. 그래서 안에서 다 잠그고, 자리를 펴고 앉아 있었는데, 2, 3시간도 안 돼서 바로 털렸던 것 같아요. 막 밖에서 부수고 들어와서… 우리가 좀 허술하기는 했지, 인원이 많지 않았어요. 그때 몇 명이 연좌하고 스크럼 짜고 있다가 얘네들이 막 들어오면서 연행돼요. 그사이에 중간에 "잡혀가면 불리한 사람들은 나가라" 그래서 내가 연행돼 들어가면 통솔할 사람이 없어지니까 사람들이 "분회를 통솔할 사람을 남겨 놓자" 해서 나왔죠. 밖에서 연행돼 가는 것을 보고, 그것도 안 좋은 거예요. (황선영, 월드컵)

거기를 들어가기로 결정을 해서 어디서 모였다가 "다 집으로 가라"고 해서 해산하는 것처럼 하고는 다시 "핸드폰도 하지 마라", "택시 타고 가라"고 했어요. 그래서 택시 타고 가다가 택시 아저씨한테 전화 좀 빌려 달라고 해서 집에 전화하고. 그래서 몇 명씩 택시 타고. 가다가 "동대문시장 (미행할까 봐) 그쪽으로 모여라" (……)
우리는 동대문에 관광버스가 있었어요. 진짜 무슨 첩보작전이야. 버스에 나눠 타 가지고, 전부 마스크 하고 모자 쓰고. 거기 차가 딱 서자마자 튀어들어 갔죠. 우리도 12시 되기 전에 튀어들어 가서 문마다 전부 쌓았죠. 쌀포대, 다 갖다가 막아놨잖아요. 좀 있으니까, 막 문 부수면서 걔네들이 들어오는 거죠. (……) 안양점은 임과장님과 조합원들 보내고 나 혼자 있었죠. 그렇게 나갈 사람 나가고 몇 명만 남아서 팔끼고 노래부르고 앉아 있었죠. 전투경찰 애들이 막 쾅쾅~ 문을 부수고 들어오느라고. 상황을 물어보니까 밖에는 대학생들이 100명인지 몇 명인지 다 연대와서 있었다 하더라구요. 그 깜깜한 밤중에 전경들이 새까맣게 막 둘러 있었고, 진짜 전쟁처럼 그렇게 있었다고. 그러다가 대학생 100명이 다 잡혀가고, 우리는 여경이 와서 팔을 딱 잡고 차에 태우더라구요. 경찰서마다 10명씩 간 거지요. (박복희, 안양)

그때 저도 농성장에 있었거든요. 그때 갔더니 제가 놀랜 것은 새벽에 대학생 동지들이 면목에 결합해서 엄청나게 피를 흘리고…. 학생들에게 연대요청을 했던 것으로, 학생들이 대나무 깃발을 들고 차에서 내린 거예요, 근데 경찰들이 있는 한복판에. 그래서 거기서 바로 해산당했었거든요. 전술을 잘못 짠 게, 새벽에 그렇게 하니 안 두들겨 패겠어요? 면목동이 단층인데, 새벽에 지방 조합원들도, 여기 토끼몰이 당해서 진짜 맞아 죽을 뻔했어요. 그날 진보연대 출범식이 있다고 했고. (박영광, 순천)

우리는 차 한 대로 가서 민주노총 사무실에서 잤어요. 자다가 조용히

"내려가자" 그래서 새벽에 거기 들어간 거예요. 그래 막 의자 쌓고 쌀 포대 쌓고 물건 쌓고 다 쌓고 있는데, 경찰이 도착했나 봐, 문을 트는 거예요. 그래 우리보고 뒷문으로 "다치지 말고 나가라"고. 그런데 나는 그때 제일 무서웠던 게, 그 토끼몰이라고 하죠. 경찰이 몰아가는 거, 나와가지고 우리가 밖에 보도블럭 있는데, 여기저기 있으니까, 딱! 딱! 바둑판 자르듯이 딱! 딱! 자르고, 새벽이었어요. 우리가 막 이리로 가고 저리로 갔다가. 나중에 밖에서 경찰이 와서 완전히 각각 흩어졌잖아, 모르는 척하고 흩어져, 일반인처럼 걸어가라고. (이해욱, 울산)

우리가 면목 점거 할 때도 갔죠. 면목 점거할 때 진짜 무서웠었어요. 그때 우리 순천의 남자조합원들 꽤 많이 갔었어요. 한 차는 갔었으니까. 그리고 우리가 민노총 사무실에서 바닥에서 매트 깔고 자고 눈꼽만 떼고 다시 나왔어요. 그런데 우리가 점거하는 데 못 들어갔던 것 같아요. 벌써 이미 알고 있었어요. 그래서 우리는 밖에 있었어요. 그리고 털리는 것까지 보면서 그 무서운 장면들이 일어나더라구. 대학생들이 깃발 들고 하는데 막 구사대들이 쫓아가서 몽둥이로 때리고. 여대학생들은 막 아우성을 치면서…. 우리 분회장이 우리한테 안 들키게 어디 한 곳에 납작 엎드려 있으라 그랬어요. 그래 우리가 다 납작 엎드려 있던 걸로. 참, 무서워서 숨 죽이고, 전쟁난 것처럼. 진짜 전쟁이었어요. 살벌해서 우리는 막 숨 죽여서 울고 그랬어요. (박영숙, 순천)

• 경찰서에서의 48시간

경찰서에 들어가서 처음에 묵비권을 행사하고, 그리고 거기 있다가 조사받으러 올 때 수갑을 채우려는 거예요. 제가 막 대들었죠. "못한다. 하지 말라"고. 얼마나 당당했는지 몰라요. 화장실이 다 보이니까 신문

달라 해서 신문을 화장실 주위에 다 쳐서 볼일 보고 그랬어요. 제가 그때는 무서운 게 하나도 없었어요. 파업 시작할 때는 처음이라 가슴이 벌렁벌렁했는데 싸우면서는 점점 투쟁력이 강해지는 거죠. (웃음) (면회는?) 제가 전화할 때 "상우도 데려오라. 엄마가 싸우고 있는 거를 아들도 봐야 된다"고 "이게 산 교육이다" 그랬는데, 남편이 아들을 안 데려왔어요. 차마, 아들한테까지는 못 보여 주겠나봐요. (강혜정, 시흥)

남대문 경찰서로 갔던 것 같아요. 경찰서에서는 그냥 이것저것 묻더니만 "분회활동을 어떻게 했냐, 뭘 했냐" 물어보대요. "우리는 그냥 아줌마로서 분회활동을 한 거라 그런 거 모른다", "누가 시켰냐?" 뭐 "위가 누구냐" 이런 걸 묻고. 그래서 그때 답 안 한 것 같아요. 그냥 "우리는 직장이란 거를 연명하기 위해서 거기를 갔다" 이렇게 얘기를 한 것 같아요. 그때 경찰서에 우리 남편은 절대 안 와요. 누가 사식을 넣어줬던 것 같고, 그 사식을 먹고 저는 그 다음날 나온 것 같아요. (조은옥, 중동)

저는 방배 경찰서로 가서 앉아 있었어요. 형사들이 화가 잔뜩 난 거야. 내일이 일요일이잖아요? 지네들 놀러 가려고 다 계획을 세워 놨는데, 새벽에 비상이 걸려서 다 나오라고 하니… 형사들이 화가 난 거예요. 그러니까 우리 앉아 있는데 빨리 주민등록번호하고 신상을 쓰래요. 그래서 안 썼어요. 형사과장이 빨리 쓰라고 하는데 "우리 변호사 오기 전까지는 안 쓴다. 그거 안 쓰기로 돼 있는데, 왜 자꾸 쓰라고 하냐"고 내가 그랬어요. 내가 미운털이 박힌 거예요. 그런데 변호사가 경찰서를 다 돌아서 우리 있는 곳이 끝이었어. 새벽에 점거했으니까, 형사들 있는데 하나씩 앉으라고 해서 취조하라고 하는 거예요. 옆에 있는 조합원한테 형사가 "주민등록증 주세요" 그런 거예요. 그런데 우리는 "변호사 오기 전에 주민등록증 내놓지 말라"고 교육을 받았어요. 그런데 이 언니가 무심결에 백을 열려다가 나를 딱 쳐다본 거예요. 나도 그 언니를 쳐다봤지. 그 언니가 날 딱 쳐다보더니 "없는데요."(웃음) (……) 그러다 늦게서 변호사가 왔어요. 취조 다 받고 유치장 안에 들어가서 있는데 저기 10명씩이니까 5명씩, 5명씩 있었지. 면목, 가양도 있었고. 밥 먹을 때는 "아, 우리 한 식군데 밥 같이 먹게 해주라"고 했더니 한 방에서 먹게 해줘요. 우리가 죄인은 아니잖아요? 거기에 48시간 있다가 저녁에 나왔죠. 경찰서에 내가 죄짓고 갔으면 무서웠을 텐데, 죄지은 것도 아니고 떳떳하지. (박복희, 안양)

종로 경찰서 갔죠. 저희가 죄짓고 간 게 아니고, 그리고 같이 있으니까 수갑을 채우니까 "우리가 죄인이냐?" 막 난리를 치니까 얼른 빼줬어요. 거기서도 우린 가만 안 있었어. "텔레비 뭐 틀어라", "커피 달라"고 막 요구사항이 많았어. 그러니까 옆에 죄짓고 온 아저씨가 힐끔힐끔 쳐다보고. 그런데 민주노동당 쪽에서 사식을 많이 넣어 주고 많이 도와줬어. 그렇게 48시간 채워서 하니까, 밤12시 다 돼서 내보내 주는 거야, 그러니까 "이 시간에 우리를 내보내면 어떻게 가느냐? 택시비 내놔라" 그래 우리는 택시비 받았죠. 시흥이 난리쳤더니 시흥만 줬어요. 경찰한테 택시비 받은 건 우리밖에 없을 거야. (김영순·임재윤, 시흥)

5. 이랜드파업 '100일문화제'와 '박성수 구속' 국회 앞 투쟁

홍윤경 사무국장이 직무대행을 맡고 있다가 구속되면서 장 지도위원이 위원장 직무대행을 맡았다. 추석 집중투쟁은 계속 진행되었다.

9월 17일 오전 11시에 기혼여성들이 홈에버와 뉴코아에서 추석 선물을 사지 않겠다고 선언했다. 전국여성연대는 민주노총 1층 회의실에서 '홈에버 뉴코아에서 추석선물·장 안보기 1만인 주부선언대회'를 갖고 이랜드 여성노동자들의 투쟁승리를 위해 전국의 주부들이 명절을 앞두고 이랜드집중불매운동을 벌인다고 밝혔다. 이들은 장 안보기의 피켓을 모아 추석을 상징하는 노란 보름달을 만드는 상징의식을 진행했다. 전국여성연대는 9월 4일부터 전국적으로 '추석 장 안보기' 주부 1만인 선언을 진행해 왔다. 지난 9월 12일 수원 여성 1,000인 선언운동을 시작으로 경기지역 17개 시군이 추진하고 있으며, 울산에서도 9월 13일 10,000인 선언운동이 진행됐다. 여성단체와 여성농민회까지 가세해 "나쁜 기업 이랜드의 추석 매출에 결정적인 타격을 줄 것"이라고 했다.

민주노총과 연대단체들도 추석 직전까지 불매운동을 더 강도 높게 진행했다. 불매운동은 전국적으로 진행되고 있었다. 이에 이랜드그룹은 각종 카드사와의 이벤트를 통해 고객유치 노력을 해야 했다. 거기에 지역에서는 이랜드매장 불매를 호소하는 집회가 연이어 열렸다. 인천에서는 9월 19일 400여 명이 모여 뉴코아 인천점을 봉쇄하는 싸움을 진행했고, 천안에서는 20일 300여 명이 모인 가운데 홈에버 천안점 앞에서 집회를 열었다. 또 보령에서는 뉴코아 계열사로 밝혀진 해태마트 앞에서 불매운동이 벌어지기도 했다. 대구에서는 18일에 홈에버 내당점 앞에서 노동사회단체들이 모여 불매운동 참여를 촉구하는 기자회견이 열렸다. 광주는 21일 광주버스터미널과 광주역에서 불매운동을 촉구하는 귀향선전전이 진행됐다.

서울에서도 9월 21일과 22일 귀향선전전이 진행되었다. 특히 인권단체연석회의는 21일 오후 6시부터 서울역 광장에서 '내 가족은 비정규직'을 주제로 '추석맞이 특선 명화상영회'를 열었다. 이 행사는 『민중언론 참세상』이 후원했고 이랜드-뉴코아 노동자들의 투쟁을 담은 영상은 물론 힘든 싸움을 전개하고 있는 비정규직 노동자들의 영상이 상영되었다.

추석 연휴에 앞서 250명의 조합원들은 서울역에서 귀향객들을 상대로 선전전을 벌이고, 9월 22일과 23일에는 각각 월드컵점과 시흥점 앞에서 집회를 벌였다.

그런데 한가위 연휴 가운데 이랜드 지도부 2명이 연행되는 일이 일어났다. 장 직무대행(직대)과 박승권 정책국장이었다. 이들은 연휴가 시작되던 9월 22일 모두 각자의 집으로 들이닥친 경찰에 의해 연행됐다가 9월 24일 영장청구기각으로 풀려났다. 장 직대의 경우 22일 오전 11시 가족들과 아침식사 중에 택배 배달을 가장한 경찰이 집으로 들어와 아이들 앞에서 수갑을 채우고 끌려갔고, 박승권 정책국장도 새벽 2시경 집에서 잠을 자다가 연행됐다. 9월 21일 밤에 지도부 4명에 대한 체포영장이 발부됐다는 것이 그 이유였다.

비록 두 사람은 법원의 영장기각으로 풀려났지만, 노조는 무리한 지도부 연행에 "비정규직의 추석선물은 지도부 체포냐"며 분노했다.

민주노동당 비정규직철폐운동본부도 성명을 통해 경찰의 만행이라고 비판했다.

> 그것을(전산실 점거) 조합원들에게 얘기 안 할 수는 없잖아요? 그래서 조합원들에게 전술 논의를 했어요. 그런데 전산실 점거투쟁이라는 얘기는 안 하고 에둘러서 얘기를 하고 "희생자가 나올 경우에는 노동조합이 약간 책임을 져야 한다" 뭐 이런 식으로. 몇 명이 알아서 선도투를 하면 안 되잖아요? 선도투를 하더라도 나름 조합원들의 동의라든가 공감대를 만들어야 되는데… 그런 과정이 있었어요.
> 하여튼 들어갈 사람을 섭외하는데 들어갈 사람이 없었어요. 저랑 장경근, 그다음에 손명섭, 장 지도까지 4명이었죠. 그다음에 순천에도 남자들이 있으니 제안을 했는데 안 되었고. 시흥점 본사 위에 7층인가에 전산실이 있어요. 신나도 사고 준비도 했었는데 디데이 때 실패를 해요. 샜어요. 4명에서 샜을 수도 있고, 순천 조합원들을 조직하면서 샐 수도 있고, 계획이 새어 나가서 못했죠.
> 그래서 바로 명절 앞두고 수배가 됐죠. 장 지도랑 두 명이 집에서 끌려갔다가 나온 거고. 저는 집에 없어서 안 끌려갔죠. (……) 저랑 장경근은 수배됐어요. 손명섭은 어떻게 됐나? 여튼 끌려가고 "수배된 것 같다"고 연락오고. 그래 저는 민주노총을 들어가고 그날부터 집에 못 들어갔죠. (단순한 일인데, 이 사람들도 바로 나왔잖아요?) 그러니까요. (서형태, 병점)

순천분회 조합원들하고 서울집중투쟁을 하러 서울에 올라갔는데… 일정 전에 장 지도가 우리 순천분회 남성조합원들만 따로 어디로 데리고 가서 이야기 좀 하자는 겁니다. 아마, 여의도 서비스연맹 사무실인가, 그랬던 것 같아요. 사전에 저한테는 무슨 내용인지 대략 말을 했는데, 제가 순천 조합원들의 참여에 동의하지 않자, 장 지도가 "그럼 순천분회 남성조합원들을 좀 모아 주라. 내가 설명하겠다" 해서 모아 준 거죠. 그 내용이 투쟁이 진척없으니 추석 전에 이랜드 전산실을 점거해 전산장비를 작살을 내버리자는 투쟁전술인 거예요. 장 지도 본인과 몇 명이 할 테니 순천분회 남성조합원들이 후방에서 서포트를 좀 해달라는 거죠. 그때 우리가 10명이 좀 넘었을 건데. 저나 조합원들의 반응은 냉담했죠. 설령 그렇게 해서 전산실을 작살내서 추석매출에 타격을 줘도 여론이 좋지 않을 것이고. 또 회사 매출도 작살날 거 같지도 않을 거 같고. 설령 성공한다 해도 거기에 참여한 조합원들의 법적 소송과 징계를 어떻게 감당할 건지 의문이었죠. (박영광, 순천)

추석 전후로 장 지도가 끌려간 적이 있고. 그 계획을 세운 사람이 5명이에요. (……) 민주노총은 좀 정보가 샌다고 해서 다른 단체 사무실 빌려서 거기서 모의를 했죠. 옛날에 이랜드 때 전산실 점거해서 학생 하나 떨어졌는데 죽진 않고 절뚝거린다는데, 장 지도가 그걸 던진 거죠. 전산실 점거안을. 시흥점 꼭대기에 전산실 있거든요. 거기가 털리면 전체 전산망이 나가고 조사를 해보니까 백업된 게 없어서 그게 나가버리면 최소한 한동안 망가지죠. 우리가 집회하고 지지부진하게 해서는 답이 없다 해서 나온 안이에요. 그리고 논의한 5명이 올라가기로 했거든요. (……) 제가 거기에 필요한 거 사서 차에 실어 놓고. (……) 그러면서 전날에 마지막 만찬 비슷하게 술 한잔 하고. 거기에 대기하고 있다가 새벽에 간다고 하고 있었는데, 갑자기 딴 데서 연락이 온 거예요. 새벽 4신가? 갑자기 시흥점에 경찰차가 들이친다는 거야. "샜다" 이거야. (……) 그러고 쫙 흩어졌어요.

다음 날 아침에 장 직대가 털렸다는 거예요. 근데 그 다음 날 나왔고. 박승권이는 안 했는데, 걔가 왜 끌려갔는지 모르겠어요. (……) 이게 샜어요. 지금도 의문이지만. (……) 어쨌든 계획은 날라가고, 장 직대는 경찰서 갔다와서 면은 세운 거고. (장 직대가 구속되면, 그다음 직대는?) 그때는 직대 선임을 안했어요. 장 직대가 이 건은 최소한 3년 이상 형을 받는다고 해서 우리는 이거 보통 사안이 아니라는 생각하고. 나머지는 신경을 안 써서…. (손명섭, 부산)

1) 이랜드파업 100일문화제

10월 6일 저녁 7시부터 노조는 CGV 월드컵점 앞 광장에서 월드컵점 점거투쟁 돌입 100일을 기념하는 촛불문화제를 열었다. 이 자리에 참석한 권영길 민주노동당 대선후보의 발언에 이어 해남에서 온 정광훈 한국진보연대 공동대표도 "노동자는 사람 중에 가장 위대한 사람"이라며 "서럽게 투쟁하면 안 된다. 웃으면 행복하게 투쟁하라"고 비정규직 노동자들을 격려했다. 이어 참석자들의 장기자랑과 노래공연, 그리고 비정규직·정규직 노동자가 함께 어울려 행복하게 사는 내용을 담은 연극이 펼쳐졌다. 다음은 연극의 한 장면이다.

> (……) 박성수 회장이 월드컵 홈에버에 등장한다. 한껏 거들먹거렸다. 그의 주위에는 구사대들이 그를 둘러싸고 있다. 박성수 회장과 구사대는 매장 봉쇄를 위해 싸우고 있는 이랜드 조합원들을 탄압하기 시작한다. 속수무책으로 당하는 조합원들. 하지만 오랏줄과 함께 등장한 '박성수 체포조'에 의해 박성수 회장은 붙잡혀 곤욕을 치른다. 그는 '살려주세요'라고 체포조에게 비굴하게 빈다. (……)

월드컵 홈에버 광장에 모인 600여 명의 조합원들은 오랜만에 박수를 치며 즐거워했다. 각 분회에서 준비한 장기자랑도 웃음에 한몫을 했다. 계산분회에서는 연극을 준비했다. 비정규직과 정규직이라는 피켓을 건 사람들이 무대에 올랐다. 이들은 서로 즐겁게 일을 했다. 그런데 한날라리당과 정체불명당, 그리고 십일조박이라는 피켓을 든 사람들이 나와 비정규직을 때리며 끌어내기 시작했다. 하지만 이내 비정규직과 정규직들이 힘을 모아 이들을 무대 밖으로 던져 버렸다.

목동분회에서는 일명 '조개껍질 묶어'란 노래를 개사해서 노래공연을 펼쳤다. 하지만 노래를 다 외우지 못해 더듬거렸다. 중동분회에서는 '남행열차'를 개사한 '비정규직 열차'를 흥겹게 불러 열렬한 호응을 받았다. 연대단체들도 조합원들의 장기자랑에 웃음이 떠나지 않았다. 코스콤, 르네상스, 기륭전자, 다함께, 사회진보연대, 빈곤사회연대, 학생행동연대, 노동해방학생연대, 전국학생행진… 등 많은 단체들이 함께했다.

뉴코아-이랜드 조합원들을 연대하는 단체뿐만 아니라 가족들도 참석했다. 가족들은 절박한 생존문제에 직면해 있었다. 조합원들의 아들과 딸이 무대에 올라 파업 100일 동안 어머니를 지켜본 소회를 풀어냈다. 특히 면목분회 승선화 조합원의 딸인 배수원은 말하는 내내 거리에서 고생하는 어머니 생각에 눈시울을 붉혔다.

"저는 대학에서 미술을 전공하는 학생입니다. 사회인이 아니라서 비정규직, 노동자라는 단어들이 생소합니다. 파업을 좋은 시선으로 보지도 않았습니다. 엄마가 처음 파업을 한다고 했을 때 말리고 싶었습니다. 직장을 잃는 것이 걱정됐기 때문입니다. 그런데 얼마 전 엄마가 발언한 내용이 적힌 신문을 보게 되었습니다. 엄마는 파업을 하는 이유가 "나를 위해서 싸우는 것이 아니라 내 딸을 위해서 싸우고 있다"고 했습니다. 그것을 읽고 돈 때문에 엄마를 말리려던 내 자신이 부끄러웠습니다. 가녀린 여인이 엄마라는 이름으로 한 손에 피켓을 들고 거리에서 오열하는 모습을 보고 있자니 가슴이… 엄마는 꼭 승리해서 법을 바꾼 노동자로 남고 싶다고 합니다. 파업 100일. 이게 좋은 일인지 모르겠습니다. 이 투쟁이 얼마나 갈지, 날도 추워지는데…."

그의 말은 자신의 어머니만을 향하진 않았다. 조합원들의 눈에선 눈물이 흘렀다. 많은 눈물과 웃음이 있었던 이랜드파업 100일문화제. 조합원들은 100일문화제에서 앞으로 좀 더 강한 싸움을 할 것을 결의했다. 100일의 시간은 이들에게 많은 시련과 고통을 안겨 줬지만 그만큼 강하게 만들었다. 어느새 이들은 거리의 투사가 되어 있었다.

2) '박성수 구속' 국회 앞 투쟁

추석연휴가 지났지만 여전히 해결의 전망은 밝지 않았다. 홈에버는 사실상 교섭이 중단된 상태였다. 이런 상황에서 관심은 10월 중순 국정감사에 이랜드그룹 박성수 회장이 증인으로 채택될지 여부에 쏠렸다. 회장이 직접 나서 이랜드 사태를 해결해야 한다는 것이었다.

10월 5일 오후 2시부터 열린 국회 환경노동위원회(환노위) 전체회의에서는 "이랜드 사태에 대한 심도 있는 논의를 위해 오는 10월 23일 박성수 회장을 증인으로 채택한다"고 만장일치로 결정했다. 이랜드 사태와 관련해 증인으로 채택된 사람은 모두 5명이었다. 회사 측은 박성수 회장과 오상흔 홈에버 사장, 최종양 뉴코아 사장이었고, 노조 측은 장석주 직무대행, 박양수 뉴코아노조 위원장이었다.

박성수 회장의 증인채택은 단병호 민주노동당 의원, 배일도 한나라당 의원 등이 요청한 것이다. 환노위 소속 국회의원들은 8월에 이랜드사태 해결을 위해 이랜드 노사를 만났고, 이 과정에서 박성수 이랜드그룹 회장을 국정감사 증인으로 부르겠다고 했다. 이후 노조는 국회 앞에서 1인시위를 하면서 박성수 회장의 증인채택을 강력히 요구했다. 회사는 박성수 회장의 증인채택을 막기 위해 환노위 의원들을 대상으로 다양한 로비를 벌였다. 그러나 박성수 회장이 국정감사 증인으로 채택되자, 회사는 노동부를 통해 교섭의사를 밝혔다.

10월 17일부터 국회의 국정감사가 시작되고 환노위 국정감사에 박성수 회장의 출석이 예정되었다. 이날 오전 11시에 뉴코아-이랜드 유통서비스 비정규 노동자 노동기본권 보장을 위한 공동대책위원회는 국회 앞에서 기자회견을 갖고 "비정규직 대량해고와 외주화, 노동탄압 주범 박성수 회장을 반드시 처벌하라"고 목소리를 높였다. 이 기자회견에는 뉴코아-이랜드 노동자들은 물론 사회 각계 인사들과 뉴코아-이랜드 노동자들의 가족들도 참석했다. 참가자들은 모든 책임은 사태해결에 나서지 않고 있는 박성수 회장에 있다고 지적했다. 이들은 국회가 박성수 회장에 대한 국정감사를 철저히 해 이랜드 비정규직 노동자의 피눈물을 닦아 주어야 한다고 밝혔다.

이랜드 노동자들은 실낱같은 희망을 갖고 국정감사를 지켜보고 있었다. 이에 노동사회단체들은 24시간 동안의 단식을 통해 박성수 회장의 "실질적인 법적 처벌"을 촉구하고 나섰다. 10월 18일 오후 6시 노동사회단체들은 단식단 발대식을 갖고 국회 앞에서 단식에 돌입했다. 이들은 기자회견문을 통해 뉴코아-이랜드 노동자들이 승리해 일터로 돌아갈 때까지 적극적인 지지와 엄호로 투쟁에 함께할 것을 결의했다. 이런 상황에서 민주노총이 국회 앞 집회도 열지 않고 있는 것에 대한 비판도 제기됐다.

한편 월드컵점 점거 등 영업방해 혐의로 7월 20일 구속된 김경욱 위원장이 징역 10개월, 집행유예 1년으로 환노위 국정감사 하루 전인 10월 22일 석방됐다. 김경욱 위원장은 이날 판결 이후 오후 4시 30분경 94일간 구속돼 있었던 영등포 구치소에서 석방됐다. 이랜드 조합원들과 가족들이 그를 반겼다. 그는 조합원들이 준비한 두부를 먹고 연신 인사와 악수를 나눴다. 김경욱 위원장은 석방되자마자 민주노총의 상황실을 방문해서 조합원들과 인사를 나누고 곧바로 회의에 참석했다.

김경욱 위원장이 석방된 날 저녁에는 국회 앞에서 문화제가 진행됐다. 문화제는 밤 10시경 끝났다. 하지만 조합원 중 상당수는 그 자리에 그대로 남았다. 국감이 시작되는 시간까지 노숙투쟁을 벌인다는 것이다. 이들은 추위에 대비해 내복과 겉옷을 겹겹이 입고 나왔다. 많은 조합원들이 맨바닥에 돗자리를 깔고 삼삼오오 모였다. 노래를 부르는 조합원들도 있고 술을 마시는 조합원들도 있었다. 향후 정세에 대해 옆에 있는 조합원과 진지하게 이야기를 나누는 이도 있었다. 이들은 노숙투쟁을 매장점거 때와 같이 주위에 동지들이 있으니 즐겁게 진행했다. 이날 노숙투쟁 인원은 100명이 넘었다.

김경욱 위원장님이 들어갔다가 나오신 날(10월 22일) 국감이 있었어요. 앞에서 확성기 갖고 하면서 계속 큰 소리로 집회했어요. 거기서 1박 했어요. 국회 앞에서 집회할 때, 김경욱 위원장님이 그쪽으로 나오자마자 와서 서로들 끌어안고 많이 울었죠. 위원장님이 마르고 초췌했죠. 너무 고생한 거 같아서 보기가 힘들었고. 그래도 되게 반가웠죠. **"아, 인제 진짜 우리 지도부가 이끈다"** 싶어서…. 그리고 좀 미안스러운 건 위원장님 나오기 전에 해결됐으면 했지만 안돼서 또 나와서도 위원장으로서 이끌어가야 되고 조합원들을 책임져야 한다는 게, 너무 미안했어요. 상황은 또 어쩔 수 없었지만. (김정애, 구월)

(위원장님 출소 때 어땠어요?) 너무 좋았어요. 여의도에 있는데 다들 막 좋다고, 본인도 쑥스러워하면서도 좋다고. 국회 앞에서 "박성수 나와야 한다"면서 국감투쟁을 했는데 연대가 많이 붙었던 것 같아요. 여러 비정규직 사업장이 같이 싸웠거든요. 사람이 많았어요. "박성수 붙잡혀 가면 우리가 승리할 거야"(웃음) 막 이러면서 기대감이 있었죠. (황은영, 면목)

10월 23일 국정감사에서 이랜드 사측의 부당불법한 노동탄압 사실이 속속 드러났다. 이날 각 지방노동청장부터 이상수 장관, 노민기 차관 등이 참석했다. 또한 이랜드사태 관련 최종양 뉴코아 대표이사, 오상흔 홈에버 대표이사, 최호섭 뉴코아 사무국장, 장석주 이랜드 일반노조 직무대행이 참석했다.

이날 오후 2시 30분부터 열린 노동부 국정감사가 3시간가량 이어진 끝에 오후 5시 34분에 10분간 정회됐다. 이날 국감 첫 질의에서 이랜드그룹 사측이 자행한 각종 부당불법 노동탄압 사례가 지적되었고 확인되었다. 오후 6시 10분 이랜드그룹의 방만한 사세확장과 경영적자 발생, 적자보전을 위한 부당노동행위 문제, 보육시설 설치법 위반 문제 등에 대한 보충질의가 이어지다가 오후 7시 17분에 국회 환노위 노동부 국정감사가 종료됐다. 환노위는 오는 11월 2일자 국정감사에 이랜드그룹 박성수 회장을 재소환하고 불응시 고발조치할 수 있음을 경고했다. 박성수 회장은 10월 23일 열린 국정감사에 증인으로 채택됐으나 국감을 20여 일 앞둔 지난 10월 3일 미국으로 도피했다.

한편 환노위에서 이랜드사태에 대한 국정감사가 시작되는 동안은 물론이고 국감이 진행되기 전부터 국회 앞은 떠들썩했다. 비정규직 노동자들이 국회 곳곳에서 규탄대회를 진행했던 것이다. 환노위 국감 전날 국회 앞 노숙투쟁, CCTV 탑 고공농성 등이 진행됐다.

환노위 국정감사가 시작되는 시각에 국회 앞에서는 "비정규 장기투쟁사업장 투쟁승리 2007 국감투쟁승리 민주노총 결의대회"가 진행됐다. 이 자리에는 뉴코아-이랜드노조 뿐만 아니라 코스콤, 콜트콜텍 대책위, 호텔리베라, 기륭전자 등 장기투쟁을 진행 중인 많은 비정규직 노동자들이 참석했다. 민주노총 허영구 부위원장, 정용건 전국사무금융연맹 위원장의 발언이 이어졌다. 증권선물거래소 앞 망루에서 13일째 단식농성 중인 코스콤 조합원과는 전화연결을 했다. 3년 가까이 회사와 싸우고 있는 기륭전자 김소연 분회장의 발언이 있었다. 코스콤 국감이 끝날 무렵인 12시에 서강대교 북단 CCTV 탑 위에는 뉴코아 박명수 조합원이 올라가 있었다. 그는 "뉴코아-이랜드 문제 해결하고 박성수를 구속하라"는 문구가 적힌 현수막을 펼치고 "우리 투쟁은 정당하다. 비정규직 철폐하고 박성수를 구속하라"를 외쳤다. 뉴코아 조합원들은 여의도에서 달려와 CCTV 탑 아래 모였다. 박명수 조합원은 조합원들에게 정말로 분하고 억울해서 여기에 오르게 됐다며 "너무나 정당한 우리 싸움을 알리고 싶었다"고 했다. 이어 "반드시 박성수를 구속시켜야 한다"고 주장했다. 이렇듯 거리로 내몰린 노동자들은 국회 주위에서 자신들의 부당한 처지와 요구를 몸을 던져 말하고 있었다.

다음날인 10월 24일 종각 앞에서 노동자 300여 명이 모인 가운데 '이랜드 비정규직 생존권 사수를 위한 결의대회'가 열렸다. 결의대회가 끝난 뒤에 뉴코아-이랜드노조 조합원 60여 명은 종각부터 광화문까지

"박성수 회장 구속 촉구와 비정규직 철폐"를 바라며 3보 1배를 했다.

결국, 국회 환노위가 11월 2일 박성수 이랜드그룹 회장을 검찰에 고발했다. 지난 국정감사에 증인으로 채택되었으나 "이를 의도적으로 회피했다"는 이유였다. 박성수 회장이 미국 출장을 이유로 불출석했기 때문이다. 박성수 회장은 증인 불출석 사유서에 귀국시점을 국정감사가 마무리 되는 11월 중순 이후로 밝혀 "국감증인 출석을 회피하기 위해 미국으로 도피한 것"이라는 비난이 빗발쳤다. 더욱이 박성수 회장은 환노위의 재출석 요구에도 응하지 않았기 때문이다.

6. 지역 총파업과 매장오픈 저지투쟁

1) 전북본부 지역총파업(10월 24일)

사회적 관심을 모았던 이랜드투쟁은 장기화되면서 해결의 기미가 보이지 않았다. 노동운동의 일부에서는 민주노총이 기한을 정해 놓은 투쟁 일정에 대한 아쉬움을 토로하기도 했다. 비정규직 문제해결을 위한 노동자와 시민사회의 전국연대가 더욱 절실히 필요하다는 의미이기도 했다. 그동안 민주노총을 비롯한 노동계, 진보정당, 시민사회 활동가들은 추석을 전후로 매출제로 불매운동을 지속해 왔다.

전북지역에서도 홈에버 전주점 앞에서 진행된 대시민 홍보전이 소강상태를 깨고 다시 10월 17일부터 이어졌다. 전북본부는 10월 18일 지역본부 비상대표자회의를 통해서 지역 노동조합의 모든 역량을 모아 10월 24일 전북노동자대회 총파업을 하기로 결정했다. 또 '비정규직차별철폐 전북연대회의'는 9월 15일부터 연맹별 간부들과 활동가들이 주축이 돼 이랜드-뉴코아 비정규직 투쟁을 지속하고 있었다. 이들은 그동안 전주점 앞에서 대시민 홍보와 문화공연, 규탄결의대회 등으로 홈에버 매출을 크게 떨어뜨렸다. 홈에버 전주점 측에서 1주년 개점행사로 대대적인 판촉을 했다. 이에 '비정규직 차별철폐 전북연대회의'는 홈에버 전주점 투쟁을 재점화하겠다고 나섰다.

비정규직 노동자 투쟁의 상징이 된 이랜드-뉴코아 투쟁이 4개월을 훌쩍 넘기고 있는 가운데 민주노총 전북본부 소속 단위노조 사업장들은 10월 24일 전주노동사무소 앞에서 전북지역 총파업을 하고 "이랜드-뉴코아 비정규직 노동자 해고사태의 조속한 해결"을 정부에 촉구했다. 이날 열린 총파업 노동자대회에는 전북본부 소속 조합원들을 비롯해 민주노총의 이석행 위원장과 진영옥 수석부위원장, 뉴코아노조와 이랜드노조 조합원들이 참석해 이랜드-뉴코아 비정규직 투쟁의 승리를 위해 지속적인 연대투쟁을 진행할 것을 결의했다. 이날 1천여 명이 참여했다. 전북노동자대회는 민주노총 총연맹 차원이 아닌 전북본부 차원에서 결의된 비정규직연대 총파업투쟁이었다. 전국에서 유일하게 총파업을 통해 이랜드-뉴코아 투쟁을 지지하는 투쟁을 벌인 것이다. 민주노총 전북본부와 산하 단위노조들은 이번 파업을 위해 간부파업, 잔업거부, 총회소집, 교육소집 등의 다양한 형태로 총파업을 준비했다. 총파업은 이랜드-뉴코아 비정규직 투쟁과 KTX, 코스콤 등에서 자행되고 있는 대량해고를 저지하고, 비정규직 노동자들이 겪고 있는 고용불안과 차별을 철폐하기 위해 전북지역 노동자들의 의지를 다시 한번 모으는 자리였다.

대회사를 맡은 신동진 본부장은 4개월이 넘는 투쟁을 거치면서 많은 이들이 지쳐 있다면서 자신감을 회복할 수 있을 때 끈질긴 투쟁이 가능하며, 투쟁을 승리로 이끌 수 있다고 했다. 그는 "그 승리는 이랜드-뉴코아 노동자만의 승리가 아니라 전체 노동자들의 승리"로 다가 올 것이라고 주장했다.

이들은 이어서 비정규직법 및 비정규직 철폐투쟁과 11월 노동자대회, 민중총궐기로 이어지는 하반기 투쟁에 총력을 다할 것이라는 다짐을 담은 결의문을 채택했다. 이어 참여자들은 정리 집회가 진행될 홈에버 전주점까지 행진해 갔다. 홈에버 전주점 앞에서 진행된 정리집회는 이랜드-뉴코아 투쟁의 승리를 염원하는 마음과 끝까지 투쟁하겠다는 노동자들의 결의가 담긴 촛불 상징의식으로 마무리됐다.

2) 전국비정규직 노동자대회(10월 27일)

10월 27일 오후 2시 이랜드 본사 부근 6호선 광흥창역 앞에서 '이랜드 투쟁 승리와 박성수 회장 구속을 위한 결의대회'가 열렸다. 이어 오후 4시 '비정규직 철폐, 비정규 노동자 5대 요구 쟁취를 위한 2007전국비정규 노동자대회'가 여의도 산업은행 앞에서 열렸다. 2,000여 명의 비정규직 노동자들이 참가한 가운데 노동가수 김성만의 사전문화공연을 시작으로 민주노총 비정규담당 주봉희 부위원장의 대회사가 이어졌다.

이어 서울경인이주노조 마숨 위원장은 이주노동자들은 차별받는 노동환경을 바꾸기 위해 투쟁하고 있다며, 이주노동자도 한 인간이라고 주장했다. 코스콤 비정규직노조 조합원은 그간의 코스콤 투쟁상황을 정리한 글을 읽으며 코스콤 자본은 노동자에게는 어떤 폭력을 가해도 된다는 면죄부를 행사하고 있다고 목소리를 높였다. 뉴코아노조 조합원은 사업장은 다르고 하는 일도 투쟁하는 상황도 다르지만 정규직과 비정규직, 모든 노동자가 하나가 돼야 한다고 강조했다. 이어 박대규 비정규노조연대회의 의장은 대회사에서 비정규직 철폐하고 인간다운 삶을 손에 쥐고 싶다고 했다. 이어 이용석노동자 열사상 시상식이 열렸다. 이용석열사추모사업회는 비인간적인 대우를 받고 있는 비정규직 노동자들의 계약해지에 맞서 정규직과 비정규직이 함께 나선 '아름다운 연대'를 실천하는 뉴코아노조와 이랜드일반노조가 이 상을 수상하게 됐다고 밝혔다. 김경욱 위원장은 "전 국민의 75%가 지지

하는 이랜드투쟁이 패배하면 누가 노조에 가입하고 활동할 것인가? 누가 부당함에 맞서 싸우겠는가? 우리가 승리해야 좋은 사람들의 목숨을 살릴 수 있다는 생각으로 끝까지 투쟁하자"고 말했다. 끝으로 "2007~2008 권력 재편기, 악법 폐기와 비정규 노동자 5대 요구 쟁취를 위한 투쟁을 선포한다"는 결의문이 낭독됐다. 5대 요구안은 다음과 같다.

- 상시고용 비정규직을 정규직화하고 비정규직 사용사유를 엄격제한하라.
- 현대판 노예제도 파견법과 기간제법을 즉각 철폐하라.
- 특수고용 노동자도 노동자다. 노동법을 적용하고 노동3권 보장하라.
- 간접고용 노동자의 실질 사용자인 원청 사용자 책임을 인정하라.
- 단속 추방을 즉각 중단하고 이주노동자 노동허가제를 실시하라.

오후 6시 50분부터 시작된 비정규 노동자문화제에서는 노동가요 작곡가 김호철, 연영석, 경기예술단 등의 공연이 이어졌다. 고공농성을 하고 있는 코스콤 비정규직노조 조합원과 뉴코아노조 조합원이 전화를 통해 비정규직 노동자대회 참가자들에게 소식과 결의를 전했다.

3) 전국노동자대회(11월 11일)

11월 10일 전국노동자대회 전야제에서는 곳곳에서 자발적인 행동도 일어났다. 일주일 동안 전국의 투쟁사업장을 순회방문하며 투쟁을 벌여 온 노동해방실천단은 오후 2시경 강남 킴스클럽 매장에서 선전전을 벌이려 했으나, 경찰과 용역 경비에 막혀 입구에서 몸싸움을 벌였다. 이 과정에서 뉴코아 매장 점주들이 강하게 항의하며 폭력을 행사했다. 이어 오후 5시에는 노동해방실천단을 비롯해 민주노총 서울본부, 사회진보연대 등 노동사회단체 회원 300여 명이 마포구청역 앞에 모여서 집회 장소인 월드컵경기장까지 행진을 벌였다.

오후 7시부터 월드컵경기장에서 열릴 예정이었던 '이랜드-뉴코아 투쟁승리 결의대회'가 월드컵점 외곽도로에서 산발적으로 진행되었다. 원래 민주노총의 집회장소는 월드컵경기장 북측 행사장이었으나, 매장봉쇄투쟁을 전개하려는 5,000여 명의 노동자들이 오후 6시경부터 월드컵점 남쪽 농수산물시장 앞 차선을 점거하고 집회를 벌였다. 남쪽 주차장 입구에는 금속노조 중심의 500여 명의 조합원들이 차량을 통제하고 "박성수를 구속하라" 등의 구호를 외치고 있었다. 뒤편 도로로부터 2,500여 명의 조합원들이 합류해 3개 차선을 점거하였다. 월드컵점 주변은 경찰병력으로 둘러싸여 있고 "행사장으로 복귀하지 않으면 살수하겠다"는 내용의 경고가 방송되고 있었다. 오후 9시 30분 대오는 집회를 정리하고 본 행사장인 북측 무대로 이동했다.

'전태일 열사 37주기 열사정신계승 전국노동자대회' 전야제가 오후 10시경부터 월드컵점 북측 광장에서 '이랜드투쟁 승리를 위한 문화제'로 열렸다. 월드컵점 매출제로투쟁을 진행한 5,000여 명의 노동자들은 "박성수를 구속하라", "비정규직 철폐하자"를 외쳤다.

민주노총 위원장의 대회사에 이어 민주노동당 최고위원의 연대사가 있었다. 뉴코아-이랜드 노동자들의 투쟁사가 이어졌다. 이 전야제는 이전과 다르게 투쟁문화제로 짧게 진행되었다. 새벽 12시경 전야제를 마친 노동자들은 월드컵점 앞에 친 천막에서 숙박을 했다.

다음날인 11월 11일 '전국노동자대회와 범국민행동의 날' 집회를 정부가 원천봉쇄하기로 결정한 가운데 3만여 명의 노동자가 오후 남대문로를 기습점거하고 노동자대회를 강행했다. 경찰이 전국 곳곳의 고속도로 톨게이트에서 집회 참석자들의 상경 차량을 막고 충돌이 벌어져 상당수가 올라오지 못한 가운데 노동자대회가 열렸다. 여의도에서 열릴 예정이었던 노동자대회는 긴급히 장소를 바꾼 것이다.

민주노총은 11일 오후 1시 20분경 남대문로 인근에 모여 있던 조합원들이 기습적으로 도로로 뛰어들어 남대문에서 시청 앞까지 왕복 12개 차선을 점거하고 시위를 벌였다. 참가자들이 도로를 막자 경찰은 헬기와 살수차를 동원해 해산을 종용했다. 인근에는 경찰 231개 중대 23,000여 명이 배치됐지만 큰 물리적 충돌은 일어나지 않았다.

노동자대회 전야제일 때가 11월 달이니 추웠어요. 그때 단상에 올라가서 제가 발언도 하고 "왜 전태일 열사가 분신을 했는지 마음을 조금 알 것 같다"고. "투쟁이 길어지니까 미치겠다"고 말하기도 하고. (……) 사전집회할 때 우리가 신촌 본사 타격투쟁하고. 전국노동자대회 가면 사전집회하고 연맹단위로 행진하고 그러잖아요. 그때 한 번 물대포 세게 뿌리고, 그리고 헬기 뜨고. 저희 대오는 조합원들이 이탈하거나 사고를 막아 주려고 항상 제가 선두에 서고 중간에 우리 여성분회장님이 서고, 맨 뒤에 우리 남자 부지부장이 서요. 근데 그때는 막 토끼몰이도 하고 무서웠던 것 같아요. 조합원들이 다치니까. (박영광, 순천)

전야제 때 연대 온 학생이 물대포에 날려가는 거. 그때 걷기도 굉장히 많이 걷고 그러다가 나중에 물대포 맞고, 연행되고. 대회날은 처음에는 남대문에서 모여 가지고 집회하면서 비정규직 철폐하면서 한미 FTA랑 같이 하면서 되게 컸어요. 전국에서 다 올라와서 거대한 노동자대회를 한 거죠. 근데 저는 "이 노동자들이 그렇게까지 싸웠는데, 안 되는 것도 있구나" 하는 느낌도 있었고. 그때 제가 문선패여서 무

대에서 '파도 문선'을 했었어요. (마수경, 면목)

4) 서울본부 간부파업(11월 27일)

'비정규 현안 투쟁사업장 승리와 비정규악법 폐기'를 걸고 민주노총 서울본부가 11월 27일 간부파업을 조직하기 위해 11월 13일부터 23일까지 현장순회 활동을 벌였다.

서울지역 간부파업은 다른 지역과는 달리 서울이라는 특수성 때문에 최초로 조직되는 것이기도 했다. 다른 지역의 경우 지역총파업을 해온 경험이 있어도 서울지역은 총연맹과 다른 연맹들도 있는 곳이라 지역사업을 하기 어려운 점이 있었다. 그럼에도 간부파업이 결의된 것은 서울에서 많은 비정규직 사업장들이 힘든 싸움을 하고 있기 때문이다. 이랜드-뉴코아노조, 코스콤 비정규지부, KTX열차승무지부, 기륭전자분회, 구로선경오피스텔분회, 르네상스호텔분회, 학습지노조 한솔분회 등과 공공부문 비정규직 노동자들이다. 비정규직 문제가 심각한데 비정규직법의 실행 때문에 문제가 더욱 심각해지고 있는 것이었다. 이에 서울본부는 우선 상징성이 있는 뉴코아-이랜드 비정규직 문제를 해결하는 것이 중요하고, 이 문제를 해결하기 위해는 비정규직법의 문제도 동시에 해결해야 될 것이라는 판단으로 간부파업을 한 것이었다.

또, 간부파업을 11월 27일로 정한 것은 17대 대통령선거 공식선거운동 첫날이기 때문이었다. 대통령 후보로 나선 사람들이 비정규 노동자들의 문제 등 민생문제를 말하지만, 실제 이들이 비정규직법을 만든 장본인들이었기에 이에 대한 비판을 행동으로 표현하고, 이들이 비정규직 문제에 대해 진정성 있게 발언하도록 요구하기 위한 것이었다.

이에 서울본부 운영위원들은 다음의 투쟁호소문을 통해 간부파업 동참을 호소했다.

> 97년으로부터 다시 10년이 흐른 지금, 비정규직이 일반화된 세상에 정규직이라고 다른 인생을 살 수는 없다. (……) 정규직의 빈자리를 비정규직이 채우고, 위계와 차별로 짜여진 일상의 벽은 비정규직과 정규직을 가르고, 정규직 파업이 비정규직 대체인력 투입으로 무너지고, 비정규직의 투쟁을 정규직이 가로막는 일들이 반복되면서 우리들의 삶도 그렇게 허물어져 가고 있다. (……) 11월 27일은 서울지역 연대단위들과 서울지역의 현장단위 간부들까지 한자리에 모여 이랜드-뉴코아 투쟁으로 대표되는 현안 비정규 투쟁 사업장 승리와 비정규 악법 폐기를 결의하는 날 (……) 간부들부터 결의하고, 간부들부터 실천하자.

마침내 11월 27일 오후 3시 마로니에 공원에서는 '비정규투쟁 승리와 비정규악법 폐기를 위한 서울지역 간부파업 결의대회'가 열렸다. 서울지역 최초의 지역 간부파업이었다. 1천여 명의 노동자들이 모여서 집회가 진행되었다.

이는 뉴코아-이랜드 등 오랜 기간 동안 비정규직 문제로 힘겨운 싸움을 벌이고 있는 노동조합의 사안을 걸고 열린 지역파업으로 그 의미가 깊었다. 10월 24일 민주노총 전북본부 주최로 뉴코아-이랜드 사안을 놓고 2천여 명의 노동자들이 모여 지역파업을 벌인 것에 이어 두 번째 지역파업이다.

대회사에는 이랜드일반노조의 김경욱 위원장과 기륭전자분회의 김소연 분회장이 나섰다. 김경욱 위원장은 "민주노총 위원장은 이랜드 투쟁이 패배하면 민주노총 깃발을 내리겠다고 했다"라며 민주노총의 깃발을 휘날리기 위해 끝까지 투쟁할 것이며, 12월 이랜드그룹에 대한 대공세를 준비할 것이라고 밝혔다. 이어 김소연 분회장도 대선기간 동안 비정규직 투쟁의 전면화로 더 큰 투쟁의 첫걸음을 내딛어야 할 것이라고 목소리 높였다.

참가자들은 손 피켓을 직접 만들어 들기도 했다. 손 피켓에는 다양한 노동자들의 요구가 담겼다. '비정규직철폐가'를 부르며 집회를 마무리한 참가자들은 광화문까지 행진을 했다. 참가자들은 광화문에서 모여 있던 서울지역 시민사회단체들과 함께 공동행동을 진행했다

5) 포항 오픈저지투쟁(11월 28일~29일)

이랜드그룹이 노동자들의 투쟁은 방치한 채 다시 열악한 처우의 비정규직만을 대거 고용해 신규점포를 확대하려 나섰다. 이에 노조는 "유례없는 비정규직 양산"이라며 신규점포 개점을 저지하겠다고 나섰다.

홈에버는 3월에 상주점을 개장한 데 이어 11월 29일 포항점, 12월 6일 서울 신도림점 개장을 계획하고 있었다. 대형마트의 경우 매장 규모에 따라 채용규모가 달라지지만, 평균적으로 점포를 개장하면 500여 명의 인력을 신규 채용해야 했다. 홈에버는 상주점을 개장하면서 간접고용 비정규직을 대거 채용해 논란을 빚었다. 계획이 유보된 광주 유동점에서도 매니저급 이상의 소수를 제외한 전 직원을 간접고용 비정규직으로 채우려 했다가 비난을 샀다. 홈에버는 11월 29일 포항점 개장을 앞두고 또다시 같은 내용의 구인광고를 냈다. 이에 11월 20일 오전, 노조는 경북 포항시청에서 기자회견을 열었다. 기자회견에는 민주노총 경북지역본부, 민주노총 울산지역본부, 이랜드일반노조, 민주노동당 경북도당위원회 등이 참여했다. 이랜드그룹이 포항점 개

점을 앞두고 낸 채용공고에는 계산원 등 점포에서 근무할 직원 대부분을 단기계약 및 용역, 파견노동자로 뽑고, 정규직은 신규 채용이 전혀 없었다. 포항점은 매장 규모 2,150평(약 7,107㎡)에 300명의 직원이 모두 간접고용, 비정규직으로 채워졌다. 소수의 관리직에만 기존의 정규직이 파견됐을 뿐이고, 전원이 비정규직이었다. 이에 노조는 회사가 고용안정에 대한 노조의 요구를 5개월째 외면하면서, 되레 비정규직을 양산하는 행태를 비판하고 나선 것이다.

한편, 뉴코아는 최대 수익을 내는 것으로 알려진 뉴코아 강남점 매각을 결정한 것으로 알려졌다. 회사는 노조에게 매각에 대해 전달하지도 않아서 노조의 분노는 더 컸다. 이에 항의해 이날 뉴코아노조 박양수 위원장 등 간부 2명이 명동성당에서 천막농성을 시작했다.

또, 이랜드일반노조 조합원 22명이 한국기독교교회협의회 건물에서 농성에 돌입했다. 이어 11월 27일 공투본은 마로니에 공원 앞에서 기자회견을 열어 이랜드그룹의 신규점포 개장을 규탄하고, 박성수 회장의 귀국을 촉구했다. 김경욱 위원장은 회사는 추석이 지나면 조합원들이 포기할 것이라 생각한 것 같은데 조합원들은 여전히 살아 있다며 "박성수 회장을 구속시킬 때까지 멈추지 않고 싸워 갈 것"이라고 밝혔다. 공투본은 "비정규직 대량해고! 이랜드 악질기업!"이라는 커다란 글씨를 쓴 버스를 타고 전국을 순회하기로 했다. 노조는 28~29일에 걸쳐 포항점 신규개장을 막는 싸움을 진행하고, 12월 6일에는 신도림점 오픈을 막는 싸움을 하기로 했다.

홈에버 포항점 개장을 앞둔 11월 28일 포항점 앞에서 노동자들이 천막농성과 촛불문화제를 진행했다. 11월 29일 개장일에는 매장 안에서 선전전을 하자 회사는 서울에서 구사대를 급파해 조합원들을 한쪽으로 밀어 넣고 위협을 가했다. 1시간여 동안 매장 안에서 선전전을 진행한 조합원들은 다시 포항 시내로 나와 포항시민들을 대상으로 거리 선전전을 벌였다.

이후 오후 4시부터 포항점 앞에서 이랜드일반노조, 민주노총 울산지역본부, 민주노총 대구경북본부는 홈에버 포항점 오픈을 규탄하는 기자회견과 투쟁문화제를 열었다. 점포 앞에는 점주들이 "영업방해 중단하라. 민주노총 철수하라, 비정규직 문제 해결하려다 영세상인 다 죽는다"는 피켓을 들고 시위를 벌였다. 구사대 100여 명과 경찰이 출입구를 막고 있었다. 이날 투쟁문화제에는 700여 명이 참가해 홈에버 포항점 오픈을 규탄했다. 이전락 민주노총 경북본부장은 "이랜드-뉴코아 노동자들이 하루빨리 현장으로 돌아갈 수 있도록 일개미들의 피와 땀을 빠는 사무라이 개미 박성수를 우리 손으로 잡아야 한다. 이제 시작이다"라며 포항지역 이랜드투쟁의 결의를 알렸다. 울산본부 이영도 수석부본부장, 민주노동당 포항시당 위원장과 이랜드일반노조 고일미 수석부위원장의 발언이 이어졌다. 이랜드노조 몸짓패와 경산지역 풍물패, 경북지역 일반노조의 문화공연이 있었고 집회장에서는 동국대 경주캠퍼스 환경미화원노조 노동자들이 '비정규직철폐가'를 부르며 함께했다. 오후 6시경 투쟁문화제를 마치고 매장으로 진입하던 참가자들은 전 출입문이 구사대와 경찰병력에 봉쇄된 가운데 정문을 뚫고 매장 안으로 들어갔다. 이미 2층 매장을 봉쇄하고 있던 경찰병력은 먼저 2층으로 들어간 이랜드 여성노동자에게 방패와 곤봉으로 폭력을 가했고 2층으로 올라가는 무빙워크에서 참가자와 경찰의 충돌이 있었다. 1시간여 동안 진입투쟁을 벌인 끝에 한쪽 주차장 입구에서도 경찰병력을 밀어내고 매장 내 진입을 성공한 노동자들은 매장 정문까지 뚫어 모두 매장 안으로 들어갔다. 포항점이 건물 내 2층, 3층에 위치해서 건물 안으로 들어간 노동자들이 2층 홈에버 매장으로 가기 위해 에스컬레이터를 타자, 또다시 경찰병력이 막아섰다. 일부 노동자들이 에스컬레이터를 뛰어 넘어가며 2층으로 올라가려 할 때, 경찰들은 방패와 곤봉을 휘두르며 노동자들을 밑으로 밀어내기 시작했다. 좁은 에스컬레이터를 막고 위에 서서 방패와 곤봉을 휘두르는 경찰들의 폭력으로 2층으로 올라가기 위해 있던 노동자들이 아래쪽으로 구르고 이마가 찢기는 등 부상을 당하며 아수라장으로 변했다. 경찰은 여성노동자들에게도 마구잡이로 폭력을 휘둘렀다. 30여 분 동안 건물 내에서 2층 홈에버 매장 안으로 들어가기 위해 폭력경찰과 대치하던 노동자들은 다시 매장 밖으로 나왔다.

오후 8시경 전국에서 모인 뉴코아-이랜드일반노조 조합원과 민주노총 조합원들은 '단결투쟁가'를 부르며 집회를 마무리했다.

그때 우리가 민주노총의 홈플러스 투쟁의 핵심을 매출제로투쟁이라고 얘기했거든요. 아예 "초장부터 문을 못 열게 한다", "아예 오픈을 못하게 하자" 이렇게 했고. 그래 포항 가서 완전히 폭력투쟁 양상으로, 우리 조직력으로는 안 되죠. 근데 거기에 화물연대, 건설하고, 지역 대오들이 온 거예요. 아수라장이 됐죠. 지역에 있는 전경들은 되게 순하잖아요. 투쟁 경력도 없고. 그래 우리가 걔들을 다 가둬 놓으니 완전히 애들이 겁먹고. 무장해제 해서 보내고, 막, 아수라장이 됐죠. 철수할 때 윈도우 깨지고 기물들 다 우그러뜨리고. 그때 굉장히 지역에서는 충격파가 컸죠. 하여튼, 굉장히 성공적이라고.

근데 여론은 좀 안 좋아졌을 거예요. 굉장히 폭력적이어서. 우리 조합원들이 그때 되게 힘겨운 시기였는데, 조합원 수가 줄면서 소수가 되는 과정이었는데, 민주노총도 흐트러져 있었기 때문에. 그 투쟁이 조합원들의 힘을 북돋는 역할은 했어요. (이남신, 수석부위원장)

그날 도착해서 해가 떨어졌는데, 먼저 민주노총 경북본부 사무실에 모였다가 현장을 갔는데, 가자마자 남성분들이 그냥 트럭에서 가스통이랑 냄비랑 다 들더니 거기서 막 육개장을 끓이는 거예요. 밥을 하고. 그러더니 우리보고 가만 있으래. 자기네들이 다 알아서 한다고. 거기서 그분들이 와서 텐트 치고 불 때고 날밤 거의 샜을 거야.

그다음 날에 매장을 오픈하려고 하는데, 얘네가 셔터 내리는 걸 그분들이 쇠봉 같은 거로 막 다 뿌시고. 들어가서 문을 열어 주면 우리가 들어가고. 그때 금속노조 분들이 장대 같은 거 들고 막 싸우고. 저희는 거의 여자들이잖아요. 우리가 경상도 남자분들한테 꽂혔잖아. "이 사람들이 한 번 하자고 하면 싹~ 하는 거"예요.

거기에 우리가 서울에서 알던 점장들이 다 지원 온 거예요. 우리는 노조 분들이 힘을 실어 주니까 "저 새끼, 나쁜 새끼야, 죽이라"고. (웃음) 그때는 그런 것도 가만 놔두고 싶지 않은 거예요. 남자들이 막 밀어주니까 우리가 그 힘을 받아서 막 가서 계산대 앞에서 집회하는데, 뭘 하느라고 옷핀을 하나씩 달았는데, 옷핀 갖고 막 구사대들 찔러대고. (웃음) 그랬더니 이것들이 "니네들 폭행한다"고 난리 치고. 우리는 에스컬레이터를 타고 올라가려고 하는데, 얘네들은 막 밀고 내려오면서, 깔릴 뻔하고. 뒤로 가지도 못하고 저러지도 못하고. 거기가 좀 무서웠었지. 여튼 집회할 동안은 잠깐 오픈저지를 했어요. (이선호, 방학)

오픈저지를 하는 거라, 남자조합원들이 최대한 많이 내려갔었어요. 어차피 걔네도 완력으로 하는데, 힘으로 밀고 들어가야 되니까. 그래도 대부분 조합원들이 다 갔고요. 첫날 저희는 저녁 늦게 도착해서… 그 뒷날 매장 앞에서 보안업체 애들이 앞문을 막고 있었는데, 그때 인원이 진짜 많았어요. 연대도 많이 오고. 그래 몸싸움을 해가면서 뚫고 매장 진입을 했던 것 같아요, 구사대하고 몸싸움해서, 경찰은 한발 뒤로 물러서 있었고. 회사 사람이랑 부닥치면서 "뭐 저런 인간들이 회사를 경영하나" 싶고, 걔들은 맥락이 없이 영업방해니 뭐니 갖다 붙이는 게 일이고, 막말로 "이 새끼, 저 새끼" 하고…. 몸싸움하다가 오토워크를 타고 넘어가서 들어가요. 그게 일자로 돼서 가는 거라, 좁은 통로로 밀고 진입했어요. 안에 진입까지 성공하고 잘하고 내려온 거예요. 연대 분들이 고생을 더 많이 했겠지만. (백종근, 순천)

6) 신도림점 오픈저지투쟁(12월 5일~)

이랜드그룹이 포항점에 이어 신도림에 다시 홈에버 매장을 새로 열려고 준비하고 있었다. 이에 노조는 신도림점 개장을 막기로 했다. 포항점의 경우 뉴코아-이랜드일반노조는 물론 지역 노동사회단체들과 지역 영세상인들의 강력한 반발이 있는데도 개장을 강행했다. 12월 6일로 예정된 신도림점 개장도 일정대로 강행하고 있었다.

이에 뉴코아-이랜드일반노조와 노동사회단체들은 12월 5일 밤부터 철야농성을 진행하였다.

전비연은 규탄성명을 통해 온갖 비정규직 문제를 일으켜 온 장본인인 박성수 회장이 또다시 100% 비정규직 점포를 설립하면서 비정규 노동자들의 피눈물을 쏟아내려 한다고 비판했다.

12월 6일에는 유동인구가 하루 70만 명에 이른다는 신도림에 홈에버가 들어섰다. 노조는 전날 밤부터 매장 앞에서 철야농성을 벌였고, 이날도 오후 4시에 오픈 첫날인 신도림점 인근에서 파업 6개월째에 접어든 이랜드 일반노조 등 500여 명이 오픈저지투쟁을 벌였다. 하루 종일 크고 작은 집회를 벌이며 매장으로 통하는 입구를 가로막아 영업을 못 하게 했다. 이 때문에 오픈 첫날인 신도림점은 각종 선물 공세에도 고객이 거의 없었다.

이날도 회사가 고용한 용역직원들의 폭력행사가 이어졌다. 오전에는 용역직원들이 조합원들을 폭행해 병원으로 이송되기도 했으며, 건물 꼭대기에서 계란을 투척하고, 쇼핑카트로 정문을 막았다. 이에 분노한 김경욱 위원장은"비정규직 양산하는 이랜드를 끝장낼 것"이라고 목소리 높였다. 또 민주노총도 성명을 통해 이랜드는 대량해고 사태를 반성하고 더불어 성실한 교섭자세를 보여야 한다고 했다.

신규점포 개장을 반대하는 것은 회사에 압박을 가하기 위한 것도 있지만, 새로 문을 연 점포들이 모두 처음부터 외주용역 업체 직원, 간접고용 비정규직으로 채워지는 것에 대한 문제의식 때문이었다. 포항점처럼 신도림점 역시 3,000평에 400~500명 규모의 신규 채용 인력이 외주용역 업체 소속의 간접고용 비정규직으로 구성됐다. 더욱이 홈에버는 노조의 장기파업으로 9월까지 모두 1,161억 원의 누적적자를 내고 있었다. 이랜드그룹이 무책임한 경영을 하고 있는 것이다.

신도림은 역 앞이 그 당시만 해도 그냥 보도블럭 깔아 놓은 상태인데 거기에 우리가 천막 2동 쳐 놓고 근거지를 만들어서 집회신고는 신도림역 공원에다 해놓고 투쟁을 갔죠. 왜냐면 신도림점 앞에 회사가 방어집회신고를 해 놨기 때문에. 그래서 기습적으로 그 앞에 가서 항의하고 농성하면서 구사대랑 부딪히고 싸우는 거였죠. 그래서 우리가 텐트 쪽에서 솔 걸어 놓고 육개장 끓여 놓고 조합원들 나눠 주고. 대선 때 선거운동을 신도림역 주변에서 권영길 후보 선거운동까지 하고 그랬었어요. (이경옥, 부위원장)

그때도 점주들하고 엄청 부딪히고. 점주들이 막 위에서 물 쏟아붓고 계란 집어 던지고, 화분 비슷한 것도 집어던지고. 하여튼, 누가 던진 건지 모르는데, 우리는 점주들 아니면 사측 애들이라고 생각했던 거죠. 저희가 신도림역에 있는 공원에서 노숙하면서 한 4일 했나? 그 공원을 거의 점거한 상태에서 아예 밥차도 거기다 딱 놓고 숙식하면서 싸웠거든요. 그래서, 상당히 압박이 있었죠. 그러면서 우리 조합원들도 버티기 했던 거고. (이남신, 수석부위원장)

거기도 회사가 썩은 계란을 얼려서 막 집어 던지고 장난 아니었어요. 그때 추웠어요. 회사의 과장들이 다 차출되어 왔는데, 구월점은 안전부 팀장이 거기를 와 있더라고요. 그런데 사람이 되게 순해요. "여기 있지 말고, 빨리 어디 딴 데 가서 숨어 있으라"고 말해 주고. 다 친하게 지냈으니까. 밖에서 피켓 들고 시위하고 있을 때 "이거 너무 추운데 그만하시면 안 돼요?" 위로해 주고 그러던 사람이기 때문에 "빨리 피하라. 아줌마들, 진짜 약이 오를 대로 오르고 지금 무섭다"고 빨리 도망가라고 얘기해 주고 그랬거든요. (김정애, 구월)

신도림투쟁 때는 물 쏘면 얼었어요. 그때 대개 추웠어요. 그 건물 앞에서 무슨 전자랜드가 오픈했을 거예요. 그래 거기서 무릎담요를 나눠줬어. 우리가 거기 다 가서 무릎담요 2개, 3개씩을 받아다가 그걸 다 뒤집어썼어요. 신도림 오픈할 때 바닥에 앉아 있었는데, 그 무릎담요에 물대포가 맞으면서 다 얼었으니까, 그렇게 추웠지요. (김명숙, 방학)

11월에 그때 추웠는데 신도림이 주차장이 커서 우리가 주차장에 몰려가면 용역들도 막고. 우리도 싸우고. 근데 거기서도 얘네들이 소화기를 막 쏘고, 아니 "이 새×야, 소화기 쏘지 말라"고 얘기하는데, 계속 소화기를 쏘네, 어휴, 숨 안 쉬어지는데…. (손명섭, 부산)

신도림 오픈할 때… 우리는 그 앞에 앉아 있다가 구사대 발에 밟혀서 구로고대병원 응급실에 가고. 그거 가지고 구로경찰서에 가서 걸었죠. (고발) 그래도 오픈저지투쟁하면서 거기서 밤새웠어요. 다른 사람들은 많이 가고 시흥 몇 사람은 남아 있고, 강혜정 동지도 남아 있고. 그때 구사대 폭력이 말도 아니었어요. 우리나 거기나 똑같이 악에 받쳐서… 엄청 추워 가지고 신도림에 화장실 들어가면 얼마나 따듯하던지. 거기는 상가라서 1층에 공동화장실이 있잖아요? 구사대들 뚫고 거기에 들어가면 너무 따듯하고 좋은 거야, 거기 얼마나 있다가 나오고. 그렇게 싸웠어요. (김영순, 시흥)

한편 산발적으로 진행돼 온 노사교섭은 여전히 교착상태에 있고 대선 등의 굵직한 사회현안 탓에 세간의 관심도 예전 같지 않았다. 그런데 12월 7일에는 '시위 주동자에 대한 고소고발건'에 대해 회사 측이 전향적인 태도를 보이다가 12월 10일에 갑자기 "없던 얘기로 하자"며 제안을 철회했다. 회사가 전향적인 제안을 했는데 노조 측이 양보안이 없다는 것이다. 그러나 이 시점에 이명박 대선후보가 "이랜드 사태의 원인이 노조에 있다"라는 취지로 발언한 것에 힘입은 듯했다. 더욱이 12월 20일에 회사는 문자메시지 등을 통해 노조간부 15명에게 해고통보를 했다. 이유는 7~8월 시위 등을 주도했기 때문이었다.

사진으로 보는 저항과 연대

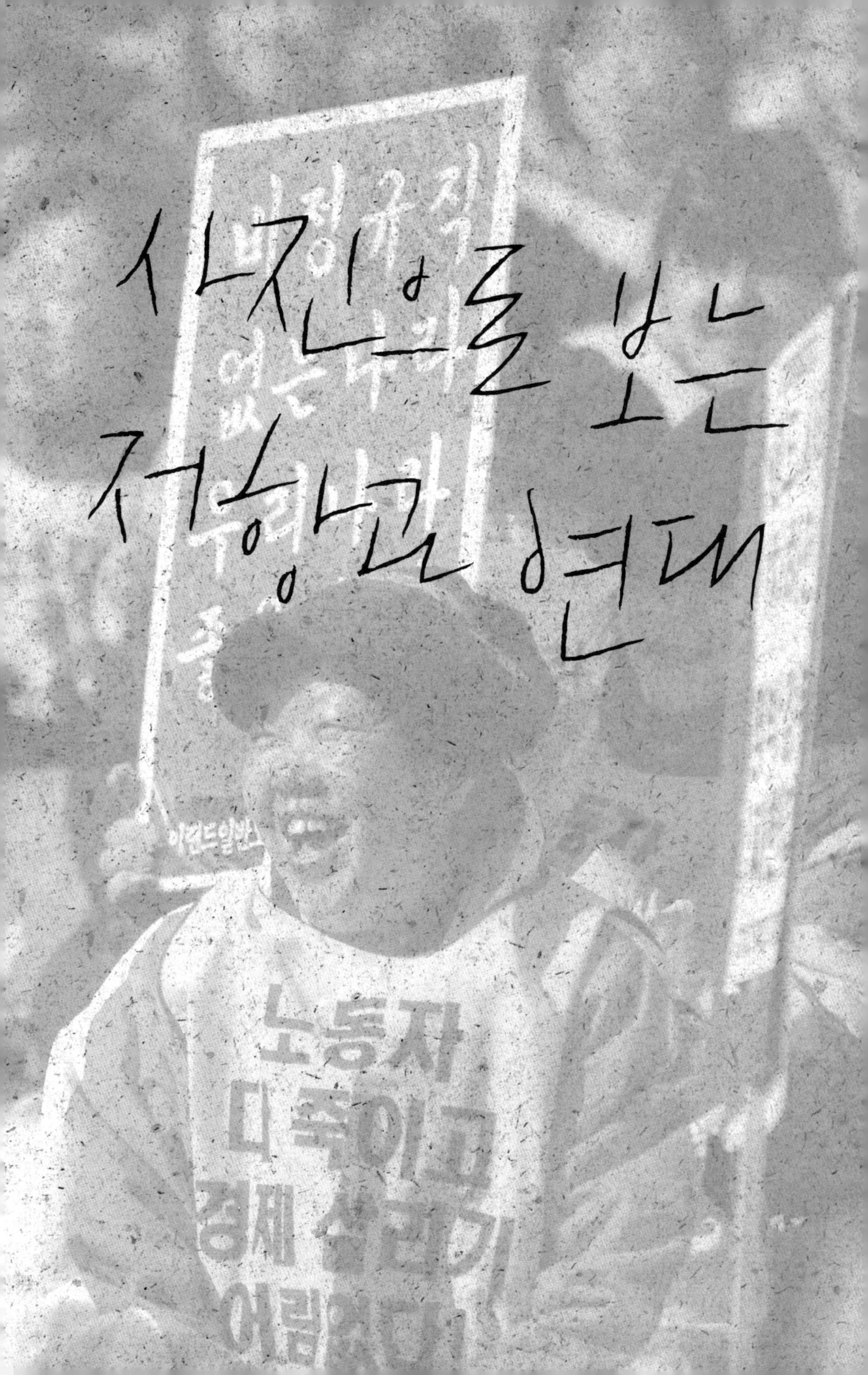

노조설립 장면들

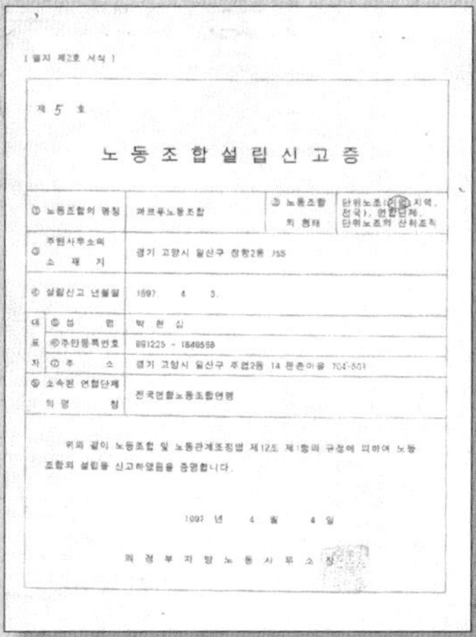

[별지 제2호 서식]

제 5 호

노 동 조 합 설 립 신 고 증

① 노동조합의 명칭	까르푸노동조합	③ 노동조합의 형태	단위노조(기업, 지역, 전국), 연합단체, 단위노조의 산하조직
② 주된사무소의 소재지	경기 고양시 일산구 장항2동 755		
④ 설립신고 년월일	1997. 4 3.		
대표자 ⑤ 성명	박 현 심		
대표자 ⑥주민등록번호	891225 - 1846558		
대표자 ⑦ 주소	경기 고양시 일산구 주엽2동 14 한촌마을 704-501		
⑧ 소속된 연합단체의 명칭	전국연합노동조합연맹		

위와 같이 노동조합 및 노동관계조정법 제12조 제1항의 규정에 의하여 노동조합의 설립을 신고하였음을 증명합니다.

1997 년 4 월 4 일

의 정 부 지 방 노 동 사 무 소 장

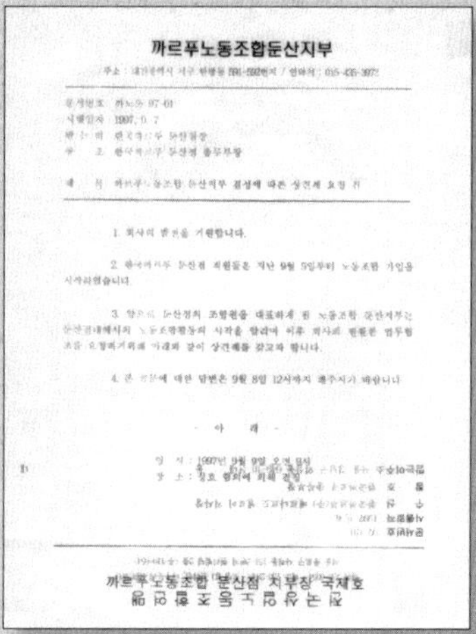

까르푸노동조합둔산지부

문서번호 : 까노둔 97-01

시행일자 : 1997. 9. 7

1. 회사의 발전을 기원합니다.

4. 본 공문에 대한 답변은 9월 8일 12시까지 해주시기 바랍니다

- 아 래 -

일 시 : 1997년 9월 9일 오전 10시

까르푸노동조합 둔산점 지부장 국재호

1 2
3

4
5
6 7

① 까르푸노조 최초 노조설립필증(일산점 1997. 4. 4)
② 둔산지부 결성공문(1997. 9.7)
③ 계산지부 결성식(2001. 2. 1)
④ 중계지부 결성식(2001. 5. 24)
⑤ 해운대지부 결성식(2001. 6. 26)
⑥ 순천지부 결성식(2002. 9. 14)
⑦ 중동지부 결성식 식순지(2003. 4. 11)

<행 사 안 내>

한국까르푸노동조합 중동점 지부 결성식

1
2 3 4

① 2002년 프랑스 대사관 앞 1인시위
② 2001년 이선옥 해고자 복직투쟁
③ 2002년 임금인상 및 노조인정투쟁(일산)
④ 중계점 까르푸만행규탄대회(2002. 9. 13)

5 ⑤ 중계점에서 고공시위를 하는 여성조합원(2002. 9. 13)

6 7 ⑥ 중계점 앞 천막농성장(2002. 9. 7)

⑦ 중계천막노조현판식 고사(2002. 9. 28)

1 3
2 4 5

① 2002년 임단협 노사교섭
② 노조사무실 개소식 플래카드(2003년)
③ 전국순회투쟁 중에 회사 측과 대치 중인 노조간부들
④ 파업 후 매장 안에서 선전전을 하는 중동조합원들(2003년)
⑤ 계산점 앞 주5일제 쟁취를 위한 결의대회(2004. 7. 24)

성폭력 가해자 처벌!

단체협약쟁취

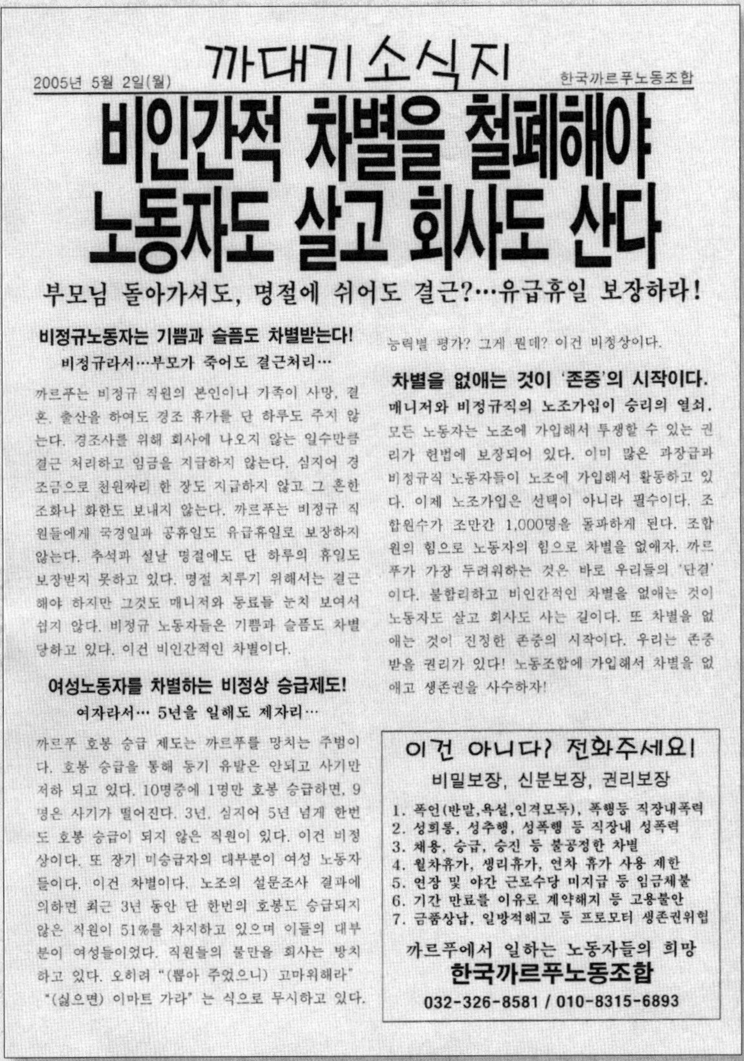

까대기 소식지

2005년 5월 2일(월)

한국까르푸노동조합

비인간적 차별을 철폐해야 노동자도 살고 회사도 산다

부모님 돌아가셔도, 명절에 쉬어도 결근?…유급휴일 보장하라!

비정규노동자는 기쁨과 슬픔도 차별받는다!

비정규라서…부모가 죽어도 결근처리…

까르푸는 비정규 직원의 본인이나 가족이 사망, 결혼, 출산을 하여도 경조 휴가를 단 하루도 주지 않는다. 경조사를 위해 회사에 나오지 않는 일수만큼 결근 처리하고 임금을 지급하지 않는다. 심지어 경조금으로 천원짜리 한 장도 지급하지 않고 그 흔한 조화나 화환도 보내지 않는다. 까르푸는 비정규 직원들에게 국경일과 공휴일도 유급휴일로 보장하지 않는다. 추석과 설날 명절에도 단 하루의 휴일도 보장받지 못하고 있다. 명절 치루기 위해서는 결근해야 하지만 그것도 매니저와 동료들 눈치 보여서 쉽지 않다. 비정규 노동자들은 기쁨과 슬픔도 차별당하고 있다. 이건 비인간적인 차별이다.

여성노동자를 차별하는 비정상 승급제도!

여자라서… 5년을 일해도 제자리…

까르푸 호봉 승급 제도는 까르푸를 망치는 주범이다. 호봉 승급을 통해 동기 유발은 안되고 사기만 저하 되고 있다. 10명중에 1명만 호봉 승급하면, 9명은 사기가 떨어진다. 3년, 심지어 5년 넘게 한번도 호봉 승급이 되지 않은 직원이 있다. 이건 비정상이다. 또 장기 미승급자의 대부분이 여성 노동자들이다. 이건 차별이다. 노조의 설문조사 결과에 의하면 최근 3년 동안 단 한번의 호봉도 승급되지 않은 직원이 51%를 차지하고 있으며 이들의 대부분이 여성들이었다. 직원들의 불만을 회사는 방치하고 있다. 오히려 "(뽑아 주었으니) 고마워해라" "(싫으면) 이마트 가라" 는 식으로 무시하고 있다. 능력별 평가? 그게 뭔데? 이건 비정상이다.

차별을 없애는 것이 '존중'의 시작이다.

매니저와 비정규직의 노조가입이 승리의 열쇠.

모든 노동자는 노조에 가입해서 투쟁할 수 있는 권리가 헌법에 보장되어 있다. 이미 많은 과장급과 비정규직 노동자들이 노조에 가입해서 활동하고 있다. 이제 노조가입은 선택이 아니라 필수이다. 조합원수가 조만간 1,000명을 돌파하게 된다. 조합원의 힘으로 노동자의 힘으로 차별을 없애자. 까르푸가 가장 두려워하는 것은 바로 우리들의 '단결'이다. 불합리하고 비인간적인 차별을 없애는 것이 노동자도 살고 회사도 사는 길이다. 또 차별을 없애는 것이 진정한 존중의 시작이다. 우리는 존중받을 권리가 있다! 노동조합에 가입해서 차별을 없애고 생존권을 사수하자!

이건 아니다? 전화주세요!

비밀보장, 신분보장, 권리보장

1. 폭언(반말,욕설,인격모독), 폭행등 직장내폭력
2. 성희롱, 성추행, 성폭행 등 직장내 성폭력
3. 채용, 승급, 승진 등 불공정한 차별
4. 월차휴가, 생리휴가, 연차 휴가 사용 제한
5. 연장 및 야간 근로수당 미지급 등 임금체불
6. 기간 만료를 이유로 계약해지 등 고용불안
7. 금품상납, 일방적해고 등 프로모터 생존권위협

까르푸에서 일하는 노동자들의 희망

한국까르푸노동조합

032-326-8581 / 010-8315-6893

1 2
3

4

① 면목지부 성희롱 사건의 공동조사를 요구하는 조합원들(2005년)
② 면목지부 율동패 '새벽'(2005년)
③ 2005임단협쟁취를 위한 시흥본사 상경투쟁(2005. 6. 10)
④ 임단투 소식지(2005. 5. 2)

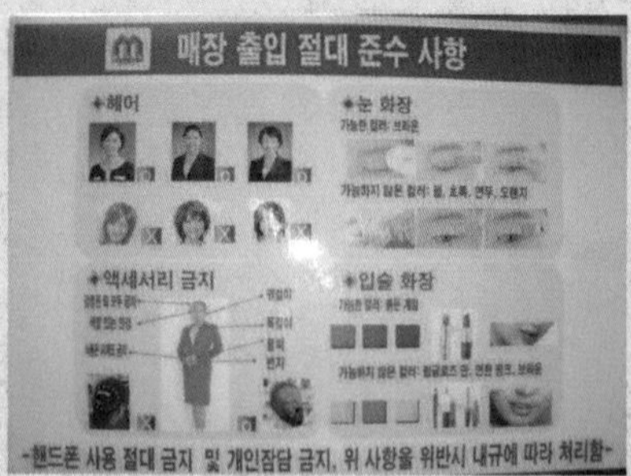

1 2 | 3 4 5

① 까르푸·뉴코아·이랜드 3사 공동투쟁본부 출범식(2006. 5. 10)
② (이랜드)홈에버 직원들의 매장출입 준수사항 (2006년)
③ 이랜드 본사 앞의 3사노조 공동집회 (2006. 7. 14)
④ 이랜드노조 파업출정식의 3사 조합원들 (2006. 9. 5)
⑤ '유통노동자 인간선언' 가두행진(2006. 9. 12)

06'투
승리하고
민주노조
사수하자
부당해고
인정하고
원직복
이행하라!

돈벌었다
자랑말고
지역사회
환원하라!
노조말살
단협해지
투쟁으로
박살내자
노사합의
없는
M&A
반대한다!
단협해지
철회하고
노조탄압
중단하라

월드컵매장 20일점거투쟁

1 2 3 | 4 5 6 7 8

① 매장점거 후 첫 집회에서 발언하는 김경욱 위원장(2007. 6. 30)
② 2층에서 매장점거를 위해 내려오는 조합원들
③ 매장점거를 시도하는 조합원들
④ 연대세력들과 함께 율동하는 조합원들
⑤ 민주노총과 공투본의 기자회견(2007. 7. 3)
⑥ 전국비정규노조연대회의의 기자회견(2007. 7. 1)
⑦ 연대 온 뉴코아노조의 노동자들(2007. 6. 30)
⑧ 영업중단 공고_*©참세상 이정원*

비정규직법 시행에 따른 대책 발표 기자회견
악질자본 이랜드는 더 이상 비정규노동자를 죽이지 마라!
2007년 7월 3일(화)
전국민주노동조합총연맹

비정규노동자 탄압하는 이랜드자본 규탄 기자회견

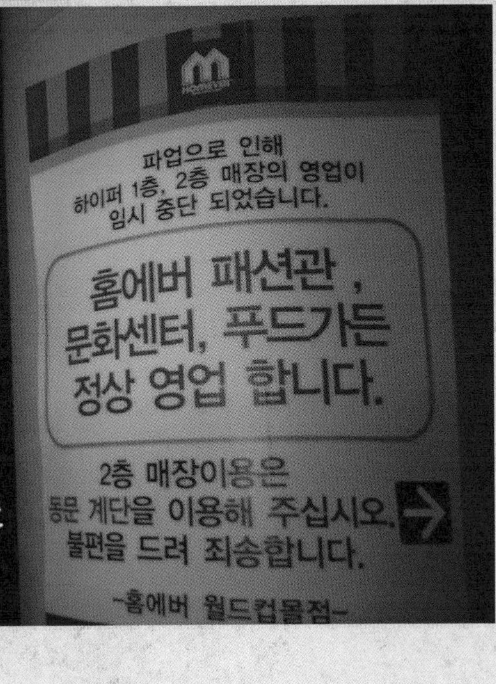
파업으로 인해
하이퍼 1층, 2층 매장의 영업이
임시 중단 되었습니다.
홈에버 패션관,
문화센터, 푸드가든
정상 영업 합니다.
2층 매장이용은
동문 계단을 이용해 주십시오.
불편을 드려 죄송합니다.
~홈에버 월드컵몰점~

월드컵매장 20일점거투쟁

1 2
3

① 주문한 도시락으로 식사하는 조합원들
② 식사조가 준비한 밥-국과 조합원들이 집에서 가져온 반찬으로 푸짐한 식사시간(2007. 7. 2)
③ 매장 안에서 박스 깔고 자는 조합원들

4 5
6 7
8 9

④ 밥언니로 불리던 양명희 월드컵분회 조합원
⑤ 점거 7일 차에도 즐거운 분위기의 조합원들(7. 6)
⑥ 율동을 배우는 조합원들
⑦ 매장 안에서 집회하는 조합원들
⑧ 포스에서 얘기를 나누는 조합원들_*©여정민*
⑨ 분회별 소개시간—방학지부

1	2
3	4

5	6
7	
8	

① 27개 여성시민단체 기자회견(2007. 7. 10)
② 뉴코아-이랜드투쟁 지원을 위한 법률단체연석회의의 기자회견(7. 12)
③ 연대온 사람들(7. 1)
④ 연대온 사람들(7. 8)
⑤ 눈물 흘리는 가족들
⑥ 농성장 정문앞 조합원과 매장을 둘러싸고 있는 경찰들(7. 13)_*©참세상 이정원*
⑦ 농성장 창문에 붙어 있는 '갇혔어요'
⑧ 매장안의 창문으로 가족을 보는 조합원, 가족문화제(7. 15)_*©참세상 이정원*

민주노동당이 힘차게 연대하겠습니다.
이랜드는 비정규직 강제용역전환 중단하고
부당해고 노동자를 즉각 복직시켜라
경찰
POLICE

갇혔어요 이랜드 불매로 도와주세요
매장입구 어서오십시오
www.homever.com
HOMEVER

HOMEVER
HOMEVER

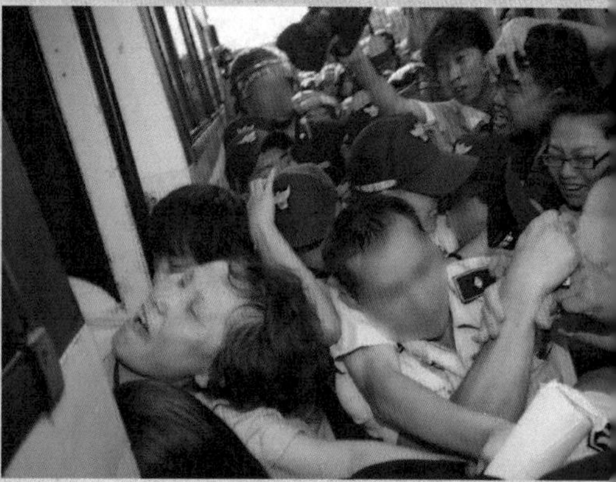

1	2	6
3	4
	5

① 위원장의 진술교육(2007. 7. 19)_*ⓒ여정민*
② 매장 안으로 들어온 경찰들
③ 공권력침탈 우려로 농성장에 결합한 민주노동당 국회의원들(7. 19)_*ⓒ참세상 이정원*
④ 끌려가는 조합원들을 지키려는 연대 세력들_*ⓒ참세상 이정원*
⑤ 눈물흘리는 조합원_*ⓒ여정민*
⑥ 공권력침입에 팔짱 끼고 누운 조합원들(7. 20)

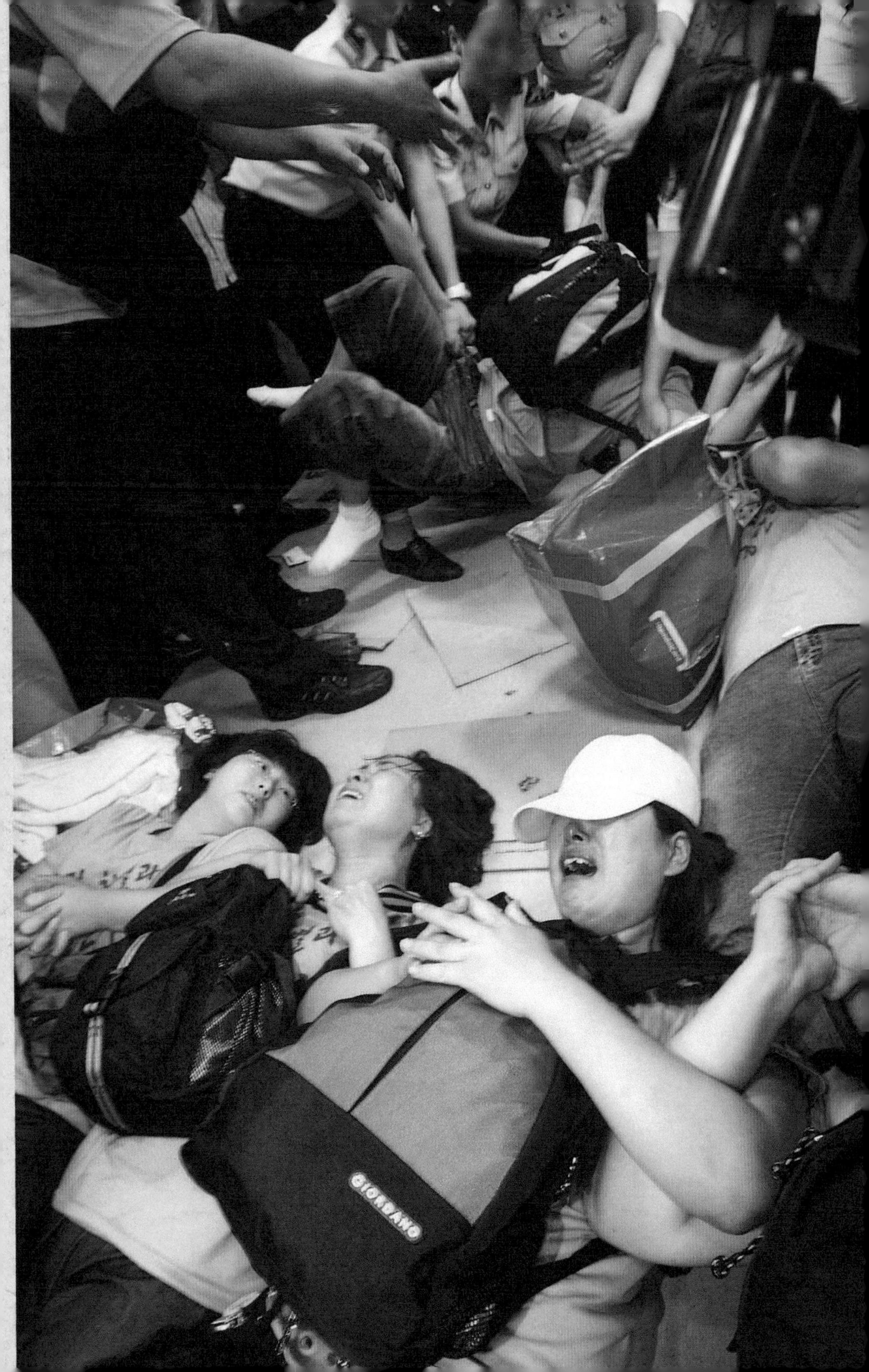
GIORDANO

1 | 2 3

① 경찰차에 태워진 조합원들_*ⓒ참세상 이정원*
② 민주노총의 공권력침탈 규탄(2007. 7. 20)_*ⓒ참세상 이정원*
③ 공권력침탈을 규탄하는 교수 연구자들의 기자회견(7. 20)_*ⓒ참세상 이정원*

① 민주노총과 시민사회단체들이 전개한 전국매출제로투쟁(2007. 7. 21)_*©민중의소리*
② 중동점을 기습점거한 조합원들(2007. 7. 22)_*©민중의소리*
③ 뉴코아-이랜드 공대위의 기자회견(2007. 7. 24)_*©민중의소리*
④ 비정규노동자 대량해고 이랜드 규탄 민주노총 총력결의대회(2007. 7. 27)_*©참세상 이정원*
⑤ 경찰이 쏜 소화기 물을 뒤집어 쓴 노동자들(2007. 7. 27) _*©참세상 이정원*
⑥ 이랜드로고 화형식(2007. 7. 27)

7
8 9

⑦ 뉴코아 점거농성 침탈(2007. 7. 31)_©한겨레 강창광 제공
⑧ 뉴코아매장 점거(2007. 7. 30)
⑨ 1천인 선봉대 발대식(2007. 8. 16)_©여정민

1	2
3	4
5	6

① 서울역 전국노동자대회(2007. 8. 18)
② 민주노총 대의원대회에서 발언하는 한명희 면목분회 조합원(2007. 8. 21)_*©한겨레 김봉규 제공*
③ 면목점 점거 강제 침탈(2007. 9. 17)_*©한겨레 김봉규 제공*
④ 여성 주부들의 추석기간 이랜드 불매 선언(2007. 9. 17)_*©민중의소리*
⑤ 면목점에서 끌려가는 홍윤경 직무대행(2007. 9. 17)
⑥ 가족과 함께하는 100일문화제(2007. 10. 6)

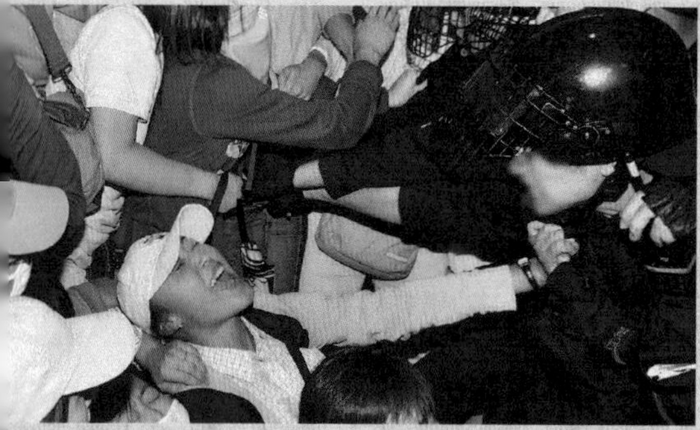

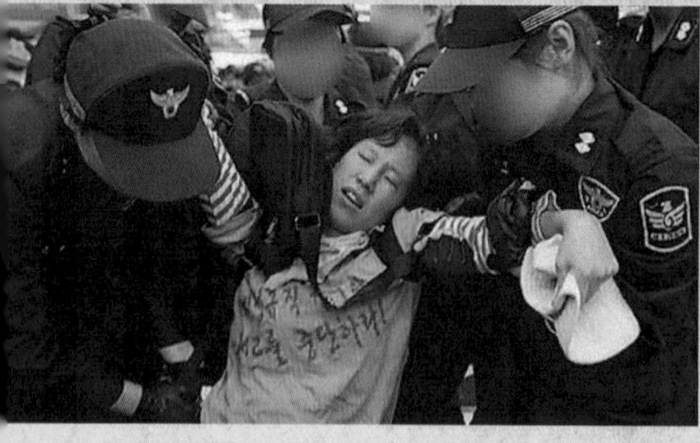

7 8
9

⑦ 비정규법 전면 재개정! 노동부 규탄!결의대회에서 발언하는 호혜경 조합원(2007. 8. 9)_*©여정민*

⑧ 경찰의 폭력진압에 저항하는 여성노동자들(2007. 8. 31)_*©민중의소리*

⑨ 국회 앞에서 열린 비정규직 장기투쟁사업장 투쟁승리 결의대회(2007. 10. 23)_*©민중의소리*